PowderGuide Free Ski

With deepest gratitude to Hans Karlsson.

Jimmy Odén

POWDERGUIDE FREE SKI
Wissen für die Berge

Tyrolia-Verlag · Innsbruck–Wien

VORWORT ZUR DEUTSCHSPRACHIGEN AUSGABE VON FREE SKI

LIEBE LESERIN, LIEBER LESER!

Fast zehn Jahre ist es her, dass der Bergführer und Vollzeitskifahrer Jimmy Odén sein Freeride- und Skitourenlehrbuch Freeskiing veröffentlicht hat. Freeriden und Skibergsteigen haben seitdem enorm an Beliebtheit gewonnen. Daher sind heute mehr Wintersportler im Freeride-Gelände und in den Tourengebieten unterwegs als je zuvor. Unverspurten Pulverschnee und einsame Bergabenteuer sind daher nicht mehr hinter jedem Lift und jedem Hügel zu finden. Wer perfekten Schnee in Einsamkeit sucht, muss eigene Wege gehen: sich seine Schwünge mittels Aufstiegen erarbeiten, sich neue Möglichkeiten eröffnen; egal ob mit oder ohne Unterstützung durch Seilbahnen und Lifte. Die Alpen sind das besterschlossenste Hochgebirge der Welt: Wer die bestehende Infrastruktur klug zu nutzen weiß und von dort aus weiterzieht – für den sind die Möglichkeiten schier unendlich. Wer bereit ist, Neues zu lernen und seine Techniken zu verbessern, der wird nicht nur in seinem Sport immer besser, sondern für denjenigen gewinnen die winterlichen Touren auch an Spannung, Abwechslung und Erlebnisqualität.

Indem man seine eigenen Grenzen Stück für Stück verschiebt, erweitert sich der Horizont und zugleich bröckeln die vormals klaren Grenzen zwischen Freeriden, Bergsteigen, Skitouren oder Steilwandskifahren. All diese Aktivitäten werden zu Spielarten ein und derselben Begeisterung für die Erhabenheit der Berge und die Magie des Schnees.

Dank der enormen Verbesserungen moderner Freeride- und Skitourenausrüstungen muss man heute kein Profi mehr sein, um sich in allen Free-Ski-Spielarten heimisch zu fühlen. Unverzichtbar hierfür ist jedoch die fortwährende Bereitschaft, aus seinen Erfahrungen und insbesondere den unvermeidbaren Fehlern zu lernen und seine Techniken zu verbessern; eine Aufgabe, die zu einem großen Teil eine des Intellekts und der Psyche ist.

Jimmy Odéns Buch, das nun erstmals auf Deutsch erscheint, suspendiert die klassischen Kategorien und verschiebt Grenzen. Free Ski lautet der Titel und der ist zugleich Programm dieses Buches: Free Ski drückt ein Bedürfnis und ein Lebensgefühl aus, das wesentlich älter als unser Sport ist. Free Ski beansprucht Freiheit gegenüber den Begrenzungen und Festlegungen, denen man als Pistenskifahrer unterworfen ist. Dies beinhaltet auch eine ungeschützte, eigenverantwortliche Freiheit abseits risikominimierender Vorschriften und Sicherungsmaßnahmen in Skigebieten. Es geht letztlich um eine ganz ursprüngliche Form des (Er-)Lebens: um das Wagnis, sich mit sich selbst und der Natur auseinanderzusetzen. Wer seinen Sport mit diesem Anspruch ausübt, der kommt um eine radikale Form von Eigenverantwortlichkeit nicht herum.

Es geht immer auch darum, die optimalen Bedingungen zu finden, den Moment auszukosten und die winterlichen Berge in ihrer gesamten Spanne von atemberaubender Schönheit bis hin zur lebensfeindlichen Gefahr zu erleben.

Gute Vorbereitung und Planung helfen nicht nur, den besten Schnee zu finden sowie die zu den jeweils herrschenden Bedingungen passenden Touren und Abfahrten, sondern, was noch viel wichtiger ist, das sich immer verändernde Risiko auf ein vertretbares Maß zu beschränken. Und das ist keinesfalls bloß eine alpintechnische Herausforderung: Das ist mehr schon eine Philosophie, die zu leben ein profundes Maß an Erfahrung und Beherrschen von Techniken erfordert. Jimmys Buch kann und will den Weg hierzu weisen.

Erfahrene Skitourengeher finden in Free Ski jede Menge Tipps, wie man den besten Schnee und die lohnendsten Abfahrten findet. Freerider finden in den umfangreichen Kapiteln zu den Alpin-, Seil- und Gletschertechniken das notwendige Grundwissen, um eigenständig und möglichst sicher den nächsten Schritt in ernsthaftes Gelände zu gehen und auch große Bergtouren in Angriff nehmen zu können.

Der Freeride- und Skitouren-Boom hat vieles in Bewegung gesetzt und verändert. Doch manches ist gleich geblieben: Noch immer sterben jeden Winter alpenweit rund 100 Wintersportler in Lawinen. Daher nimmt das Thema Lawinen und Risikomanagement auch in diesem Buch großen Raum ein.

Obwohl immer mehr Frauen und Mädchen unter den Freeridern und Tourengehern zu finden sind, ist unser Sport noch immer stark von Männern und ihren typischen Verhaltensweisen und Idealen geprägt. Doch erweist sich männliches Alphatier-Verhalten im Umgang mit der komplexen Materie Schnee, Gelände und Mensch oft als fehleranfällig. Auch deswegen hoffen wir, dass Free Ski ein Buch ist, das viele Leserinnen finden wird. Denn wir wünschen uns beim Freeriden und Skitourengehen mehr Frauen und Mädels, die uns zeigen, dass man(n) die Dinge auch anders tun kann. Dennoch verzichten wir in diesem Buch, der besseren Lesbarkeit willen, auf die gender-korrekten Schreibweisen Freeriderin, Freeskierin und Skitourengeherin. Wir versichern, dass wir sie trotzdem mit diesem Buch vollwertig und gleichberechtigt ansprechen möchten.

Einige Kapitel haben im Vergleich zur englischen Originalausgabe eine starke Überarbeitung oder sogar Neufassung und Ergänzung erfahren. Wir sind überzeugt, dass Free Ski hierdurch nochmals fundierter und aktueller geworden ist. Free Ski ist ein Gemeinschaftswerk, zu dessen Gelingen viele Experten beigetragen haben: Ganz besonders danken wir Jimmy Odén für die vertrauensvolle Zusammenarbeit! Besonderer Dank gebührt Lea Hartl (Übersetzung und Bearbeitung Wetterkapitel), Gebhard Bendler (Lektorat), Manuel Genswein (Lawinenrettung), Stefan Glatzl (Satz), Thomas Bartl (Grafik), Lisa Manneh (Grafik), Totti Lingott (Anzeigendisposition), Anette Köhler (Tyrolia Verlag). Unser Dank gilt den Fotografen, die ihre Bilder für dieses Buch zur Verfügung gestellt haben. Ihre Namen sowie die Namen der abgebildeten Sportler sind auf den jeweiligen Bildern vermerkt.

Wir wünschen allen Lesern und Leserinnen, dass sie im PowderGuide Free Ski profunden und motivierenden Rat finden. Dass das Buch nicht nur als Nachschlagewerk dient, sondern möglichst viele ermuntert, ihre eigenen Wege zu gehen, und dass diese Wege mit unzähligen einmaligen Erlebnissen belohnt werden. Da jeder neue Tag im Gebirge immer auch neue Situationen mit sich bringt, bietet auch jeder Tag die einmalige Chance, Neues zu lernen. Dieser Weg ist das Ziel …
Viel Spaß dabei wünschen

Tobias Kurzeder und Knut Pohl

Freiburg & Cambridge im November 2013

INHALT

001 BERGGESPÜR — 027

002 BERGWETTER — 041

- 043 Konsequenzen des Wetters
- 044 Grundlagen
- 044 Tiefdruckgebiete
- 046 Hebung
- 047 Isothermen
- 047 Schnee
- 049 Föhn/Chinook
- 049 Hochdruck
- 050 Meteorologische Regeln
- 050 Wind

003 SCHNEE- UND LAWINENKUNDE — 051

- 054 Lockerschneelawinen
- 055 Nassschneelawinen
- 056 Schneebrettlawinen
- 058 Schichten in der Schneedecke
- 058 Schneemetamorphose
- 063 Warum, wann und wo entstehen potenzielle Schneebretter und wie werden sie ausgelöst?
- 066 Warum, wann und wo entstehen Schwachschichten?
- 066 Warum, wann und wo entstehen Gleitschichten und welche Rolle spielt die Art des Untergrundes?
- 070 Warum, wann und wo kommt es zu einem kritischen Verhältnis zwischen Spannungen und Festigkeit in der Schneedecke?
- 071 Warum, wann und wo geht ein Schneebrett ab und wodurch wird es ausgelöst?
- 082 Geländeformen
- 082 Geländefallen
- 085 Typische Lawinenauslösepunkte
- 085 Hangneigung
- 088 Hangnutzung
- 088 Neuschnee und Lawinengefahr
- 089 Exposition
- 092 Regionale klimatische Besonderheiten und die Stabilität der Schneedecke
- 094 Schneedecken-Faustregeln für Skifahrer

004 BEURTEILUNG DER LAWINENGEFAHR — 095

- 098 Schneeprofile
- 098 Das Ziel

099	Der Entscheidungsrahmen	
108	Risiko-Management mit der 3x3-Filter- und Reduktionsmethode	
109	Interpretation des Lawinenlageberichts	
122	Die 3x3-Filtermethode	

005 SKIFAHREN ABSEITS DER PISTEN — 131

- 133 Ausrüstung
- 140 Die Gruppe
- 142 Guten Schnee finden
- 143 Die Schlüsselfaktoren: Exposition, Steilheit, Höhenlage
- 144 Bruchharsch
- 153 Taktik und sicheres Skifahren
- 154 Linienwahl

006 KAMERADENRETTUNG — 157

- 160 Kameradenrettung und Lawinenrettungsausrüstung
- 160 Rettungsausrüstung
- 165 Verhalten bei einer Lawine
- 166 Rettung von Lawinenverschütteten
- 168 Notfallplan Lawinenunfall
- 169 Tragarten des LVS-Gerätes
- 169 Überprüfung des LVS-Gerätes
- 172 Anwendungssicherheit des LVS-Geräts
- 173 Die Suche von Verschütteten
- 182 Führung und Organisation der Kameradenrettung
- 182 Mehrere Verschüttete
- 197 Avalife Basic – überlebensoptimiertes Handeln in der Kameradenrettung

007 ERSTE HILFE — 199

- 201 Ausrüstung
- 203 Lebensrettende Sofortmaßnahmen – ABC
- 209 Weitere Erste Hilfe
- 213 Unterkühlung
- 216 Evakuierung
- 225 Sonstige Probleme

008 ORIENTIERUNG UND TOURENPLANUNG — 227

- 230 Ausrüstung
- 230 Die Karte
- 235 Der Kompass
- 238 Höhenmesser/Altimeter
- 239 Navigieren bei schlechter Sicht
- 240 Das GPS
- 242 Üben
- 243 Tourenplanung

009 SKIBERGSTEIGEN — 261

- 263 Ausrüstung
- 263 Techniken
- 265 Kletterausrüstung
- 271 Das Seil
- 277 Knoten
- 283 Ski tragen
- 302 Anseilen
- 323 Fixpunkte in kombiniertem Gelände
- 331 Sichere Fortbewegung im Gelände
- 340 Abseilen
- 356 Grundlagen der Kameradenrettung im Skibergsteigen
- 362 Anpassen an das Gelände

010 SKIFAHREN AUF GLETSCHERN — 363

- 365 Gletscher
- 366 Spuranlage
- 367 Ausrüstung
- 370 Taktik
- 374 Spaltenbergung
- 381 Üben

011 SKITOUREN — 383

- 386 Ausrüstung
- 387 Aufstieg mit Fellen
- 390 Übernachten

012 STEILE ABFAHRTEN — 397

- 399 Ausrüstung
- 400 Üben

- 413 Der Autor und sein Team
- 414 Literatur
- 416 Impressum

Lasse immer ein wenig Futter für die Dohlen zurück! Der Sage nach leben in den Dohlen (Corvus Monedula) die Seelen von Bergsteigern weiter, die im Gebirge ums Leben gekommen sind.

FREERIDE-RUCKSACK
Siehe Kapitel 005 – Skifahren abseits der Pisten

LVS-SET

Lawinenverschüttetensuchgerät, Lawinensonde und -schaufel.
Siehe Kapitel 006 – Kameradenrettung

ERSTE-HILFE-SET
Sporttape, elastische Bandage, Wundklammern, Schere, SAM Splint, Schmerztabletten. Siehe Kapitel 007 – Erste Hilfe

AUSRÜSTUNG FÜR DIE ORIENTIERUNG
Karte, Kompass, Höhenmesser, Kartenhülle, GPS.
Siehe Kapitel 008 – Orientierung

REPARATUR-KIT

Multifunktionstool, Notlampe, Duct-Tape, Wachs für die Steigfelle, Zahnseide und Nadel, Draht und Reparaturmaterial für Skistöcke. Siehe Kapitel 007 – Erste Hilfe

GETRÄNKE-SET
Thermoskanne, Trinksystem mit Energie-Getränk, Plastikflasche.
Siehe Kapitel 011 – Skitouren

AUSRÜSTUNG FÜR DIE SPALTENBERGUNG
Seil, Karabiner, Bandschlingen, Seilrolle, Seilrolle mit Rücklaufsperre und Eisschraube. Siehe Kapitel 010 – Skifahren auf Gletschern

FIRN-ANKER
Siehe Kapitel 009 – Skibergsteigen

AUSRÜSTUNG FÜRS KLETTERN IM FELS
Express-Sets, Bandschlingen, Schlaghaken, Klemmkeile, Friends…
Siehe Kapitel 009 – Skibergsteigen

HANDSCHUHE
Siehe Kapitel 005 – Skifahren abseits der Pisten

SICHERUNGSMATERIAL EIS
Eisschrauben, Karabiner, Schlingen.
Siehe Kapitel 009 – Skibergsteigen

GRUNDAUSRÜSTUNG SKIBERGSTEIGEN
Eispickel und Eisaxt, Steigeisen, Seil, Helm, Gurt, Karabiner, Sicherungsgerät und Schlingen.
Siehe Kapitel 009 – Skibergsteigen

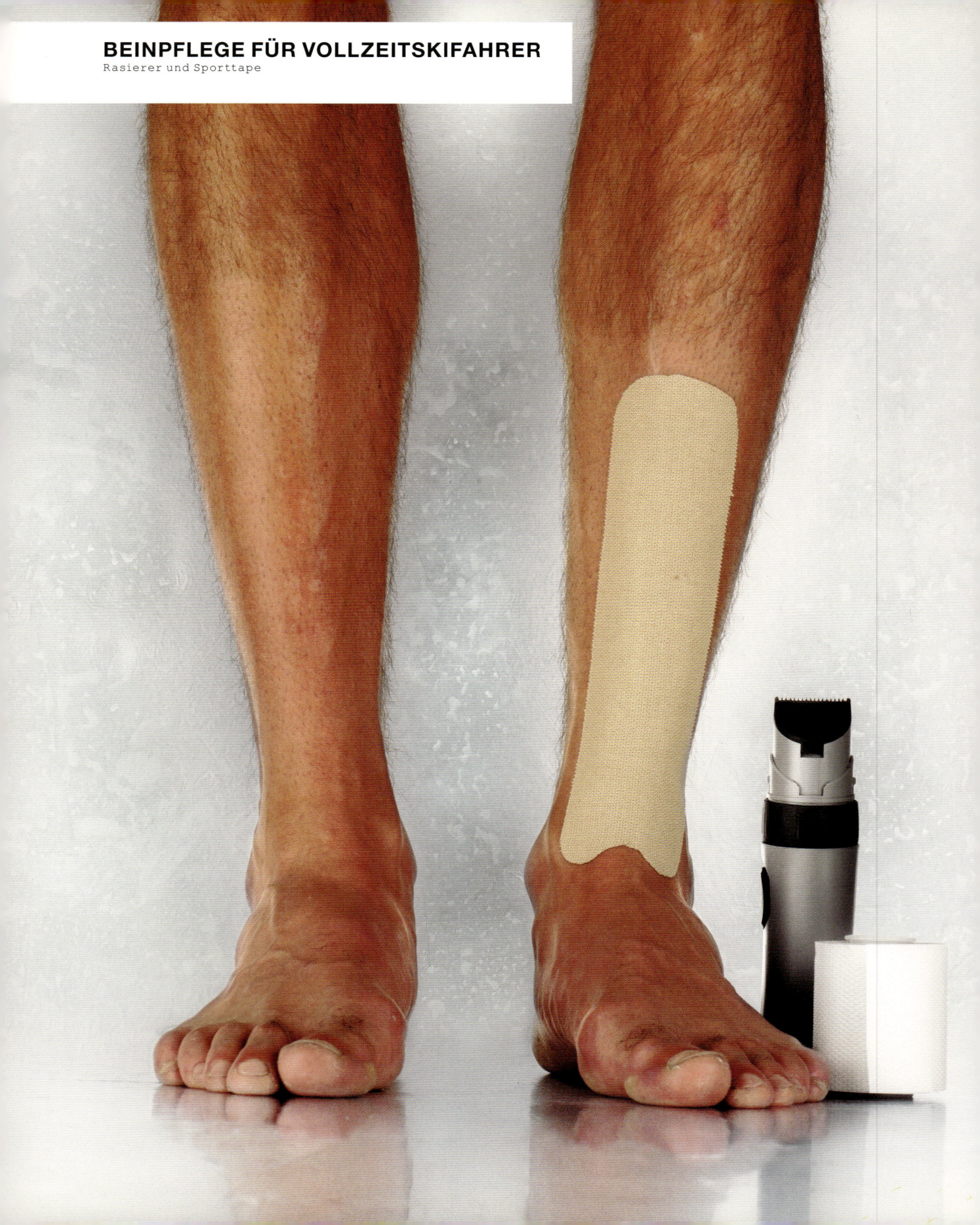

BEINPFLEGE FÜR VOLLZEITSKIFAHRER
Rasierer und Sporttape

Bergans OF NORWAY

HODLEKVE JACKET, PANTS & FREERIDE PACK
IN ZUSAMMENARBEIT MIT DEN PROFESSIONELLEN FREERIDERN IM TEAM BERGANS ENTWICKELT

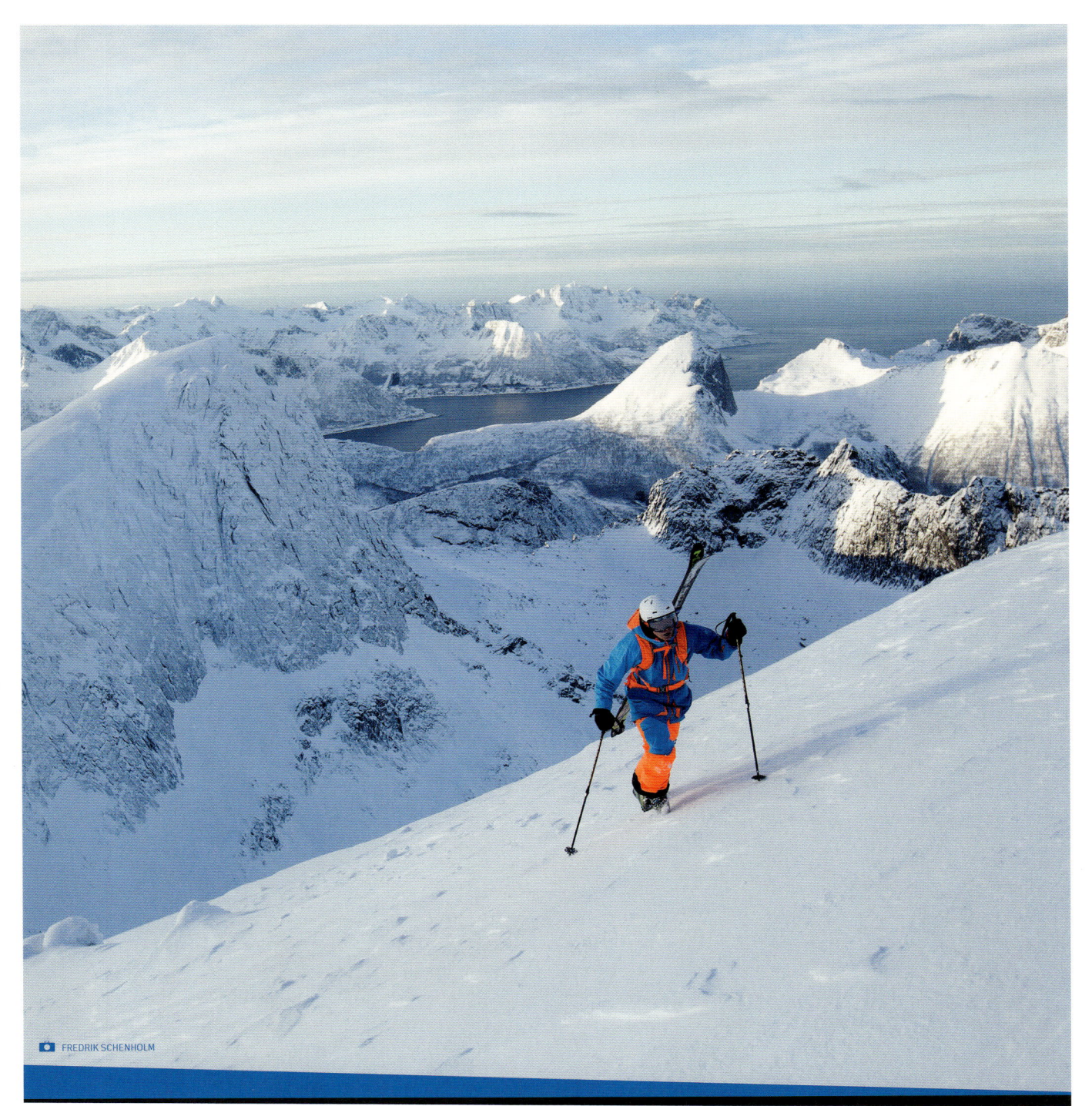

FREDRIK SCHENHOLM

Bergans of Norway hat seinen Ursprung in der wilden Natur und dem rauen Klima Norwegens. Die oft widrigen Bedingungen dort stellen besonders hohe Ansprüche an das Material und seine Nutzer.

FOREVER PIONEERS
bergans.de

Jonas Kullman Jimmy Odén

I still remember all the questions I used to ask myself when I first started skiing full-time. Knowing what I know today, this is the book I wish I'd had but never found back then.
                                        Jimmy Odén, UIAGM Mountain Guide

Prière du Guide de Montagne

O Père, Maître de l'Univers, apprends-moi à contempler la création avec un regard neuf et un cœur jeune; à puiser dans la richesse de tes dons la générosité à te servir dans mon métier de guide de montagne. Seigneur Jésus, Sommet de l'Univers et Centre des Cœurs. Apprends-moi à lire ta Présence dans le cristal des êtres et à aider la montée de chacun d'eux vers toi. Que par ton Esprit je sois ton témoin à la tête de la cordée: sûr et intrépide à la conduire à l'attaque, capable de l'arrecher à l'envoûtement d'une vie facile pour l'entraîner vers les cimes, fascinée par ta Beauté en elles et soutenue par ta Force et ta Patience en moi. Glorieux saint Bernard de Menthon, notre modèle et protecteur, implore du Seigneur la force de monter comme toi vers le Père avec toute ma vie, avec tous mes frères, avec toute la Création dans l'audace et l'adoration.

Amen

Prière composée pour l'Année des Alpes (1965) par le Chanoine G. Volluz, guide de Montagne.

001

BERGGESPÜR

Wenn ich an manche meiner Entscheidungen denke, die ich während meiner frühen Jahre als Vollzeitskifahrer getroffen habe, spüre ich immer noch den Stress, den mir diese Entscheidungen damals bereitet haben. Noch mehr stresst mich allerdings der Gedanke an Entscheidungen, die ich damals nicht getroffen habe.

Besonders in Erinnerung geblieben ist mir einer der ersten Tage meiner ersten Skisaison in den Alpen im Dezember 1990. Meine beiden Freunde und ich waren begeisterte Skifahrer und wir hatten bereits Lawinenverschüttetensuchgeräte und Rucksäcke mit Schaufeln. Lawinensonden hatten wir nicht, da wir der Meinung waren, die bräuchte man nicht. Essen und Bier hingegen benötigten wir unbedingt, also haben wir unser Geld stattdessen dafür ausgegeben.

Mit unserer Ausrüstung kamen wir uns sowieso schon ungewöhnlich sicherheitsbewusst vor. Den meisten Ski-Bums – so werden Vollzeitskifahrer ohne Profistatus augenzwinkernd bezeichnet – waren damals solche Dinge vollkommen egal. Doch hatten wir nur eine ungefähre Vorstellung davon, wie man die Notfallausrüstung anwendet – und überhaupt kein Verständnis für die Gefahren der Berge. All das bereitete keinem von uns Sorgen. Ich war 19, weit weg von zu Hause und bewaffnet mit der gefühlten Unsterblichkeit der Jugend.

Es war ein sonniger Morgen ohne Wind. Am Tag zuvor hatte es geschneit, der Schnee war tief und frisch. Vom Sessellift aus sahen wir einen fantastischen Kessel ohne eine einzige Spur. Clever wie üblich fragten wir uns zwar, warum dort noch niemand gefahren war. Aber allzu viel Zeit verwendeten wir nicht darauf, schließlich lockte uns der unverspurte Pulverschnee, der uns ganz allein gehören würde.

Mit dem bisschen Risikobewusstsein, das wir hatten, starteten wir am Rand des Kessels und fuhren immerhin einzeln ab.

Den ganzen Tag blieben wir am gleichen Lift und zogen unsere Spuren immer weiter in den Kessel hinein. Andere Skifahrer begannen unseren Spuren zu folgen. Wahrscheinlich dachten sie, wenn diese Leute mit den Rucksäcken dort fahren, ist es bestimmt sicher. Denn die sehen so aus, als wüssten sie, was sie tun.

An diesem wunderschönen, sorgenfreien Tag machten wir zufällig einige Kleinigkeiten richtig. Das aber ist im Grunde ohne jede Bedeutung. Wir wussten nicht, was wir taten und trafen viele ignorante Entscheidungen. Es war pures Glück, dass nichts passiert ist.

Damals war uns das nicht bewusst. Es war uns auch nicht bewusst, wie leicht der Kessel zu einer riesigen Falle hätte werden können, in der Dutzende Skifahrer unter metertiefem Schnee hätten begraben werden können.

In meinen Albträumen weiß ich, dass die Schneebedingungen an diesem Tag ungünstig waren. Und ich weiß, dass ich damals den Unterschied zwischen günstig und ungünstig nicht erkannt hätte. Während meiner Zeit in den Bergen habe ich viele Leute getroffen, die den Unterschied auch nicht kannten, genauso wie ich mit 19 Jahren. Und manche dieser Menschen leben nicht mehr.

Ich hatte damals Glück. Andere hatten weniger Glück.

Rückblickend wäre es besser gewesen, zu versuchen, so früh wie möglich so viel wie möglich von den Bergen zu lernen. Das empfehle ich jedem. So kann man auf fundiertes Wissen zurückgreifen, wenn man Entscheidungen fällt.

In den Bergen muss man in der Lage sein, Situationen zu beurteilen und schnell die richtigen Entscheidungen zu fällen. Da man aber nicht immer die richtigen Entscheidungen treffen kann, muss man Fehler erkennen, sie korrigieren und aus ihnen lernen. Wenn man sich als Skibergsteiger oder Freerider entwickelt, konzentriert man sich anfangs vor allem auf technisches Know-how, z. B. wie man eine Abseilstelle einrichtet oder wie man auf Gletschern am Seil geht; denn ohne dieses Know-how kommt man meist nicht sehr weit. Diese Phase ist lohnend, macht Spaß und man sieht konkreten, messbaren Fortschritt. Es dauert viel länger, bis man gelernt hat, wann man welche Techniken wo am besten anwendet.

Unser Gespür für den Berg basiert auf all unserem angesammelten Wissen und unseren Fähigkeiten, Techniken und Kenntnissen. Wir lernen, indem wir neue Techniken in kontrollierbarer Umgebung ausprobieren und üben. Je mehr wir wissen, desto besser können wir Problemen aus dem Weg gehen. Dieses Berggespür, von dem ich spreche, ist schwer zu beschreiben, und man kann es anderen nicht wirklich beibringen. Man muss es selbst erlernen, indem man Erfahrungen macht und diese kritisch reflektiert. Ist man demütig und neugierig genug, stellt man schnell fest, dass man an jedem Tag in den Bergen etwas Neues lernen kann.

In diesem Kapitel geht es nicht um harte Fakten. Es geht darum, eine Einstellung zu beschreiben, die dabei hilft, ein Gespür für den Prozess der Situationsanalyse zu entwickeln und dafür, wann man welches Wissen anwendet.

ENTSCHEIDUNGSFINDUNG Meistens gibt es nicht bloß die eine richtige Lösung, sondern mehrere. Wenn es nur eine richtige Entscheidung gibt, dann ist der Entscheidungsprozess in der Regel einfach. Doch muss man in der Lage sein, Situationen zu erkennen, in denen es nur eine vernünftige Alternative gibt. Ein Beispiel für eine solche Situation ist akute Steinschlag- oder Lawinengefahr und dann heißt die einzige Alternative: Umkehren!

Es ist wichtig, offen und flexibel zu bleiben und Entscheidungen nicht aufgrund von alten Informationen, Vorannahmen, fixen Zielen oder gewohnten Verhaltensweisen zu fällen. Jede Möglichkeit, Informationen zu sammeln, diese einzuordnen und zu gewichten, muss genutzt werden. Je später man eine Entscheidung fällt und je länger man offen für Alternativen bleibt, desto mehr Informationen stehen letztlich zur Verfügung. Wenn man nach einem im Voraus festgelegten Plan agiert, sollte man sich sehr sicher sein, dass dieser Plan tatsächlich zu den Verhältnissen passt und nicht nur zu den eigenen Zielen und Erwartungen. Pläne müssen an die Realität angepasst werden. Und wenn etwas Unvorhergesehenes passiert, muss man den Plan manchmal auch ganz vergessen.

FEHLERKORREKTUR In den winterlichen Bergen gibt es immer potenzielle Gefahren, aber immer auch die Möglichkeit, ihnen zu begegnen oder aus dem Weg zu gehen. Es gibt viele verschiedene Faktoren und Kombinationsmöglichkeiten, weshalb es praktisch unmöglich ist, immer die richtige Entscheidung zu treffen. Es ist unwichtig, wer man ist oder was man vorher gemacht hat; wenn man sich zum falschen Zeitpunkt falsch entscheidet, kann das tödlich sein. Daher ist die Fähigkeit, Fehler früh zu erkennen und zu korrigieren, eine der wichtigsten in den Bergen. Wenn man häufig und intensiv darüber nachdenkt, was alles schiefgehen könnte, lernt man auch, Fehler früher zu erkennen. Das ist wichtig, weil jeder Fehler macht. Fehler sind unvermeidlich. Auch Experten irren sich, aber gute Experten gestehen ihre Fehler ein und lernen aus diesen Erfahrungen. Wenn man einen Fehler nicht eingesteht, kann das zu einer fatalen Fehlerkette führen, die eskaliert, bis es zu einem Unfall kommt. Das eigene aufgeblasene Ego sollte nie auf Kosten der Sicherheit bzw. Risikominimierung geschont werden. Nachdem man sich einen Fehler eingestanden hat, kann man seine Möglichkeiten und seine Strategien neu überdenken.

Die meisten Fehler können korrigiert werden, ohne dass der Tagesablauf allzu sehr gestört wird. Man muss lediglich offen über die verschiedenen Optionen nachdenken. Wenn eine Fehleinschätzung so korrigiert werden kann, dass ein akzeptables Maß an Sicherheit gewährleistet wird, können wir weitermachen wie geplant. Ist das nicht der Fall, müssen wir unseren Plan und unsere Ziele ändern. Auch das für viele Bergsportler förmlich schmerzhafte Umkehren ist eine Möglichkeit, solange der Rückzug nicht gefährlicher ist, als weiterzugehen.

Tipp: Wenn man seine Planung überdenken muss, sollte einem die Option „Umkehren" immer als eine gute Entscheidung vor Augen stehen. Die Möglichkeit umzukehren ist nicht der letzte Ausweg, sondern eine gleichwertige Alternative zu jeder Planänderung. Nach jedem Skitag sollte man das eigene Handeln überdenken. Nur so können wir aus Fehlern lernen und uns verbessern.

RISIKO-MANAGEMENT Wer in den Bergen unterwegs ist, muss stets bemüht sein, das Risiko, dem sich jeder aussetzt, der sich im winterlichen Gebirge bewegt, auf ein akzeptables Maß zu reduzieren. Wie viel Risiko akzeptabel ist, muss jeder selbst entscheiden. Man sollte sich selbst gut kennen und genau wissen, welche Risiken man eingehen möchte und wo man seine Grenzen zieht. Dementsprechend sollte das eigene Verhalten am Berg diesem Risikoniveau entsprechen, das man für sich als akzeptabel bewertet. Wenn wir uns einem größeren Risiko aussetzen, sollte das mit einer klaren, eigenverantwortlichen Entscheidung für das Verschieben der eigenen Grenzen einhergehen und nicht aus Ignoranz oder Gruppendruck und falschem Ehrgeiz geschehen.

Einige Situationen verleiten häufig dazu, ein höheres Risiko zu akzeptieren:
- Innerhalb von Gruppen fühlt man sich oft sicherer. Doch das genaue Gegenteil kann der Fall sein, wenn man sich auf die Risikoeinschätzung der anderen verlässt. Oft glaubt jeder, dass der andere die Situation im Griff habe.
- Als Führer bzw. Leiter von Gruppen überschätzt man häufig die Erwartungen seiner Gruppe.
- In der Nähe von Liften oder anderer technischer Infrastruktur fühlen wir uns oft sicherer.
- Je mehr problematische Situationen man erlebt hat, bei denen nichts passiert ist, desto mehr entwickelt man eine Art gefühlte Gefahrenimmunität: Denn bisher ist ja immer alles gut gegangen.
- Wettbewerbssituationen um den besten Schnee oder die besten Linien verleiten dazu, höhere Risiken einzugehen.

GEFAHREN ERKENNEN Man muss in der Lage sein, Gefahrenanzeichen zu erkennen und zu bewerten, um die damit verbundenen Risiken zu minimieren.

Man kann zwischen objektiven und subjektiven Gefahren unterscheiden:
- Objektive Gefahren entziehen sich unserer unmittelbaren Beeinflussbarkeit: Lawinen, Eisschlag, Wetter usw.
- Subjektive Gefahren können wir beeinflussen, z. B. unser persönliches Können, die Kondition, Gruppendynamik usw.

Konkrete Gefahren beinhalten jedoch immer sowohl objektive als auch subjektive Momente. Durch gute Entscheidungen können wir den meisten Gefahren angemessen begegnen.

Wenn wir uns im Gebirge bewegen, akzeptieren wir, dass es Gefahren gibt, die wir nicht kontrollieren und teils sogar nicht einmal wahrnehmen können und die uns gefährlich werden können. Das heißt natürlich keinesfalls, dass wir nicht selbst dafür verantwortlich sind, was mit uns passiert. Unfälle geschehen nicht nur aufgrund objektiver Gefahren, sondern auch weil wir es versäumt haben, den Gefahren angemessen zu begegnen.

Die meisten tödlichen Lawinen werden von den Opfern selbst oder von jemandem aus derselben Gruppe ausgelöst. Zwar ereignen sich auch immer wieder völlig unvorhersehbare Unfälle, die auch durch großes Wissen und vorsichtiges Verhalten nicht zu vermeiden gewesen wären, aber in den allermeisten Fällen existieren Warnzeichen, die auf die Gefahren hinweisen. Es ist unsere Aufgabe, diese Zeichen zu lesen und zu interpretieren.

GESPÜR FÜR GEFAHR Mit der Zeit und mit wachsender Erfahrung kann man ein verlässliches Gefühl für Gefahr entwickeln und viele Entscheidungen stark intuitiv fällen. Man lernt Situationen einzuschätzen und handelt, ohne alle Faktoren rational und bewusst zu durchdenken. An diesen Punkt kann man gelangen, wenn man die Theorie vollständig verstanden hat. Noch wichtiger sind hierfür jedoch viel praktische Erfahrung in den Bergen und viel Nachdenken über das eigene Tun.

All das braucht Zeit und fliegt einem nicht einfach zu. Ein gutes Gespür für Gefahren und die verbreitete „Das-passt-schon"-Einstellung haben nichts miteinander zu tun und dürfen keinesfalls verwechselt werden. Fühlt man sich unwohl, sollte man versuchen herauszufinden, warum das so ist: Gibt es Indizien oder gar Alarmzeichen für Gefahr, oder geht es mir einfach nicht gut?

Am Anfang ist es ganz natürlich, „zu schnell" umzudrehen, da man Risiken in einer neuen, unbekannten Umgebung stärker wahrnimmt. Und das ist auch gut so. Mit der Zeit lernt man, die verschiedenen Zeichen zu erkennen und zu interpretieren. Sein Bauchgefühl sollte man nie ignorieren. Tun wir es doch, werden wir irgendwann eine im besten Fall sehr unangenehme Erfahrung machen.

RISIKEN MINIMIEREN Die effektivste Art, Risiken zu minimieren, besteht darin, diesen ganz aus dem Weg zu gehen. Doch beim Skifahren geht das nicht immer. Wenn möglich und realistisch durchführbar, sollte man Gefahren vermeiden. Ist die Gefahr lokal und kleinräumig begrenzt oder sind die Verhältnisse generell ungünstig? Einige Gefahren, die mit der Stabilität der Schneedecke zu tun haben, können wir schlecht beurteilen. Daher sollten wir jene, die wir beurteilen können, fokussieren und klug mit ihnen umgehen, indem wir unsere Route entsprechend anlegen oder umkehren.

Wichtig ist es auch, dass wir uns den Gefahren nur für so kurze Zeit wie möglich aussetzen. Das erreichen wir, indem wir uns an problematischen Stellen zügig bewegen, auf gutes Timing achten, wenn die Gefahr mit der Tageszeit zusammenhängt, und möglichst sichere Haltepunkte wählen.

Wenn man keine bewusste Entscheidung trifft, ist das leider auch eine Entscheidung, deren Konsequenzen man dennoch tragen muss. Nur weil etwas möglich ist, heißt das nicht, dass man es tun sollte oder gar tun muss. Auch darüber sollte man sich immer im Klaren sein.

Fredrik Schenholm Meiringen, Schweiz

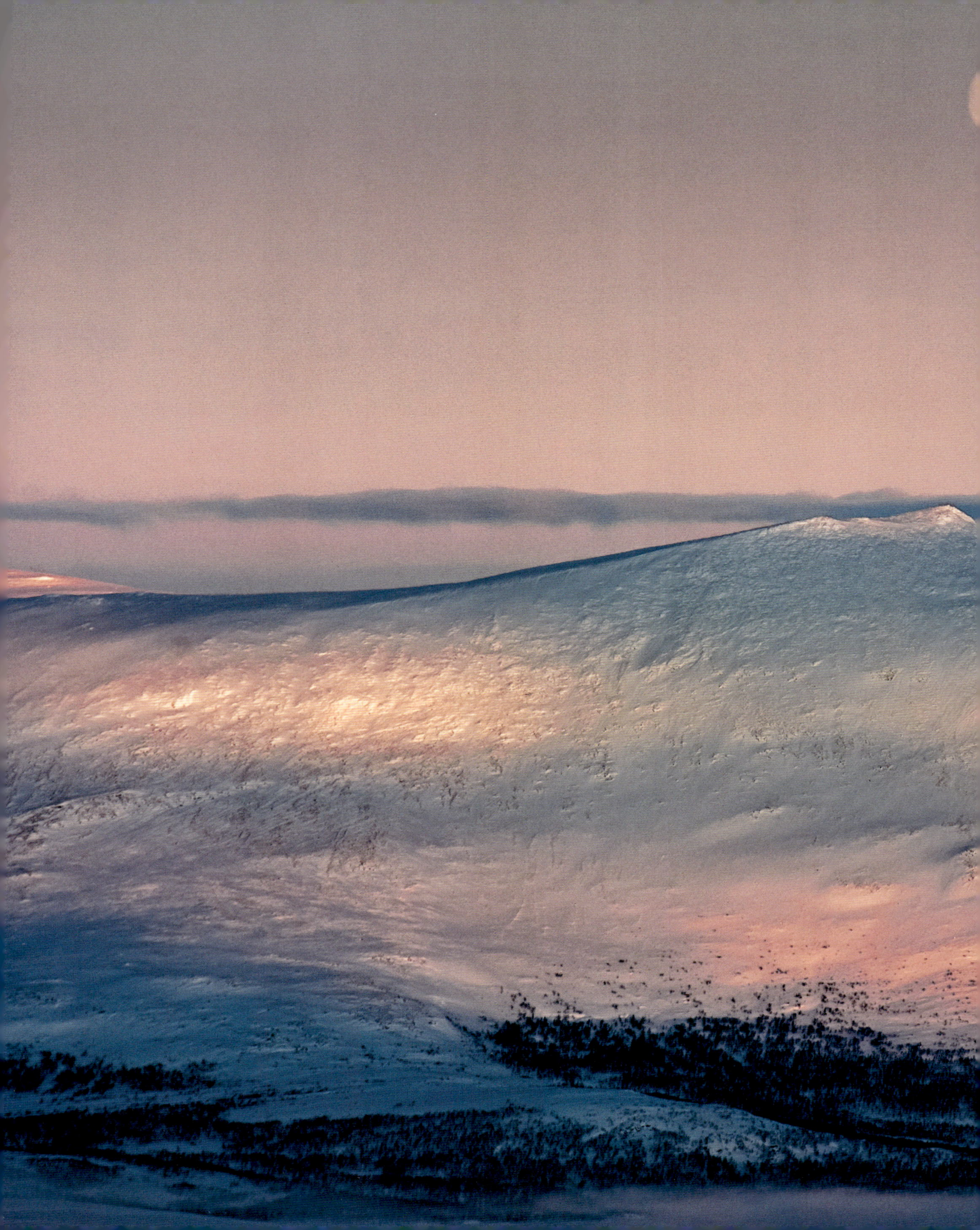

Jaakko Posti — Kittelfjöll, Schweden

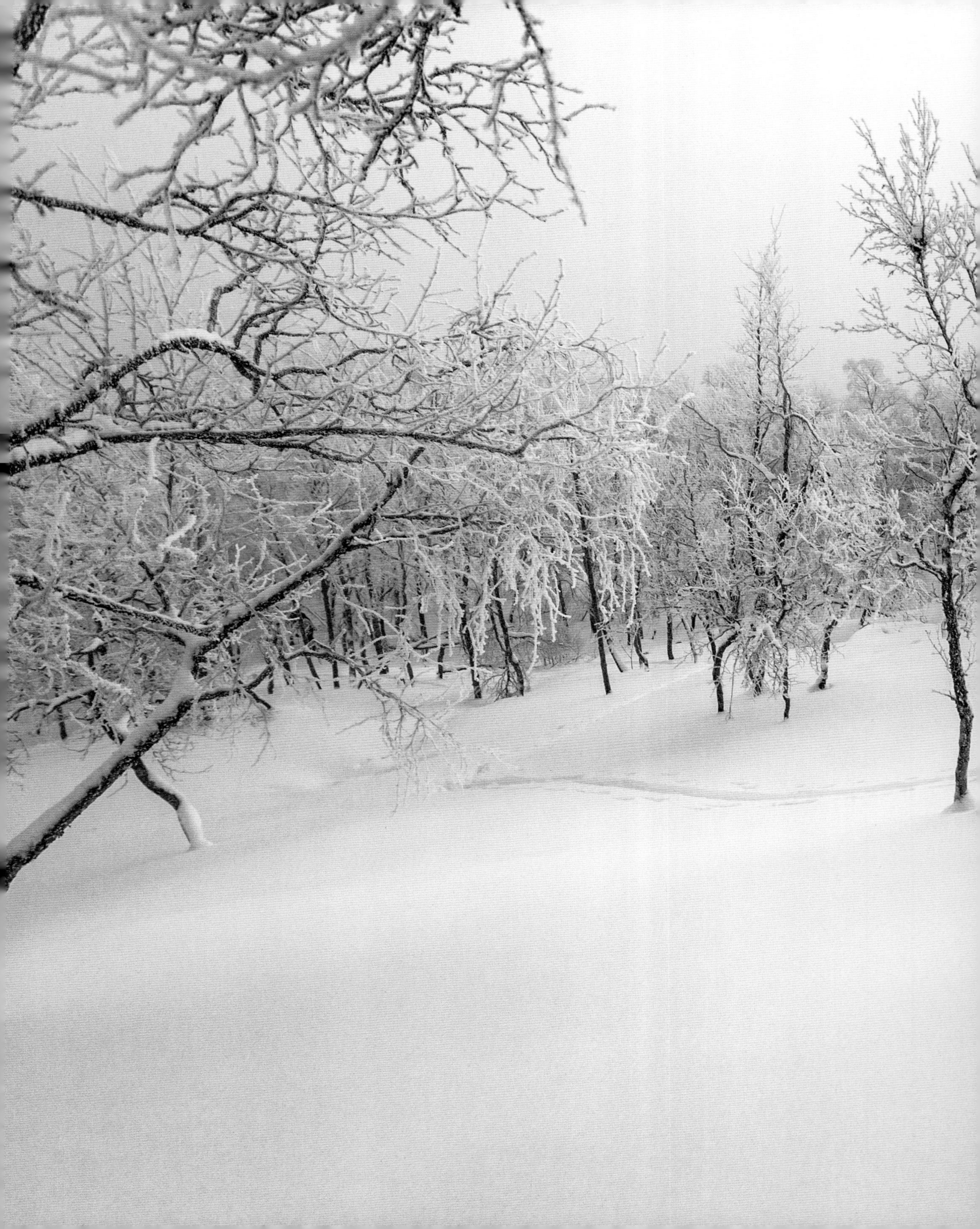

Jaakko Posti — Kittelfjäll, Schweden

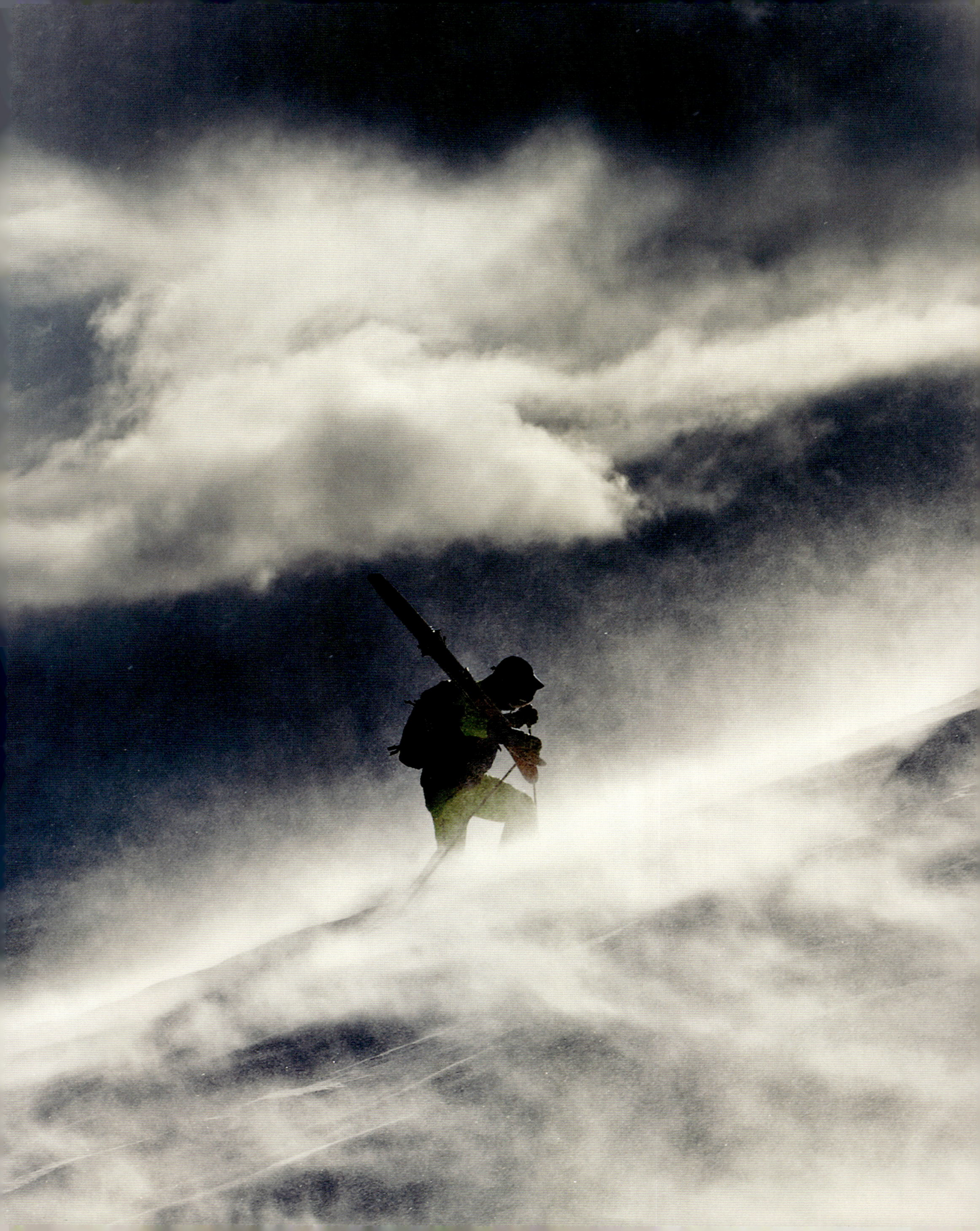

Fredrik Schenholm Sogndal, Norwegen

Fredrik Schenholm   Ben Nevis Ski Resort, Schottland   Per Jonsson und Linn Karlsson

002

BERGWETTER

Der Firn im Osthang des Testa del Rutor war exzellent gewesen. Doch bereits in einer Höhe von 2700 m begann der Schnee sehr weich zu werden und wir wichen in Hänge aus, die etwas mehr nach Süden ausgerichtet waren. Hier war der Schnee immer noch gut.

Kurz bevor wir an diesem Morgen in den Hubschrauber gestiegen waren, hatte ich meinen Stock in den Schnee gerammt und bemerkt, dass nur eine dünne oberste Schicht gefroren war, keinesfalls die gesamte Schneedecke bis zum Boden.

Dass wir schon so früh auf die Exposition achten mussten und auf einen anders ausgerichteten Hang wechseln mussten, bereitete mir Sorgen. Ich realisierte, dass es sogar hier auf 2700 m wärmer war als während der letzten Tage. Das hieß, dass die Lawinengefahr schnell und dramatisch ansteigen würde. Und die Gruppe bewegte sich viel langsamer, als ich erwartet hatte; auch das machte mich unruhig.

Ab 2200 m fuhren wir in durchnässtem Schnee. Die schönen Firnhänge hatten sich durch die unerwartet milden Temperaturen in kurzer Zeit in Lawinengelände verwandelt. Auf dieser Höhe war der Schnee in keiner Exposition nachts gefroren. Zum Glück hatten wir nur noch ein kurzes, etwa 30° steiles Stück vor uns, dann würden wir im flachen Gelände zurück zum Dorf fahren.

Wir querten, um die steilsten Bereiche zu umgehen, und versuchten Abstände einzuhalten. Als wir eine konvexe Stelle passierten, löste der schwerste meiner Gäste einen kleinen Nassschneerutsch aus, der jedoch bis auf den Grund ging. Nun war allen klar, dass wir hier dringend wegmussten.

Wir mühten uns die letzten 300 Höhenmeter durch den durchfeuchteten Schnee hinab. Immerhin war es nun flach genug, dass wir nicht mehr in Gefahr waren. Zum Glück mussten wir den Rettungshubschrauber nicht rufen.

Der schnelle Temperaturanstieg hatte alles unfahrbar gemacht. Egal auf welcher Höhe und in welcher Exposition: Wir wären zweifellos in durchfeuchtetem Schnee gelandet.

Um 10:15 Uhr war unser Skitag vorbei.

Das Wetter zwingt uns dazu, unsere Entscheidungen und Pläne in den Bergen ständig zu überdenken und immer wieder auch zu ändern. Bei der Planung sollte man einen möglichst aktuellen, möglichst lokalen, detaillierten (Berg-)Wetterbericht verwenden. Obwohl die meisten Zwölf-Stunden-Vorhersagen eintreffen, darf man nicht vergessen, dass es sich eben um Vorhersagen handelt und dass sich das Wetter und damit die Schnee- und Lawinenverhältnisse auch anders entwickeln können. Ist das Wetter stabil, sind die Vorhersagen meist zuverlässig. Leider nimmt die Genauigkeit der Prognosen ab, je schneller sich das Wetter ändert und je weiter man in die Zukunft schaut. Eine genaue Prognose ist eine der wichtigsten Voraussetzungen für unsere Tourenplanung.

KONSEQUENZEN DES WETTERS

Im Gebirge muss man die Entwicklung des Wetters ständig beobachten, Zeichen deuten und sich eine eigene Kurzzeitprognose erstellen, besonders wenn man mehrere Tage in einer Gegend ohne Handyempfang oder in einer Region ohne gute Vorhersagen unterwegs ist. Wir müssen vorausschauend analysieren, wie das Wetter sich auf unsere Pläne auswirken wird.

Ungünstiges Wettergeschehen, das Gefahren mit sich bringt Die Lawinengefahr steigt, wenn es stark schneit oder regnet.

Kalte Temperaturen verlangsamen die Setzung und Stabilisierung der Schneedecke, außerdem besteht Gefahr, dass es zu Erfrierungen und Unterkühlungen kommt.

Ein rascher Temperaturanstieg erhöht die Lawinen- und Steinschlaggefahr.

Starker Wind erhöht die Lawinengefahr und auch die Wahrscheinlichkeit, sich Erfrierungen oder eine Unterkühlung zuzuziehen.

Schlechte Sicht aufgrund von Wolken, Nebel oder Schneefall erschwert die Beurteilung der Lawinengefahr und die Orientierung.

Wolken verhindern im Frühjahr das strahlungsbedingte Auskühlen der Schneedecke, sodass sich nachts kein ausreichend dicker Harschdeckel bilden kann.

Auch kleine Unfälle können schwerwiegende Konsequenzen haben, wenn die Flugrettung aufgrund starken Windes oder schlechter Sicht nicht zu Hilfe kommen kann.

Positive Effekte des Wettergeschehens Starker Schneefall heißt, dass die Skibedingungen im Wald – wo die Sicht besser ist – fantastisch sind und dass Gletscherspalten aufgefüllt werden.

Wärmere Temperaturen können in einem Firnzyklus für gute Frühjahrsbedingungen sorgen.

Kalte Temperaturen bedeuten, dass der Schnee auch in geringeren Höhen kalt oder gefroren bleibt.

Häufige Windperioden können dazu führen, dass Gletscherspalten im Hochgebirge von dicken Schneebrücken zugedeckt werden.

GRUNDLAGEN

Der Luftdruck ist eine der wichtigsten meteorologischen Größen. Er gibt an, wie viel Druck auf einen bestimmten Punkt der Erdoberfläche durch das Gewicht der sich darüber befindenden Luftsäule wirkt. Der Luftdruck ist also eine Art Maß für das Gewicht der Atmosphäre an einem Punkt. Dieses unterliegt räumlichen und zeitlichen Schwankungen. Der Luftdruck ist auf Meereshöhe immer am größten und nimmt mit der Höhe ab. Er wird in Hektopascal (hPa) (oder Millibar) angegeben und beträgt auf Meereshöhe im Durchschnitt 1013 hPa.

Für Skifahrer sind in diesem Zusammenhang zwei Geräte interessant: Das Barometer und das Altimeter (Höhenmesser). Obwohl es sich um das gleiche Instrument mit verschiedenen Skalen handelt, wird das Barometer vor allem im Tal verwendet oder wenn man auf einer Hütte übernachtet. Es ist nützlich, um den Luftdruck zu verstehen, was wiederum beim Lesen von Wetterkarten hilft. Ein Altimeter haben wir immer dabei, da wir es zur Orientierung brauchen. Daher ist es auch unser Instrument der Wahl, um den Luftdruck zu beobachten.

Tipp: Sinkt der Luftdruck, steigt die Anzeige auf dem Altimeter. Steigt der Luftdruck, sinkt sie. Das Altimeter weiß nicht, ob wir aufsteigen oder abfahren. Es registriert nur, dass sich der Luftdruck verändert. Wenn der Luftdruck sinkt, wird das als Höhengewinn interpretiert, da der Druck mit der Höhe abnimmt. Daher kann es sein, dass das Altimeter eine größere Höhe anzeigt, obwohl wir uns nicht bewegt haben.

Die Sonne ist der Motor aller Prozesse, die sich in der Atmosphäre abspielen. Wenn Luft erwärmt wird, steigt sie auf. Wird die Luft kühler, sinkt sie ab (Abb. 001).

Da die Erde eine Kugel ist, erreicht nicht überall gleich viel Sonnenstrahlung die Erdoberfläche. Manche Bereiche werden stärker erwärmt als andere. Die Verteilung von hohem und tiefem Luftdruck wird durch diese Temperaturunterschiede verursacht. Am Äquator ist es am wärmsten, da die Strahlung dort rechtwinklig eintrifft. Es entstehen Tiefdruckzonen. An den Polen ist es umgekehrt, vor allem im Winter, wenn dort überhaupt keine Strahlung ankommt. Es entstehen Hochdruckgebiete. Gäbe es keinen Luftaustausch zwischen diesen Regionen, würde die Temperatur am Äquator ständig steigen und an den Polen ständig fallen. Da die Natur aber stets um Balance bemüht ist, werden Druckunterschiede ausgeglichen (Abb. 002).

Die Erdrotation und die Schieflage der Erdachse verkomplizieren das (Abb. 003).

TIEFDRUCKGEBIETE

In Tiefdruckgebieten herrscht geringer Luftdruck relativ zur Umgebung. In einem Tief rotieren wärmere und kältere Luftmassen um ein gemeinsames Zentrum. Die Grenzen zwischen diesen Luftmassen nennt man Fronten. Sie bewegen sich mit dem Wind und bringen wechselhaftes, schlechtes Wetter (Abb. 004 und 005).

EINE WARMFRONT NÄHERT SICH Als Skifahrer muss man von Warmfronten nicht überrascht werden; sie bewegen sich langsam und geben uns genügend Vorwarnung, um Entscheidungen zu treffen. Der Luftdruck fällt, dünne, hohe Wolken ziehen auf und werden immer dichter. Die Sicht wird schlechter.

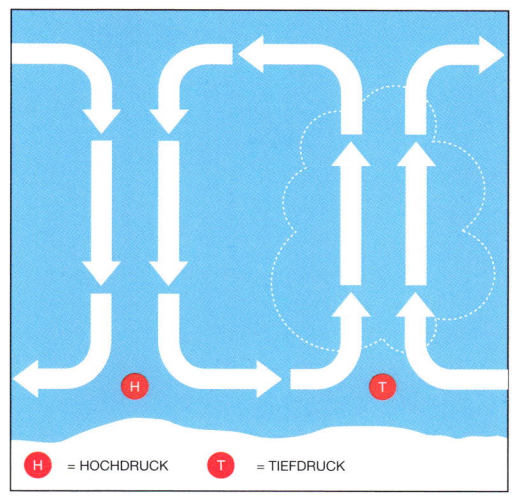

001 Luft, die sich erwärmt, steigt auf. Kalte Luft sinkt ab.

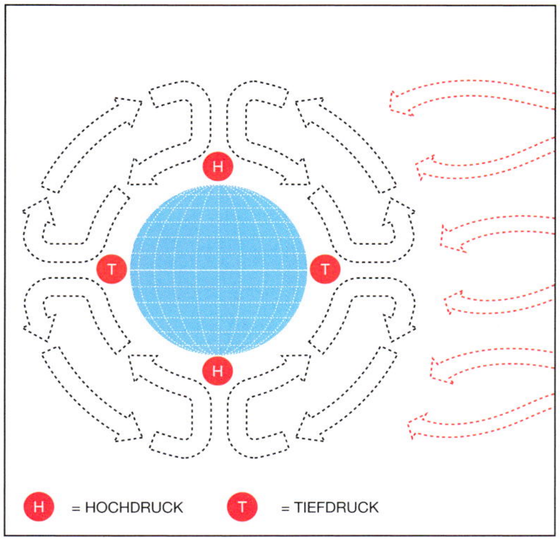

002 Globale Zirkulation

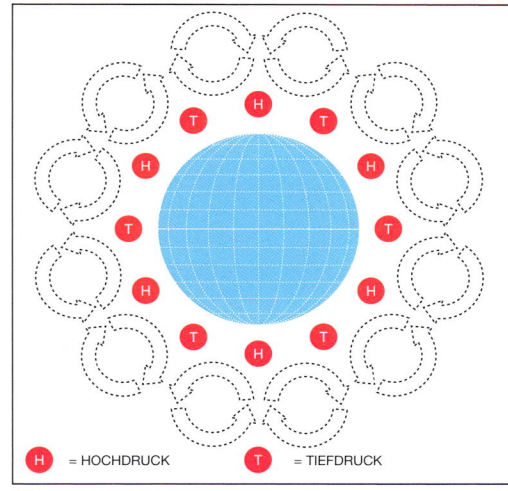

003 Globale Zirkulation

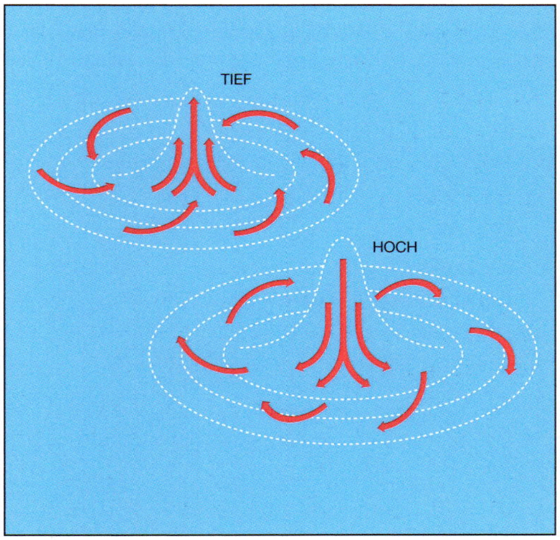

004 Hoch- und Tiefdruckgebiete

Mit Eintreffen der Warmfront setzen oft lang anhaltende Schneefälle ein. Nach Durchgang der Front wird es wärmer, es bleibt wolkig und schneit leicht (Abb. 006).

EINE KALTFRONT NÄHERT SICH Hier gibt es nur eine kurze Vorwarnung. Die nahende Front kündigt sich durch stark fallenden Luftdruck an. Der Wind wird stärker. Kaltfronten bringen intensive Niederschläge, Wind, Wolken und kalte Temperaturen.

Nach Durchzug der Kaltfront wird es kälter. Die Wolken lösen sich rasch auf (oft nur kurzfristig) und der Luftdruck steigt (oft nur kurzfristig). Nur bei Hochdruckeinfluss ist die Wetterbesserung von Dauer (Abb. 007).

EINE OKKLUDIERTE FRONT NÄHERT SICH Eine Okklusion oder okkludierte Front ist das, was entsteht, wenn eine Kaltfront eine Warmfront einholt. Vor einer Okklusion ist das Wetter ähnlich wie vor einer Warmfront. Ist die Okklusion durchgezogen, ist das Wetter ähnlich wie nach einer Kaltfront (Abb. 008).

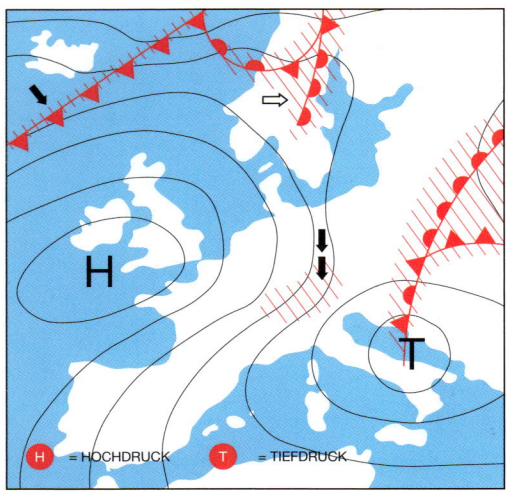

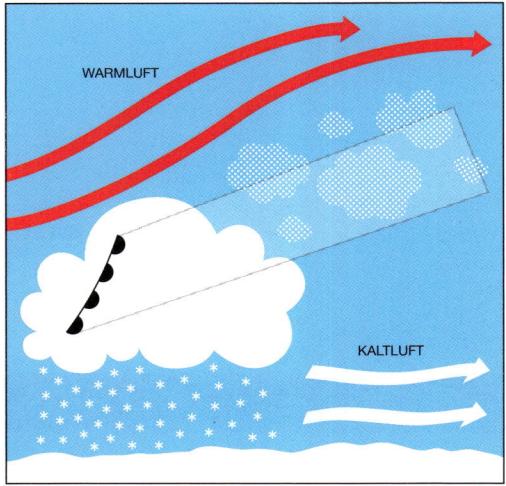

005 Beispiel einer Wetterkarte

006 Warmfront

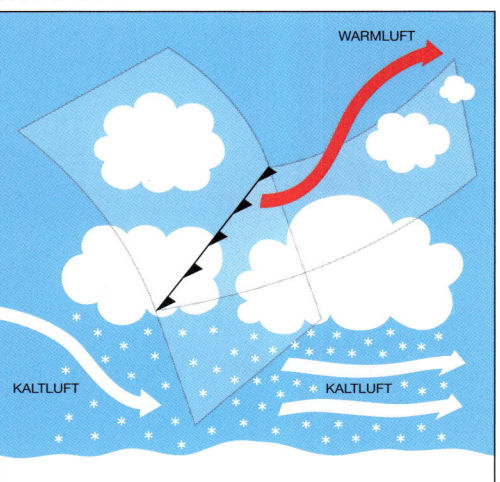

007 Kaltfront

008 Okklusion

HEBUNG

Auch vertikale Luftbewegungen sind für das Wetter von großer Bedeutung. Bewegt sich die Luft nach oben, bilden sich Wolken. Sinkt die Luft, lösen sich die Wolken auf.

Luft enthält Wasserdampf. Je nachdem, wie warm oder kalt die Luft ist, kann sie mehr oder weniger Dampf aufnehmen: Warme Luft kann viel mehr Wasserdampf aufnehmen als kalte Luft. Ist der maximale Wert erreicht und die Luft gesättigt, kondensiert der Wasserdampf und bildet Tröpfchen. Wenn Luft aufsteigt, kühlt sie ab und erreicht irgendwann dieses Sättigungsniveau. Der kondensierende Dampf bildet Wolken, aus denen oft auch Niederschlag fällt. Es gibt verschiedene Gründe, warum Luft aufsteigt:

Orographische Hebung Wenn sich Luftmassen horizontal auf ein Gebirge zubewegen, müssen sie irgendwann aufsteigen, um das Hindernis zu überqueren. Ein großer Teil des Winterniederschlages im Gebirge ist das Resultat orographischer Hebung und insbesondere von Staueffekten, wenn sich feuchtigkeitsreiche Luft an Hindernissen staut und während der gezwungenen Hebung förmlich ausgequetscht wird (Abb. 009).

Frontale Hebung Da warme Luft eine geringere Dichte hat als kalte, gleitet sie auf kalte Luftmassen auf. Dies ist im Bereich von Fronten häufig der Fall.

Konvektion Vor allem im Sommer kann sich Luft in Bodennähe durch die Sonne stärker erwärmen als die Umgebung. Irgendwann löst sich die warme Luft ab und steigt auf. Je nach den atmosphärischen Verhältnissen entwickeln sich Quellwolken oder sogar Gewitter.

Dynamische Hebung Großräumig werden Luftmassen durch komplizierte dynamische Prozesse in der Atmosphäre gehoben oder abgesenkt.

ISOTHERMEN (LINIEN GLEICHER TEMPERATUR)

Die Höhe der 0°-Isotherme ist jene Höhe, in der die Temperatur 0 °C beträgt. Für uns als Skifahrer ist es vor allem im Frühjahr entscheidend, ab welcher Höhe der Schnee gefriert. Das hängt von den Wetterbedingungen und der Tageszeit ab. Bei starker Sonneneinstrahlung kann der Schnee tagsüber auch bei negativer Lufttemperatur in der Sonne antauen, während er im Schatten gefroren bleibt. Die Nullgradgrenze liegt dann unter der Höhe, ab der die Schneedecke gefroren ist.

Vor allem bei Firnabfahrten, die in tiefen Lagen enden, müssen wir wissen, bis in welche Höhe die Schneedecke gefroren war. Es ist sehr einfach, bei perfekten Bedingungen in der Höhe loszufahren und dann weiter unten in eine Falle aus durchfeuchtetem Faulschnee zu geraten, wo Nassschneelawinen zur Gefahr werden.

Eine besonders wichtige Information, die uns der Wetterbericht für die Planung von Frühjahrstouren liefert, ist die voraussichtliche Höhe der Nullgradgrenze. Ebenso hilfreich und wichtig sind jedoch die Messdaten der zumeist automatisierten Wetterstationen, da sie uns die Temperaturen während der Nacht verraten, in der der Schnee gefrieren musste, wodurch wir die Dicke des Harschdeckels abschätzen können. Wir müssen diese Information nutzen, um uns eine eigene Prognose über die Temperaturen am Boden in verschiedenen Expositionen am Berg und zu verschiedenen Tageszeiten zurechtzulegen.

SCHNEE

Kleine Wassertröpfchen in Wolken sammeln sich an Kristallisationskeimen (z. B. Staubkörnern) und frieren dort fest. Die Kristalle wachsen und werden irgendwann so schwer, dass sie hinunterfallen (Abb. 010).

Warme, feuchte Luftmassen, die stark gehoben werden, verursachen besonders intensive Schneefälle. An Bergen in Meeresnähe schneit es daher sehr viel. Je schneller die Luft gehoben wird, desto intensiver schneit es.

Die Schneefallgrenze hängt von der Höhe der Nullgradgrenze ab. Schneit es über längere Zeit, kann sich die Schneefallgrenze mit der Nullgradgrenze nach unten verschieben. Wenn Schneeflocken beim Durchqueren wärmerer Luft (unterhalb der Nullgradgrenze) schmelzen, verliert die Luft die für das Schmelzen nötige Energie und kühlt auf Dauer ab. So kann Regen mit der Zeit in Schnee übergehen und die Schneefallgrenze sinken. Die Qualität des Schnees ändert sich natürlich mit der Höhe.

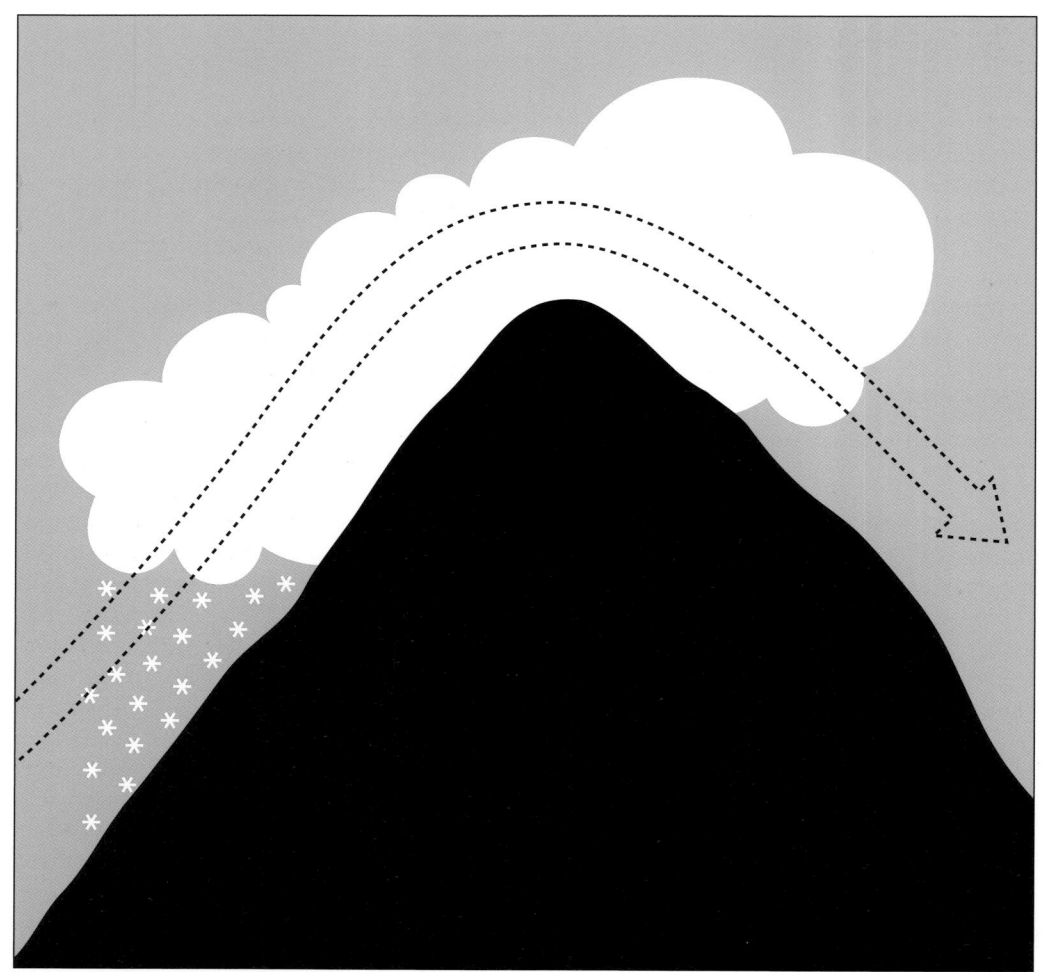

009 Stauniederschlag durch orographische Hebung

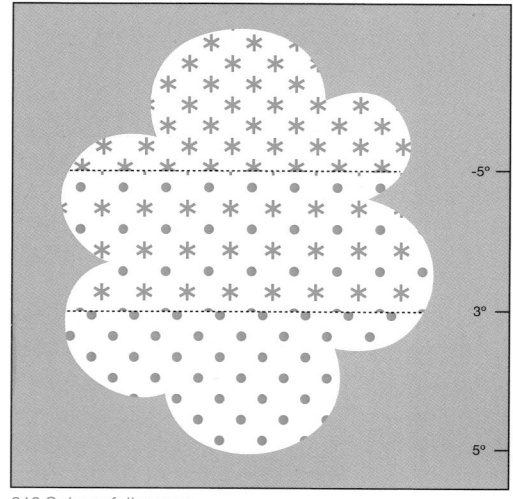

010 Schneefallgrenze

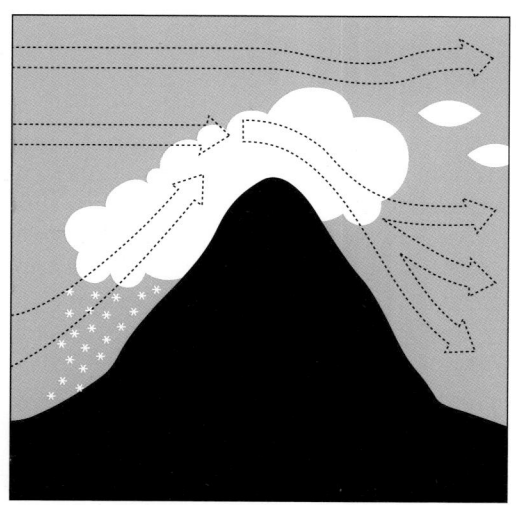

011 Föhn und Chinook

048 BERGWETTER

FÖHN/CHINOOK

Bei diesem Phänomen lässt ein warmer, hangabwärts gerichteter Wind die Temperaturen in sehr kurzer Zeit um 10–15 °C steigen. In der Höhe ist es dabei sehr windig und im Tal sehr warm. In großer Höhe wird der Schnee verblasen und es können sich Triebschneepakete bilden, wodurch die Lawinengefahr steigt. Weiter unten schmilzt oder verdunstet der Schnee und die Lawinengefahr steigt ebenfalls.

Zu Föhn (der in Nordamerika auch Chinook genannt wird) kommt es, wenn der Luftdruck auf der einen Seite eines Gebirges wesentlich höher ist als auf der anderen. Föhn kann aus jeder Himmelsrichtung wehen, bläst aber immer vom hohen zum tiefen Druck (Abb. 009 und 011).

Wenn Luft auf ein Gebirge zuströmt, muss sie aufsteigen. Wolken bilden sich und die feuchte Luft kühlt ab (um 0,6 °C pro 100 m). Je mehr sie abkühlt, desto weniger Wasserdampf kann sie enthalten und es entsteht Niederschlag auf der dem Wind zugewandten Bergseite (Luv). Die Luft, die über das Gebirge strömt, ist jetzt viel trockener. Trockene Luft kann die Temperatur schneller ändern als feuchte Luft. Die trockene, absinkende Luft erwärmt sich also schneller (um 1 °C pro 100 m), als die feuchte Luft auf der anderen Seite abgekühlt wurde. Daher ist es in niedrigeren Höhenlagen auf der Lee-Seite der Berge deutlich wärmer als in gleicher Höhe auf der Luv-Seite.

Windzugewandte Seite (Luv) Auf der dem Wind zugewandten Seite des Gebirges ist es neblig, windig und es schneit oder regnet.

Windabgewandte Seite (Lee) Auf der Lee-Seite ist es sonnig und warm. Linsenförmige Wolken bilden sich hinter dem Gebirge, das die Wolken staut (z. B. im Lee des Alpenhauptkamms) und in den vom Föhn beeinflussten Tälern; der Wind ist kräftig und wird mit der Höhe immer stärker. Es kann mehrere Tage föhnig bleiben.

HOCHDRUCK

Ein Hochdruckgebiet bringt stabiles, schönes Wetter. Allerdings sollte sich das Zentrum des Hochs möglichst nahe am Gebirge befinden, damit dies sichergestellt ist. Je stärker der Druck gestiegen ist, desto näher ist man dem Zentrum des Hochs.

INVERSION Im Winter findet bei schönem, windschwachem Wetter wenig vertikaler Luftaustausch statt. Bodennah kühlt die Luft nachts stark ab und in den Tälern sammelt sich immer mehr kalte Luft. Darüber ist die Luft wärmer. Die warme Luft bleibt über der kalten und das Wetter ist je nach Höhe völlig verschieden: Im Tal ist es neblig, feucht und kalt, in der Höhe scheint hingegen die Sonne und es ist wärmer.

Tipp: Eine Inversion ist kein Problem für uns, solange die Wolkendecke auf der gleichen Höhe bleibt oder absinkt und der Hochdruck anhält. Achtung: Bei Abfahrten bis ins Tal können die Sichtverhältnisse beim Durchfahren der (Hoch-)Nebelschicht sehr schlecht sein.

WIND BEI SCHÖNEM WETTER Im Zentrum eines Hochdruckgebiets ist der Wind allgemein schwach. Dennoch können sich durch die Sonne lokale Windsysteme bilden. Im Winter sind solche Winde kaum zu spüren, sie werden jedoch im Frühjahr stärker, wenn die Sonne an Kraft gewinnt. Die Windstärke variiert in diesem Fall lokal sehr stark.

Tipp: Sind die Winde regelmäßig, kann man sie als Zeichen für stabiles Wetter werten.

Morgens erwärmt die Sonne die bodennahe Luft an den Hängen stärker als die Umgebung. Diese warme Luft steigt am Hang entlang auf und über den Kämmen können sich Wolken bilden. Dadurch entsteht eine Brise, die das Tal hinaufbläst und die aufsteigende Luft ersetzt.

Abends kühlt die Luft ab, wird schwerer und sinkt ins Tal. Es entsteht ein hangabwärts gerichteter Wind. Die kalte Luft sammelt sich im Tal.

METEOROLOGISCHE REGELN

Wenn man einige simple Regeln berücksichtigt, lässt sich das Wetter für die nahe Zukunft recht einfach vorhersagen. Doch lässt sich aus den Beobachtungen von Wind und Sichtverhältnissen die Wetterentwicklung nur einigermaßen zuverlässig prognostizieren, wenn zugleich die Entwicklung des Luftdrucks berücksichtigt wird. Es ist sehr schwierig, exakt abzuschätzen, wann schlechtes Wetter eintrifft und vor allem wann die Sichtverhältnisse schlecht werden; daher müssen wir unsere Entscheidungen rechtzeitig treffen.

LUFTDRUCK Wenn wir morgens in einer Hütte aufwachen und das Altimeter einen deutlich geringeren Höhenwert anzeigt (Unterschied von 100 m oder mehr) als am Abend zuvor, ist der Druck gestiegen und eine Wetterbesserung ist in Sicht. Auch wenn es noch wolkig ist, könnte man eine Tour beginnen, in der Hoffnung, dass es in den nächsten Stunden aufklart bzw. auflockert.

Angenommen wir sind auf Tour und es bilden sich Wolken: Wir vergleichen unsere genaue Höhe, die wir der Karte entnehmen, mit der Höhe, die der Höhenmesser anzeigt. Wir merken, dass das Altimeter 100 m zu viel anzeigt. Der Druck ist demnach um ca. 10 hPa gefallen und wir müssen davon ausgehen, dass das Wetter schlechter wird. Wir sollten uns beeilen oder uns einen alternativen Plan überlegen.

Wir sollten aufsteigen, wenn die Anzeige auf dem Altimeter sinkt und abfahren, wenn sie steigt. Geringe Änderungen kann man ignorieren (30–40 m oder 3–4 hPa).

SICHT Eine Sichtverbesserung in den Bergen ist meistens auf absinkende Luftmassen zurückzuführen und damit ein Zeichen für besseres Wetter. Solange die Wolken im Tal auf gleicher Höhe bleiben oder absinken, bleibt der Hochdruck bestehen.

WIND

Kein oder sehr schwacher Wind bei Sonnenschein ist ein Zeichen für stabiles Wetter. Ändert sich die Windrichtung, ändert sich vermutlich auch das Wetter. Starker Wind, der mit der Höhe zunimmt – Schneefahnen an Gipfeln und Graten –, ist ein Zeichen für eine Wetterverschlechterung.

003

SCHNEE- UND LAWINENKUNDE

Der Typ mit der Filmkamera bittet mich, vorsichtig zu sein. Er zeigt auf den steilen Kessel und warnt mich, dass die ganze Flanke abgehen könnte. Ich nicke, aber ich bin nicht sicher, ob ich wirklich zuhöre.

Es war mein erster Winter in Verbier und ein wunderschöner Powder-Tag. Wir waren nach Creblet abgefahren, nach Westen gequert und gerade über den Rücken zum Col des Mines gekommen, als wir ein paar Ski-Bums trafen, die dabei waren, hier einen Film zu drehen. Nachdem wir uns ein paar Minuten unterhalten hatten, bot ich an, für ihre Kamera die Line vom Rücken hinunterzufahren.

Ich weiß nicht, was mir durch den Kopf ging. Ich war die letzten drei Winter Vollzeit Ski gefahren, aber als die Kamera anfing aufzunehmen, verschwand das bisschen Wissen und Erfahrung, das ich hatte ansammeln können, auf Nimmerwiedersehen. Wenn ich zurückdenke, ist mir klar, dass alle Warnzeichen vorhanden waren und es eigentlich sicher war, dass die Flanke abgehen würde. Als ich meinen zweiten Schwung setzte, sah ich, wie der Schnee um mich herum begann, sich zu bewegen. Es sah aus wie Wellen. Ich realisierte nicht so recht, was eigentlich passierte, bis hinter mir jemand schrie: „Lawine!"

Erst spürte ich eine Art Ruhe, da ich sicher war, dass ich relativ einfach aus der Lawine würde herausfahren können. Dann stellte ich sehr überrascht fest, dass ich plötzlich auf dem Rücken lag. So hatte ich mir das nicht vorgestellt. Ich wurde nach unten gezogen und begann zu schwimmen und zu kämpfen, um zurück an die Oberfläche zu gelangen. Verzweifelt versuchte ich mich zu drehen, damit meine Ski wieder nach unten zeigten, bevor ich die kleinen Felsen erreichte, von denen ich wusste, dass sie sich in der Fließrichtung der Lawine befanden. Plötzlich bekam ich einen harten Schlag auf meinen rechten Oberarm. Und dann bewegte ich mich nicht mehr. Ich war gleich nach dem Sturz über die Felsen liegen geblieben, während die Lawine erst 50 m weiter unten zum Stillstand kam. Ein scharfer Stein hatte meine Jacke, meinen Fleece und mein Unterhemd zerrissen. Ich hatte großes Glück, dass mein Gesicht nicht auf diesem Felsen zerquetscht worden war. Bis auf das beschämende Gefühl, furchtbar dumm gewesen zu sein, bin ich mit einer Narbe am rechten Arm davongekommen.

Noch zwei weitere Male bin ich von kleineren Lawinen mehr als 20 m mitgerissen worden. Was diese Vorfälle gemeinsam haben, ist, dass die Warnzeichen immer da waren – dass ich aber aus verschiedenen Gründen falsch darauf reagiert habe und mich mindestens einmal auf mein Glück verlassen musste.

Eine Bilanz von drei kleinen Lawinen in 15 Jahren ist vielleicht nicht so schlimm. Aber so viel ist sicher: In den Bergen kann man es sich nicht leisten, dauerhaft auf sein Glück zu vertrauen.

Nur weil jemand ein guter Skifahrer ist, heißt das noch lange nicht, dass er auch in der Lage ist zu beurteilen, wie stabil die Schneedecke ist. Wenn man theoretisch weiß, wie Schneekristalle entstehen und wie sie sich verändern, bringt einem das auch nicht viel, wenn man an einem Hang steht und sich die entscheidende Frage stellt: Fahre ich oder fahre ich nicht?

Es gibt nicht die eine Methode oder den einen Test oder die eine entscheidende Information, die es ermöglicht, diese Frage zu beantworten. Das Risiko, mit dem man als Skifahrer in den Bergen konfrontiert ist, muss man als komplexe Gesamtsituation sehen und dabei die verschiedenen Risikofaktoren wie das Wetter, das Gelände, die Schneedecke oder auch die beteiligten Menschen berücksichtigen. Das ist nicht einfach, da zu verschiedenen Zeiten die Faktoren eine unterschiedlich große Bedeutung haben und die Beziehungen zwischen den Faktoren immer komplex und manchmal sogar unbekannt sind. Man muss lernen zu erkennen, zu welcher Zeit welche Informationen entscheidend sind. Die Fähigkeit, das Lawinenrisiko zu beurteilen und aus dem Ergebnis der Analyse die richtigen Entscheidungen zu treffen, ist mehr Kunst als Technik. Für mich ist das Ganze ein intuitiver Prozess, der als „Gespür für Schnee" bezeichnet werden könnte und durch viel Wissen sowie langjährige Übung und Erfahrung erlernt werden muss.

Die Gefahreneinschätzung ist ein permanenter Prozess: Fortlaufend müssen Informationen gesammelt werden und mit jedem neuen Hinweis müssen wir unsere Einschätzung anpassen und manchmal werden wir durch Informationen, die darauf hinweisen, dass die aktuellen Verhältnisse nicht zu unseren Zielen passen, dazu gezwungen, Ausweichziele anzusteuern oder sogar umzukehren.

Damit ein solcher Beurteilungsprozess möglichst effizient funktioniert, müssen wir unsere Umgebung im Gebirge möglichst gut kennen und verstehen.

Dieses Kapitel beschreibt die Entwicklung der Schneeverhältnisse sowie der Lawinengefahr auf der nördlichen Hemisphäre, kann aber weltweit angewandt werden. Weil auf der Südhalbkugel die Sonne im Norden steht, gilt dort für Südhänge, was auf der Nordhalbkugel für Nordhänge gilt.

LOCKERSCHNEELAWINEN

Trockene Lockerschneelawinen reißen an einem einzigen Punkt in der obersten Schicht der Schneedecke an: Durch eine Kettenreaktion wird Schnee von den Seiten und aus tieferen Schichten mitgerissen. Die Voraussetzung für Lockerschneelawinen ist eine geringe Bindung zwischen den Schneekristallen, unabhängig davon, ob der Schnee trocken oder nass ist. Die Lawinenauslösung beginnt als kleiner Brocken Schnee, der sich löst, entweder weil die Bindung zwischen den Kristallen nachgibt (z. B. aufgrund von Sonneneinstrahlung), oder durch störenden Einfluss von außen, etwa einen Skifahrer oder einen fallenden Stein. Man kann sich den Prozess vorstellen wie einen Berg ungekochter Reiskörner, der an einer Stelle berührt wird. Daraufhin rutscht die oberste Schicht Reis ab (Abb. 001).
Lockerschneelawinen können sowohl nasse als auch trockene Lawinen sein. Nur sehr wenige Unfälle passieren aufgrund von Lockerschneelawinen, weil ihre Schneemengen nur relativ selten mächtig sind. Zudem sind Lockerschneelawinen relativ einfach vorherzusagen und dementsprechend können sie leicht vermieden werden.

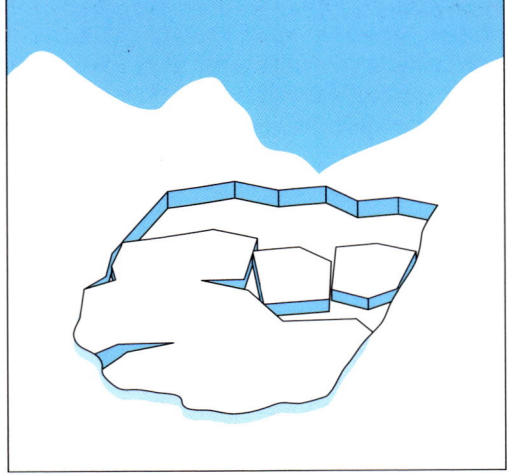

001 Lockerschneelawine (punktförmiger Anriss)

002 Schneebrettlawine

LOCKERSCHNEERUTSCHE/SLUFF Trockene Lockerschneelawinen lösen sich vor allem während bzw. kurz nach ergiebigen Schneefällen, oder wenn es längere Zeit sehr kalt war und der Schnee besonders in Nordhängen durch Umwandlungsprozesse sehr trocken und bindungsarm geworden ist. Lockerschneelawinen entstehen in Hängen mit einer Steilheit zwischen 40° und 60°. Verglichen mit Schneebrettlawinen sind Lockerschneelawinen zumeist eher harmlos, wenn man sie als Skifahrer auslöst.

Im sehr steilen Gelände bei sehr bindungsarmem, lockerem Schnee löst sich oft die oberste Schneeschicht unter den Ski und reißt auf ihrem weiteren Weg zusätzliche Schneemengen mit. Dieses Phänomen der selbst ausgelösten Lockerschneerutsche wird auch als Slough bzw. Sluff bezeichnet. Auch wenn die meisten Sluff-Rutsche eher klein und wenig tief sind, können sie dennoch ausreichen, selbst einen exzellenten Skifahrer umzuwerfen oder über einen Felsabbruch zu reißen. Das ist insbesondere dann problematisch, wenn die Lockerschneelawine von jemand oder etwas anderem oberhalb von uns ausgelöst wird. Wenn man beim schnellen Fahren in steilem Gelände selbst einen Lockerschneerutsch auslöst und weiter in der Falllinie fährt oder sogar stehen bleibt, besteht in jedem Fall die Gefahr, mitgerissen zu werden. Um dem Sluff auszuweichen, sollte man immer wieder seitlich aus der Falllinie bzw. aus der Fallrichtung des Lockerschneerutsches herausfahren.

NASSSCHNEELAWINEN

Nassschneelawinen sind vor allem im Frühjahr gefährlich, wenn die Sonne die Schneedecke erwärmt. Sie können allerdings auch früher im Jahr vorkommen, z. B. wenn es intensiv regnet oder eine markante Wärmephase wie Föhnwetter die Schneedecke durchfeuchtet hat. Nassschneelawinen können als Lockerschnee- oder Schneebrettlawinen abgehen. Nasse Schneebretter gleiten meist bis auf den Grund ab; die gesamte Schneedecke rutscht dann auf Gras oder glatten Felsen ab. Nassschneelawinen können sich in wesentlich flacherem Gelände lösen als Lawinen aus trockenem Schnee. Im Extremfall kann bei sehr nassem Schnee schon eine Hangneigung von 20° für eine Nassschneelawine ausreichen. Auch ebenes Gelände kann im Auslaufgebiet von Lawinen liegen, die sich oberhalb lösen. Nassschneelawinen entwickeln enorme Zerstörungskraft und können sich über weite Strecken im Flachen fortbewegen und sogar am Gegenhang wieder hinauffließen. Da sowohl die Nassschneelawinengefahr an sich als auch ihre Bahn relativ einfach vorherzusagen sind, stellen Nassschneelawinen eine etwas geringere Gefahr für Skifahrer dar. Ein einfach zu erkennendes und zuverlässiges Warnzeichen für Nassschneelawinengefahr ist sogenannter Faulschnee: Das ist durchnässter Schnee, in dem man ohne Ski oder Snowboard beim Laufen tief einbricht.

SCHNEEBRETTLAWINEN

Schneebrettlawinen sind Lawinen, die flächig als „Brett" anreißen. Das Schneebrett zerbricht in kleinere Stücke und Schollen, sobald es von seiner Unterlage abgelöst ist und sich bergab zu bewegen beginnt. Die Schneebrettauslösung geschieht immer sehr schnell und die Lawine erreicht schon kurz nach der Auslösung ihre volle Kraft und Geschwindigkeit. Wurde ein Schneebrett ausgelöst, bleiben eine scharfe Anrisskante und eine glatte Oberfläche, die Lawinengleitbahn, zurück (Abb. 002).

Bei der riesigen Mehrheit (90 %) aller tödlichen Lawinenunfälle handelt es sich um trockene Schneebretter, die vom Opfer selbst oder einem Mitglied seiner Gruppe ausgelöst werden. Leider sind Hänge zwischen 30° und 45° gleichermaßen ideal: sowohl für Skifahrer als auch für Schneebretter; wobei 38° die kritischste Steilheit ist. Im extrem steilen Gelände (bis 50°) kommen Schneebretter zwar seltener vor, allerdings genügt in solch extremem Gelände oftmals schon ein kleiner Rutsch, um einen Absturz zu verursachen.

Oft bildet sich die Anrisskante des Schneebretts oberhalb der Stelle, an der der Skifahrer es ausgelöst hat. Es entsteht eine Falle, in der einem im wahrsten Sinne des Wortes der Boden unter den Ski weggezogen wird. Verliert man die Balance, wird man von chaotischen Wellen aus Schnee nach unten gezogen (Abb. 003). Wenn der Skifahrer sehr schnell unterwegs ist, während er die Lawine auslöst, kann er Glück haben und sich bereits außerhalb des Schneebretts und dessen Lawinenbahn befinden, wenn dieses abgeht.

Man sieht so etwas häufig in Skifilmen: Exzellente Skifahrer, die schnell genug sind, fahren der Lawine davon, bevor sie richtig losgeht. Ich habe allerdings noch nie jemanden getroffen, der im vollen Bewusstsein der drohenden Lawinengefahr absichtlich in so einen Lawinenhang eingefahren ist. Meistens haben diese Leute die Bedingungen zuvor falsch eingeschätzt.

Schlussendlich muss jeder selbst wissen, wie viel Risiko er eingehen möchte. Wer denkt, dass Schneebrettlawinen harmlos oder kontrollierbar sind, macht einen Fehler. Denn es ist schlicht unmöglich, zuverlässig einzuschätzen, wie groß die Lawine und wie mächtig der Anriss sein wird und wie schnell man sein muss, um rechtzeitig aus dem Schneebrett herauszufahren.

Diese Art von Verhalten darf nicht mit einer Technik verwechselt werden, die erfahrene Bergführer anwenden, um z. B. eine Rinne zu sichern, indem sie absichtlich versuchen, das darin wartende, potenzielle Schneebrett auslösen. Die Lawine wird von oben ausgelöst, indem man die Schneedecke anschneidet oder zusätzliches Gewicht darauf wirken lässt. Das Ganze ist aber nur mit sehr viel

003:1 Ein Skifahrer fährt in den Hang ein.

003:2 Das Schneebrett wird durch das zusätzliche Gewicht des Skifahrers ausgelöst.

003:3 Das Schneebrett löst sich schollenartig auf einer größeren Fläche.

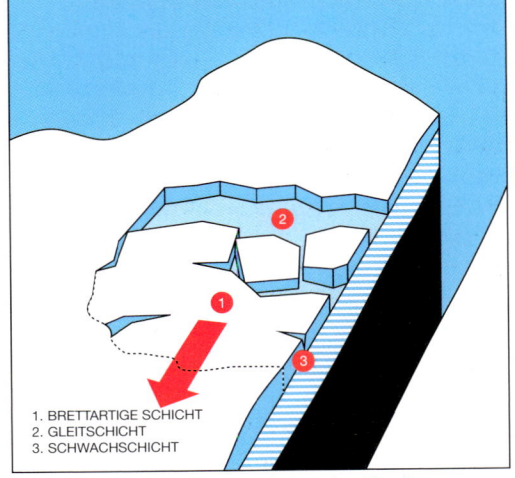

004 Voraussetzungen für eine Schneebrettlawine

1. BRETTARTIGE SCHICHT
2. GLEITSCHICHT
3. SCHWACHSCHICHT

Gespür für die Schneebedingungen möglich und es bleibt immer auch ein erhöhtes Risiko. Nur sehr wenige Experten beherrschen diese Technik und man kann sie nicht aus einem Buch lernen.

Es gibt verschiedene Voraussetzungen, die für die Auslösung einer Schneebrettlawine erfüllt sein müssen.

Eine brettartige, gebundene Schneeschicht: eine relativ feste, in jedem Fall aber gebundene Schicht in der Schneedecke mit guter Bindung zwischen den Schneekristallen.

Eine Schwachschicht innerhalb der Schneedecke: zum Beispiel Schwimmschnee, Tiefenreif, eingeschneiter Oberflächenreif oder Graupel. Bricht diese Schicht zusammen, kann sich das Schneebrett lösen. Solche Schwachschichten reduzieren die Reibung zwischen dem Schneebrett und der Gleitschicht.

Eine Gleitschicht: Harter Altschnee, Schmelzharschkrusten, Eisschichten, Gras oder glatte Felsen stellen ideale Gleitschichten dar (Abb. 004). Lagert eine

Schwachschicht auf solch einer großflächigen glatten Schicht, stellt dies eine ideale Voraussetzung für eine Schneebrettlawine dar.
Ein kritisches Kräftegleichgewicht: Ein Hang ist instabil, wenn die Festigkeit der Schneedecke nur wenig größer ist als die Spannungen, die in der Schneedecke wirken. Meist braucht es dann nur noch einen Auslöser, damit die instabile Fläche als Lawine abgleitet.
Auslösung des Schneebretts: Lawinen gehen ab, wenn das Gewicht der Schneedecke und die durch eine Zusatzbelastung einwirkenden Kräfte größer werden als die Stabilität der Schneedecke. Ein Schneebrett kann durch eine Zunahme der einwirkenden Kräfte oder durch die Abnahme der Festigkeit ausgelöst werden. Beides kann aber auch gleichzeitig passieren.
Hangneigung: Wenn alle anderen Kriterien erfüllt sind und ein instabiler Hangbereich durch den Zusammenbruch einer Schwachschicht ausgelöst wurde, entscheidet allein die Hangneigung, ob der Hangbereich als Schneebrettlawine abgleitet oder nicht (Abb. 005).

SCHICHTEN IN DER SCHNEEDECKE

Schnee ist ein unglaublich komplexer Stoff, der sich ständig verändert. Die Schneeflocken verändern ihre Form und Eigenschaften bereits, während sie vom Himmel fallen, und verändern sich auf der Oberfläche und in der Schneedecke weiter. Die Schneedecke besteht aus verschiedenen Schichten, die bei unterschiedlichen Niederschlagsereignissen entstanden sind. Jede Schicht wurde während verschiedener Witterungsbedingungen abgelagert und anschließend von neuen Schichten der Schneedecke zugedeckt. So entstehen mitunter sehr verschiedene, feste und weniger feste Schichten mit verschiedenen Eigenschaften (Abb. 006).

SCHNEEMETAMORPHOSE

Unter Schneemetamorphose versteht man die Veränderungen, die die Schneekristalle in der Schneedecke oder in der Luft durchlaufen. Diese Veränderungen können die Schneedecke schwächer oder stabiler werden lassen. Beides kann gleichzeitig passieren, allerdings überwiegt meistens einer der beiden Prozesse. Der Temperaturgradient innerhalb der Schneedecke ist entscheidend dafür, ob schwächende oder verfestigende Prozesse dominieren. Unter Temperaturgradient versteht man den Unterschied zwischen der meist um 0 °C aufweisenden, also vergleichsweise „warmen" Schneeschicht am Boden und der oftmals viel kälteren Schneeoberfläche.

Ist der Temperaturgradient in der Schneedecke geringer als 1 °C pro 10 cm, überwiegt die sogenannte abbauende Umwandlung. Die Schneekristalle werden runder und die Schneedecke wird stabiler. Ist der Temperaturgradient größer als 1 °C pro 10 cm, kommt es zu aufbauender Umwandlung. Die Schneekristalle werden dabei größer und kantiger und die Schneedecke wird schwächer.

Da Schnee stark isoliert, ist die Temperatur unter dem Schnee an der Bodenoberfläche immer nahe dem Gefrierpunkt. Je dünner die Schneedecke und je kälter die Außentemperatur, desto größer ist daher der Temperaturgradient pro 10 cm.
Achtung: Die Dicke und Stabilität der Schneedecke variiert mit der Jahreszeit, der Höhe, der Exposition und dem Gelände.

ABBAUENDE UMWANDLUNG Der Begriff bezieht sich auf einen Prozess, bei dem die ursprünglich sternförmigen Schneekristalle zu runden Körnern werden. Die Schneedecke wird dabei dichter und kompakter und die Kontaktflächen zwischen den Kristallen werden größer.

Zu abbauender Umwandlung kommt es, wenn sich Wasserdampfmoleküle in konkaven (nach innen gewölbten) Bereichen des sich verändernden Kristalls ablagern. Dampfteilchen bewegen sich von den konvexen (nach außen gewölbten) Bereichen der Kristallspitzen weg, hin zu den konkaven Bereichen. Die Schneekristalle verlieren dabei rasch ihre Spitzen. Es entstehen gleich große, runde Kornformen, die eine feste, stabile Schneedecke bilden. Bei einer Schneetemperatur nahe 0 °C wird der Schnee schneller abbauend umgewandelt (Abb. 007).

Faktoren, die abbauende Umwandlung begünstigen:
Ein Temperaturgradient in der Schneedecke von weniger als 1 °C pro 10 cm
Schneetemperaturen über −10 °C
Dichter Schnee
Kleine Kristalle

AUFBAUENDE UMWANDLUNG Bei diesem Prozess werden runde Kornformen zu kantigen, teils sogar zu becherförmigen Kristallen. Diese haben eine geringe Bindung und bilden Schwachschichten.
Wasserdampf bewegt sich von warmen zu kälteren Oberflächen. Da die Schneedecke in der Tiefe am Boden meist wärmer ist als oben, bewegt sich der Wasserdampf von Kristallen in den unteren Schichten zu Kristallen in höheren Schichten. Geschieht dies über einen längeren Zeitraum, werden die Schneeteilchen zu becherförmigen Kristallen; sogenanntem Tiefenreif oder Schwimmschnee (Abb. 008). Aufgrund der geringen Bindung zwischen den Kristallen stellen sie sehr instabile Schichten dar. Solche Schichten entstehen oft in den tieferen Schichten der Schneedecke, sodass die gesamte Schneedecke wie auf einem Kugellager liegt. Schwimmschnee entsteht vor allem dort, wo die Schneedecke dünn und der Schnee weniger dicht ist, z. B. um Felsblöcke herum, um Geröll, an Büschen oder an Moränen.

Faktoren, die aufbauende Umwandlung begünstigen:
Ein Temperaturgradient in der Schneedecke von mehr als 1 °C pro 10 cm
Dünne Schneedecke
Kalte Temperaturen
Lockerer oder wenig dichter Schnee (in der Umgebung von Steinen oder Büschen)

Schwimmschnee/Tiefenreif bildet sich besonders intensiv bei kaltem, sonnigem Wetter, wenn die Schneedecke dünn ist. Am Anfang des Winters (November bis Januar) liegt oft wenig Schnee. In Kombination mit dem zu dieser Zeit häufigen kalten, klaren Wetter führt das zu intensiver Schwimmschneebildung. Die kantigen bis becherförmigen Schwimmschneekristalle sind zwar untereinander nur sehr schlecht verbunden, aber die Kristalle selbst sind leider sehr stabil und halten sich daher oft während des ganzen weiteren Winters, vor allem in kalten, schattigen Hängen und Hangbereichen. Hänge mit einem Schwimmschnee-Fundament können nach jedem neuen Schneefall erneut gefährlich werden, weil sie spontan oder durch weitere Zusatzbelastung als Lawine abgehen können. Möglicherweise konnten wir diese Hänge vor dem Schneefall noch gefahrlos fahren.

Nun belastet aber zusätzlich das Gewicht des Neuschnees diese Schwachschichten. Wir sollten uns daher immer Gedanken darüber machen, was Neuschnee für die Schneedecke in unterschiedlichen Hängen bedeutet.

Wenn im Lawinenlagebericht vor Lawinen gewarnt wird, die bis in die tieferen, älteren Schneeschichten anreißen können, dann ist dies fast immer ein Hinweis auf einen schlechten Schneedeckenaufbau und hierbei ist in der Regel Schwimmschneebildung aus früheren Phasen des Winters beteiligt.

Nach anhaltend kaltem, trockenem Wetter hat man oft den Eindruck, dass die obersten 10–20 cm der Schneedecke „austrocknen", vor allem in Nordhängen und schattigen Bereichen. Dieser trockene, kalte Schnee, der toll zu fahren ist, entsteht durch aufbauende Umwandlung nahe der Schneeoberfläche aufgrund von großen Temperaturgradienten. Bleibt es allerdings sehr lange kalt und trocken, kann es vorkommen, dass die gesamte Schneedecke aufbauend umgewandelt wird. Dann können die Ski noch so breit sein – wir sinken durch den zuckrigen Schwimmschnee bis auf den Boden. Nach dem nächsten Schneefall bildet der aufbauend umgewandelte Schnee eine äußerst schwache Basis.

MECHANISCHE UMWANDLUNG Fällt Schnee während starkem Wind, werden die zerbrechlichen Schneekristalle häufig bereits in der Luft verändert. Indem die Kristalle gegeneinander geschleudert werden, zerbrechen die empfindlichen, fein verästelten Kristalle und fallen als Bruchstücke zu Boden. Dort kann der starke Wind die „Trümmer" weitertransportieren und als dichte, gebundene Triebschneeschicht ablagern. Triebschneeschichten ähneln optisch ungebundenem Pulverschnee. Da der Triebschnee jedoch sehr kompakt ist, sehen Abfahrts- oder Aufstiegsspuren im Triebschnee oft wie gezeichnet bzw. gestochen scharf aus. Auf Zusatzbelastungen reagiert Triebschnee, da er sehr spröde ist, oft mit Brüchen, da er Spannungen schlecht ausgleichen kann.

Gefährlicher Triebschnee kann auch ohne Schneefall entstehen, beispielsweise durch Föhn oder einen Schönwettersturm.

SCHMELZUMWANDLUNG Schnee beginnt bei 0 °C zu schmelzen. Schmelzprozesse erhöhen kurzfristig die Lawinengefahr; anschließendes Wiedergefrieren stabilisiert die Schneedecke jedoch wieder (Abb. 009).

Je mehr Schnee schmilzt, desto höher wird der Wassergehalt in der Schneedecke. Der Schnee wird zu weichem, halbgefrorenem Matsch. Die Lawinengefahr ist hoch.

Gefriert dieser angetaute Schnee nachts wieder, entsteht eine Schmelzharschkruste. Zunächst führt das zu den unangenehmsten Skibedingungen überhaupt: Bruchharsch. Wiederholt sich der Prozess des Schmelzens und Wiedergefrierens aber über mehrere Tage, wird die Kruste so dick, dass sie Skifahrer trägt. Zum Fahren ist dieser hartgefrorene Schnee nicht optimal (erinnert an ein Waschbrett), dafür ist er weitgehend lawinensicher (wie Beton). Wenn die gefrorene Kruste anfängt aufzutauen, haben wir für kurze Zeit typische Firn- bzw. Sulzschneebedingungen. Je stärker der Schnee antaut und je höher der Wassergehalt der Schneedecke wird, desto weicher und instabiler wird die Schneedecke. Die Lawinengefahr ist nun drastisch angestiegen! Das Zeitfenster für perfekten Frühlingsschnee dauert manchmal nur eine halbe Stunde lang.

Dieser Zyklus aus Schmelzen und Gefrieren ist typisch für Frühjahrsbedingungen, kann aber das ganze Jahr über vorkommen, z. B. bei warmem Wind wie Föhn, Regen oder starker Sonneneinstrahlung in Südhängen.

Kräftediagramme zur Veranschaulichung der Spannungen, die in der Schneedecke wirken

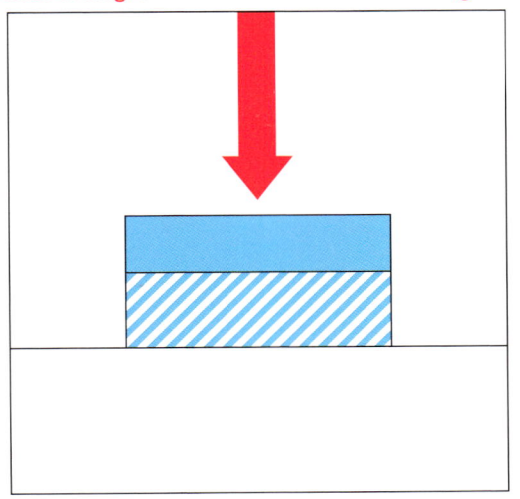

005:1 In der Ebene hängt die Stabilität der Schneedecke von der Härte der Schneeschichten ab, d. h. wie viel Festigkeit diese dem von oben wirkenden Druck entgegensetzen können.

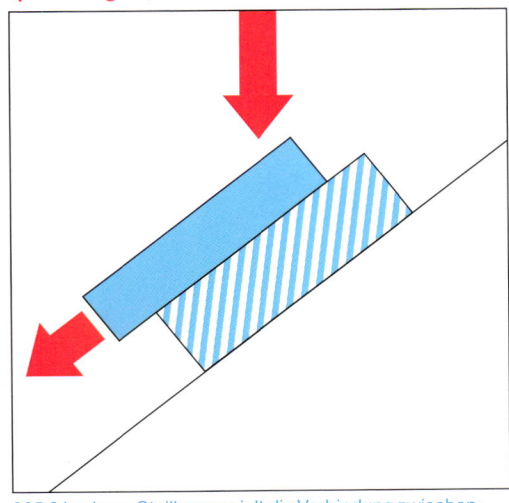

005:2 In einem Steilhang spielt die Verbindung zwischen den Schneeschichten (= Reibung) eine entscheidende Rolle.

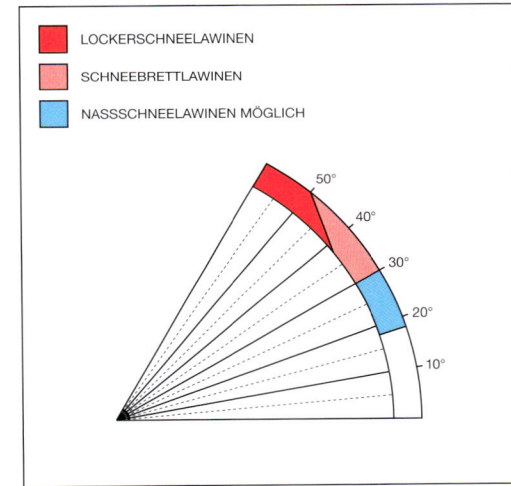

005:3 Typische Steilheiten für Lockerschnee- und Schneebrettlawinen

006 Schneedeckenaufbau (Beispiel)

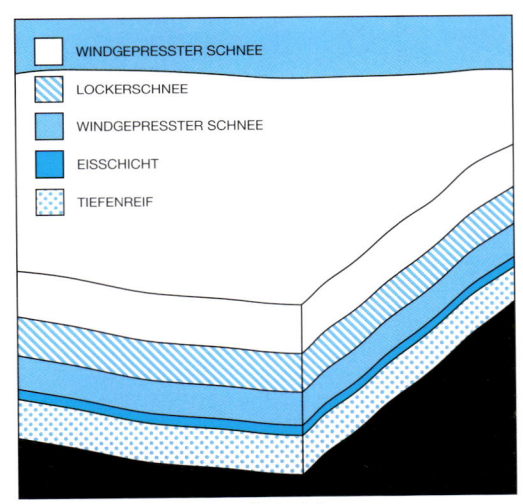

Starke Bewölkung reduziert die Sonneneinstrahlung und kann das Aufweichen der Schneedecke verhindern. Ein dünner Wolkenschleier hat allerdings den gegenteiligen Effekt: Ein großer Teil der Sonneneinstrahlung dringt durch die Wolken und wird vom Schnee reflektiert. Diese reflektierte Strahlung wird von den Wolken jedoch erneut zurückgeworfen, anstatt ins Weltall entweichen zu können, wie dies bei klarem Himmel der Fall wäre.

Achtung: Eine dünne Bewölkungsschicht erwärmt den Schnee schnell und effektiv, insbesondere auch in den der Sonne abgeneigten Expositionen, weil die Wolkenschicht ähnlich wirkt wie die Glasscheiben eines Gewächshauses, durch die die Wärme zwar hindurch-, aber nicht mehr herauskommt. Kurzfristig führt das zu erhöhter Lawinengefahr, langfristig wird der Schnee so schneller zu Firn, vorausgesetzt die Schneedecke gefriert nachts wieder (Abb. 010).

007 Abbauende Umwandlung

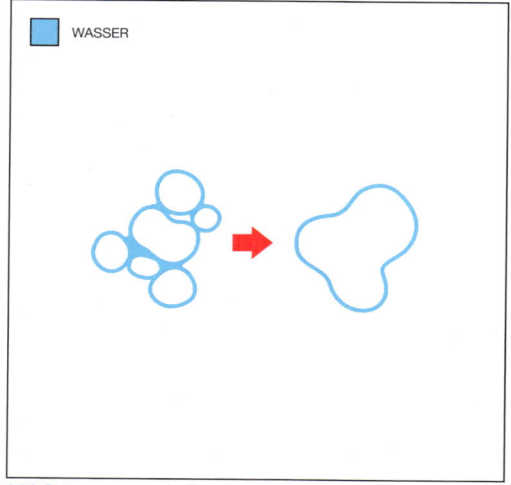

008 Aufbauende Umwandlung

009 Schmelzumwandlung

010 Abstrahlung

Bewölkter Himmel während der Nacht verhindert, dass die Schneeoberfläche durch Abstrahlung ausreichend auskühlen kann, da die Wolken die Abstrahlung der Schneeoberfläche zurückreflektieren. Das kann ein Wiedergefrieren der Schneedecke verhindern.

FREERIDEN/TOURENGEHEN BEI FRÜHJAHRSVERHÄLTNISSEN Man sollte nachts oder frühmorgens aufsteigen, wenn der Schnee noch gefroren ist, und so planen, dass man abfährt, wenn die Oberfläche anfängt aufzutauen und weich wird.
Der Schnee sollte nicht nur in großer Höhe gefroren sein, sondern bis ins Tal einen soliden Harschdeckel aufweisen. Wenn man nicht gut plant, passiert es schnell, dass man in eine lawinengefährliche Falle aus durchnässtem Schnee hineinfährt. Wenn der Firn in der Höhe perfekt ist, wird er weiter unten vermutlich bereits zu weich sein.
Man sollte verfolgen, wie kalt es nachts war und wie lange es kalt blieb, damit man weiß, ab welcher Höhe der Schnee gefroren ist. Sollte nur eine dünne oberste Schicht gefroren sein, wird sie schnell mit den ersten Sonnenstrahlen auftauen

und die Lawinengefahr rasant ansteigen. Das ist von besonderer Bedeutung, wenn man hoch oben übernachtet und ins Tal abfährt.

Wenn man in ein anderes Tal abfährt, gilt es zu bedenken, dass hier nachts eine Wolkendecke gewesen sein könnte, wodurch die Schneedecke weniger gut gefroren sein könnte als in dem Tal, aus dem man kommt.

WARUM, WANN UND WO ENTSTEHEN POTENZIELLE SCHNEEBRETTER UND WIE WERDEN SIE AUSGELÖST?

Wind ist der wichtigste lawinenbildende Faktor und daher entscheidend für die Entwicklung der Lawinengefahr. Der Wind verfrachtet die Schneekristalle und lagert sie an Stellen wieder ab, an denen er weniger stark weht (Abb. 011:1). Hierbei kommt es zu einer mechanischen Umwandlung der Schneekristalle, die durch den Windtransport in kleinere Teilchen zerbrechen, weil sie aneinander oder an Hindernisse stoßen. Diese zerkleinerten Kristalltrümmer werden als Triebschneeschichten oder -pakete in sogenannten Akkumulationszonen, wo sich der windverfrachte Schnee ansammelt, abgelagert. Das sind z. B. Lee-Hänge. Aber auch in Mulden und Vertiefungen in Luv-Hängen kann starker Wind den Schnee hineinpressen. Dadurch entsteht eine sehr dichte Schicht mit starker Bindung zwischen den einzelnen Kristallen. Sie kann eine harte, brettartige Schicht bilden, die das Gewicht einer zu Fuß gehenden Person tragen kann oder eine weiche Triebschneeschicht, die unter dem Gewicht einer Person zwischen den Ski in kleine Schollen bricht. Lagern solche weichen Triebschneeschichten auf einer Unterlage, die wenig Reibung bietet, lassen sich weiche Triebschneeansammlungen sehr leicht als Schneebrettlawine auslösen. Um die oben genannten harten Triebschneeansammlungen auszulösen, bedarf es oft einer größeren Zusatzbelastung, allerdings werden diese Lawinen dann auch meist größer als bei weichem Schnee.

LEE-HÄNGE Man sollte nicht vergessen, dass Lee-Hänge kleinräumig in allen Expositionen vorkommen können. Abhängig von lokalen Windsystemen können Lee- und Luv-Bereiche bzw. -Hänge auf der gleichen Seite eines Berges liegen – wenn z. B. Schnee quer über einen Rücken verfrachtet wird oder Fallwinde wehen (Abb. 011:2).

LUV-HÄNGE Auf windzugewandten Hängen lagert sich üblicherweise weniger Schnee ab. In der dünnen, windbeeinflussten Schneedecke kann sich Tiefenreif bilden. Häufig ist der Schnee hier durch den Windeinfluss sehr kompakt (Abb. 012).

BESTIMMEN DER WINDRICHTUNG Da Windeinfluss die Lawinengefahr auch noch lange nach dem letzten Schneefall drastisch erhöhen kann, ist es wichtig zu beobachten, wie der Wind die Schneedecke verändert. Die Windrichtung stellt man am besten vor Ort fest, indem man auf Schnee- und Geländestrukturen achtet, die auf Winderosion oder Triebschneeablagerungen hinweisen. Die wichtigsten Windzeichen sind:

Schneefahnen Schneefahnen an Gipfeln oder Kämmen sind ein eindeutiger Hinweis auf starken Wind in der Höhe. Je länger die Fahne, desto mehr Schnee wird verfrachtet und in Lee-Hängen abgelagert.
Tipp: Nur weil eine Schneefahne verschwindet, heißt das nicht, dass der Wind nachgelassen hat. Es kann sein, dass dort inzwischen einfach kaum noch lockerer Schnee vorhanden ist, der weggeblasen werden kann.

DER WIND VERFRACHTET DEN SCHNEE VON DER LUV-SEITE ...

... AUF DIE LEE-SEITE

011:1 Schneeverfrachtung: Der Wind transportiert den Schnee von der Windseite (Luv) auf die Windschattenseite (Lee).

<u>**HINWEISE AUF DIE WINDRICHTUNG IN DER VERGANGENHEIT**</u> Es gibt Windzeichen auf der Schneeoberfläche, die uns zeigen, aus welcher Richtung der Wind wehte. Wir müssen uns fragen, wo der Schnee abgelagert wurde und uns bewusst machen, dass die aktuelle Windrichtung eine völlig andere sein kann als noch vor wenigen Stunden.

Wechten Wechten sind große Triebschneeablagerungen, die über Lee-Hängen einen Überhang bilden. Sie zeigen uns zumeist die vorherrschende Windrichtung an (Abb. 013).

Sastrugi Sastrugi sind wellenartige Strukturen, die durch Winderosion entstehen. Sie sind meist sehr hart und unangenehm mit Ski zu befahren. Die steile Seite der Sastrugi ist die windzugewandte Seite (Abb. 014).

Wellen/Dünen und Rippen Wellen und Rippen auf der Schneeoberfläche verlaufen quer zur Windrichtung. Im Gegensatz zu den Sastrugi ist die steile Seite der Welle/Düne die windabgewandte Seite (Abb. 015).

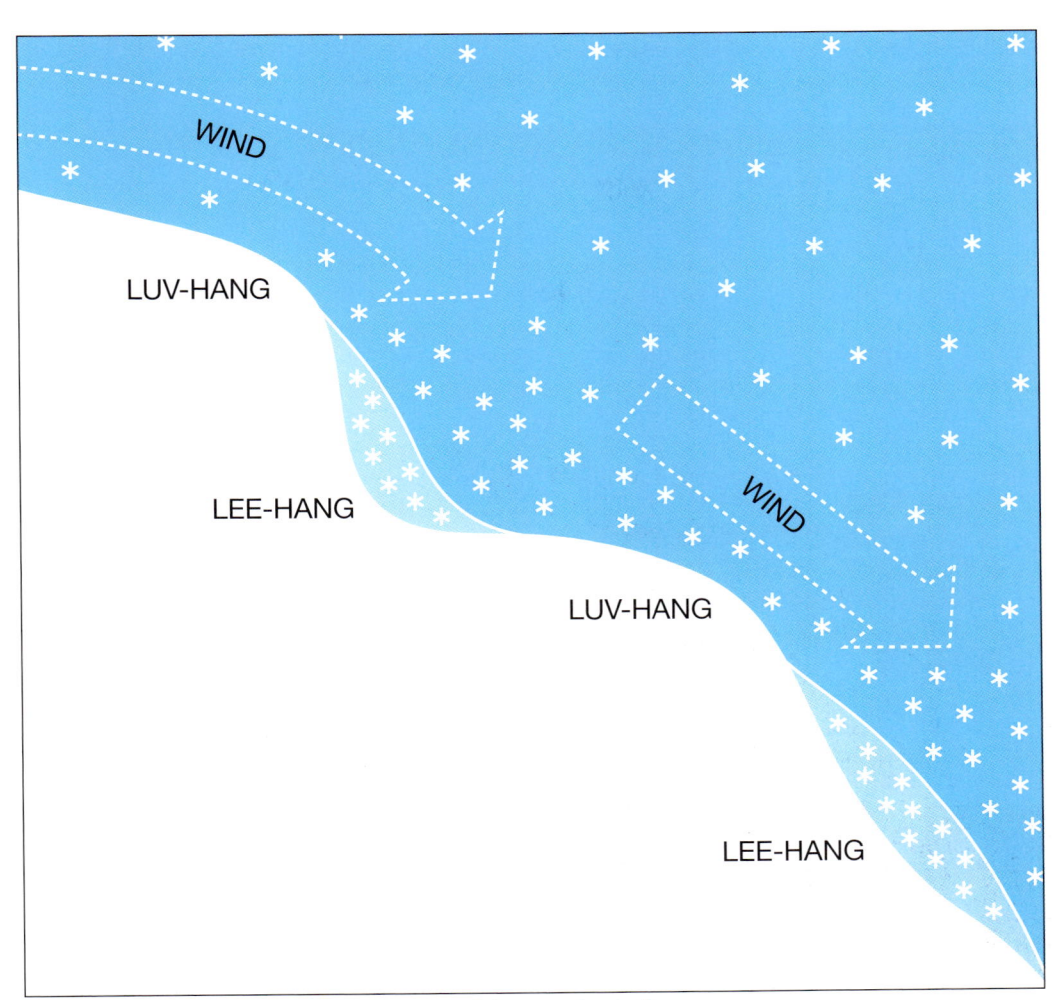

011:2 Schneeverfrachtungen: Der Wind transportiert Schnee vom Luv ins Lee.

Alte Skispuren Manchmal sieht man alte Spuren, die bis zu 30 cm hoch aus der Schneeoberfläche herausragen. Durch die Spur eines Ski- oder Snowboardfahrers wurde der alte Schnee komprimiert, wodurch der Schnee härter wurde und daher stehen blieb, während den nicht verdichteten Schnee der Wind wegblies.

Windkolke Windkolke sind Löcher bzw. Eintiefungen in der Schneedecke vor oder um Hindernisse (z. B. große herausragende Felsen) herum, die durch ständige Winderosion entstehen. Sie sind ein Hinweis auf die Hauptwindrichtung.
Im Windschatten von Hindernissen (einzelne Bäume oder Felsen) findet man häufig sogenannte „Kometenschweife", das sind lang gezogene, meist niedrige im Lee auslaufende Wälle aus Triebschnee.

Anraum/Raureif Anraum kann an jedem Gegenstand entstehen, der über die Schneeoberfläche ragt. Anraum wird auch als Raureif bezeichnet und wächst gegen den Wind. Je größer die Anraumablagerungen, desto stärker und länger anhaltend wehte der Wind.

SCHNEE- UND LAWINENKUNDE

Abgeblasene Rücken Wenn man an Rücken oder Kämmen blankes Eis oder freien Boden sieht, ist das ein Hinweis darauf, dass der Wind sehr stark war.

WARUM, WANN UND WO ENTSTEHEN SCHWACHSCHICHTEN?

Aufbauende Umwandlung führt, wie bereits besprochen, zu schwachen, instabilen Schichten in der Schneedecke. Zusätzlich muss die Bildung von Reifkristallen an der Schneeoberfläche erkannt und berücksichtigt werden:

OBERFLÄCHENREIF Oberflächenreif besteht aus blätter- oder federförmigen Kristallen, die sich bilden, wenn Wasserdampf aus der Luft an der kalten Schneeoberfläche auskristallisiert.

Voraussetzungen für die Bildung von Oberflächenreif:
- Feuchte Luft
- Oberflächentemperatur unter dem Taupunkt. Der Taupunkt ist die Temperatur, bei der in der Luft enthaltener Wasserdampf kondensiert. Fällt die Temperatur an der Oberfläche unter den Taupunkt, schlägt sich Wasserdampf als Tau oder Reif nieder.
- Windstille

Diese Bedingungen sind vor allem an kalten, klaren Nächten gegeben. Bei Sonnenaufgang glitzern die Reifkristalle wie Diamanten. Tagsüber wird ein großer Teil des sehr empfindlichen Oberflächenreifs durch Sonne oder Wind zerstört. In schattigen Mulden und windgeschützten Bereichen kann Oberflächenreif jedoch häufig überdauern und durch andauerndes Wachstum der Kristalle zu großen Reifkristallen und damit zu gefährlichen Oberflächenreifschichten führen. Bei kalten Temperaturen und an schattigen Stellen kann sich der Oberflächenreif sehr lange halten. Wird er beim nächsten Schneefall eingeschneit, stellt er eine gefährliche Schwachschicht dar; und zwar oft genau dort, wo sich Schneebretter am wahrscheinlichsten bilden.

GRAUPEL Frieren sehr kalte Wassertröpfchen an Schneekristallen an, entsteht Graupel. Graupel sehen ähnlich aus wie kleine Hagelkörner und bilden Schwachschichten, wenn sie eingeschneit werden. Sieht man Graupel auf der Schneeoberfläche, sollte man das im Kopf behalten, weil sie beim nächsten Schneefall die Verbindung zwischen Neu- und Altschnee gefährlich instabil machen können.

WARUM, WANN UND WO BILDEN SICH GLEITSCHICHTEN UND WELCHE ROLLE SPIELT DIE ART DES UNTERGRUNDES?

Eine Gleitschicht ist eine Schicht, die einem potenziellen Schneebrett wenig Halt durch Reibung bietet. Allgemein gilt: Je rauer der Boden, desto mehr Schnee ist notwendig, bis eine Lawine abgehen kann. Hänge mit Geröll, Steinen und Felsblöcken werden erst dann zu möglichen Lawinenhängen, wenn der Schnee die meisten Unregelmäßigkeiten ausfüllt und überdeckt. Sind die Unregelmäßigkeiten am Boden zugeschneit, wirken sie wie eine Art Anker für die tiefen Schichten der Schneedecke. Für die Schichten oberhalb der Felsen und Blöcke trifft das aber nicht zu (Abb. 016).

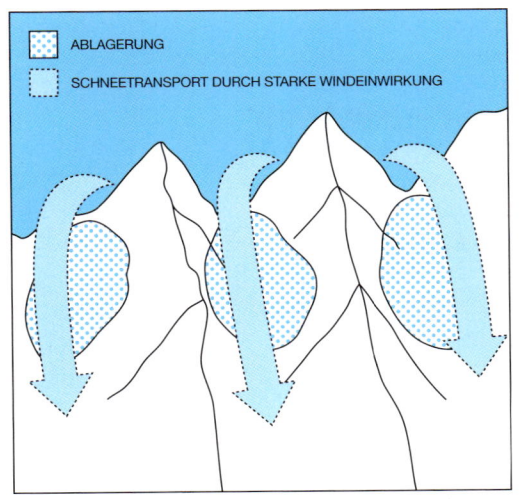

012:1 Wenn die Windgeschwindigkeit zunimmt, wird Schnee aufgewirbelt und dort abgelagert, wo die Windgeschwindigkeit wieder abnimmt.

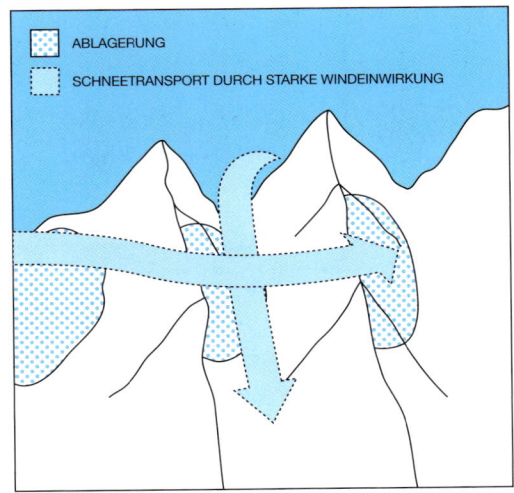

012:2 Querverfrachtungen über Rücken hinweg

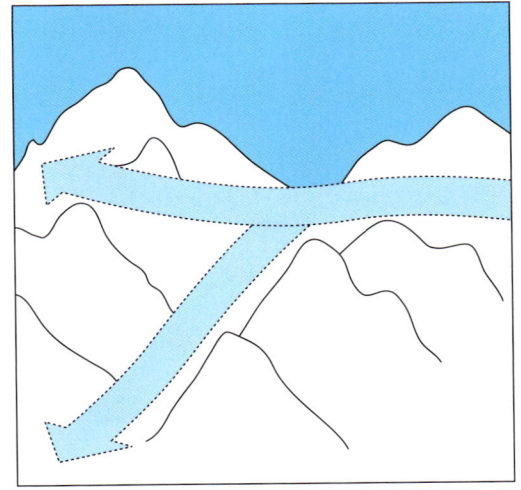

012:3 Die Windrichtung am Boden kann durch das Gelände verändert werden und kann sich von der Hauptwindrichtung in größeren Höhen unterscheiden. Wir können die Windrichtung anhand von Windzeichen auf der Schneeoberfläche bestimmen.

ABLAGERUNG

SCHNEETRANSPORT DURCH STARKE WINDEINWIRKUNG

> Nur weil keine Schneefahnen mehr sichtbar sind, muss das nicht heißen, dass der Wind nachgelassen hat. Es kann auch schlicht sein, dass an diesem speziellen Grat kein Schnee mehr vorhanden ist, der verfrachtet werden kann.

Auf glatten Felsen oder Gras braucht es hingegen keine dicke Schneedecke, damit Lawinen entstehen können. Wird eine durch Sonneneinstrahlung oder Regen entstandene Schmelzharschkruste oder Eisschicht eingeschneit, bildet sie eine ideale Lawinengleitbahn. Auch Windharsch kommt als Gleitschicht in Frage. Man sollte versuchen, sich zu merken, wie die Schneeoberfläche in verschiedenen Expositionen und Höhenlagen war, um die Situation besser einschätzen zu können, wenn es das nächste Mal schneit. Auch wenn Bodenunregelmäßigkeiten zu sehen sind, sollte man vorsichtig sein. Ist Schwimmschnee vorhanden, wirken einzelne Felsen und Bäume als Schwachstellen und können zu Anrisspunkten für Schneebrettlawinen werden.

WINDRICHTUNG

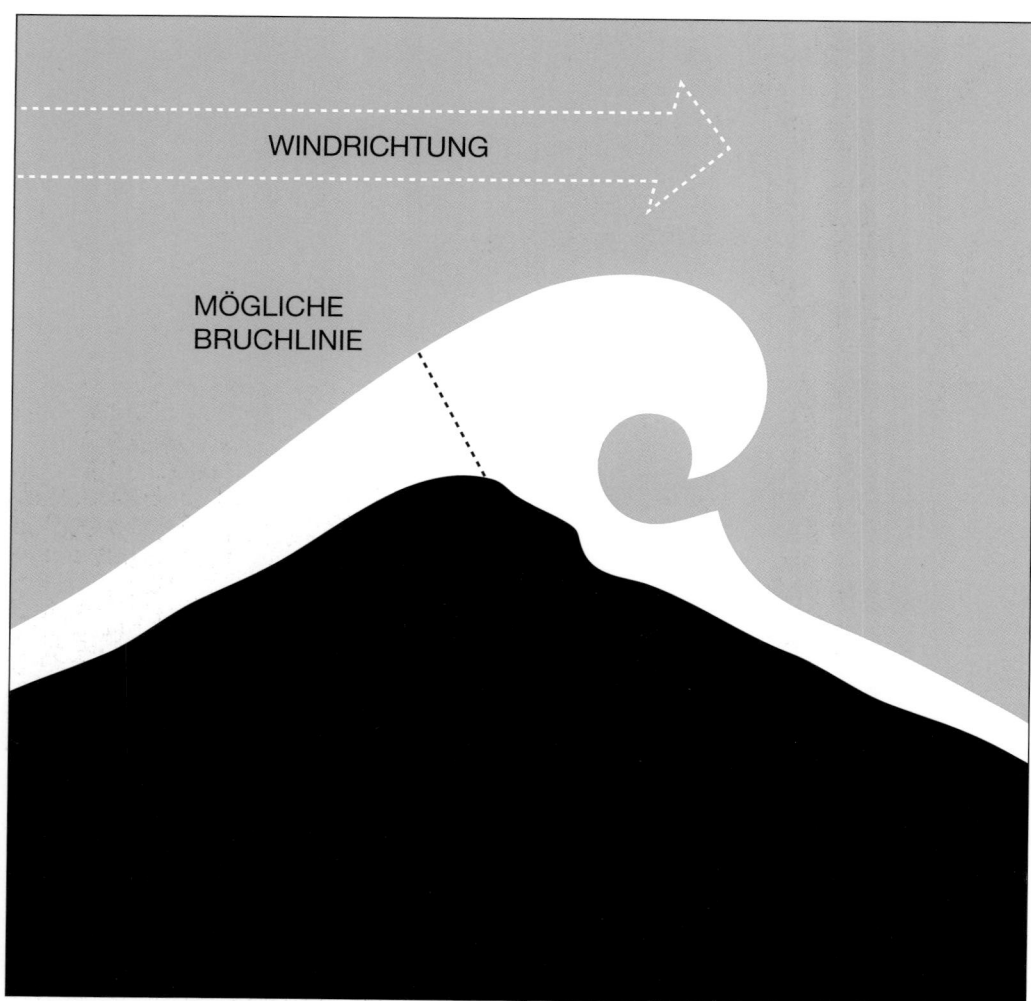

MÖGLICHE
BRUCHLINIE

013 Wechte

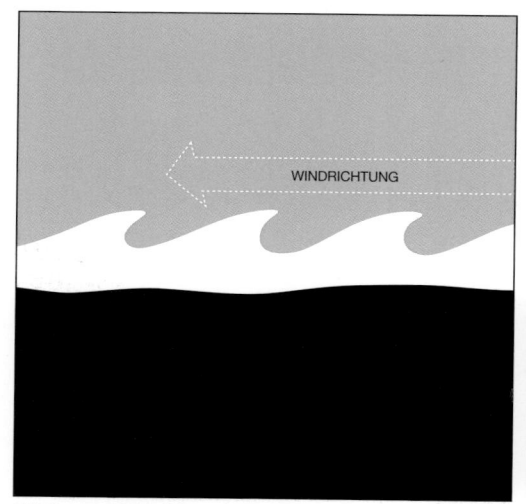

WINDRICHTUNG

014 Sastrugi/Windgangeln

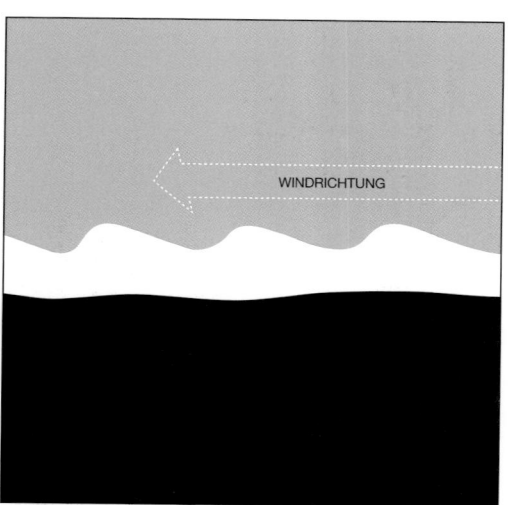

WINDRICHTUNG

015 Schneedünen

068 SCHNEE- UND LAWINENKUNDE

016:1 Oberflächenrauigkeit. Mächtige Schneedecke; Verankerungen sind eingeschneit.

016:2 Dünne Schneedecke; Verankerungen sichtbar

016:3 Glatte Oberfläche; keine Verankerungen

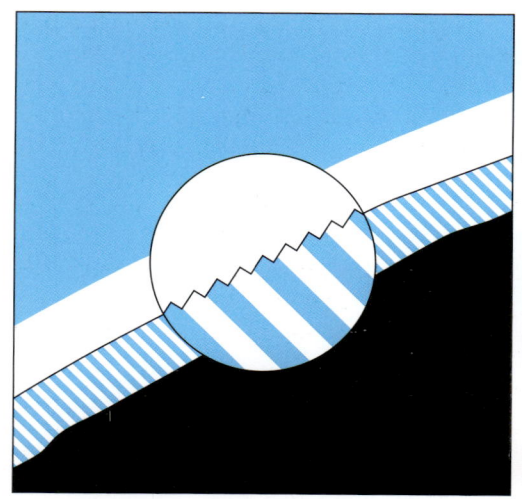

017:1 Statische Reibung zwischen den Schichten

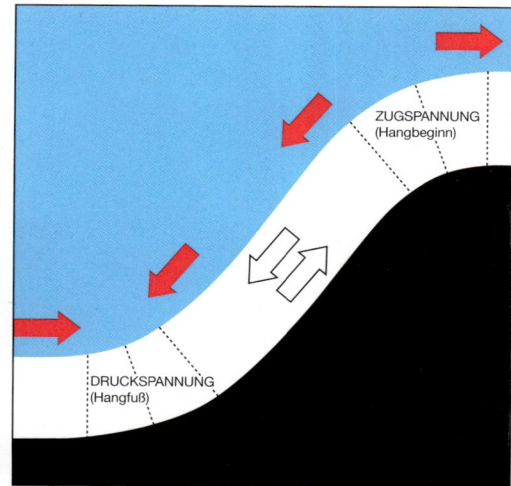

017:2 Spannungen in einem Hang

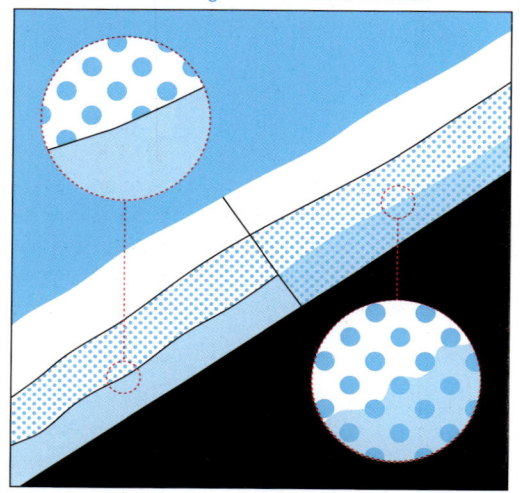

018 Unterschiedlich starke Reibungskräfte innerhalb der Schneedecke

> Manchmal hört man ein „Wumm-Geräusch", wenn eine Schwachschicht zusammenbricht. Es gibt kaum deutlichere Warnzeichen für Lawinengefahr. Befindet man sich in Gelände, das steil genug für Lawinen ist, muss man davon ausgehen, dass man in Lebensgefahr ist, und schnell seine Möglichkeiten abwägen. Meistens ist es am besten, umzudrehen und die Schneedecke dabei so wenig wie möglich zu belasten.

WARUM, WANN UND WO KOMMT ES ZU EINEM KRITISCHEN VERHÄLTNIS ZWISCHEN SPANNUNGEN UND FESTIGKEIT IN DER SCHNEEDECKE?

Die Schneedecke bewegt sich in einer langsamen Kriechbewegung hangabwärts. Die unterschiedlichen Schichten bewegen sich dabei verschieden schnell. Die oberen Schichten kriechen schneller als die unteren, weil die tieferen Schneeschichten durch die Rauigkeit des Bodens und eine verstärkte Reibung gebremst werden. Durch die unterschiedlichen Geschwindigkeiten entstehen Scherkräfte, das sind Spannungen in der Schneedecke (Abb. 017).

Reibung zwischen den einzelnen Schichten, die sogenannte Haftreibung, wirkt der Scherspannung entgegen (Abb. 017:1 und 018).

HOT-SPOTS Die „Hot-Spot"-Denkweise ist recht theoretisch: Die Hot-Spot-Theorie geht davon aus, dass sich ein ganzer Hang auslösen lässt, wenn man eine Superschwachstelle, den sogenannten Hot-Spot, stört. Hot-Spots sind in der Schneedecke versteckt und nicht zu sehen. Daher hilft uns das theoretische Wissen, dass Hot-Spots existieren, nur bedingt weiter, wenn wir im Gelände konkrete Entscheidungen fällen. Allerdings können wir davon ausgehen, dass die Anzahl dieser Superschwachstellen innerhalb eines Steilhangs zunimmt, wenn die Lawinengefahr ansteigt und eine ungünstige Lawinenwarnstufe ausgegeben worden ist.

Die große Variabilität der Schneedecke und die Hot-Spots sind der entscheidende Grund, weshalb Schneeprofile nur Aufschluss über einen einzelnen Punkt im Hang geben können, da sich die Stabilität der Schneedecke kleinräumig stark unterscheiden kann.

Wie in diesem Kapitel bereits erwähnt wurde, ist die Schneedecke nicht homogen, sondern von wechselnder Dicke, Dichte, Schichtung und Bindung. Es wird noch komplizierter: Auch die Kräfte, die in der Schneedecke wirken, ändern sich stark, je nachdem, wo die Reibung zwischen den Schichten groß ist und wo Schwachschichten die Reibung verringern. In jedem wenig befahrenen Hang findet man diese komplizierten Muster aus stabilen und instabilen Bereichen. Ist die Verbindung zwischen den Schneeschichten in einem Bereich des Hangs schwach, muss der Schnee in der Umgebung das kompensieren und Spannungen entstehen.

Man stelle sich eine Glasplatte vor, die von einer dünnen Schicht Mehl bedeckt ist. Jetzt bläst man das Mehl an manchen Stellen weg. Man nimmt eine weitere Glasplatte mit einer dünnen Schicht Kleber darauf und legt die Platten übereinander. Dort, wo kein Mehl ist, kleben sie zusammen. So ähnlich ist es, wenn z. B. Oberflächenreif eingeschneit wird. Man findet stabile Bereiche (in denen oberflächliche Triebschneeablagerungen gut an den unteren Schichten „kleben") neben Schwachstellen (Hot-Spots) mit schlechter Verbindung zwischen den Schichten (Abb. 019).

Wenn wir einen Hang befahren, kann es sein, dass wir die Schwachschicht zum Zusammenbrechen bringen, das Schneebrett aber so fest verankert ist, dass es noch hält. Der Bruch breitet sich innerhalb der Schneedecke aus, bis das Schneebrett nur noch oben, unten und an den Seiten gehalten wird. Es ist nun wie eine Falle, die nur auf den nächsten Skifahrer wartet. Daher können Lawinen auch dann noch ausgelöst werden, wenn ein Hang schon verspurt ist. Ich habe erlebt, dass ein Hang als Lawine abging und einen Skifahrer tötete, nachdem bereits rund 100 Skifahrer und Snowboarder darin abgefahren waren.

WARUM, WANN UND WO GEHT EIN SCHNEEBRETT AB UND WODURCH WIRD ES AUSGELÖST?

In einer stabilen Schneedecke ist die Festigkeit des Schnees größer als die Spannungen.

Damit es zu einer Lawinenauslösung kommen kann, muss das Gleichgewicht gestört werden und die Spannungen innerhalb der Schneedecke gleich groß oder größer werden als die Festigkeit des Schnees.

Wird zusätzlicher Schnee auf der Altschneedecke eines Steilhangs durch Schneefall, Wind oder beides abgelagert, belastet das Gewicht des neuen Schnees die Schneedecke umso stärker, je mehr zusätzlicher Schnee abgelagert wird, bis

STABILE BEREICHE

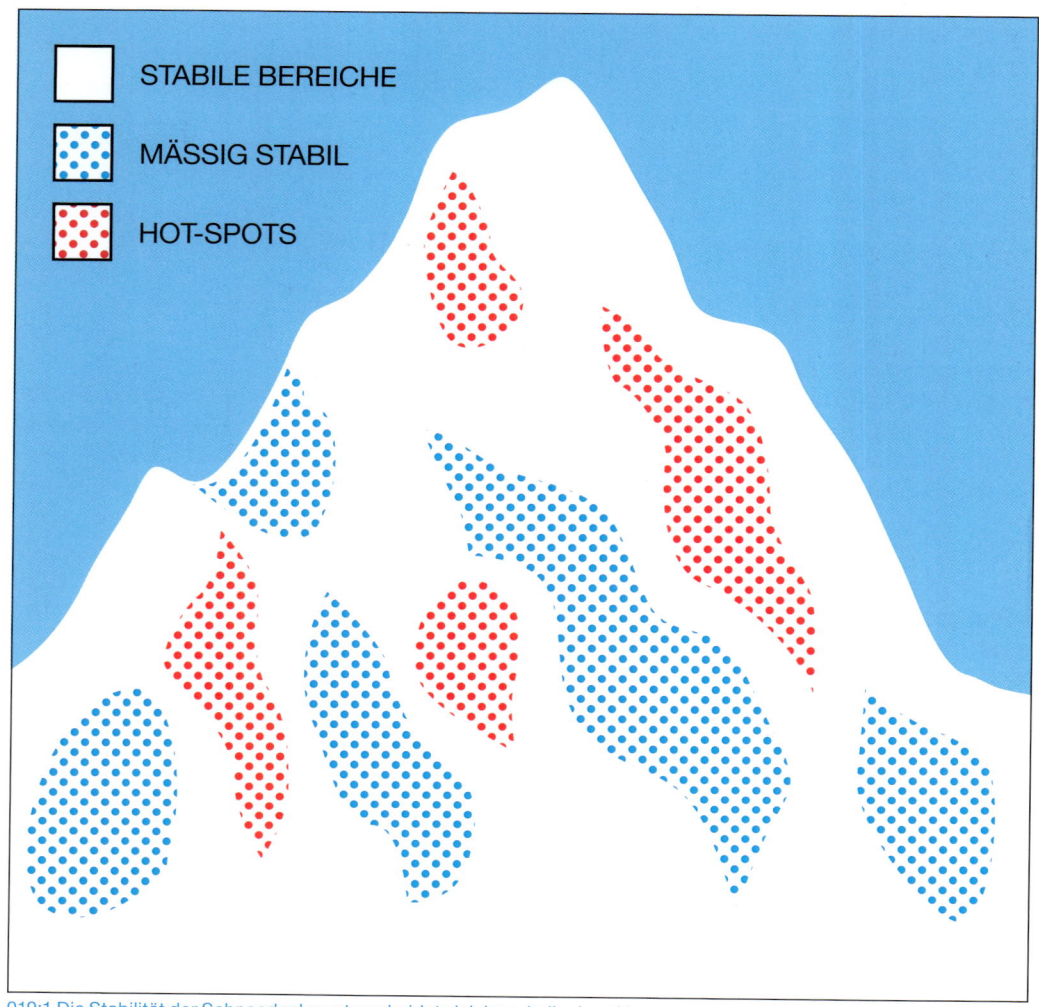

MÄSSIG STABIL

HOT-SPOTS

019:1 Die Stabilität der Schneedecke unterscheidet sich innerhalb eines Hanges.

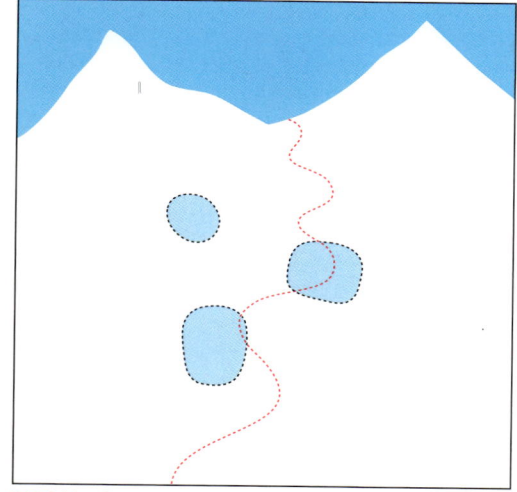

019:2 Hot-Spots

019:3 Hot-Spots

072 SCHNEE- UND LAWINENKUNDE

Exzellente Sulzschnee- bzw. Firnverhältnisse herrschen oft nur für eine kurze Zeit. Starke Sonneneinstrahlung verwandelt den Schnee im weiteren Tagesverlauf in gefährlichen Faulschnee.

Fredrik Schenholm △ Meiringen-Hasliberg, Schweiz Johan Jonsson

Patrick Fux — Hokkaido, Japan

Solche Stützverbauungen können den Anriss von Lawinen verhindern.

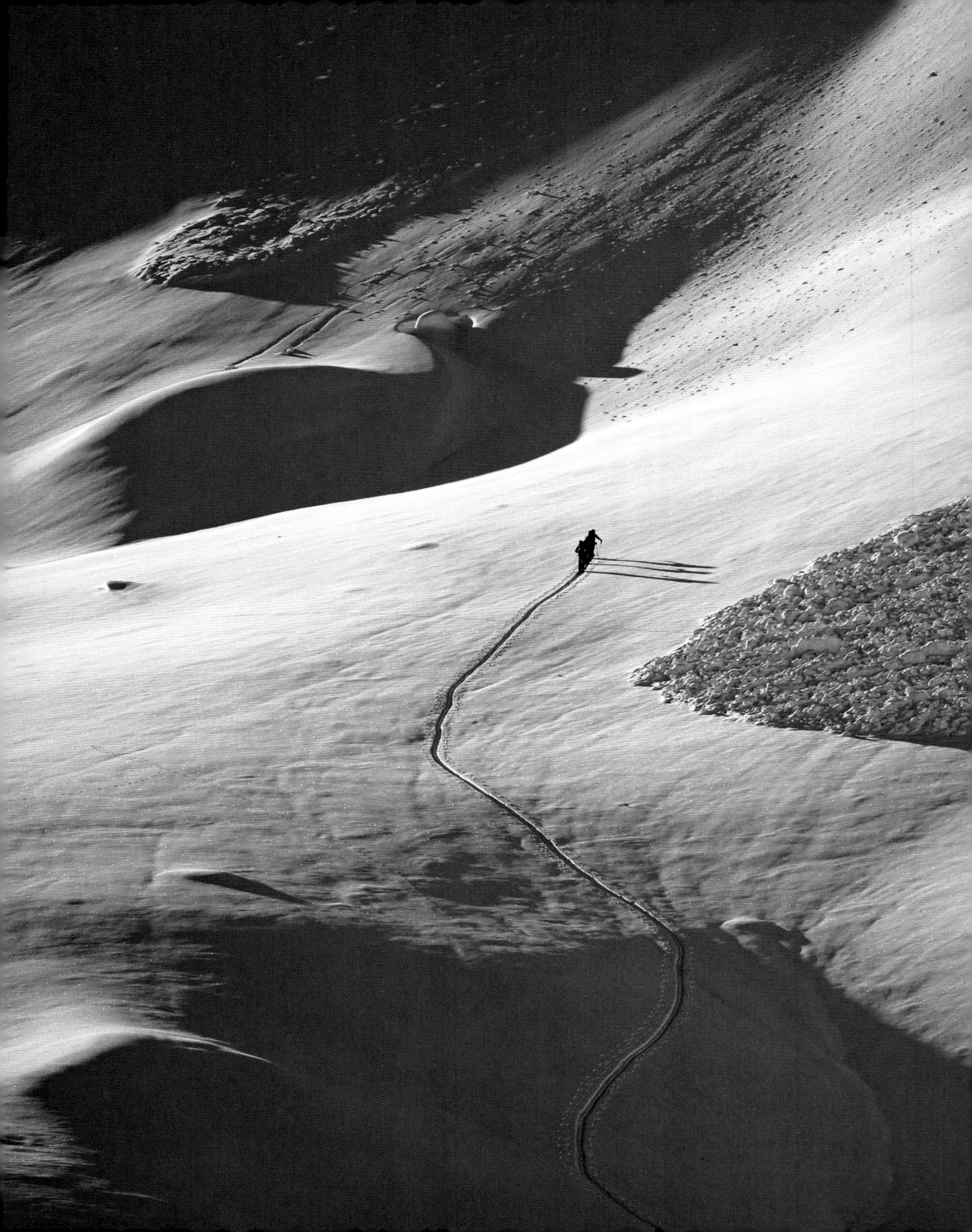

Baschi Bender

Mächtige Schneebrettlawine, die mehrere Tourengeher das Leben kostete.

© WSL-Institut für Schnee- und Lawinenforschung SLF

Mitrutschender, stiebender Schnee im extremen Steilgelände. Auf dem ausgeprägten Geländerücken besteht keine Gefahr, dass der sog. Sluff den Fahrer mitreißt.

📷 Jonas Blum
△ Tasman Glacier, Neuseeland
⛷ Fabian Lentsch

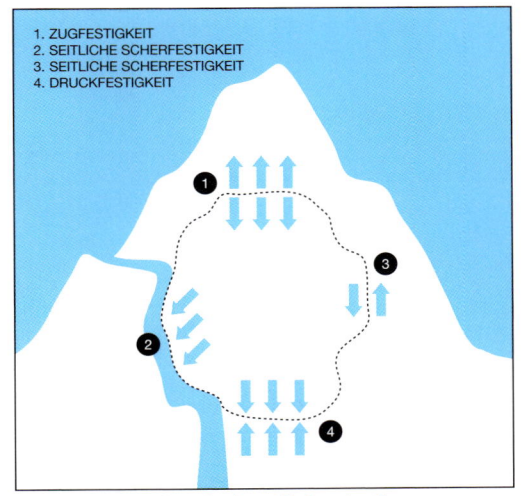

019:4 Hot-Spots

019:5 Kräfteverteilung in einem Schneebrett

1. ZUGFESTIGKEIT
2. SEITLICHE SCHERFESTIGKEIT
3. SEITLICHE SCHERFESTIGKEIT
4. DRUCKFESTIGKEIT

diese Zusatzbelastung unter Umständen die Festigkeit eines bereits vorhandenen potenziellen Schneebretts übersteigt. In solchen Fällen können sich spontane Lawinen lösen, wenn die gebundene Schicht, die das potenzielle Schneebrett darstellt, so schwer wird, dass die daraus resultierenden Spannungen größer werden als die Reibung mit dem darunter liegenden Schnee, der dann zur Lawinengleitbahn wird. Häufig gleiten solche instabilen Hangbereiche jedoch nicht sofort spontan ab, weil sie noch oben und unten sowie an den seitlichen Rändern gestützt bzw. verankert sind. Solche potenziellen Schneebretter werden erst durch zusätzliche Belastungen ausgelöst und zur Schneebrettlawine:

Als Auslöser kommt eine Zunahme der Belastung in Frage, z. B. durch einen Skifahrer, das Gewicht von Neuschnee oder Regen oder einen Wechtenbruch. Eine andere Möglichkeit der Auslösung besteht in einer Abnahme der Festigkeit der Schneedecke, z. B. durch das Zusammenbrechen einer Schwachschicht, einer Skispur, die beispielsweise am Hangfuß oder im oberen Bereich den Hang anschneidet, wodurch die Stützwirkung am Hangfuß bzw. die Zugfestigkeit im oberen Hangbereich reduziert wird. Temperaturanstieg oder Schmelzwasser am Boden können ebenfalls zu einer Reduzierung der Scherfestigkeit führen und zum Lawinenauslöser werden. Eine Zunahme der Belastung und eine Abnahme der Festigkeit können natürlich gleichzeitig erfolgen.

Niemand weiß genau, wie stark man einen schwachen Hangbereich zusätzlich belasten kann, bevor die Schwachschicht darunter kollabiert und die Schneebrettlawine abgleitet. Wenn man mehrmals täglich das Risiko des Ratens eingeht, wird man früher oder später falsch geraten haben. Stattdessen sollte man versuchen, die potenziellen Schneebretter zu erkennen und zu verstehen, wie sie entstehen, damit man ihnen aus dem Weg gehen kann. Die Gefahrenbeurteilung ist insbesondere bei schlechter Sicht stark erschwert oder auch, wenn frischer Schnee, der bei wenig Wind gefallen ist, die alten Triebschneeansammlungen und potenziellen Schneebretter überdeckt hat.

Viele Skifahrer haben Angst davor, dass unerwartet ganze Bergflanken plötzlich als Lawinen abgleiten. So etwas kann man normalerweise leicht vermeiden, da Großlawinen fast nur bei Verhältnissen vorkommen, von denen man weiß, dass sie extrem gefährlich sind. Viel schwieriger und komplexer ist die Gefahreneinschätzung an Tagen mit mäßiger Lawinengefahr (Stufe 2) oder erheblicher Lawinengefahr (Stufe 3) (siehe Gefahrenskala, S. 109), wenn viele Wintersportler beginnen, auch die steileren Hänge zu fahren. Nach einem Schneefall reicht es nicht, lediglich abzuschätzen, wie gut sich der Neuschnee mit der Altschneeunterlage verbindet. Man sollte sich auch überlegen, wie sich das zusätzliche Gewicht auf die Schneedecke auswirkt.

Man kann davon ausgehen, dass eine Gruppe erfahrener Skifahrer, die ihre Route vorsichtig anlegt und diszipliniert abfährt, ein wesentlich geringeres Risiko eingeht als Anfänger, die sich alle auf einmal in einen Hang stürzen. Etwa 90 % aller Lawinen werden durch die erste Person oder erste Gruppe, die in einen Hang einfährt, ausgelöst.

GELÄNDEFORMEN

Das Gelände kann die Bildung von Spannungen in der Schneedecke begünstigen und die Bildung von großflächigen Schwachschichten erschweren. Daher sind bestimmte Geländeformen anfälliger für Lawinen als andere.

KONVEX In konvexen (nach außen gewölbten) Hängen bzw. Hangbereichen werden Spannungen in der Schneedecke verstärkt. Die größten Spannungen treten im oberen Teil des konvexen Bereichs auf, der damit für Skifahrer zum wohl gefährlichsten Bereich wird. Wenn man abfährt und das Gelände einsehen will, um sich eine Linie zu suchen, fährt man oft bis in den steilsten Bereich und macht dort einen Bremsschwung oder bleibt sogar stehen. Das Abbremsen und Stehenbleiben belastet die Schneedecke zusätzlich – und das an einer Stelle, die vorher schon relativ instabil war. Schneebretter lösen sich hierbei meist hinter dem Fahrer (Abb. 020).

KONKAV Im Allgemeinen gelten konkave (nach innen gewölbte) Hänge, verglichen mit konvexen, als sicherer. Sie begünstigen aber die Bildung von Triebschneepaketen. Vor allem bei spröden Schneebrettern in kleinen Hängen ist Vorsicht geboten. Sie werden von unten gestützt, daher können sie ausgelöst werden, wenn man die Schneedecke bei einer Querung im Aufstieg oder in der Abfahrt mit einer Skispur anschneidet.

GRÄBEN UND MULDEN Flache Gräben und Mulden in einem Hang begünstigen die Entstehung großer Triebschneeablagerungen und sind ideal für die Bildung von Schneebrettern (Abb. 021).

STEILE, OFFENE, HINDERNISLOSE HÄNGE Zum Fahren ist solches Gelände ideal. Es ist allerdings schwierig einzuschätzen, an welchem Punkt im Hang eine Lawine anreißen könnte. An einzelnen aus der Schneedecke herausragenden Felsen oder einzelnen Bäumen lösen sich Lawinen besonders häufig.

GELÄNDEFALLEN

Geländefallen sind Stellen, an denen die Form des Geländes die möglichen Konsequenzen einer in anderem Gelände möglicherweise eher harmlosen Lawine

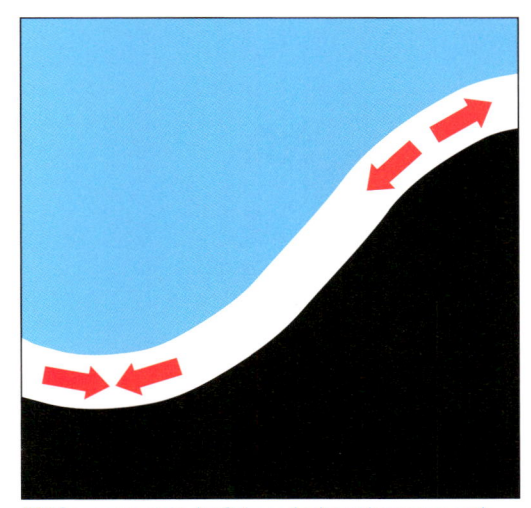

020 Spannungen in der Schneedecke an konvexen und konkaven Geländeformen

021 Mulden

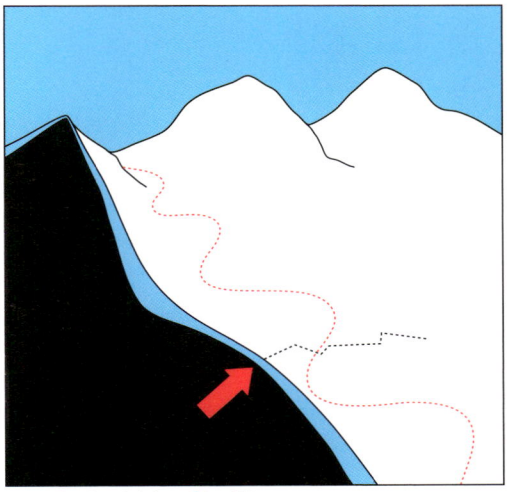

022:1 Steile, gleichmäßige Hänge

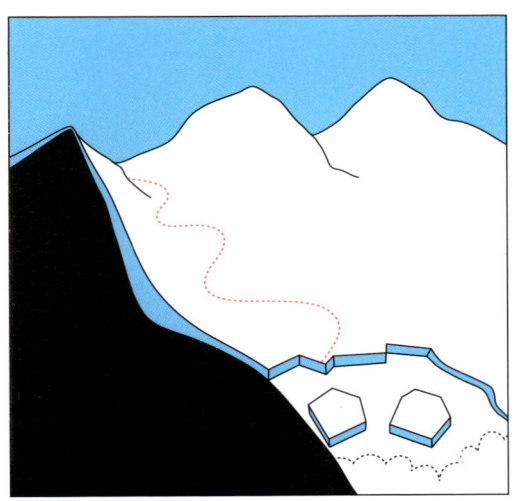

022:2 Lawinen lösen sich vermehrt in Bereichen mit dünner Schneedecke.

verschlimmert. Sie sind mit gesundem Menschenverstand leicht zu erkennen. Wir müssen uns nur fragen: Was würde passieren, wenn hier eine Lawine abgeht (Abb. 023)?

Vor ein paar Jahren habe ich einen jungen Skifahrer ausgegraben, der ein lediglich 10 x 5 m großes und 40 cm mächtiges, weiches, aber sprödes Schneebrett ausgelöst hatte, und zwar in einem Hang, der sich gerade einmal 15 m neben einer flachen, präparierten Piste befand. Die Lawine hatte ihn auf die Piste gespült und der ganze Schnee war auf ihm gelandet. Zum Glück kamen wir zufälligerweise vorbei und konnten ihn nach 3–4 Minuten ausgraben. Es hat mich enorm überrascht, dass dieser kleine Hang neben der Piste eine so große Lawine produzieren konnte. Der Unfall war trotz der vergleichsweise geringen Größe der Lawine kritisch, da die flache Piste eine Geländefalle darstellte, wodurch sich der Lawinenschnee auf kleiner Fläche hoch auftürmte, sodass es zu einer tiefen Verschüttung kam.

SCHNEE- UND LAWINENKUNDE

023:1 Geländefallen: Dichter Wald

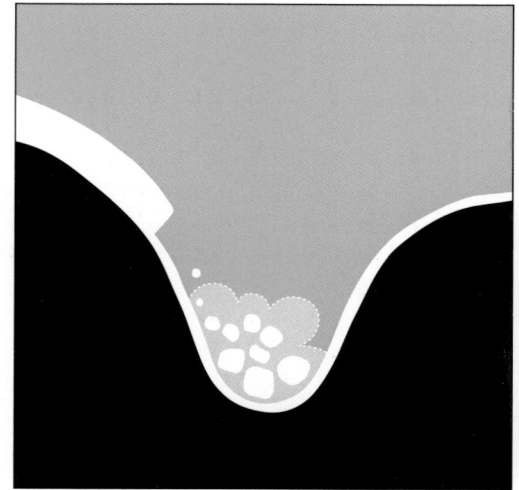

023:2 Tiefe Mulden und Gräben

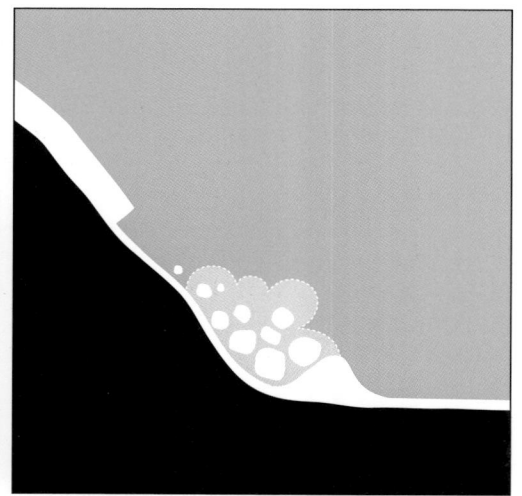

023:3 Plateaus und flache Bereiche unterhalb von Steilhängen

084 SCHNEE- UND LAWINENKUNDE

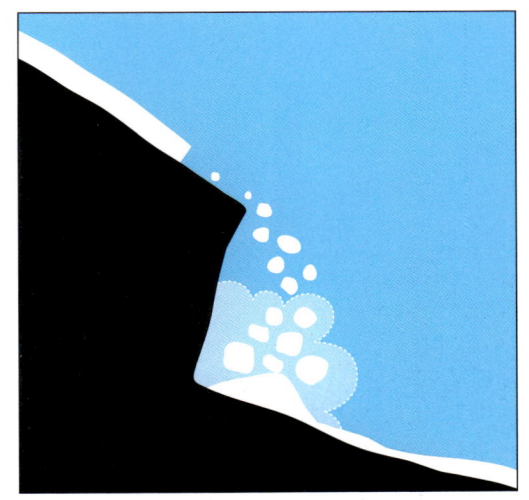

023:4 Gletscherspalten

023:5 Felsabbrüche

Andere besonders ungünstige Geländefallen sind Flachstücke oder Senken am Ende von Steilhängen, Mulden und insbesondere die kleinen Täler und Gräben von Bachläufen.

TYPISCHE LAWINENAUSLÖSEPUNKTE

Obwohl nicht alle Superschwachstellen und möglichen Lawinenauslösepunkte erkannt werden können, gibt es typische Geländeformen, die sehr häufig zu einer Konzentration von Spannungen in der Schneedecke führen. Solche Geländeformen stellen oft den Startpunkt für Lawinen dar (Abb. 024).

HANGNEIGUNG

Die meisten Schneebrettlawinen gehen in Hängen zwischen 30° und 45° ab, wobei 38° der kritischste Winkel ist.

Tipp: Um einen Hang beurteilen zu können, muss man in der Lage sein zu schätzen, wie steil dieser an seiner steilsten Stelle ist.

Wenn wir das Gefühl haben, dass die Bedingungen kritisch sind und beschließen, ausschließlich mäßig steiles Gelände (unter 30°) zu fahren, können ein paar Grad Hangneigung mehr oder weniger entscheidend sein. Bei kritischen Bedingungen wollen wir nicht an die steilste Stelle fahren und dort mit einem Neigungsmesser oder der wenig genauen Stocktechnik-Schätzmethode die Steilheit überprüfen. Wenn man nicht genug Übung hat, um die Steilheit zu schätzen, kann man sie von oben mit dem Neigungsmesser am Kompass messen (Abb. 025). Auf lange Sicht ist es trotzdem unverzichtbar, ein zuverlässiges Gefühl für das Schätzen der Steilheit zu entwickeln. Dann kann man die Route ideal wählen und beim Fahren das besonders risikoreiche Gelände vermeiden.

Am besten übt man diese Fähigkeit, indem man bei stabilen Verhältnissen unterschiedlich steile Hänge befährt, deren Steilheit schätzt und anschließend

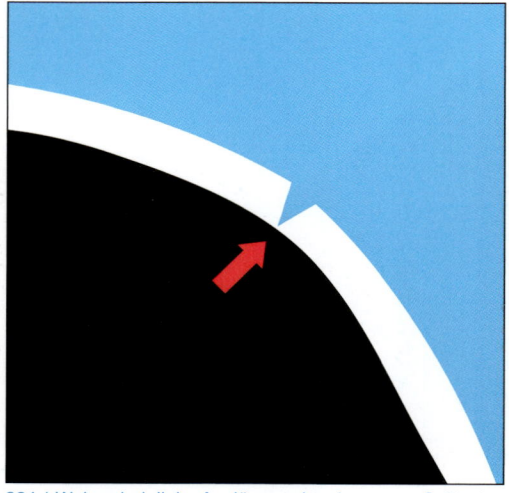

024:1 Wahrscheinliche Auslösepunkte: konvexes Gelände

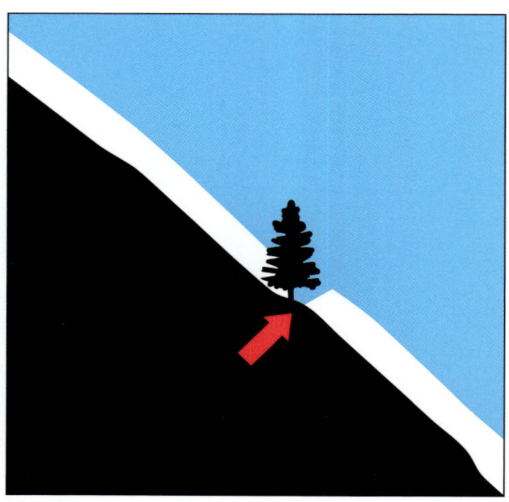

024:2 Bäume

024:3 Hervorstehende Felsen

024:4 Wechtenkeile

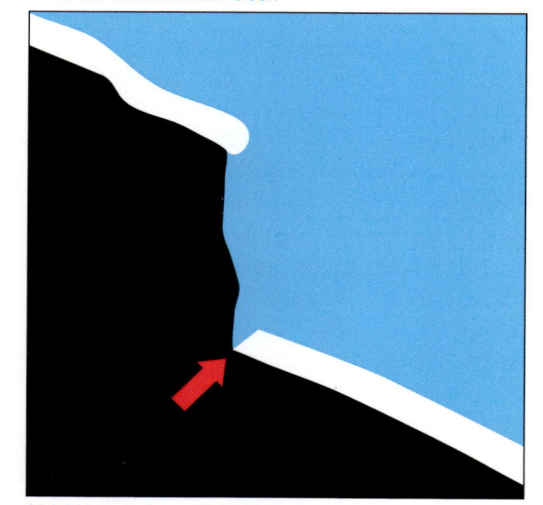

024:5 Unterhalb von Felsabbrüchen

> Um die Lawinengefahr eines Hanges einschätzen zu können, müssen wir in der Lage sein, den Neigungswinkel des steilsten Hangabschnittes einzuschätzen (Abb. 025).

MESSEN DER DURCHSCHNITTLICHEN STEILHEIT

MESSEN DES STEILSTEN BEREICHS

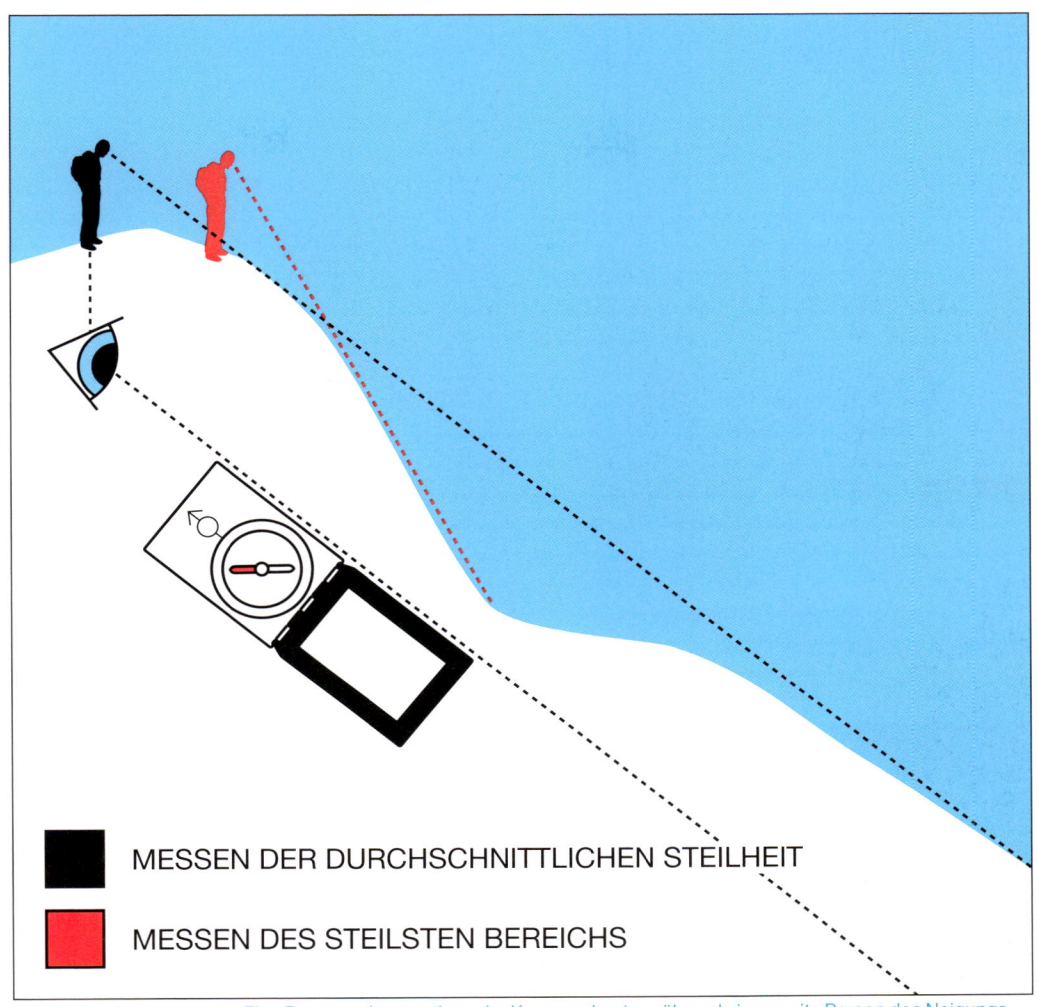

025 Hangneigung messen: Eine Person schaut entlang der Kompasskante, während eine zweite Person den Neigungsmesser abliest.

mit einem Neigungsmesser nachmisst. Vor allem sollte man in der Lage sein, abzuschätzen, ob ein Hang steiler oder flacher als 30° ist.

Es gibt einige Tricks zum Schätzen der Hangneigung: Beim Aufstieg fängt man ab etwa 25° Steilheit an, Spitzkehren zu gehen, um sich weniger zu verausgaben. Ab 30° macht es Spaß, in tiefem Powder zu fahren.

Tipp: Meist genügt es, wenn wir die Neigung der steilsten Stelle unserer Abfahrtslinie abschätzen.

Bei sehr instabilen Bedingungen ist es jedoch möglich, auch aus flachem Gelände Lawinen in steilerem Gelände weiter oben fernauszulösen. Ab erheblicher Lawinengefahr sind Fernauslösungen möglich, bei großer Lawinengefahr sind sie sogar häufig und die Lawinen werden oftmals groß. Man sollte immer im Kopf behalten, dass auch sehr kleine Lawinen ernste Konsequenzen haben können. In Rinnen sind die Seiten steiler als der Bereich in der Mitte, die Rinnenachse.

HANGNUTZUNG

Die Art und Weise und insbesondere die Häufigkeit, mit der ein Hang befahren wird, kann die Stabilität der Schneedecke wesentlich verändern. Wird ein Hang ständig befahren, zerschneiden die Skifahrer dauernd die Schichten in der Schneedecke und die Skispuren verdichten den Schnee, bis er fast so homogen ist wie auf einer präparierten Piste. Das passiert ziemlich zuverlässig auf den typischen Standardvarianten in Skigebieten. In solchen Hängen genügt es meist, darauf zu achten, ob und wie sich der Neuschnee mit der alten Oberfläche verbindet und was für einen Einfluss das Gewicht des Neuschnees auf die unteren Schichten hat. Das Ganze funktioniert allerdings nur in Bereichen, die wirklich ständig befahren werden, und verliert jede Gültigkeit, sobald man sich auch nur ein paar Meter weiter ins selten befahrene Gelände begibt. Dort muss wieder auf alle möglichen Probleme, wie Schwachschichten und Hot-Spots, geachtet werden.

Achtung: Kenntnisse über die Schneedecke im pistennahen, ständig oder auch nur häufig befahrenen Bereich können nicht auf die Schneedecke übertragen werden, die man beim Tourengehen oder in den eher selten befahrenen Varianten antrifft.

Nach ergiebigen Schneefällen oder starkem Wind ist besondere Vorsicht geboten. Auch wenn ein Hang normalerweise viel befahren wird, können die dann mächtigen Neuschneeschichten als große Lawinen abgleiten.

NEUSCHNEE UND LAWINENGEFAHR

Im Abschnitt zu Schneebrettern haben wir besprochen, wie Wind die Schneedecke beeinflusst und die Bildung von instabilen Hangbereichen und Schneebrettern begünstigt. Ein weiterer wichtiger Faktor ist die Lufttemperatur während des Schneefalls. 10 cm Schnee, die bei warmen Temperaturen fallen, wiegen aufgrund des höheren Wassergehalts mehr als 10 cm, die bei kalten Temperaturen fallen. Dementsprechend wird die Schneedecke unterschiedlich stark zusätzlich belastet.

Sogar wenn es bei kalten Temperaturen und ohne Wind schneit, erhöht sich die Lawinengefahr. Nicht nur wegen des zusätzlichen Gewichts des Neuschnees, sondern auch da sich der neue Schnee nur langsam mit der alten Schneeoberfläche verbindet. Wenn es mehr als 20–30 cm geschneit hat, erhöht sich die Lawinengefahr fast immer markant und meist herrscht erhebliche Lawinengefahr (Stufe 3). Normalerweise bleibt es für zwei oder drei Tage gefährlich, dann hat sich der Neuschnee mit dem Altschnee verbunden.

Wie stark sich die Lawinengefahr durch Neuschnee erhöht, hängt davon ab, ob der Schnee bei günstigen oder ungünstigen Bedingungen fällt. Schneit es unter günstigen Bedingungen, also z. B. ohne Wind bzw. bei sehr wenig Wind auf eine stabile Altschneedecke, dann wird die kritische Neuschneemenge meist erst bei mehr als 50 cm Neuschnee erreicht (Gefahr durch Lockerschneelawinen!). Man spricht von einer stabilen Altschneedecke, wenn diese über den ganzen Winter, also seit Saisonbeginn, viel befahren und trocken ist. Bei solchen Bedingungen verbindet sich der Neuschnee gut mit dem Altschnee.

Ungünstige Bedingungen sind Windgeschwindigkeiten von mehr als 10 m/s (> ca. 35–40 km/h), Temperaturen unter −8 °C, die während dem Schneefall steigen, und ein schlechter Schneedeckenaufbau, wie z. B. Oberflächenreif auf einer Schmelzkruste oder hartem Schnee in wenig befahrenen Hängen. Bei solchen Bedingungen bilden sich potenzielle Schneebretter auf einer perfekten Gleitschicht, mit einer Schwachschicht aus Oberflächenreif dazwischen. Die kritische Neuschneemenge kann bei ungünstigen Bedingungen bereits nach 10–20 cm Neuschnee erreicht werden.

Niederschlagsrate/Ablagerungsrate Allgemein gilt, dass die Lawinengefahr umso stärker ansteigt, je schneller der Neuschnee abgelagert wurde. Schneit es sehr intensiv und ergiebig, dann hat die Schneedecke weniger Zeit, sich an das zusätzliche Gewicht anzupassen, als wenn dieselbe Menge über einen langen Zeitraum verteilt fällt. Das Risiko, eine Lawine auszulösen, ist daher während und unmittelbar nach starken Schneefällen wesentlich höher. Von starkem Schneefall spricht man dann, wenn mindestens 3–5 cm Neuschnee je Stunde fallen; manchmal schneit es sogar bis zu 10 cm pro Stunde. Nach ein paar Tagen ist die Schneefallrate nicht mehr von Bedeutung. Große Dumps (100–150 cm) lassen die Lawinengefahr kurzfristig stark ansteigen, umso mehr, je mehr es schneit. Durch das Gewicht des Neuschnees setzt und verfestigt sich die Schneedecke allerdings schnell. Starkschneefälle führen mittelfristig zu stabilen Schneedecken.

Tipp: Neuschnee erhöht die Lawinengefahr. Die Menge des Neuschnees kann sich mit der Höhe und der Exposition ändern.

Wir sollten vorsichtig sein, wenn wir an einem Powder-Tag Hänge in unterschiedlichen Expositionen oder Höhenlagen befahren. Nicht nur die Altschneedecke verändert sich: Mit der Höhe nimmt auch häufig der Windeinfluss zu.

Das zusätzliche Gewicht des Neuschnees beeinflusst die Stabilität der Schneedecke. 10 cm Schnee, die bei warmen Temperaturen gefallen sind, können im Extremfall so viel wiegen wie 50 cm, die bei großer Kälte fallen.

EXPOSITION

Die Schneedecke ändert sich stark mit der Hangexposition. Exposition ist diejenige Himmelsrichtung, die der Kompass anzeigt, wenn man oben auf dem Hang steht und hinunterschaut. Wenn man mittags in einem Südhang steht und ins Tal blickt, scheint die Sonne direkt ins Gesicht (Abb. 026).

Sonnenhöhe Im Winter steht die Sonne niedriger über dem Horizont als im Sommer. Am 21. Dezember erreicht die Sonne ihren niedrigsten Punkt. Danach werden die Tage wieder länger und die Sonne klettert höher. Der 21. Juni ist der längste Tag des Jahres. Die Sonne erreicht ihren Höchststand und beginnt wieder zu sinken.

Wie viel Energieeinstrahlung eine Schneeoberfläche von der Sonne erhält, hängt von der Exposition, der Steilheit, dem Breitengrad und der Jahreszeit ab. Es ist wichtig, die Exposition zu kennen, da die Schneedecke sich je nach Temperaturen unterschiedlich setzt und verändert. Ein steiler Südhang erhält auch im Hochwinter und trotz niedrigem Sonnenstand viel Strahlungsenergie, da die Strahlung fast im rechten Winkel eintrifft. Ein Nordhang bekommt dagegen zu dieser Zeit gar keine Sonneneinstrahlung ab (Abb. 027).

Südhänge Sie erhalten am meisten Strahlung, daher erfolgt die abbauende Umwandlung schneller als in anderen Expositionen. Die Schneedecke setzt und stabilisiert sich schnell und daher sind Südhänge im Hochwinter meist am sichersten (zumindest wenn man andere Faktoren wie Wind und Gelände außer Acht

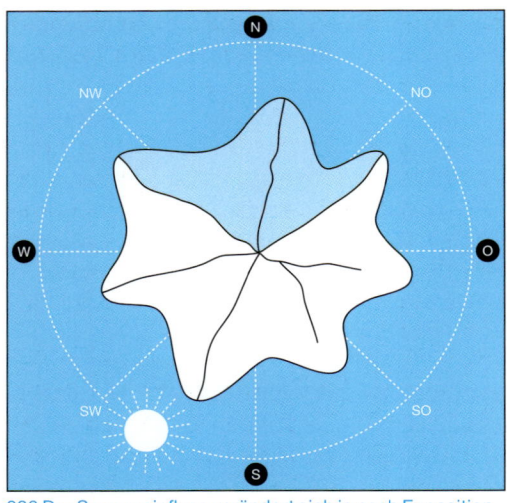

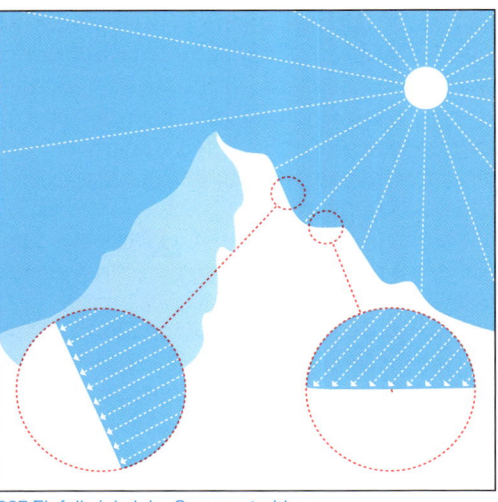

026 Der Sonneneinfluss verändert sich je nach Exposition des Hanges.

027 Einfallwinkel der Sonnenstrahlung

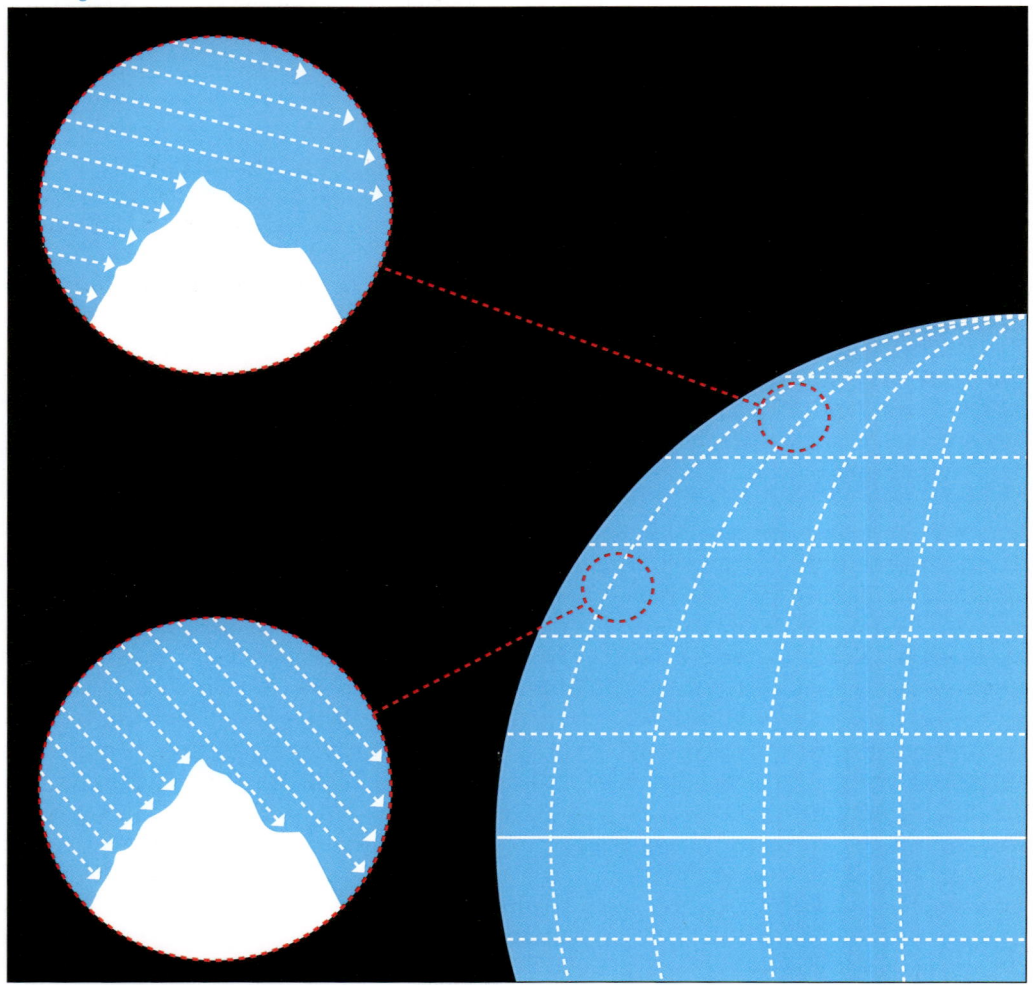

028 Die Sonneneinstrahlung unterschiedlicher Hangexpositionen ist stark vom Breitengrad abhängig.

090 SCHNEE- UND LAWINENKUNDE

lässt). Im Frühjahr werden die ehemals sicheren Hänge mit voranschreitenden Schmelzprozessen und der entsprechenden Durchfeuchtung zunehmend gefährlich.

Nordhänge Sie erhalten im Hochwinter am wenigsten Strahlung. Die kalten Temperaturen begünstigen aufbauende Umwandlung sowie die Bildung von Schwimmschnee und Oberflächenreif. Die Stabilisierung und Setzung der Schneedecke dauert lange und Schwachschichten bleiben über lange Zeit (den größten Teil des Winters) erhalten. Im Frühjahr dreht sich die Situation jedoch häufig um und in Nordhängen ist die Gefahr durch Nassschneelawinen noch lange Zeit geringer, vorausgesetzt man befindet sich in ausreichend großer Höhe.

Ost- und Westhänge Sie liegen in ihren Eigenschaften zwischen Süd- und Nordhängen. Besonders bei niedrigen Sonnenständen im Früh- und Hochwinter gibt es in diesen Expositionen kleinräumig große Unterschiede in den Schneeverhältnissen, da selbst kleine Geländeformen große Schatten werfen. Es kann sein, dass man auf der Südseite eines Rückens gut gesetzten Schnee vorfindet, auf der Nordseite aber noch nicht. Später im Winter sind Westhänge oft etwas günstiger als Osthänge, da sie mehr Strahlung bei höheren Temperaturen abbekommen haben. Die Osthänge erhalten nur am Morgen direkte Sonneneinstrahlung, also während der kältesten Zeit des Tages.

Geografische Breite Die Exposition ist in den niedrigeren Breiten (30°–55°) sehr wichtig. Weiter im Norden steht die Sonne sehr tief und steigt im Hochwinter kaum über den Horizont. Der Einfluss der Sonne auf die Schneedecke ist daher geringer (Abb. 028).

Im Frühling und Frühsommer sind die Tage in den hohen Breiten sehr lang und die Schneedecke erhält mehr Strahlung als weiter im Süden.

Besonders gefährliche Expositionen Etwa 75 % aller tödlichen Lawinenunfälle ereignen sich in den Expositionen Nordwest, Nord und Ost. 60 % der tödlichen Unfälle geschehen im Sektor Nord (Nordwest bis Nordost) (Abb. 029).

Tipp: Die Exposition eines Hanges zur Sonne und zum Wind (siehe Schneebrettbildung) ist sehr wichtig, wenn man die Lawinengefahr beurteilen und gute Skibedingungen finden möchte.

Erhält ein Hang so viel Strahlung, dass der Schnee anfängt zu schmelzen, bildet sich eine Schmelzkruste, sobald die angetaute Schicht nach Sonnenuntergang oder nachts wieder gefriert. In steilen Südhängen wird der Schnee aber auch schneller zu gutem Firn. In flacheren oder anders exponierten Hängen findet man dagegen noch länger Bruchharsch.

Aufgrund verschiedener Geländeformationen ist es möglich, im gleichen Hang unterschiedliche Expositionen zu befahren. Wir sollten die Möglichkeiten nutzen, die solches Gelände bietet, um den besten Schnee zu finden und die sicherste Linie zu wählen. Wir sollten nie einfach irgendwo runterfahren, weil wir dabei wahrscheinlich unsere Route nicht ideal wählen, da wir das Gelände nicht verstanden haben.

REGIONALE KLIMATISCHE BESONDERHEITEN UND DIE STABILITÄT DER SCHNEEDECKE

Das Klima einer Region spielt eine wichtige Rolle für die Stabilität und die allgemeinen Eigenschaften der Schneedecke. Wie beim Klima kann man grob zwischen zwei Arten von Schneedecken unterscheiden: maritim und kontinental. Das sind die Extreme an den Enden einer Skala, die die verschiedensten Übergänge und Mischformen kennt, denn die Natur ist natürlich nie so simpel und vorhersagbar. Wir dürfen nicht vergessen, dass selbst innerhalb einer Region alle möglichen Mischformen von Lokalklimata und Schneedecken vorkommen können. Anstatt zu viele allgemeine Regeln auswendig zu lernen, sollten wir daher möglichst viel Wissen über die verschiedenen Prozesse in der Schneedecke sammeln. Je mehr wir wissen und verstehen, desto besser können wir uns an die Bedingungen überall auf der Welt anpassen.

KONTINENTALE SCHNEEDECKE Gegenden mit kalten, sonnigen und relativ trockenen Wintern haben normalerweise eine dünne, instabile Schneedecke. Solche Bedingungen findet man in kontinentalen Regionen in relativ großer Entfernung zum Meer. Hier findet man auch den trockenen, leichten Schnee („Champagne Powder"), von dem die meisten Skifahrer träumen. Die geringe Schneehöhe in Kombination mit den kalten Temperaturen führt zu einer komplexen Schneedecke mit vielen versteckten Schwachschichten. Schwimmschnee und Oberflächenreif treten sehr häufig auf und Schwachschichten bleiben lange erhalten. Lawinen können auch noch viele Tage nach dem letzten Schneefall abgleiten. Am gefährlichsten sind die Bedingungen im Früh- und Hochwinter. Im Februar und März können Lawinen auf Schwachschichten abgleiten, die sich im November oder Dezember gebildet haben. Im Frühjahr ist es in solchen Regionen oft weniger gefährlich, da dann die Schneedecke dicker ist und die Temperaturen höher sind.

Die Entwicklung der Lawinengefahr kann sich von einem Winter zum anderen stark unterscheiden, je nach Temperaturen und Schneehöhen im Frühwinter. Regionen, die ein kontinentales Klima aufweisen, wie Teile der Zentralalpen oder die Rocky Mountains in Colorado, verzeichnen die meisten Lawinentoten.

Tipp: In kontinentalen Gebieten sollte man darauf achten, wie sich der Neuschnee mit der alten Schneedecke verbindet und was das zusätzliche Gewicht des Neuschnees für die Schneedecke bedeutet.

MARITIME SCHNEEDECKE Gegenden mit eher milden, niederschlagsreichen Wintern haben meist eine stabile, dicke Schneedecke. Solche Bedingungen findet man in Küstengebirgen. Trotz häufiger intensiver Schneefälle bleibt die Lawinengefahr nur selten über längere Zeit hoch. Durch die milden Temperaturen verbindet sich der oft feuchte, relativ schwere Neuschnee meist gut mit der zumeist stabilen Altschneedecke. Aus diesem Grund werden die meisten extremen Steilabfahrten in den Alpen auch erst spät in der Saison unternommen, im Mai oder Juni, weil erst dann die Schneedeckenstabilität in den hohen Lagen oft sehr günstig ist.

Regen ist in solchen Regionen selbst im Hochwinter nicht ungewöhnlich und Nassschneelawinen können während der ganzen Saison vorkommen. Wenn sich die Temperatur während eines Schneefalls ändert, bilden sich häufig Schwach-

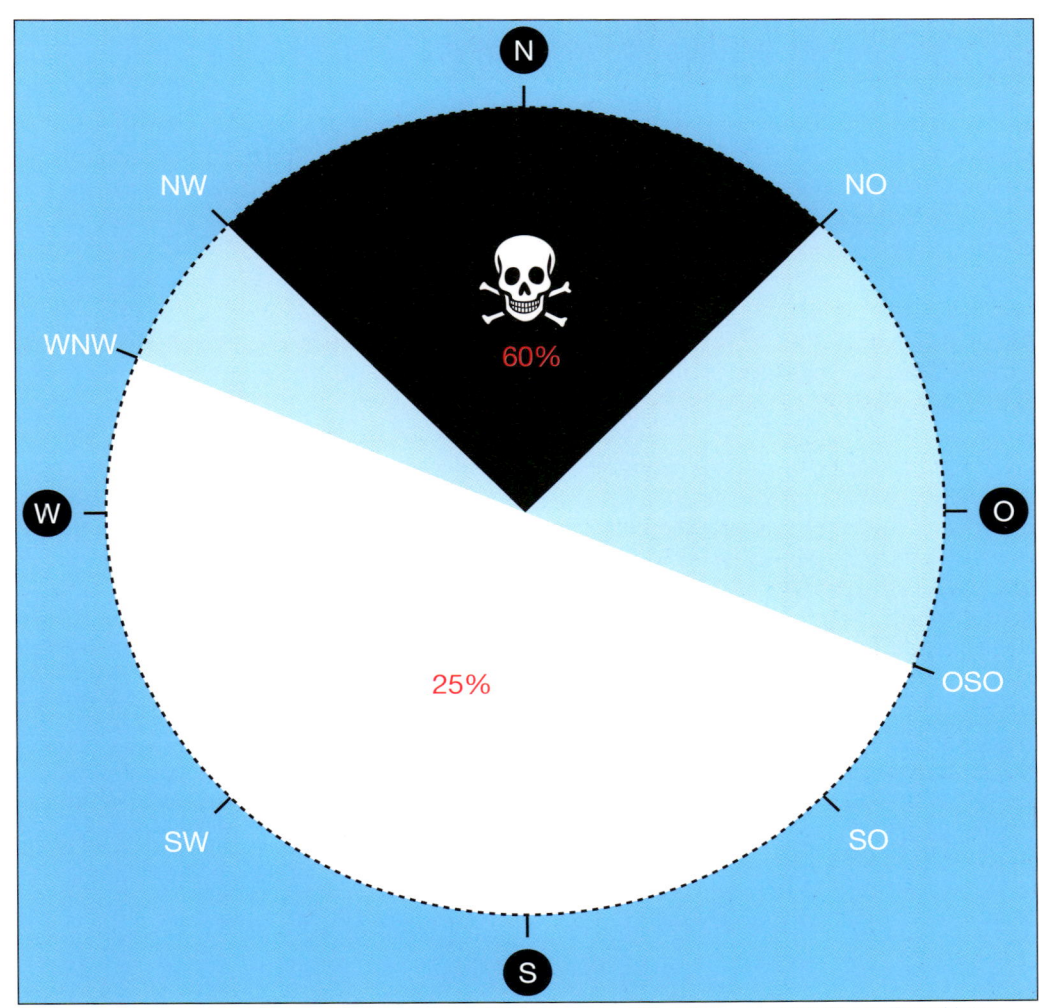

029 Je schattiger, umso gefährlicher: Verteilung der tödlichen Lawinenunfälle auf die unterschiedlichen Expositionen

schichten in der Neuschneeschicht. Lawinen gehen meist auf Eiskrusten ab, die sich durch Sonne oder Regen gebildet haben.

Bei guten Bedingungen können hier sehr steile Hänge gefahren werden, die man aufgrund der dünneren, weniger stabilen Schneedecke in den Alpen nicht fahren könnte.

Tipp: Auch in Regionen, die ein feucht-mildes (maritimes) Klima aufweisen, müssen die allgemeinen Regeln der Schneedecke beachtet werden: Kalte Temperaturen und geringe Schneehöhen fördern die Bildung von Tiefenreif. Je mehr Neuschnee fällt, desto höher ist die Lawinengefahr (vor allem wenn der Neuschnee auf eine Eiskruste fällt).

SCHNEEDECKEN-FAUSTREGELN FÜR SKIFAHRER

Wir dürfen nicht vergessen, dass sich die Schneehöhe und die Stabilität der Schneedecke mit der Jahreszeit, der Höhe, der Exposition und dem Gelände verändern. Winter und Gegenden mit geringer Schneehöhe und kalten Temperaturen sind gefährlicher für Skifahrer. Steine, Büsche und Bäume sind Schwachstellen in der Schneedecke, um die sich Tiefenreif bilden kann, da der Schnee dort wenig dicht ist. Solche Schwachschichten bilden oft einen Teil der Anrisslinie von Schneebrettern.

Die Schneedecke ist schwach, wenn sie viel Wasser enthält, aber sehr stabil, wenn das Wasser friert.

Neuschnee erhöht die Lawinengefahr.

Wenn man nicht sicher ist, wie stabil die Schneedecke ist, sollte man auf Rücken und in flachem oder mäßig steilem Gelände (unter 30°) bleiben, um auf Nummer sicher zu gehen. Unterschiedliche Geländeformationen in einem Hang bedeuten, dass man in verschiedenen Expositionen abfahren kann.

Und schließlich: Ein Hang ist nicht sicher, nur weil schon andere Wintersportler abgefahren sind. Vorhandene Spuren können eine falsche Sicherheit vortäuschen!

004

BEURTEILUNG DER LAWINENGEFAHR

Während der letzten beiden Tage hatte ich das Wetter genau beobachtet und die Prognosen studiert, weil ich mit meinen Gästen die Abfahrt in das kleine Dorf Fionnay unternehmen wollte.

Ich wusste, dass wir, die richtigen Bedingungen vorausgesetzt, tollen Firn vorfinden würden. Ich machte mir allerdings Sorgen, dass der Schnee über Nacht nicht richtig gefrieren könnte, oder dass wir möglicherweise doch nicht schnell genug vorankommen würden und wir das Tal nicht erreichen würden, bevor sich der Firn in lawinengefährlichen Faulschnee verwandeln würde.

Um die exzellente, lange Abfahrt zu erreichen, fährt man ein Stück auf der Rückseite des Mont Fort ab, bevor man Felle aufzieht und etwa eine Stunde lang aufsteigt. Dann wartet eine lohnende, 1500 Höhenmeter lange Abfahrt. Man kann zwischen Ost-, Süd- und Westhängen wählen, daher ist dieses Gelände im Frühjahr so interessant. Der unterste Teil der Abfahrt ist jedoch ein südwest-ausgerichtetes Couloir und auf den letzten 200 Höhenmetern muss man durch viele alte Lawinenkegel abfahren. Was das letzte Teilstück der Abfahrt noch unangenehmer macht, ist der sich darüber befindende Südosthang, von dem Lawinen, Eis oder Steine in das Couloir fallen können. Von der anderen Seite drohen Eisfälle, von denen im Frühjahr große Eisblöcke abbrechen. Man verbringt einige Zeit in dem Couloir und es gibt keine Möglichkeit, schnell zu flüchten. Gutes Timing ist daher für diese Abfahrt absolut entscheidend.

Frühmorgens schaute ich auf meinem Thermometer nach, wie kalt es nachts gewesen war. Der Schnee vor dem Haus war hartgefroren. Ich beschloss, die Abfahrt zu versuchen.

Ich wusste, dass wir keine Zeit zu verlieren hatten, denn die Temperaturen würden an diesem Frühlingstag rasch ansteigen. Die beiden Frauen, mit denen ich unterwegs sein würde, gehörten zu meinen fittesten Gästen: Sie konnten sowohl schnell aufsteigen als auch gut und sicher abfahren. Ich brauchte mir daher wenig Sorgen um die Kondition und Fähigkeiten meiner Gäste zu machen.

Bei der Auffahrt mit der ersten Gondel traf ich zwei Ski-Bums, die ich kannte. Sie erzählten mir, dass sie die gleiche Abfahrt machen wollten und ich erinnerte sie, dass sie sich beeilen sollten. Sie versprachen es.

Meine Gäste und ich kamen sehr gut voran, sowohl bei der Abfahrt vom Mont Fort als auch beim anschließenden Aufstieg. Wir machten nur eine kurze Pause, um etwas zu trinken und fuhren dann in einem Rutsch bis ins Tal ab. Um 11:20 Uhr hatten wir das Couloir bereits passiert. Der Firn war auf der gesamten Abfahrt hervorragend und selbst ganz unten noch fast perfekt. Wir hatten ein paar große Eisblöcke im Couloir gesehen und es würden später bei den stark steigenden Temperaturen sicher noch einige dazukommen. Unser Timing war optimal gewesen.

Zufrieden mit unserer Abfahrt warteten wir bei einem Getränk auf das Taxi. Zu meiner Verwunderung waren meine beiden Freunde selbst eine Stunde nachdem wir im Tal waren noch immer nicht aufgetaucht. Ich war sicher, dass sie ihre Pläne geändert hatten.

Später am Nachmittag traf ich eine von ihnen in Verbier. Sie erzählte mir, dass sie tatsächlich die gleiche Abfahrt gemacht hatten wie wir. Allerdings hatten sie oben noch ausgedehnt gepicknickt! Ich war überrascht und wütend.

Ich konnte es nicht glauben. Hatte dieses Mädchen, mit all ihren Jahren an Erfahrung, nicht zwei und zwei zusammengezählt, als sie die Eisblöcke in dem Couloir und die Eisfälle daneben sah?

Mir wurde bewusst, wie unterschiedlich man Dinge beurteilen kann und wie wichtig gutes Timing ist. Bevor ich mich schließlich für die Abfahrt entschied, war ich mehr als 24 Stunden lang nervös und zögerlich gewesen und erst als ich mir sicher war, dass die Verhältnisse günstig sein würden, entschied ich mich dazu.

Und dann brachten wir die Abfahrt wegen der sich bis zur Mittagszeit massiv verschlechternden Bedingungen schnell hinter uns. Meine Freunde dagegen waren die ganze Zeit völlig entspannt und, das musste ich zugeben, sie hatten eine genauso gute Abfahrt gehabt.

War ich also paranoid? Oder waren sie einfach ganz bewusst ein sehr viel größeres Risiko eingegangen?

Natürlich gibt es keine einfache Antwort auf solche Fragen. Und natürlich kommt man meistens mit seinen Plänen durch; auch dann, wenn man eigentlich schon zu spät dran ist. Aber irgendwann verlässt einen das Glück und dann geht alles auf einmal schief.

Das Ziel der eigenen Planung sollte darin bestehen, dass man, so gut es im Gebirge eben geht, auf der sicheren Seite zu bleiben versucht. Dass man also immer versucht, die Risiken, die man eingeht, so gering als möglich zu halten.

90 % aller tödlichen Lawinen werden vom Opfer selbst oder von einem Mitglied der Gruppe des Opfers ausgelöst. Im Gebirge müssen wir die Verantwortung für unser Handeln selbst übernehmen und uns immer bewusst machen, dass Lawinenunfälle nur selten zufällig passieren. Die meisten Lawinenunfälle sind vermeidbar, weil mehrere oder sogar eine ganze Kette schwerer Planungs- und Entscheidungsfehler den Unfall herbeigeführt hat.

Die komplexen Wechselwirkungen zwischen der Schneedecke, den Wetterverhältnissen, dem Gelände und den Wintersportlern, die unterwegs sind, entziehen sich einer naturwissenschaftlichen Beherrschbarkeit und jeglicher sicheren Prognose. Daher können wir nie mit 100%iger Sicherheit sagen, ob eine Lawine abgehen wird oder nicht. Da sich die Stabilität der verschiedenen Hangbereiche nicht zuverlässig berechnen lässt, bedeutet das, dass theoretisch jeder Steilhang jederzeit als Lawine abgehen könnte. Zum Glück lässt sich durch umsichtiges Verhalten und gute Planung der Großteil dieser Risiken ausschalten bzw. minimieren.

Wenn wir akzeptieren, dass es keine absolute Sicherheit gibt, können wir als Konsequenz entweder aufhören, in Lawinengelände (ungesicherte Hänge ab 30°) Ski zu fahren, oder wir müssen lernen, mit einem gewissen Risiko zu leben. Dazu bewerten wir die zur Verfügung stehenden Informationen und versuchen die Lawinengefahr so gut wie möglich einzuschätzen, um dann eine Entscheidung zu treffen, die der persönlichen Risikoakzeptanz entspricht.

SCHNEEPROFILE

Schneeprofile können uns helfen, mehr über die Schneedecke und darin stattfindende Prozesse zu lernen. Ich empfehle jedem, einen Kurs zu besuchen oder einen Bergführer zu engagieren, um zu lernen, wie man Schneeprofile anlegt und analysiert. Für die tägliche Risiko-Entscheidung, einen Hang zu befahren oder nicht, verlasse ich mich keinesfalls auf die Ergebnisse eines Schneeprofils. Wie im Abschnitt Hot-Spots besprochen (Kapitel 003, S. 71 ff.), erfahren wir von einem Schneeprofil lediglich etwas über die Schneedecke an einem bestimmten Punkt. Man müsste eine Vielzahl von Profilen an verschiedenen Stellen in verschiedenen Höhenlagen graben, um eine allgemeinere Aussage treffen zu können und wenn man das macht, bleibt keine Zeit mehr zum Skifahren, denn der Tag ist vorbei. Wenn man Zweifel hat, ob ein Hang mit geringem Risiko zu befahren ist, fährt man logischerweise nicht zum kritischsten Punkt des Hanges, um dort die Ski auszuziehen und ein Loch zu graben, damit man dann entscheiden kann, ob man den Hang befahren sollte oder nicht. Wenn wir so besorgt sind, dass wir denken, es wäre gut, an diesem Hang ein Schneeprofil zu graben, dann sollten wir ihn besser nicht befahren.

DAS ZIEL

Wie bereits erwähnt, ist das Einschätzen von Gefahren ein andauernder Prozess, in dem kontinuierlich Informationen gesammelt werden. Diese Informationen werden mit den Vorhersagen, den eigenen Vorannahmen über die Verhältnisse und jeweiligen Plänen in Beziehung gebracht. Dies führt dazu, dass man seine Pläne und Ziele immer wieder ändern muss – und dies auch wirklich zu tun, ist eine Kunst –, weil sich die Verhältnisse anders entwickeln, als wir bei der

Vorabplanung erwartet haben. Dazu muss man das Gebirge und die Wetter- und Schneeverhältnisse sowie deren Auswirkungen auf die Stabilität der Schneedecke verstehen (siehe voriges Kapitel). Ohne dieses Verständnis können wir uns nicht an die Bedingungen in den Bergen anpassen und Gefahren nicht angemessen beurteilen. Unsere Entscheidungen sind sonst ein reines Glücksspiel.

Die Kunst besteht darin, so viele Puzzleteile wie möglich zu sammeln, um einen Eindruck vom großen Ganzen zu gewinnen. Schon lange bevor wir das Haus verlassen, müssen wir Informationen einholen.

Am Berg halten wir nach frischen Lawinen Ausschau und achten darauf, ob sich die Schneedecke schnell verändert, beim Betreten Risse bildet oder Wumm-Geräusche bzw. andere Alarmsignale wahrnehmbar sind. Wir beobachten das Wetter und den Wind. Wir spüren, ob sich die Textur oder die Festigkeit des Schnees unter unseren Ski verändert. Alle Sinne bleiben wachsam. Wir sammeln so viele Informationen wie möglich.

Viele erfahrene Skifahrer verlassen sich bei wichtigen Entscheidungen zu großen Teilen auf ihr Gefühl. Sie haben eine Art Gespür für den Schnee und einen Sinn für das Gelände. Ihre Erfahrung und ihre Wachsamkeit erlaubt es ihnen, potenzielle Probleme vorherzusehen. Das bedeutet nicht, dass man immer und überall ein gutes Gefühl hat. Es ist ein Zeichen von mangelnder Erfahrung, wenn man Bedingungen und Entscheidungen nie hinterfragt.

DER ENTSCHEIDUNGSRAHMEN

Wenn wir etwas Neues lernen, kann es passieren, dass wir mehr neue Informationen erhalten, als wir auf einmal aufnehmen können. Wir brauchen dann eine Struktur oder ein System, um sie zu verarbeiten. Ein solches systematisches Risiko-Managementsystem ist z. B. die 3x3-Filtermethode (siehe S. 122 ff.). Im Folgenden wird ein Beurteilungsrahmen vorgeschlagen, der es einfacher macht, Gefahren einzuschätzen, und uns helfen kann, Gefahren im Gebirge zu vermeiden. Wenn man genug Zeit in den Bergen verbringt, geht dieser Risiko-Beurteilungsprozess in Fleisch und Blut über. Natürlich sollte man sich nicht blind an das System halten, aber in Kombination mit einem Verständnis der im Schnee- und Lawinenkundekapitel angesprochenen Themen kann es als Entscheidungshilfe dienen und unseren Sinn für Schnee schärfen.

Der Entscheidungsrahmen kann sowohl bei Ski- und Bergtouren als auch beim Freeriden in Pistennähe angewandt werden. Letzteres stellt uns oft vor besondere Herausforderungen, da wir an einem Tag oft zahlreiche Abfahrten in völlig unterschiedlichen Höhenlagen und Expositionen machen. Die Bedingungen verändern sich ständig und um das meiste aus dem Tag herausholen zu können, müssen wir nicht nur die Gesamtsituation im Blick haben, sondern sollten auch möglichst gut über die Schnee-, Wetter- und Lawinenverhältnisse in den verschiedenen Höhenlagen und Expositionen Bescheid wissen, um in der Lage zu sein, zügig gute Entscheidungen zu treffen.

Der Entscheidungsrahmen basiert auf einer Reihe von Fragen, die man für die verschiedenen Expositionen sowie für unterschiedliche Höhenlagen beantwortet. Für jede Frage gibt es einen farbigen Antwortkasten.

Wenn alle Antworten grün oder gelb sind, herrschen meist stabile bzw. sehr günstige Bedingungen und wir müssen uns, was die Steilheit angeht, nicht einschränken. Man sollte über eine Karte verfügen, die einem einen Überblick ermöglich, schnell und zuverlässig herauszufinden, wo man im risikoarmen Gelände abfahren kann und wo man mit großen Risiken rechnen muss. Abschließend wird der Faktor Mensch miteinbezogen und wir wählen das Gelände aus, das zu den beteiligten Wintersportlern passt.

Die gleichen Fragen werden dreimal gestellt: zu Hause, draußen am Berg und direkt vor der Abfahrt. Wir dürfen nicht vergessen, dass je nach Region und Jahreszeit, in der wir uns befinden, unterschiedliche Informationen von entscheidender Bedeutung sein können und dass sich diese im Laufe der Saison ändern. Die hier beschriebene Entscheidungshilfe basiert auf den Arbeiten der Bergführer Werner Munter und Marcus Landrö.

VOR DEM SKITAG ODER DER TOUR Die wichtigsten Informationsquellen abzurufen, gehört zu unseren unverzichtbaren Hausaufgaben vor jedem Skitag. Wir sammeln Informationen, um Problemen von vornherein aus dem Weg zu gehen und um gutes Gelände und tollen Schnee zu finden (siehe Checkliste „Vor dem Trip").

Lawinenlagebericht Der LLB bietet uns Informationen über die aktuelle Lawinengefahr und die zu erwartenden Bedingungen. Experten vor Ort und Wetterstationen liefern Daten, die von nationalen oder regionalen Lawinenwarndiensten ausgewertet und, übersetzt in Lawinenwarnstufen, für bestimmte Gebiete publiziert werden. Der LLB ist im Internet oder telefonisch abrufbar. Oft hängt er auch in Skigebieten und Hütten aus. In Europa, den USA und Kanada gibt es fünf Lawinenwarnstufen für geringe bis sehr große Lawinengefahr. Je höher die Lawinengefahr, umso instabiler ist die Schneedecke und umso höher ist die Auslösewahrscheinlichkeit von Lawinen.

Der LLB ist besonders während der Planung eine sehr wichtige Informationsquelle. Dennoch sollten wir uns bewusst machen, dass es sich dabei um eine Vorhersage für ein größeres Gebiet handelt, die nicht immer genau den Bedingungen entspricht. Es besteht immer das Risiko, dass die Verhältnisse sich lokal unterscheiden, besonders wenn der LLB für ein großes Gebiet ausgegeben wird. Der LLB verschafft uns einen Überblick und kann als grober Leitfaden verwendet werden, aber er wird uns nie sagen können, ob wir einen bestimmten Hang befahren dürfen oder nicht. Er gehört zu den entscheidenden Informationsquellen, die wir beachten müssen. Wir selbst müssen aber die Entscheidung treffen. Dabei gibt es keine exakte, wissenschaftliche Methode, nach der wir vorgehen können. Mindestens so wichtig wie die herausgegebene Lawinenwarnstufe sind die Zusatzinformationen über die Neuschneemengen, den Schneedeckenzustand, das Wetter und über die Auslösewahrscheinlichkeit von Lawinen sowie die besonders gefährdeten Hang- und Höhenlagen. Herrscht in einem Gebiet Lawinenwarnstufe 3 (erhebliche Lawinengefahr), kann sich diese Situation dennoch stark von der ebenfalls erheblichen Lawinengefahr in unserem Gebiet unterscheiden. Wenn man bei erheblicher Lawinengefahr Skitouren unternimmt, so sieht und erlebt man häufig Warnzeichen. Es gibt jedoch auch eine erhebliche Lawinengefahr, bei der die Gefahr derart verborgen und heimtückisch ist – häufig ist dies bei einem schlechten Schneedeckenaufbau der Fall –, dass kaum Warnzeichen vorhanden sind. Dennoch passieren gerade bei solchen Verhältnissen viele tragische Unfälle.

Wenn wir in einem unbekannten Gebiet unterwegs sind, sollten wir versuchen, ein Gefühl dafür zu bekommen, wann welche Gefahrenstufe ausgegeben wird (siehe Lawinengefahrenskala, S. 109).

Neuschnee Details finden wir im LLB und in der Wettervorhersage. Neuschneeprognosen und Neuschneemengen kann man inzwischen für die meisten Gebiete kostenlos aus dem Internet beziehen.

Wenn wir uns bei Einheimischen (Bergführer, Liftangestellte, Lawinenpatrouille etc.) informieren, dürfen wir nicht vergessen, dass wir persönliche Meinungen erhalten. Die Verhältnisse in den Bergen ändern sich schnell und Informationen über die Stabilität der Schneedecke können ebenso schnell veraltet sein.

Die Schneedecke Indem wir den LLB studieren und einheimische Experten befragen, können wir die saisonale Entwicklung der Schneedecke nachvollziehen.

Wind Wir sollten über Wetteränderungen in der jüngeren Vergangenheit und über die Vorhersage Bescheid wissen, um einschätzen zu können, ob es Schneeverfrachtungen gab oder geben wird und Triebschnee zu erwarten ist.

Temperatur Wir kontrollieren die Wettervorhersage und sammeln Informationen über das Wetter der vergangenen Tage. Gibt es eine bestimmte Tageszeit, an der sich der Temperaturfaktor von grün (günstig) nach rot (gefährlich) verschiebt?

Schneeoberfläche Wenn wir über die Informationen nachdenken, die uns über den Schneedeckenaufbau und zum Wetterverlauf zur Verfügung stehen, sollten wir diese Fragen beantworten können. Falls nicht, müssen wir nach weiteren Informationsquellen suchen. Je weniger Informationen zur Verfügung stehen, umso weniger genau können wir die Verhältnisse und damit auch die Gefahren einschätzen, und umso defensiver müssen wir uns verhalten.

Faktor Mensch Mit wem sind wir unterwegs?

Gelände Wir wählen Gelände, das zu den Bedingungen und der Gruppe passt. Wir überlegen uns alternative Routen für den Fall, dass etwas Unvorhergesehenes passiert.

PERSÖNLICHE BEOBACHTUNGEN VOR ORT

Das Sammeln von Informationen fängt morgens an, wenn wir den aktuellsten Wetterbericht und den LLB lesen. Es geht weiter mit Beobachtungen, die wir auf dem Weg zum Lift und anschließend am Berg machen und damit, wie sich der Schnee unter unseren Ski anfühlt. Wir reden mit Leuten, die uns begegnen, und wenn sie kompetent und vertrauenswürdig sind, können ihre Angaben helfen, dass unser Puzzlebild der Gesamtsituation vollständiger wird. Das geht so weiter, bis wir wieder zu Hause sind. So haben wir viele Informationen zur Verfügung, die wir am nächsten Tag brauchen können (siehe Checkliste „Persönliche Beobachtungen vor Ort").

VOR ORT ÜBERPRÜFEN WIR ...

Lawinenlagebericht Stimmt der LLB? Man sollte sehr vorsichtig sein und genau wissen, was man tut, wenn man die Gefahrenstufe eigenmächtig herabsetzt, und versuchen, immer auf der sicheren Seite zu bleiben.

Neuschnee Wie viel Neuschnee wurde prognostiziert, wie viel ist tatsächlich gefallen? Oft gibt es kleinräumig erhebliche Unterschiede, aufgrund von Lee- und Luv- sowie Staueffekten.

Die Schneedecke Wir beobachten sie den ganzen Tag lang, während wir abfahren und im Lift sitzen.

Sicht Die Sichtbedingungen sind sehr wichtig! Wenn wir unsere Abfahrt nicht vollständig sehen oder auswählen können, müssen wir uns an die sichersten Bereiche halten. Auch abgesehen von der Lawinengefahr besteht ein erhöhtes Risiko, wenn wir nichts sehen, da wir das Gelände nicht einschätzen können. Selbst im

VOR DEM TRIP – Allgemeine Informationen/Erwartungen

LAWINENLAGEBERICHT

NEUSCHNEE
- [ ] Neuschneemenge?
- [ ] Wann hat es zuletzt geschneit?
- [ ] Wie gut ist die Verbindung zwischen Neu- und Altschnee?
- [ ] Hat sich der Neuschnee gesetzt und mit dem Altschnee verbunden?
- [ ] Wurde der Schnee unter starkem Windeinfluss abgelagert?
- [ ] Wie wirkt sich das Gewicht des Neuschnees auf die Altschneedecke aus?
- [ ] Sind weitere Schneefälle vorhergesagt?

DIE SCHNEEDECKE – *Die Entwicklung der Schneedecke während der Saison*
- [ ] Schwachschichten aus früheren Witterungsperioden innerhalb der Schneedecke?
- [ ] Wird der Hang viel und regelmäßig befahren?

WIND – *Gab/gibt es Windverfrachtungen? Ist Windeinfluss zu erwarten?*
- [ ] Windeinfluss in letzter Zeit?
- [ ] Aktuelle Windeinwirkung?
- [ ] Vorhersage?

TEMPERATUR
- [ ] Temperatur während des Schneefalls/der Schneeablagerung
- [ ] Temperaturverlauf nach dem Schneefall
- [ ] Aktuelle Temperatur
- [ ] Prognostizierte Temperatur
- [ ] Wie entwickelt sich die Temperatur in der Exposition, in der ich unterwegs bin? Gibt es einen Zeitfaktor (z. B. rascher Anstieg der Lawinengefahr im Frühjahr)?

SCHNEEOBERFLÄCHE
- [ ] Kann die Schneeoberfläche, wenn sie eingeschneit wird, zur gefährlichen Schwachschicht werden?
- [ ] Ist die Schneeoberfläche gefroren?

Diese Fragen stellen wir uns für alle Expositionen und Höhenlagen (Ost-, Süd-, West- und Nordhänge in hohen und tiefen Lagen). Anschließend machen wir uns Gedanken über den Faktor Mensch und wählen Gelände, das für den Könnens- und Erfahrungsstand der Gruppe geeignet ist. Wir überlegen uns eine Alternativroute als Backup.

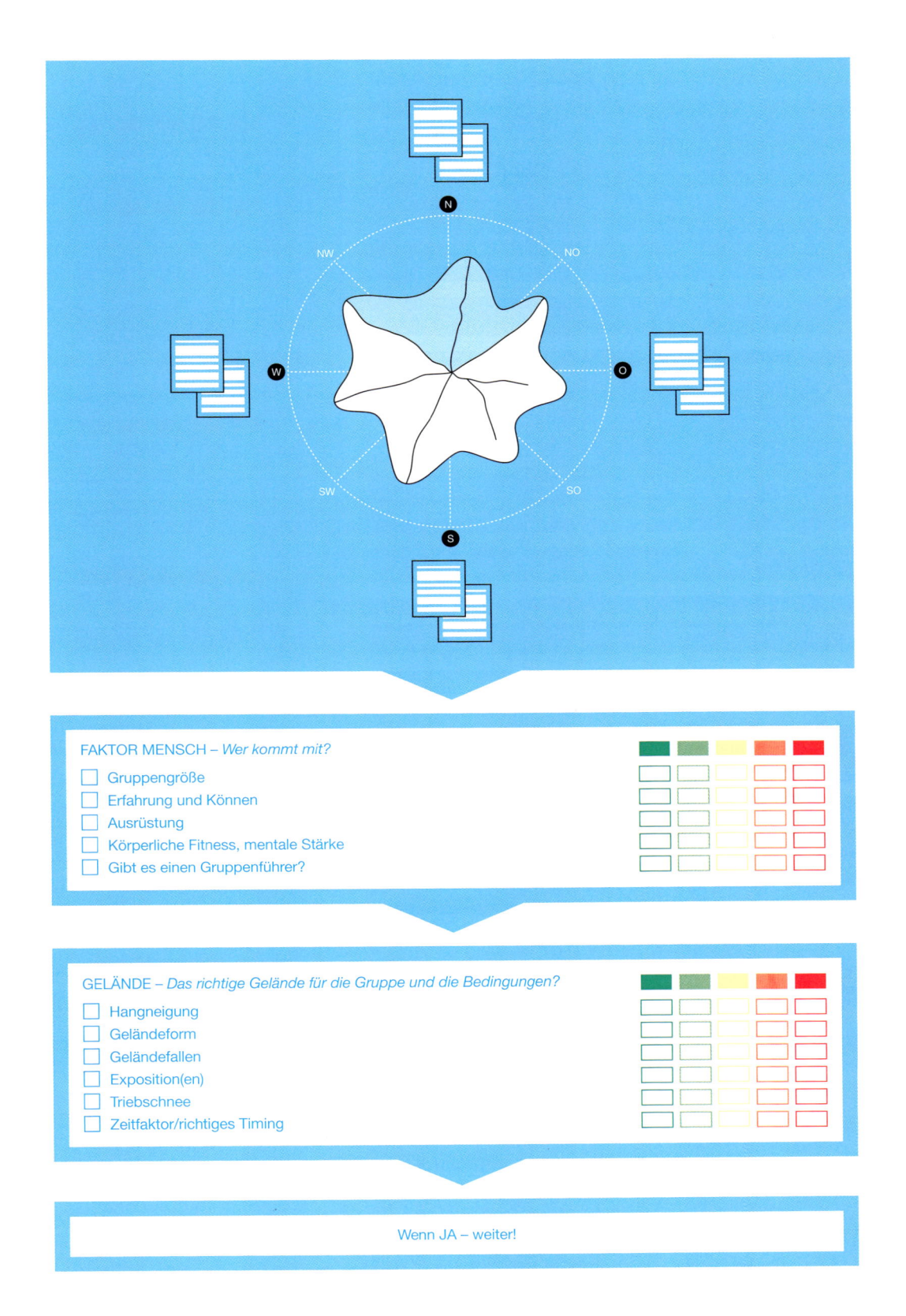

FAKTOR MENSCH – *Wer kommt mit?*
- Gruppengröße
- Erfahrung und Können
- Ausrüstung
- Körperliche Fitness, mentale Stärke
- Gibt es einen Gruppenführer?

GELÄNDE – *Das richtige Gelände für die Gruppe und die Bedingungen?*
- Hangneigung
- Geländeform
- Geländefallen
- Exposition(en)
- Triebschnee
- Zeitfaktor/richtiges Timing

Wenn JA – weiter!

BEURTEILUNG DER LAWINENGEFAHR

PERSÖNLICHE BEOBACHTUNGEN VOR ORT – Fortlaufende Beurteilung

LAWINENLAGEBERICHT
- [ ] Stimmt der Lagebericht?

NEUSCHNEE
- [ ] Neuschneemenge?
- [ ] Besteht zwischen Neu- und Altschnee eine ausreichende Bindung?
- [ ] Wann hat es zuletzt geschneit?
- [ ] Hat sich der Schnee gesetzt?
- [ ] Wurde der Schnee vom Wind abgelagert?
- [ ] Wie beeinflusst das Gewicht des Neuschnees die Altschneedecke? Gibt es ein gefährlich schwaches Schneedeckenfundament?
- [ ] Sind weitere Schneefälle vorhergesagt?

DIE SCHNEEDECKE – *Die Entwicklung der Schneedecke während der Saison*
- [ ] Alte Schwachschichten in der Schneedecke?
- [ ] Wird der Hang viel und regelmäßig befahren?
- [ ] Aktuelle oder vergangene Lawinenaktivität?
- [ ] Frische Lawinen?

SICHT
- [ ] Aktuelle Sichtbedingungen?
- [ ] Vorhersage?

WIND – *Gab/gibt es Windverfrachtungen? Sind weitere Schneeverfrachtungen durch Windeinfluss zu erwarten?*
- [ ] Windeinfluss in letzter Zeit?
- [ ] Aktuelle Bedingungen?
- [ ] Vorhersage der Windgeschwindigkeit?

TEMPERATUR
- [ ] Aktuelle Temperatur
- [ ] Allgemeine Vorhersage für den Tag
- [ ] Vorhersage für die Exposition
- [ ] Gibt es einen Zeitfaktor? Muss die Tour/Abfahrt zu einer bestimmten Zeit beendet sein?

SCHNEEOBERFLÄCHE
- [ ] Große, frische Triebschneeansammlungen?
- [ ] Risse/Brüche in der Schneedecke?
- [ ] Ist die Oberfläche gefroren?

Diese Fragen stellen wir uns für alle Expositionen und Höhenlagen (Ost-, Süd-, West- und Nordhänge in hohen und tiefen Lagen). Anschließend machen wir uns Gedanken über den Faktor Mensch und wählen Gelände, das für den Könnens- und Erfahrungsstand der Gruppe geeignet ist. Wir überlegen uns eine Alternativroute als Backup.

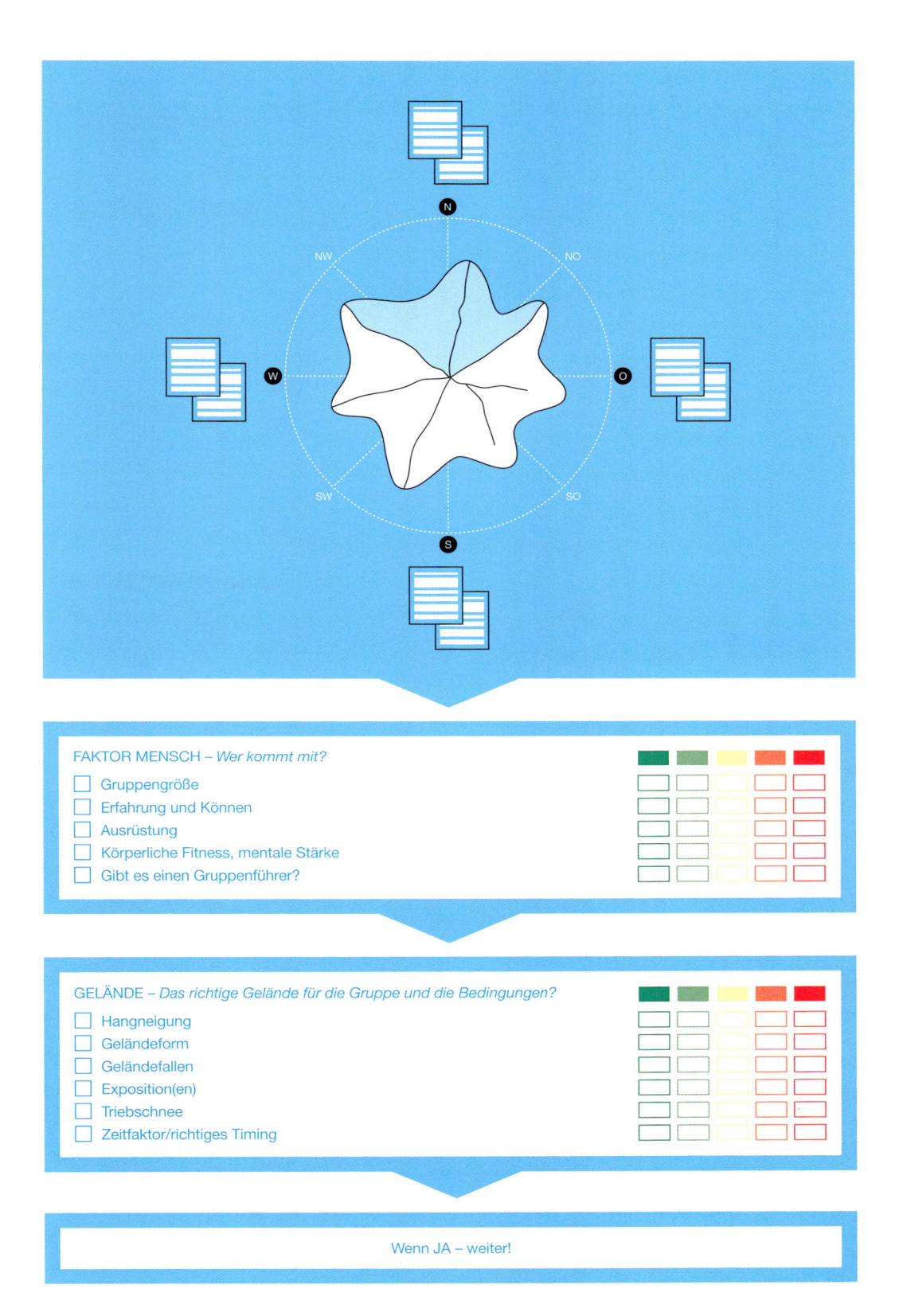

FAKTOR MENSCH – *Wer kommt mit?*
- [ ] Gruppengröße
- [ ] Erfahrung und Können
- [ ] Ausrüstung
- [ ] Körperliche Fitness, mentale Stärke
- [ ] Gibt es einen Gruppenführer?

GELÄNDE – *Das richtige Gelände für die Gruppe und die Bedingungen?*
- [ ] Hangneigung
- [ ] Geländeform
- [ ] Geländefallen
- [ ] Exposition(en)
- [ ] Triebschnee
- [ ] Zeitfaktor/richtiges Timing

Wenn JA – weiter!

LETZTER CHECK! Entscheidung - TEIL 1

LAWINENLAGEBERICHT
- [ ] Treffen die Angaben des Lawinenlageberichts zu?

NEUSCHNEE
- [ ] Neuschneemenge?
- [ ] Wie ist die Verbindung zwischen Neu- und Altschnee?
- [ ] Wann hat es zuletzt geschneit? Wie viel?
- [ ] Hat sich der Neuschnee gesetzt und mit der Altschneedecke verbunden?
- [ ] Wurde der Schnee vom Wind abgelagert?
- [ ] Wie wirkt sich das Zusatzgewicht des Neuschnees auf die Altschneedecke aus?

DIE SCHNEEDECKE - *Die Entwicklung der Schneedecke während der Saison*
- [ ] Alte Schwachschichten in tieferen Schichten der Schneedecke?
- [ ] Wird der Hang viel und regelmäßig befahren?
- [ ] Vergangene Lawinenaktivität?
- [ ] Frische Lawinen?
- [ ] Schnelle Setzung und Stabilisierung der Schneedecke

SICHT
- [ ] Aktuelle Sichtbedingungen?
- [ ] Vorhersage?

WIND – *Gab/gibt es Windverfrachtungen? Ist Windeinfluss zu erwarten?*
- [ ] Vergangene Aktivität?
- [ ] Aktuell?

TEMPERATUR
- [ ] Aktuelle Temperatur
- [ ] Prognostizierte Temperaturentwicklung. Timing während der gesamten Abfahrt. Höhe/Exposition

SCHNEEOBERFLÄCHE
- [ ] Spuren? Wie viele?
- [ ] Potenzielle Schneebretter bzw. große, frische Triebschneeansammlungen?
- [ ] Risse in der Schneedecke?
- [ ] Ist die Schneeoberfläche gefroren?

Weiter mit Faktor Mensch und Geländewahl!

LETZTER CHECK! Entscheidung – TEIL 2

FAKTOR MENSCH
- [ ] Andere Leute ober- oder unterhalb von uns?
- [ ] Gruppengröße
- [ ] Erfahrung und Können
- [ ] Ausrüstung
- [ ] Körperliche Fitness, mentale Stärke
- [ ] Gibt es einen Gruppenführer?

GELÄNDE - *Das richtige Gelände für die Gruppe und die Bedingungen*
- [ ] Hangneigung
- [ ] Geländeform
- [ ] Geländefallen
- [ ] Exposition(en)
- [ ] Triebschnee
- [ ] Zeitfaktor/richtiges Timing

Selbst wenn alle aufgeführten Faktoren als günstig bewertet worden sind (dunkel- oder hellgrün), müssen wir dennoch auf Gruppendisziplin achten, um immer nur eine Person möglichen Gefahren auszusetzen.

---

pistennahen Gelände kann es passieren, dass bei sehr schlechten Verhältnissen die organisierte Rettung unter Umständen nicht zum Unfallort gelangen kann.

Wind Wir halten nach Windzeichen auf der Schneeoberfläche Ausschau und beobachten die aktuellen Bedingungen (siehe Abschnitt „Warum, wann und wo entstehen potenzielle Schneebretter...?", S. 63 ff.)

Temperatur Auf Temperaturänderungen achten. Warum fängt der Schnee an, von den Bäumen zu fallen? Warum gehen in steilen Hängen Lockerschneerutsche ab? Sinken die Ski im nassen Schnee ein? Wie verändert sich die gefühlte Temperatur im Tagesverlauf und warum?

Faktor Mensch Ist noch jemand dazugekommen? Hat jeder funktionierende Ausrüstung dabei? Wir sollten nie mit Leuten unterwegs sein, die nicht gut ausgerüstet sind. Wenn jemand sein LVS vergisst, kann er nicht mitkommen, oder alle bleiben auf der Piste.

Gelände Ist die Geländewahl nach unseren Beobachtungen vor Ort und unter Berücksichtigung des Faktors Mensch angebracht? Was gibt es für Alternativen?

LETZTER CHECK UND ENTSCHEIDUNG Vor der Einfahrt in den Hang gehen wir noch einmal alle Faktoren durch (siehe Liste „Letzter Check").

Wenn wir nun ein gutes Gefühl haben, fahren wir so ab, dass sich wann immer möglich stets nur eine Person im Gefahrenbereich befindet.

RISIKO-MANAGEMENT MIT DER 3X3-FILTER- UND REDUKTIONSMETHODE

Von Tobias Kurzeder

Das im vorherigen Teil des Kapitels dargestellte (Lawinen-)Risiko-Beurteilungsschema erfolgt aus der Perspektive des Vollzeitskifahrers, der eine professionelle Ausbildung durchlaufen hat und als Profi täglich im Gelände seiner Region unterwegs ist. Wer fast das ganze Jahr über Ski fährt und dabei nicht nur off-piste im Variantengelände, sondern auch viel im Touren- und hochalpinen Gelände unterwegs ist, der kennt seine Berge und der kennt die Verhältnisse. Profis kennen ihre Grenzen und wissen, wann die Zeit für große Projekte gekommen ist, aber auch wann man als Freerider und Skibergsteiger nur die ganz kleinen Brötchen backen darf.

Jimmy Odéns ganzheitlich-analytisches Schnee- und Risiko-Beurteilungsschema folgt dem Ansatz von minimaler Einschränkung bei maximaler Entscheidungsfreiheit. Damit eine solche Methode funktioniert, benötigt man viel Wissen und Erfahrung und zugleich muss jede Tour und jede ernste Abfahrt sehr sorgfältig geplant und abgewogen werden. Da jedoch die wenigsten Leser dieses Buches 100–150 Tage oder mehr im Schnee derselben Region unterwegs sind, empfehlen die Herausgeber der deutschsprachigen Ausgabe von Free Ski die Verwendung der beiden bewährten Beurteilungs- und Risiko-Reduktionsmethoden: die 3x3-Filter- und die Reduktionsmethode. Beide Methoden werden daher im Folgenden knapp vorgestellt. Selbstverständlich können auch andere Reduktionsmethoden, wie die SnowCard oder Stop or Go, angewendet werden. Auch wenn sich diese gängigen Risiko-Management-Methoden in Details und insbesondere in ihrer Anwendung unterscheiden, vereint sie doch ihre Ausgangsbasis: Die zentrale Informationsbasis aller (Risiko-)Reduktionsmethoden stellt der Lawinenlagebericht dar. Insbesondere in den europäischen Alpen ist die Zuverlässigkeit der Informationen der Lawinenlageberichte hoch, oft sogar sehr hoch. Auf Basis dieser Informationen und den wichtigsten Geländefaktoren lässt sich das individuelle Lawinenrisiko stark reduzieren und man hat als Wintersportler immer noch große Möglichkeiten und Spielräume, um tolle Touren zu unternehmen.

Da die Schneedecke in den ständig befahrenen Variantenabfahrten der Skigebiete meist stabiler ist, werden dort die Risikogrenzwerte der Reduktionsmethode von vielen Freeridern nicht eingehalten. Da wir jedoch – so die Ansicht der Herausgeber – keine bessere Methode zur Verfügung haben, stellt sie weiterhin ein sehr geeignetes Werkzeug dar, um die Risiken zu beurteilen. Es liegt im Ermessen jedes eigenverantwortlichen Wintersportlers, den Risiko-Grenzwert 1 (der der Unfallwahrscheinlichkeit entspricht, die man als Bergsteiger während einer Sommerbergtour auf sich nimmt) zu übersteigen und ein höheres Risiko einzugehen. Dank der Reduktionsmethode weiß man jedoch, dass man im kritischen Bereich unterwegs ist, und kann versuchen, mittels zusätzlicher Vorsichtsmaßnahmen die Folgen eines eventuellen Unfalls möglichst gering zu halten.

DIE EUROPÄISCHE LAWINENGEFAHRENSKALA

	Gefahren-stufe	Schneedecken-stabilität	Lawinen-Auslösewahrscheinlichkeit	Auswirkungen für Verkehrswege und Siedlungen / Empfehlungen	Auswirkungen für Personen außerhalb gesicherter Zonen / Empfehlungen
1	gering	Die Schneedecke ist allgemein gut verfestigt und stabil.	Auslösung ist allgemein nur bei großer Zusatzbelastung ** an sehr wenigen, extremen Steilhängen möglich. Spontan sind nur Rutsche und kleine Lawinen möglich.	Keine Gefährdung.	Allgemein sichere Verhältnisse.
2	mäßig	Die Schneedecke ist an einigen Steilhängen * nur mäßig verfestigt, ansonsten allgemein gut verfestigt.	Auslösung ist insbesondere bei großer Zusatzbelastung ** vor allem an den angegebenen Steilhängen möglich. Größere spontane Lawinen sind nicht zu erwarten.	Kaum Gefährdung durch spontane Lawinen.	Mehrheitlich günstige Verhältnisse. Vorsichtige Routenwahl, vor allem an Steilhängen der angegebenen Exposition und Höhenlage.
3	erheblich	Die Schneedecke ist an vielen Steilhängen * nur mäßig bis schwach verfestigt.	Auslösung ist bereits bei geringer Zusatzbelastung ** an den angegebenen Steilhängen möglich. Fallweise sind spontan einige mittlere, vereinzelt aber auch große Lawinen möglich.	Exponierte Teile vereinzelt gefährdet. Dort sind teilweise Sicherheitsmaßnahmen zu empfehlen.	Teilweise ungünstige Verhältnisse. Erfahrung in der Lawinenbeurteilung erforderlich. Steilhänge der angegebenen Exposition und Höhenlage möglichst meiden.
4	groß	Die Schneedecke ist an den meisten Steilhängen* schwach verfestigt.	Auslösung ist bereits bei geringer Zusatzbelastung ** an zahlreichen Steilhängen wahrscheinlich. Fallweise sind spontan viele mittlere, mehrfach auch große Lawinen zu erwarten.	Exponierte Teile mehrheitlich gefährdet. Dort sind Sicherheitsmaßnahmen zu empfehlen.	Ungünstige Verhältnisse. Viel Erfahrung in der Lawinenbeurteilung erforderlich. Beschränkung auf mäßig steiles Gelände / Lawinenauslaufbereiche beachten.
5	sehr groß	Die Schneedecke ist allgemein schwach verfestigt und weitgehend instabil.	Spontan sind viele große Lawinen auch in mäßig steilem Gelände zu erwarten.	Akute Gefährdung. Umfangreiche Sicherheitsmaßnahmen.	Sehr ungünstige Verhältnisse. Verzicht empfohlen.

Erklärungen

* Das lawinengefährliche Gelände ist im LLB im Allgemeinen näher beschrieben (z. B. Höhenlage, Exposition, Geländeform usw.)
** Zusatzbelastung:
- gering: einzelner Skifahrer/Snowboarder, sanft schwingend, nicht stürzend; Schneeschuhgeher; Gruppe mit Entlastungsabständen (> 10 m)
- groß: zwei oder mehrere Skifahrer/Snowboarder etc. ohne Entlastungsabstände; Pistenfahrzeug; Sprengung; einzelner Fußgänger/Alpinist

INTERPRETATION DES LAWINENLAGEBERICHTS

Gefahrenstufe 1 für geringe Lawinengefahr bedeutet, dass die Lawinensituation sehr günstig ist. Dennoch können bei großer Zusatzbelastung, z. B. durch Skitourengruppen, in extrem steilem Gelände Lawinen ausgelöst werden. Meist ist jedoch die Gefahr, mitgerissen zu werden, größer als die Gefahr, verschüttet zu werden. Jetzt ist die Zeit für die großen Berge oder alpinen Herausforderungen.

Gefahrenstufe 2 für mäßige Lawinengefahr Es herrschen mehrheitlich günstige Schneeverhältnisse. Bei den im LLB genannten Expositionen und Höhenlagen ist Vorsicht notwendig, da hier die Schneedecke nur mäßig verfestigt ist. Bei großer Zusatzbelastung können Lawinen ausgelöst werden. An Steilhängen mit sehr schwacher Schneedecke kann schon ein einzelner Tourengeher eine Lawine auslösen.

Unverspurte, schattige Extremhänge (> 40°) sollten kritisch beurteilt und gemieden werden. Bei Beachtung dieser Einschränkungen sind Lawinenauslösungen unwahrscheinlich.

Gefahrenstufe 3 für erhebliche Lawinengefahr Kritische Situation. Erhebliche Lawinengefahr herrscht oft, wenn der Pulverschnee besonders verlockend ist, da dann zumeist die kritische Neuschneemenge erreicht oder überschritten ist. Im Vergleich zur Lawinenwarnstufe mäßig (Stufe 2) ist die Lawinengefahr bereits doppelt so hoch. Teilweise sind die Verhältnisse ungünstig, die Gefahr kann auch gänzlich versteckt sein. An vielen Steilhängen ist die Schneedecke schwach. Besonders gefährlich sind die im LLB genannten Expositionen und Höhenlagen. Gerade bei erheblicher Lawinengefahr kann das Gefahrenpotenzial sehr unterschiedlich sein, je nachdem ob wir uns im oberen Bereich der Stufe 3 oder im unteren Bereich befinden. Im oberen Bereich von erheblicher Lawinengefahr können sich spontane Lawinen lösen, die auch flacheres Gelände überspülen können, und es gibt sogar vereinzelte Fernauslösungen.

Lawinenauslösungen sind bereits durch einzelne Tourengeher möglich. Lawinen können vereinzelt groß werden und bis in flaches Gelände vorstoßen. Ab erheblicher Schneebrettgefahr muss immer die steilste Stelle des gesamten Hangs berücksichtigt werden, da mit Fernauslösungen gerechnet werden muss. „Wumm"-Geräusche sind ein häufiges Alarmzeichen. Beim Aufstieg und bei der Abfahrt muss das Gelände optimal ausgenutzt werden.

Versuche die Schneedecke in Steilhängen zu schonen. Am ersten Tag nach starkem Schneefall und Windeinfluss im Tourenbereich unter 35° bleiben und Abstände einhalten. Unter diesen Einschränkungen und bei optimaler Geländenutzung ist eine Lawinenauslösung wenig wahrscheinlich.

Gefahrenstufe 4 für große Lawinengefahr Die Verhältnisse sind sehr ungünstig, es herrscht akute Lawinengefahr! Die Schneedecke ist schwach und gefährliche Steilhänge gibt es in allen Expositionen und Lagen. Spontane Lawinen können groß werden, in flaches Gelände vorstoßen sowie Wälle und Kuppen überfluten. Fernauslösungen über große Strecken sind zu erwarten, Auslösungen durch Wintersportler sind in Steilhängen aller Expositionen wahrscheinlich!

Verzichte bei großer Lawinengefahr auf Skitouren im alpinen Gelände! Touren sind nur im mäßig flachen „Hügelgelände" (< 30°) – z. B. Alpenvorland oder Mittelgebirge – empfehlenswert. Halte dich von den großen Auslaufgebieten der Lawinen fern. Große Lawinengefahr herrscht selten.

Gefahrenstufe 5 für sehr große Lawinengefahr bedeutet Katastrophenalarm. Dörfer und Straßen sind gefährdet. Sichere Häuser nicht verlassen und abwarten, bis die Gefahr zurückgeht. Meist ist dann Schnee bis in die Niederungen gefallen, sodass man auf Hügel außerhalb der Alpen ausweichen kann.

Bei „mäßiger" Lawinengefahr ereignen sich rund 30 % aller tödlichen Lawinenunfälle in der Schweiz und bei „erheblicher" Lawinengefahr sogar 60 %! Selbst bei geringer Lawinengefahr passieren 5 % der tödlichen Lawinenunfälle, während bei den Gefahrenstufen „groß" und „sehr groß" bisher nur sehr wenige Wintersportler starben (auch rund 5 %). Der Grund hierfür ist, dass die Gefahr an diesen wenigen Extremtagen deutlich sichtbar ist, weshalb viel weniger Skitouren unternommen werden.

Besonders viele Lawinenunfälle von Skitourengehern passieren bei mäßiger Lawinengefahr, da bei Stufe 2 ein Großteil der Skitouren bei akzeptablem Risiko möglich ist und daher auch sehr viele Tourengeher unterwegs sind.

Hat man den Verdacht, dass die Warnstufe des LLB falsch ist, kann dieser eigenmächtig auf die nächsthöhere Gefahrenstufe hinaufgesetzt werden. Eindeutige Hinweise für eine zu niedrige Gefahrenstufe sind unter anderem:
- Wetterumschwung, z. B. ergiebiger Schneefall
- Bemerkt man bei „mäßiger" Lawinengefahr häufige „Wumm"-Geräusche, sollte der LLB auf „erheblich" korrigiert werden.
- Fernauslösungen und Spontanlawinen: mindestens „erhebliche" Lawinengefahr, möglicherweise sogar „groß".

RISIKOMANAGEMENT MIT DER 3X3-FILTER- UND REDUKTIONSMETHODE

Die hier vorgestellten Risiko-Check-Methoden hat der Lawinenexperte Werner Munter entwickelt und hartnäckig für ihre Anwendung gekämpft, weshalb sie, insbesondere die Reduktionsmethode, auch als Munter-Methoden bezeichnet werden. Grundlage dieser Methoden ist die Tatsache, dass im winterlichen Gebirge niemals absolute Sicherheit herrschen kann.

Das Ziel der 3x3-Filtermethode ist es, die immer existierende Lawinengefahr auf ein vertretbares Maß zu reduzieren und dennoch von den Wintersportlern möglichst geringe Einschränkungen zu fordern. Die 3x3-Filtermethode stellt ein strategisch strukturiertes Beurteilungssystem dar, das uns ermöglicht, die wichtigsten lawinenbildenden Faktoren zu beurteilen (Rasterfahndungsmethode). Die 3x3-Filtermethode wirkt wie ein Zoom und strukturiert die Planung und Informationsbeschaffung für die Touren- und Freeride-Planung auf nahezu ideale Weise. Wer die 3x3-Filtermethode anwendet, hat bei der Freeride- und Tourenplanung die wichtigsten Lawinenfaktoren berücksichtigt.

Lawinenunfälle entstehen durch Zusammentreffen von drei Faktoren:
1. Schnee (Schnee- und Wetterverhältnisse)
2. Berg (Gelände)
3. Mensch (der einen Hang befahren will)

Solange man aber nur jeden Einzelhang nach diesen Kriterien untersucht, ist die Irrtumswahrscheinlichkeit zu groß. Um die Lawinengefahr zuverlässig einschätzen zu können und die richtigen Entscheidungen zu treffen, muss die Lawinengefahr durch ein immer schärfer werdendes Zoom bzw. Risiko-Raster-Sieb betrachtet werden. Dadurch können 99 % der Risiken erkannt und damit „herausgefiltert" werden.

Hierzu werden die drei lawinenbildenden Faktoren aus drei unterschiedlichen Perspektiven (Entfernungen) betrachtet:

1. Regional Indem man den Wetterbericht und Lawinenlagebericht aufmerksam studiert, kennt man die Wetterentwicklung und Schneesituation im gesamten Gebiet und die daraus entstehenden Gefahren. Zugleich hat man eine Vorstellung davon, wo man die besten Verhältnisse antreffen wird.
2. Lokal So weit das Auge reicht, versucht man die möglichen Gefahrenstellen zu erkennen.
3. Zonal Welche Gefahrenstellen und Risiken birgt der Hang, den man befahren oder begehen will?

Jede Gefahreneinschätzung beinhaltet ein Irrtums-Risiko. Indem die drei lawinenbildenden Faktoren aus immer geringerer Entfernung betrachtet werden –

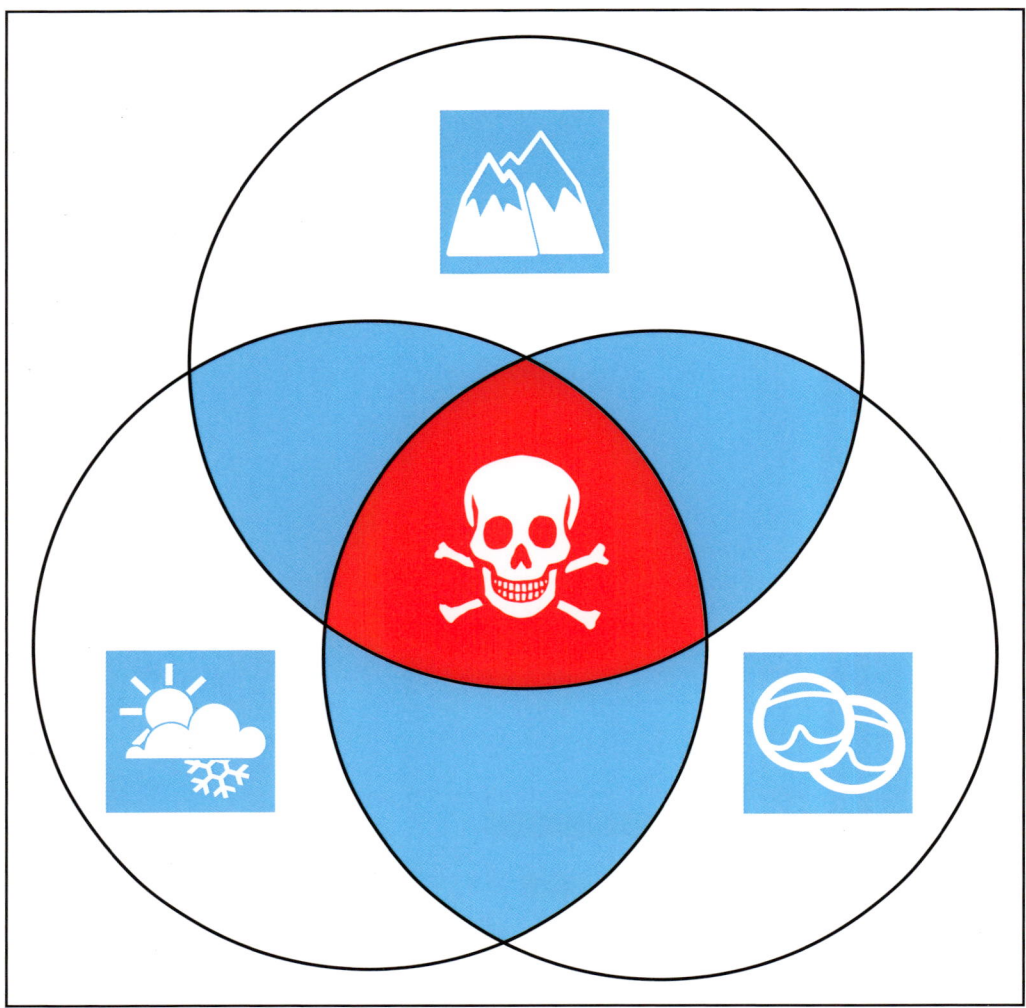

001 Lawinen entstehen durch das Zusammentreffen der drei Lawinenfaktoren: Schnee, Gelände und Mensch. Bei ungünstigen Konstellationen endet dieses Zusammentreffen manchmal tragisch.

wodurch immer mehr wichtige Informationen in den Beurteilungsprozess einfließen –, sinkt das Irrtumsrisiko und damit das Risiko einer Lawinenauslösung. Dadurch wirkt die 3x3-Filtermethode wie ein dreilagiges Sicherheitsnetz, das aus drei übereinander gelegten Netzen verschiedener Maschengrößen besteht. Vor dem Befahren eines bestimmten Hanges muss man sich 3x3, also neunmal die Frage gestellt haben, ob der Hang befahren werden kann oder nicht. Und neunmal muss man diese Frage zuvor mit einem „Ja" beantwortet haben.

1. Man beginnt den Planungs- und Vorbereitungsprozess immer mit der regionalen Beurteilung. Kommt man zu der Entscheidung, dass sowohl die Schneeverhältnisse, das Gelände als auch die beteiligten Wintersportler zusammenpassen, kann das Ziel ausgesucht und die Ausrüstung gepackt werden.
2. Vor Ort, während der Auffahrt ins Gebiet bzw. am Ausgangspunkt der Skitour und während dem Aufstieg beurteilt man das gesamte sichtbare Gelände er-

Fredrik Schenholm · Sogndal, Norwegen · Oskar Hübinette

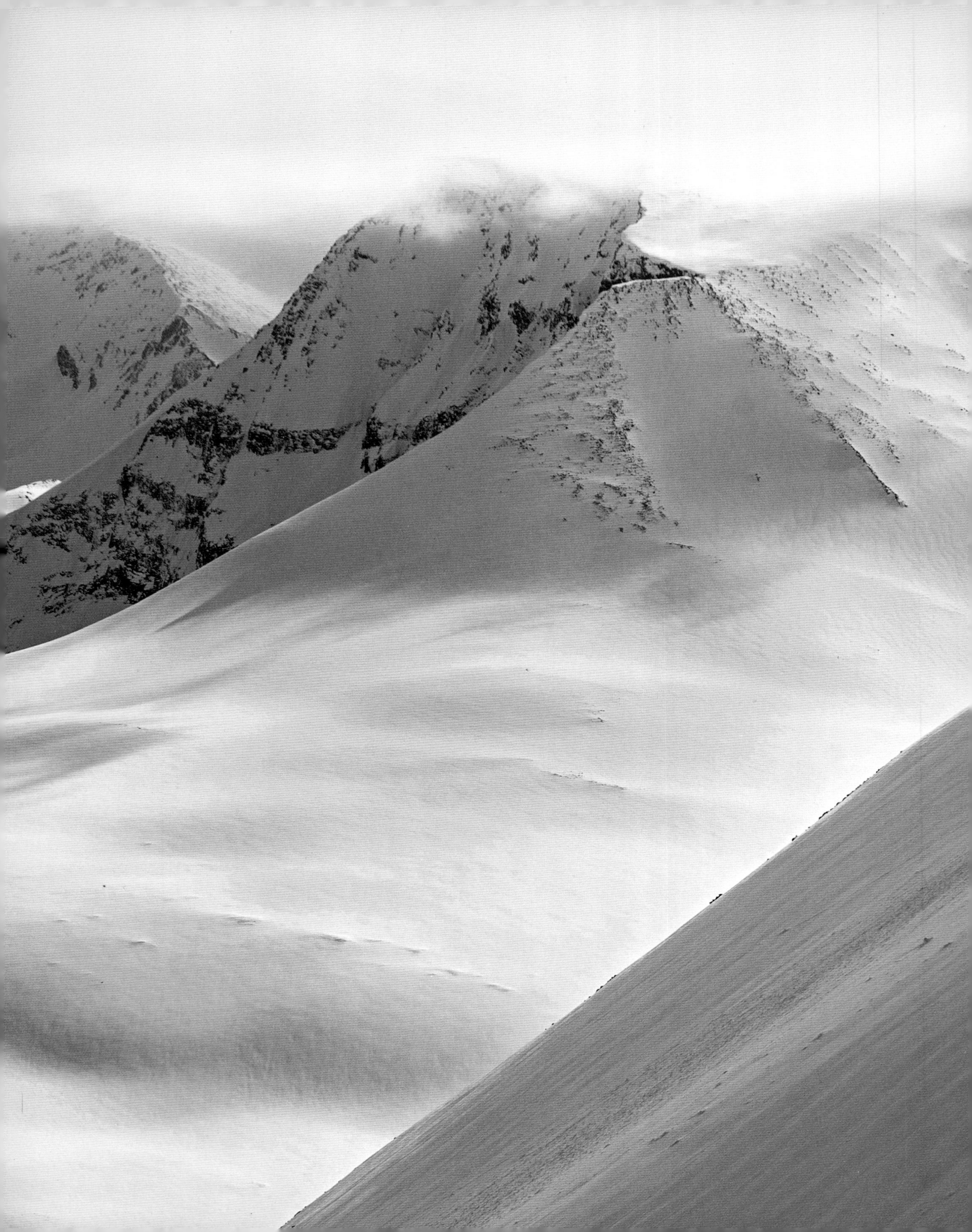

Jaakko Posti △ Lyngen Alps, Norwegen Matti Salo

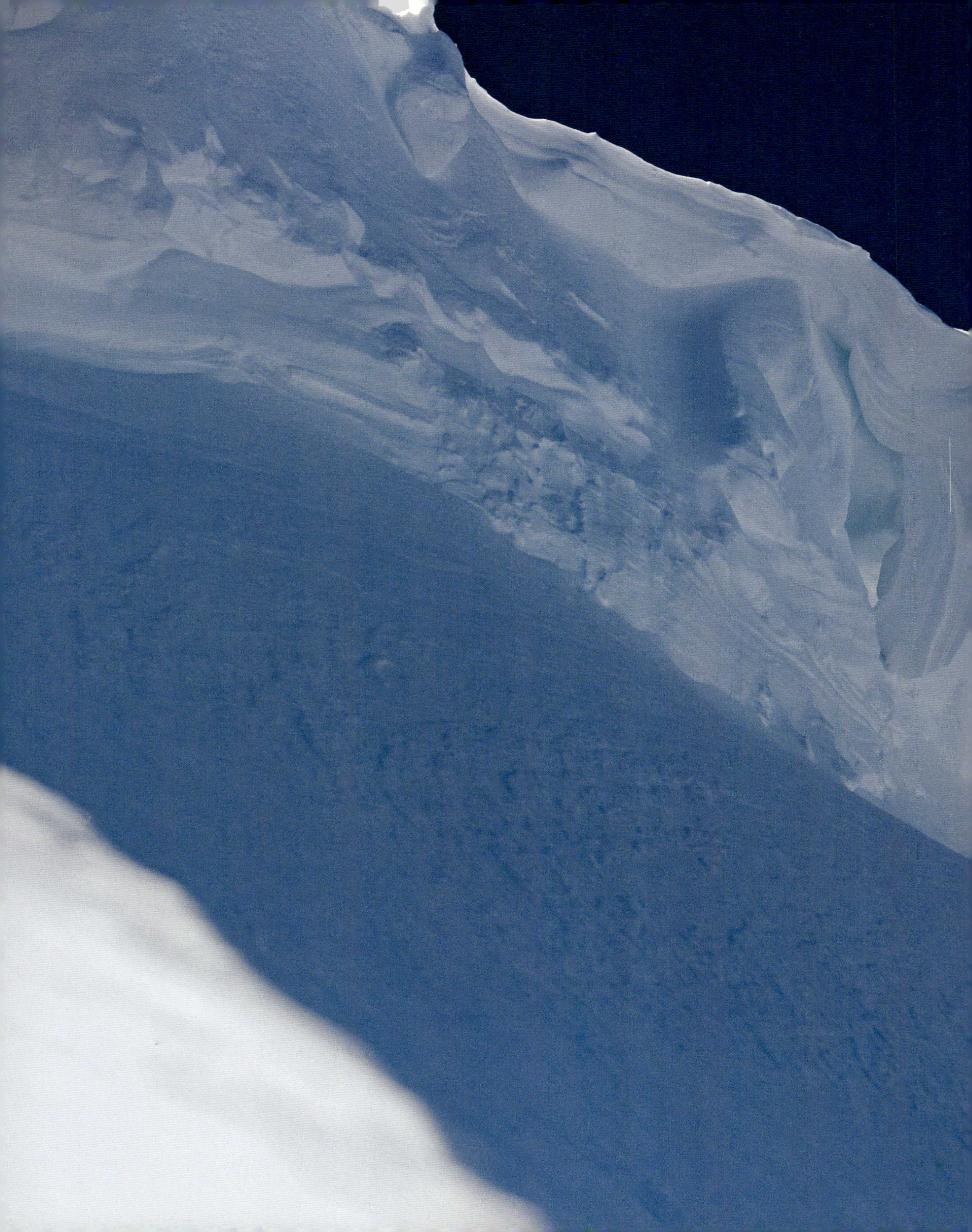

Jonas Blum Engelberg, Schweiz Robert Eberli

Fredrik Schenholm　　Engelberg, Schweiz　　Oskar Hübinette

Fredrik Schenholm Narvik, Norwegen Micke af Ekenstam

Darcy Bacha
Revelstoke, Kanada
Dane Tudor

neut: Kommt man auch hier zu der Entscheidung, dass alles gut bzw. vertretbar aussieht, kann die Tour durchgeführt werden.
3. Um aber nicht durch das „Sicherheitsnetz" zu fallen, musst du dir vor jedem Hang in der Abfahrt oder im Aufstieg noch einmal die drei Fragen stellen. Lautet auch hier die Antwort dreimal Ja, geht's los …

Die Rangfolge, 1. regionale Beurteilung, 2. lokale Beurteilung und 3. Einzelhangcheck, muss eingehalten werden, sonst besteht Gefahr, dass man durch das Sicherheitsnetz fällt. Der regionalen Beurteilung (Vorbereitung) folgt die lokale Einschätzung im Gebiet. Die zonale Beurteilung des Einzelhangs dient der Vorbereitung für die To-go-or-not-to-go-Entscheidung und überprüft die bisherige Beurteilung. Kommt man bei der Beurteilung der Lawinenfaktoren zu dem Ergebnis, dass einer der Faktoren sehr ungünstig ist, muss die Tour umgeplant, angepasst oder abgebrochen werden!

Eine solche ganzheitliche Planung und Beurteilung ist die in den vorherigen Kapiteln angesprochene Kunst der Schneedecken- und Risikobeurteilung: die entscheidenden Informationen über die Schneedecke, das Wetter, das Gelände und die beteiligten Wintersportler zu erkennen, zueinander in Beziehung zu setzen und richtig zu beurteilen. Dabei kann die 3x3-Filtermethode jeder schnell und einfach lernen. Die Stärke dieser Methode, die mehr ein standardisiertes Vorbereitungs- und Planungsschema als eine starre Methode ist, ist, dass man sie fortlaufend verfeinern und für sich verbessern kann. Je mehr Bergwissen man sich im Lauf der Jahre erarbeitet hat, umso feiner und effizienter, das heißt umso engmaschiger werden die drei Sicherheitsnetze und umso weniger Zeitbedarf erfordert die Methode.

Wer bereit ist, vor jeder Skitour den Lawinenlagebericht zu lesen, und im Gelände versucht, möglichst viele Informationen zu sammeln, kann mit dieser Methode immerhin den Großteil der Risiken erkennen und mit ihnen umgehen.

Allerdings bemerkt man Hinweise auf Gefahren oft schwerer als günstige Zeichen, die darauf hinweisen, dass ein Hang sicher sei. Diese Scheuklappenbeurteilung ist besonders dann stark ausgeprägt, wenn wir uns bereits für ein Ziel entschieden haben. Die Wahrscheinlichkeit für Fehlbeurteilungen ist z. B. besonders hoch, wenn man nicht vor Ort entscheidet, was machbar ist, sondern wenn man unbedingt diesen Berg besteigen oder jenen Hang befahren will.

Die 3x3-Filtermethode stellt eine hervorragend strukturierte, klassische Beurteilung der Lawinengefahr dar. Wenn jedoch die 3x3-Beurteilung kein eindeutiges Ergebnis liefert, da sowohl günstige als auch Gefahrenzeichen vorhanden sind, was im winterlichen Gebirge typischerweise der Fall ist, bietet sich die Reduktionsmethode an. Diese überprüft das Ergebnis der klassischen Beurteilung mithilfe der Statistik und der Wahrscheinlichkeitsrechnung. Was kompliziert klingt, ist in der Anwendung erstaunlich einfach: Das kleine 1x1 genügt und mit etwas Übung braucht man keine Minute nachzudenken, und man kennt das statistische Risiko jedes Hangs!

Damit Risiko-Management funktioniert, muss dieses strikt in zwei Phasen unterteilt werden: 1. Beurteilen und dann 2. Entscheiden.

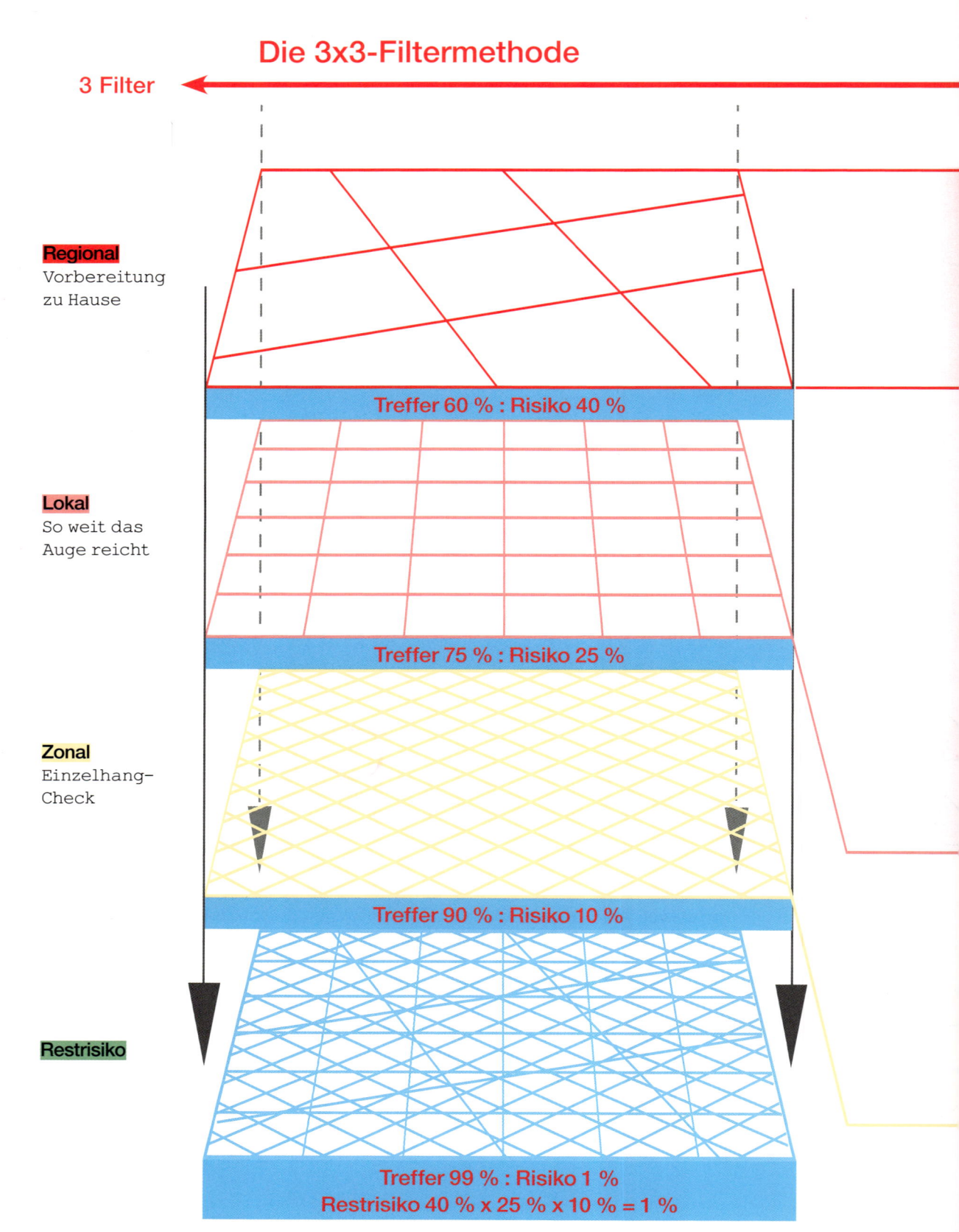

Die 3x3-Filtermethode

3 Filter ←

Regional
Vorbereitung zu Hause

Treffer 60 % : Risiko 40 %

Lokal
So weit das Auge reicht

Treffer 75 % : Risiko 25 %

Zonal
Einzelhang-Check

Treffer 90 % : Risiko 10 %

Restrisiko

Treffer 99 % : Risiko 1 %
Restrisiko 40 % x 25 % x 10 % = 1 %

122 BEURTEILUNG DER LAWINENGEFAHR

3 Faktoren

Verhältnisse – Schnee und Wetter	Gelände	Mensch

Fremdinformationen | Prognosen ▶ Erwartungen

1

- Lawinenlagebericht
- Wettervorhersage
- Expertenauskünfte

- Karte 1:25 000 oder Tourenkarte 1:50 000
- Tourenführer / Freerideführer
- Eigene Geländekenntnisse
- Infos von Gebietskennern
- Expertenauskünfte aus Foren

- Wer kommt mit mir?
  - Ausbildung und Erfahrung meiner Kameraden: Anfänger oder erfahrener Freerider?
  - Fahrtechnik / Zuverlässigkeit?
- Gibt es einen Verantwortlichen?
- Ausrüstung?
- Kondition / psychische Belastbarkeit?

Eigene Beobachtungen im Gelände ▶ laufende Neubeurteilung

2

- Schneeverhältnisse:
  - Schneeverfrachtungen
  - Alarmzeichen
  - kritische Neuschneemenge
  - Wellen / Dünen
  - Windgangeln / Sastrugis
  - Vergleich mit den Informationen aus dem LLB. Wenn notwendig korrigieren
- Wo sind die gefährlichen Stellen zu erwarten?
- Ist heute eventuell alles anders als gewöhnlich? Sind Südhänge gefährlicher als Nordhänge, ist es in der Höhe günstiger als weiter unten?
- Wetter: Wie ist die Sicht? Bewölkung | Wind: wie stark? | Niederschlag | Temperatur

- Stimmen meine Vorstellungen mit den tatsächlichen Gegebenheiten überein?
  - Geländeformen: Kupiertes Gelände, offene Steilhänge, felsdurchsetzt, Rücken / Rinnen
  - Steilheit
  - Exposition(en)
- Sind die Spuren anderer Freerider dem Gelände und den Verhältnissen angepasst?

- Mit wem bin ich unterwegs?
- Ausrüstungskontrolle: LVS und Co.
- Sind noch mehr Freerider unterwegs? Eventuell Absprachen treffen!
- Auf Touren: Zeitplan – Soll- / Ist-Vergleich

Letzte Überprüfung : to go … or not to go ▶ check your line!

3

- Neuschneemenge überprüfen
- frische Triebschneeansammlungen
- Sonneneinstrahlung
- Wo könnte ein Schneebrett abgehen?
  - Wie groß könnte dieses Schneebrett sein? (u. a. abhängig von der Gefahrenstufe)

- Wer / was ist über mir – Wer / was ist unter mir?
- steilste Hangpartie?
- Exposition?
- Typisches Lawinengelände: felsdurchsetzter Steilhang / steiler Lee-Hang?
- Hangform
- Höhenlage
- Ständig befahrener Hang?
  - Ungünstiger Hang laut LLB?

- Können | Disziplin | Müdigkeit
- Vorsichtsmaßnahmen:
- Abstände | Einzelfahren | Spur/Korridor-Fahren
- „Sichere" Sammelplätze festlegen / von „Insel" zu „Insel" fahren
- Umgehung
- Verzicht

ENTSCHEIDEN IN KRITISCHEN SITUATIONEN MIT DER REDUKTIONSMETHODE

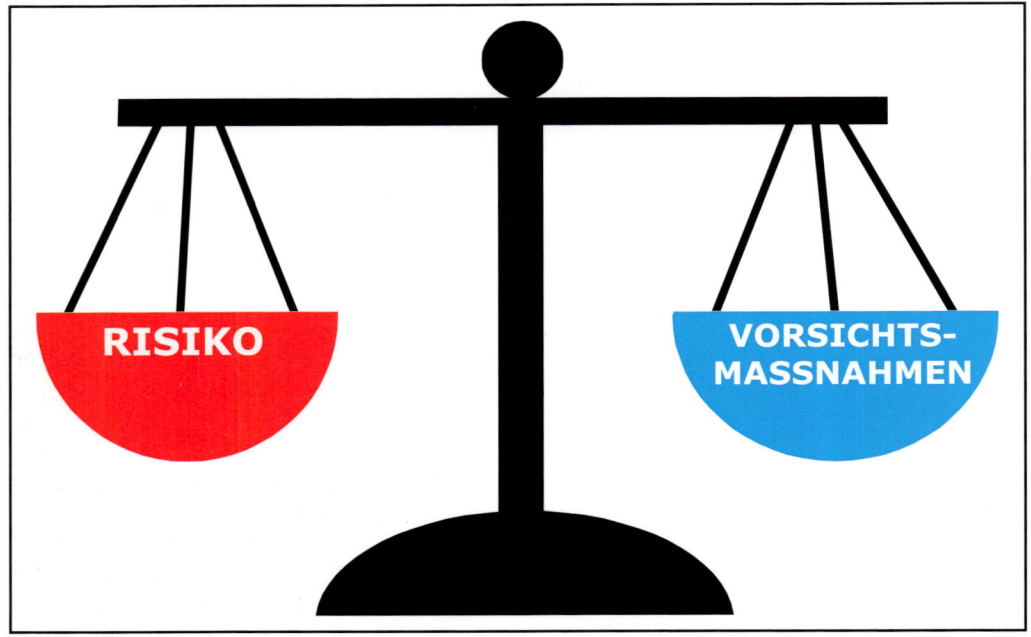

002 Ziel der Reduktionsmethode ist es, das Risiko auf ein`vertretbares Maß zu reduzieren. Je höher das Risiko ist, umso vorsichtiger muss man sich verhalten, umso mehr Vorsichtsmaßnahmen müssen durchgeführt werden, damit das Risiko-Maß im akzeptablen Bereich bleibt.

Die Reduktionsmethode für Anfänger

Diese elementare Methode zur Risiko-Reduktion besteht nur aus einem einzigen Satz, könnte aber – bei allgemeiner Beachtung – rund ¾ der Lawinentoten verhindern!

Fahre bei „mäßiger" Lawinengefahr in allen Expositionen keine Hänge über 39°, bei „erheblicher" Lawinengefahr nicht über 34° und bleibe bei „großer" Lawinengefahr im mäßig steilen Gelände < 30°!

Die sogenannte elementare Reduktionsmethode erreicht ein sehr hohes Maß an Sicherheit, reduziert jedoch den Spielraum des einzelnen Wintersportlers sehr deutlich. Dennoch: Wer auf (fast) Nummer sicher gehen möchte und als Skitourengeher sehr defensiv unterwegs ist, kann mit dieser Methode bei sehr niedrigem Risiko viele lohnende Skitouren, auch fernab der Modetouren, unternehmen. Der „Nachteil" dieser Methode ist jedoch, dass ihr „Sicherheitspuffer" so groß ist, dass man im Freeride-Bereich in der Nähe der Skigebiete wohl nur selten anspruchsvolle, große Abfahrten im unverspurten Pulverschnee unternehmen kann, solange man innerhalb der Grenzen der elementaren Reduktionsmethode bleibt.

Gefahrenstufe	Empfohlene Hangneigung
Mäßig	weniger als 40°
Erheblich	weniger als 35°
Groß	weniger als 30°

Mehr Flexibilität und Spielraum, aber auch ein höheres Restrisiko bietet die sogenannte professionelle Reduktionsmethode:

Entscheidungsfindung: To go ... or not to go

Freerider und Tourengeher müssen die Lawinengefahr immer einschätzen und jede Schätzung beinhaltet ein Irrtumsrisiko. Man muss akzeptieren, dass nicht alle Gefahrenstellen im Gelände zu erkennen sind, manche sind sogar völlig verborgen. Es bleibt ein Restrisiko auf eine Lawinenauslösung. Wer sich um seine Sicherheit beim Freeriden und auf Skitouren keine Gedanken macht – der lebt extrem gefährlich. Wer 100%ige Sicherheit will, muss zu Hause bleiben. Es muss also ein akzeptables, das heißt vertretbares, gutes Risiko gefunden werden.

Dieses akzeptable Restrisiko wurde von Werner Munter mit dem Ziel festgelegt, das statistische Risiko einer Skitour so weit zu reduzieren, dass das Restrisiko in etwa dem einer Sommerbergtour entspricht. Dies würde die Anzahl der Lawinenopfer stark reduzieren und dennoch den Wintersportlern einen großen Spielraum für die meisten Aktivitäten abseits der Pisten lassen. Denn eine Methode kann sich in der Praxis nur bewähren, wenn sie von möglichst vielen Wintersportlern angewandt wird.

Bei der Reduktionsmethode wird mithilfe des Lawinenlageberichts das Lawinenrisiko eingeschätzt und dieses Risiko – durch dem jeweiligen Risiko angepasstes Verhalten – auf ein möglichst geringes Restrisiko reduziert. Daher der Name: Reduktionsmethode.

Um eine Messlatte für das vertretbare Restrisiko festzulegen, entwickelte Werner Munter auf der Grundlage der Lawinenunfallstatistik und mithilfe der Wahrscheinlichkeitsrechnung die Reduktionsmethode. Das akzeptable (Lawinen-)Restrisiko „berechnet" sich folgendermaßen:

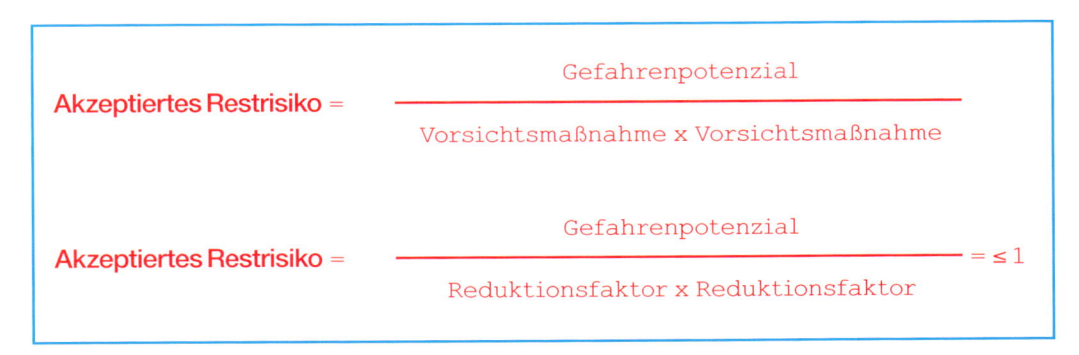

$$\text{Akzeptiertes Restrisiko} = \frac{\text{Gefahrenpotenzial}}{\text{Vorsichtsmaßnahme} \times \text{Vorsichtsmaßnahme}}$$

$$\text{Akzeptiertes Restrisiko} = \frac{\text{Gefahrenpotenzial}}{\text{Reduktionsfaktor} \times \text{Reduktionsfaktor}} = \leq 1$$

Dabei darf das akzeptierte Restrisiko maximal den Wert 1 ergeben.

Mit der Reduktionsmethode kann man innerhalb kurzer Zeit zu einer Entscheidung kommen. Ziel ist immer das Treffen einer „To go ... or not to go"-Entscheidung. Die Lawinengefahr wird jetzt nicht mehr anhand von unbekannten Variablen, wie z. B. Schichtverbindung bzw. Haftreibung oder Scherspannung, eingeschätzt, sondern mithilfe derjenigen Informationen, die gut erkennbar bzw. bekannt sind, das heißt Gefahrenstufe, Hangneigung, Exposition usw.

Die Informationen über die allgemeine Lawinengefahr und den Schneedeckenaufbau liefert dabei der Lawinenlagebericht. Diese Informationen sind fast immer zugänglich und mit etwas Übung leicht verständlich.

Je höher die Gefahreneinschätzung des Lawinenlageberichts, umso höher ist das Gefahrenpotenzial im Gebiet. Den Gefahrenstufen – „gering" bis „groß" – werden in der Reduktionsmethode Gefahrenpotenziale zugeordnet. Diese Gefahrenpotenziale beschreiben die Gesamtheit der (voraussichtlichen) Gefahrenstellen eines Gebiets. Je höher das Gefahrenpotenzial ist, umso höher ist die Wahrscheinlichkeit, eine Lawine auszulösen.

Die Erforschung der Schneedeckenstabilität hat gezeigt, dass sich das Gefahrenpotenzial (= Summe der Gefahrenstellen) mit der nächsthöheren Warnstufe der Lawinengefahrenskala verdoppelt:

- Geringe Lawinengefahr, (Warnstufe 1) = Gefahrenpotenzial 2
- Mäßige Lawinengefahr, (Warnstufe 2) = Gefahrenpotenzial 4
- Erhebliche Lawinengefahr, (Warnstufe 3) = Gefahrenpotenzial 8
- Große Lawinengefahr, (Warnstufe 4) = Gefahrenpotenzial 16 und darüber …

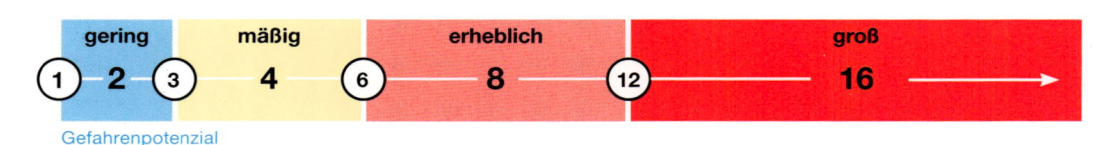

gering	mäßig	erheblich	groß
1 2 3	4 6	8 12	16 →

Gefahrenpotenzial

Es können zur selbstständigen Einschätzung der Lawinengefahr beliebige Zwischenwerte geschätzt werden. Zum Beispiel: Der Lawinenlagebericht meldet mäßige Schneebrettgefahr, aber eigene Beobachtungen im Gebiet lassen vermuten, dass die Gefahr höher sein könnte. Man beurteilt dann das Gefahrenpotenzial als mäßig–erheblich = 6.

Es gibt Vorsichtsmaßnahmen (= Reduktionsfaktoren), die miteinander kombiniert (multipliziert) werden können. Das Resultat der Vorsichtsmaßnahmen muss mindestens so groß sein wie das Gefahrenpotenzial (= Lawinenrisiko). Nach ihrer Bedeutung – für eine Lawinenauslösung – sind die Reduktionsfaktoren in drei Klassen unterteilt: erst-, zweit- und drittklassig. Da für eine Lawinenauslösung die steilste Hangpartie von herausragender Bedeutung ist, sind diese Reduktionsfaktoren erstklassig.

REDUKTIONSFAKTOREN (RF) = VORSICHTSMASSNAHMEN

Nr. 1 oder	steilste Hangpartie 35–39° (weniger als 40°)	RF 2 erstklassig
Nr. 2 oder	steilste Hangpartie um 35°	RF 3 erstklassig
Nr. 3	steilste Hangpartie 30–34° (weniger als 35°)	RF 4 erstklassig

Bei ERHEBLICH muss ein erstklassiger Reduktionsfaktor gewählt werden!

Nr. 4 oder	Verzicht auf Sektor NORD: NW (inkl.)-N-NO (inkl.)	RF 2 zweitklassig
Nr. 5 oder	Verzicht auf nördliche Hälfte WNW (inkl.)-N-OSO (inkl.)	RF 3 zweitklassig
Nr. 6	Verzicht auf die im LLB genannten kritischen Hang- und Höhenlagen	RF 4 zweitklassig
Nr. 7	ständig befahrene Hänge, z. B. Modetour, Freeride-Variante	RF 2 zweitklassig

Bei nassem Schnee sind alle zweitklassigen Reduktionsfaktoren ungültig!

Nr. 8 oder	große Gruppe mit Entlastungsabständen (über 4 Personen)	RF 2 drittklassig
Nr. 9 oder	kleine Gruppe (2–4 Personen)	RF 2 drittklassig
Nr. 10	kleine Gruppe mit Abständen	RF 3 drittklassig

Entlastungsabstände: mindestens 10 m im Aufstieg! Sehr große Abstände bei der Abfahrt!

WICHTIG: Bei „erheblich" muss ein erstklassiger Reduktionsfaktor gewählt werden. Wenn es in allen Expositionen gefährlich ist, sind die Reduktionsfaktoren 4–7 ungültig! Dies ist häufig, wenn die kritische Neuschneemenge überschritten ist oder die Schneedecke im Frühjahr durchnässt ist. Bei Gefahrenstufe „groß" kann nur mäßig steiles Gelände – unter 30° – befahren werden. Für die maximal zu befahrende Steilheit ist immer die steilste Hangpartie und nicht der eigene Standort ausschlaggebend.

Wer die Reduktionsmethode konsequent anwendet, muss immer wieder mal auf einen Hang verzichten, der vielleicht wenig später von einigen Adrenalin-Freaks befahren wird. Dafür hat man mit der Reduktionsmethode die besten Chancen, auch noch in vielen Jahren genussvolle Powder-Tage und Skitouren zu unternehmen.

Die Reduktionsmethode ist ein Risiko-Schnell-Check des Einzelhangs, der für Geübte gerade mal 10–30 Sekunden dauert und der die folgenden Hauptrisikofaktoren berücksichtigt:

- Gefahrenpotenzial
- Hangneigung (steilste Stelle!)
- Hangexposition
- Gruppengröße
- Vorsichtsmaßnahmen (z. B. Abstände)
- Häufigkeit der Befahrung

> Dieser Check sagt uns, wie unfallträchtig die gewählte Kombination ist im Vergleich zu den erfassten Unfällen der Vergangenheit.

Achtung: Die Reduktionsmethode berücksichtigt keine Geländeformen und Besonderheiten wie Kammnähe, Düseneffekte (Kanalisierung des Windes durch die Topographie), Höhenlage und Hanggröße! Die wichtigen eigenen Geländebeobachtungen müssen bei der Anwendung der 3x3-Filtermethode mit einbezogen werden. Und ein massiv mit Triebschnee beladener Steilhang, der offensichtlich lawinenschwanger ist, sollte natürlich auch dann nicht befahren werden, wenn man bei der Anwendung der Reduktionsmethode einen Restrisikowert von 0,7 erhält.

Ergänzungen und Präzisierungen zur Reduktionsmethode

Es gilt immer die Gefahrenstufe der ungünstigsten Hanglage. Gilt z. B. für Südhänge die Gefahrenstufe mäßig, für Nordhänge die Stufe erheblich, muss für alle Hänge von einem Risikopotenzial 8 ausgegangen werden.

Am ersten schönen Tag nach starkem Schneefall geht man nie bis an die äußerste Grenze (Restrisiko = 1), sondern bleibt darunter (Restrisiko < 1).

Ständig befahrene Hänge sind Modetouren und Variantenabfahrten. Entscheidend ist, dass die Hänge nach jedem Schneefall auch in der potenziellen Anrisszone befahren werden.

Rinnen, Mulden und Trichter haben immer mehrere Expositionen. In Rinnen sind die Seitenwände häufig steiler als die Rinnenachse.

> Die sicherste und optimale Beurteilung der Lawinengefahr besteht aus der 3x3-Filtermethode, ergänzt durch Intuition und eigene Beobachtungen – überprüft durch die Goldene Regel, den Bierdeckel-Schnellcheck oder die Reduktionsmethode.

WERNER MUNTERS GOLDENE REGEL ALS ALTERNATIVE ZUR REDUKTIONSMETHODE: EIN RISIKO-SCHNELL-CHECK OHNE RECHNEN

Bei gering (Stufe 1) wählt man einen beliebigen Reduktionsfaktor.
Bei mäßig (Stufe 2) wählt man zwei beliebige Reduktionsfaktoren.
Bei erheblich (Stufe 3) wählt man drei Reduktionsfaktoren:
einen erst-, einen zweit- und einen drittklassigen.

Falls bei erheblich keine zweitklassigen Faktoren vorhanden sind, z. B. bei nassem Schnee oder wenn wir im Sektor Nord ohne bereits vorhandene Spuren unterwegs sind, bleibt man unter 35° und muss Entlastungsabstände einhalten.

Bei erheblicher Lawinengefahr (Stufe 3) sind drei Fragen notwendig:
1. Bin ich unter 40°?
2. Bin ich außerhalb vom Sektor Nord oder ist dieser verspurt?
3. Habe ich Abstände?

Dreimal ja? → Okay!

BIERDECKEL-LAWINEN-SCHNELLCHECK

Kriterien		Boni	Schneedecke	
			trocken	feucht
1. Weniger als 40° oder	steilster Hang-	•		
2. Weniger als 35°	abschnitt	• •		
3. Außerhalb des Sektors Nord (NO-N-NW)		•		██
4. sichtbare Spuren: häufig begangen oder eine Gruppe ist schon abgefahren		•		
5. Entlastungsabstände mindestens 10 m im Aufstieg, in der Abfahrt mehr		•		
ERHEBLICH	• • •	3 Bonuspunkte, davon einer aus 1. oder 2.		
MÄSSIG	• •	2 Bonuspunkte, beliebig		
GERING	•	1 Bonuspunkt, beliebig		

004 Bierdeckel-Lawinen-Schnellcheck

Unter der Bezeichnung Bierdeckel ist dieses einfache Risiko-Check-System von Werner Munter bekannt geworden. Bei erheblich benötigt man drei Bonuspunkte (einer aus 1 oder 2). Bei mäßig benötigt man zwei beliebige Bonuspunkte. Bei gering genügt ein beliebiger Bonuspunkt.

DIE RISIKO-LIMITS: EINE VERPFLICHTENDE LAWINENRISIKO-OBERGRENZE?!

Auffallend häufig waren Gruppen unter professioneller Führung in Lawinenunfälle verwickelt. Doch weshalb gelingt es selbst professionellen Bergführern nicht immer, ein für ihre Gruppe angemessenes Maß an Sicherheit zu erreichen? Als Konsequenz zweier besonders schwerer Lawinenunfälle im Winter 1999/2000 im Tiroler Jamtal sowie am Kitzsteinhorn mit insgesamt 21 Todesopfern wurde eine Risiko-Obergrenze festgelegt, die fortan für professionelle Führer als verpflichtende Grenze gelten sollte.

Bei der statistischen Auswertung der Lawinenunfälle fand man die besonders unfallträchtigen Muster heraus, die fortan von professionell geführten Gruppen vermieden werden sollten. Der Risiko-Grenzwert, das sogenannte Risiko-Limit, war entstanden. Jenseits dieses Grenzwerts steigt das Risiko eines Lawinenunfalls drastisch an. Dieses Limit sollte daher für alle Bergsportler die absolute Risiko-Obergrenze darstellen.

Jeder Freerider kennt die Spirale des „weißen Rauschs": Eine Abfahrt ist besser als die andere und die letzte soll die allerbeste sein. Damit ein traumhafter Tag im Schnee nicht plötzlich zum Albtraum wird, ist das Risiko-Limit entwickelt worden.

> Die Limits sollen eine fatale Anhäufung von Risiken zu einem tödlichen „Klumpen-Risiko" verhindern!
> Der Sinn der Limits ist es, uns – im Powder-Rausch – vor uns selbst zu schützen!

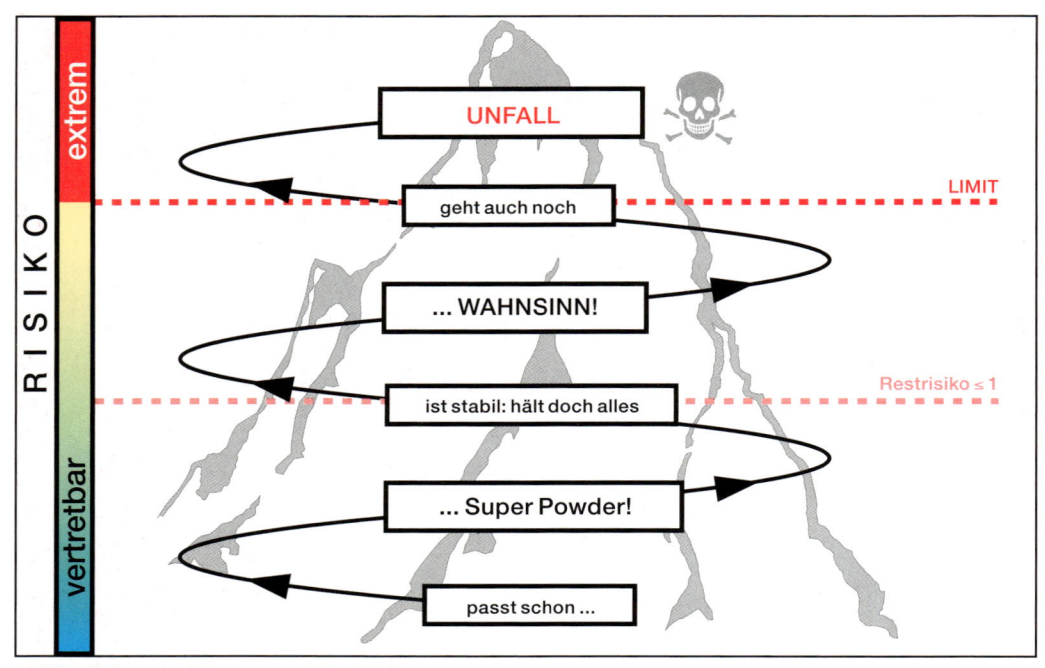

005 Die Risikovermeidungsstrategie der Limits

Oft herrscht ein „Wettkampf" um die besten Abfahrts-Linien. Im Rausch des Pulverschnees – Schnee kann wie eine Droge wirken! – vergessen viele Wintersportler nahezu alle Vorsichtsmaßnahmen. In solchen Situationen ist die Euphorie oft stärker als die Vernunft. Viele sagen dann: „... das passt schon!" – und der „weiße Rausch" hat den Verstand besiegt. Selbst wenn du alle Warnungen vergessen hast: Überschreite das Limit nicht!

> Limit: Bei „mäßiger" Lawinengefahr: Sektor Nord (NW-N-NO) 40° oder mehr, wenn unverspurt!
> Limit: Bei „erheblicher" Lawinengefahr: extrem steile Hänge in allen Expositionen 40° oder mehr!
> Limit: Bei „großer" Lawinengefahr: alle steilen Hänge über 30°!

005

SKIFAHREN ABSEITS DER PISTEN

Wenn man in der Nähe der großen Skigebiete hervorragenden Powder ohne Trubel oder Stress genießen will, ist es eine gute Idee, gegen den Strom zu schwimmen. So wie vor einiger Zeit in meinem Heimatort Verbier:

Es hatte zwei Tage lang stark geschneit. Es war kalt, die Wolken waren dicht und die Sicht schlecht. Trotzdem fuhren die Leute mit den Liften weit über die Baumgrenze hinauf, schlugen sich förmlich um den Powder. Wir taten das nicht. Das war die erste von zwei sehr guten Entscheidungen an diesem Tag.

In der Früh waren wir im Wald fast allein. Und das bei hüfttiefem Schnee. Und bei sehr guten Sichtverhältnissen. Mit anderen Worten: Wir hatten unglaublich gute Bedingungen.

Als es am Nachmittag aufklarte, folgten die anderen Skifahrer unserem Beispiel und kamen in den Wald. Erneut vermieden wir die Massen und den Stress, schwammen gegen den Strom und fuhren mit dem Lift in die höheren Regionen über der Waldgrenze. Und wieder waren wir bei unbeschreiblichen Bedingungen so gut wie allein. Wir fingen mit einer schönen, langen Abfahrt an, zogen Felle auf und stiegen eine knappe Stunde auf, was uns noch eine weitere, lange, unverspurte Abfahrt bis ins Tal bescherte. Das Grinsen wollte nicht von unseren Gesichtern weichen, bis wir ins Bett gingen.

Dank den Annehmlichkeiten des Skigebiets in Kombination mit unserer Skitourenausrüstung konnten wir den Tag optimal nutzen und genossen so viele unglaublich gute Abfahrten an einem Tag… Manchmal kommt man mit unkonventionellem Denken wesentlich weiter, als wenn man der Masse hinterherfährt. Das, wonach wir suchen, liegt so oft direkt vor unserer Nase. Und eines gewinnt man jenseits der Menschenmassen immer: Ruhe und Entspannung; und Zeit für gute Entscheidungen.

In diesem Kapitel werden Ausrüstung und Techniken besprochen, wie wir sie beim liftunterstützten Freeriden im und ums Skigebiet benötigen. Dabei bildet diese Ausrüstung aber auch meist die Grundlage für komplexere Unternehmungen in abgelegenerem oder alpinerem Gelände.

AUSRÜSTUNG

KLEIDUNG Unsere Wintersportbekleidung soll uns trocken und warm halten. Der bewährteste Weg, um das in allen Situationen am Berg zu gewährleisten, ist, sich nach dem Zwiebelprinzip in Schichten anzuziehen. Viele bzw. dicke Schichten, wenn es sehr kalt ist, wenige Schichten, wenn es wärmer ist. Jederzeit kann man eine Schicht ablegen, wenn einem kalt ist, oder eine zusätzliche anziehen, wenn einem zu warm wird. So kann man geschickt verhindern, dass man überhitzt und zu stark schwitzt. Denn das sollte unbedingt vermieden werden, damit die Kleidung nicht zu feucht bzw. nass wird, weil man dann schnell auskühlt, sobald die Aktivität nachlässt. Moderne Funktionskleidung leistet hier hervorragende Dienste.

Die meisten großen Bekleidungshersteller haben ihre eigenen Bezeichnungen für Materialien und Stoffe, wobei alle ihre, oft geringfügigen, Vor- und Nachteile haben und die Auswahl somit meist eine Frage des persönlichen Geschmacks ist. Eines gilt jedoch immer: Baumwolle sollte vermieden werden, da sie Feuchtigkeit schnell aufsaugt, aber nur sehr langsam trocknet. Moderne Funktionsstoffe stehen Baumwolle im Tragekomfort kaum nach, haben aber deutliche Vorteile im Feuchtigkeitstransport und trocknen sehr schnell.

Base-Layer Unser Körper reguliert seine Temperatur bei verstärkter Aktivität durch Schwitzen. Wird diese Feuchtigkeit nicht vom Körper wegtransportiert, kühlt man schnell aus, sobald die Anstrengung nachlässt.

Grundsätzlich gibt es zwei unterschiedliche Möglichkeiten bei der Wahl der ersten, körpernahen Kleidungsschicht: Entweder man wählt synthetische Stoffe, welche meist eine sehr geringe Feuchtigkeitsaufnahme haben und sich durch schnellen und effizienten Feuchtigkeitstransport von der Haut weg auszeichnen. Hierdurch gelingt es, den Körper vor übermäßiger Abkühlung zu schützen. Die wieder sehr beliebt gewordene Alternative sind Funktionstextilien aus Schwurwolle, die auch in feuchtem Zustand noch hervorragend wärmen. Trotz modernen Fertigungsverfahren und inzwischen sehr hohem Tragekomfort empfinden jedoch manche Wolle immer noch als kratzig. Dafür hat sie den enormen Vorteil, die Geruchsbildung zu unterdrücken und stinkt so sehr viel länger nicht als Kunstfasern. Ein nicht zu unterschätzender Vorteil, wenn man mehrere Nächte in Zelt, Biwak oder in Berghütten unterwegs ist. Es gibt auch Base-Layer-Bekleidungen, die je nach Körperzone das eine oder andere Material und verschiedene Stoffstärken verwenden.

Die Base-Layer-Bekleidung sollte grundsätzlich eine gute Passform haben, eng anliegen und keine großen Falten werfen. Insbesondere die Nähte sollten flach und weich gehalten sein. Eine hohe Elastizität erhöht den Tragekomfort und die Bewegungsfreiheit. Manche Langarm-Shirts haben extralange Ärmel mit Daumenloch, um der Kältebrücke am Handgelenk entgegenzuwirken. Bei der langen Unterhose haben sich ¾-lange Hosenbeine bewährt, da so nur der Socken im Skischuh steckt und die Hosennähte keine Druck- oder Scheuerstellen im Schuh verursachen können. Auch die Unterhose sollte in das Funktionsprinzip miteinbezogen werden. Wer hier seine Baumwoll-Unterhosen aus dem Alltag trägt, wird möglicherweise mit feuchtem Hintern im Schnee hocken. Skisocken sollten relativ dünn sein, um eine bessere Kraftübertragung im hoffentlich perfekt passenden Skischuh zu ermöglichen. Sehr dicke Socken haben keine Vorteile, weil sie durch den Skischuh sowieso komprimiert werden und häufig Einengungen, Druckstellen oder Abschnürungen verursachen.

Isolationsschicht Die mittlere Kleidungsschicht dient vor allem der Isolation und soll uns, den jeweiligen Wetterverhältnissen entsprechend, warm halten. Daher kann sie je nach Temperaturen, Wetterbedingungen und Aktivität auch wegfallen oder bei sehr tiefen Temperaturen sogar aus mehreren Schichten bestehen. Sie muss dabei mit der Feuchtigkeit, die vom Base-Layer kommt, zurechtkommen, diese weitertransportieren und uns trotzdem effektiv warm halten.

Die Wahl des Materials ist dabei Geschmackssache, genauso wie die Stoffart. Gewebte Stoffe funktionieren ähnlich gut wie verfilztes Fleece. Die Dicke der Kleidungsstücke sollte dabei zu den Temperaturen und der Aktivität passen. Winddichte Kleidung, egal ob mit Membran oder winddichtem Gewebe realisiert, sollten als Zwischenschicht vermieden werden, um die Atmungsaktivität der Kleidungskombination nicht unnötig zu beeinträchtigen. So kann man auch in Phasen starker Aktivität schnell lüften, indem man die Jacke auszieht. Bei schlechtem, aber mildem Wetter ist es oft sinnvoll, die Isolationsschicht auszuziehen und die Außenschicht direkt über dem Base-Layer zu tragen.

Wenn es richtig, richtig kalt ist, empfiehlt es sich, knielange Fleecehosen über der Skiunterwäsche zu tragen. Diese halten unsere Skimuskeln zwischen den Abfahrten warm und sorgen für entspannte Liftfahrten.

Zusätzliche Isolation Einen genialen Sonderfall stellen die meist kompakt verstaubaren Isolationsjacken dar. Sie sind oft hilfreich und können in Notsituationen vielleicht sogar überlebenswichtig werden. Diese Jacken haben hervorragende Isolationswerte bei äußerst kleinem Packmaß. Dank ihrer äußerst bauschigen Füllungen sind sie hervorragend geeignet, um den Körper in Ruhepausen bei kaltem Wetter warm zu halten. Ist das Wetter dazu rau oder gar feucht, sollte man die Extraschicht unter der Wetterschutzjacke anziehen. Für Pausen bei kaltem, aber windstillem, trockenem Wetter empfiehlt sich das schnelle Überziehen über die Außenschicht.

Isolationsjacken bieten oft eine gewisse Wetterbeständigkeit, die aber klar ihre Grenzen hat. Bei den Materialien gibt es vor allem bauschige Kunstfasern und Daune. Während Daune die beste Wärmeleistung bei geringstem Gewicht und Packmaß bietet, hat Kunstfaser den Vorteil, auch noch in feuchtem Zustand zu wärmen. Geht es also um optimale, kompromisslose Isolation, ist Daune die bessere Wahl. Soll die Jacke auch bei geringer Aktivität oder in feuchten Bedingungen genutzt werden, empfiehlt sich ein Kunstfaserprodukt.

Hardshell Diese Wetterschutzjacken sind der wichtigste Wetterschutz. Es empfehlen sich wasserdichte, atmungsaktive Jacken, die daher eine Membran enthalten müssen. Membranen verhindern das Durchdringen von Wind und Wasser von außen, lassen aber dampfförmige Feuchtigkeit und Schweiß des Körpers nach außen entweichen.

Inzwischen gibt es eine Vielzahl hervorragender Produkte, die sich für den Einsatz am Berg eignen. Bei der Konstruktion von Wintersportjacken und -hosen lassen sich grundsätzlich drei Typen unterscheiden: dreilagige und zweilagige Membranjacken und solche mit einer zusätzlichen Isolierung. Bei zweilagigen Jacken sind der Außenstoff und die Membran als zwei Lagen miteinander laminiert. Ein loses, meist netzartiges Innengewebe schützt die Membran von innen, während bei den Dreilagenkonstruktionen Außen- und Innenstoff eine Art Sandwich mit der Membran bilden. Während zwei oder drei Lagen eher Geschmackssache sind, ist es im Bergsport sinnvoll, eine Außenjacke ohne zusätzliche Isolationsschicht zu wählen und die Körperwärme besser flexibel über die Wahl des Base-Layers und der Isolationsschicht zu regulieren.

Hardshell-Jacken sollten gut sitzen, aber genügend Raum für ausreichende Beweglichkeit auch mit mehreren darunter getragenen Isolationsschichten bieten. Allerdings sollten sie auch nicht zu weit geschnitten sein, weil sonst das Tragen des Rucksacks störend sein kann und ein extrem weiter Schnitt im alpinen Gelände ungünstig ist.

Stabil und belastbar verschließbare Armbündchen, die einen dichten Abschluss mit dem Handschuh erlauben, sind unverzichtbar. Ein rutschfest sitzender Schneefang im Bund, der sich im Idealfall mit der Hose verbinden lässt, ist sehr empfehlenswert. Gleiches gilt für einen abschließenden Kragen mit außen angesetzter, gut einstellbarer Kapuze. Leicht zu öffnende und verschließbare Lüftungsschlitze erlauben es, die Körperfeuchtigkeit bei hoher Aktivität schnell und effektiv entweichen zu lassen. Das letzte Merkmal einer optimalen Jacke sind die Taschen, die auch mit aufgesetztem Rucksack gut erreichbar sein sollen.

Hosen Bei Hosen empfiehlt sich meist ebenfalls der Griff zu Hardshell-Materialien. Dabei sollten sie gute Beweglichkeit ermöglichen und weit und lang genug geschnitten sein, um gut über die Skischuhe zu passen. Eine zu weite Hose ist allerdings hinderlich, sobald ein Klettergurt getragen wird, oder gefährlich, wenn mit Steigeisen gegangen werden muss. Innengamaschen an den Hosenbeinen, die bündig mit dem Skischuh abschließen, sind ein Muss.

Verstärkter, kantenwiderständiger Stoff als Schutz auf der Innenseite der Hosenbeine, gute Belüftungsschlitze, ein einstellbarer, elastischer Bund und optionale Hosenträger runden die Ausstattung einer guten Skihose ab. Geschmackssache, aber oft sinnvoll sind eine Jacke-Hose-Verbindung mittels Schneefang, ein (halbhoher) Latz, eine eingenähte Fronttasche (ohne außen liegende Nähte), in der man das LVS bequem einstecken kann, sowie eine seitliche Beintasche, die Kartenformat hat.

Softshell-Bekleidung Diese zumeist membranlosen, als Außenschicht getragenen Stoffe erfreuen sich immer größerer Beliebtheit und sind, je nach Einsatzgebiet, sehr empfehlenswert. Sie sind oft deutlich atmungsaktiver und meist viel dehnbarer als Hardshell-Bekleidung, was für deutlich höheren Tragekomfort im aktiven Einsatz sorgt. Auch wenn sie nicht vollständig wind- und wasserdicht sind, erreichen sie oft gute Wetterschutzleistungen und eignen sich hervorragend für den Einsatz auf Skitouren und anderen Tätigkeiten mit hoher Aktivität, speziell bei milden Temperaturen und gemäßigtem Wetter. In ernsthaftem, alpinem Gelände sollte jedoch auf eine echte Hardshell-Wetterschutzjacke nicht verzichtet werden. Diese gehört hier fast zur persönlichen Sicherheitsausrüstung (PSA).

Als Isolationsschicht unter einer Hardshell getragen, eignen sich Softshells nur bedingt und sind hierbei aufgrund ihres deutlich schlechteren Feuchtigkeitstransports einfacherer Isolationskleidung klar unterlegen.

Handschuhe Finger kühlen am Berg und besonders im Kontakt mit Schnee schnell aus und kalte Finger können nicht nur einen Skitag vermiesen, sondern im Ernstfall zu einem echten Problem werden. Daher sind gute Handschuhe im Winterbergsport unverzichtbar. Handschuhe sollten wasserdicht sein (am besten mit einer Membran) und weder die Beweglichkeit noch die Taktilität der Finger zu stark einschränken und zur Isolation gefüttert sein. (Teil-)Lederhandschuhe bieten sehr guten Abriebs- und Wetterschutz bei guter Griffigkeit. Ein separater Innenhandschuh erleichtert das Waschen und eine Handgelenkskordel verhindert das Verlieren am Berg. Ob man lange Stulpen über der Jacke oder kurze, vom Jackenärmelbund außen umschlossene Stulpen bevorzugt, ist Geschmackssache sowie eine Frage der jeweiligen Jacke. Für sehr kalte Wetterverhältnisse und für WintersportlerInnen, die unter häufig kalten Fingern leiden, sind Fäustlinge anstatt der meist üblichen Fingerhandschuhe möglicherweise eine gute Alternative, auch wenn das Handling von Ausrüstung, Reißverschlüssen und Ähnlichem natürlich deutlich eingeschränkt wird.

Rein isolierende, nicht allzu dicke Stoffhandschuhe sind eine gute Zusatzausstattung, speziell bei längeren Aufstiegen und während der Pausen, wenn viel hantiert werden muss. Außerdem kann man sie als Ersatz- oder zusätzliche Innenhandschuhe verwenden.

Mütze Der Teil des Körpers, mit dem am effektivsten die Körpertemperatur reguliert werden kann, ist der Kopf. Daher sollte man niemals ohne Mütze, zumindest im Rucksack als Reserve, in die Berge aufbrechen. Sollten Stirn und Ohren auskühlen, obwohl der Kopf sonst warm ist, können Kopftuch oder Stirnband gute Dienste leisten.

Gesichtsmaske/Halstuch/Bandana Bei starkem, kaltem Wind, insbesondere in Kombination mit ergiebigem Schneefall, kann ein Halstuch vor dem Gesicht – oder noch effektiver eine Gesichtsmaske aus Neoprenmaterial – hervorragende Dienste leisten. Auch an Tagen mit tiefem Pulverschnee kann ein solcher Gesichtsschutz verhindern, dass ständig Schnee in Nase oder Mund dringt. Es lohnt sich daher, ein Gesichtstuch immer im Rucksack dabeizuhaben.

Kleidung als Sicherheitsfaktor Unsere Bekleidung sollte immer so gewählt werden, dass sie eine gewisse Reserve nach oben für Unerwartetes bietet. Das heißt also, dass wir selbst an einem milden, sonnigen Frühlingstag nicht ohne schützende Winterkleidung aufbrechen, weil diese einen nicht zu unterschätzenden Sicherheitsfaktor darstellt. Bereits kleine Verzögerungen, Fehlplanungen, Materialprobleme oder Unfälle am Berg können bedrohlich werden, wenn wir zu leicht bekleidet sind und plötzlich im dünnen Fleece anstatt in der erwarteten milden Mittagssonne bei starkem Wind und im Schatten am Berg ausharren müssen. In ernsthaften Notsituationen kann ein Reservekleidungsstück den entscheidenden Unterschied für sich oder andere ausmachen. Auch kann angemessene Kleidung davon abhalten, dass wir übereilte, potenziell gefährliche Entscheidungen treffen, nur um aus Wind und Kälte herauszukommen.

Ski-Equipment Neben der passenden Bekleidung benötigen wir die unter Hardware zusammenfassbare Ausrüstung, ohne die wir am Berg nicht zurechtkommen und unseren Sport nicht ausüben können.

Ski Vermutlich kein Ausrüstungsgegenstand ist so sehr Geschmackssache wie unser Sportgerät selbst: die Ski. Ob ein langer, harter Ski oder ein kurzer, weicher verwendet wird, ist genauso eine Frage des persönlichen Geschmacks wie die Wahl der Taillierung oder die Entscheidung, ob Rocker oder klassische Konstruktion. Doch über die persönlichen Vorlieben hinaus spielen die Schneeverhältnisse sowie Art der Aktivität und nicht zuletzt des Geländes eine Rolle. Es kann daher in einem solchen Buch nicht gelingen, allgemeingültige Empfehlungen zu geben, weshalb wir hier nur einige knappe Tipps und Hinweise geben:

Ein typischer Allround-Ski stellt einen guten Kompromiss zwischen dem Fahrspaß bei optimalen Bedingungen und der Kontrollierbarkeit in weniger angenehmen oder gar problematischen Schnee- und Geländeverhältnissen dar. Er ist dabei meist von eher traditionellem Shape, nicht deutlich (d. h. rund 10 cm und mehr) unter oder über Körpergröße lang und weder ausgesprochen weich noch extrem hart. Eine Mittenbreite von 90–105 mm stellt meist einen gelungenen Kompromiss zwischen gutem Aufschwimmen im weichen Schnee und guter Griffigkeit und Kantenkontrolle bei harten bis eisigen Verhältnissen dar. Auch das Gewicht sollte im mittleren Bereich liegen, um eventuelle Aufstiege nicht zur Qual werden zu lassen. Ein gemäßigter Tip-Rocker erleichtert das Handling bei allen Schneeverhältnissen jenseits von hartem Schnee. Achtung: Twin-Tip-Konstruktionen verunmöglichen manche Schneeanker-Techniken (siehe Kapitel 009).

Skischuhe Bei den für Freerider und Tourengeher konzipierten Skischuhen hat sich in den letzten Jahren viel getan und es gibt mittlerweile eine Vielzahl von Freeride-Schuhen, die – fast immer mit Aufstiegsmodus ausgestattet – bei der Abfahrt den meisten reinrassigen Alpinschuhen in nichts nachstehen. Der Übergang zu leichteren, komfortableren Tourenschuhen mit besseren Gehmodi ist hier fließend, wobei ein deutlich tourenoptimierter Skischuh häufig in der Abfahrtseignung – mehr oder weniger deutlich – unbefriedigend ist. Ob leichter Tourenschuh aus Karbon oder bulliger, stabiler Freeride-Boot, ob Drei- oder Vierschnaller, zweiteilige oder dreiteilige Konstruktion mit separater Zunge, ist wieder einmal Geschmackssache und Frage der persönlichen Neigung und Aktivitäten am Berg.

Grundsätzlich gibt es zwei Arten von Skischuhsohlen: Alpin- und Tourenschuhsohlen, die durch unterschiedliche Anforderungsnormen definiert sind. Erstere sind aus Hartplastik und bieten etwas bessere Kraftübertragung, während Letztere mit abgerundeter und gummierter Sohle das Laufen zu Fuß am Berg und im felsigen Gelände deutlich vereinfachen und daher in der Regel für die in diesem Buch behandelten Einsatzbereiche zu empfehlen sind. Während fast alle Tourenbindungen mit beiden Typen von Skischuhsohlen gefahren werden können, ist die Kompatibilität von Tourensohlen mit den meisten Alpinbindungen nicht gegeben. Das Beste aus beiden Welten stellen hier Schuhe mit Wechselsohlen dar. Doch mit Abstand das Wichtigste an einem Skischuh ist seine Passform. Der beste Abfahrtsschuh bietet keinen Abfahrtsspaß, wenn er zu locker sitzt oder drückt. Gerade beim Gehen und bei Aufstiegen mit Ski ist ein exzellenter Fersenhalt notwendig – auch bei geöffneten Schnallen am Schaft –, sonst können schnell Blasen entstehen, die den Skitag zur Tortur werden lassen. Thermoformbare Innenschuhe bieten hier viele Vorteile.

Tipp: Nicht nur für absolute Problemfüße empfiehlt sich der Gang zum Anpassungsspezialisten, dem Bootfitter.

Bindung Auch für die passende Skibindung ist es beim aktuellen Marktangebot nicht mehr möglich, die eine allgemeingültige Empfehlung auszusprechen. Zu unterschiedlich sind persönliche Vorlieben, Einsatzzweck und technische Ausstattung der Modelle. Grundsätzlich kann man den Markt in drei Kategorien unterteilen: Alpinbindungen ohne und Touren- bzw. Freeride-Bindungen mit Aufstiegsfunktion, wobei bei den Letzteren zwischen Rahmenbindungen und Low-Tech-Bindungen unterschieden wird. Die verschiedenen Modelle der beiden Konstruktionsarten von Tourenbindungen gehören entweder zu den leichten, ausstiegsorientierten Bindungen oder zu den eher auf Abfahrtsperformance und Stabilität unter hartem Einsatz hin optimierten Freeride-Modellen.

Reine Alpinbindungen sind für Freerider, Skitourengeher und Skibergsteiger grundsätzlich nicht zu empfehlen, auch wenn natürlich die Aufstiege manchmal zu Fuß oder mithilfe von Schneeschuhen oder Tourenbindungsadaptern machbar sind. All diese Möglichkeiten stellen jedoch einen zumeist wenig überzeugenden Kompromiss dar, den man über kurz oder lang nicht mehr gewillt sein wird, einzugehen.

Einen Zwischenschritt stellen Touren-Adapterplatten dar, bei denen zwischen Ski und Alpinbindung eine Platte montiert wird, welche den Aufstieg ermöglicht.

Touren-Rahmenbindungen sind vermutlich die vielseitigsten Modelle: Sie erlauben meist den Einsatz von Skischuhen mit Alpin- und Tourensohlen und bieten eine normgeprüfte Sicherheitsauslösung. Ihr Nachteil ist allerdings ihr vergleichsweise hohes Gewicht, das zusätzlich im Gehmodus direkt am Schuh fixiert ist und daher mit jedem Schritt angehoben werden muss. Tourenorientierte Modelle bieten außerdem häufig nicht die direkte Kraftübertragung sowie die niedere Standhöhe, wie wir sie von Alpinbindungen kennen. Schwere Freeridemodelle bieten zwar oft hervorragende Abfahrtseigenschaften, Aufstiege sind jedoch mühsam damit.

Low-Tech-Bindungen hingegen bieten oft eine sehr direkte Kraftübertragung – und das bei äußerst geringem Gewicht. Zusätzlich stellen die Front-Pins der Schuh-und-Bindungs-Verbindung direkt die Rotationsachse im Gehmodus dar, sodass kein Teil der Bindung beim Gehen mit angehoben werden muss. Dieses Bindungskonzept bietet daher den besten Gehkomfort bei geringstem Energieverbrauch. Die Nachteile sind ein etwas komplexeres Handling, eine nicht vollständige Sicherheitsauslösung sowie die Notwendigkeit, Skischuhe zu verwenden, die speziell für dieses System ausgelegt sind. Auch hier gibt es sehr leichte Touren- und deutlich schwerere Freeride-Modelle, die verbesserte Auslöseeigenschaften und erhöhte Stabilität im rauen Einsatz bieten sowie oft einen erhöhten Bedienkomfort.

Felle Steigfelle werden unter die Ski geklebt und sind meist als Spannfelle konzipiert, das heißt, dass die Befestigung – neben dem Aufkleben – über Haken an Skispitzen und -enden mittels eines Gummispanners erfolgt. Darüber hinaus gibt es auch Felle, die mit traditionellem Fellkleber haften sowie Felle, die kleberfrei mittels einer speziell strukturierten Silikonschicht adhäsiv angebracht werden. Beide Varianten funktionieren mit Vor- und Nachteilen problemlos und auch hier kann ebenso wenig eine eindeutige Empfehlung ausgesprochen werden wie für das Material der Fellhaare: Ob Mohair-Befellung, synthetische Fasern oder ein Mix aus beidem ist mehr eine Frage des persönlichen Geschmacks und der Vorlieben als der Einsatztauglichkeit.

Es gibt viele verschiedene Steigfelle vieler unterschiedlicher Anbieter, die hervorragend funktionieren, vorausgesetzt, sie sind für den Ski passend abgelängt und zugeschnitten. Ein gut zugeschnittenes Fell deckt den Belag der Ski komplett ab und lässt nur die Kante frei. So erreicht man guten Kantenhalt bei maximaler Steighaftung. Eine Ausnahme stellt der Bereich des Rockers bei modernen Skikonstruktionen dar, hier kann das Fell auch ohne funktionale Einbußen schmaler sein. Für rein liftunterstütztes Freeriden mit kurzen Aufstiegen können auch sogenannte Split-Skins eine Alternative sein.

Stöcke In alpinem Gelände sind Skistöcke zur Fortbewegung mit und ohne Ski unverzichtbar. Skistöcke sollten haltbar, nicht zu schwer und mit einem eher dünnen Schaft ausgestattet sein, sodass man beide auf einmal mit einer Hand gut umgreifen kann.

Ein breiter Teller, der in weichem Schnee nicht zu tief einsinkt, ist notwendig. Eher dünne Griffe helfen, wenn man die Stöcke verkehrt herum in den Schnee stoßen will, um sie zu verankern. Für liftunterstütztes Freeriding sind normale Stöcke völlig ausreichend, aber sobald die Aufstiege länger werden, sind Teleskopstöcke, die sich für den Aufstieg verlängern und dem Gelände anpassen lassen, äußerst hilfreich. Ob zwei- oder dreiteilig, ist dabei Geschmackssache. Grundsätzlich empfiehlt sich eine verlängerte Griffzone am Schaft, sodass man die Stöcke schnell und komfortabel unterhalb des eigentlichen Griffes umgreifen kann.

Skibrille/Sonnenbrille Ein hochwertiger Augenschutz ist im Gebirge zwingend erforderlich! Ob man bei schönem Wetter zu Sonnenbrille oder Skibrille (Goggle) greift, ist genauso Geschmackssache wie die Form oder die Linse. Allerdings sollten die Augen gut umschlossen werden, um sowohl Streulicht als auch Zugluft am Auge zu minimieren. Beim Aufstieg ist eine Sonnenbrille meist deutlich komfortabler, da sie die Zirkulation nicht einschränkt und nicht beschlägt. In der Abfahrt, speziell mit steigender Neuschneehöhe, bieten Goggles eine deutlich bessere Funktionalität.

Dunkle Linsen schützen hervorragend bei sonnigen Verhältnissen, helle, orange oder gelb eingefärbte Gläser bieten bessere Sicht und Kontrast bei flachem Licht und schlechtem Wetter. Gerade an Neuschneetagen empfiehlt es sich, eine zweite Goggle mitzuführen, so ist man nicht nur für mehrere Situationen gewappnet, sondern hat auch sofort einen Ersatz zur Hand, wenn die Brille bricht, verloren geht oder nach einem Sturz nur noch schwer zu reinigen ist und stark beschlägt.

Rucksack Einen hochwertigen, durchdachten Rucksack, der gut passt, erkennt man daran, dass man ihn kaum bemerkt, wenn man ihn trägt. Die Passform ist genauso wichtig wie die Verzurrbarkeit, damit er auch vollgepackt nicht schwankt, wenn man sich bewegt. Modell und Ausstattung sind Geschmackssache und hängen auch wesentlich davon ab, wie viel Ausrüstung man mit auf den Berg nimmt. Ein Rucksack mit 20–35 Litern Volumen eignet sich hervorragend für Tagesunternehmungen, während 40–50 Liter bei ernsthaften und/oder längeren Unternehmungen sinnvoll sind.

Ein funktionales Ski- bzw. Snowboardtragesystem ist absolute Pflicht. Bei Ski eignet sich hervorragend eine seitlich am Rucksack befestigte Trageweise in A- oder H-Form. Doch auch die diagonale Skibefestigung kann in manchen Situationen – speziell bei Querungen – hilfreich sein.

Helm/Protektoren Ein Schutz durch Helm und Protektoren ist eine sinnvolle Option und gerade das Tragen eines Helmes ist beim Freeriden in Skigebieten sehr zu empfehlen. Leichtere, wenig voluminöse Modelle, die sehr bequem sind, sind immer häufiger auf dem Markt. Hier entscheiden der persönliche Geschmack sowie die Passform, speziell in Kombination mit einer Goggle, bei der Modellwahl. Auch bei längeren Touren sollte man sich ernsthaft überlegen, ob man den Helm nur aus Gewichtsgründen zu Hause lassen will.

Ob man, gerade bei einem gut gepackten, soliden Rucksack, weitere Protektoren wie Rückenpanzer oder Protektorhose braucht, darüber scheiden sich die Geister und auch diese Entscheidung bleibt jedem selbst überlassen. Eine solche Zusatzausrüstung ist eventuell sinnvoll, wenn man mit hoher Geschwindigkeit in felsigem Gelände unterwegs ist und auch hohe Sprünge unternimmt.

PERSÖNLICHE GRUNDAUSRÜSTUNG
Lawinenverschüttetensuchgerät (LVS)
Lawinenschaufel
Lawinensonde
Steigfelle
Goggle/Sonnenbrille
Energie (etwas zu essen und zu trinken)

GRUPPENAUSRÜSTUNG
Erste-Hilfe-Set
Biwaksack
Kommunikationsmittel
(Handy, Satellitentelefon, Funkgerät)
Höhenmesser
Einfaches Reparaturkit und Werkzeug
Karte und Kompass

DIE GRUPPE

Je nachdem, was wir genau machen, sollte unsere Gruppe zwei bis fünf Personen umfassen. Ich persönlich finde, dass drei oder vier Leute optimal sind. Man hat genug Leute, um mit jeder Situation umgehen zu können, aber man bleibt flexibel und schnell und die Gruppendisziplin ist einfach aufrechtzuerhalten.

WAHL DER SKIPARTNER Es ist wichtig, dass unsere Skipartner die gleichen Einstellungen und die gleiche Risikobereitschaft haben wie wir selbst. Man kann und sollte darauf bestehen, dass jedes Gruppenmitglied eigene Notfallausrüstung dabei hat und mit ihrem Umgang vertraut ist. Das Ziel muss sein, dass man als Gruppe von anderen unabhängig ist und sich jeder für den anderen verantwortlich fühlt. Weil wir uns nicht aussuchen können, wann etwas passiert, müssen wir immer auf alles vorbereitet sein. Wenn wir bei der Wahl unserer Skipartner niedrige Ansprüche stellen oder Ausnahmen machen, ist es unser Leben und das unserer Freunde, mit dem wir spielen.

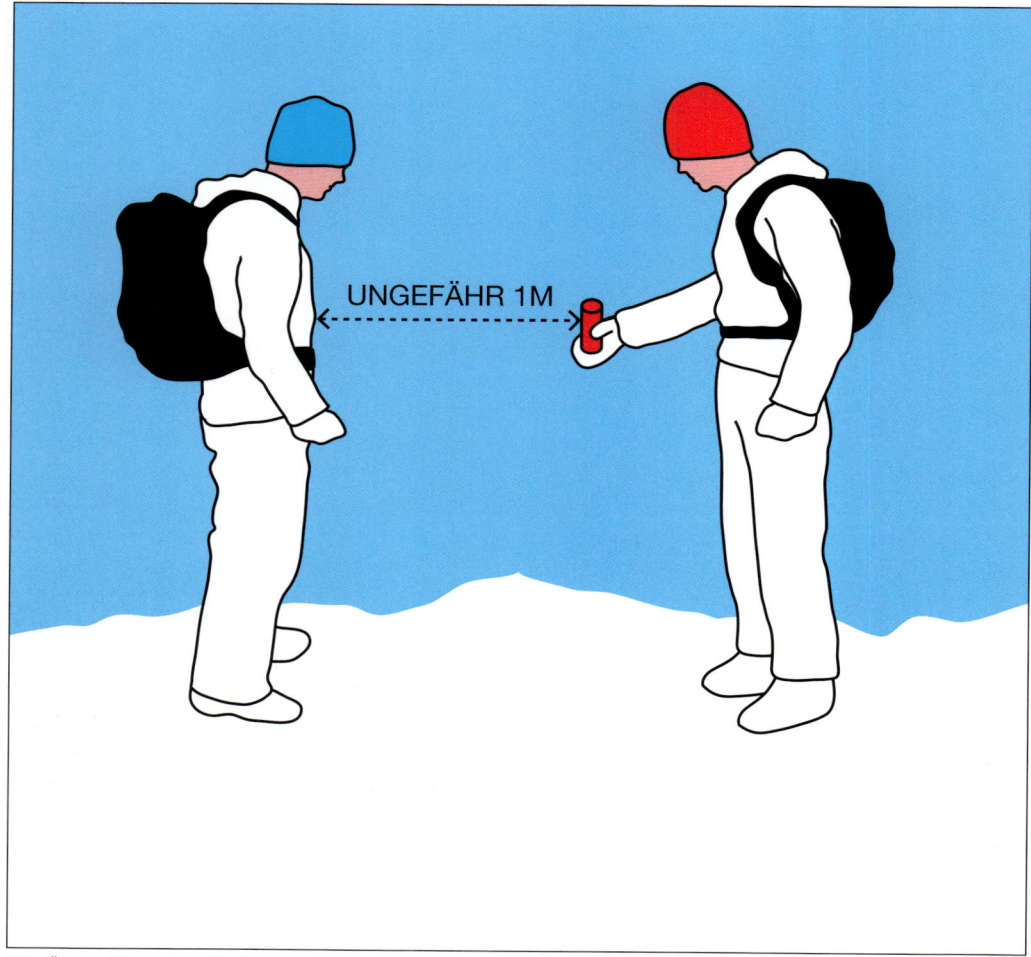

001 Überprüfung des LVS-Gerätes

002:1 Kontrolle der Empfangsreichweite des LVS. Gerät im Suchmodus

002:2 Hand heben, sobald das Gerät ein Signal empfängt.

002:3 Der zweite Fahrer startet erst, wenn das Signal des ersten nicht mehr empfangen wird.

Die Überprüfung der Distanzanzeige der LVS-Geräte funktioniert nicht, wenn der zu Überprüfende zu schnell vorbeifährt, da dann der Prozessor des Geräts nicht genügend Zeit hat, um die Signalstärke zu berechnen. Orte, an denen viele Wintersportler (mit eingeschaltetem LVS) vorbeikommen, sind daher für den LVS-Check ungeeignet.

LVS-CHECK UND NOTRUFNUMMER Man sollte die örtliche Notrufnummer kennen und im Telefon eingespeichert haben. In Europa kann man Hilfe immer über den Euro-Notruf 112 anfordern. In vielen Regionen des Alpenraums gibt es Notrufzentralen speziell für die Bergrettung (z. B. Österreich 140, Schweiz 1414, Frankreich 18, Italien 118), aber unter Umständen geht es noch schneller und effektiver, wenn man die Nummer der örtlichen Bergrettung wählt. Solche Nummern sind auch dann sehr hilfreich, wenn man einen Lawinenabgang beobachtet oder selber eine Lawine ausgelöst hat und sicher ist, dass niemand zu Schaden gekommen ist. Teilt man dies direkt den örtlichen Organisationen mit, ohne dabei die wichtigen Ressourcen der Notrufzentralen zu binden, können unnötige und teure Einsätze und Suchaktionen verhindert werden.

LVS-Check Es ist wichtig, dass wir regelmäßig einen vollständigen LVS-Check durchführen (Abb. 001 und 002). Über die Jahre habe ich im Rahmen meiner Führungstätigkeit etwa fünf LVS-Geräte vorgefunden, deren Sendeleistung derart schwach war, dass bereits in Entfernungen von etwas über 1 m kein Signal mehr zu empfangen war. In allen Fällen war dem Besitzer nichts aufgefallen und er war in der Überzeugung im Gelände unterwegs gewesen, dass sein LVS-Gerät korrekt funktioniert. Ein solches Problem kann z. B. dann auftreten, wenn die Sendeantenne gebrochen ist. Manche LVS-Geräte haben einen speziellen Check-Modus (Selbsttest). Besitzt man ein solches Gerät, sollte man das Handbuch konsultieren und lernen, wie man diesen korrekt anwendet. Dennoch sollte zusätzlich regelmäßig ein kompletter LVS-Check durchgeführt werden (siehe Kapitel 006, Abschnitt „Überprüfung des LVS-Geräts", S. 169 ff.). Hierzu sollte man einen Ort wählen, an dem nicht zu viele andere Leute mit LVS-Geräten unterwegs sind, da es dann schwierig ist, die Signale auseinanderzuhalten.

Geräteselbst- und Batterietest Beim Einschalten führen moderne LVS-Geräte automatisch einen Selbsttest durch und zeigen das normalerweise auf dem Display an. Außerdem wird die verbleibende Batterieladung, meist in Prozent, angegeben. Hier sollte man nicht knausern und Batterien lieber frühzeitig auswechseln und die benutzten Batterien in einem nicht sicherheitsrelevanten Gerät aufbrauchen, dem man nicht sein Leben anvertraut. Außerdem lohnt es sich, das Gerät in Abständen von rund drei Jahren durch den Hersteller überprüfen zu lassen.

Einfacher und doppelter LVS-Geräte-Test Siehe hierzu Kapitel 006 – Kameradenrettung, S. 170 ff.

GUTEN SCHNEE FINDEN

Lohnende Abfahrten findet man fast immer, man muss nur wissen, wonach man sucht. Es gibt zwei Arten von Schnee, nach denen es sich lohnt zu suchen: Pulverschnee und Firn (= Sulzschnee).

Unmittelbar nach dem Ende von Schneefällen könnte man zuerst die Sonnenhänge befahren, wo sich der Pulver vielleicht nur einen Tag oder sogar noch kürzer hält, bevor die Sonne ihn zerstört. Bevor der Schnee hier zu gutem Firn wird, lauert dort, je nach Intensität der Sonneneinstrahlung, einige Tage Bruchharsch. Während dieser Zeit bieten andere Expositionen zumeist immer noch pulvrigen Schnee und wir arbeiten uns in die Nordhänge vor. Zu guter Letzt suchen wir in steilen, schattigen, hoch gelegenen Hängen nach Powder – dort hält er sich am längsten, allerdings braucht die Schneedecke hier auch lange Zeit, um sich zu setzen. Ist die Zeit des Pulverschnees vorbei, finden wir Firn. Zuerst in steilen Südhängen, wo sich am schnellsten ein tragfähiger Harschdeckel bilden kann. In den nächsten Tagen fangen wir an, je nach Tageszeit Ost- und Westhänge zu fahren. Achtung: An wolkigen, kalten Frühjahrstagen firnt der Schnee in Ost-, West- und Südhängen manchmal gar nicht oder erst sehr spät auf. Wir können unser Glück in Nordhängen versuchen, wo die Schneedecke dann oft stabil genug ist, um steile Abfahrten in Angriff zu nehmen.

Wenn es das nächste Mal schneit, fängt der Zyklus von vorne an. Je später im Frühjahr, desto kürzer ist die Pulverphase und desto schneller verwandelt sich der Neuschnee in Harsch und dann, richtiges Timing vorausgesetzt, in den Firn genannten Sulzschnee.

Den jeweils besten Schnee können wir nur finden, wenn wir uns an die Bedingungen anpassen: Es ist vollkommen sinnlos, während eines Firnzyklus nach Pulverschnee zu suchen und umgekehrt.

DIE SCHLÜSSELFAKTOREN: EXPOSITION, STEILHEIT, HÖHENLAGE

Es gibt drei entscheidende Faktoren, die uns auf der Suche nach gutem Schnee helfen: Exposition, Hangneigung und Höhe. Achten wir auf diese Faktoren, können wir uns in Pulver oder Firn vergnügen, während andere mit Bruchharsch kämpfen. Das 3x3-Schema zur Beurteilung der Lawinengefahr hilft uns hierbei, nicht nur die gefährlichen Hänge zu identifizieren. Wenden wir das 3x3-Schema konsequent und richtig an, hilft es auch, den guten Schnee zu finden.

Exposition In Nordhängen (= Hänge, die in nördliche Richtung abfallen) bleibt Pulverschnee – und auch die Lawinengefahr – länger erhalten, während Südhänge die stärkste Sonneneinstrahlung erhalten, wodurch der Pulverschnee oft nur für kurze Zeit gut bleibt. In Südhängen finden wir dafür jedoch auch den ersten fahrbaren Firn. Osthänge erhalten nur während der Morgenstunden intensive Sonneneinstrahlung, daher bleibt der Schnee hier länger pulvrig als in Südhängen. Es dauert jedoch auch länger, bis sich ein tragender Harschdeckel bildet und damit Firnverhältnisse entstehen können. Bei Firn werden Osthänge im Tagesverlauf zuerst weich, dafür steigt hier auch zuerst die Lawinengefahr. Westhänge erhalten erst ab dem späten Mittag bis in die frühen Abendstunden die intensivste Sonneneinstrahlung. Daher bleibt der Schnee länger pulvrig als in Südhängen. Es dauert hier länger, bis sich eine tragende Harschschicht bildet. Im Frühjahr ist der Schnee hier oft noch bis in den späten Vormittag hart und gefroren. Stürzt man, kann man sich nur schwer halten und je nach Gelände kann ein Sturz auf einer glatten Harschoberfläche dramatische Konsequenzen haben. Nachmittags, wenn Ost- und Südhänge durch die Erwärmung schon eine zu hohe Lawinengefahr aufweisen, findet man in Westhängen oft noch schönen Firnschnee.

Hangneigung Bei sehr tiefem Schnee muss man die Hänge besonders vorsichtig auswählen: Die Hänge müssen steil genug sein, damit man nicht stecken bleibt, da sonst jeder Abfahrtsspaß zunichte gemacht wird. Sie müssen aber auch flach genug sein, um ein akzeptables Lawinenrisiko zu bieten. Bei Bruchharschverhältnissen können flache Hänge angenehmer zu befahren sein, da man dort meist schneller unterwegs ist und daher weniger einbricht.

Bei Abfahrten in sehr steilen Hängen fühlen sich 20 cm Neuschnee an, als ob der Pulverschnee knietief wäre.

Bei Frühjahrsbedingungen bildet sich in steileren Hängen dank der lotrechteren Sonneneinstrahlung schneller ein tragfähiger Deckel, während man im Flachen, wo die Sonne im flacheren Winkel einfällt (wodurch weniger Wärmeenergie eingestrahlt wird), noch länger mit Bruchharsch rechnen muss.

Höhe In höheren Lagen weht der Wind oft besonders stark, weshalb der Schnee hier oft windgepresst ist. Im ungünstigsten Fall müssen wir uns dann zwischen hartgefrorenen Windgangeln (Sastrugi) und Bruchharsch entscheiden. Allerdings ist es in höheren Lagen auch deutlich kälter und der Schnee bleibt länger pulvrig, vorausgesetzt der Wind wehte nicht zu stark. Weiter unten ist es hingegen wärmer und im Frühjahr bildet sich daher schneller ein tragfähiger Harschdeckel.

BRUCHHARSCH

Wenn wir beim Skifahren auf verharschten Schnee treffen, sollten wir uns die Höhe und die Exposition merken. Man kann überlegen, wie der Harschdeckel entstanden ist und, wenn möglich, die Abfahrt in einer anderen Exposition beenden. Auch bei den nächsten Abfahrten sollte man die entsprechende Exposition und/oder Höhe meiden. Schmelzkrusten bilden sich, wenn Wasser in der Schneedecke über Nacht gefriert. Am ersten schönen Tag nach Schneefällen findet man meist noch keine Schmelzkrusten auf dem Neuschnee, man sollte sich aber merken, ab welcher Höhe und in welchen Expositionen der Schnee im Tagesverlauf feucht geworden ist. In diesen Höhen findet man am nächsten Tag sehr wahrscheinlich einen unangenehmen Schmelzharschdeckel, vorausgesetzt, dass der feuchte Schnee über Nacht gefriert.

Harschdeckel können durch vier Wetterfaktoren entstehen: Sonne, Regen, Höhe der Nullgradgrenze und Wind. Natürlich können mehrere dieser Faktoren in Kombination auftreten.

Sonne Hat sich durch Sonneneinstrahlung ein Harschdeckel gebildet, wird dieser in Südhängen weiter hinaufreichen als in anderen Expositionen und in abgeschatteten Hängen wahrscheinlich völlig fehlen. Der Wechsel bzw. Übergang von Pulverschnee zu Bruchharsch kann sehr plötzlich und daher unerwartet erfolgen.

Regen Ist der Harschdeckel durch Regeneinfluss entstanden, spielt die Exposition keine Rolle und der Deckel wird überall gleich hoch hinaufreichen. Stand der Regen in Zusammenhang mit Föhneffekten, kann die Regengrenze in einem größeren Gebiet deutlich geschwankt haben, wodurch sich auch die Höhe ändert, ab der man Bruchharsch vorfindet.

Nullgradgrenze Wenn die Sonne länger nicht scheint, finden wir Bruchharsch meist bis knapp unter die Höhe der Nullgradgrenze. Da die Höhe der Nullgradgrenze zumindest in einem kleineren Gebiet meist überall annähernd gleich ist, kennen wir so auch die ungefähre Bruchharschgrenze. Aber Vorsicht: Die Nullgradgrenze kann auch innerhalb eines Gebiets stark variieren.

War es am Vortag sonnig, gilt das unter Punkt „Sonne" Besprochene.

Wind Selbst eine leichte Brise, die einem im Tal gar nicht auffällt, kann perfekten Powder über Nacht in Windharsch verwandeln. Das ist schwer vorherzusagen und meistens findet man erst beim Skifahren heraus, dass er harschig geworden ist. Windharsch entsteht vor allem in den windzugewandten Hängen. Wir können versuchen, in andere Expositionen auszuweichen (Aber Vorsicht: Meist ist der schöne, lockere Schnee, der in Luvhängen gefallen ist, dort aber nun fehlt, in den Leehängen als potenzielles Schneebrett abgelagert!). Vor der Abfahrt und während des Fahrens hilft es uns, die Struktur der Schneeoberfläche zu lesen: Eine glatte Oberfläche deutet auf Harsch hin. Solche glatten Inseln können wir umfahren, wenn der Deckel nicht trägt, oder gezielt ansteuern, wenn er trägt. Bei starkem Wind wird der ganze Schnee verfrachtet und statt Harsch finden wir eine harte, windgepresste Schneedecke im Luv und Triebschnee im Lee vor. Diese Art von Windeinfluss ist meist vorhersehbar oder gut vor Ort zu erkennen.

==Tipp:== Wenn man öfter in unterschiedlichen Höhen den Stock neben den Lifttrassen oder Pisten in den Schnee rammt, kann man schlechtem Schnee häufig aus dem Weg gehen. Wenn wir auf verschiedenen Seiten kleiner Geländeformen in Lift-

>> | SCOTT-SPORTS.COM

PURE LINES

BIG MOUNTAIN SPIRIT

Engineered with GORE-TEX

DIE NEUE SCOTT **RIDGE JACKE UND HOSE** IST DAS OUTFIT AUF DAS PHIL MEIER BEI SEINEN BIG MOUNTAIN ABENTEUERN VERTRAUT. DAS HOCHFUNKTIONELLE GORE-TEX® OUTFIT IN EINEM LÄNGEREN, LÄSSIGEN SCHNITT VEREINT HÖCHSTE QUALITÄT MIT EINEM MODISCHEN LOOK. MIT SEINEN CLEVEREN DETAILS KOMMST DU ÜBERALL HIN – EGAL, WIE WIDRIG DIE BEDINGUNGEN AUF DEM WEG NACH GANZ OBEN SIND.

SCOTT

Christian Skala Salzburger Land, Österreich Andy Razik

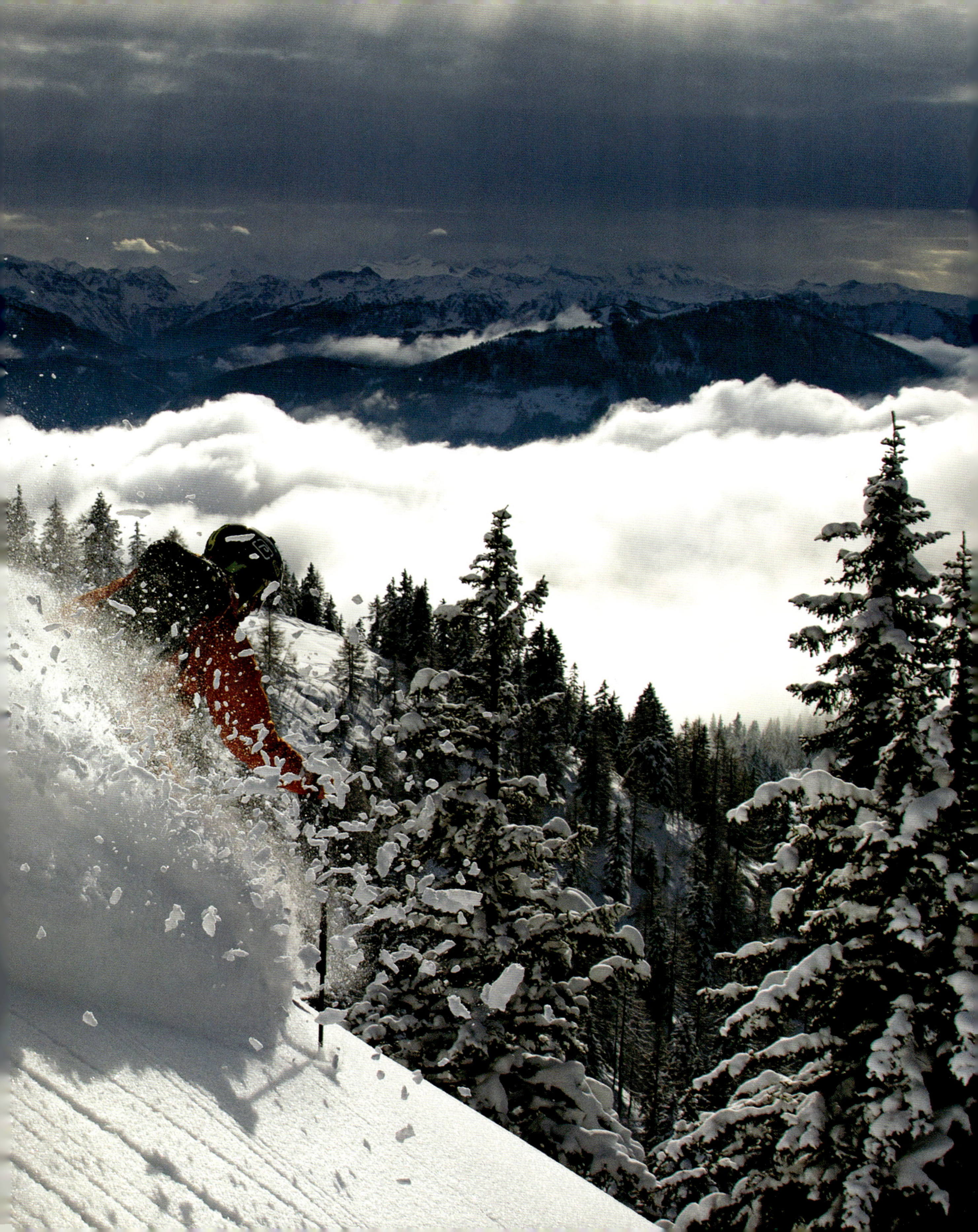

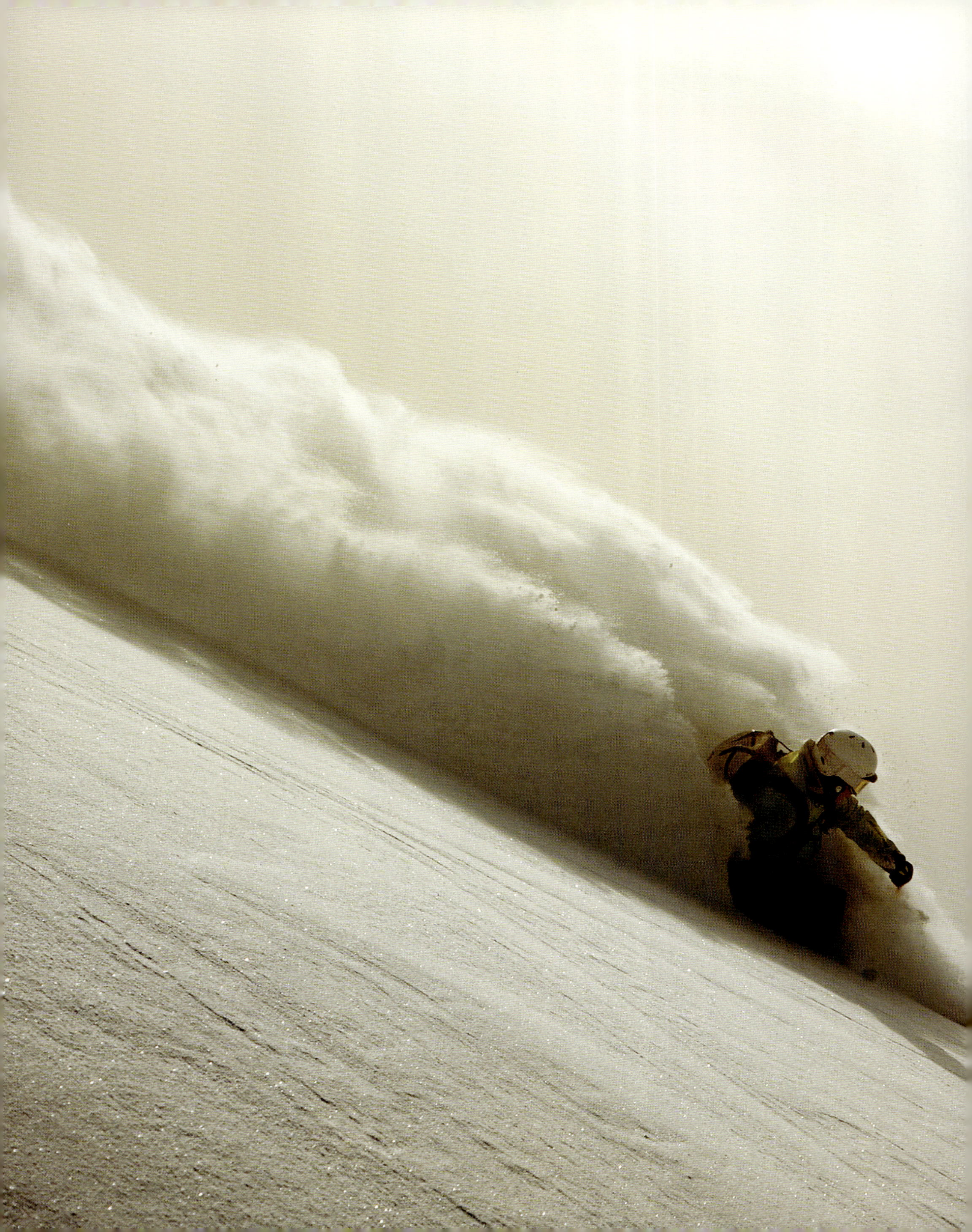

Fredrik Schenholm Engelberg, Schweiz Oscar Hübinette

Jonas Blum △ Jotunheimen, Norwegen Fabian Lentsch

Stefan Schlumpf Engadin, Schweiz

Fredrik Schenholm · Engelberg, Schweiz · Oscar Hübinette

nähe herumstochern, bekommen wir schnell einen Eindruck von der Schneequalität in unterschiedlichen Expositionen. So gewinnen wir schon im Voraus viele wichtige Informationen.

TAKTIK UND SICHERES SKIFAHREN

Im alpinen Gelände gibt es viele Faktoren, die wir nicht kontrollieren können. Wir müssen flexibel bleiben und immer offen für Änderungen unserer Pläne sein, um konkrete Gefahren zu erkennen, unser Verhalten entsprechend anzupassen und das Risiko zu minimieren.

Risiko und Zeit, in der wir dem Risiko ausgesetzt sind Was sind die größten Risiken auf unserer Route: Lawinen? Steinschlag? Absturzgelände? Wenn wir einzeln oder mit großen Abständen gehen/fahren, sind wir dieser Gefahr dann länger ausgesetzt? Wir sollten uns bemühen, Gefahrenzonen zu meiden, und falls nicht möglich so wenig Zeit wie möglich in der Gefahrenzone verbringen.

Der Zeitfaktor – Geschwindigkeit gibt Sicherheit Wenn wir wissen, dass die Hauptgefahr unserer Tour von einer langen Querung unter einem niedrig gelegenen Südhang ausgeht, sollten wir uns darauf konzentrieren, diese Gefahr so klein wie möglich zu halten. Das kann auch heißen, dass man vorher bei potenziell kleineren Gefahren weniger Risikominimierung betreibt und lieber zügig abfährt, statt mit Entlastungsabständen zwar das Risiko in den früheren Phasen der Tour zu minimieren, aber am Ende viel zu spät die gefährliche Querung erreicht. Man sollte also das Gesamtrisiko beim Management des Einzelrisikos berücksichtigen.

Realistische Risikoanalyse Wenn beispielsweise die Lawinengefahr gering ist und die zu befürchtenden Konsequenzen eines Missgeschicks nicht gravierend sind, kann unter Umständen eine ausgesetztere Route sinnvoll sein. Das ist nicht das Gleiche, wie sich einem hohen Risiko auszusetzen, weil man nicht geduldig genug ist, um auf passende, also günstige Bedingungen zu warten. Im Bergsport lauern so viele versteckte und nicht erkennbare Gefahrenquellen, dass, wenn wir anfangen, die erkennbaren Risiken außer Acht zu lassen, früher oder später irgendetwas aus dem Ruder läuft und zu einem Unfall führt.

PULVERSCHNEEVERHÄLTNISSE

In großen Skigebieten geht nach einem Schneefall alles sehr schnell. Viele Leute entwickeln eine Art Powder-Fieber und das Rennen um den besten Schnee beginnt schon frühmorgens. Die Leute steigen aus der Gondel und stürzen sich zuallererst in ein 45° Grad steiles Couloir mit 50 cm Neuschnee. Erstaunlicherweise passiert meistens nichts. Trotzdem sollte man nicht den Fehler machen zu denken, dass diese Leute irgendwelche Geheimnisse kennen: Sie gehen lediglich ein großes Risiko ein und verlassen sich auf ihr Glück.

Auch wenn man überall Spuren sieht, muss man trotzdem selbst entscheiden, wo man hinfährt. Denn wir selbst und unsere Nächsten sind diejenigen, die die Konsequenzen unserer Entscheidungen tragen müssen.

Wenn man in einem großen Gebiet in unterschiedlichen Expositionen und Höhenlagen fährt und auch noch überall Powder-Stress verbreitet wird, braucht man weit größeres Können sowie routiniertere, gefestigtere Handlungs- und Entscheidungsstrategien, als wenn man sich in Ruhe eine Linie aussuchen kann. Wir müssen unsere Emotionen erkennen lernen und versuchen, sie zu kontrollieren, um nicht vom Powder-Fieber angesteckt und mitgerissen zu werden.

Entscheidungen müssen auf dem beruhen, was wir tatsächlich sehen, und nicht auf dem, was wir erwarten oder gerne sehen wollen. Wir müssen lernen, das Gelände zu beherrschen, indem wir sehr flexibel bleiben und während des Fahrens fortlaufend die Lage beurteilen und aufgrund unserer Wahrnehmungen und Beurteilungen unsere Entscheidungen treffen. Wir müssen unsere Gruppe unter Kontrolle halten und gleichzeitig darauf achten, was andere um uns herum und über uns machen. Während wir uns auf den nächsten Schwung konzentrieren, müssen wir auch das Gelände in der Umgebung wahrnehmen und überlegen, welche Abfahrten später oder in den nächsten Tagen gut sein könnten.

Wenn mich jemand am Morgen eines Powder-Tags im Lift fragt: „Wo gehst du fahren?", antworte ich immer: „Dort, wo mich meine Ski hinführen." Damit meine ich, dass ich im Voraus keinen genau festgelegten Plan habe. Ich versuche, mich nicht vorab bereits durch große Pläne festzulegen, damit ich alle Informationen so objektiv wie möglich wahrnehmen kann, anstatt mich zu früh auf ein bestimmtes Ziel oder eine bestimmte Abfahrt festzulegen. Je später ich mich entscheide, desto mehr Informationen habe ich zu dem Zeitpunkt, wenn ich mich entscheide. Mit jedem Meter, den ich mich im Gelände bewege, bekomme ich mehr Informationen und sehe das Gelände aus immer neuen Perspektiven. Daher „ändere ich meine Meinung" oft mehrfach – sogar während einer Abfahrt.

Erst einige Tage nach dem Schneefall, wenn die Lawinengefahr zurückgegangen ist, sollten wir Tagespläne schmieden, um den Tag optimal zu nutzen. Die Bedingungen sollten dann bereits so vorhersehbar sein, dass wir wissen, welcher Schnee uns auf den unterschiedlichen Abfahrten erwartet.

Das Gelände erkunden Wenn wir unsere Hausaufgaben gemacht haben, sollten wir bereits zu Beginn des Tages eine recht genaue Vorstellung haben, in welcher Höhenlage und in welcher Exposition wir morgens starten wollen. Wenn der Wind nicht stark war, wäre ein relativ flacher, niedrig gelegener Südhang die logische erste Wahl oder aber ein Hang, der viel befahren wird. Wir müssen uns dann überlegen, wie sich der neue Schnee mit der Altschneedecke verbindet und uns nicht zu viele Gedanken über die Stabilität der Altschneedecke machen. Je sicherer wir uns bezüglich der Stabilität der Schneedecke sind, umso aggressiver können wir unsere Abfahrtslinien wählen. Während der nächsten sonnigen Tage oder Wochen arbeiten wir uns dann zu steileren, höher gelegenen Nordhängen vor.

LINIENWAHL

- Wenn möglich, sollten wir von oben in einen Hang einfahren, sodass wir über uns nichts auslösen können. Vorsicht bei Einfahrten in Kamm- oder Gipfelnähe!
- An den Rändern eines Hanges anfangen und sich bei den nächsten Abfahrten langsam zur Mitte des Hangs vorarbeiten. Dabei sollten wir aber unbedingt darauf achten, dass wir nicht, ohne es zu merken, in ungünstige, als gefährlich erkannte Expositionen und Hanglagen vordringen.
- Auf Spines, Rücken oder ähnlichen Geländeformationen anfangen.
- Keine Einfahrten wählen, die unter Wechten liegen, und nicht von Wechten in einen Hang springen. Auf Geländefallen achten.
- Nur an solchen Stellen eine Linie beenden oder zwischendurch anhalten, die

ein geringes Restrisiko aufweisen. Haltepunkte sollten so sicher wie möglich sein: „Inseln der Sicherheit".
- Wenn wir über eine Wechte in einen Hang einfahren müssen, können wir diese vorsichtig abgraben, indem wir die Skistöcke, Pickel oder Seil benutzen.

Eine Linie ausspähen Wir sollten so viele Ansichten und Informationen über eine zu fahrende Linie sammeln wie möglich. Vielleicht ist der betreffende Hang ja aus dem Lift zu sehen oder aus dem Tal oder von einem Gegenhang, den wir öfter befahren.

Tipp: Auch im Internet findet man inzwischen häufig aktuelle Insiderinformationen zu bestimmten Abfahrten, z. B. in Foren oder Tourenportalen.

Tipp: Zum Betrachten von Hängen und Linien aus der Ferne eignet sich hervorragend ein billiges Taschenfernglas oder -monokular.

Ist die Routenwahl nicht eindeutig und der Hang von oben nicht genügend einsehbar, fährt eine Person zu einer Geländekante vor, von der aus sie mehr vom Hang oder der unklaren Passage sehen kann und trotzdem den Sichtkontakt zum Rest der Gruppe nicht verliert. So muss im Notfall nur einer wieder aufsteigen und man bekommt mehr Möglichkeiten, die Situation einzuschätzen. Hierzu eignet sich die Kommunikation mittels Stockzeichen:
- Stöcke über dem Kopf gekreuzt heißt „Stopp", „Nicht hier lang" oder „Nicht nachkommen".
- Einen Stock über dem Kopf kreisen lassen heißt „Nachkommen" oder „Nächster losfahren".
- Beide Stöcke horizontal zu einer Seite weggestreckt heißt „Nach links/rechts (an mir vorbei) fahren".

GRUPPENDISZIPLIN Wir sollten nie mehr als eine Person der Gefahr aussetzen. Dies gilt vor allem in steilerem Gelände bei Powder-Bedingungen. Wenn nichts dagegen spricht, bewegen wir uns gemeinsam mit Abständen von 30 m, um so effizient wie möglich voranzukommen (siehe oben).
- Einzeln fahren und jeden Skifahrer während der gesamten Abfahrt beobachten. Wenn die Abfahrt nicht vollständig einsehbar ist, sollten wir sie in kürzere Abschnitte aufteilen. Dabei aber keine unnötigen Risiken bei Sammelpunkten eingehen.
- Bei Änderungen der Steilheit oder der Richtung an geeigneten Sammelpunkten stehen bleiben, damit wir einander beobachten können. Sammelpunkt sicher wählen, z. B. auf Rücken, Geländekuppen oder hinter großen Steinen. Nicht in steilen Abschnitten stehen bleiben, sondern diese flüssig durchfahren. Ist der sicherste Sammelpunkt nicht praktisch anwendbar, dann bleiben wir so stehen, dass die Ski vorsorglich in die sicherste (Flucht-)Richtung zeigen. Nicht schon bei der Einfahrt festlegen, wo sich die Gruppe sammelt. Der erste Fahrer sollte die Freiheit haben, je nach Bedingungen zu improvisieren.
- In sehr kurzen Hängen verlieren wir viel Zeit, wenn wir uns zwischendurch sammeln. Zusätzlich steigt möglicherweise das Risiko, da wir lange in der Gefahrenzone bleiben. Wenn wir in sehr langen Hängen nicht zwischendurch stehen bleiben, dauert es im Notfall zu lange, wieder aufzusteigen.
- Nie über anderen Personen abfahren, queren oder stehen bleiben.
- Bei Waldabfahrten paarweise abfahren und in Sicht- oder Hörweite des Partners bleiben.

- Wenn wir gleichzeitig abfahren, muss der Vorletzte darauf achten, dass der Letzte bei der Gruppe bleibt. Wir sollten immer aufeinander warten und nicht annehmen, dass jemand nach Hause oder in die Bar gefahren wäre. Wir sollten nie nach Hause oder in die Bar abfahren, ohne den anderen Bescheid zu sagen. Ist eine andere Gruppe unter uns, sollten wir geduldig sein, nicht drängeln und respektieren, wie sie die Dinge handhaben.

QUERUNGEN Steht eine heikle Querung an (meist ein flacher Graben), sollten wir zuerst nach Alternativen suchen, um die Stelle zu vermeiden. Ist der gesamte Hang problematisch oder das Risiko zu groß, sollten wir umdrehen! Wir müssen uns immer fragen: Was würde passieren, wenn eine Lawine abgeht?

Wenn wir mit der Antwort zufrieden sind und eine Querung vertretbar scheint, überqueren wir die Stelle leicht schräg abfahrend (sodass wir ein bisschen Geschwindigkeit beibehalten, sollte etwas passieren). Jacke zumachen und mit Mütze oder Helm und Handschuhen fahren. Einzeln queren und einander beobachten.

FRÜHJAHRSBEDINGUNGEN Im Frühling ist gutes Timing das Allerwichtigste. Sind wir zu früh dran, ist der Schnee steinhart und wenn es steiler ist, rutschen wir bei einem Sturz bis hinunter zum Hangfuß – wenn nicht Schlimmeres passiert. Eine Studie des deutschen Bergführerverbandes hat herausgefunden, dass ein Mensch, der auf einem nur 30° steilen, hartgefrorenen Hang bergab rutscht, theoretisch 97 % der Geschwindigkeit eines Objektes im freien Fall erreichen kann. Wir sollten also sehr vorsichtig sein, auch wenn wir nur in der Früh eine kurze steile Stelle in einem Südhang queren, um dann nordseitig Pulver zu fahren.

Sind wir zu spät dran, erhöht sich die Lawinengefahr. Vorsicht ist bei breiten Ski geboten. Sie sinken bei Sulz oder Faulschnee nicht so tief ein, sodass man diese Schneearten trotz erhöhter Gefahrenlage noch mit Freude befahren kann.

Das Zeitfenster für optimale Bedingungen ändert sich von Tag zu Tag mit der Temperatur, daher sollten wir keine fixen Regeln aufstellen. Wenn wir zu festgelegt denken, begeben wir uns nicht nur in Gefahr, sondern verpassen auch unter Umständen die richtig guten Abfahrten.

Tipp: Im Frühjahr nie zu spät abfahren! Das ist gefährlich und ruiniert den Hang für die nächsten Tage oder Wochen. Ist der Schnee schon sehr weich, hinterlassen wir tiefe Spuren, die nachts wieder gefrieren. Am nächsten Tag haben wir dann keinen glatten Firnhang mehr, sondern unangenehme Hügel und Löcher, also sollten wir beim Abfahren ein bisschen altruistisch denken.

Die Regeln der Gruppendisziplin sind auch bei Frühjahrsschnee gültig, allerdings müssen wir nicht so oft einzeln fahren, da wir uns selten Gedanken darüber machen müssen, ob die zusätzliche Belastung der Schneedecke mit unserem Gewicht problematisch sein könnte. In manchen Situationen ist es dennoch sinnvoll, einzeln zu fahren, z. B. wenn ein Sturz in steilem Gelände andere Gruppenmitglieder mitreißen könnte.

Achtung: Es ist nicht das Gelände, das gefährlich ist, sondern falsches Verhalten und falsches Timing.

006

KAMERADENRETTUNG

Glücklicherweise habe ich zu diesem Thema keine persönliche Geschichte zu erzählen.

Nach mehr als 20 Jahren als Vollzeitskifahrer habe ich noch immer das Privileg, nicht zu wissen, wie man sich fühlt, wenn man ein Mitglied der eigenen Gruppe nach einem Lawinenabgang ausgraben muss. Wer aber denkt, dass ich nicht für den Notfall übe, liegt falsch.

Wenn ich während meiner Zeit in den Bergen eines gelernt habe, dann, dass man die Umgebung dort nicht vollständig beherrschen kann. Unfälle können und werden passieren, egal wer man ist und wie viel Erfahrung man hat. Und da wir uns nicht aussuchen können, wann und wo sie geschehen, müssen wir immer vorbereitet sein. Immer! Man kann sich nicht entspannen, nur weil einem ein paar Jahre lang nichts passiert ist (und hoffentlich nie etwas passieren wird). Wir haben eine große Verantwortung gegenüber uns selbst und unseren Freunden. Wir müssen die richtige Ausrüstung dabei haben und wissen, wie man sie benutzt. Wir müssen auf Warnsignale achten. Wir müssen uns an die Berge anpassen. Wer diese Dinge ignoriert, sollte nicht in einer Gruppe Ski fahren dürfen.

Am Anfang der Saison und auch gelegentlich während der Saison stelle ich mir genau vor, was bei einem Lawinenunfall zu tun ist. Ich übe mit meinem LVS-Gerät. Im Ernstfall darf es keine Unklarheiten darüber geben, wie man die Rettungsausrüstung verwendet und in welcher Reihenfolge die Dinge zu tun sind.

Kameradenrettung lernt man nicht automatisch, nur weil man viel Ski fährt. Um ein akzeptables Level an Können zu erreichen, muss häufig geübt werden.

Diese etwas zeitaufwendige Vorbereitung ist ein sehr geringer Preis, wenn man die Freuden des Geländeskifahrens dafür länger genießen kann.

📷 Jancsi Hadik

KAMERADENRETTUNG UND LAWINENRETTUNGSAUSRÜSTUNG

Von Manuel Genswein

RETTUNGSAUSRÜSTUNG

LAWINENVERSCHÜTTETENSUCHGERÄT (LVS-GERÄT) Das LVS-Gerät dient dazu, einen Verschütteten zu orten. Da es in der Kameradenrettung unmittelbar nach einem Unfall eingesetzt werden kann, bietet es die höchsten Überlebenschancen von allen Suchmitteln. Das LVS-Gerät beruht auf einem aktiven Sender-Empfänger-Prinzip und hat im Vergleich zu allen anderen Suchgeräten die größte Reichweite. Dank der tiefen Frequenz der Wellen (457 kHz) ist der Wellenwiderstand im Wasser, in der Luft, im Schnee und im Eis in etwa gleich groß. Somit beeinflussen die Verschüttungstiefe oder die Dichte und der Wassergehalt der Lawine die Gerätereichweite nicht.

LVS-Geräte, die dem heutigen Stand der Technik entsprechen, sind Dreiantennengeräte mit analoger und digitaler Betriebsart sowie einer Mustererkennung, welche die Suche nach mehreren Verschütteten einfacher macht. Sie zeigen die Anzahl der Verschütteten an und führen den Benutzer durch die Möglichkeit des „Markierens" von einem Verschütteten zum nächsten. Einzelne Geräte verfügen über zusätzliche Funktionen wie eine 2D-Kartendarstellung, die Anzeige von Vitaldaten von Verschütteten oder digitale Daten-Funkübertragung.

Funktionsschema eines Dreiantennengeräts

Die drei Ferritkernantennen empfangen das Signal des elektromagnetischen Feldes und geben dieses über den Wickeldraht der Spule an die Elektronik weiter. Je länger und dicker die Antenne ist, desto stärker ist das Signal, das die Antenne aufnimmt – und desto größer ist die Reichweite. Die x/y/z-Dimensionen verfügen über je eine Antenne. Die zwei Hauptantennen auf der x- und der y-Achse dienen zur Berechnung der Richtungsanzeige. Dazu wird der zweidimensionale Vektor der beiden Signale berechnet. Die Lage des Vektors ergibt die Richtungsanzeige. Die meist sehr kurze Antenne in der z-Achse ermöglicht den Empfang erst, wenn die Distanz zum Verschütteten geringer als 10 m ist. Damit wird sie ausschließlich dazu verwendet, die Distanzanzeige in der Nähe des Verschütteten von irreführenden Einflüssen (Lage des Senders und Verschüttungstiefe) zu befreien. Das Signal der Antenne in der z-Achse wird zusammen mit jenem der x-Achse und jenem der y-Achse zu einem dreidimensionalen Vektor addiert, dessen Länge die Distanzanzeige ergibt (Abb. 001).

Der Analogton wird grundsätzlich nur aus dem Signal der x-Antenne erzeugt, womit die Geräte das gleiche analoge Tonsignal abgeben wie alle ursprünglichen Einantennen-Analoggeräte.

Unabhängig von der Anzahl der Empfangsantennen senden alle LVS-Geräte nur auf einer Antenne. Dazu wird die längste der vorhandenen Antennen verwendet, da diese den größten Wirkungsgrad aufweist, was bedeutet, dass bereits mit wenig Energie ein starkes Sendesignal erzeugt wird.

Die Automatismen der digitalen Betriebsarten sind im Fall von mehreren Verschütteten bezüglich der Reichweite und einem zuverlässigen Gruppentest leider immer noch begrenzt. Sind die Algorithmen, auf die sich die digitale Betriebsart

001:1 Modernes 3-Antennen-LVS-Gerät

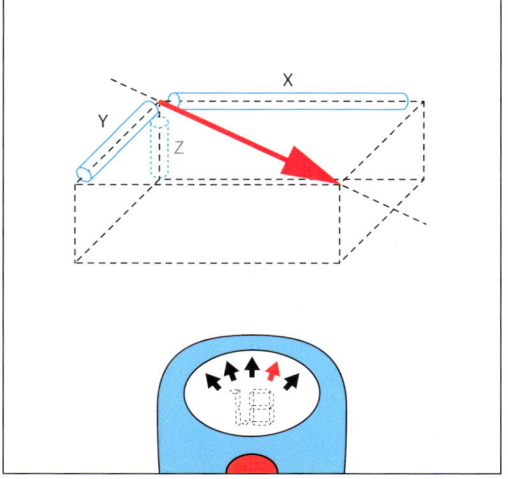

001:2 Der Richtungspfeil wird aus den Signalen der beiden Hauptantennen x und y berechnet.

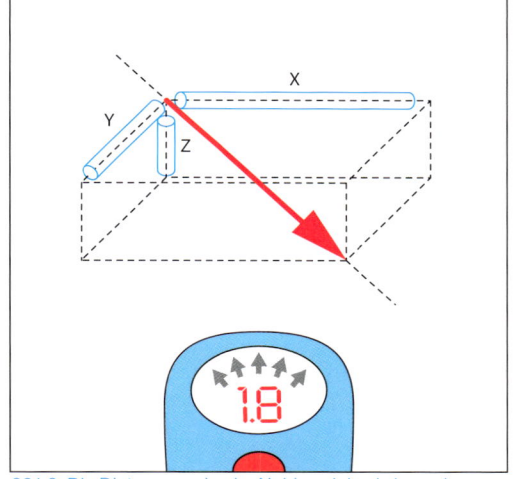

001:3 Die Distanzanzeige im Nahbereich wird aus den Signalen der Antennen x, y und z berechnet.

> LVS-Geräte, die dem heutigen Stand der Technik entsprechen, sind Dreiantennengeräte mit „Markierfunktion" für bereits lokalisierte Verschüttete und digitaler sowie im Idealfall auch analoger Betriebsart.

stützt, nicht in der Lage, die Situation zu lösen, können uns einzig die unverfälschten Rohdaten des Analogtons weiterhelfen. Mithilfe des Analogtons, der von mehreren modernen Dreiantennen-LVS immer noch wiedergegeben wird, ist es möglich, alle eventuellen Verschüttungsszenarien zu lösen. Die Interpretation des Analogtons und der weiterführenden Suchtaktiken erfordert aber ein ergänzendes Training (siehe S. 173 ff.). Unter Einbezug des Analogtons profitiert der Retter zusätzlich von einer Steigerung der Reichweite um ca. 60 % verglichen mit der Digitalreichweite (Reichweite, in welcher Distanz und Richtung angezeigt werden) desselben Geräts. Ferner liefert dies dem Benutzer einen zuverlässigen Gruppentest.

Geräte, die bloß mit einer Antenne ausgestattet sind, erfordern fundierte Kenntnisse in der Suche und ein häufiges Training. Die Verwendung solcher Geräte ist daher nur für Spezialisten empfehlenswert. Für den allgemeinen Gebrauch als Standardgerät für Freizeitsportler, Bergführer oder für eine Bergrettungsorganisation sind Einantennengeräte gänzlich ungeeignet. Besonders unange-

002 Zeitgemäße LVS-Geräte verfügen über drei Antennen.

003 Lawinenschaufeln Mammut, Voile, G3

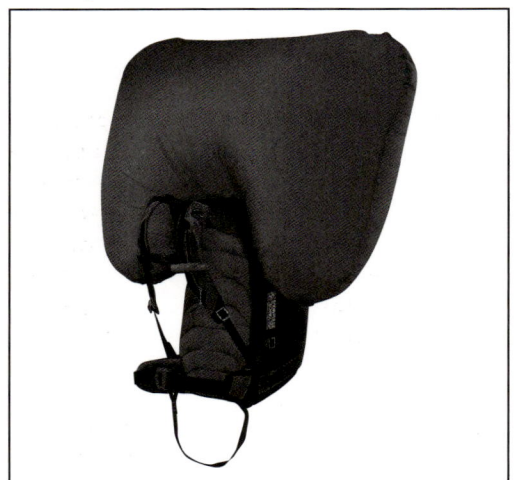

004:1 Lawinenairbag: System Snowpulse/Mammut

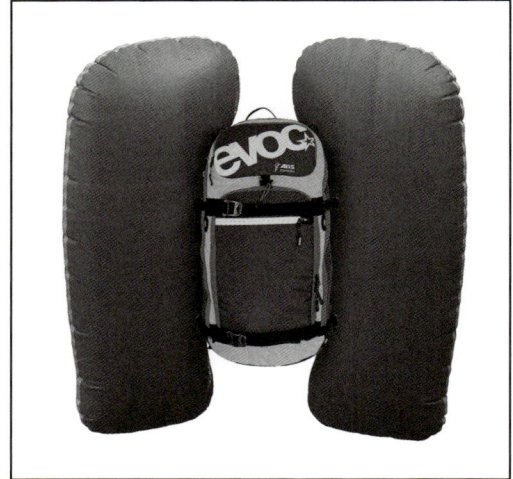

004:2 Lawinenairbag: System ABS

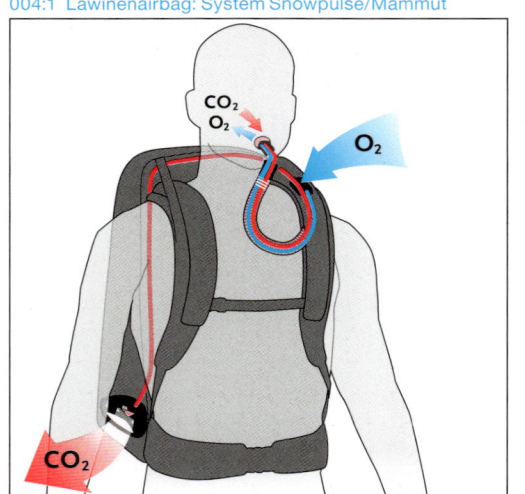

005 Avalung: Die Luft zum Einatmen wird über das Mundstück zugeführt, wobei die CO_2-haltige Ausatemluft seitlich am Rucksack weggeführt wird.

Das Funktionsprinzip des Lawinenairbags ist die sogenannte „inverse Segregation". Das heißt, in einer sich bewegenden Masse (z. B. Lawine) kommt es zur Materialsortierung und die großen Teile (hier Freerider mit Airbag) schwimmen obenauf.

bracht ist die Benutzung von Einantennengeräten aus dem Tiefpreissegment, unabhängig davon, ob diese analog oder digital betrieben werden. Aus den oben genannten Gründen leisten diese Geräte dem Retter bloß eine bescheidene Hilfe und sind deshalb für Anfänger, denen solche Geräte häufig als „Einsteigergeräte" angepriesen werden, gänzlich ungeeignet.

RECCO Das Recco-System bietet dank seines äußerst kostengünstigen technischen Detektionsmerkmales (Diode) die Möglichkeit, einen hohen Prozentsatz der Schneesportler auszurüsten. Üblicherweise werden Recco-Reflektoren bereits im Herstellungsprozess in Kleider, Helme oder Schuhe integriert. Die kleinen Recco-Reflektoren können jedoch auch problemlos einzeln angeschafft werden. Achtung: Das Recco ist kein Suchmittel und ermöglicht keine Kameradenrettung. Die Suchgeräte müssen von der organisierten Rettung zum Unfallplatz gebracht werden. Recco-Reflektoren stellen daher lediglich im pistennahen Bereich, wo die organisierte Rettung häufig schnell zur Stelle ist, eine kostengünstige Alternative zum LVS-Gerät dar. Allerdings kann der Verschüttete nicht von einer unmittelbaren Rettung durch nicht verschüttete Gruppenmitglieder profitieren. Im pistenfernen Bereich wird das Recco deshalb nur als komplementäre Suchtechnologie für den Fall des Versagens des LVS-Geräts betrachtet.

LAWINENSCHAUFELN Als Lawinenschaufel werden nur Metallschaufeln empfohlen (Abb. 003). Kunststoffschaufeln sind insbesondere bei tiefen Temperaturen ungeeignet, da sie bei Kälte spröde werden und leicht brechen. Auch unter den Metallschaufeln gibt es große Qualitätsunterschiede. Wirklich bewährt haben sich lediglich temperaturgehärtete Aluschaufeln mit der Material- bzw. Bearbeitungsbezeichnung „6061 T6". Sie sind weder schwerer noch teurer als Produkte, die deutlich weniger stabil sind. Zu empfehlen ist außerdem ein Teleskopstiel mit einem D-förmigen Handgriff. Schaufeln, die diese Anforderungen erfüllen, bieten z. B. die Hersteller Voile und G3 an.

LAWINENSONDEN Für Tourengeher und Freerider werden qualitativ hochwertige Karbonsonden von ca. 240 cm Länge und ausreichendem Durchmesser empfohlen. Die Sonde soll durch ein Metallkabel gespannt werden. Spannkabel aus Textilien und Kevlarmaterialien sind aufgrund ihrer großen Elastizität ungeeignet. Reicht das Budget für eine Karbonsonde nicht aus, empfehlen wir Alusonden in derselben Länge. Unbedingt ist beim Kauf auf einen einfachen, auch mit Handschuhen bedienbaren Arretiermechanismus zu achten.

DER LAWINENAIRBAG Auftriebsmittel wie der Lawinenairbag verringern den Verschüttungsgrad (Abb. 004). In den meisten Fällen ist die Verschüttungstiefe der mit einem Auftriebsmittel ausgerüsteten Verschütteten so gering, dass zumindest die Ballone auf der Oberfläche erkennbar bleiben. Auftriebsmittel führen zu einer hochsignifikanten Verringerung der Sterblichkeit und stellen daher eine sehr sinnvolle und empfehlenswerte Ergänzung zur persönlichen Rettungsausrüstung (LVS + Sonde + Schaufel) dar.

Sie werden unmittelbar nach der Lawinenauslösung durch Ziehen eines Auslösegriffs aktiviert. Knapp 10 % aller Benutzer sind jedoch in diesem stressreichen Moment mental und/oder physisch nicht in der Lage, die Auslösung des Airbagsystems durchzuführen. Aus diesem Grund sind Auftriebsmittel auch mit Fernauslösung verfügbar, damit jedes beliebige Mitglied der Gruppe (Auslösegemeinschaft) durch Zug am Handgriff sämtliche Systeme gleichzeitig aktivieren kann.

AVALUNG Die „Lawinenlunge" Avalung verbessert die Atmung nach einer Verschüttung; sie zielt also darauf ab, die Überlebenszeit in der Lawine zu verlängern (Abb. 005). Konkret vermindert sie die Gefahr der Asphyxie. Das Problem der Asphyxie besteht darin, dass die Verschütteten immer wieder dieselbe Luft ein- und ausatmen. Dies führt zu einem raschen Anstieg des CO_2-Gehalts im Blut, was sich auf den Körper narkotisch auswirkt. In der Folge kommen zuerst die Atmung und danach der Kreislauf zum Stillstand. Bei normalem CO_2-Gehalt des Körpers wird zudem im Fall einer Unterkühlung der Blutkreislauf effizienter auf die lebensnotwendigen „zentralen" Körperbereiche reduziert, was die Gefahr der Auskühlung verlangsamt.

Die Avalung trennt die Einatmungsluft von der Ausatmungsluft und vermindert somit diesen gefährlichen Anstieg des CO_2-Gehalts im Blut. Eine Herausforderung in der Anwendung des Systems ist, dass der von der Lawine Erfasste es schaffen muss, das Mundstück in den Mund zu nehmen, bevor er verschüttet wird, und es während des Lawinenabgangs nicht herausgerissen werden darf.

Die Avalung ist zwar wesentlich günstiger, kleiner und leichter als die Auftriebssysteme, kann jedoch den Verschüttungsgrad nicht vermindern und die Überlebenschance nicht in gleichem Maße erhöhen. Die Avalung kann jedoch eine sinnvolle, komplementäre Ergänzung zur persönlichen Rettungsausrüstung sein, wenn aus preislichen, gewichtstechnischen oder volumenmäßigen Gründen ein Auftriebssystem keine Option ist.

DIE LAWINENSCHNUR – BACK TO THE ROOT Die Lawinenschnur war neben dem Lawinenhund und der Lawinensonde das älteste Suchmittel und stellte vor der Entwicklung der LVS-Geräte die einzige Möglichkeit dar, den Verschüttungsort eines Ganzverschütteten auf der Lawinenoberfläche zu bestimmen. Einer der Nachteile der Lawinenschnur bestand jedoch darin, dass das Schnurende häufig nicht sichtbar und das Suchmittel somit unnütz war.

Der Lawinen-Ball, die Lawinenboje und weitere visuelle Marker ohne Auftriebswirkung für den Körper Die Weiterentwicklung der Lawinenschnur in Form des „Avalanche Ball" geht dieses Problem an, indem am Schnurende ein orangefarbener Ball angebracht ist, der mit deutlich größerer Wahrscheinlichkeit als die Schnur auf der Oberfläche sichtbar bleibt. Durch Zug am Auslösegriff öffnet sich der Ball durch Federkraft und bleibt durch eine Kordel am Verschütteten befestigt. Verglichen mit den Auftriebsgeräten und der Avalung ist dieses Suchmittel jedoch kaum zu empfehlen. Weder der „Avalanche Ball" noch die „Lawinenboje" können die Gefahr der Asphyxie eindämmen, noch die Verschüttungstiefe verringern. Aus diesem Grund ist es nicht zulässig, die Überlebenschancen von Verschütteten mit einem „Avalanche Ball" mit jenen von Verschütteten mit sichtbaren Objekten gleichzusetzen. Die Abnahme der Gesamtrettungszeit ist unter dem Einsatz des „Avalanche Ball" sehr klein, da die Suchzeit mit LVS im Allgemeinen und mit modernen LVS im Besonderen ohnehin nur einen kleinen Anteil der Gesamtrettungszeit ausmacht. Das Verhältnis zwischen Wirksamkeit, Preis, Volumen und Gewicht ist im Vergleich zu anderen Lösungen suboptimal. Gleiches gilt für die Lawinenboje.

VERHALTEN BEI EINER LAWINE

Ein Lawinenunfall kann trotz aller Vorsichtsmaßnahmen nie ganz ausgeschlossen werden. Im Fall einer Lawinenauslösung sollte man nichts unversucht lassen, die eigene Überlebenschance bzw. die der Kameraden zu erhöhen. Ein Lawinenabgang stellt eine Extremsituation dar; das eigene Verhalten in solchen Situationen ist nur schwer planbar. Denke nicht, es wird schon gut gehen. Setze dich mit der Möglichkeit eines Lawinenabgangs auseinander und bereite dich praktisch und mental darauf vor! Das erhöht deine Chance, im Notfall geistesgegenwärtig und schnell zu reagieren, um dein Leben und das deiner Kameraden zu retten.

Ein erster Schritt Überlege vor dem Losfahren, was die potenziellen Fluchtoptionen und Folgen einer Lawinenauslösung in diesem Hang sind und wie du im Falle eines Lawinenabgangs reagieren willst. Der unter Freeridern geläufige Spruch „Speed is your best friend" trifft insofern zu, als bei kontrollierter Fahrweise, aber hohen Geschwindigkeiten die Chancen für eine erfolgreiche Fluchtfahrt häufig viel besser sind. Allerdings bringt Geschwindigkeit in einer in massive Schollen zerbrochenen Schneedecke wenig. Kommt es zu einer Ganzverschüttung, können dich nur deine Freunde oder die organisierte Rettung retten. Ein Grundsatz gilt deshalb immer und uneingeschränkt:

- Versuche alles, um eine Verschüttung zu vermeiden!
- Bei einem „unguten Gefühl" (Intuition): umdrehen oder ausweichen!

Empfiehlt die von dir verwendete Risiko-Check-Methode (Reduktionsmethode von Munter, Stop or Go, SnowCard etc.) zu verzichten oder fühlst du intuitiv ein „ungutes Gefühl", ist unbedingt eine Planänderung (ausweichen, umdrehen) angeraten.

Was tun, wenn du von einer Lawine erfasst wirst:
- **Fluchtfahrt zur Seite**! Hast du die Möglichkeit zur Flucht, versuche der Lawine zu entkommen. Erreichst du den seitlichen Lawinenrand, sind deine Chancen, nicht oder nur teilverschüttet zu werden, deutlich höher als im Zentrum.
- Ist es für eine „Schussflucht" zu spät, löse Ski, Stöcke oder Snowboard, denn sie wirken in der Lawine wie Anker und du wirst noch tiefer verschüttet. Snowboarder und häufig auch Telemarker sind gegenüber Skifahrern im Nachteil, da deren Bindungen nicht selbstauslösend sind.
- Verwendest du einen Lawinenairbag oder Ähnliches, muss das Gerät ausgelöst bzw. bei der Avalung das Mundstück in den Mund genommen werden.
- In einer Lawine wird man – in einer gigantischen walzenden und schiebenden Masse – herumgeschleudert. Versuche dennoch, durch Kämpfen mittels Rückwärtsschwimmbewegungen an der Schneeoberfläche zu bleiben. Besonders wichtig: Kopf an der Oberfläche halten.
- Merkst du, dass die Lawine langsamer wird, kauere dich zusammen, schließe den Mund und halte wie beim Boxen die Arme vor das Gesicht, um dir den überlebenswichtigen Atemraum zu verschaffen. Verschaffe dir unbedingt diesen Atemraum! Gehörst du zu den wenigen, denen das gelingt, hast du gute Chancen, bis zu deiner Rettung eine ausreichende Atemhöhle zur Verfügung zu haben.
- Bei Stillstand der Lawine möglichst Ruhe bewahren! Probiere, ob eine Selbstbefreiung möglich ist.

- Bemerkst du, dass ein Retter genau über dir steht, kannst du versuchen, durch Schreien auf dich aufmerksam zu machen. Allerdings ist die Chance, dass man dich hört, gering, da die Schneemassen wenig Schall an die Oberfläche lassen. Der Verschüttete registriert jedoch häufig gut, was sich auf der Lawinenoberfläche abspielt.

Auch wenn für viele Opfer die Hilfe zu spät kommt, niemals aufgeben, denn „Wunder" geschehen auch hier. Viele Totgeglaubte wurden teils viele Stunden später wider Erwarten lebend gerettet.

Als Beobachter eines Lawinenabgangs
- Verschwindepunkt des Verschütteten und Fließrichtung der Lawine beobachten
- Primären Suchbereich festlegen
- Rettung alarmieren (wenn möglich) und Kameradenrettung einleiten

ÜBERLEBEN BEI EINEM LAWINENUNFALL
Die Überlebenschancen sinken nach den ersten 18 Minuten sehr schnell. Nur wer über offene Atemwege und eine gewisse Atemhöhle verfügt, überlebt länger als 35 Minuten. Zeit ist Leben (Abb. 006)!

RETTUNG VON LAWINENVERSCHÜTTETEN

ÜBERLEBENSCHANCEN Von großer Bedeutung für die Überlebenschance ist die Zeit, welche benötigt wird, um einen Verschütteten aufzufinden und freizulegen. Während die Chance, einen Verschütteten zu retten, in der ersten Viertelstunde hoch ist, steigt in den darauffolgenden 20 Minuten die Mortalität deutlich an: Verschlossene Atemwege oder eine ungenügende Atemhöhle führen zum Tod durch Asphyxie. Nach etwa 35 Minuten können meist nur noch jene ca. 35 % der Ganzverschütteten lebend geborgen werden, die über freie Atemwege verfügen.

Der Anteil der Lawinenopfer, die an Verletzungen versterben, hängt vom Gelände ab, insbesondere von der Vegetation. In den europäischen Alpen mit ihrer

Nach 15 Minuten sinken die Überlebenschancen sehr schnell. Daher ist Kameradenrettung unsere beste Option. Auf organisierte Rettung zu warten, reduziert die Überlebenschancen von Verschütteten stark.

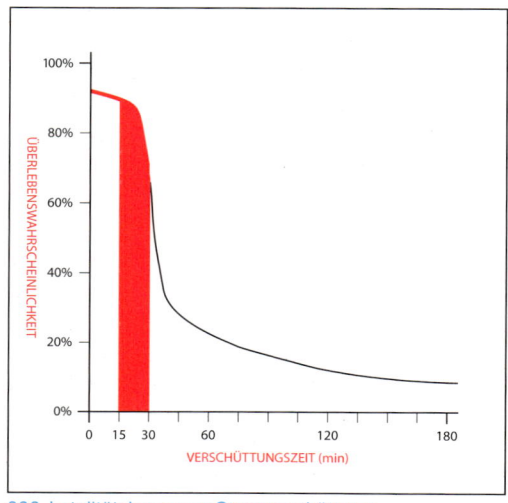

006 Letalitätskurve von Ganzverschütteten

typischen Almwiesen-Kulturlandschaft liegt er bei ca. 10–15 %, in Kanada jedoch, wo besonders oft im Wald Ski gefahren wird und die Schneedecke küstennah mächtiger ist als in den Alpen, liegt diese Todesquote durch Verletzungen mit ca. 27 % deutlich höher.

Die Unterkühlung (Hypothermie) kommt bei Lawinenverschütteten frühestens nach einer Verschüttungsdauer von ca. 35 Minuten zum Tragen und führt in weniger als 10 % aller Fälle zum Tod. Besonders bei einer langen Verschüttungsdauer ist darauf zu achten, dass die Verschütteten nur mit größter Sorgfalt und ohne Lageveränderung des Körpers bewegt werden. Damit kann das Risiko des Bergungstodes vermindert werden, bei dem es durch den plötzlichen Zustrom von kaltem Blut aus der Körperschale zum Herzen zu einem Herzkammerflimmern und anschließend zum Kreislaufstillstand kommt.

KAMERADENRETTUNG UND ORGANISIERTE RETTUNG Da nach einem Lawinenunfall jede Minute zählt, ist die Kameradenrettung zweifelsfrei die Maßnahme der ersten Wahl. Wer sich an der Unfallstelle befindet und selber nicht verschüttet worden ist, beginnt bereits in der ersten Minute nach einem Lawinenniedergang mit der Rettung.

Die organisierte Rettung gelangt auf Ski oder per Helikopter zum Unfallplatz. Sie ist zwar hochprofessionell organisiert und mit einer breiten Palette von Suchmitteln ausgestattet, aber es dauert eben seine Zeit, bis sie eintrifft, besonders wenn der Unfallort entlegen ist, keine Helikopter zur Verfügung stehen oder diese nicht fliegen können. Umso entscheidender ist daher eine schnelle und effiziente Kameradenrettung unmittelbar vor Ort.

Suchmittel Die Kameradenrettung stützt sich in erster Linie auf das Lawinenverschüttetensuchgerät (LVS). Dennoch sollte insbesondere vor dem Beginn der Verschüttetensuche nach sichtbaren Objekten, z. B. Ausrüstungsgegenständen auf dem Lawinenkegel, geschaut werden. Die organisierte Rettung setzt für die Suche von Verschütteten, welche mit einem technisch detektierbaren Merkmal ausgerüstet sind, LVS-Geräte und Recco-Geräte ein. Beide Technologien können sowohl am Boden als auch vom Helikopter aus verwendet werden. Zum Auffinden von Verschütteten, die kein LVS-Gerät und kein Recco tragen, kommen Suchhunde und Sondierkolonnen zum Einsatz. Wer sich abseits der gesicherten Pisten ohne LVS-Gerät oder Recco bewegt, hat deutlich geringere Überlebenschancen und erschwert die Arbeit der Retter im Falle einer Lawinenverschüttung. Es ist dringendst abzuraten, ohne LVS im Tourengelände zu sein. Gleiches gilt für das Freeride-Gelände der Skigebiete: Ein LVS-Gerät sollte Pflicht sein, wer dies aus welchen (schwer verständlichen) Gründen auch immer verweigert, sollte wenigstens einen Recco-Reflektor verwenden.

Rettungsmittel/Persönliche Rettungsausrüstung Nur die Kombination von LVS-Gerät, Lawinensonde und -schaufel ermöglicht eine schnelle und effiziente Ortung und Bergung!

Wie wichtig die persönliche Rettungsausrüstung ist, zeigt ein Kameradenrettungsversuch, der von Dominique Stumpert (2002) in Frankreich durchgeführt worden ist. Gruppen von jeweils drei Kameradenrettern hatten die Aufgabe, in einem Suchfeld von 100 x 100 m einen Verschütteten zu orten und freizulegen.

Die Gruppen wurden im ersten Versuch nur mit einem LVS-Gerät, im zweiten Versuch mit einem LVS-Gerät und einer Sonde und im dritten Versuch mit der

empfohlenen Kombination von LVS-Gerät + Sonde + Schaufel (= persönliche Rettungsausrüstung) ausgestattet. Dabei wurde gemessen, wie lange die Retter brauchten, um den Verschütteten zu suchen und freizulegen.
Die Ergebnisse waren mehr als eindeutig:
- Nur LVS-Gerät: ca. 60 Minuten
- LVS-Gerät + Sonde: ca. 51 Minuten
- LVS-Gerät + Schaufel: ca. 27 Minuten
- LVS-Gerät + Sonde + Schaufel: ca. 15 Minuten

Diese Zahlen verdeutlichen die Zeitunterschiede bei Fehlen eines oder mehrerer Ausrüstungsgegenstände. Achtung: Durch die verbesserte Effizienz in der Kameradenrettung dank modernerer LVS-Geräte sowie aktueller Such- und Grabetechniken können heute wesentlich bessere Absolutzeiten erzielt werden. In einem vom Autor durchgeführten Großversuch waren nach einer 15-minütigen Einweisung vorher völlig unbedarfte Wintersportler zu befriedigenden Rettungsleistungen in der Lage: Die knapp 100 Gäste von Berg- und Skiführern, die an dem Feldtest in Lech am Arlberg teilnahmen, konnten den ersten Verschütteten nach 6,39 Minuten und den zweiten Verschütteten nach 15,43 Minuten komplett ausgraben. Die Kameradenretter waren in Kleingruppen von vier bis fünf Skifahrern organisiert und es galt, zwei Verschüttete auf einem 50 x 80 m großen Lawinenkegel aus ca. 70 cm Verschüttungstiefe zu befreien. Dieses Verschüttungsszenario entspricht in etwa dem langjährigen Mittelwert der Lawinengröße und der Verschüttungstiefe im Freeride-Bereich (Variantengelände).

NOTFALLPLAN LAWINENUNFALL

1. Übersicht verschaffen
2. Alle nicht zur Suche benötigten LVS-Geräte* ausschalten
3. Mindestens ein Retter sucht sofort mit Auge, Ohr und LVS-Gerät
4. Bergen – Erste Hilfe
5. Alarmierung

Je nach Situation und Anzahl der Retter und Verschütteten kann der Notfallplan angepasst werden.

[* Einige LVS verfügen über eine bewegungsgesteuerte Stand-by- oder Rettungs-Sendefunktion: Retter, die selbst nicht mit dem LVS suchen, aber an der Rettungsaktion beteiligt sind, tragen ihr Gerät in diesem Modus, wodurch sie die LVS-Suche nicht behindern. Im Falle einer Verschüttung durch eine Nachlawine können sie jedoch trotzdem nach wenigen Minuten mittels LVS aufgefunden werden, da ihr Gerät in diesem Fall automatisch auf Senden zurückschaltet.]

Tipp: Die optimale Vorgehensweise in der Kameradenrettung ist in der zusammenfassenden Übersicht „AvaLife" dargestellt (siehe S. 197 f.).

Alarmierung – Unfallmeldung
Wer – ist der Anrufende?
Was – ist geschehen?
Wo – ist der Unfallort?
Wann – ist der Unfall geschehen?
Wie viele – Verletzte (Verletzungsart), Retter?
Wetter – im Unfallgebiet

Europäische Notrufnummer: 112

Je aufwändiger die Alarmierung ist (z. B. wenn kein Telefon oder keine Funkverbindung zur Verfügung stehen) und je länger die Interventionszeit der organisierten Rettung ist (z. B. bei einem Unfall weitab der Zivilisation, kein Flugwetter), desto später sollte alarmiert werden. Tragen die Ganzverschütteten ein LVS-Gerät, wird der Kameradenrettung auf jeden Fall die höchste Priorität eingeräumt.

Das alpine Notsignal Sechsmal alle 10 Sekunden ein gut sicht- oder hörbares Signal abgeben. Nach einer Minute Unterbrechung wird das alpine Notsignal so lange wiederholt, bis die Antwort – alle 20 Sekunden ein Zeichen – eintrifft.

TRAGEARTEN DES LVS-GERÄTES

Die Tragart des LVS-Geräts soll möglichst bequem und sicher sein. Die von den Herstellern mitgelieferten Tragsysteme ermöglichen ein sicheres Tragen der Geräte, aber nur wenn diese immer von einer Bekleidungsschicht überdeckt bleiben. Wird das Tragsystem als unangenehm empfunden oder kann es nicht von einer Bekleidungsschicht überdeckt werden, kann das Gerät auch in einer „gesicherten Hosentasche" mitgeführt werden.

- Das LVS-Gerät wird mittels Tragsystem auf die unterste Bekleidungsschicht angezogen und während der gesamten Dauer der Tour auf dem Körper getragen.
- Das LVS-Gerät bleibt immer von einer Bekleidungsschicht überdeckt.
- Das LVS-Gerät stets mit der Anzeige gegen den Körper tragen!
- Tragart „gesicherte Hosentasche": keine aufgenähten Taschen, Tasche bleibt immer mit dem Reißverschluss verschlossen, Handbandschlaufe einhängen (Haken, Gürtel).

ÜBERPRÜFUNG DES LVS-GERÄTES

Die Funktionstüchtigkeit einer potenziell lebensrettenden Ausrüstung muss von jedem Anwender regelmäßig überprüft werden. Der Gruppentest soll prüfen, ob die LVS-Geräte der Teilnehmer und des Gruppenleiters eingeschaltet und funktionstüchtig sind.

Selbst- und Batterietest Der Selbst- und der Batterietest sind die unterste Überprüfungsstufe eines LVS-Geräts. Es liegt in der Verantwortung jedes Einzelnen, das bei seinem eigenen Gerät zu überprüfen.

Gruppentest Der Gruppentest überprüft die Reichweite. Aus Gründen der Praktikabilität wird die Prüfdistanz auf 1 m reduziert und die Lautstärkenstufe dieser Distanz angepasst. Die Prüfdistanz und die Lautstärkenstufe stehen in direktem Zusammenhang und müssen für eine hohe Zuverlässigkeit zwingend beachtet werden! Kann in der Prüfdistanz von 1 m kein Ton festgestellt werden oder beträgt die Distanzanzeige mehr als 2.0, ist das ein klares Alarmzeichen und der Abstand zum Teilnehmer darf keinesfalls vermindert werden. Gruppentests in deutlich weniger als 1 m Distanz sind unzuverlässig, denn sie überprüfen lediglich, ob das Gerät des Teilnehmers eingeschaltet ist oder nicht. Der Abstand zwischen den Teilnehmern muss mindestens die doppelte Prüfdistanz aufweisen, also 2 m. Durch diese Aufstellung wird sichergestellt, dass jeweils nur ein Gerät gleichzeitig überprüft wird.

Rein digitale LVS, welche keinen Analogton mehr wiedergeben können, verfügen nur über eingeschränkte Möglichkeiten, einen quantitativen Test bei kurzer Distanz (kleiner als 10 m) durchzuführen. Selbst eine viel zu kleine Sendeleistung des zu prüfenden LVS führt in der Distanzanzeige nur zu einer minimalen Zunahme des Distanzwerts. Achtung! Daher besteht bezüglich Überschreitung des „Distanz < 2.0-Kriteriums" keine Toleranz!

Der doppelte Gruppentest – Überprüfung von Senden und Suchen

Der doppelte Gruppentest überprüft sowohl die Sende- als auch die Suchfunktion des LVS-Geräts. Dieser Test wird immer bei der Bildung einer neuen Gruppe und ansonsten mindestens einmal wöchentlich durchgeführt. Für den doppelten Gruppentest positionieren sich die Teilnehmer in einer Distanz von mindestens 2 m, mit dem suchenden, vertikal gehaltenen Gerät in der Hand. Bei Geräten mit weniger als fünf Lautstärkenstufen wird die kleinste, bei Geräten mit mehr als fünf Lautstärkenstufen die zweitkleinste Stufe gewählt. Rein digitale Geräte werden in den Suchmodus, Geräte mit einem speziellen Gruppentest in den Gruppentestmodus gestellt. Der Leiter schreitet an jedem Teilnehmer vorbei und hält sein sendendes LVS-Gerät vertikal mit dem ausgestreckten Arm von sich und dem zu prüfenden Gerät weg. Somit nimmt er den Ton, respektive die Distanzanzeige des LVS-Geräts des Teilnehmers optimal wahr. Die Distanzanzeige muss unter 2.0 anzeigen (Abb. 007).

Sobald der Test bei einem Teilnehmer abgeschlossen ist, schaltet dieser sein Gerät auf „Senden" und bringt es in die finale Trageposition. Der doppelte Gruppentest ist erst dann vollständig, wenn auch der Sender überprüft worden ist. Diese Überprüfung entspricht dem einfachen Gruppentest, der in der Folge zwingend durchgeführt werden muss.

Der einfache Gruppentest – der Sender wird geprüft

Der einfache Gruppentest wird zu Beginn jeder Tour, jeder Abfahrt und immer dann durchgeführt, wenn ein Teilnehmer sein Gerät im Verlaufe des Tages aus- oder auf „Suchen" geschaltet haben könnte (z. B. nach einer Suchübung). Der einfache Gruppentest überprüft die Funktionstüchtigkeit des Senders. Dazu positionieren sich die Teilnehmer mindestens 2 m voneinander entfernt mit dem sendenden Gerät in der finalen Trageposition. Der Leiter geht an jedem Teilnehmer vorbei und hält sein suchendes LVS-Gerät vertikal an sein Ohr oder betrachtet, bei rein digitalen Geräten, die Distanzanzeige. Die Distanzanzeige muss unter 2.0 anzeigen. Mit dem ausgestreckten Arm gegen den Teilnehmer gerichtet, wird die Prüfdistanz eingehalten und der Ton respektive die Distanzanzeige des LVS-Geräts bestmöglich wahrgenommen. Bei Geräten mit weniger als fünf Lautstärkestufen wählt der Leiter die kleinste, bei Geräten mit mehr als fünf Lautstärkestufen die zweitkleinste Stufe. Rein digitale Geräte werden in den Suchmodus, Geräte mit einem speziellen Gruppentest in den Gruppentestmodus gestellt. Es ist zu beachten, dass beim einfachen Gruppentest der Sender des Gruppenleiters nie überprüft wird (Abb. 008).

Fehlender Analogton oder zu hohe Distanzanzeige beim Gruppentest

Ist das Resultat des Gruppentests negativ, werden die Batterien des zu prüfenden LVS-Geräts ersetzt und der Test wiederholt. Ergibt der Gruppentest selbst mit neuen Batterien

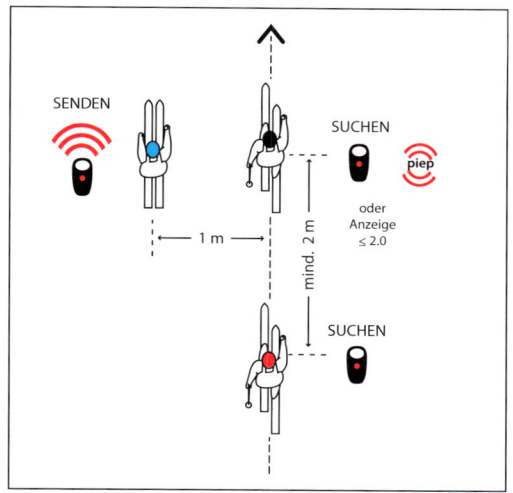

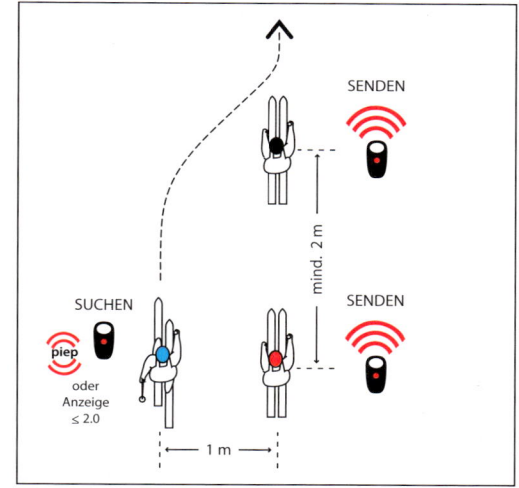

007:1 Doppelter Gruppentest

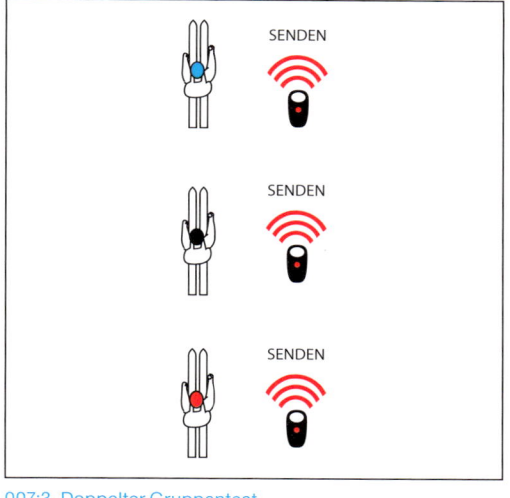

007:2 Doppelter Gruppentest

007:3 Doppelter Gruppentest

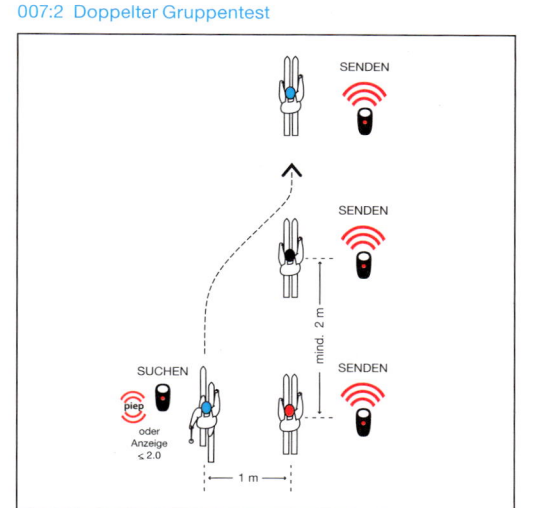

008 Einfacher Gruppentest

kein positives Resultat, muss das Gerät vom Hersteller überprüft und möglicherweise repariert oder ersetzt werden.

Der Gruppentest überprüft das LVS-Gerät zuverlässiger als der geräteinterne Selbsttest, selbst wenn dieser einige zusätzliche Kriterien unter die Lupe nimmt. Trotzdem kann der Gruppentest keinesfalls mit einer Herstellerüberprüfung gleichgesetzt werden. Diese soll bei privatem Gebrauch alle drei Jahre und bei institutionellem Einsatz sowie bei ausgesprochenen Vielnutzern (mehr als 100 Tage pro Saison) entsprechend häufiger erfolgen.

Doppelter Gruppentest (Prüfung: Senden + Suchen):
Empfehlenswert bei Bildung einer neuen Gruppe und einmal pro Woche

Einfacher Gruppentest (Prüfung: Senden):
Beim Start jeder Tour, jeder Abfahrt, nach Suchübungen usw.

- Prüfdistanz von 1 m darf nicht unterschritten werden
  Abstand zwischen den Teilnehmern mindestens 2 m

- Test erfolgreich: deutlich hörbare Pieptöne oder Distanzanzeige < 2
- Kein Signal/höhere Distanzangabe in der Prüfdistanz:
  Maßnahmen zur Problembehebung:
  1: Ist das Gerät eingeschaltet?
  2: Batterien prüfen/ersetzen
  3: Gerät prüfen/reparieren

Suchen:
- Geräte mit maximal 5 Lautstärkestufen: kleinste Stufe
- Geräte mit mehr als 5 Lautstärkestufen: zweitkleinste Stufe
- Geräte mit Funktion Gruppentest: «Gruppentest»
- Andere Geräte: «Suchen»

ANWENDUNGSSICHERHEIT DES LVS-GERÄTS

Magnetische und elektromagnetische Einflüsse

LVS-Geräte sind hochempfindlich und reagieren entsprechend sensibel auf magnetische und elektromagnetische Einflüsse. Metallteile, insbesondere Magnete, sowie elektronische Ausrüstung jeder Art können zu starken Leistungseinbußen, zu Fehlverhalten und im Extremfall sogar zu einem Komplettversagen des LVS-Geräts führen.

Es wird dringend empfohlen, folgende Maßnahmen zu treffen (Abb. 009):

Im Sendemodus: Mindestens 20 cm Abstand zu den Gegenständen einhalten.
Beispiele: Mobiltelefon oder Taschenmesser sollten nicht in derselben Hosentasche getragen werden wie das LVS-Gerät; eine Digitalkamera nicht in einer Brusttasche tragen, die das Tragsystem des LVS-Geräts überlagert; Bekleidung mit Magnetknöpfen ist ungeeignet; Funkgerät im Holster und LVS-Gerät im Tragsystem frontal getragen kommen sich zu nahe. Daher: Das LVS-Gerät seitlich tragen.

Im Suchmodus (gilt nur für die suchende Person): Sämtliche nicht zwingend erforderliche Elektronik während der Suche ausschalten. Ein analoges Rettungsfunkgerät darf eingeschaltet bleiben, das Mobiltelefon jedoch nicht. Die oben erwähnten Ausrüstungsgegenstände müssen auf eine Distanz von mindestens 50 cm zum LVS-Gerät gehalten werden, selbst wenn sie ausgeschaltet sind.

Da Tourengeher und Freerider immer mehr, immer leistungsstärkere und störungsträchtigere Elektronik bei sich tragen, sind in den letzten Jahren mehrere tragische Fälle bei Ernstfällen, aber auch bei Übungsszenarien zu beklagen, wo die Beeinflussung von Mobiltelefonen und Kameras die Suche stark beeinträchtigt, verzögert oder sogar unmöglich gemacht hat. Aus diesem Grund müssen die Verhaltensregeln auf alle Helfenden, die sich auf der Lawinenoberfläche befinden, ausgeweitet werden:
Sämtliche Elektronik, außer Analogfunkgeräte, Stirnlampen und LVS in Rettungs-/Backupsendefunktion, ist auszuschalten. Ein Mobiltelefon zur Notfallkommunikation kann im Abstand einer halben Suchstreifenbreite, also mindestens 20–25 m von einem suchenden Retter, verwendet werden.

009:1 Abstand LVS zu elektronischen Geräten im Sendebetrieb mind. 20 cm

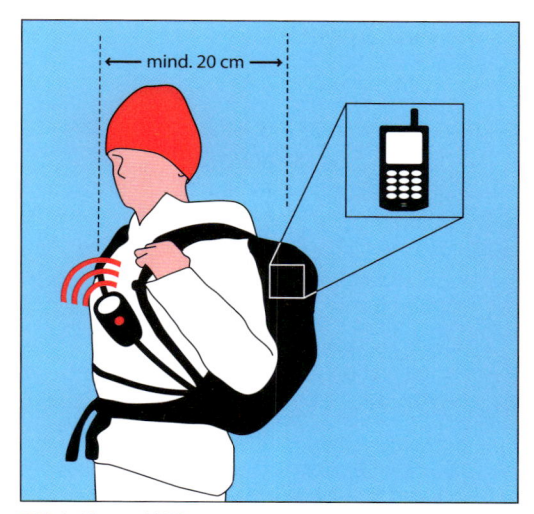

009:2 Bei der Suche sollten alle elektronischen Geräte abgestellt oder weit entfernt sein.

Befolge zusammengefasst folgende Punkte:
- Qualitativ hochwertige Alkaline-Batterien (z. B. Duracell Ultra) verwenden, Batterien während des Sommers entfernen! Einige LVS erlauben die Verwendung von hochwertigeren, kälteresistenteren Batterietechnologien, wie z. B. Lithiumbatterien (siehe Herstellerangaben).
- Selbst- und Batterietest durchführen
- Korrekt durchgeführte Gruppentests (Sende- und Suchfunktion bei Gruppenbildung und mindestens einmal wöchentlich, sonst einfacher Gruppentest = nur Sendekontrolle)
- Vorsichtiger Umgang mit dem Gerät (nicht werfen, nicht fallen lassen, trocken lagern)
- Korrekte Tragweise im Tragsystem (muss von Bekleidung überdeckt bleiben) oder in der gesicherten Hosentasche. Die Anzeige wird zum Körper hinzeigend getragen.
- Einhaltung der Mindestabstände zu metallischen Teilen, Magneten und elektronischen Ausrüstungsgegenständen
- Periodische Funktionskontrolle/Präventivwartung durch den Hersteller (optimalerweise während der Sommermonate)
- Wasserdichtigkeit: Das LVS-Gerät ist gemäß Norm zeitlich begrenzt wasserdicht. Liegt ein Gerät längere Zeit im Wasser, sollte vom Hersteller eine Funktionskontrolle durchgeführt werden. Wasserdampf, z. B. durch Schwitzen verursacht, kann ins Gerät eindringen und ein Beschlagen der Anzeige verursachen. Problembehebung: Gerät bei Raumtemperatur trocken lagern.
- Aktualisieren der Software des LVS-Geräts mit den vom Hersteller empfohlenen Firmware-Updates (behebt erkannte Probleme, verbessert die Leistungsfähigkeit und Benutzerfreundlichkeit).

DIE SUCHE VON VERSCHÜTTETEN

Bei der Lawinenverschüttetensuche wird zwischen folgenden Phasen unterschieden (Abb. 010):

1. SIGNALSUCHE

Die Signalsuche dauert vom Beginn der Suche bis zum Empfang des ersten deutlich hörbaren Signals. Unabhängig davon, ob das LVS-Gerät digital oder analog arbeitet, wird der Erstempfang immer als akustisches Signal wiedergegeben. In dieser Phase wird der Lawinenkegel systematisch abgesucht und der Retter konzentriert sich visuell auf das Lawinenfeld, um mögliche sichtbare Objekte zu erkennen (Abb. 011).

Sind mehrere Retter vor Ort, wird die Signalsuche von mehreren gleichzeitig ausgeführt. Sind sehr viele Retter zur Stelle, suchen die erfahrensten Kameradenretter mit dem LVS-Gerät, während die restlichen Retter Sonden und Schaufeln vorbereiten.

Vor dem Start der Suche ist zwingend zu prüfen, ob alle LVS-Geräte der Retter auf „Suchen" gestellt oder ausgeschaltet sind (siehe hierzu auch den „Notfallplan Lawinenunfall" S. 168 in diesem Kapitel), damit nicht fälschlicherweise die Signale der Retter verfolgt werden, was wertvolle Zeit kosten würde.

Sekundärlawinen, die die Retter verschütten, ereignen sich in der Kameradenrettung äußerst selten, solange sie sich auf dem Lawinenkegel aufhalten. Zu meiden sind jedoch seitliche Hänge mit ähnlicher Exposition und Steilheit, da sie eine vergleichbare Auslösebereitschaft wie der Unfallhang in sich bergen können.

Optimierung der Reichweite Alle LVS-Geräte für die Kameradenrettung arbeiten mit Antennen unterschiedlicher Länge und somit auch unterschiedlicher Reichweite. Im Weiteren empfangen nicht alle Antennen gleichzeitig. Je nach Lage der Sendeantenne des Verschütteten zum LVS-Gerät des Retters kann die Reichweite stark variieren. Die Reichweite muss deshalb durch den Retter aktiv optimiert werden, indem er das LVS-Gerät während der Signalsuche langsam um alle Achsen dreht. Dabei wird das Gerät mit dem Lautsprecher zum Ohr zeigend seitlich an den Kopf gehalten (Abb. 012).

Dadurch wird das Übergehen eines Verschütteten in einer schlechten Empfangslage vermieden. Gleichzeitig wird die empfangsstärkste Antenne eine möglichst optimale Empfangslage und somit eine große Reichweite erzielen. Wird ein Signal empfangen, wird die Geräteposition gehalten, bis der Suchton deutlich hörbar oder eine Distanz/Richtung angezeigt wird. Damit endet die Signalsuche.

Wenn jemand beobachten konnte, wo der Verschüttete verschwunden ist, wird die Lawine in erster Linie von diesem Punkt aus in ihrer Fließrichtung abgesucht. Ist der Verschwindepunkt unbekannt oder sind mehrere Menschen verschüttet, muss von Beginn an die gesamte Lawinenablagerung systematisch abgesucht werden (Abb. 015). Es wird die vom Hersteller empfohlene Suchstreifenbreite angewendet, welche meist auf dem Gerät vermerkt ist. Wurde das Lawinenfeld erfolglos abgesucht, ist beim zweiten Versuch die Suchstreifenbreite zu halbieren und die Hälften werden nach demselben Suchmuster abgelaufen.

2. GROBSUCHE

Die Grobsuche führt vom Erstempfang bis in die unmittelbare Umgebung des Verschütteten. Bei der Suche mit Zwei- und Dreiantennen-Geräten ist dabei zu beachten:

- LVS-Gerät horizontal halten
- In die vom Pfeil angezeigte Richtung laufen
- Keine ruckartigen Bewegungen ausführen
- Abnehmende Distanz bedeutet Annäherung an den Verschütteten.

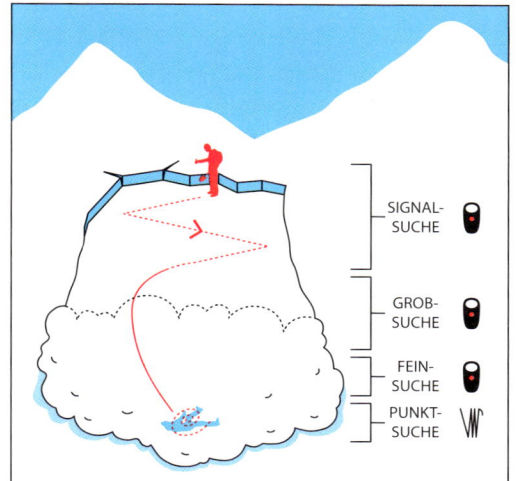

010 Die Suchphasen

011 Lokalisierung des Verschütteten durch sichtbare Objekte

012 Signalsuche

Wenn wir während der Signalsuche das LVS am Ohr um alle drei Raumachsen drehen, erhöhen wir die Empfangswahrscheinlichkeit, hören einen Piepston sehr gut und haben die Augen nach vorne gerichtet, um den Lawinenkegel visuell nach sichtbaren Gegenständen abzusuchen.

- Zunehmende Distanz zeigt einen „180°-Fehler" an: Man entfernt sich vom Verschütteten, daher Suchrichtung um 180° ändern!
- Je näher beim Sender, desto größer ist die absolute Genauigkeit der angezeigten Distanz.
- Die angezeigte Distanz entspricht der maximal möglichen Distanz zwischen Suchgerät und Sendegerät. Die tatsächliche Distanz kann kürzer sein als der angezeigte Wert, jedoch nie länger!

Anmerkung: LVS-Geräte mit nur einer Antenne entsprechen nicht mehr dem heutigen Stand der Technik und sind für die Kameradenrettung ungeeignet. Dies trifft sowohl auf analoge als auch auf digitale Einantennengeräte zu. Solche Geräte werden dem Ziel kurzer Rettungszeiten und hoher Überlebenschancen nicht gerecht. Die aufwendigen, wenig benutzerfreundlichen Suchtechniken, welche mit Einantennengeräten angewendet werden müssen, werden hier daher nicht mehr erläutert.

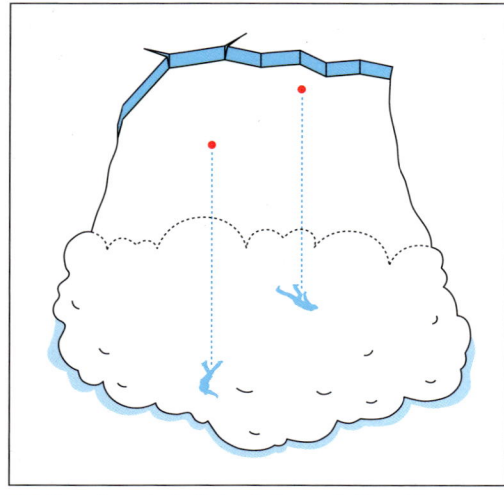

013 Je weiter unterhalb des Anrisses ein Verschütteter zum Zeitpunkt des Abgangs war, umso wahrscheinlicher wird er weit mitgerissen.

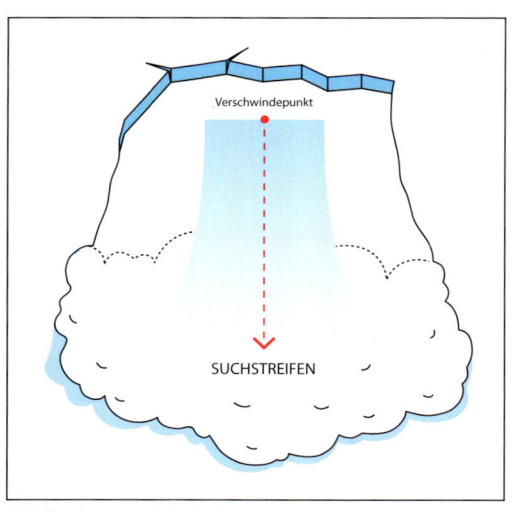

014 Suchstrategie bei bekanntem Verschwindepunkt

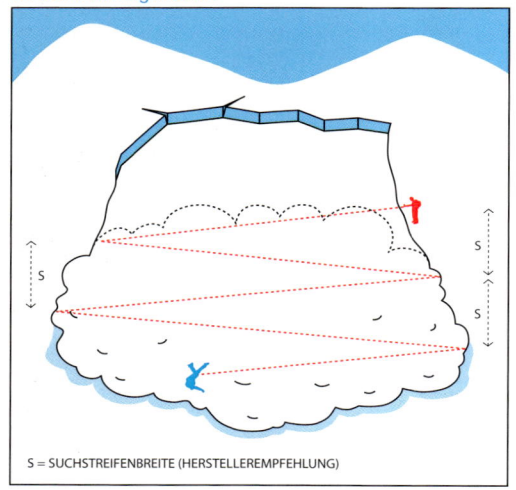

015:1 Ist der Verschwindepunkt unbekannt, muss der ganze Kegel abgesucht werden.

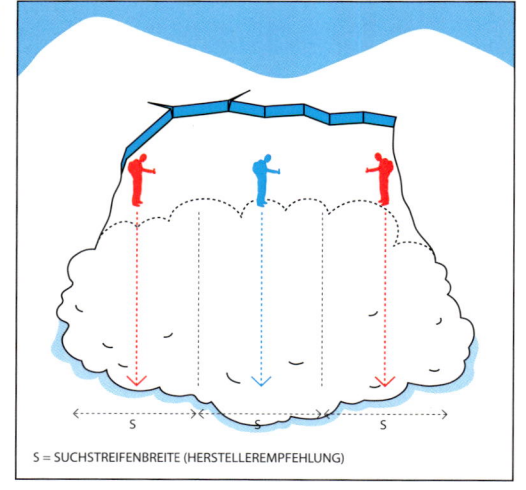

015:2 Sind mehrere Retter vor Ort, wird für die Signalsuche der gesamte Lawinenkegel in Suchstreifen eingeteilt.

3. FEINSUCHE

Die Feinsuche findet in der unmittelbaren Umgebung des Verschütteten statt. Zu beachten ist:
- Gerät unmittelbar auf der Schneeoberfläche führen
- Geräteorientierung nicht mehr verändern

Anfänger: Auf einer Geraden weitergehen bis zum Punkt mit der kleinsten Distanzanzeige.
Fortgeschrittene: Punkt mit der kleinsten Distanzanzeige durch systematisches Einkreuzen bestimmen (Abb. 016).
  Den Skistock oder die Schaufel als Orientierungshilfe für die Sondierspirale einstecken.

016 Feinsuche im Kreuz

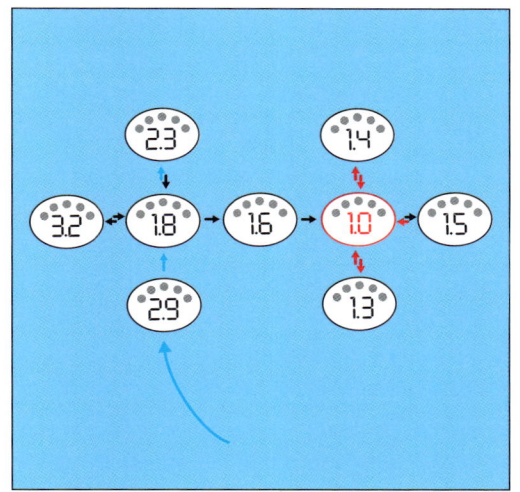

017:1 Feinsuche und Grabbeginn bei mehreren Rettern

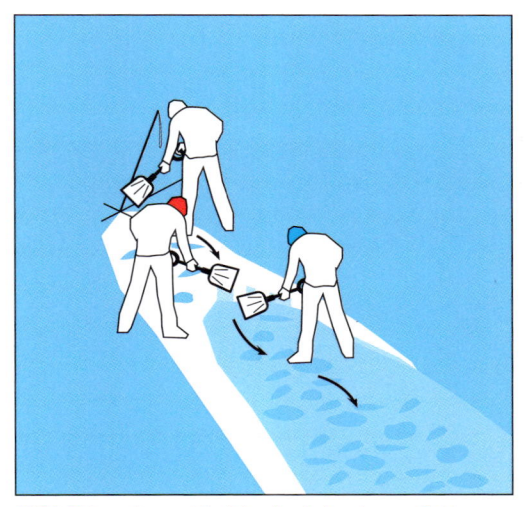

017:2 Feinsuche und Grabbeginn bei mehreren Rettern

> Sind mehrere Retter vorhanden, markieren wir eine Stelle 1–1,5 m unterhalb von uns, z. B. mit einem Skistock, sobald wir mit der Feinsuche beginnen. Dort können die anderen Retter bereits mit dem Graben beginnen, während wir mittels Einkreuzen und Sondieren den Verschütteten lokalisieren.

Mehrere Retter in der Fein- und Punktsuche Sind mehrere Retter vorhanden, wenn man in der Feinsuche oder spiralförmigen Sondierung arbeitet, wird sofort eine Sonde 1–1,5 m unterhalb der zu erwartenden Fundstelle eingesteckt. Nun verfügt man über den notwendigen Platz, um die Fein- und Punktsuche konzentriert zu Ende zu führen, und gleichzeitig können die weiteren Retter bereits mit der Freilegung beginnen. Wurde der Verschüttete mittels Sondentreffer erfolgreich aufgefunden, wird die Hilfssonde entfernt, sodass das „V-förmige Schneeförderband" erweitert werden kann (Abb. 017).

Der Verschüttete kann nicht mit der Sonde aufgefunden werden Kann der Verschüttete nicht mit der Sonde aufgefunden werden, wird die Sonde ca. 1 m oberhalb des Punkts mit der kleinsten Distanzanzeige eingesteckt.

| PUNKTSUCHE | FEINSUCHE | GROBSUCHE | SIGNALSUCHE |

HÖHE

GESCHWINDIGKEIT

PRÄZISION

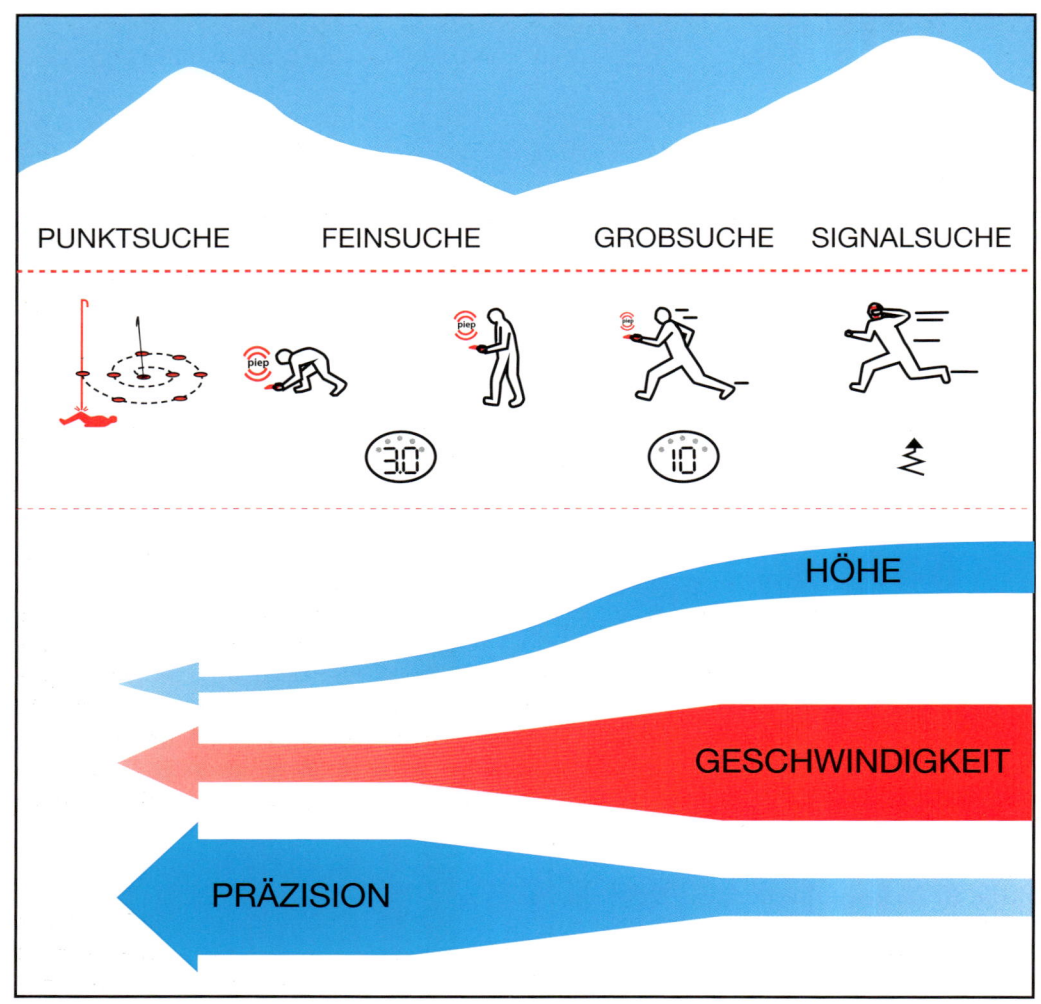

018 Der Airport Approach

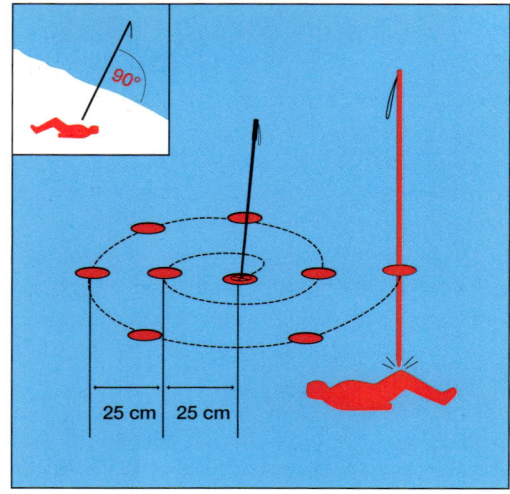

019 Punktortung mittels Sondieren

Der Airport Approach als Analogie für die Lawinenrettung: hohe Suchgeschwindigkeit in der Signal- und Grobsuche. Mittlere Geschwindigkeit in der Feinsuche. Hohe Präzision in der Punktsuche.

Während des Ausgrabens wird somit genügend Platz geschaffen, um eine nochmalige Fein- und Punktsuche innerhalb der Ausgrabstelle zu ermöglichen.

Suchgeschwindigkeit und Suchgenauigkeit
Ein ausgewogenes Verhältnis zwischen der Suchgeschwindigkeit und der Suchgenauigkeit ist von großer Bedeutung: Einerseits soll die Rettung so schnell wie möglich erfolgen, andererseits erfordert die Suche eine Genauigkeit, die in unmittelbarer Umgebung des Verschütteten keine hohe Suchgeschwindigkeit mehr erlaubt. Im schlechtesten Fall werden durch Hast Verschüttete übergangen. Als Analogie zur Lawinenrettung mit dem LVS-Gerät kann man sich den Landeanflug eines Flugzeugs auf den Flughafen vorstellen: „Airport Approach" (Abb. 018).

Distanz zum Ziel (Verschütteter/Flughafen):
groß: Geschwindigkeit hoch, Präzision gering, LVS-Gerät hoch (Signal-/Grobsuche)
klein: Geschwindigkeit niedrig, Präzision hoch, LVS-Gerät tief (Feinsuche)

4. PUNKTSUCHE MITTELS SONDE
Die punktgenaue Ortung eines Verschütteten ist mit einem LVS-Gerät nicht möglich. Die Verschüttungstiefe und gegebenenfalls die Lage des zu Bergenden können jedoch durch eine Lawinensonde einfach und schnell bestimmt werden. Die Stelle mit der kleinsten Distanzanzeige bzw. dem lautesten Ton wird in der Feinsuche eingekreuzt und die Schaufel als Orientierungshilfe für die so genannte Sondierspirale eingesteckt. Von dieser Stelle ausgehend erfolgt die Punktsuche in einem spiralförmigen Suchmuster. Dabei ist rechtwinklig zur Schneeoberfläche zu sondieren. Wurde der Verschüttete mit der Sonde getroffen, wird diese stecken gelassen. Die Sonde dient nun als Wegweiser für die Freilegung des Verschütteten (Abb. 019).

5. BERGEN – DIE FREILEGUNG DES VERSCHÜTTETEN
Nach einem erfolgreichen Sondentreffer wird der Verschüttete so schnell wie möglich freigelegt. Dabei ermöglicht das V-förmige Schneeförderband eine schnelle, ressourceneffiziente und gleichzeitig schonende Freilegung des Verschütteten (Abb. 020):

V-förmige Aufstellung der Grabmannschaft
- Länge des V: Lawinenablagerung im flachen Hang: 2 x die Verschüttungstiefe
    Lawinenablagerung im steilen Hang: 1 x die Verschüttungstiefe
- Abstand: ein Retter pro 80 cm Länge des V
- Jeder Retter ist für einen Höhensektor des V zuständig.
- Paddelbewegungen sind zum Schneeabtransport am effizientesten; den Schnee nicht hoch anheben!
- Keine Stufen schaffen
- Stehend und nicht kniend arbeiten, da hierdurch der Arbeitsbereich größer ist und der Kraftaufwand besser auf den Körper verteilt wird
- Die Mannschaft auf Kommando des Retters an der Spitze regelmäßig (ca. alle 4 Minuten) im Uhrzeigersinn rotieren lassen
- Wenn der Verschüttete sichtbar ist, erfolgt die letzte Rotation:
- An der Spitze arbeiten zwei Retter sorgfältig am Verschütteten (Atemhöhle!).
- Die restliche Mannschaft bricht an der Spitze die Seitenwände aus und transportiert den Schnee weg.

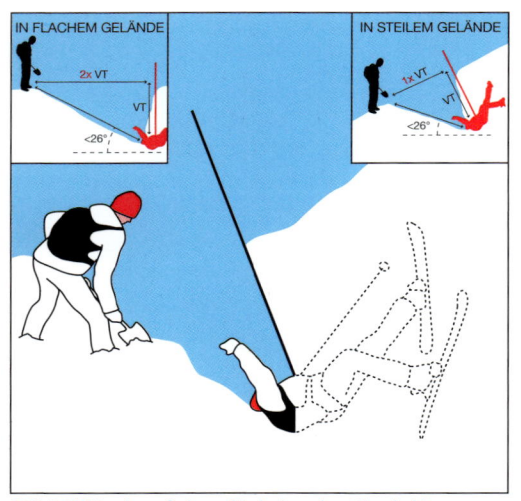

020:1 V-förmiges Schneeförderband: optimale Länge

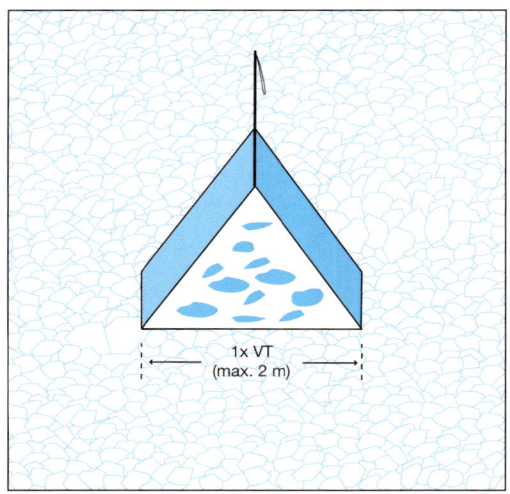

020:2 Optimale Breite

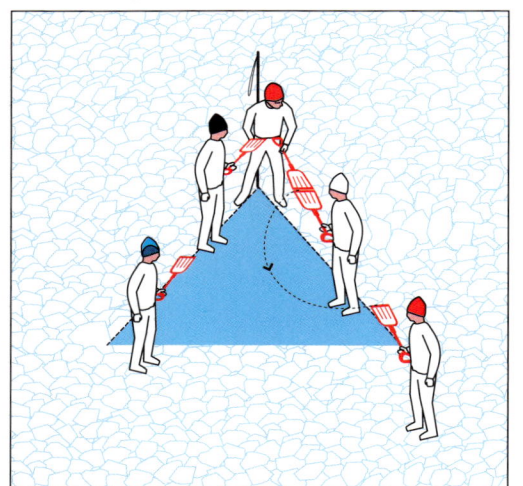

020:3 Optimale Positionierung der Retter

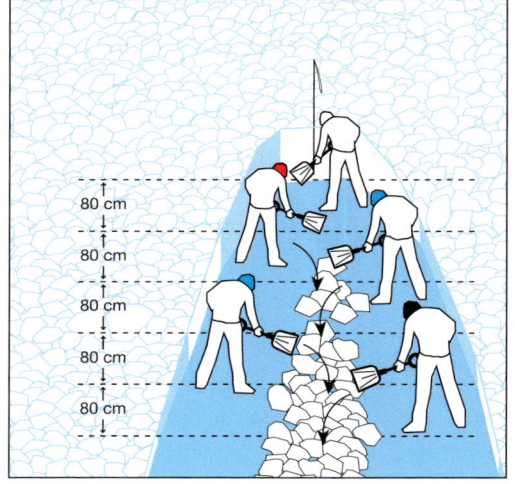

020:4 Optimale Positionierung der Retter

- Atemwege zugänglich: Wenn notwendig, mit der Herz-Lungen-Wiederbelebung beginnen
- Schaufelmannschaft während der medizinischen Erstbetreuung nach hinten versetzen, um zusätzlichen Platz zu schaffen.

Blöcke stechen

Ohne eine effiziente Technik für das Stechen der Blöcke werden im kompakten Lawinenschnee kaum Fortschritte erzielt.

Der Retter arbeitet mit dem Rücken zur Sonde und mit Blickrichtung zur Öffnung des V. Das Schaufelblatt steht im 90°-Winkel zur Schneeoberfläche, um einen optimalen Schneideeffekt zu erzielen. Die abgestochenen Segmente sind so schmal zu wählen, dass sie durch geringen Zug am Schaufelstil vom Schneekörper abgelöst werden können.

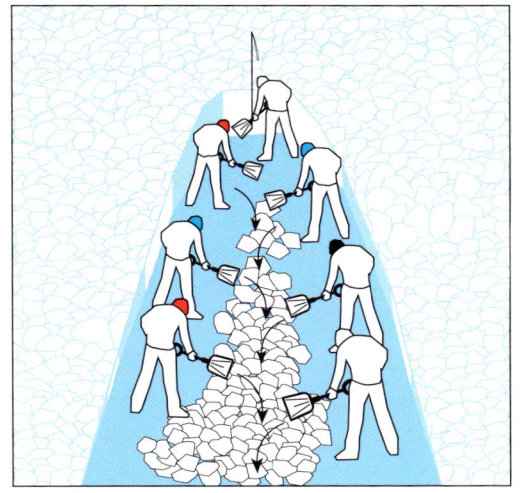

020:5 Schnee nicht heben, sondern wegpaddeln.

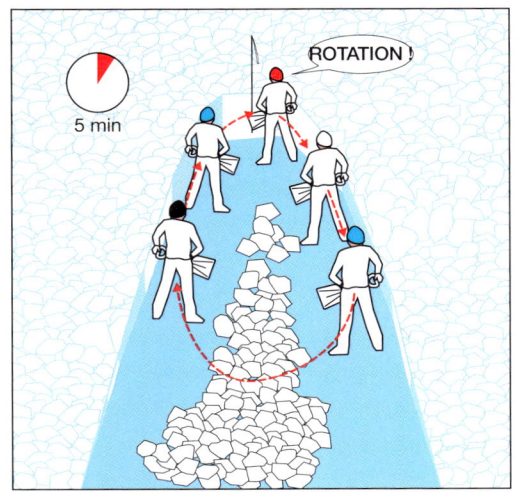

020:6 Rotation nach 5 Min.

020:7 Blöcke stechen in hartem Schnee

020:8 Platzsparende und effektive Positionen beim Freilegen des Verschütteten

Schutz des Verschütteten vor Verletzungen

Grundsätzlich stellen Verletzungen, die durch Sondieren und Ausgraben verursacht werden, ein viel kleineres Problem dar, als dies oft befürchtet wird. Dennoch bedeutet die letzte Phase des Ausgrabens eine große Belastung für den Verschütteten, und die Verschütteten empfinden diese letzten bangen Minuten oft als äußerst unangenehm. Ist die Verschüttungstiefe klein (< 50 cm, bei großer Einsinktiefe etwas mehr) beginnt die Grabearbeit im „V" deshalb nicht unmittelbar bei der Sonde, sondern ca. 1 m unterhalb davon, wobei, wie in der letzten Grabephase üblich, zwei Retter an vorderster Front parallel arbeiten.

Insbesondere in den ersten 35 Minuten nach einem Lawinenabgang darf keine Zeit durch zusätzliche Schutzmaßnahmen verloren werden. Erst danach, wenn die Überlebenswahrscheinlichkeitskurve weniger schnell absinkt, kann mittels einer Sondierspirale mit mehreren Sondentreffern die Position des Verschütteten genau bestimmt und das „V" entsprechend so angeordnet werden, dass die Gefahr von mechanischen Verletzung abnimmt (Abb. 021).

021:1 Vorgehen bei sehr vielen Rettern

021:2 Vorgehen bei sehr vielen Rettern

FÜHRUNG UND ORGANISATION IN DER KAMERADENRETTUNG

Die Kameradenrettung leidet oft unter Ressourcenknappheit. Aus diesem Grund kann sich kein Retter ausschließlich auf Führungsaufgaben beschränken, wie dies in der organisierten Rettung üblich ist. Die Führung muss von den beteiligten Kameradenrettern je nach Auftreten und Abfolge der Ereignisse während der Rettung übernommen werden: Die erfahrensten Mitglieder versuchen, die Übersicht über die Situation zu bewahren, während sie gleichzeitig eine wichtige Rolle in der Rettung selbst einnehmen. Dies verdeutlicht das Führungsdilemma in der Kameradenrettung: Diejenigen, die zur Führung am geeignetsten wären, müssen gleichzeitig alles daransetzen, um in den ersten 15–20 Minuten nach einem Lawinenabgang möglichst viele Verschüttete zu lokalisieren und freizulegen.

Obwohl die klassische Rolle eines Unfallplatzkommandanten in der Kameradenrettung keinen Platz hat, bedeutet dies nicht, dass kein Organisations- und Koordinationsbedarf besteht. Grundvoraussetzung für eine optimale, ergebnisorientierte Führung ist eine klare und laute Kommunikation:
„Signal!" – „Verschütteter innerhalb von 10 m!" – „Feinortung – Schaufler hierher!" – „Sondentreffer!" usw.

MEHRERE VERSCHÜTTETE

Sind mehrere Verschüttete vorhanden, steigt einerseits der Koordinations- und Organisationsbedarf, andererseits müssen spezialisierte Suchsysteme angewendet werden. Doch wie häufig kommt es vor, dass mehrere Menschen von derselben Lawine verschüttet werden?

Für die Schweizer Alpen ergab sich in der 10-Jahres-Periode zwischen dem Winter 1994/1995 und dem Winter 2004/2005 folgendes Bild: Insgesamt wurden 231 Personen von 176 Lawinen vollständig verschüttet (ohne sichtbare Teile), wobei in 138 Fällen nur eine Person davon betroffen war. Der Anteil der Lawinen mit mehreren Verschütteten lag somit bei 21,6 %. Der Anteil der Verschütteten hingegen, die von einem Lawinenunfall mit mehreren Verschütteten betroffen waren, lag bei 40,3 %. Das ist ein bedeutender Anteil, weshalb dieser Aspekt bei der Ausbildung der Kameradenretter zu berücksichtigen ist. Eine entsprechende Schulung sollte jedoch erst dann erfolgen, wenn die Retter mit den Suchabläufen der Einzelverschüttung sowie dem Freilegen eines Verschütteten vertraut sind.

Um Situationen mit mehreren Verschütteten optimal lösen zu können, ist es von größter Bedeutung, dass die Retter über eine gute Übersicht über das Rettungsszenario verfügen und zunächst die Zahl der Verschütteten feststellen (Abb. 022). Einige LVS-Geräte bieten durch eine Kartendarstellung oder durch die Verschüttetenlisten hilfreiche Informationen. Die schnellste, einfachste und zuverlässigste Art, die Anzahl und Position der Verschütteten auszumachen, bietet jedoch der „Sound Check" aufgrund des Analogtons (Abb. 023). Dabei werden die verschiedenen Tonfolgen gezählt und man fragt sich:

1. „Kann das nur ein Verschütteter sein?" „Nein, es sind mindestens zwei!"
2. „Können das nur zwei Verschüttete sein?" „Nein, es sind mindestens drei!"

Die Anzahl der Verschütteten wird dabei in Verbindung mit der Distanzanzeige bzw. der Lautstärkestufe (= Distanzregler) interpretiert.

Wir hören zum Beispiel drei Verschüttete und die Distanzanzeige schwankt zwischen 3,5 m und 4,8 m: Im Umkreis von ca. 5 m sind drei Verschüttete zu erwarten.

Der „Sound Check" wird grundsätzlich in folgenden Situationen angewendet:
- Erstempfang: Sind in diesem Feldbereich mehrere Verschüttete?
- Unterschreiten der Distanzanzeige „10": Liegt eine Situation mit mehreren, nahe beieinander liegenden Verschütteten vor?
- Unterschreiten der Distanzanzeige „3": Liegt mehr als ein Verschütteter in unmittelbarer Umgebung?

Bei LVS-Geräten, die über keinen Analogton mehr verfügen, können Funktionen wie „Scan-Funktion" (Pieps DSP) oder „SP-Mode" (Tracker DTS) herangezogen werden, um sich eine Übersicht zu verschaffen.

DIE SUCHE VON MEHREREN VERSCHÜTTETEN
Liegen die Verschütteten weit voneinander entfernt, können meist dieselben Suchsysteme wie bei der Einzelverschüttung angewendet werden. Je näher die Verschütteten beieinander liegen, desto häufiger treten Schwierigkeiten auf, die sich nur mit spezialisierten Suchsystemen lösen lassen. Aber unabhängig davon, ob das Problem durch das LVS-Gerät oder eine spezialisierte Suchtaktik gelöst wird, muss die Fokussierung auf die Signale eines einzelnen Verschütteten gelingen, denn nur so ist eine zielgerichtete Ortung möglich.

SIGNALTRENNUNG DURCH DAS LVS-GERÄT
Moderne LVS-Geräte sind in der Lage, einfache Situationen mit mehreren Verschütteten durch Signaltrennung zu lösen. Nachdem ein Verschütteter durch einen Sondenstich aufgefunden wurde, kann dessen Sendesignal durch die Markierfunktion des LVS für den weiteren Verlauf der Suche ignoriert werden. So kann das Gerät den Retter „ungestört" zum nächstliegenden, noch nicht als gefunden markierten Verschütteten führen. Das LVS-Gerät sollte zum Markieren nicht wieder an die Schneeoberfläche gehalten werden. Zu den gerätespezifischen Vorgehensweisen sind die Herstelleranweisungen zu beachten.

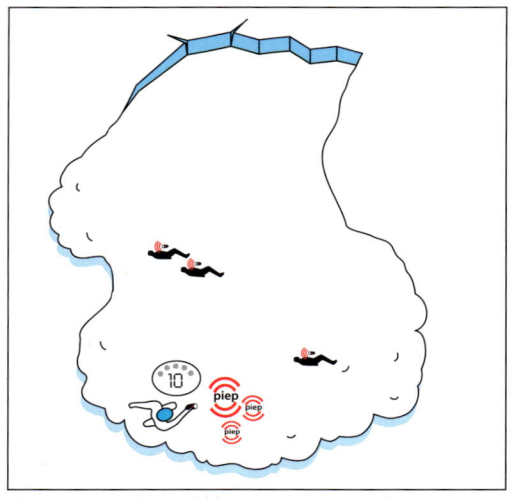

022:1 Mentale Karte: 3 Verschüttete innerhalb von 10 m

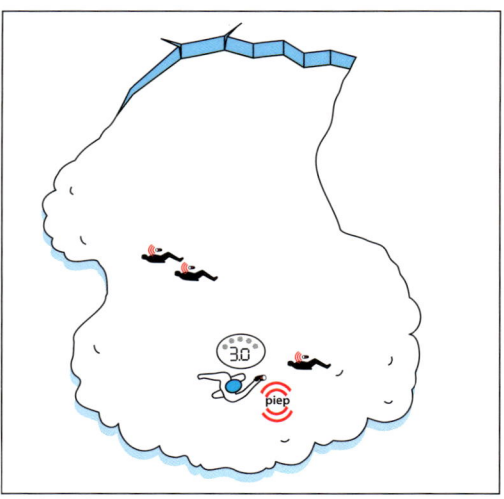

022:2 Ein Verschütteter innerhalb von 3 m

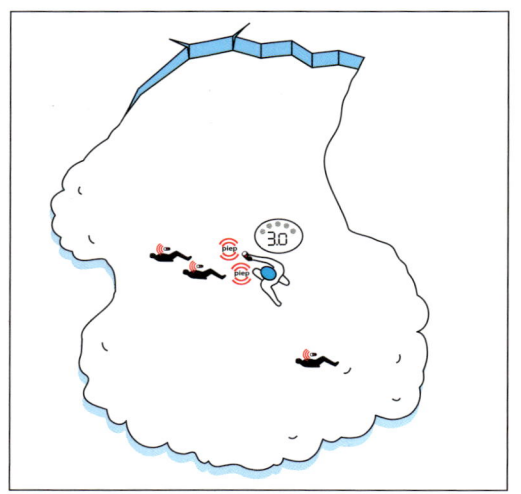

022:3 Drei Verschüttete innerhalb von 3 m

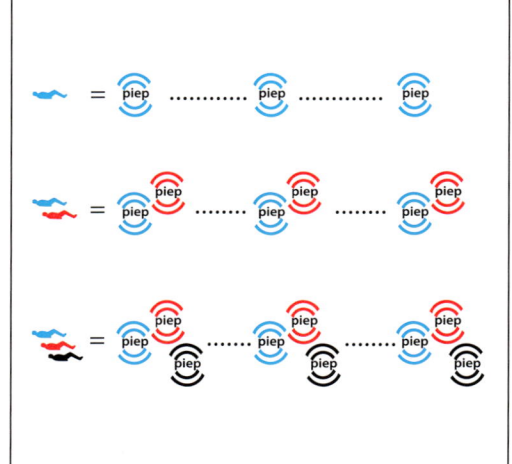

023 Interpretation des Analogtons

Es wird dringend geraten, ein LVS-Gerät mit Markierfunktion zu kaufen. Diese Funktion vereinfacht die Suche nach mehreren Verschütteten beträchtlich, entspricht dem aktuellen Stand der Technik und trägt zur Verbesserung der Überlebenschancen bei mehreren Verschütteten bei.

SIGNALTRENNUNG BEI GERÄTEN OHNE MARKIERFUNKTION

Bei der Suche mittels LVS-Geräten, die über keine Markierfunktion verfügen – oder wenn diese versagt –, erfolgt die Signaltrennung durch die Dreikreismethode oder durch die sogenannten Mikrosuchstreifen. Beide Verfahren können nur mit entsprechendem Training im Notfall erfolgreich angewandt werden.

Die Dreikreismethode wird für einfache Rettungssituationen und wenig geübte Benutzer empfohlen, während die Mikrosuchstreifen sich für alle, selbst für die anspruchsvollsten Szenarien und Benutzer, eignen.

Die LVS-Geräte der bereits gefundenen und freigelegten Verschütteten müssen ausgeschaltet werden, um die weitere Suche zu erleichtern.

THE SKIING EXPERIENCE CONTINUES.

CLIMB TO SKI CAMP 2014
10.-13. MÄRZ 2014 IN FIEBERBRUNN

SALEWA

Pic: Hansi Heckmair

**Du beherrschst Deine Bretter und suchst die Faszination im Gelände?
Dieses Mal sind wir in Fieberbrunn. Bewirb Dich ab 11/11 online!**

climbtoskicamp.salewa.com

In Kooperation mit:

PrimaLoft

GORE-TEX

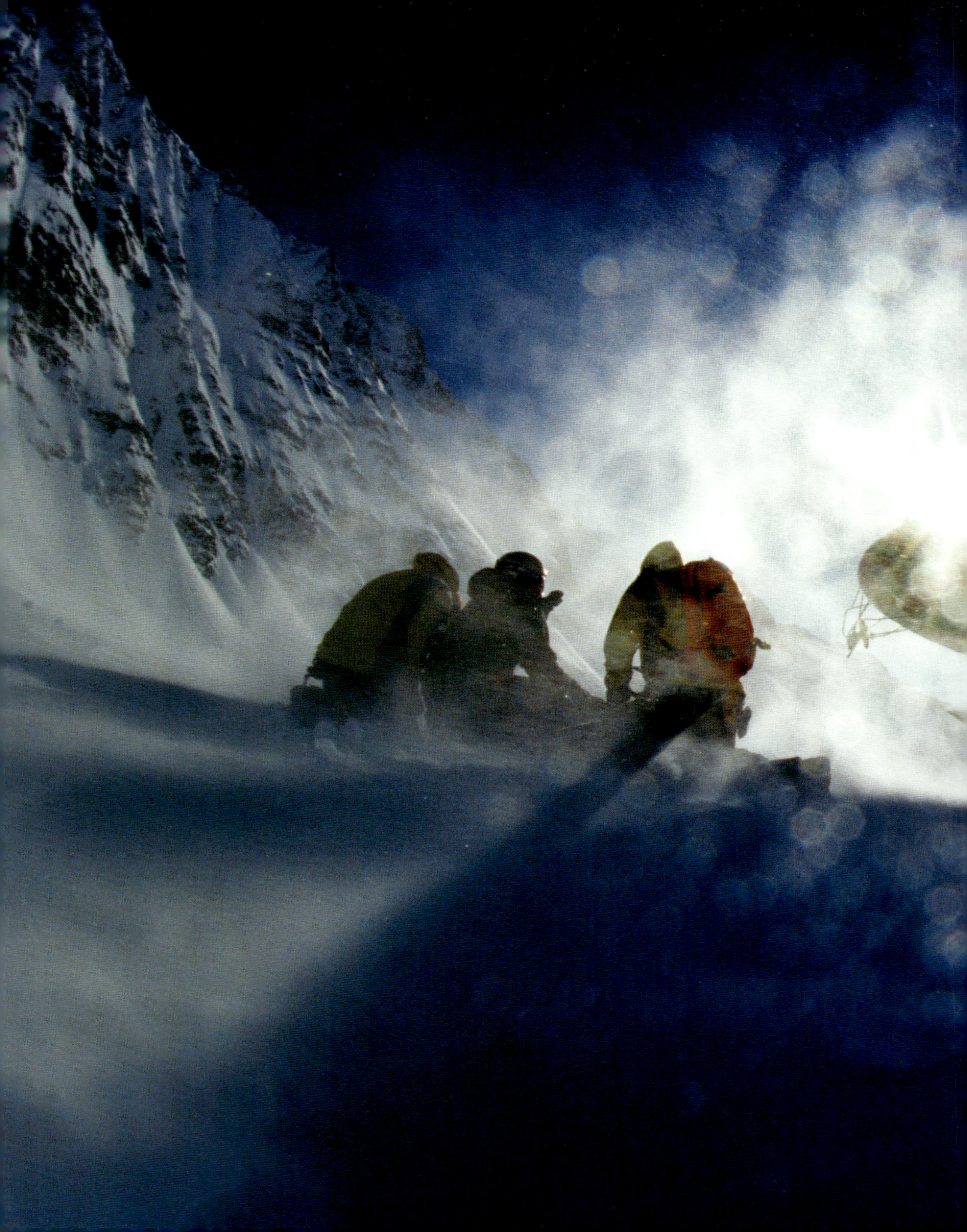

Jancsi Hadik Lötschental, Schweiz

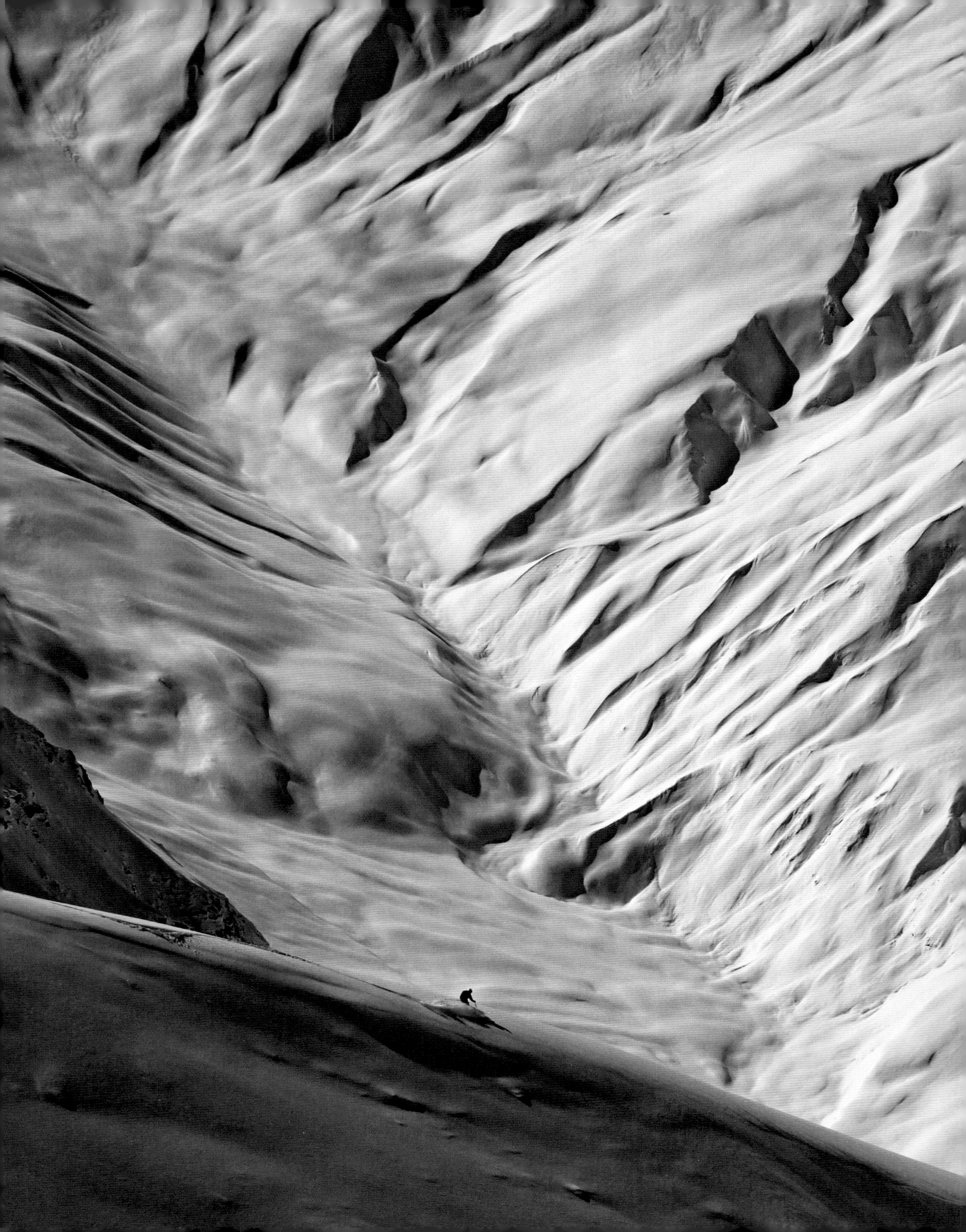

Jonas Blum △ Ushguli, Georgien Robert Eberli

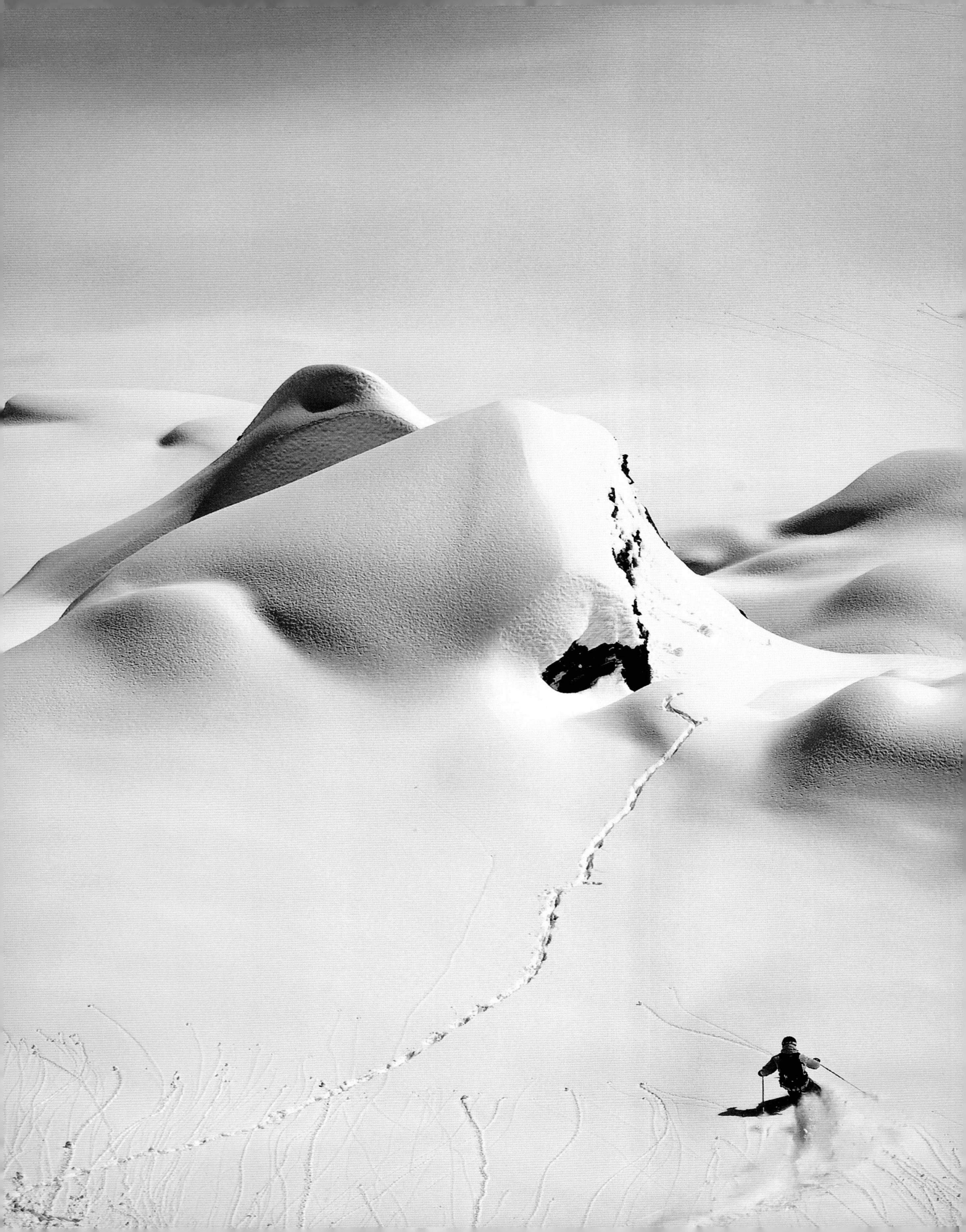

Fredrik Schenholm Grindelwald, Schweiz Peter Nilsson

Baschi Bender △ Engelberg, Schweiz Olav Schmid

Die Dreikreismethode

Sind mehrere Verschüttete vor Ort, sind drei kreisförmige Suchstreifen in fixen Radien zu 3, 6 und 9 m um den bereits georteten Verschütteten (= Kreismittelpunkt) zu ziehen. Auf den Kreisen werden danach die Punkte mit großer Signalstärke gesucht und von hier aus die Verschütteten in einem klassischen Einkreuzverfahren lokalisiert. Darauf wird zu jenem Punkt zurückgekehrt, an welchem der Kreis verlassen worden ist, und die Suche wird innerhalb der drei Kreise fortgesetzt (Abb. 024).

Mikrosuchstreifen (MSS)

Die Mikrosuchstreifen kommen zur Anwendung, wenn sich in einer Distanz von weniger als 10 m mehr als ein Verschütteter befindet (Abb. 026).

Innerhalb der MSS sind die engmaschigen Suchstreifen parallel angeordnet. Die Suchstreifenbreite beträgt 2–5 m: Je mehr Verschüttete vorhanden sind und je näher diese zusammenliegen, desto engmaschiger werden die Suchstreifen gewählt. Die Suchstreifen enden seitlich, sobald die Distanzanzeige/Lautstärkestufe mehr als 10 beträgt. Der erste Verschüttete wird direkt mit dem Feldlinienverfahren lokalisiert. Dann läuft der Retter in jene Richtung zurück, aus welcher er sich dem ersten Verschütteten genähert hat. Erreicht die Anzeige den Wert 10, wendet sich der Retter wieder in die Richtung der ersten Fundstelle und beginnt mit den MSS. Auf den Suchstreifen werden die Orte mit großer Signalstärke gesucht. Von hier aus werden die weiteren Verschütteten in einem klassischen Einkreuzverfahren lokalisiert. Nach dem erfolgreichen Auffinden eines Verschütteten wird zu jenem Punkt zurückgekehrt, an dem das Suchstreifenmuster verlassen worden ist. Die Suche innerhalb der MSS wird fortgesetzt, bis die Distanzanzeige auf einem ganzen Suchstreifen größer als 10 ist.

IMPROVISIERTE SONDIERUNG

Leider sind – mit großen Unterschieden je nach Herkunft und Benutzergruppe – immer noch nicht alle Freerider und Tourengeher mit einem LVS ausgestattet, was ihre Überlebenschancen bei einem Lawinenunfall deutlich verringert. Können die Verschütteten nicht mit dem LVS aufgefunden werden, muss so schnell wie möglich externe Hilfe angefordert werden. Die Suche nach sichtbaren Gegenständen und Körperteilen hat nun allerhöchste Priorität. Anschließend sollen typische Ablagerungsstellen mit der Sonde abgesucht werden. Kann man sich an den Verschwindepunkt erinnern, sucht man primär in denjenigen Gebieten in Fließrichtung der Lawine, in denen ein „Hängenbleiben" oder „Ablagern" eines Verschütteten besonders wahrscheinlich ist, z. B. hinter größeren Felsen, Bäumen oder in Bereichen, in denen sich große Mengen Lawinenschnee abgelagert haben.

Sind nur ganz wenige Retter vorhanden, sollen diese Punkte mit einer großen Sondierspirale (Sondiertiefe 2 m) abgesucht werden.

Sind mehrere Retter vorhanden, kann mit einer improvisierten Sondierkolonne innerhalb kürzester Zeit eine beachtlich große Fläche abgesucht werden. Dabei kommt die Sondiertechnik des „offenen Sondierens" zur Anwendung (Abb. 027):

- Mehrere Retter stellen sich in einer Linie auf und strecken beide Arme seitlich aus.
- Zur Distanzbestimmung zwischen den Rettern halten sich die Retter gegenseitig an der Hand.
- In dieser Aufstellung wird hangaufwärts gearbeitet.

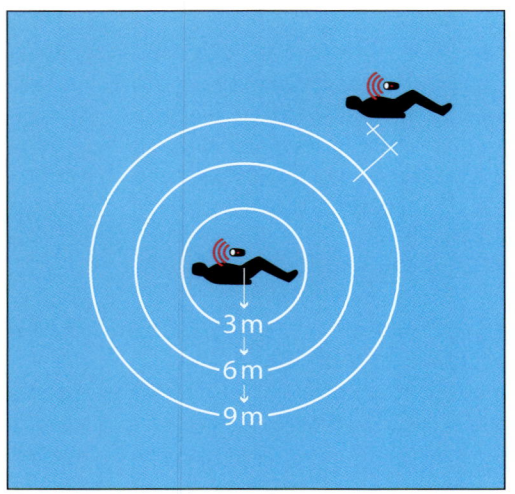

024 Die Dreikreismethode zur Ortung von mehreren, nah beieinander liegenden Verschütteten

025 Die Mikrobox zur Ortung von mehreren, nah beieinander liegenden Verschütteten

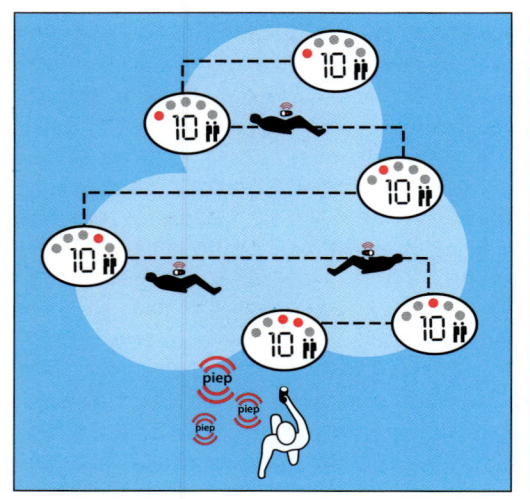

026:1 Mikrosuchstreifen bei mehreren Verschütteten innerhalb von 10 m

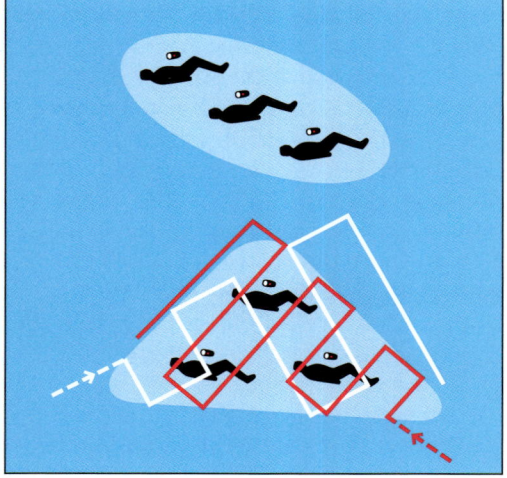

026:2 Mikrosuchstreifen passen sich automatisch an.

- Jeder Retter sondiert nun rechts, mittig und links in einem Abstand von ca. 50 cm.
- Sondiert wird lotrecht bis in eine Tiefe von 2 m.
- Nachdem die drei Sondenstiche durchgeführt worden sind, stellt der Retter die Sonde so nach vorne, dass diese an seiner Achsel anlehnt und die Sondenspitze die Schneeoberfläche ca. 50 cm vor ihm berührt. Somit wird gezeigt, dass man bereit ist, nach vorne zu gehen.
- Ein Retter am seitlichen Ende der Sondierkolonne übernimmt die Führung und gibt das Kommando „Schritt", wenn alle Retter bereit sind.
- Alle Retter treten nach vorne, sondieren sofort wieder links, mittig und rechts und bringen anschließend die Sonde wieder in die Bereitschaftsposition.

DIE TRIAGEKRITERIEN – WER WIRD ZUERST GERETTET?

Sind mehrere Menschen verschüttet, fehlen oft die Ressourcen, alle gleichzeitig zu suchen und auszugraben. Wo soll man dann beginnen? Welche Prioritäten sind

026:3 Dynamische Mikrosuchstreifenbreite

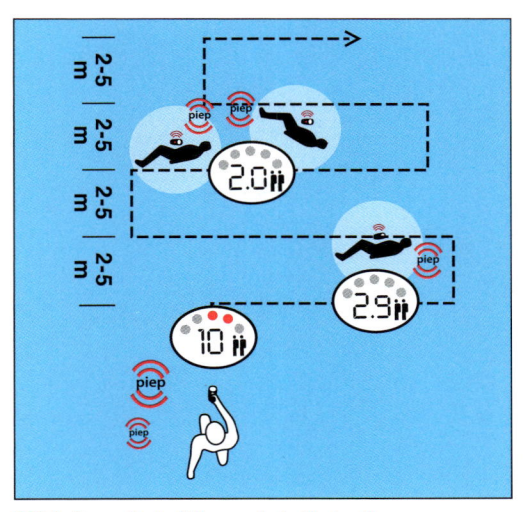

Alternative Suchstrategien werden angewandt, wenn nicht alle Verschütteten erkannt werden, die Markierfunktion nicht funktioniert oder nicht verfügbar ist. Wir müssen dazu das LVS zwingend im Analog- oder Alternativmodus betreiben.

zu setzen? Wir sprechen in diesem Zusammenhang von der „Optimierung der Überlebenschancen der Gesamtheit der Lawinenopfer" und von drei „Triagekriterien", die anzuwenden sind, bevor mit dem zeitraubenden Ausgraben begonnen wird (Abb. 028):

1. Gelände Sind in der Sturzbahn oder im Auslaufgebiet offensichtliche Verletzungsgefahren erkennbar (Absturz, Wald, Gletscherspalten…), werden diese Bereiche erst nach den Gebieten mit sanfterer Sturzbahn und sanfterem Auslaufgebiet abgesucht. Die Verschütteten, die über Gelände mit einem kleineren Verletzungspotenzial mitgerissen wurden, weshalb bei ihnen mit höheren Überlebenschancen zu rechnen ist, werden zuerst gerettet.

2. Verschüttungstiefe Tiefe Verschüttungen führen zu einer langen Ausgrabungszeit. Während dieser sinken nicht nur die Überlebenschancen der tief verschütteten Personen, sondern auch jene aller weiteren Verschütteten. Priorität haben deshalb die weniger tief Verschütteten.

3. Vitaldaten Vitaldatenfähige LVS-Geräte informieren den Retter darüber, ob der Verschüttete Lebenszeichen aufweist: Werden Vitalzeichen empfangen, spricht man von erhöhten Überlebenschancen, ansonsten von unbekannten Überlebenschancen. Damit dieses Kriterium in Betracht gezogen werden kann, müssen sowohl Retter als auch Verschütteter über ein vitaldatenfähiges LVS-Gerät verfügen. Lawinenverschüttete, deren Vitaldaten erhöhte Überlebenschancen aufzeigen, werden zuerst gerettet.

027:1 Improvisierte Sondierkolonne

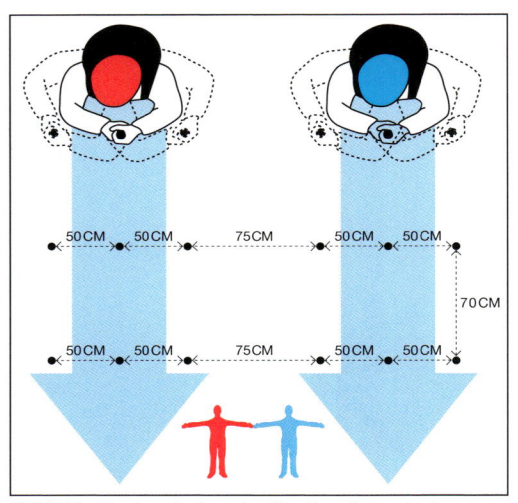

027:2 Abstände zwischen den Sondenstichen in der Sondierkolonne

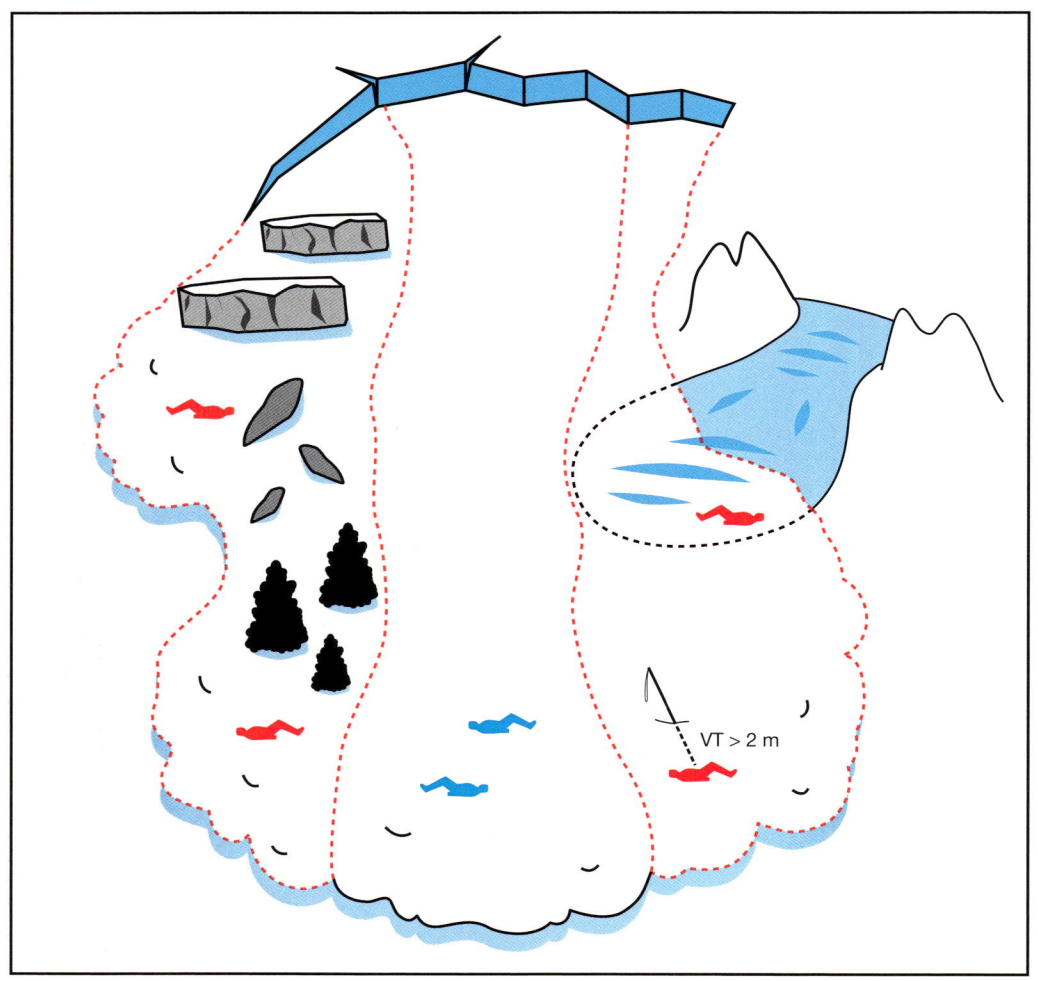

028 Triagekriterien: bevorzugte Bergung derjenigen Verschütteten, deren Überlebenswahrscheinlichkeit erhöht scheint.

AVALIFE BASIC – ÜBERLEBENSCHANCENOPTIMIERTES HANDELN IN DER KAMARADENRETTUNG

AvaLife ist ein neues Instrument, welches viele der wichtigen Handlungshinweise für die Kameradenrettung auf einem kreditkartengroßen Merkblatt zusam-

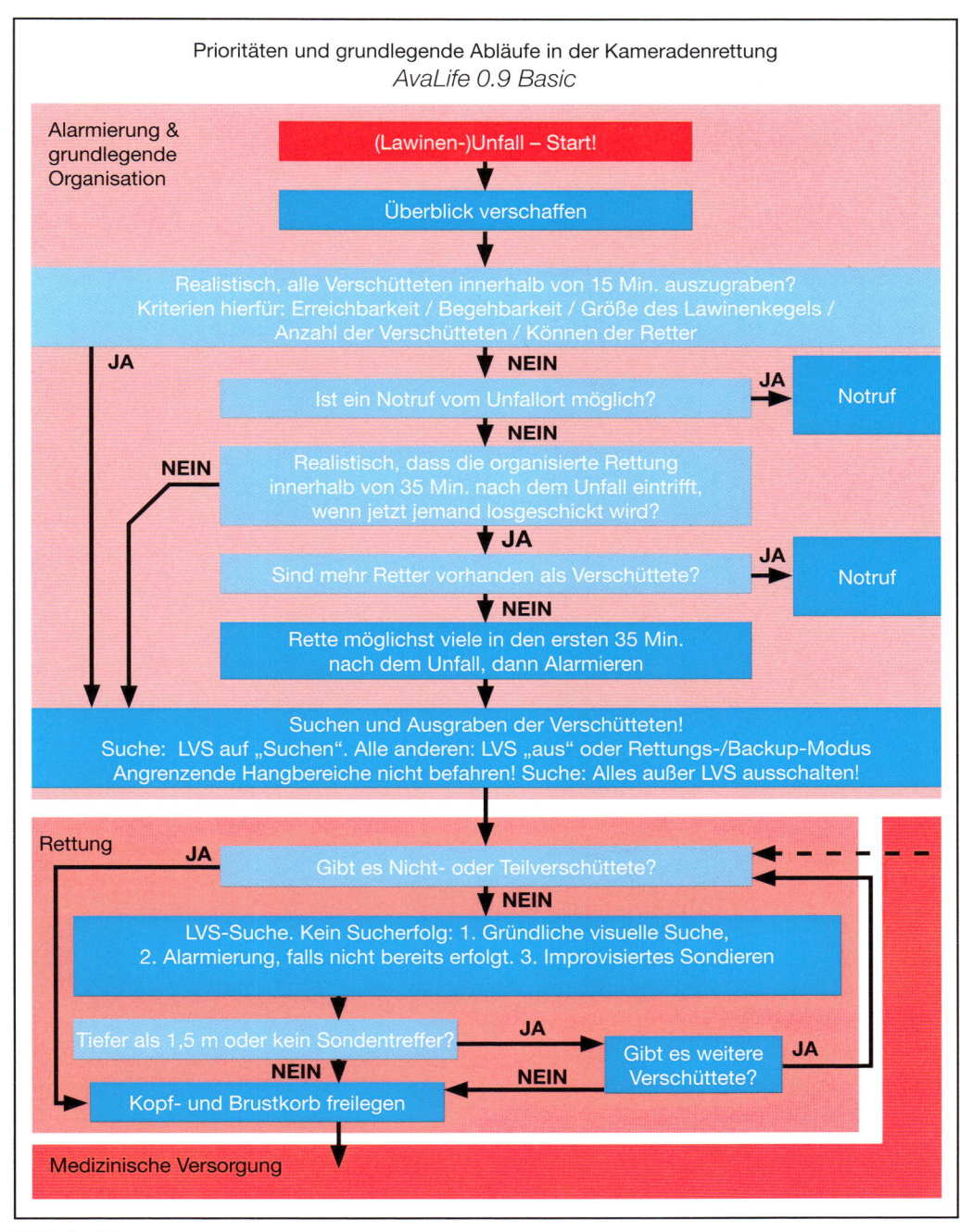

Prioritäten und grundlegende Abläufe in der Kameradenrettung
AvaLife 0.9 Basic

Alarmierung & grundlegende Organisation

(Lawinen-)Unfall – Start!

Überblick verschaffen

Realistisch, alle Verschütteten innerhalb von 15 Min. auszugraben?
Kriterien hierfür: Erreichbarkeit / Begehbarkeit / Größe des Lawinenkegels / Anzahl der Verschütteten / Können der Retter

JA → / NEIN ↓

Ist ein Notruf vom Unfallort möglich? → JA → Notruf
NEIN ↓

Realistisch, dass die organisierte Rettung innerhalb von 35 Min. nach dem Unfall eintrifft, wenn jetzt jemand losgeschickt wird? — NEIN →
JA ↓

Sind mehr Retter vorhanden als Verschüttete? → JA → Notruf
NEIN ↓

Rette möglichst viele in den ersten 35 Min. nach dem Unfall, dann Alarmieren

Suchen und Ausgraben der Verschütteten!
Suche: LVS auf „Suchen". Alle anderen: LVS „aus" oder Rettungs-/Backup-Modus
Angrenzende Hangbereiche nicht befahren! Suche: Alles außer LVS ausschalten!

Rettung

JA ← Gibt es Nicht- oder Teilverschüttete?
NEIN ↓

LVS-Suche. Kein Sucherfolg: 1. Gründliche visuelle Suche, 2. Alarmierung, falls nicht bereits erfolgt. 3. Improvisiertes Sondieren

Tiefer als 1,5 m oder kein Sondentreffer? → JA → Gibt es weitere Verschüttete? → JA ↑
NEIN ↓ ← NEIN

Kopf- und Brustkorb freilegen

Medizinische Versorgung

029:1 AvaLife

KAMERADENRETTUNG 197

AvaLife Flowchart

Rettung ← JA — Ist es realistisch, die weiteren Verschütteten ohne externe Hilfe zu orten und auszugraben?

Medizinische Versorgung

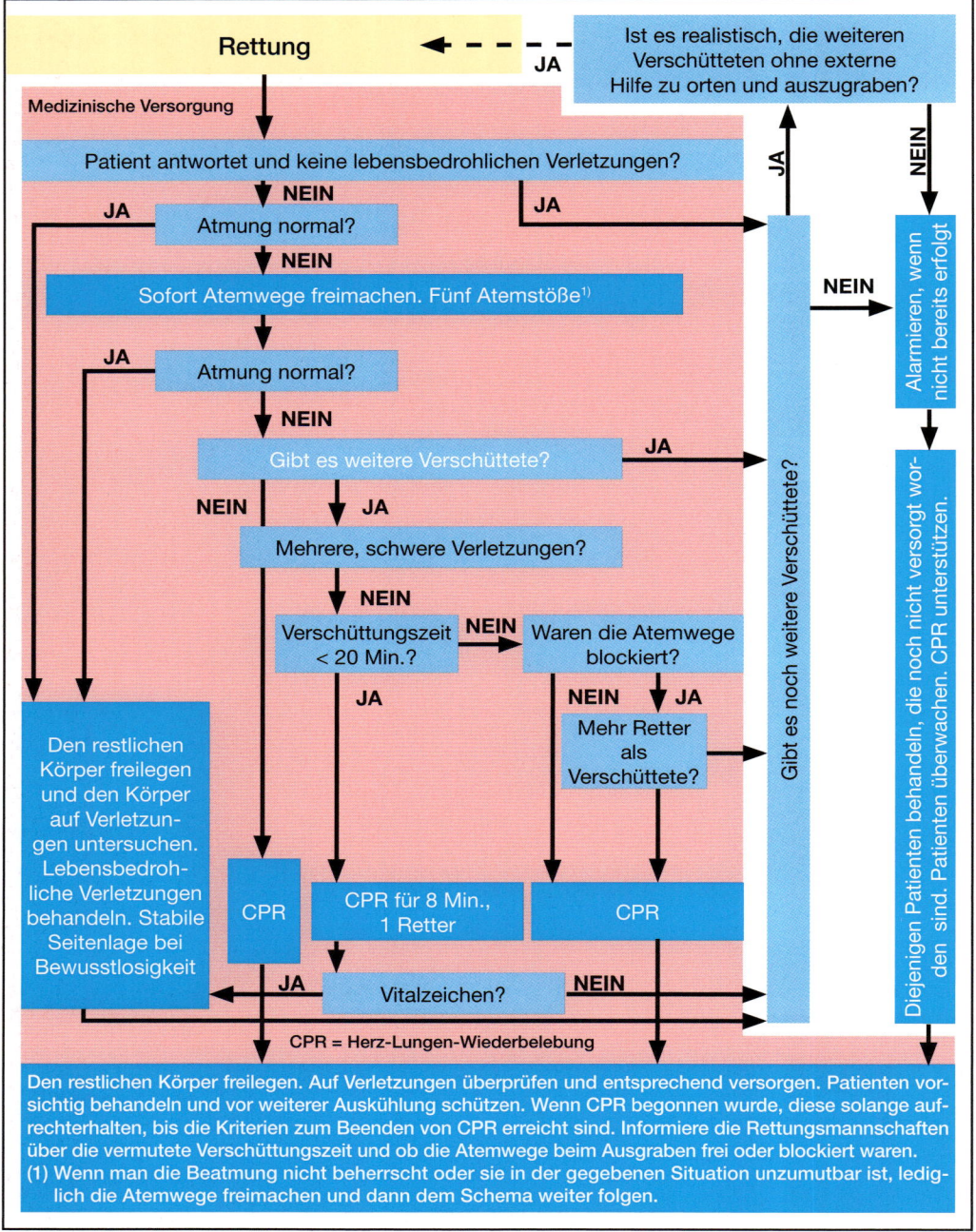

- Patient antwortet und keine lebensbedrohlichen Verletzungen?
  - JA → Den restlichen Körper freilegen und den Körper auf Verletzungen untersuchen. Lebensbedrohliche Verletzungen behandeln. Stabile Seitenlage bei Bewusstlosigkeit.
  - NEIN → Atmung normal?
    - JA → Gibt es noch weitere Verschüttete?
    - NEIN → Sofort Atemwege freimachen. Fünf Atemstöße[1]
      - Atmung normal?
        - JA → (zurück zur Körperuntersuchung)
        - NEIN → Gibt es weitere Verschüttete?
          - NEIN → CPR
          - JA → Mehrere, schwere Verletzungen?
            - JA → CPR für 8 Min., 1 Retter
            - NEIN → Verschüttungszeit < 20 Min.?
              - JA → CPR für 8 Min., 1 Retter
              - NEIN → Waren die Atemwege blockiert?
                - NEIN → Mehr Retter als Verschüttete?
                  - JA → CPR
                  - NEIN → Gibt es noch weitere Verschüttete?
                - JA → CPR
- Vitalzeichen?
  - JA → (Körperuntersuchung)
  - NEIN → (Gibt es noch weitere Verschüttete?)

Gibt es noch weitere Verschüttete?
- JA → (zurück zu „Ist es realistisch...")
- NEIN → Alarmieren, wenn nicht bereits erfolgt. Diejenigen Patienten behandeln, die noch nicht versorgt worden sind. Patienten überwachen. CPR unterstützen.

CPR = Herz-Lungen-Wiederbelebung

Den restlichen Körper freilegen. Auf Verletzungen überprüfen und entsprechend versorgen. Patienten vorsichtig behandeln und vor weiterer Auskühlung schützen. Wenn CPR begonnen wurde, diese solange aufrechterhalten, bis die Kriterien zum Beenden von CPR erreicht sind. Informiere die Rettungsmannschaften über die vermutete Verschüttungszeit und ob die Atemwege beim Ausgraben frei oder blockiert waren.
(1) Wenn man die Beatmung nicht beherrscht oder sie in der gegebenen Situation unzumutbar ist, lediglich die Atemwege freimachen und dann dem Schema weiter folgen.

029:2 AvaLife

---

menfasst. Insbesondere wenn mehr als ein Verschütteter vorhanden ist und die vorhandenen Ressourcen nicht ausreichen, um allen Hilfsbedürftigen zeitgleich zu helfen, kann mittels AvaLife versucht werden die Gesamtüberlebenschance zu verbessern.

AvaLife wird weiter optimiert – eine druckfähige Version des jeweils aktuellsten AvaLife ist auf der Website www.powderguide.com erhältlich.

007

ERSTE HILFE

Als sie versuchten, ihn zu bewegen, schrie er vor Schmerzen auf. Erst nachdem ihm der Notarzt eine zweite Morphiumspritze verabreicht hatte, beruhigte er sich und sie konnten ihn auf die Trage heben.

Wie so viele Hobbyskifahrer hatte auch er immer davon geträumt, einmal in einem Hubschrauber durch die Alpen zu fliegen. So aber hatte er sich das nicht vorgestellt. Später sagte er sogar, es sei eine Schande, sich nicht einmal mehr an den Flug erinnern zu können.

Er war ein Freund eines Freundes aus der Ski-Bum-Community, der für ein paar Wochen bei uns in Verbier zu Besuch war. Damals fuhren wir alle Telemark und bis auf ihn hatte der Rest der Gruppe das den ganzen Winter lang jeden Tag gemacht. Wir waren also ziemlich fit. Jener Unglückstag war ein perfekter Powdertag, an dem einfach niemand mit dem Skifahren aufhören konnte. Am Ende des Tages waren wir alle völlig erschöpft. Trotzdem wollten wir unbedingt noch eine letzte Abfahrt machen. Die berüchtigte letzte Abfahrt – ich weiß noch genau, wie müde ich war und kann mir nur zu gut vorstellen, wie sich unser Gast damals gefühlt haben muss.

Am Ende der Abfahrt musste man etwa einen Meter hinunter auf die Piste springen. Unser Gast war einfach zu erschöpft, um seine Ski dabei noch zu kontrollieren. Bei der Landung glitt ein Ski zur Seite und er renkte sich die Hüfte aus. Der Oberschenkel sprang aus dem Gelenk und seine Muskeln verkrampften sich. Es war unmöglich, das Bein wieder einzurenken. Er ließ sich nicht mal anfassen.

Dieser Unfall wurde nicht durch gravierende Fehler verursacht. Bis dahin war das einfach ein ganz normaler Skitag – und genau darum geht es. Die Abfahrt oder die Route müssen nicht dramatisch sein, damit ein Unfall dramatisch wird. Und man kann sich definitiv nicht aussuchen, wann, wo oder wie etwas passiert. Man kann nur darauf vorbereitet sein.

Wenn wir uns in abgelegenen Gegenden befinden, ist es im Notfall schwierig oder sogar unmöglich, professionelle Hilfe zu rufen. Wir sollten darauf vorbereitet sein, dass wir auf uns selbst gestellt sind. Planen wir expeditionsartige Unternehmungen, werden wir im Zweifelsfall sogar überlegen, jemanden mit medizinischer Ausbildung mitzunehmen. In vielen Situationen können wir mit den passenden Grundkenntnissen und einem kleinen, sinnvoll ausgestatteten Erste-Hilfe-Pack ordentliche Erste Hilfe leisten und sogar Leben retten. Vorausgesetzt, wir haben die nötigen Kenntnisse: Jeder in der Gruppe sollte daher eine Grundausbildung in Erster Hilfe haben und wissen, was im Ernstfall zu tun ist. Nur so lassen sich Notfallsituationen meistern! Auch wenn fast jeder von uns im Leben schon einmal einen Erste-Hilfe-Kurs in irgendeiner Form gemacht hat, sind die darin erworbenen Kenntnisse meist nicht annähernd ausreichend, wenn wir uns denn überhaupt noch ausreichend an die Lerninhalte erinnern können. Daher empfiehlt es sich, in entsprechenden Kursen eine für den Bergsport angepasste Ausbildung in Erster Hilfe zu absolvieren. Wenn wir ohne diese Kenntnisse losziehen, handeln wir verantwortungslos unseren Kameraden gegenüber, die sich im Ernstfall auf uns verlassen (müssen)!

Das Ziel dieses Kapitels ist, die wichtigsten Grundlagen abzudecken und Eindrücke zu vermitteln, wie wir einen Verletzten erstversorgen und am Leben halten, bis die professionelle Bergrettung eintrifft. Die Szenarien in diesem Buch decken Situationen ab, in denen uns professionelle Hilfe innerhalb von 24 Stunden erreichen kann. Für eine ausführlichere Anleitung für „Erste Hilfe Outdoor" ist das gleichnamige Buch von Peter Oster aus dem ZIEL-Verlag (3. Auflage 2013) sehr empfehlenswert.

AUSRÜSTUNG

Erste-Hilfe-Tasche Wir bewahren das Erste-Hilfe-Material in einer wasser- und schmutzabweisenden, verschließbaren Tasche auf. Wasserdichte Taschen müssen wir offen lagern, damit der Inhalt nicht schimmelt. Die Materialien sollten übersichtlich angeordnet und nicht einfach nur in einem Beutel verstaut sein. Im Handel gibt es spezielle Erste-Hilfe-Sets für Outdoor- und Bergsport, wobei eine Differenzierung nach verschiedenen Outdoor-Sportarten aus medizinischer Sicht unnötig ist.

Erste-Hilfe-Handschuhe aus Vinyl, Latex oder Nitril sind aus hygienischen Gründen Pflicht bei der Wundversorgung.

Schere und Pinzette Eine hochwertige Schere und Pinzette sind wirklich sinnvolle Hilfsmittel bei der Ersten Hilfe. Die Schere sollte dabei ein stumpfes und ein spitzes Ende haben und keine Billigversion sein, wie man sie in den meisten Auto-Verbandskästen findet. Im Fall von schweren Verletzungen muss man mit der Schere auch stabile Kleidung aufschneiden können.

Desinfektionsmittel Alkoholtupfer zur Desinfektion des Wundumfelds und gegebenenfalls ein Wunddesinfektionsmittel, mit dem man Erfahrung hat.

Kompressen/Wundauflagen Sterile, nicht haftende Kompressen sind vielseitig verwendbar.

Verbandpäckchen Diese steril verpackten Mullbinden mit integrierter Wundauflage machen es kinderleicht, Wunden zu verbinden.

Wundschnellverband Oft besser als Pflaster bekannt, eignen sich Wundschnellverbände hervorragend, um kleine Wunden zu versorgen.

Tape Ein gutes Tape ist äußerst vielseitig und hilfreich, um Blasen abzukleben, Verbände zu fixieren, Finger zu schienen oder andere kleinere Wehwehchen zu versorgen. Es lohnt sich, zu etwas höherwertigem Sport-Tape zu greifen.
Rettungsfolie/Biwaksack, um den Verletzten vor Wind, Wetter und Unterkühlung zu schützen
Elastische Kohäsivbinde Diese selbsthaftenden Binden eignen sich hervorragend für Stützverbände.
Dreiecktuch zur Fixierung von Kompressen, als Tragering zum Verletztentransport, als Armtragetuch und als Hilfsmittel zur Schienung.
Blasenpflaster Spezielle Blasenpflaster sind sehr empfehlenswert!
SAM Splint® Eine leicht formbare Aluschiene, insbesondere zur Schienung von Arm und Bein sowie zur behelfsmäßigen Ruhigstellung (Immobilisierung) der Halswirbelsäule.
Medikamente Vor längeren Touren/Expeditionen sollten wir uns ärztlich beraten lassen und für uns verschriebene Medikamente mitnehmen.
Handy/Funkgerät/Notrufgerät/Satellitentelefon Ohne Kommunikationsmöglichkeit können wir keine Hilfe anfordern, daher sollten wir die für die Region und Unternehmung passenden Kommunikationsgeräte mitnehmen.

Nach einem Unfall muss zunächst die Gesamtsituation in Ruhe beurteilt werden. Wie immer im Gebirge steht unsere eigene Sicherheit und die unserer Mithelfer an erster Stelle. Wir dürfen die Situation nicht verkomplizieren, indem wir selbst zum Patienten werden. An zweiter Stelle steht die Sicherheit des Patienten. Wenn er in akuter Gefahr schwebt (z. B. Absturzgelände, Steinschlag), müssen wir versuchen, ihn zu retten und die Situation abzusichern.

Sobald wir einen Überblick gewonnen und festgestellt haben, dass externe Hilfe benötigt wird, gibt es zwei Möglichkeiten: In Gebieten mit Mobilfunkempfang, wenn funk- bzw. satellitengestützte Notrufgeräte verfügbar sind oder wenn wir jemanden aus der Gruppe losschicken können, sollten wir sofort Hilfe anfordern. Andernfalls kümmern wir uns zuerst um den Patienten – wenn die Rettung ohnehin mehrere Stunden dauert, kommt es auf eine Verzögerung von 15 Minuten nicht weiter an. Die ersten Maßnahmen sind aber sehr wichtig – möglicherweise überlebenswichtig.

Um sicherzugehen, dass wir in der richtigen Reihenfolge vorgehen, sollten wir uns an das ABC-Schema halten. Wir dürfen uns nicht von einem gebrochenen Oberschenkel ablenken lassen, bevor wir die Atemwege kontrolliert haben. ABC steht für Airway (Atemwege), Breathing (Atmung) und Circulation (Kreislauf).

Tipp: Immer wenn wir etwas getan haben, sollten wir den Effekt anhand des ABC-Schemas überprüfen. Es spielt keine Rolle, wie gut wir ein gebrochenes Bein verarzten, wenn wir die Atemwege nicht freihalten.

Das ABC-Schema ist bei allen lebensbedrohlichen medizinischen Notfällen anwendbar, allerdings geht es in diesem Kapitel vor allem um Verletzungen, nicht um akute Erkrankungen wie Asthma oder Epilepsie. Um noch mehr über Erste Hilfe zu lernen, sollte man einen entsprechenden Kurs besuchen, am besten eine schneesport- oder outdoorspezifische Variante. Viele Maßnahmen, z. B. die Herz-Lungen-Wiederbelebung, kann man aus einem Buch genauso wenig lernen wie Skifahren, Klettern oder Spaltenbergung.

LEBENSRETTENDE SOFORTMASSNAHMEN — ABC

Wenn wir uns einen Überblick über die Gesamtsituation verschafft und den Patienten aus unmittelbarer Gefahr gerettet haben, legen wir unter den Helfern fest, wer sich um das Organisatorische (z. B. Hilfe holen) kümmert und wer mithilfe des ABC-Schemas den Patienten auf unmittelbar lebensbedrohliche Probleme untersucht und ihn entsprechend behandelt.

A: AIRWAY (ATEMWEGE), INKLUSIVE STABILISIERUNG DER HALSWIRBELSÄULE

Wir knien uns neben den Patienten und sprechen ihn an (Abb. 001). Wir fragen, was passiert ist. Wenn er prompt reagiert und sich daran erinnert, was passiert ist, ist er bei klarem Bewusstsein. Wir fragen ihn, ob er gut Luft bekommt oder ob er Schmerzen beim Atmen hat. Wenn das der Fall ist, müssen wir ein „B-Problem" behandeln (siehe S. 206, Breathing).

Bei einem Verletzten sollten wir an dieser Stelle auch sofort an die Ruhigstellung der Halswirbelsäule (HWS) denken. Wenn wir einen SAM Splint® zur Verfügung haben, folgen wir der Anleitung in Abbildung 007. Dazu passen wir den SAM Splint am besten zuerst an uns oder einem unverletzten Gruppenmitglied grob an, bevor wir am Verunfallten hantieren. Ansonsten können wir bei Verdacht auf eine HWS-Verletzung den Kopf-Hals-Bereich mit den Händen stabilisieren, das geht insbesondere beim liegenden Patienten ganz gut.

Wenn der Patient auf Ansprechen nicht oder nur ein wenig reagiert, dann ist er zumindest bewusstseinsgetrübt. Wir schütteln ihn leicht an den Schultern und fragen laut: „Ist alles in Ordnung?" Wenn er darauf nicht reagiert, ist er bewusstlos.

VORGEHEN BEI BEWUSSTLOSEN PATIENTEN

Sind andere mögliche Retter bzw. Personen in der Umgebung, rufen wir sofort laut um Hilfe (Abb. 002). Dann drehen wir den Bewusstlosen auf den Rücken und befreien seine Atemwege: Wir legen eine Hand auf seine Stirn und halten das Kinn mit zwei Fingern nach oben, sodass sich sein Kopf nach hinten in den Nacken legt („Kopf überstrecken").

Jetzt halten wir Wange und Ohr über Mund und Nase des Patienten und überprüfen mindestens 6, höchstens 10 Sekunden lang durch Sehen, Hören und Fühlen, ob er normal atmet:
- den Brustkorb beobachten, auf Atembewegungen achten
- auf Atemgeräusche hören
- Wir fühlen seine warme Ausatemluft an unserer Wange.

Auch wenn unser Patient normal atmet, drohen durch die Bewusstlosigkeit zwei Gefahren: das Zurücksinken des Zungengrundes und das „Anatmen" (Aspiration) von zurücklaufendem Mageninhalt. Gegen die erste Gefahr hilft das Überstrecken des Kopfes, gegen die zweite Gefahr das Tieflagern des Mundes, damit der Mageninhalt abfließen kann. Beide Gefahren auf einmal bekämpfen wir mit der Seitenlage.

Wichtig ist, dass wir den Sinn der Seitenlage wirklich verstehen – sonst könnte es vorkommen, dass wir einen Patienten hangaufwärts rollen und somit der Mundwinkel nicht der tiefste Punkt ist. Oder wir kommen auf die (falsche) Idee, einen Verletzten nicht auf die Seite zu drehen, weil wir seine Wirbelsäule scho-

Nach einem Unfall muss zunächst die Gesamtsituation in Ruhe beurteilt werden. Wie immer im Gebirge steht unsere eigene Sicherheit und die unserer Mithelfer an erster Stelle. Wir dürfen die Situation nicht verkomplizieren, indem wir selbst zum Patienten werden.

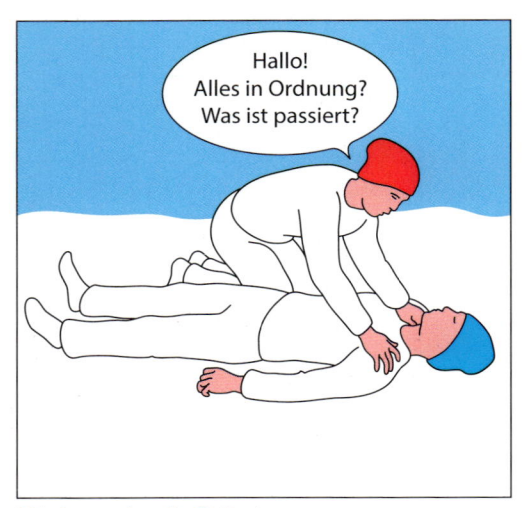

001 Ansprechen des Patienten

002:1 Vorgehen bei bewusstlosen Patienten

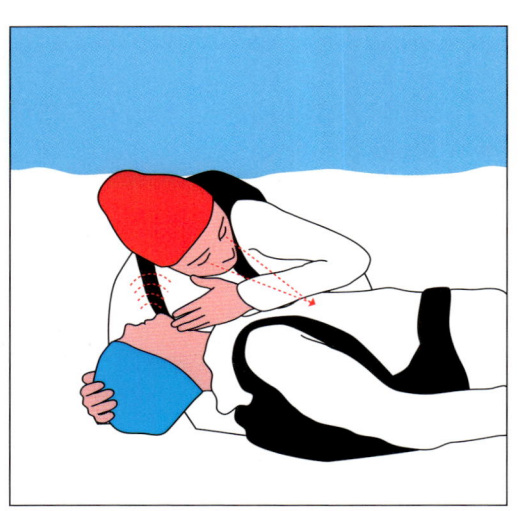

002:2 Atemkontrolle: sehen, hören, fühlen

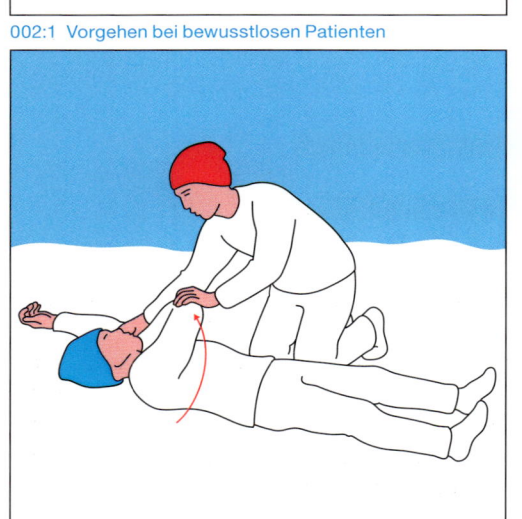

002:3 Stabile Seitenlage: Ein Arm wird über die Brust an das Ohr der anderen Seite geführt.

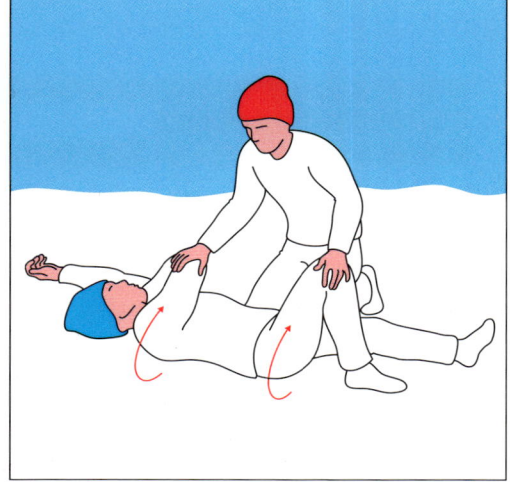

002:4 Das auf der Seite des angewinkelten Arms liegende Bein wird angewinkelt und der Patient an Arm und Bein auf die Seite gedreht.

204 ERSTE HILFE

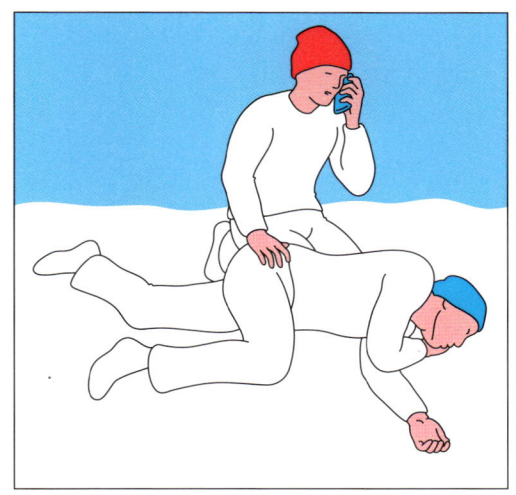

002:5 Mit überstrecktem Kopf ist der Patient stabil gelagert und wir können Hilfe rufen.

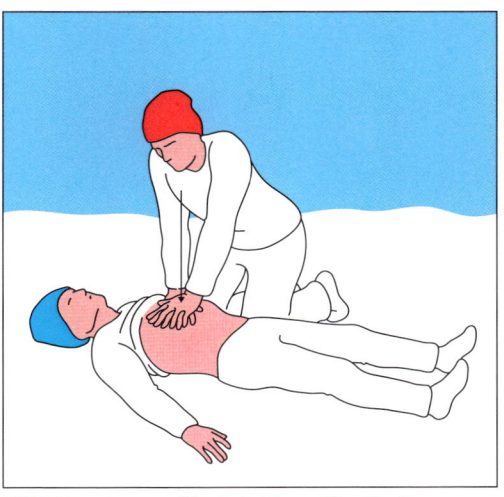

003:1 Herz-Lungen-Wiederbelebung: Brustkorbkompressionen

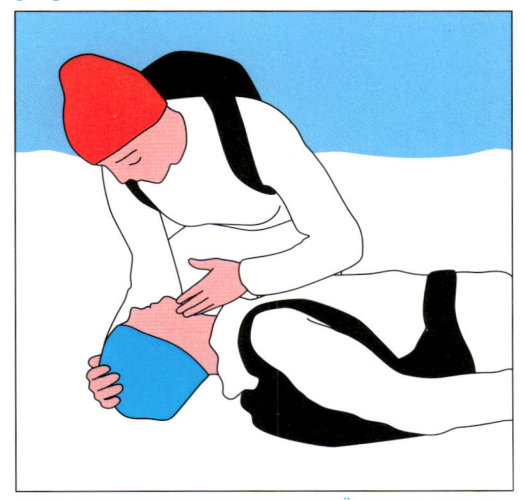

003:2 Befreiung der Atemwege durch Überstrecken des Kopfes

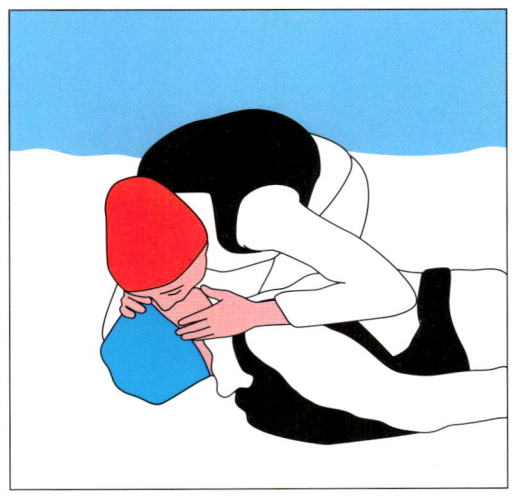

003:3 Beatmung

nen wollen. Beim normal atmenden Bewusstlosen gilt unter allen Umständen: „Kopf überstreckt" und „Mundwinkel tief". (Am Hang erreichen wir das durch parallele Lage zum Hang mit dem Mund in Richtung Tal.)

Wenn der Patient nicht normal atmet, müssen wir eine Herz-Lungen-Wiederbelebung durchführen:

Wir knien uns neben den Patienten und machen seinen Oberkörper frei. Dann legen wir den Ballen einer Hand auf die Mitte seiner Brust. Wir legen die zweite Hand darauf und verschränken die Finger. Dabei müssen wir darauf achten, nur auf das Brustbein und nicht auf die Rippen zu drücken. Nun drücken wir mit gestreckten Armen den Brustkorb des Patienten mindestens 5 cm tief zusammen. Anschließend entlasten wir den Brustkorb vollständig, lassen jedoch den Hautkontakt bestehen, damit wir nicht verrutschen. Wir drücken 30-mal schnell hin-

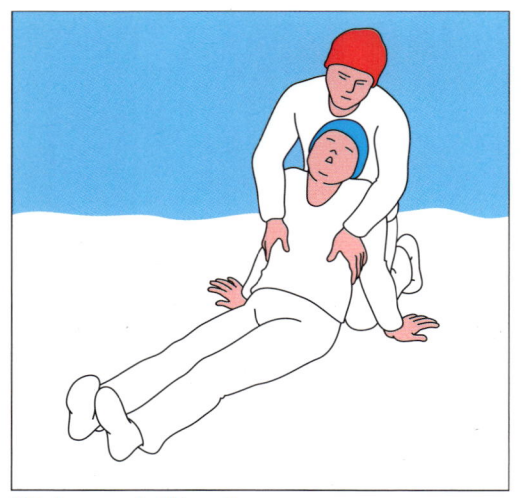

004 Lagerung bei Atemstörungen

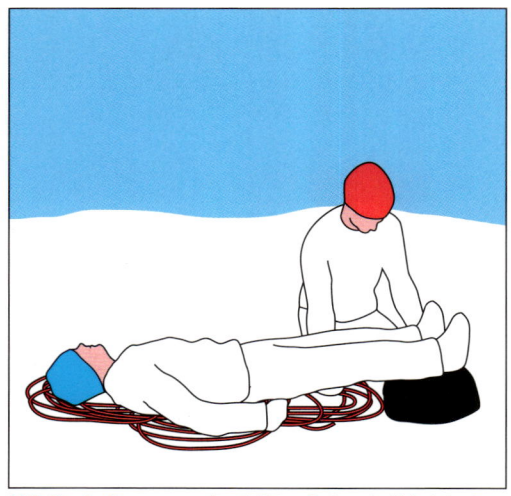

005 Flache Lagerung mit erhöhten Beinen bei Kreislaufproblemen

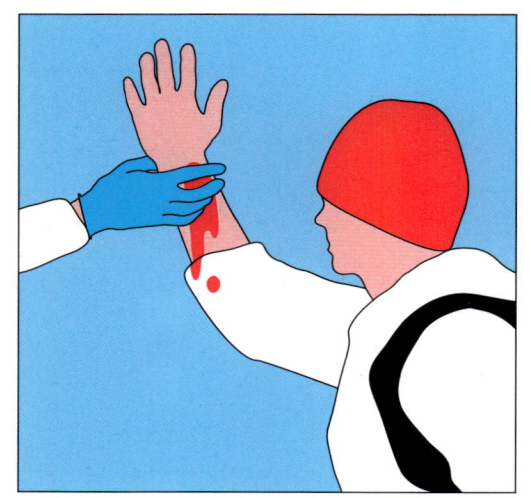

006:1 Druck auf die Wunde ausüben und hoch halten

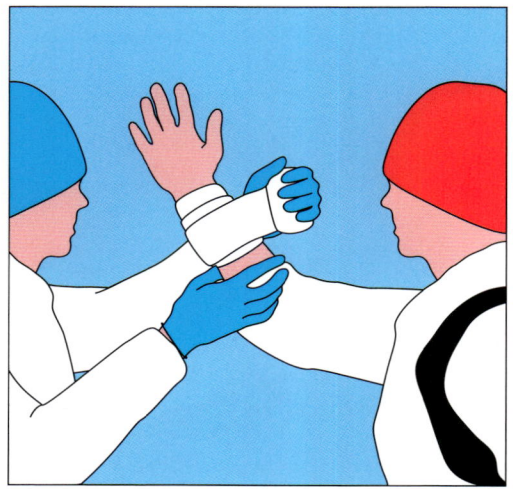

006:2 Wunde verbinden

tereinander, etwas weniger als zwei Kompressionen pro Sekunde. Auf die 30 Kompressionen folgen zwei Beatmungen. Wir machen die Atemwege durch Überstrecken frei, halten die Nase zu und legen unsere Lippen um den Mund des Patienten. Wir blasen während einer Sekunde Luft in die Atemwege des Patienten, sodass sich der Brustkorb wie bei einer normalen Einatmung hebt. Dabei beobachten wir bei der Ausatmung den Brustkorb und machen gleich danach die zweite Beatmung. Beide Beatmungen zusammen sollten nicht mehr als 5 Sekunden lang dauern. Nun folgen wieder 30 Brustkorbkompressionen und so weiter.

B: BREATHING (ATMUNG) Bei „A" haben wir den Patienten gefragt, ob er gut Luft bekommt. Wenn das nicht der Fall ist, wir unnatürliche Atemgeräusche hören oder die Lippen des Patienten blau gefärbt sind, besteht in der Regel Lebensgefahr! Hinzu kommt, dass Patienten mit Atemproblemen oft große Angst haben und aufgeregt sind, was den Sauerstoffbedarf zusätzlich steigert.

Die Ursachen für Atemstörungen sind vielfältig:
- Blockierung der Atemwege (Verschüttung in einer Lawine)
- Schädigung des Atemzentrums (Schädel-Hirn-Verletzungen)
- akute Erkrankungen (z. B. Asthma)
- Brustkorbverletzung
- „dünne Luft" in Höhen über 3000 m

Um eine Atemstörung zu bekämpfen, gehen wir zunächst – wenn möglich – gegen die Ursache vor: Bei Lawinenverschüttung muss die Kameradenrettung möglichst schnell gehen. Bei akuten Erkrankungen hilft eventuell ein Medikament, falls der Patient ein solches bei sich hat. Patienten mit Brustkorbverletzung lagern wir vorsichtig auf die verletzte Seite, um die gebrochenen Rippen ruhigzustellen und die gesunde Seite zu entlasten. Außerdem werden dadurch die schmerzenden Atembewegungen auf der verletzten Seite gering gehalten. Bei Atemproblemen aufgrund großer Höhe hilft insbesondere der zügige Abstieg.

Zusätzlich hilft es, den Patienten zu beruhigen und warm einzupacken. Beides senkt den Sauerstoffbedarf seines Körpers, die beeinträchtigte Atmung ist also nicht mehr ganz so schlimm.

Die richtige Lagerung bei Atemproblemen ist natürlich diejenige, in der unser Patient am besten Luft bekommt. Das ist in der Regel im Sitzen mit erhöhtem Oberkörper der Fall, am besten entspannt nach hinten angelehnt und mit aufgestützten Armen (Abb. 004).

C: CIRCULATION (KREISLAUF) Der Blutkreislauf hat die Aufgabe, den von der Lunge aufgenommenen Sauerstoff im Körper zu verteilen. Er ist also genauso lebenswichtig wie die Atmung.

Um den Kreislauf zu beurteilen, können wir an verschiedenen Stellen des Körpers den Puls fühlen. Ohne Übung ist das aber recht schwierig.
Wir achten daher bei dem Verletzten am besten auf andere Kreislaufzeichen: Eine blasse Haut spricht für eine Kreislaufstörung oder eine Unterkühlung. Besonders im Zusammenhang mit einer Verletzung kann blasse Haut darauf hinweisen, dass der Patient viel Blut verloren hat und einen lebensbedrohlichen Schock entwickelt. Eine gerötete Haut kann auf eine schwere allergische Reaktion oder einen Hitzschlag hinweisen.

Lagerung bei Kreislaufproblemen Patienten mit Kreislaufproblemen lagert man am besten flach. Wenn keine Verletzungen dagegen sprechen (z. B. Beinbrüche, Kopfverletzungen) und der Patient das nicht als unangenehm empfindet, kann man die Beine erhöht lagern (Abb. 005).

Innere Blutungen Wenn durch eine schwere Verletzung Blutgefäße oder Organe im Körperinneren verletzt sind (z. B. Milzriss), hilft nur ein professioneller, schneller Abtransport in den nächsten Operationssaal.

Blutungen nach außen Bedrohliche Blutungen sollten wir so schnell wie möglich finden. Dafür müssen wir zunächst kleinere Verletzungen ignorieren. Ein Mensch kann bis zu einen halben Liter Blut (so viel wird beim Blutspenden entnommen) verlieren, ohne dass die Gesundheit beeinträchtigt wird. Das sieht bei einem Unfall nach sehr viel Blut aus, ist aber kein Grund zur Panik. Vor allem Kopfverletzungen bluten sehr stark und sehen besorgniserregend aus, die Blutung

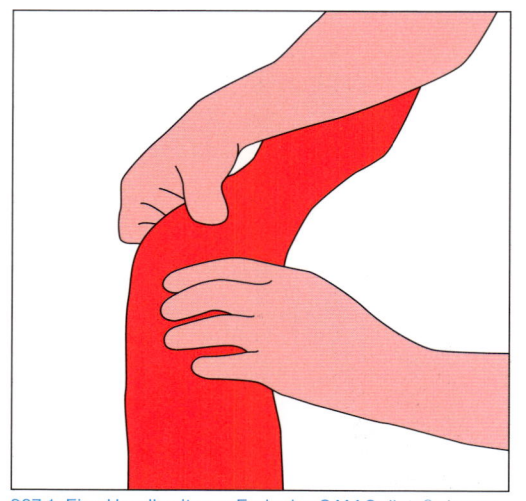

007:1 Eine Handbreit vom Ende des SAM Splints® abmessen

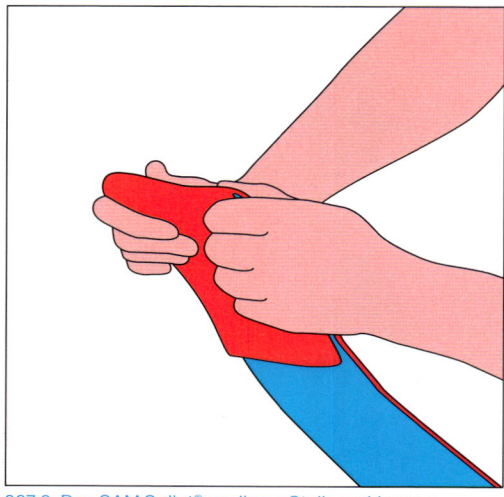

007:2 Den SAM Splint® an dieser Stelle umklappen

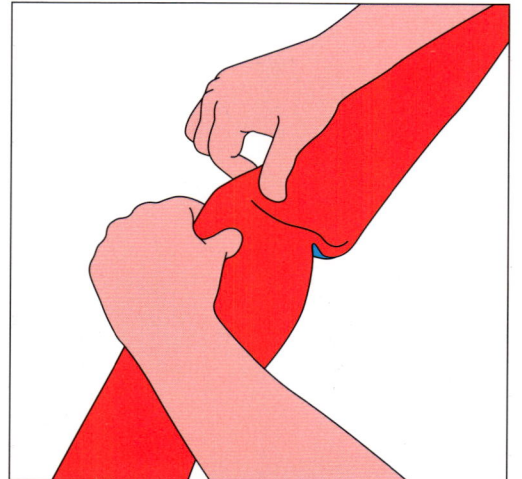

007:3 Den Rand umbiegen und an die Form des Kinns anpassen

007:4 Am eigenen Kinn oder dem Kinn eines unverletzten Gruppenmitglieds anlegen

selbst ist aber selten lebensbedrohlich. (Achtung: Bei schlimmen Kopfverletzungen liegt fast immer auch eine Gehirnverletzung vor – diese kann durchaus lebensbedrohlich sein!)

Bedrohliche Blutungen werden gestillt, indem man Druck auf den Bereich der Wunde ausübt. Wir versuchen, den verletzten Körperteil möglichst hoch zu lagern. Wir bringen einen gepolsterten Druckverband an. Ist der erste Verband blutdurchtränkt, bringen wir einen weiteren darüber an (Abb. 006).

Wir sollten nicht zögern, Kleider aufzuschneiden, um eine Wunde untersuchen zu können und die Blutung zu stillen. Dafür verwendet man am besten eine Schere mit abgerundeten Spitzen, die wir in unserer Erste-Hilfe-Ausrüstung haben sollten. Arme oder Beine werden nie abgebunden, um Blutungen zu stillen.

In jedem Fall ist Wärmeerhaltung (warme Kleidung, Rettungsdecke) sinnvoll.

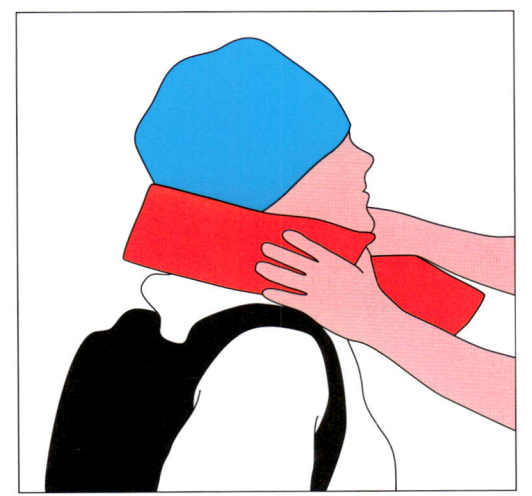

007:5 SAM Splint® locker um den Hals legen, sodass er das Brustbein berührt und das Kinn stützt

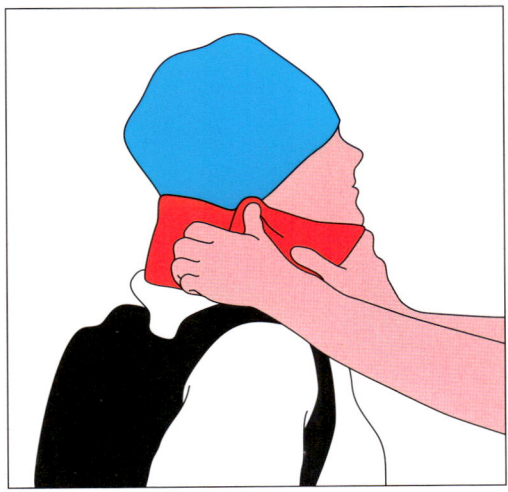

007:6 Die Ränder für zusätzliche Stabilität zusammendrücken

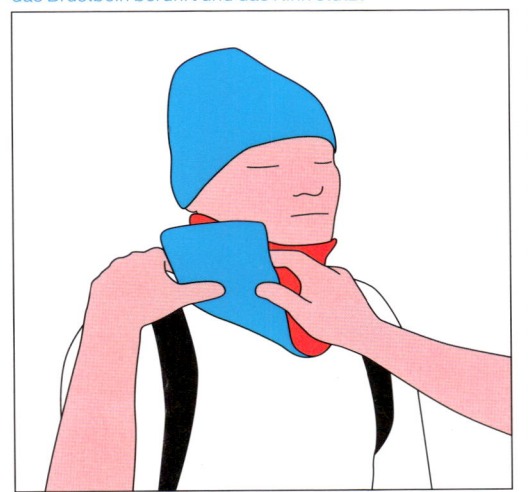

007:7 Überschüssiges Material umklappen

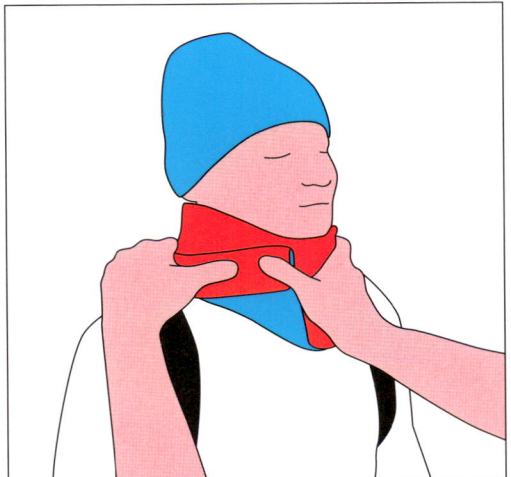

007:8 Mit Tape oder einem Verband befestigen

WEITERE ERSTE HILFE

Die lebensrettenden Sofortmaßnahmen (ABC) konzentrieren sich – wie der Name schon sagt – auf lebensbedrohliche Zustände.

Mit den übrigen Erste-Hilfe-Maßnahmen versuchen wir, Probleme zu erkennen und zu behandeln, die nicht unmittelbar lebensbedrohlich sind, z. B. Knochenbrüche oder kleinere Wunden. Können wir den Unfallort nicht verlassen oder nicht ins Tal gelangen, muss das Opfer stabilisiert und warm gehalten werden, bis Hilfe eintrifft.

Wir untersuchen den Patienten zunächst systematisch von Kopf bis Fuß. Dabei achten wir auf Wunden, Knochenbrüche und Gelenkverletzungen. Wenn wir ein Problem finden, öffnen oder zerschneiden wir die Kleidung und betrachten die Verletzung genau. Knochenbrüche und Gelenkverletzungen müssen immer ruhiggestellt werden, z. B. durch entsprechende Lagerung, mithilfe von Rucksäcken oder mit Schienen (SAM Splint®). Jede Wunde sollte druckfrei und steril verbunden werden.

Wir sollten fortwährend mit dem Patienten sprechen, ihn beruhigen, unsere Maßnahmen erklären und ihn fragen, was ihm gut tut. Dabei stellen wir Körperkontakt her, z. B. an der Schulter oder an der Hand – viele Patienten empfinden das als angenehm.

VORGEHEN BEI VERDACHT AUF SCHÄDEL-HIRN-VERLETZUNGEN Bei diesem Notfallbild ist die Beobachtung des Verlaufs noch wichtiger als bei anderen Störungen. Verschlechtert sich der Zustand des Patienten (z. B. Eintrübung nach anfänglicher Bewusstseinsklarheit), besteht meist akute Lebensgefahr! Also: Ständige Überwachung von Atmung und Kreislauf, wir lassen Patienten mit Kopfverletzungen nach Möglichkeit nie alleine. Wir halten die Atemwege frei, denn der Patient neigt zum Erbrechen. Und natürlich brauchen wir dringend eine Evakuierung per Hubschrauber.

Bewusstseinsgetrübte, normal atmende Patienten werden natürlich in die stabile Seitenlage gebracht (siehe S. 204, Abb. 002). Wache Patienten, bei denen kein Verdacht auf eine Wirbelsäulenverletzung besteht, lagern wir auf dem Rücken mit leicht erhöhtem Oberkörper zur Senkung des Schädelinnendrucks. ==Achtung:== Die Linie Oberkörper–Hals–Kopf nicht abknicken! Auf keinen Fall dürfen wir eine Schocklage mit erhöhten Beinen anwenden (Abb. 008).

VORGEHEN BEI VERDACHT AUF WIRBELSÄULENVERLETZUNGEN Wenn wir vermuten, dass der Patient eine Wirbelsäulenverletzung hat und wir nicht lange auf Hilfe von außen warten müssen, überlassen wir das Problem den Profis. Der Verletzte wird nicht bewegt, außer es ist für die Anwendung des ABC-Schemas unbedingt notwendig.

Das Hauptsymptom sind Schmerzen im Rücken oder Hals. Spürt der Patient Körperteile unterhalb eines bestimmten Bereiches nicht mehr, ist das als schweres Symptom zu werten. Steht der Patient nach dem Unfall auf, heißt das nicht automatisch, dass keine Verletzung vorliegt. Der Schmerz eines gebrochenen Armes kann beispielsweise den Schmerz einer Halswirbelverletzung überdecken, sodass der Patient den Schmerz in der Halswirbelsäule vielleicht zunächst nicht bemerkt.

Muss ein Patient mit Verdacht auf Wirbelsäulenverletzungen dennoch bewegt werden, etwa zur Rettung aus Gefahr oder um ihn bei sehr langen Rettungszeiten auf eine Isomatte zu legen, sollte die gesamte Wirbelsäule, vom Kopf zum Becken, in der Position bleiben, in der der Verletzte aufgefunden wurde. Der Patient wird so gedreht oder angehoben, als ob er ein Baumstamm wäre. Am einfachsten kann man ihn zu zweit oder zu mehreren bewegen.

Es ist wichtig, dass die Helfer koordiniert vorgehen, damit die Wirbelsäule nicht ungewollt bewegt wird. Die Person, die den Kopf hält, gibt Kommandos und zählt bis drei. Bevor der Patient bewegt wird, gibt dieser Helfer laute, klare Anweisungen, damit alle Bescheid wissen. Wird der Patient mithilfe seiner Kleidung bewegt, sollte man ihn am Gürtel anfassen und weite Kleidung durch Zusammenrollen straff ziehen. Bevor der Patient wieder abgelegt wird, sollte erneut bis drei gezählt werden, damit auch hier alle gleichzeitig arbeiten. Das Bewegen des Patienten sollte geübt werden (Abb. 009).

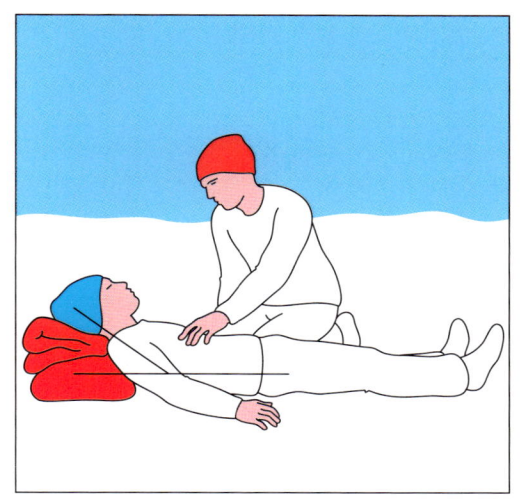

008 Lagerung mit erhöhtem Oberkörper bei Schädel-Hirn-Verletzungen

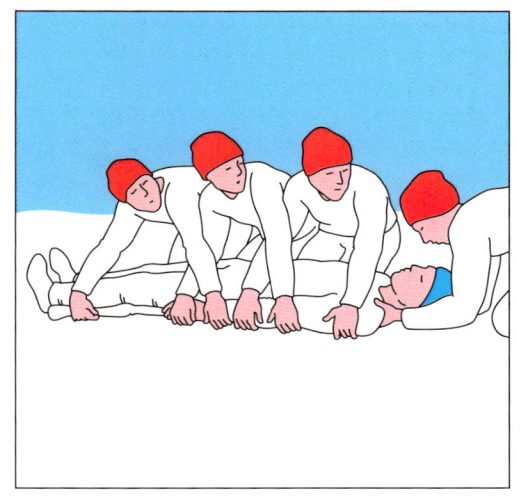

009 Anheben eines Patienten bei Verdacht auf Wirbelsäulenverletzungen

KNOCHENBRÜCHE UND GELENKSVERLETZUNGEN Verletzungen an Armen und Beinen sind die häufigsten medizinischen Probleme beim Skifahren. Bevor es um konkrete Erkennungszeichen und Maßnahmen geht, bedenken wir Folgendes: Eine sichere Diagnose eines Bänderrisses, Knochenbruches oder dergleichen ist ohne Röntgenbild oft schwierig bis unmöglich. Entscheidend ist jedoch auch weniger die Frage, ob das Band gerissen oder der Knochen gebrochen ist. Viel wichtiger ist: Kann der Patient mit dieser Verletzung die Tour fortsetzen, kann er sich selbst evakuieren oder muss er ausgeflogen werden? Bei Diagnostik, Ruhigstellung und weiterer Behandlung sollte dieser Frage mehr Raum gegeben werden als der Spekulation über die genaue Diagnose. Letztendlich kann nur der Patient entscheiden, wie er wieder nach Hause kommt. Wir unterstützen den Patienten dabei, diese Entscheidung aufgrund möglichst vieler, gut abgewogener Informationen zu treffen. Außerdem denken wir bei der Untersuchung der offensichtlichen Verletzung (z. B. Knie verdreht) immer daran, dass der Patient auch noch weitere Verletzungen (z. B. am Kopf) haben könnte. Diese sind unter Umständen viel gefährlicher!

Knochenbrüche Beim Vorliegen sicherer Erkennungszeichen wie sichtbarer Knochenenden, Beweglichkeit gelenkfreier Knochenabschnitte, Deformierung, Stufenbildung usw. kann auch ein Laie einen Knochenbruch sicher diagnostizieren. Wenn lediglich unsichere Erkennungszeichen wie Schmerzen, Schwellung, Bluterguss etc. festzustellen sind, ist eine verlässliche Diagnose meist nicht möglich. Insbesondere eine Differenzierung zu einer Prellung der Knochenhaut ist ein problematisches Unterfangen. Doch genau für dieses Problem gibt es ein für die Outdoorrettung sehr hilfreiches zusätzliches Anzeichen: den „Stauchungsschmerz". Wir stauchen bei der Untersuchung den vermutlich verletzten Knochen in Längsrichtung. Beispielsweise kann man beim Verdacht auf einen Beinbruch von unten her vorsichtig gegen die Ferse klopfen. Wenn das keine zusätzlichen Schmerzen verursacht, können wir den Fuß in die Hand nehmen und das Bein kräftiger in Längsrichtung stauchen. Wenn der Patient dann einen deutlichen, eventuell stechenden zusätzlichen Schmerz verspürt, müssen wir von einem Kno-

010 Ruhigstellen eines Armes mit Dreiecktuch

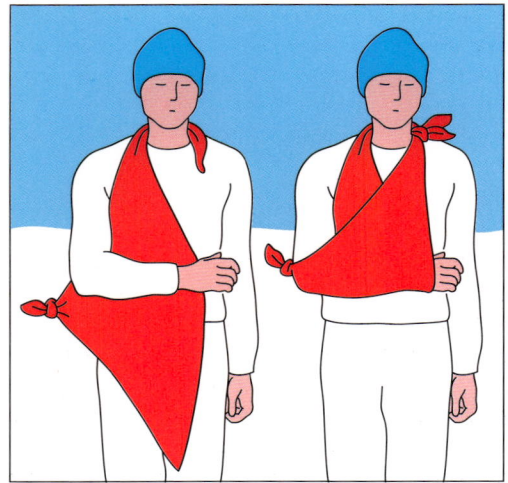

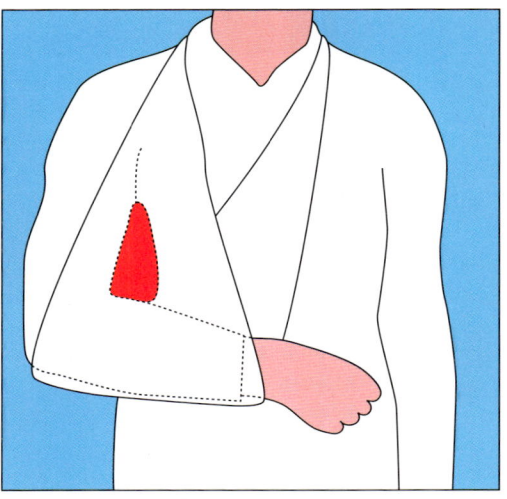

011 Ruhigstellen mit Polsterung

chenbruch ausgehen. Ferner lindert ein Längszug in der Regel die Schmerzen. Bei einer Prellung der Knochenhaut, die am Ort der Prellung ebenso schmerzhaft wie ein Bruch sein kann, bereitet die Stauchung keine besonderen Schmerzen.

Verstauchungen und Verrenkungen Bei einer Verstauchung wird das Gelenk kurzzeitig aus seiner normalen Lage gebracht. Dabei treten durch das Zerreißen kleiner Blutgefäße und die Verletzung des Gewebes fast immer mehr oder weniger große Blutergüsse und Schwellungen auf, in schwereren Fällen auch Risse der Gelenkkapsel oder Bänderrisse.

Eine Verrenkung ist eine bleibende Lageveränderung der gelenkbildenden Knochen, auf Deutsch: Der Gelenkkopf hüpft aus der Gelenkpfanne und bleibt draußen. Dieser Zustand wird oft dadurch stabilisiert, dass sich die umgebende Muskulatur zusammenzieht. Auch hier treten Schwellung, Blutergüsse sowie Kapsel- und Bänderrisse auf. Das Gelenk zeigt meist eine deutliche Deformierung und eine Bewegungseinschränkung. Ein leichtes Bewegen ist jedoch – im Vergleich zu einem Knochenbruch im Gelenkbereich – relativ schmerzarm möglich.

Handeln bei Knochenbrüchen und Gelenkverletzungen Die wichtigste Maßnahme bei diesen Verletzungen ist die Ruhigstellung. Zur vorübergehenden Immobilisierung eignet sich eine ruhige, gepolsterte Lagerung des verletzten Körperteils, beispielsweise auf einer Jacke, zwischen zwei Rucksäcken oder Ähnlichem. Manchmal kann man mit Schnee eine Lagerungshilfe bauen, die eine entspannte Ruhigstellung der Verletzung ermöglicht und dadurch Schmerzen lindert.

Der Schmerz einer ausgerenkten Schulter kann etwas gelindert werden, wenn vor der Ruhigstellung eine Polsterung (z. B. ein zusammengerollter Pullover) unter den Arm geklemmt wird (Abb. 010 und 011).

Wenn wir bei der Diagnostik festgestellt haben, dass ein achsengerechter Längszug (= Zug entlang einer durch die Extremität gedachten Längsachse, ohne die Extremität zu verdrehen) bei Knochenbrüchen die Schmerzen lindert, können wir ihn auch zur Behandlung anwenden. Vor allem bei kleineren Umlagerungsaktionen kann diese Technik dem Patienten helfen. Zusätzlich achten wir beim Umlagern natürlich darauf, den Knochenbruch gewissenhaft zu unterstützen: Am besten, es kümmert sich ein Helfer nur um die Ruhigstellung des Bruches. Bei Brüchen mit einer Wunde im Bruchbereich (sogenannte offene Brüche) müssen wir die Wunde schnellstmöglich steril bedecken. Bei offenen Knochenbrüchen darf keine Wunddesinfektion durchgeführt werden.

UNTERKÜHLUNG

Die Unterkühlung ist eine Störung des Körperwärmehaushalts, bei der die Körperkerntemperatur unter 35 °C absinkt. Ursache ist ein Energieverlust, der durch verschiedene Mechanismen zustande kommen kann: Kontaktwärmeleitung (z. B. in der Lawine), Strömungswärmeleitung (Windchill), Verdunstung (Regen, Schweiß) und Strahlung. Wird dieser Verlust nicht durch ausreichende Wärmeproduktion des Körpers ausgeglichen, weil der Mensch verletzt, überanstrengt oder in schlechter körperlicher Verfassung ist, kommt es zur Unterkühlung.

Leichte und lebensbedrohliche Unterkühlungen unterscheiden wir am (Nicht-)Zittern.

Bei einer leichten Unterkühlung funktionieren die Regulationsmechanismen des Körpers noch gut. Der Stoffwechsel ist gesteigert, um viel Wärme zu produzieren: Allein ein starkes Zittern kann die Stoffwechselrate auf das Fünf- bis Sechsfache erhöhen. Die Erregungssteigerung ist somit das wichtigste Erkennungszeichen für eine leichte Unterkühlung (Körperkerntemperatur über ca. 32 °C):
- Kältezittern
- Kalte, blasse Haut (eventuell auch grau/bläulich)
- Beschleunigter Puls
- Schmerzen an den Extremitäten

Da die Energiereserven des Körpers begrenzt sind, kann der Körper die hohe Stoffwechselaktivität bei anhaltender Kälte nicht unendlich lange aufrechterhalten. Je nach Situation kommt es daher (meist nach einigen Stunden) zur Erschöpfung und einer Erregungsabnahme. Wenn die folgenden Anzeichen einer lebensbedrohlichen Unterkühlung auftreten, besteht akute Gefahr (Körperkerntemperatur unter 32 °C):
- Kein Zittern mehr, Muskelstarre, Nachlassen der Schmerzempfindung
- Patient wird teilnahmslos, schläfrig, ab ca. 28–30 °C: Bewusstlosigkeit
- Verlangsamung von Puls und Atmung; beides flach, eventuell unregelmäßig

Bei einer Kerntemperatur von ca. 24 °C bricht der Kreislauf zusammen. Der Patient kann aber durch Wiederbelebung und spezielle, intensivmedizinische Aufwärmverfahren noch gerettet werden. Kühlt der Kern um weitere ca. 10 °C ab, ist der Patient richtiggehend „steif gefroren" und der Tod unumgänglich.

HANDELN BEI LEICHTER UNTERKÜHLUNG Weiteres Auskühlen vermeiden: Der Patient soll eventuell nasse Kleidung selbst ausziehen (im Windschatten!) und durch trockene ersetzen. Achtung: Wenn der Patient sich dafür „zu steif gefroren" fühlt, hat er eventuell schon eine lebensbedrohliche Unterkühlung. Dann wäre Bewegung höchst schädlich!

Wenn der Patient fit genug und unverletzt ist, soll er sich so viel wie möglich selbst bewegen, also z. B. herumlaufen, Kniebeugen machen usw. Wenn das nicht möglich ist, verpacken wir den Patienten so warm wie möglich. Wenn vorhanden, verabreicht man dem Patienten heiße, alkoholfreie Getränke mit viel Zucker und süße Riegel: Kohlenhydrate kann der Körper leicht in Wärme umwandeln.

HANDELN BEI SCHWERER UNTERKÜHLUNG Wenn ein Patient dermaßen erschöpft ist, dass er nicht mehr zittert, schläfrig oder sogar bewusstlos ist, können mechanische Erschütterungen sehr schädlich für ihn sein: Bei einer lebensbedrohlichen Unterkühlung ist das Herz sehr empfindlich. Starke Bewegung kann dazu führen, dass es aufhört, normal zu schlagen. Die Folge ist ein Kreislaufstillstand. Dieses Phänomen wird als „Bergungstod" bezeichnet.

Wir sollten lebensbedrohlich unterkühlte Patienten also „wie rohe Eier" behandeln:
- Nasse Kleidung nicht ausziehen, sondern aufschneiden. Danach den Patienten vorsichtig und warm einpacken.
- Kein Transport, außer zur Rettung aus akuter Gefahr (z. B. Stein-/Eisschlag, Patient liegt im kalten Wasser etc.). Wenn der Patient wegen langer Rettungszeit und schlechter Witterung in ein Zelt oder eine Schneehöhle gebracht werden muss, sollten wir ihn extrem schonend transportieren.
- Wir wenden am besten die Umlagerungstechnik für Wirbelsäulenverletzte an (siehe S. 210: wie einen Baumstamm rollen).
- Bei eingetrübtem Bewusstsein keine Speisen oder Getränke verabreichen – Gefahr des Verschluckens! (Der Patient muss die Teetasse selbst halten können!)
- Bei langen Rettungszeiten sollten wir versuchen, den Patienten aufzuwärmen.
- Bei Atem- oder Kreislaufstillstand unbedingt einen Wiederbelebungsversuch unternehmen! Es gilt der Spruch: „Nobody is dead, until he is warm and dead." (Niemand wird für tot erklärt, bevor er nicht unter Reanimation aufgewärmt wurde und immer noch keine Lebenszeichen zeigt.) Allerdings soll die Wiederbelebung nur begonnen werden, wenn sie bis zum Eintreffen ins Krankenhaus durchgehalten werden kann.

BESONDERHEITEN BEI LAWINENVERSCHÜTTETEN Auch hier halten wir uns an das ABC-Schema (siehe auch Kapitel 006).

Wenn der Patient nicht normal atmet und weniger als 35 Minuten verschüttet war, beginnen wir mit der Herz-Lungen-Wiederbelebung (siehe S. 205 f.).

Das Gleiche gilt, wenn der Verschüttete länger als 35 Minuten unter dem Schnee war, beim Ausgraben jedoch freie Atemwege festgestellt wurden.

War der Patient länger als 35 Minuten ohne Atemhöhle verschüttet (das heißt Schnee in Mund und Nase), dann ist er tot. Man sollte keine Zeit verschwenden und sofort nach anderen Opfern suchen. Wenn wir wissen, dass der Verschüttete keine Atemhöhle hatte, wissen wir, dass er 35 Minuten lang nicht geatmet hat. Das überlebt man nicht.

PROBLEME IN GROSSER HÖHE In großer Höhe gibt es drei mögliche Probleme: Akute Höhenkrankheit (AMS), Höhenhirnödem (HACE) und Höhenlungenödem (HAPE). Üblicherweise treten diese Probleme nicht unterhalb von 3000 m Höhe auf. Die einzige definitive Behandlung für alle drei ist es, sich in eine geringere Höhe zu begeben. Beim Skifahren ist das oft leicht durchführbar. Wie anfällig man für Höhenprobleme ist, hat nichts mit körperlicher Fitness zu tun. Hatte man schon Höhenprobleme gehabt, sollte man sich darauf einstellen, dass man sie wieder bekommt! Langsame Akklimatisierung ist entscheidend.

Symptome Kopfweh, Übelkeit und Schlafprobleme sind bei Höhenkrankheit üblich. Treten Ataxie (Störungen der Bewegungskoordination: Der Betroffene soll, die Fersen vor die Zehen setzend, in einer geraden Linie laufen können), Bewusstseinsveränderungen, ungewöhnliche Atemgeräusche, blutiger Husten oder extreme Erschöpfung auf, kann es sich um eine weit kritischere HACE- oder HAPE-Erkrankung handeln. Das Leben des Betroffenen hängt von einem schnellen Abstieg ab.

SCHNEEBLINDHEIT
Symptome Schmerzen (können 6–12 Stunden später auftreten), Augen fühlen sich an, als wäre Sand darin. Kann temporäre Blindheit verursachen.
Behandlung Augen im Dunkeln ausruhen (in schweren Fällen 24–48 Stunden)
Prävention gute Sonnen- und Skibrillen tragen

FLÜSSIGKEITSMANGEL
Symptome Kraft- und Koordinationsverlust, Krämpfe, Kopfweh, Orientierungsverlust
Behandlung Flüssigkeit verabreichen. Ist der Flüssigkeitshaushalt des Körpers durch starkes Schwitzen stark gestört, sollte auch Salz eingenommen werden. (Normales Essen, wie z. B. ein Sandwich, enthält bereits genug Salz.)
Prävention Morgens und tagsüber regelmäßig genug trinken (bevor man durstig wird). Ein spätes Warnzeichen ist dunkelgelber Urin oder wenn man bemerkt, dass man den ganzen Tag nicht pinkeln war. Dann ist man vermutlich bereits dehydriert.

AUSGESCHLAGENE ZÄHNE dürfen auf keinen Fall austrocknen. Wir können den Zahn in eine sterile Kompresse einwickeln und diese mit leicht gesalzenem Trinkwasser oder H-Milch feucht halten. Wenn wir schnell genug sind, ist auch Kunststofffolie oder ein Erste-Hilfe-Handschuh geeignet. Nur wenn wir gar nichts anderes haben, kann der Patient den Zahn wieder in den Mund nehmen. Aber Achtung: Er darf ihn nicht verschlucken!

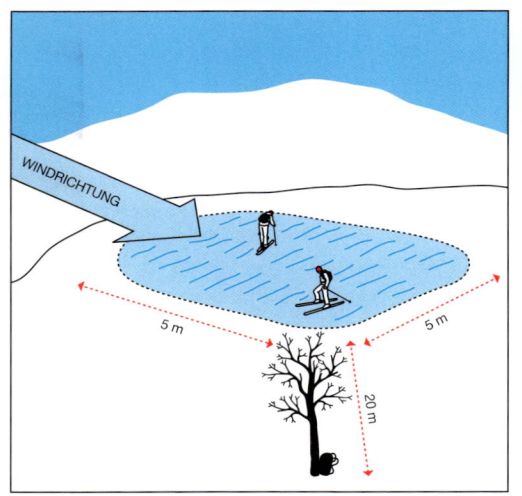

012 Schnee in der Landezone so gut wie möglich planieren

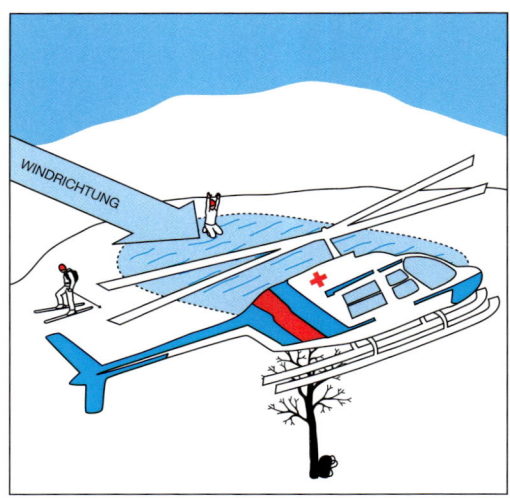

013 Hubschrauber einweisen

014 Signale an den Piloten

> Wenn wir einen Hubschrauber einweisen, dürfen wir uns unter keinen Umständen bewegen. Im aufgewirbelten Schnee sind wir der einzige Anhaltspunkt für den Piloten.

EVAKUIERUNG

VORBEREITUNG AUF DIE HUBSCHRAUBERLANDUNG Warten wir auf die Flugrettung, sollten wir in der Zwischenzeit einen geeigneten Landeplatz für den Hubschrauber suchen. In einem flachen, maximal 10° geneigten Bereich komprimieren wir den Schnee auf einer Fläche von etwa 5 x 5 m, indem wir ihn mit den Ski feststampfen. Der gesamte Landeplatz sollte etwa 20 x 20 m groß sein und frei von in die Höhe ragenden Hindernissen, wie Bäumen, Liftstützen oder Strommasten. Der Landeplatz sollte vor Lawinen, Stein- oder Eissschlag sicher sein. Der Hubschrauber sollte den Landeplatz gegen den Wind und ohne störende Hindernisse anfliegen können. Alle losen Gegenstände festhalten oder verstauen (Ski, Stöcke, Handschuhe usw.) (Abb. 012 und 013).

Fredrik Schenholm Jan Mayen, Norwegen

Jancsi Hadik Davos, Schweiz Mark Abma

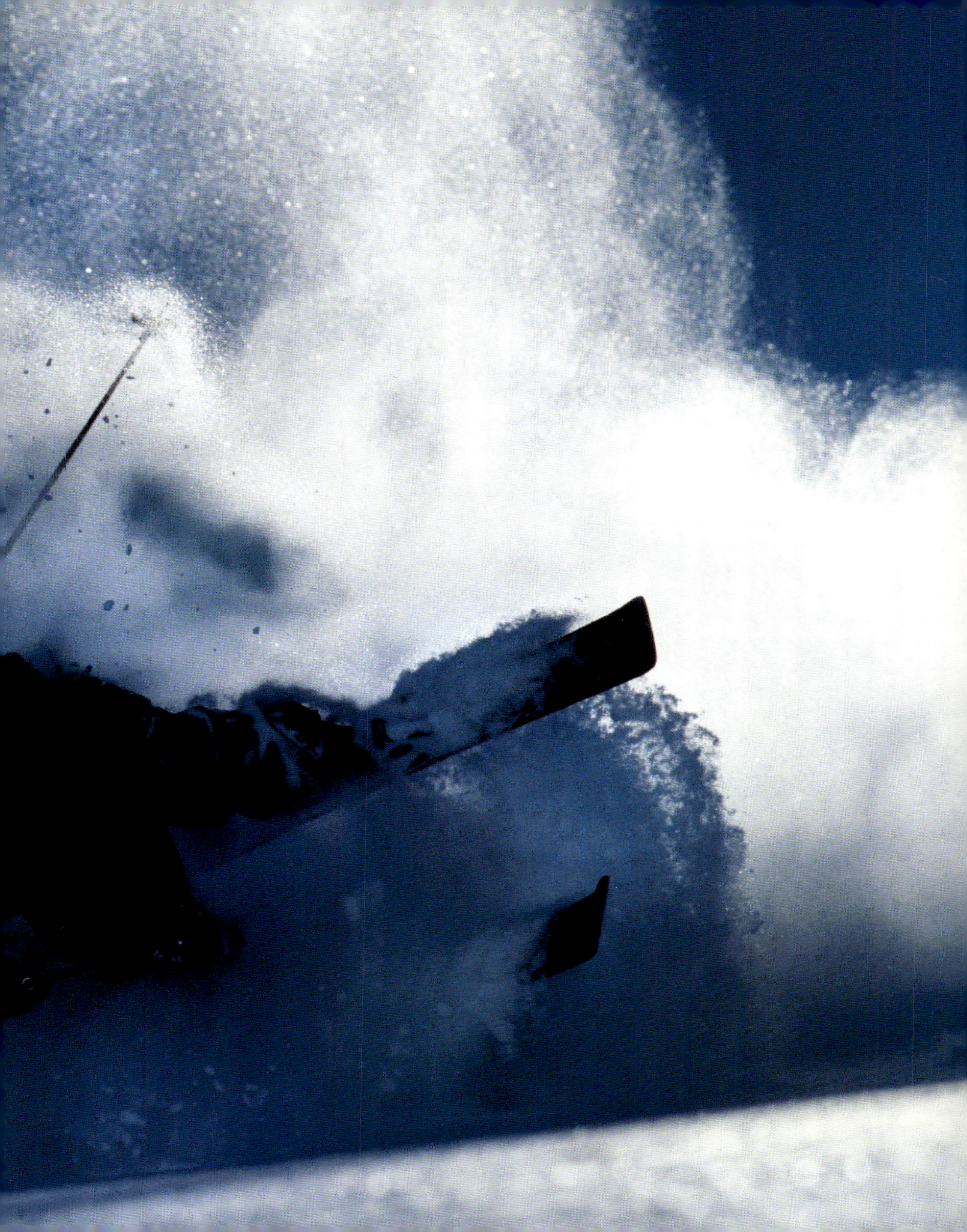

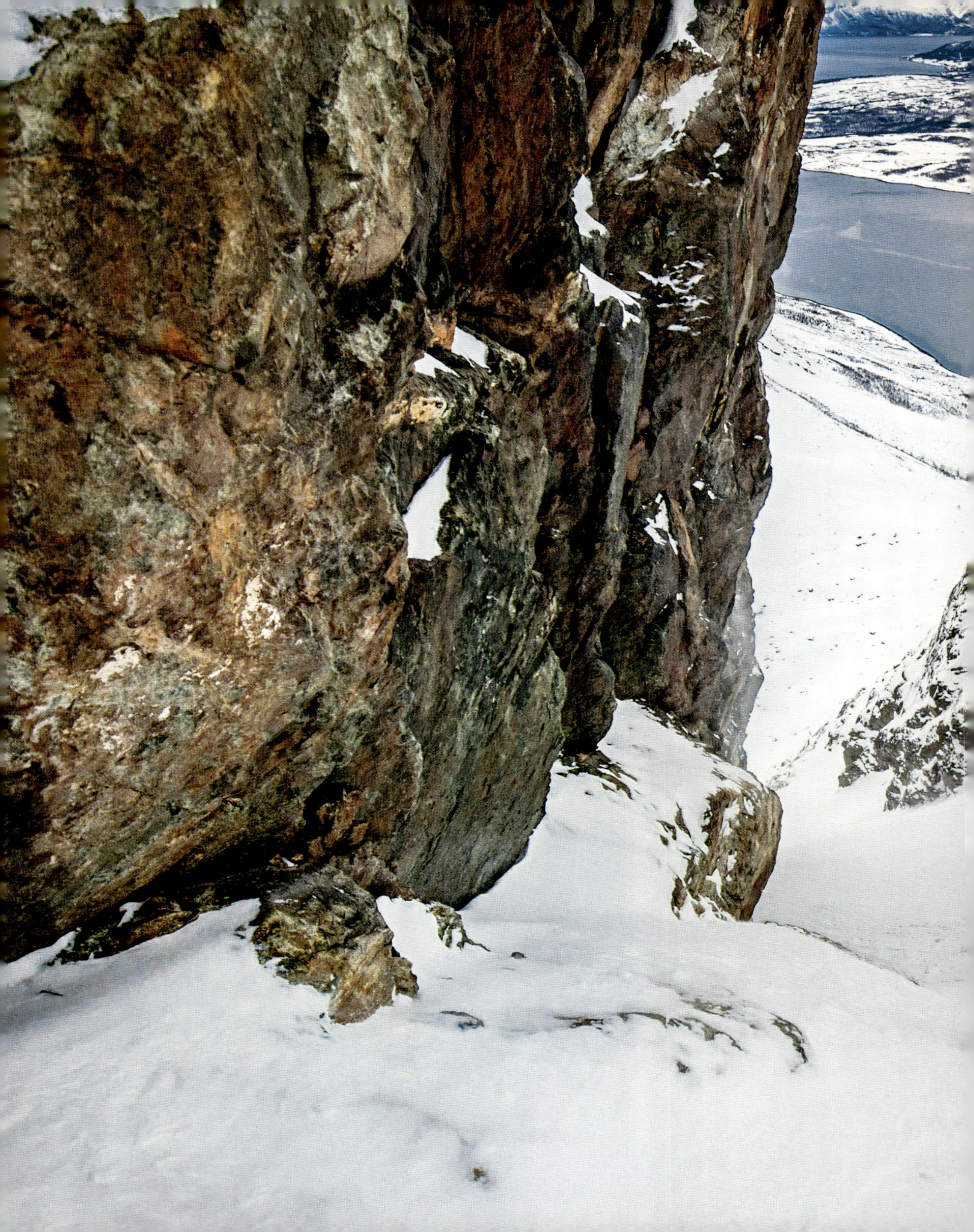

Jaakko Posti Lyngen Alps, Norwegen Paul Siljama

Patrick Fux Nozawa Nagano, Japan Dan Abrams

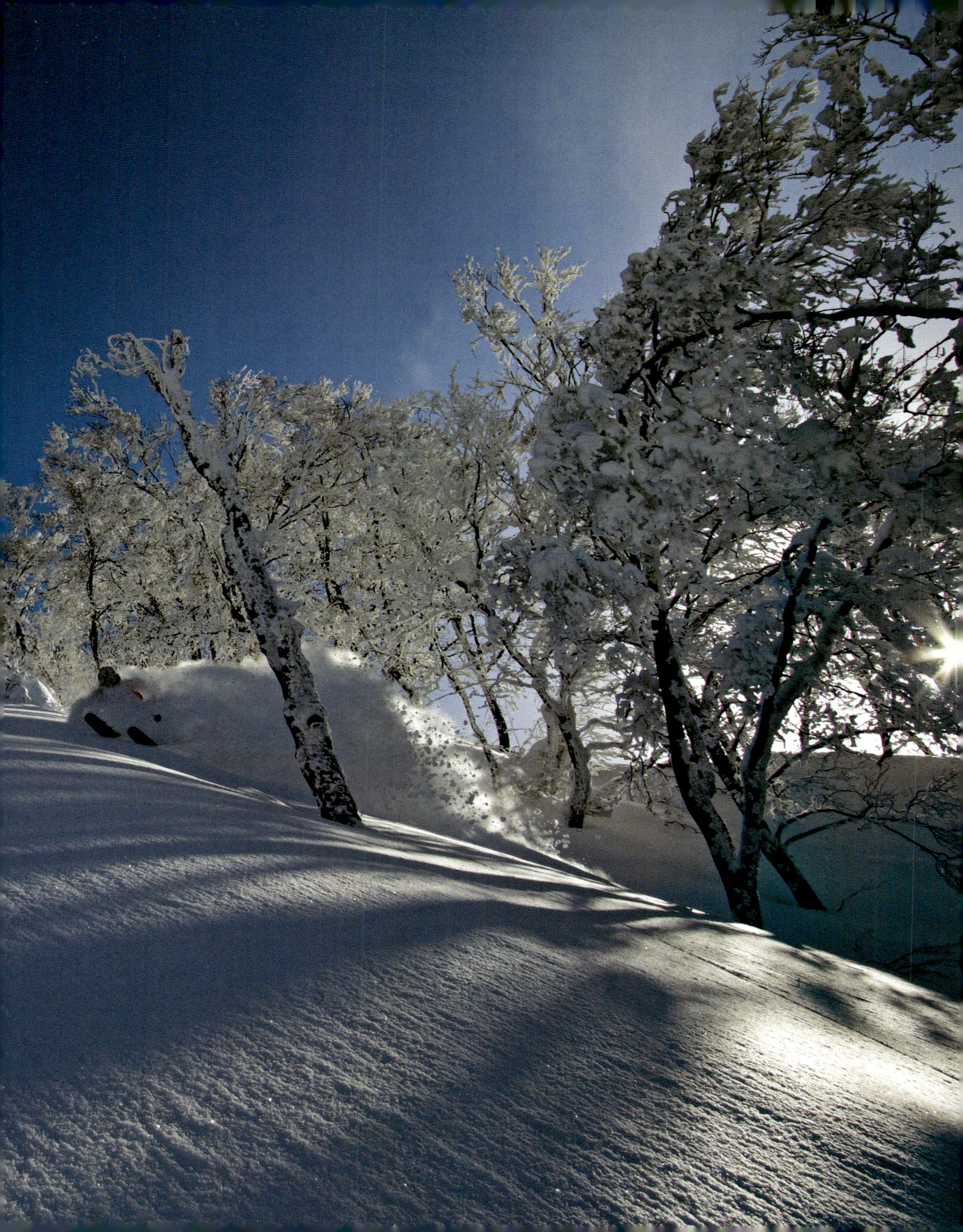

Patrick Fux · Cortina Hakuba, Japan · Jake und Charles Cohen

Dem Pilot das YES-Zeichen geben: „Wir brauchen Hilfe", „Landung möglich". Oder das NO-Zeichen: „Wir brauchen keine Hilfe", „Landung nicht möglich" (Abb. 014).

Mit dem Rücken zum Wind ans Ende des Landeplatzes stellen.

Auf die Knie gehen und sich nicht mehr bewegen (das gibt dem Piloten bei der Landung einen Anhaltspunkt, wenn die Sicht durch aufwirbelnden Schnee eingeschränkt ist).

Augenkontakt mit dem Piloten suchen und auf Anweisungen warten. Dem Hubschrauber nicht nähern, bis die Besatzung das O.K. gibt. Nie von hinten oder von der Seite zum Hubschrauber gehen.

SONSTIGE PROBLEME

Das Reparaturset Auch wenn Materialbruch nicht direkt zur Ersten Hilfe gehört, kann uns das Versagen unserer Ausrüstung am Berg doch in ernsthafte, wenn nicht sogar lebensbedrohliche Situationen bringen. Daher ist es sinnvoll, ein Reparaturset mitzuführen, mit dem wir so manches Problem elegant lösen können.

Multifunktionswerkzeug Das wichtigste Werkzeug ist wohl ein Multitool. Ein Basisset an Schraubenziehern, eine Zange und ein Messer können erstaunlich viele Materialprobleme lösen.

Gewebeklebeband Wenn wir wenige Meter Duct-Tape um unseren Skistock wickeln, haben wir immer etwas davon dabei und sogar noch einen zusätzlichen Griff am Stock.

Gewebeklebeband ist ein wahrer Alleskönner, mit dem sich Kleidung flicken lässt, Brillen fixiert oder Gamaschen improvisiert werden können und ein nicht mehr klebendes Fell am Ski befestigt werden kann usw. Auch in der Ersten Hilfe kann es zum Schienen oder Fixieren nützlich sein.

Ski-Straps Lange Ski-Straps aus belastbarem Gummi, wie sie z. B. Heli-Ski-Unternehmen verwenden, um die Ski zu befestigen, eignen sich auch hervorragend für verschiedenste Maßnahmen. Ob es darum geht, einen Skischuh nach Schnallenbruch zusammenzuhalten oder etwas am Rucksack zu befestigen, diese Ski-Straps können erstaunliche Kräfte halten.

Reepschnur Mit Reepschnur lässt sich ebenfalls vieles befestigen, zusammenschnüren oder Improvisiertes herstellen: vom gerissenen Rucksackgurt über den fehlenden Gürtel bis hin zum improvisierten Materialschlitten mit der Lawinenschaufel.

Blumendraht Ein paar Meter Blumendraht aufgewickelt wiegen nicht viel, sind klein verstaubar und man kann damit vieles notdürftig reparieren, ob an Schuh, Bindung oder sonstiger Ausrüstung.

ZUSÄTZLICHE SINNVOLLE AUSRÜSTUNG FÜR NOTFÄLLE Neben den oben aufgeführten Reparatur- und Notfallmaterialien gibt es noch eine ganze Menge weiterer nützlicher Utensilien, die uns in vielen Fällen das Leben leichter machen können, auch wenn die jeweiligen Probleme zunächst nicht zu den Notfällen im eigentlichen Sinn zählen. Allerdings können diese kleinen Dinge helfen, eine Notsituation zu entschärfen.

Dabei sollten wir nicht unterschätzen, welchen großen Wert kleine, scheinbar unwichtige Dinge und Details in Notsituationen haben können, wenn sie uns einen Lichtblick geben und Moral und Stimmung hochhalten. Und diese Faktoren dürfen in der Bewältigung von Krisensituationen nicht unterschätzt werden. Je besser wir uns fühlen, umso klarer – weil stressfreier – werden wir entscheiden und handeln können.

Wechselkleidung Zusätzliche, trockene und warme Kleidung hilft in kalten Krisensituationen, die Körperwärme aufrechtzuerhalten und das wohlige Gefühl ist ebenfalls gut für unsere Moral und wirkt zusätzlichem Stress entgegen (siehe Kapitel 005).

Sonnencreme Eigentlich eine Kleinigkeit, aber wenn wir den Sonnenschutz vergessen haben oder die Einstrahlung falsch eingeschätzt haben, kann eine Tour zur Tortur werden. Eine kleine Tube Sonnencreme in der Notfallausrüstung ist Gold wert.

Stirnlampe Eine kleine, kompakte Stirnlampe für den Notfall sollte immer im Rucksack sein, selbst dann, wenn wir nicht damit rechnen, im Dunkeln unterwegs zu sein. Achtung: Das gilt ganz besonders für alle Unternehmungen abseits der Pisten im Früh- und Hochwinter, wenn die Tage kurz sind. Die kleinsten Unwägbarkeiten können dazu führen, dass wir plötzlich bei schwindendem Licht unterwegs sind. Und dann können selbst einfache Passagen hohes Gefahrenpotenzial bergen, wenn wir keine Lichtquelle dabei haben.

Teelicht und Feuerzeug Ein einzelnes Teelicht kann in einem Notbiwak zu einem erstaunlichen Gewinn an Wärme, Komfort und Moral führen.

Wärme-Pads Kleine Heizkissen aus Kohle können Erstaunliches leisten, wenn es darum geht, Zehen und Finger warm zu halten, und können einen wertvollen Beitrag zur Hebung der Stimmung liefern.

Schnelle Energie für die Hosentasche Müsliriegel, Traubenzuckerpäckchen oder Schokolade können das Wohlbefinden in Notsituationen extrem steigern.

008

ORIENTIERUNG UND TOURENPLANUNG

Es ist fünf Uhr morgens. Wir sind in der Cabane Bertol in der Schweiz und über Nacht hat es 30–40 cm geschneit. Es schneit immer noch.

Ich will mit meinen Gästen den letzten Abschnitt der Haute Route hinunter nach Zermatt machen. Obwohl ich die Wegpunkte in meinem GPS-Gerät gespeichert habe und mich in traditionellen Orientierungstechniken sattelfest weiß, zögere ich. Ich beginne, mit mir selbst zu diskutieren.

War es nachts windig? Bei schlechter Sicht wird es schwierig oder gar unmöglich, die Lawinengefahr einzuschätzen.

Können wir uns an eine Route halten, die flach genug ist und die auch keiner Gefahr von oben ausgesetzt ist? Es ist spät in der Saison und der Schnee weicht schnell auf.

Werden wir es bei diesen Schneebedingungen überhaupt rechtzeitig ins Tal schaffen? Wir werden einige Zeit damit verlieren, bei schlechter Sicht durch Spaltenzonen zu navigieren. Am Seil abfahren ist mit eher schwachen Skifahrern auch sehr zeitaufwendig.

Mit einigen unbeantworteten Fragen gehe ich erst mal frühstücken und verschiebe die Entscheidung, in der Hoffnung, dass sich das Wetter ändert.

Eine Stunde vergeht. Die Hütte liegt auf einem Kamm. Auf der Ostseite – Richtung Zermatt – schneit es immer noch, aber auf der Westseite – Richtung Arolla – klart es auf. Die drei anderen geführten Gruppen verlassen die Hütte in Richtung Zermatt.

Ich weiß, dass mindestens einer der anderen Bergführer die Haute Route letzte Woche gemacht hat und genaue GPS-Wegpunkte auf dem Gletscher hat. Ein anderer Kollege, der gesehen hat, wie ich mein GPS programmiere, versucht mich davon zu überzeugen, nach Zermatt abzufahren, da es dann für ihn, mit mir und dem GPS als Backup, einfacher wäre, das Gletscherplateau zu überqueren.

Richtung Arolla ist das Wetter gut und wir könnten dort bei bester Sicht in unverspurtem Gelände bis ins Tal abfahren, allerdings würden wir dann die Haute Route nicht beenden. Wäre die Abfahrt nach Zermatt das Risiko wert, angesichts einer brauchbaren Alternative?

Wir würden bei miserabler Sicht am Seil fahren (im Gegensatz zu einer

Abfahrt ohne Seil bei perfekter Sicht). Das macht niemandem Spaß. Auch sind die Schneebedingungen bei schlechter Sicht schwer einzuschätzen, ein weiteres potenzielles Risiko. Nur anhand von Wegpunkten aus einer Karte zwischen den Spalten zu navigieren, ist kompliziert. Dabei zu viel Zeit zu verlieren, wäre leicht und Zeit stellt einen Risikofaktor dar. Obendrein wäre es bei diesem Wetter schwierig, schnell Hilfe zu bekommen, wenn sich jemand das Knie verdreht – auch das ist mit eher unerfahrenen Skifahrern immer ein Risiko.

Ich entschließe mich, „Nein" zu meinem Kollegen zu sagen und bis 7:30 Uhr zu warten. Wenn es Richtung Osten bis dahin nicht aufklart, werde ich die schöne, gleichmäßige Abfahrt nach Arolla wählen. Und wenn es tatsächlich aufklart, na ja, dann ist es auch egal, da es dann vermutlich zu spät sein wird, um nach Zermatt abzufahren.

Um 7:28 Uhr, als ich gerade in meine Bindung steige, reißt es im Osten auf und die Sonne kommt hervor. In einem Sekundenbruchteil fälle ich die Entscheidung, doch nach Zermatt zu fahren. Vor 10 Minuten hatte ich meinen Gästen gesagt, wir würden nach Arolla fahren, daher sind sie angenehm überrascht.

Um 9:00 Uhr ziehen wieder Wolken auf und wir seilen uns an. Der Wind ist stärker geworden und wir sehen keine alten Spuren mehr, denen wir folgen könnten. Ich bin mit meiner Gruppe genau da gelandet, wo ich nicht landen wollte: bei schlechter Sicht am Seil, in einer Spaltenzone. Jedes Mal, wenn es unter den Skispitzen dunkel wird, müssen wir zurück und uns um 90° drehen, bevor wir weitermachen können.

Später, auf dem Zmuttgletscher, entkommen wir der dichten Wolkendecke über uns und die Sicht ist perfekt. Endlich frei und mit dem Seil im Rucksack genießen wir alle die Abfahrt in großen, entspannten Schwüngen. Alle in der Gruppe sind sehr zufrieden. Als wir über das Flachstück zu den Zermatter Pisten schieben, frage ich mich trotzdem, ob ich die richtige Entscheidung getroffen habe. Wir sind zwar heil in Zermatt angekommen, aber das heißt nicht, dass meine Entscheidung heute Morgen gut war. Zumindest nicht, wenn man für die Zukunft etwas lernen will.

Dass wir im Gebirge in der Lage sein müssen, genau zu navigieren, ist offensichtlich. Orientierung ist eine grundlegende Fähigkeit. Beherrschen wir sie, werden unsere Ausflüge nicht nur sicherer, wir finden auch besseren Schnee und interessante neue Abfahrten. Wie die meisten bergsteigerischen Fähigkeiten ist Orientierung mehr Kunst als Technik. Die Kunst ist, vorhandene Informationen zu sammeln und damit die Situation präzise zu beurteilen. Das trifft vor allem dann zu, wenn wir bei schlechtem Wetter navigieren. Das läuft nie nach einem einfachen Schwarz-Weiß-Muster ab, wie die meisten unerfahrenen Bergsteiger denken, nach dem Motto: Entweder weiß man immer genau, wo man ist, oder man ist völlig verloren.

Eine Besonderheit bei der Orientierung im Winter ist, dass der Schnee alle kleinen Gegenstände auf dem Boden überdeckt. Oft ist es nicht möglich, Bächen oder Wegen zu folgen. Trotzdem haben wir einen Vorteil: Durch den Schnee entsteht ein mehr oder weniger gleichförmiger Untergrund, auf dem wir uns bewegen. Das macht besonders die Zeitplanung relativ einfach, da die Bedingungen der Unterlage, auf der wir uns fortbewegen, vorhersagbar sind und sich kaum ändern. Im Winter reicht es nicht zu wissen, wie man von A nach B kommt. Wenn wir eine Route planen, müssen wir auch die Lawinengefahr und andere Gefahren und Risiken miteinbeziehen. Es ist sehr leicht, sich in Probleme hineinzumanövrieren, nur weil man sich bei schlechter Sicht nicht orientieren kann. Auch wenn man die Navigation beherrscht, sollte man nicht unbedingt trotz schlechter Sicht bedenkenlos losziehen. Man muss immer die Gesamtsituation im Blick haben. In steilerem Gelände ist es z. B. schwierig, die Lawinengefahr zu beurteilen und die Konsequenzen eines Unfalls sind gravierender.

Bei der Routenplanung kann man viele Fehler vermeiden, wenn man sich die Karte sehr genau anschaut und überlegt, wie die Bedingungen vermutlich sein werden, wobei man Exposition, Höhe und Tageszeit bedenken muss.

AUSRÜSTUNG

Die grundlegende Ausstattung für die Orientierung im Gebirge sind Karte, Kompass, Höhenmesser und ein Neigungsmaßstab. Zusätzlich ist ein GPS-Gerät (Global Positioning System) sinnvoll. Es kann Karte und Kompass, die traditionellen Orientierungsmittel aber nie ersetzen!

DIE KARTE

Die Fähigkeit des Kartenlesens bildet die Grundlage der Orientierung im Gelände. Ein Höhenmesser und die Fähigkeit, sich mithilfe der Karte das Gelände genau vorzustellen (und umgekehrt!), sind meistens alles, was wir brauchen, um bei guter Sicht zu navigieren.

Man sollte sichergehen, dass die Karte auf einem aktuellen Stand ist. Auf Gletschern muss man aufpassen, wenn die Karte mehrere Jahre alt ist. Neue Spaltenzonen und Eisbrüche können sich bilden und da sich die meisten Gletscher zurückziehen, ist die Gletscherzunge vielleicht nicht mehr dort, wo sie in der Karte vermerkt ist. Man sollte mit Leuten mit Ortskenntnis sprechen und sich möglichst aktuelle Informationen besorgen.

MASSSTAB Der Maßstab gibt an, in welchem Verhältnis Entfernungen auf der Karte zu tatsächlichen Entfernungen stehen. Auf einer Karte im Maßstab 1:50 000 entspricht beispielsweise 1 cm auf der Karte 50 000 cm (= 500 m) im Gelände. Ein größerer Maßstab, wie z. B. 1:25 000, ist besser, um in komplexem Gelände oder bei schlechter Sicht zu navigieren. Wenn wir zwischen den beiden Maßstäben wechseln, ist es oft schwierig, ein Gefühl dafür zu bekommen, wie sich die Höhenlinien auf der Karte in Steilheit im Gelände übersetzen lassen. Ist man die Abstände der Höhenlinien auf einer 1:50 000er-Karte gewohnt, passiert es schnell, dass man die Steilheit unterschätzt, wenn man eine 1:25 000er-Karte verwendet.

HÖHENLINIEN Die Höhenlinien verbinden Punkte gleicher Höhe auf einer Linie. Aus ihnen lassen sich die Geländeformen und die Steilheit ablesen. Je weiter die Höhenlinien auseinander sind, desto flacher ist das Gelände und umgekehrt. Die Höhe mancher Linien ist auf der Karte angegeben, sodass man die Höhe jedes beliebigen Punktes daraus ableiten kann. Wenn man auf der Karte „nach oben" schaut, sind die Beschriftungen der Höhenlinien „richtig herum". Ist das

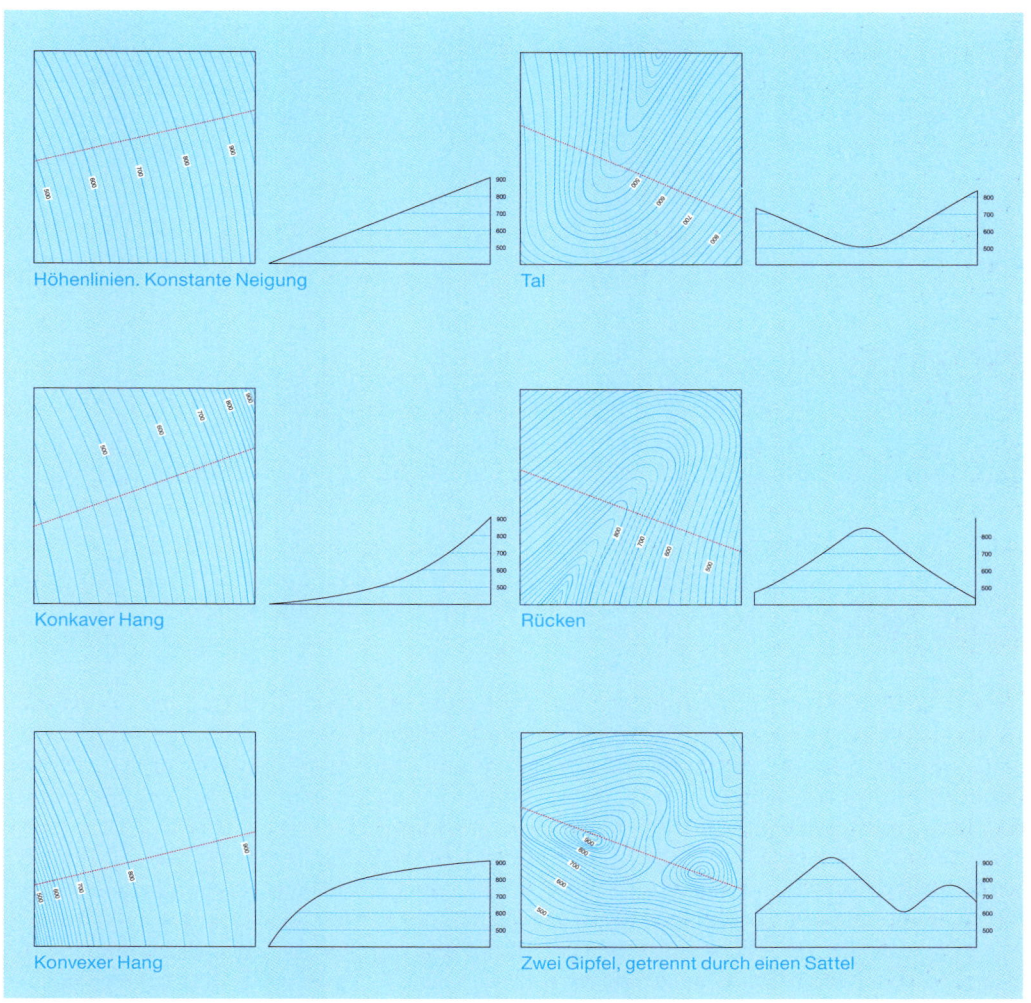

001 Verschiedene Geländeformen und ihre Darstellung in der Karte mittels Höhenlinien

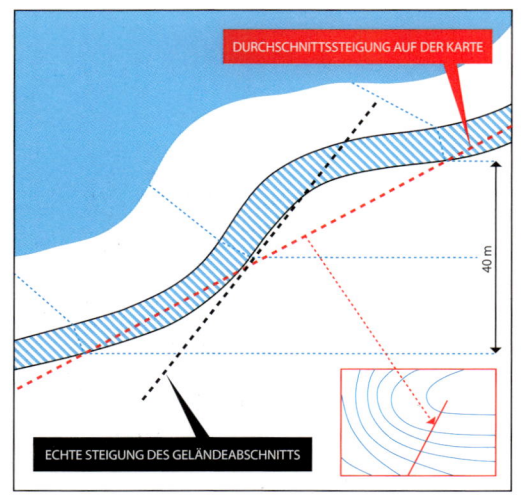

Wir sollten die Karte sorgfältig studieren, sodass wir wissen, wie das Gelände aussehen wird und wir Geländezüge wiedererkennen können, wenn wir sie erreichen. So wissen wir, dass wir richtig sind.

002 Versteckte Steilstufe

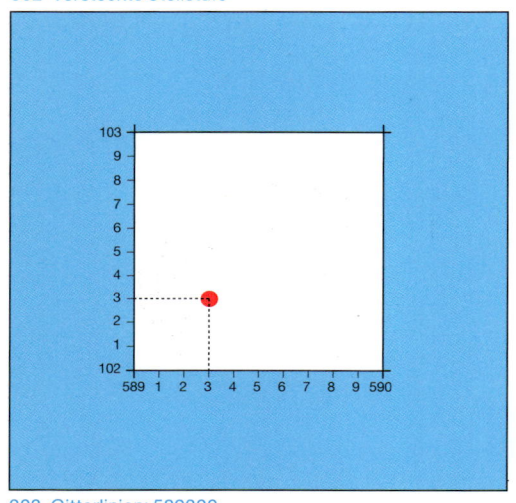

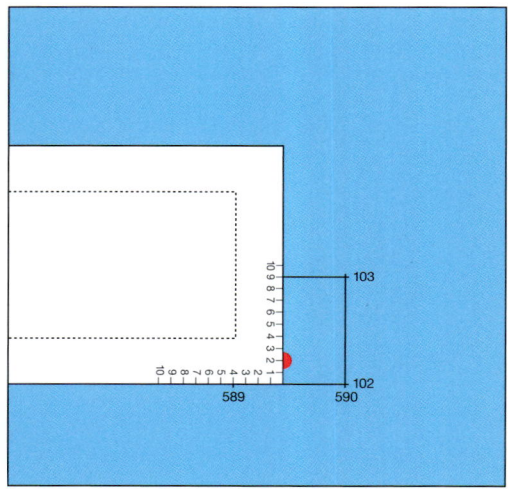

003 Gitterlinien; 589300 102300

004 Gitterpunkte mit Kompass messen

Gelände so steil, dass nicht alle Höhenlinien dargestellt werden können, wird meist ein Felsabbruch-Symbol verwendet. Auf Gletschern sind die Höhenlinien blau eingezeichnet. Der vertikale Abstand zwischen den Höhenlinien steht in der Legende. Mittels eines Neigungsmaßstabs kann so die Hangneigung in der Karte gemessen werden (Abb. 001 und 002).

Wir sollten die Karte genau studieren, damit wir wissen, wie das Gelände aussieht, noch bevor wir dort ankommen. Wenn Geländeformen auftauchen, die wir aus der Karte kennen, wissen wir, dass wir auf dem richtigen Weg sind. Tauchen sie nicht auf, müssen wir anhalten, die Karte konsultieren und überlegen, wo wir falsch abgebogen sind und wo wir uns jetzt befinden.

KOORDINATENSYSTEM In den meisten Karten ist ein Gitter eingezeichnet, dessen Linien von Norden nach Süden und von Osten nach Westen verlaufen. Die Linien sind so nummeriert, dass man daraus die Koordinaten einer exakten Position ableiten kann. Diese kann man als Wegpunkt in ein GPS eingeben. Auch wenn wir kein GPS verwenden, sollten wir lernen, wie man Koordinaten aus der Karte ablei-

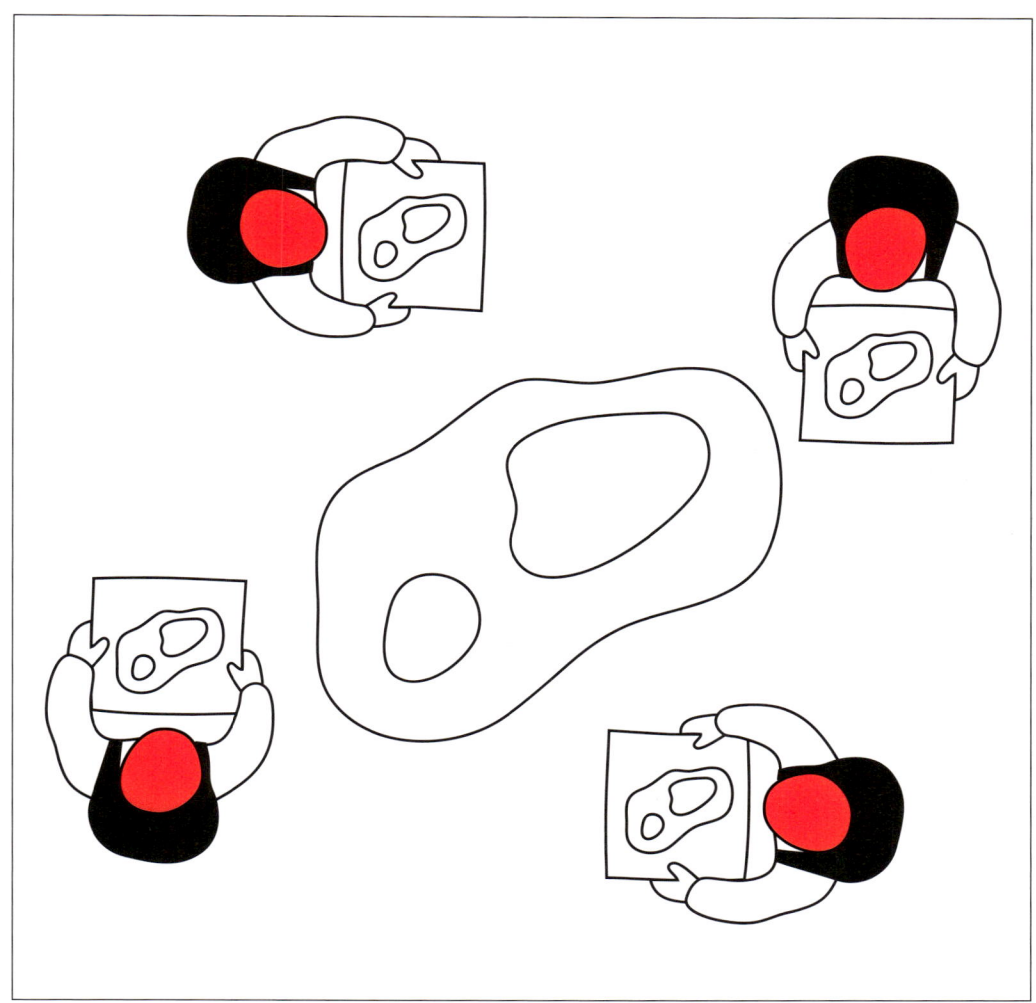

005 Karte nach Geländepunkten ausrichten

tet. Wenn wir genau wissen, wo wir sind, können wir die exakten Koordinaten angeben, sollten wir einen Unfall haben und Hilfe benötigen.

Die Koordinatensysteme sind nicht überall gleich. Man sollte lernen, mit dem System umzugehen, das in der Karte verwendet wird, die man gerade benutzt. Der Wegpunkt wird immer von Westen nach Osten und von Süden nach Norden berechnet (Abb. 003 und 004).

DIE KARTE NACH MARKANTEN GELÄNDEPUNKTEN AUSRICHTEN Die Karte ausrichten heißt, sie so zu halten, dass das obere Ende der Karte nach Norden zeigt und die Karte somit gleich liegt wie das Gelände, das sie darstellt. Wir müssen die Karte nicht „richtig herum" halten, sondern sollten darauf achten, sie so zu halten, dass sie zu unserer Bewegungsrichtung passt. Es ist dann viel einfacher, die Karte und das Gelände in Beziehung zu setzen und bestimmte Punkte zu finden. Bei guter Sicht macht man das, indem man mindestens zwei Geländepunkte identifiziert und die Karte so ausrichtet, dass die Punkte auf der Karte mit jenen im Gelände übereinstimmen (Abb. 005).

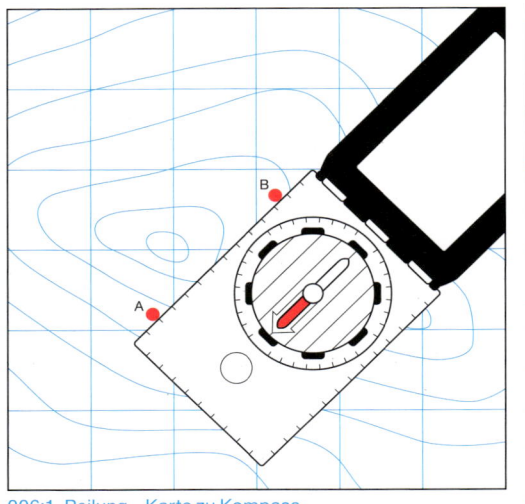

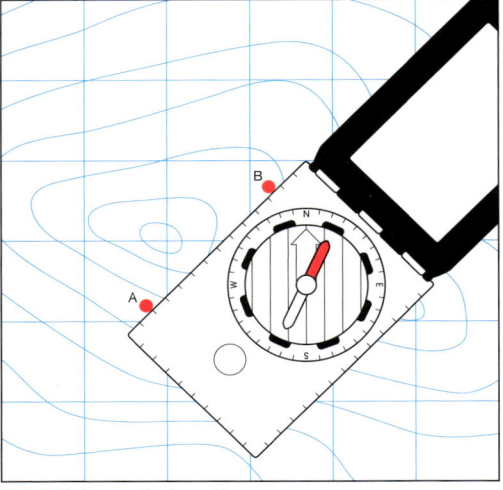

006:1 Peilung – Karte zu Kompass

006:2 Peilung – Karte zu Kompass

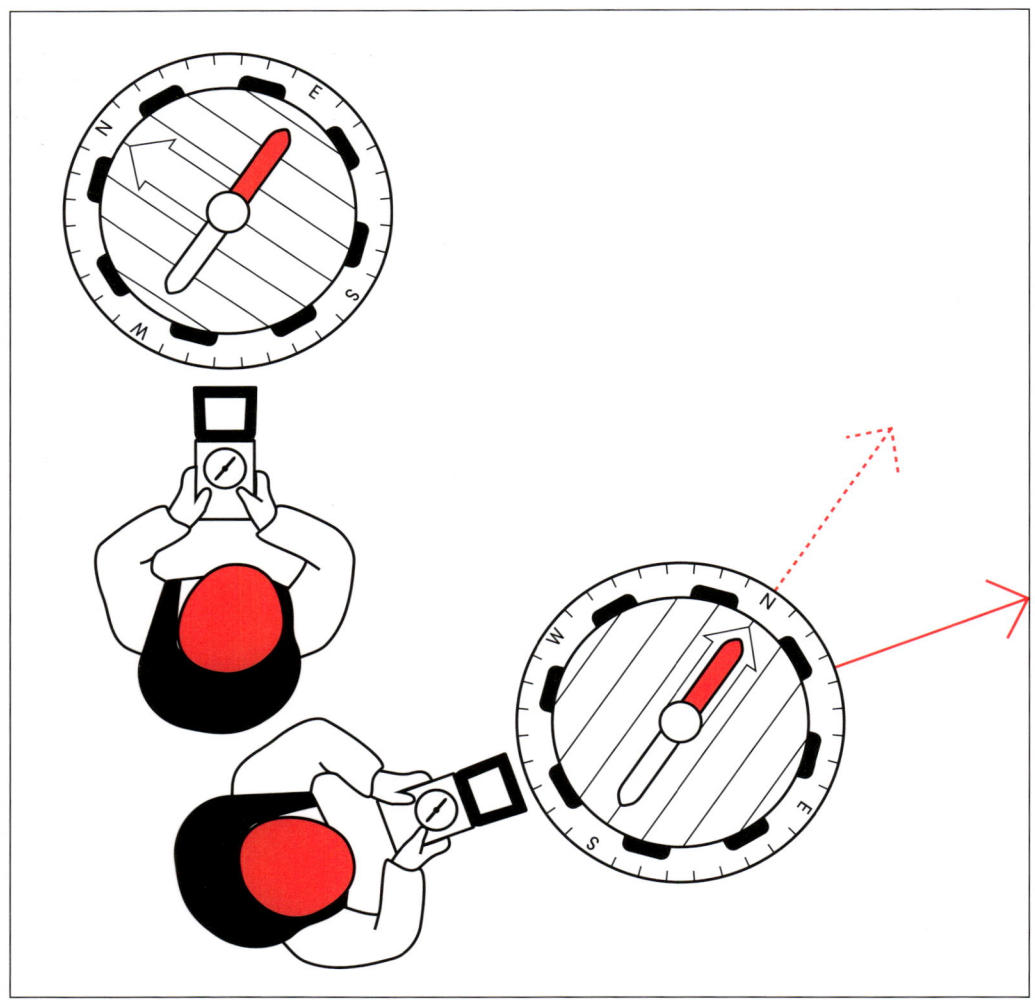

006:3 Peilung – Karte zu Kompass

234 ORIENTIERUNG UND TOURENPLANUNG

DER KOMPASS

Ein professioneller Kompass mit Spiegel, lumineszierenden Markierungen und Neigungsmesser hat alle Funktionen, die wir brauchen. Die magnetische Kompassnadel wird durch Metall und elektronische Geräte beeinflusst, also sollten wir den Kompass von solchen Dingen fernhalten, während wir ihn benutzen.

NORDEN FINDEN Geografisch Nord ist an jedem Punkt der Erde die Richtung, in der der Nordpol liegt. Für uns ist das nicht wichtig. Entscheidend beim Navigieren ist Gitter Nord, die Richtung, in die die Gitterlinien auf der Karte zeigen.

Magnetisch Nord ist die Richtung, in die die Kompassnadel zeigt. Da der magnetische Nordpol mit dem geografischen Nordpol nicht exakt übereinstimmt, sondern sich mit der Zeit langsam bewegt und es zusätzlich im Erdmagnetfeld zu lokalen Krümmungen bzw. Verzerrungen kommt, weichen geografisch und magnetisch Nord lokal voneinander ab. Gitter Nord ist eine künstliche Ausrichtung eines oft für ein oder mehrere Länder gültigen Koordinatensystems. Dementsprechend weicht die Ausrichtung der Nadel lokal unterschiedlich von Gitter Nord ab. Diese Abweichung wird Deklination genannt. Wie stark diese Abweichung jeweils ist, steht in der Kartenlegende. In Mitteleuropa beträgt die Deklination rund 2° Ost und kann daher für die Navigation über kurze bis mittlere Strecken zu Fuß auch mal vernachlässigt werden. Trotzdem muss präzise Kartennavigation die Deklination berücksichtigen.

DIE KARTE NACH DEM KOMPASS AUSRICHTEN
1. Die lange Kante des Kompasses entlang einer Nord-Süd-Linie parallel auf die Karte legen und sicherstellen, dass der drehbare Richtungspfeil auf dem Kompass Richtung oberes Kartenende (Nord auf der Karte) zeigt.
2. Die Nadelabweichung am Kompassgehäuse einstellen.
3. Den Kompass auf der Karte festhalten und das ganze Paket so lange drehen, bis die Nadel mit dem Richtungspfeil übereinstimmt.

PEILUNG: VON DER KARTE ZUM KOMPASS Ein Kompass wird vor allem dazu verwendet, eine Peilung der Karte zu entnehmen und dann der entsprechenden Marschrichtung mithilfe des Kompasses zu folgen. Wenn wir eine Peilung von der Karte entnehmen, ist es unwichtig, in welche Richtung die Karte zeigt.
1. Den Kompass so auf die Karte legen, dass die Kompasskante (oder eine verlängerte Linie entlang der Kante) unsere Position (A) und unser Ziel (B) verbindet. Der Marschrichtungspfeil auf dem Kompass zeigt in die gewünschte Richtung.
2. Während man den Kompass auf der Karte hält, wird das Gehäuse gedreht, bis die Nordmarkierung auf dem Gehäuse mit der Nordmarkierung auf der Karte übereinstimmt. Hierzu dienen die parallelen Hilfslinien am Boden des Kompasses. Liegen sie parallel zu den Nord-Süd-Linien des Kartengitters und zeigt der Richtungspfeil auf der Karte nach Norden, stimmt die Einstellung.
3. Peilung am Marschrichtungspfeil ablesen und kontrollieren, dass man keinen 180°-Fehler gemacht hat. Wenn wir z. B. nach Nordosten wollen, muss die Peilung 45° sein, nicht 225°.
4. Die Deklination korrigieren.
5. Kompass flach nach vorn halten, der Marschrichtungspfeil zeigt geradeaus. Wir drehen uns, bis die rote Kompassnadel mit der Nordmarkierung auf dem Kompassgehäuse übereinstimmt (Abb. 006).

EINER PEILUNG FOLGEN Wir folgen immer dann einer Kompasspeilung, wenn wir uns nicht präzise genug an Geländepunkten und -formen in unserer direkten Nähe orientieren können und wenn es wichtig ist, eine Marschrichtung durch sehr gleichmäßiges Gelände beizubehalten.

Bei guter Sicht Entlang des Marschrichtungspfeils einen markanten Geländepunkt anpeilen, der direkt in der Marschrichtung liegt. Wir brauchen den Kompass nicht mehr und gehen zu dem Geländepunkt. Dort nehmen wir, wenn nötig, eine neue Peilung.

Wenn man gut Karten lesen kann, muss man bei guter Sicht selten einer Peilung folgen. Trotzdem ist es manchmal eine sinnvolle Möglichkeit um zu kontrollieren, ob man in die richtige Richtung geht.

Bei schlechter Sicht Die wirklich hohe Kunst der Orientierung im Gelände ist das Folgen einer Kompasspeilung bei schlechter Sicht. Wenn wir unsere Position genau kennen, nehmen wir in der Regel die Peilung von der Karte und folgen der Kompasspeilung. Alternativ können wir auch eine Peilung vom Kompass nehmen (siehe unten), solange die Sicht noch gut ist.

Stoßen wir auf Geländehindernisse in Peilrichtung, wird es schwierig. Am besten weichen wir nun 90° von der Peilung ab (andere Winkel brauchen viel Erfahrung) und zählen unsere Schritte in diese Richtung. Sobald der Weg frei ist (Abweichung so kurz wie möglich halten), schwenken wir wieder in Peilrichtung ein und folgen der Peilung, bis das Hindernis hinter uns liegt. Nun schwenken wir 90° in die andere Richtung um und gehen die genaue Anzahl an Schritten zurück, die wir vorher auf dem rechtwinkligen Kurs von der Peilung abgewichen sind. Jetzt sollten wir uns wieder auf der Peillinie befinden. Diese Technik findet jedoch im winterlichen Gebirge, insbesondere mit der stark zunehmenden Verbreitung von GPS, kaum noch Anwendung.

VOM KOMPASS ZUR KARTE Manchmal ist es nützlich, mit dem Kompass etwas anzupeilen und das auf die Karte zu übertragen. Zum Beispiel um unsere Position festzustellen, eine Geländeformation zu identifizieren oder die Exposition eines Hanges zu bestimmen.

Position bestimmen Um unsere Position möglichst exakt zu bestimmen, eignet sich am besten die Kreuzpeilung mittels bekannter Geländepunkte, die wir aus der Entfernung identifizieren können und welche auf der Karte vermerkt sind. Damit die Kreuzpeilung funktioniert, brauchen wir genug Sicht, um mindestens einen bekannten Geländepunkt zu identifizieren. Wenn wir bessere Sicht haben, müssen wir in der Regel unsere Position nicht bestimmen.

Zur Positionsbestimmung peilen wir einen bekannten Punkt im Gelände an (z. B. einen Gipfel) und wenden die Peilung auf die Karte an:

1. Kompass flach halten und mithilfe der Peilvorrichtung des Kompasses den Marschrichtungspfeil auf einen bekannten Geländepunkt richten.
2. Kompasskrone drehen, bis die Nordmarkierung auf dem Kompass mit dem roten Ende der Nadel übereinstimmt. Hierzu betrachtet man die Kompassnadel und -krone durch den Spiegel, während man weiterhin den Geländepunkt anpeilt.
3. Die Deklination korrigieren.
4. Den Kompass so auf die Karte legen, dass die lange Kante auf dem bekannten Geländepunkt liegt und die Orientierungslinien auf dem Kompass mit den Nord-Süd-Gitterlinien auf der Karte übereinstimmen und die Nordmarkierung auf das obere Ende der Karte zeigt.

5. Unsere Position befindet sich irgendwo auf der Linie entlang der Kompasskante bzw. auf deren Verlängerung (Abb. 007). Am besten zeichnet man diese Linie auf der Karte ein.
6. Nun suchen wir uns einen weiteren Geländepunkt, der in einer möglichst rechtwinklig vom ersten angepeilten Punkt abweichenden Richtung von uns liegt und wiederholen die ersten fünf Schritte. Das Ergebnis sind zwei Linien auf der Karte, die von bekannten Geländepunkten zu uns herführen und sich auf der Karte kreuzen. Unsere momentane Position liegt auf dem Kreuzungspunkt.

Diese Technik funktioniert am besten, wenn wir ungefähr wissen, wo wir sind. Bewegen wir uns z. B. entlang einer markanten Geländeformation, wie einem Weg, Bachlauf oder Rücken, so reicht eine Peilung, um unsere Position zu bestimmen. Dort, wo die erste Linie die Geländeformation kreuzt, befinden wir uns. Gleiches gilt, wenn wir unsere Höhe dank des Altimeters und die ungefähre Position kennen. Dort, wo die Peillinie die richtige Höhe kreuzt, befindet sich unsere Position. In der Praxis und bei guter Sicht reicht häufig die Kenntnis der aktuellen Höhe und der Geländeformation, auf der wir uns befinden, um unsere Position hinreichend genau zu kennen, sodass die Kreuzpeilung im alpinen Gelände nicht allzu häufig angewendet wird. Kreuzpeilung wird vor allem in eher flachem Gelände angewandt, wo das Altimeter nicht hilft.

Einen Geländepunkt identifizieren Um eine Stelle im Gelände zu identifizieren, müssen wir genau wissen, wo wir auf der Karte sind. Die Technik unterscheidet sich kaum von der oben besprochenen.
1. Kompass flach halten, sodass der Marschrichtungspfeil auf den gewünschten Geländepunkt zeigt.
2. Kompassgehäuse drehen, bis die Nordmarkierung mit dem roten Ende der Nadel übereinstimmt.
3. Nadelabweichung korrigieren.
4. Kompass mit der Kante so auf die aktuelle Position in der Karte legen, dass die Orientierungslinien auf dem Kompass mit den Nord-Süd-Gitterlinien auf der Karte übereinstimmen und die Nordmarkierung auf das obere Ende der Karte zeigt.

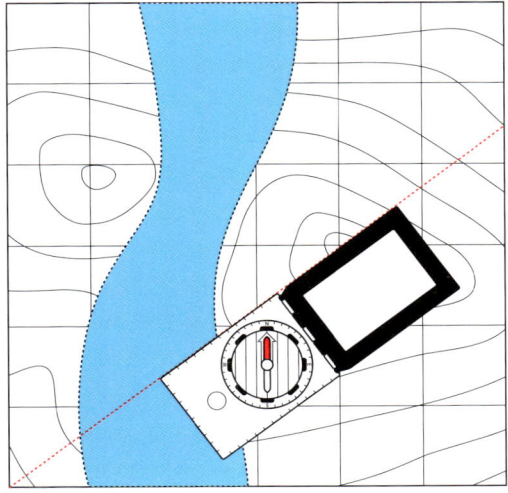

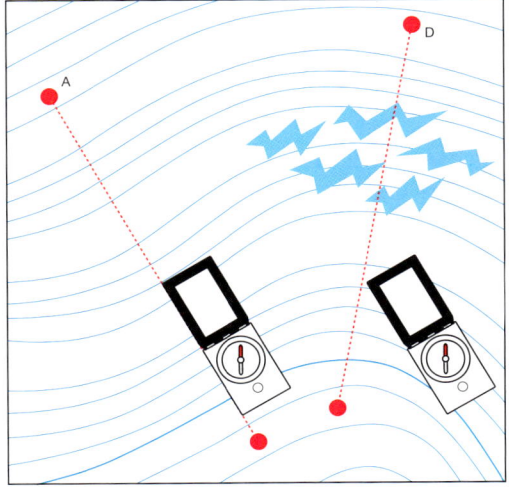

007 Rückwärtspeilung

008 Hangexposition – Linie A im Beispiel

ORIENTIERUNG UND TOURENPLANUNG 237

5. Der Geländepunkt, den wir suchen, befindet sich auf der Linie entlang der Kompasskante bzw. auf deren Verlängerung.

Hangexposition bestimmen Zu wissen, in welche Richtung ein Hang zeigt, kann nützlich sein, wenn man nicht genau weiß, wo man sich befindet. Ski waagrecht platzieren, damit man bei schlechter Sicht leichter die Falllinie bestimmen kann.
1. Marschrichtungspfeil in Richtung Falllinie drehen (nach oben oder unten, rechtwinklig zu den Ski).
2. Kompassgehäuse drehen, bis die Nordmarkierung unter dem roten Ende der Nadel liegt.
3. Nadelabweichung korrigieren.
   Nun können wir die Hangexposition an der Kompasskrone ablesen. Wollen wir unsere Position im Hang genauer wissen, können wir mit der Karte weiterarbeiten.
4. Kompass auf die Karte legen und an den Punkt schieben, wo wir unsere Position vermuten. So drehen, dass die Orientierungslinien parallel zu den Nord-Süd-Gitterlinien auf der Karte liegen und die Nordmarkierung nach Kartennord zeigt. Wenn die Kompasskante die Höhenlinien rechtwinklig schneidet, haben wir unseren Hang gefunden.
5. Kennen wir dank Altimeter unsere genaue Höhe, können wir unsere Position auf der Kompasskantenlinie bestimmen.

Diese Technik funktioniert nicht, wenn wir in einem sehr großen, gleichförmigen Hang mit immer gleicher Exposition sind. In stark gegliedertem Gelände ist sie sehr hilfreich (Abb. 008).

HÖHENMESSER/ALTIMETER

In den Bergen bewegen wir uns nicht nur in der Horizontalen, sondern besonders auch in der Vertikalen. Ein Kompass hilft uns nur in der Horizontalen. Für die Vertikale brauchen wir einen barometrischen Höhenmesser. Beim Skifahren ist das besonders wichtig, da wir sehr schnell Höhe verlieren.

Am besten sind Höhenmesser, die in 5-m-Schritten (oder noch kleineren) arbeiten und auch eine Chronometer-Funktion sowie eine Memory-Funktion von Höhe bzw. barometrischem Druck über die letzten Stunden haben.

Da das Altimeter auf Druckunterschiede reagiert, müssen wir es immer wieder an Punkten, deren exakte Höhe wir kennen, neu einstellen (Höhen entnehmen wir der Karte), sonst können wetterbedingte Luftdruckänderungen die Höhenangaben des Geräts verfälschen. Das Altimeter reagiert auch auf Temperaturunterschiede. Daher sollte man es im Rucksack, den Außentaschen oder außerhalb der Kleidung tragen, wenn man navigiert.

MARKANTE GELÄNDEFORMEN Wenn wir uns in stark gegliedertem Gelände mit markanten Geländeformen bewegen (z. B. auf einem Rücken, in einem Couloir, auf einem schmalen Gletscher oder in einem engen Tal), ist es auch bei schlechter Sicht nicht schwer, die eigene Position genau zu bestimmen. Damit das gut funktioniert, darf das Gelände nicht zu flach sein. Auf einem großen, flachen Gipfelplateau können 20–30 Höhenmeter einen großen Unterschied in der Horizontalen ausmachen. Hier ist ein GPS-Gerät sehr hilfreich.

BEIM SKIFAHREN Das Altimeter ist auch bei guter Sicht sehr hilfreich, um bei langen Abfahrten den Weg zu finden. Man sollte die geplante Abfahrt genau studieren und quasi auswendig können. Man kann sich die Höhen notieren (im Kopf oder auf Papier), an denen man Querungen machen muss (Abb. 009).

NAVIGIEREN BEI SCHLECHTER SICHT

Die Karte sollte in einer Plastiktasche (z. B. von Ortlieb) oder einer wassergeschützten Sichthülle aufbewahrt werden und in einer geeigneten Jackentasche griffbereit sein. Der Kompass wird mit der Kompassschnur an der Jacke befestigt, sodass wir ihn nicht verlieren können.

WENN WOLKEN ODER SCHLECHTES WETTER SCHNELL AUFZIEHEN, sollte man rasch mit dem Kompass den nächsten Wegpunkt anpeilen oder fixieren, bevor er verschwindet. Ein Fixpunkt ist ein Punkt, dessen genaue Position wir kennen. Bei schlechter Sicht kann es schwierig sein, einen solchen Punkt zu finden.

FEHLER Die Fehlertoleranz beim Navigieren mit Kompass und Karte ist relativ gering. Wenn es schneit, kalt oder windig ist und wir den Kompass mit Handschuhen oder steifen, kalten Fingern bedienen, schleichen sich bei den folgenden Anwendungen leicht Fehler ein:
- ==beim Nehmen einer Peilung auf der Karte==
- ==bei der Korrektur der Deklination==
- ==beim Folgen einer Peilung==

Wenn sich diese Fehler addieren, besteht ein ziemlich hohes Risiko, sich zu verlaufen. Wenn wir bei schlechtem Wetter eine Peilung nehmen, müssen wir besonders vorsichtig sein. Wir sollten versuchen, die Abschnitte zwischen den Wegpunkten möglichst klein zu halten (nie mehr als 400 m). Am besten vermeidet man dieses Problem, indem man die Route genau plant und zu Hause oder in der Hütte eine Routenkarte vorbereitet.

ROUTENPLANUNG BEI SCHLECHTER SICHT Wenn wir bei schlechter Sicht navigieren wollen, müssen wir die Karte genau studieren und die Route so planen, dass sie durch Gelände verläuft, in dem wir uns gut orientieren können. Wir müssen jede Geländeformation nutzen, die hilfreich sein könnte. Die Wegabschnitte sollten kurz gehalten werden. Wir notieren unsere geplante Route auf einer Routenkarte.

Geländer Leicht zu identifizierende Geländeformationen, denen man folgen kann („am Geländer entlanghangeln"). Beispielsweise Felswände, Kämme, etc.

Angriffspunkte Wenn wir ein kleines Ziel (wie z. B. eine Hütte) ansteuern, halten wir uns zunächst an ein größeres Ziel in der Nähe, den sogenannten Angriffspunkt. Von diesem leicht zu identifizierenden Ziel aus können wir das Fehlerrisiko gering halten, indem wir einen Fixpunkt benutzen und den letzten Wegabschnitt kurz halten.

Auffanglinien Um in weitläufigen Geländeformationen unsere Navigationspunkte nicht zu verfehlen, benutzen wir Auffanglinien. Diese sind Geländeformen, auf die wir zwingend stoßen müssen. Sie verhindern grobe Navigationsfehler und dienen uns meist auch als Geländer, um die nächsten Punkte anzusteuern. Das ist besonders dann wichtig, wenn Gefahr besteht, dass wir ungewollt, z. B. bei Sätteln/Pässen, auf die falsche Seite des Berges gelangen könnten (Abb. 010).

ENTFERNUNG Es ist sehr wichtig, dass wir Entfernungen richtig schätzen können, wenn wir ohne GPS unterwegs sind.

Schritte zählen Um zurückgelegte Entfernungen durch das Zählen unserer Schritte abzuschätzen und diese Methode zuverlässig bei der Orientierung einzusetzen, braucht es sehr viel Erfahrung: Wir müssen genau wissen, wie viele Schritte wir mit welcher Ausrüstung und wie viel Gepäck in welchem Gelände machen. Wollen wir diese Methode verwenden, müssen wir unsere Schritte auf bekannten Entfernungen (z. B. entlang eines ausgelegten Seils) in verschiedenen Situationen ermitteln und notieren. Da die Chance, hier Fehler zu machen, sehr groß ist, kann nicht empfohlen werden, diese Methode grundsätzlich zur Orientierung zu verwenden, zumal die technischen Alternativen wie GPS leichter zu lernen und zuverlässiger sind.

Für kurze Abschnitte, speziell um Geländehindernissen bei schlechter Sicht auszuweichen, sollten wir trotzdem ein Grundgefühl für diese Methode entwickeln. Wegabschnitte werden so kurz wie möglich gehalten, um das Fehlerrisiko möglichst klein zu halten. Diese Methode funktioniert nicht, wenn wir in steilerem Gelände Spitzkehren gehen.

Routenkarte Wenn wir bei schlechter Sicht ohne GPS navigieren, können wir oft keine Abkürzungen nehmen, die bei guter Sicht problemlos möglich gewesen wären. Die Routenkarte wird immer für den Fall vorbereitet, dass wir nichts sehen. Ist die Sicht besser als erwartet, navigieren wir vorsichtig anhand der Karte (Abb. 011). Wird die Sicht schlechter, benutzen wir die Routenkarte. Die Zeit, die wir brauchen, um diese vorzubereiten, ist immer eine gute Investition, wenn wir uns später bei schlechter Sicht zurechtfinden müssen. Dennoch müssen wir der Routenkarte natürlich nicht unbedingt folgen, nur weil wir sie haben. Wir sollten immer flexibel bleiben und bereit sein, unsere Entscheidungen zu überdenken. Die Routenkarte ist eine Orientierungshilfe, kein unumstößlicher Plan.
Wir sollten immer einen Alternativplan haben, für den Fall, dass
- das Wetter schlecht wird oder wir länger brauchen, als erwartet.
- wir einen alten Lawinenkegel überqueren müssen und dafür zu viel Zeit brauchen oder uns dabei in Lawinengefahr begeben würden.
- wir auf die Reste eines Eissturzes treffen (Eisblöcke auf dem Boden) und wir zu lange brauchen würden, um die Gefahrenzone zu durchqueren oder die Sicht schlecht ist und wir nicht sehen können, wie groß der Gefahrenbereich ist.
- auf einem Gletscher viele Spalten offen sind und wir viel zu viel Zeit damit verschwenden würden, vorsichtig und unter großer Gefahr am Seil abzufahren. Dann sollten wir besser in der Hütte bleiben und dort auf bessere Sicht warten, selbst wenn wir so unseren Zug verpassen oder zu spät zur Arbeit kommen (Abb. 011).

DAS GPS

Wir bewegen uns als Bergsteiger vergleichsweise langsam fort, daher sind nur Geräte sinnvoll, die die GPS-Funktion mit einem Kompass und einem barometrischen Höhenmesser kombinieren. Fraglos ist das GPS im Gebirge eine fantastische Hilfe, wenn es korrekt benutzt wird. Wir brauchen keine großen Geländefor-

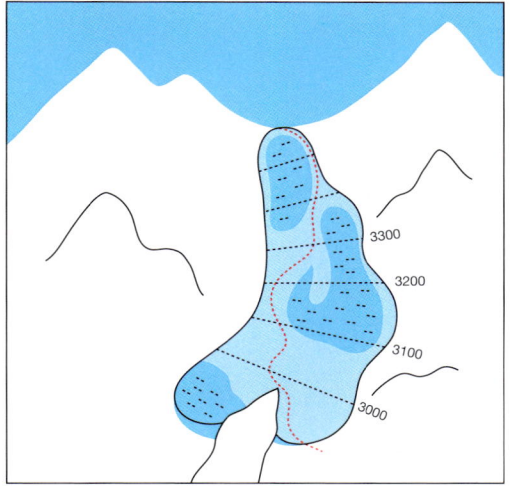

009 3300 – orografisch rechts/Skier's right, 2800 – orografisch links/Skier's left

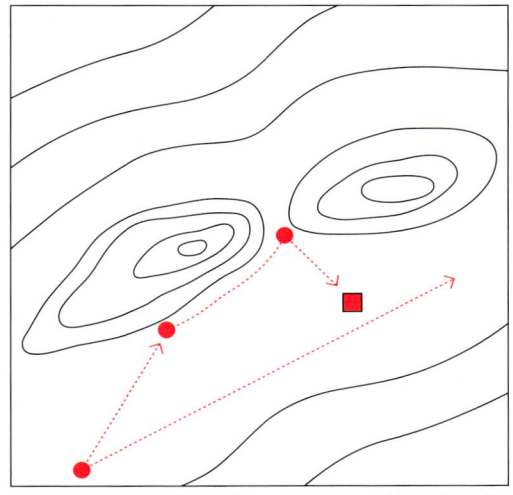

010 Anstatt die Hütte direkt anzusteuern und bei schlechter Sicht zu verfehlen, nutzen wir den Hügel links davon als Anhaltspunkt, auf den wir zusteuern. Der Fuß des Hügels dient uns dabei als Auffanglinie und wir können die steilen Hänge zwischen den beiden Hügeln als „Geländer" benutzen.

mationen als Wegpunkte (und können speziell bei begrenzter Sicht vermeiden, uns an großen Änderungen der Steilheit als Geländer zu orientieren, und die damit verbundene Lawinen- und Absturzgefahr umgehen) und wir können immer einen Fixpunkt bestimmen. Meistens bleibt das GPS im Rucksack und kommt nur bei schlechter Sicht zum Einsatz. Aber wir sollten wissen, wie das GPS funktioniert, bevor wir es brauchen! Wenn man das GPS lange nicht benutzt hat oder weit gereist ist (ans andere Ende des Kontinents), kann es bis zu 20 Minuten dauern, bis es die eigene Position wieder findet, wenn man es einschaltet. Bevor wir losgehen, sollten wir sicherstellen, dass das GPS funktioniert und Batterieladung für die gesamte Tour inklusive einer Reserve vorhanden ist. Darüber hinaus müssen wir den Kompass und das Altimeter kalibrieren und kontrollieren, dass das richtige geografische Datum und Koordinatensystem eingestellt ist.

Wenn man Technik mag, kann man digitale Karten kaufen, die Route am Computer planen und die Wegpunkte auf das GPS laden oder aus dem Internet Routen herunterladen und mit anderen austauschen. Moderne GPS-Geräte können auch digitale topographische Karten anzeigen. Wegpunkte zu erstellen, geht schnell und einfach. Das Fehlerrisiko verringert sich, da wir Koordinaten nicht händisch messen und eintragen müssen. Um das GPS effektiv nutzen zu können, sollte man seine Stärken und Schwächen kennen.

Stärken Wir können immer einen Fixpunkt ablesen: Das ist wichtig, wenn wir mit der Karte eine Peilung nehmen oder der Bergrettung bei einem Unfall unsere exakte Position mitteilen wollen. Zusätzlich führt uns das GPS direkt zu den Wegpunkten (diese können imaginär sein, z. B. mitten auf einem Gletscherplateau), unabhängig von den Sichtverhältnissen.

Worauf man achten muss Die Batterien halten nicht ewig (besonders wichtig bei Mehrtagestouren). Bei kaltem Wetter halten die Batterien deutlich weniger lange. Man sollte Lithiumbatterien verwenden und zusätzlich Ersatzbatterien im Rucksack haben. Lithiumbatterien sind weniger kälteempfindlich, bringen aber die volle Leistung, bis sie plötzlich den Geist aufgeben, und bieten daher wenig

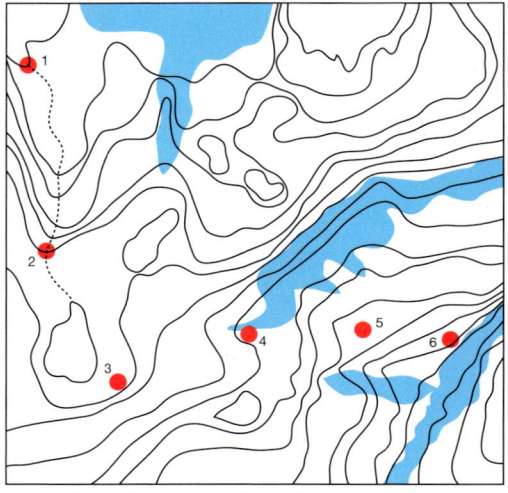

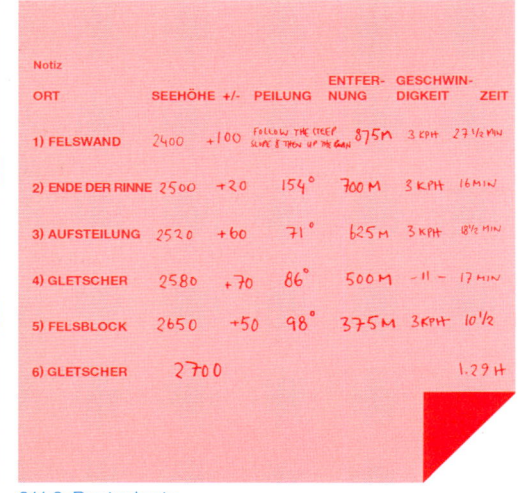

011:1 Wegpunkte einer geplanten Tour

011:2 Routenkarte

Vorwarnzeit. Die Genauigkeit der GPS-Navigation kann durch das amerikanische Verteidigungsministerium herabgesetzt werden (geschieht zumeist bei politischen Krisen bzw. kriegerischen Konflikten), also Vorsicht in Krisengebieten.

Wenn genug Batterien zur Verfügung stehen, können wir Wegpunkte speichern und diesen zu unserem Ziel folgen. Wenn Genauigkeit wichtig ist (z. B. in Spaltenzonen), sollten wir uns auf einer Linie zwischen zwei einzelnen Wegpunkten bewegen und nicht auf einer vorgefertigten Route. Das Programm kann unter Umständen Abkürzungen anzeigen, wenn wir eine Route entlang von Wegpunkten wählen.

Wenn wir Batterien sparen müssen, benutzen wir das GPS nur, um Fixpunkte zu bestimmen, die uns bei den traditionellen Orientierungstechniken helfen, oder wenn wir einen Fixpunkt brauchen, um eine Peilung zu nehmen. Ansonsten schalten wir das GPS aus und stecken es in die Tasche. Warnung: Wenn man falsche Koordinaten in das GPS eingibt, führt es einen dorthin. Vorsicht beim Programmieren und Koordinateneingeben, vor allem bei schlechtem Wetter im Gebirge. Eine Überprüfung mit der eigenen Logik ist immer hilfreich (stimmen angegebene Richtung und Entfernung mit meinen Erwartungen überein?).

Man darf nicht erwarten, dass das GPS einen bis auf einen Meter exakt an den Wegpunkt heranführt. Es ist relativ genau, aber man sollte eine gewisse Sicherheitsmarge einbauen, besonders in der Nähe von Felsabbrüchen oder anderem gefährlichen Gelände. Abgesehen davon, dass diese Genauigkeit aus normalem Kartenmaterial nicht herauslesbar ist.

Wir sollten immer auch eine Karte benutzen, damit wir wissen, wo wir sind, falls das GPS ausfällt. Ein GPS kann die klassische Navigation massiv erleichtern und beschleunigen, aber nie komplett ersetzen.

ÜBEN

Navigieren lernen ist nicht schwierig. Wie bei den meisten Fähigkeiten funktioniert es aber nicht, wenn man nicht übt.

Kompass und Karte Die folgende Übung nennt sich „die Box" und erlaubt das Üben von grundlegenden Dingen wie Timing, Schritte zählen und einer Peilung folgen.

Wir suchen uns eine große, flache, offene Fläche und stellen einen Gegenstand (z. B. einen Rucksack) auf den Boden. Wir folgen einer beliebigen Kompasspeilung 100 m, wobei wir Schritte zählen oder die Zeit schätzen. Nach 100 m drehen wir uns um 90° und gehen noch mal 100 m in diese Richtung. Das wiederholen wir noch zweimal. Wenn wir es richtig gemacht haben, sind wir nun wieder beim Rucksack oder in der Nähe davon.

Wir wählen ein leicht zu erreichendes Gebiet und bestimmen sechs bis zehn gut zu identifizierende Wegpunkte auf der Karte und erstellen eine Routenkarte. Dieser folgen wir draußen im Gelände genau, bei gutem und schlechtem Wetter. Wenn wir unsere Erfolge und Misserfolge analysieren, können wir sehr viel lernen.

GPS Wir wählen ein leicht zu erreichendes Gebiet. Wir nehmen sechs bis zehn gut zu identifizierende Wegpunkte auf der Karte und speichern sie im GPS ein. Draußen navigieren wir entlang der Wegpunkte. So entwickeln wir ein Gefühl dafür, wie genau das Gerät uns von Punkt zu Punkt und entlang eines Tracks leitet. Das machen wir bei gutem und bei schlechtem Wetter. Danach versuchen wir das Gleiche mit traditionellen Orientierungstechniken und benutzen das GPS nur als Backup, um Fixpunkte zu bestimmen.

TOURENPLANUNG

von Knut Pohl

Eine solide Tourenplanung ist die Grundlage jeder gelungenen Aktivität am Berg. Nur wenn wir unsere Vorhaben vorher durchdenken und -planen, werden wir auch in der Lage sein, unsere Ziele zu erreichen. Die Tourenplanung erspart uns unnötige Fehler, hält Alternativen bereit und vermeidet so, dass wir in ungewollte, unkomfortable oder gar gefährliche Situationen geraten. Daher sollten wir uns immer die Zeit nehmen, eine Tour gründlich zu planen und vorzubereiten.

PLANUNGSGRUNDLAGEN

Ein gewisses Maß an Planung ist die Voraussetzung für alle unsere Aktivitäten im Gebirge, vom kleinen Abstecher neben der Piste bis hin zu mehrtägigen Touren durch technisch anspruchsvolles, vergletschertes Gelände. Je schwieriger und länger das geplante Projekt dabei ist, umso höher wird im Normalfall natürlich der Planungsaufwand ausfallen. Während der Abstecher im Skigebiet häufig vor Ort mit wenigen Gedankengängen geplant ist, braucht eine größere Tour deutlich mehr Vorbereitung. Wir nutzen das Instrument der Tourenplanung daher flexibel, gehen aber grundsätzlich immer nach demselben Schema, analog zur 3x3-Filtermethode (siehe Kapitel 004) vor. Tourenplanung sowie Gefahrenbeurteilung gehen dabei Hand in Hand.

DIE FAKTOREN Wir berücksichtigen in jeder Planungsphase die Faktoren, die das Gelingen der Tour beeinflussen. Dabei können einzelne Faktoren nicht losgelöst voneinander betrachtet werden, sondern nur im Wechselspiel. Fortlaufend vergleichen wir, ob die Faktoren Gelände, Verhältnisse und Mensch zueinander passen und ausgeglichen sind. Ansonsten suchen wir uns passendere Alternativen.

Gelände Das Gelände ist ein wesentlicher Faktor, der entscheidet, ob die Tour für uns passend ist oder nicht. Länge der Tour, Steilheit, Exposition, Schwierigkeit des Geländes und die dafür notwendigen Fähigkeiten bestimmen nicht nur, ob diese Tour für unseren Kenntnis- und Könnensstand geeignet ist, sondern müssen auch zu den Verhältnissen passen.
Verhältnisse Wetter, Schnee- und Lawinenlage bestimmen maßgeblich, welche Touren wir wann unternehmen können und müssen sowohl zu unseren Fähigkeiten als auch zum Gelände passen.
Mensch Die Gruppenzusammensetzung und die Kenntnisse und Fähigkeiten sind ausschlaggebend dafür, welche Situationen wir unter welchen Bedingungen meistern können. Wir müssen eine Tour so wählen, dass Gelände und Verhältnisse von uns bewältigbar sind. Dabei spielt nicht nur das individuelle Können eine Rolle, sondern auch die Gruppengröße und -zusammensetzung.

DIE PLANUNGSPHASEN Weil es im Planungsprozess keinen Zeitpunkt gibt, zu dem wir alle Informationen zur Verfügung haben, ist die Planung ein fortlaufender Prozess, in dem wir uns jeweils auf diejenigen Faktoren konzentrieren, die wir zum aktuellen Zeitpunkt planen können. Fehlen Informationen für eine endgültige Planung, legen wir fest, welche Schritte wir unter welchen Bedingungen machen werden und bereiten Alternativen vor.
Grobplanung Die erste Planung findet normalerweise zu Hause und deutlich vor der Tour statt. In dieser Grobplanungsphase suchen wir nach möglichen Touren und planen diese durch, soweit wir das mit den zum gegebenen Zeitpunkt verfügbaren Informationen können.

Je weiter die Tour zeitlich von unserer Planung entfernt ist, umso weniger werden wir die Verhältnisse berücksichtigen können und umso mehr werden mögliche Szenarien nach dem Schema „Wenn…, dann…", „Falls…, dann…" in die Planung eingearbeitet. Die Grobplanung konzentriert sich dabei meist auf die Faktoren Gelände und Mensch sowie die Verhältnisse (Wetter-, Schnee-, Lawinenlage), welche herrschen müssen, um die Tour durchzuführen.
Feinplanung Kurz vor der Tour rückt dann der Fokus der Planung auf das Abgleichen mit den Verhältnissen. Dieser Teil der Planung beginnt also erst dann, wenn wir die nötigen Informationen über Schnee-, Wetter- und Lawinenlage zur Verfügung haben, was normalerweise frühestens am Abend vor der Tour der Fall ist. Erst jetzt können wir abgleichen, ob das gewählte Gelände zu den Verhältnissen passt und wo Gefahren- und Entscheidungspunkte liegen.

Aber auch das nochmalige Überprüfen der tatsächlichen Gruppenzusammensetzung ist wichtig. Normalerweise geht diese Phase auch einher mit der Planung der nötigen Ausrüstung und deren Verteilung auf die Gruppenmitglieder.
Rollende Planung Schon bevor die eigentliche Tour losgeht, und zwar sobald wir morgens aus dem Haus gehen, beginnen wir mit der rollenden Planung unterwegs. Tatsächlich vorgefundene Verhältnisse werden genauso mit unserer Planung abgeglichen wie das Gelände oder unsere Performance.
Auswertung Ein nicht unerheblicher Schritt, wenn auch nicht Teil der eigentlichen Planung, ist die retrospektive Auswertung der Tour. Wir vergleichen unsere Planung mit der tatsächlichen Tour und versuchen aus Fehlern und Stärken zu lernen. Dabei kann es hilfreich sein, abzuschätzen, warum unsere Planung von der Realität abgewichen sein könnte, wie gut unsere Entscheidungen waren und was wir im Nachhinein anders machen würden. Speziell die Entscheidungsprozesse und Diskussionen während der Tour im Nachhinein noch einmal nachzuvollzie-

hen und zu bewerten, hilft uns dabei, gruppendynamische Prozesse und unser eigenes Verhalten besser einschätzen und damit besser kontrollieren zu können. Die Tourenplanung ist gelungen, wenn wir zum jeweiligen Zeitpunkt zu klaren Urteilen kommen:
- Wir sind (zum jetzigen Stand der Informationen) davon überzeugt, dass die Tour durchführbar ist.
- Die Tour ist für uns durchführbar, wenn wir gewisse Maßnahmen treffen (kleine Gruppe, Abstände, anseilen usw.).
- Die Tour ist vermutlich durchführbar, aber es müssen bestimmte Bedingungen eintreten, die wir jetzt noch nicht klar beurteilen können. Bis dahin kann nicht endgültig entschieden werden. In diesem Fall müssen wir Checkpunkte festlegen: Bis wann müssen wir uns entscheiden? Haben wir bis dahin die nötigen Informationen? Können wir Alternativen (z. B. einen einfachen Nachbargipfel) einplanen, auf die wir zurückgreifen können?

Können wir nicht zu einem dieser Urteile gelangen, sollten wir eine alternative Tour planen.

DIE TOURENPLANUNG IM DETAIL

Tourenplanung ist grundsätzlich kein steifes Korsett, sondern vielmehr ein Werkzeugkasten mit den verschiedensten Werkzeugen, die je nach Bedarf eingesetzt werden. Nicht nur, dass liftunterstütztes Freeriden andere Anforderungen an die Planung stellt als eine Skihochtour, auch unsere Informationsquellen bestimmen, wie viel Planungsarbeit wir selbst machen müssen, und wie viel wir aus anderen Quellen, wie Erfahrungen von Freunden, Tourenberichten oder Führerliteratur, entnehmen können.

Auch das Setup entscheidet. Manchmal möchten wir mit bestimmten Freunden eine für uns passende Tour gehen, ein anderes Mal soll es eine bestimmte Tour sein und wir wollen dafür die passenden Begleiter finden. Es gibt keine Planung nach Schema F, aber eine gewisse Grundstruktur hilft, alle nötigen Faktoren zu berücksichtigen und eine saubere Planung durchzuführen. Diese gibt uns die Grundlage, auf der Tour die richtigen Entscheidungen zu treffen und Alternativen parat zu haben, bevor wir sie brauchen.

Informationen sammeln Der erste Schritt bei der Tourenplanung ist dabei das Zusammentragen der nötigen Informationen. Wir suchen z. B. nach Tourenbeschreibungen, besorgen das notwendige Kartenmaterial, schauen, ob wir aktuelle Tourenberichte aus der Region im Internet finden, besorgen uns Wetter-, Schnee- und Lawinenlagebericht – soweit möglich (alternativ notieren wir mindestens die Bezugsquellen). Wir planen, wer Teil der Gruppe sein wird und welche Ausrüstung wir zum Bewältigen der Tour benötigen.

Grundplanung der Tour Nun geht es an die Grundplanung der Tour. Hierzu legen wir Start und Ziel der Tour fest sowie eventuelle Zwischenziele, zeichnen auf Basis einer topografischen Karte (am besten 1:25 000) den Routenverlauf dem Gelände angepasst ein (Abb. 012), bestimmen grob den Höhenverlauf (Abb. 013), die kritischen Stellen und den Zeitbedarf und schätzen dementsprechend das nötige Können, die erforderliche Fitness und benötigte Ausrüstung ein. Dabei berücksichtigen wir natürlich etwaige Wildschutzgebiete, Sperrzonen und Ähnliches.

Hangneigung und Exposition Nun bestimmen wir die Hangneigung und Exposition nicht nur des Aufstieges, sondern auch der Hänge, in deren Einflussbereich wir uns bewegen werden. Nur so können wir das Gefahrenpotenzial der Tour bestim-

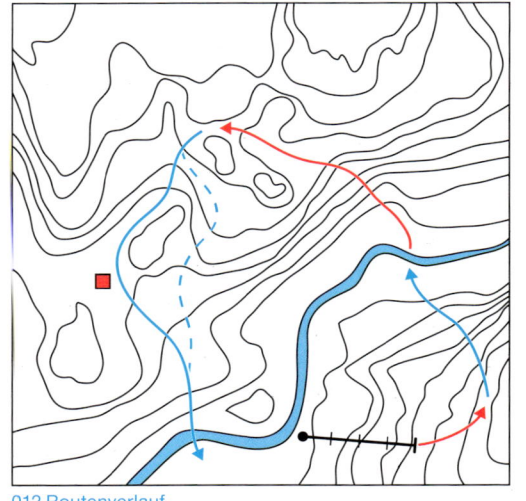

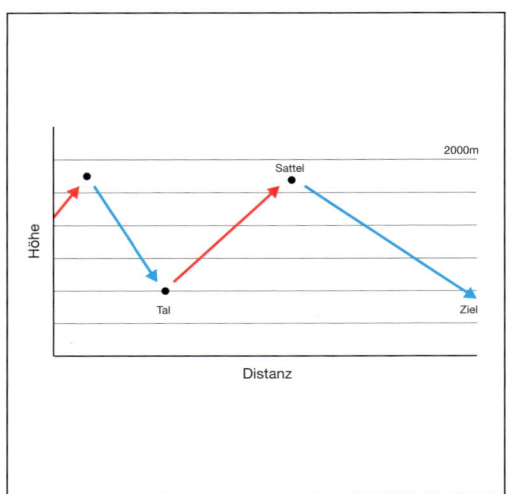

012 Routenverlauf

013 Höhenprofil

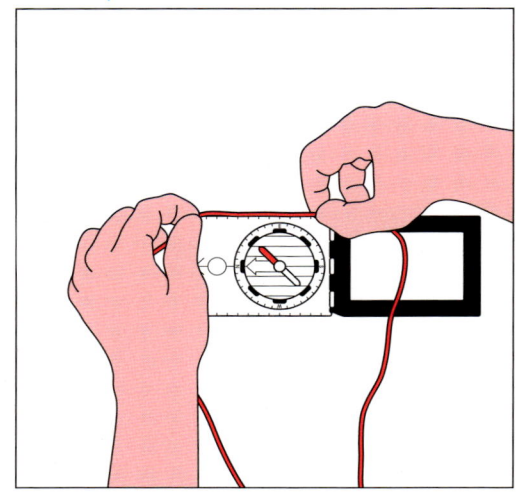

014:1 Abmessen mit Schnur oder dünnem Draht

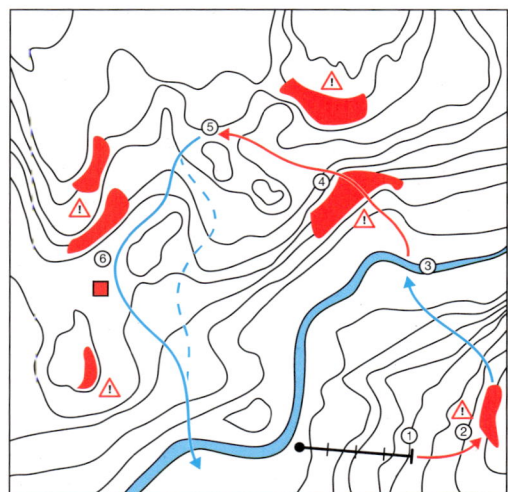

014:2 Abmessen mit Schnur oder dünnem Draht

015 Checkpunkte

Eine gründliche Tourenplanung mit Checkpunkten und Alternativen hilft uns, wachsam und vorbereitet zu sein und die richtigen Entscheidungen zu treffen.

men. Geländeformen, die wir anhand der Höhenlinienprofile identifizieren, helfen uns dabei, kritische Hänge und Lagen festzustellen, um typische Geländefallen zu erkennen. Mithilfe der Reduktionsmethode können wir so herausfinden, welche Lawinensituation gegeben sein muss, damit die Tour durchführbar ist.

Tipp: Es gibt Kartenmaterial für den Skibereich (z. B. Freeride-Maps, Schweizer Skitourenkarten), in denen kritische Hänge, z. B. solche steiler als 30°, gekennzeichnet sind.

Zeitplanung Ein wesentlicher Faktor der Tourenplanung ist die Einschätzung der für die gesamte Tour, aber auch für einzelne Abschnitte benötigten Zeit. Dabei kann die Erstellung eines Zeitplans hilfreich sein. Als Faustformel gilt, dass wir im Aufstieg pro km horizontale Distanz sowie pro 100 Höhenmeter je eine Viertelstunde brauchen. Die Horizontaldistanz ermitteln wir dafür mit einer Schnur (z. B. am Kompass), die wir der Aufstiegsstrecke entlang legen und anschließend die gelegte Länge messen (Abb. 014). Die Aufstiegshöhenmeter lesen wir aus den Höhenlinien der Karte ab, wobei wir alle Aufstiege der Tour natürlich addieren. Dann errechnen wir den Zeitbedarf für den Aufstieg wie folgt:

$$\text{Aufstiegszeit (h)} = \frac{\text{Gesamthöhenmeter Aufstieg (m)}}{400} + \frac{\text{Horizontaldistanz (km)}}{4}$$

Hinzu kommt natürlich die Zeit für Pausen, diese sollten wir von Anfang an mit einplanen. Speziell die materialbedingten Pausen, wie das Auf- oder Abziehen der Steigfelle oder das Einbinden ins Seil am Gletscher, können zu überraschenden Zeitfressern werden, speziell in großen Gruppen mit eher Ungeübten.

Weitere Zeit muss natürlich für technische Schwierigkeiten eingeplant werden, wie den Aufstieg vom Skidepot zum Gipfel, Kletter- oder Abseilstellen, Navigation durch Spaltenzonen und Ähnliches.

Die Zeit, die wir für die Abfahrt benötigen, ist am schwersten abzuschätzen, da sie sehr stark von der Geländeform und vom Fahrkönnen abhängt. Hier müssen wir oft grob schätzen (z. B. beim Herausschieben aus einem flachen Talboden) und uns auf Erfahrung und Sachverstand verlassen. Als grobe Faustregel können wir jedoch mit ¼ der für den Aufstieg benötigten Zeit rechnen.

Noch schwieriger ist es, den Zeitbedarf für technische Kletterpassagen oder andere Hindernisse, wie z. B. Grate, die wir evtl. zu Fuß überwinden müssen, abzuschätzen. Hier hilft nur die Erfahrung und realistische Einschätzung des eigenen Könnens.

Gerade bei Letzterem sollten wir uns bewusst sein, dass von der Erwartung abweichende Bedingungen den Zeitplan gehörig durcheinanderbringen können und besonders Kletterpassagen bei schwierigen Bedingungen ein Vielfaches der Zeit brauchen können, als wenn optimale Bedingungen herrschen. Aber auch einfache Skitouren können bei schwerer Spurarbeit bedeutend mehr Zeit in Anspruch nehmen als bei optimalen Bedingungen. Es ist daher wichtig, diese Eventualitäten mit einzuberechnen und beim Festlegen der Checkpunkte (siehe folgende Seite) sowie bei der rollenden Planung zu berücksichtigen, damit man gegebenenfalls entsprechend reagieren kann.

Nicht zuletzt sollten wir im Zweifelsfall Zeitreserven einplanen, speziell wenn wir darauf angewiesen sind, zu bestimmten Zeiten an bestimmten Punkten zu sein (Anstieg der Lawinengefahr, letzte Heimreisemöglichkeit, Abendessen auf der Hütte etc.).

Oft bestimmen der Zeitpunkt, zu dem wir die Tour beendet haben sollten, zusammen mit dem Zeitbedarf für die Tour den spätesten Startzeitpunkt, sodass wir Start- und Zielzeit nach Berechnung des Zeitbedarfs für die Tour festlegen. Grundsätzlich sollten wir den geplanten Zeitbedarf immer mit der Realität abgleichen, indem wir unterwegs unsere Abschnittszeiten stoppen oder wenigstens grob abgleichen. So lernen wir, für uns passendere Zeitpläne zu erstellen.

Tour und Faktoren abgleichen Haben wir so die Grundzüge der Tour und die nötigen Voraussetzungen geplant, ist es an der Zeit, dass wir die Faktoren Gelände, Verhältnisse und Mensch miteinander abgleichen. Passt die Tour zu uns und unseren Plänen? Und zwar so, dass wir mit ausreichender Sicherheitsmarge für alle Bereiche (Können, Verhältnisse, Zeitbedarf etc.) unterwegs sind? Denn wenn wir zu sehr an unser persönliches Limit gehen, verringern wir nicht nur den Spielraum für Unvorhergesehenes oder Fehler, sondern setzen uns in der Regel auch so unter Druck, dass der Genuss der Tour auf der Strecke bleibt.

In der Regel haben wir zu diesem Zeitpunkt noch keine endgültigen Informationen über Wetter und Lawinenlage und müssen daher die Bedingungen planen, die eintreffen müssen, damit die Tour durchführbar wird.

Checkpunkte Der nächste Schritt ist die Detailplanung der Tour. Dazu suchen wir die geplante Route nach Schlüsselstellen ab. Schlüsselstellen und Checkpunkte können dabei vieles sein. Meist werden sie bestimmt durch technische Schwierigkeiten, Gefahrenstellen, Geländewechsel, Wechsel der Fortbewegung, Einsehmöglichkeiten ins Gelände, Wechsel der Orientierungspunkte oder Punkte, nach denen eine Umkehr auf der bisherigen Route nicht mehr möglich ist (Abb. 015).

Wir versuchen dabei entlang der Route diese Schlüsselstellen zu identifizieren, auf der Karte zu markieren und als entsprechende Checkpunkte in unsere Planung so einzubeziehen, dass wir auf die jeweils zu berücksichtigenden Faktoren und zu treffenden Entscheidungen eingestellt sind.

Dabei können Schlüsselstellen sich auf einen der Faktoren Gelände, Verhältnisse und Mensch beziehen, auf einen Mix daraus oder auf alle. Kommen wir z. B. nach dem härtesten Aufstieg der Tour über einen Grat, kann das heißen, dass sich uns bis jetzt nicht einsehbares Gelände öffnet, sodass wir die Routenplanung durch dieses und die Geländepunkte, an denen wir uns orientieren werden, überprüfen und gegebenenfalls anpassen müssen. Außerdem eröffnen sich meist neue Hänge mit anderen Expositionen, sodass wir die Verhältnisse überprüfen und das tatsächlich Vorgefundene mit unseren Erwartungen abgleichen müssen und eventuell Gefahren- und Lawinenlage neu beurteilen müssen. Vielleicht ist das folgende Gelände schwierig, z. B. bei Gletschern, und wir benötigen ausreichend Sicht zur Navigation. Auch der Anstieg hat Kräfte gekostet und daher gilt es, die Physis der Gruppe zu überprüfen.

Schlussendlich sollten wir immer unseren Zeitplan im Auge haben und, falls wir davon abweichen, darauf reagieren. Speziell bei Frühjahrstouren sind auch Zeit-Checkpunkte ein wesentlicher Faktor. Je nach Bedingungen bestimmen Geländepassagen, wann wir sie im Tagesverlauf erreicht und durchschritten haben müssen oder sogar, bis wann wir die gesamte Tour beendet haben müssen.

All diese Checks helfen uns, Probleme und Hindernisse frühzeitig zu erkennen, und wenn wir die möglichen Entscheidungsprozesse und Konsequenzen bereits im Vorfeld durchgegangen sind, haben wir sie später auf der Tour zur Hand.

Checkpunkte sind dabei auch immer in verschiedenem Maße Entscheidungspunkte. Wir müssen uns überlegen, welche Konsequenzen wir ziehen müssen, wenn Vorbedingungen und Erwartungen nicht erfüllt werden. Daher sollten wir für alle

Knut Pohl △ Sportgastein/Österreich Dieter Grafl

Fredrik Schenholm Chamonix, Frankreich

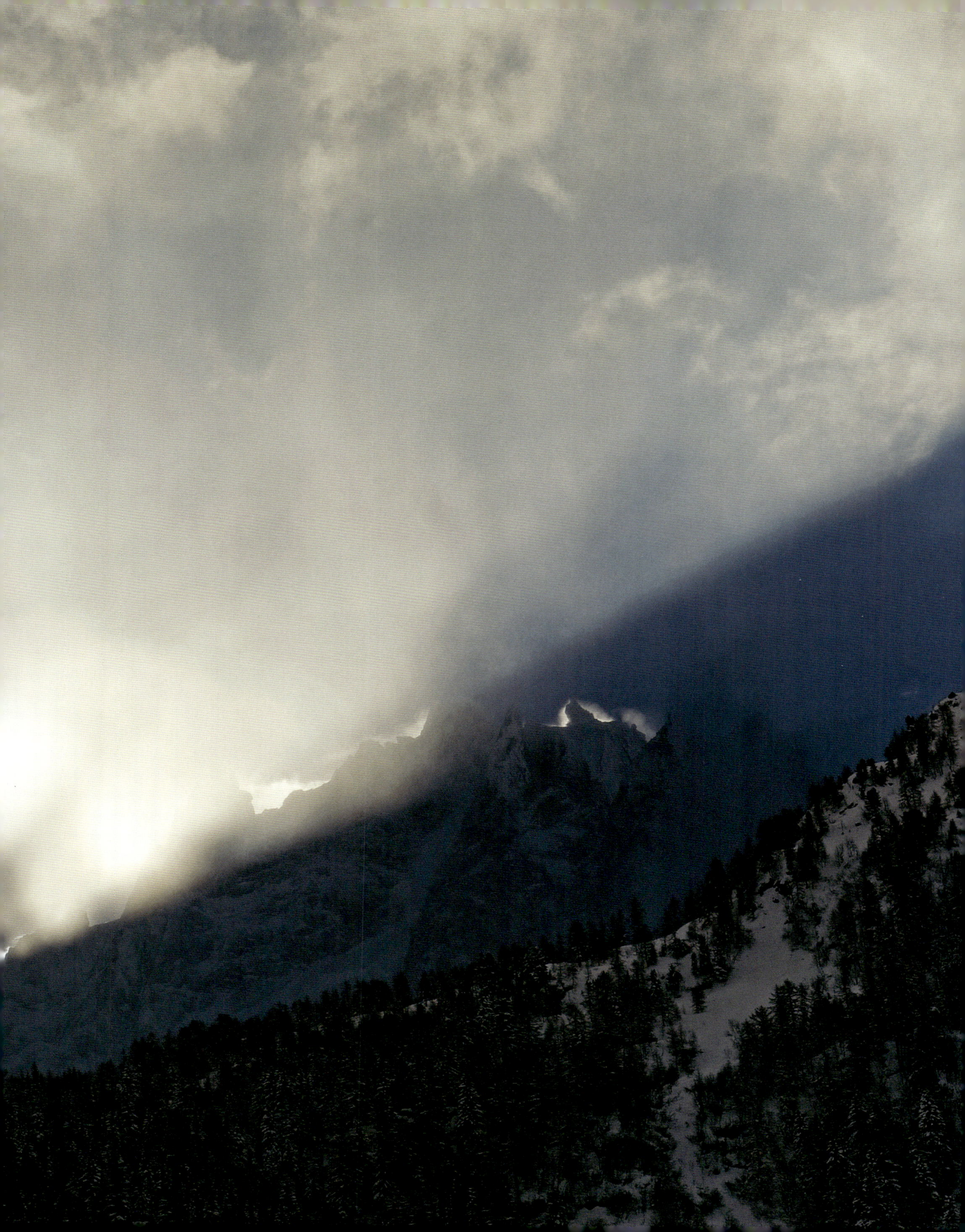

Jaakko Posti — Koppang, Lyngen Alps, Norwegen

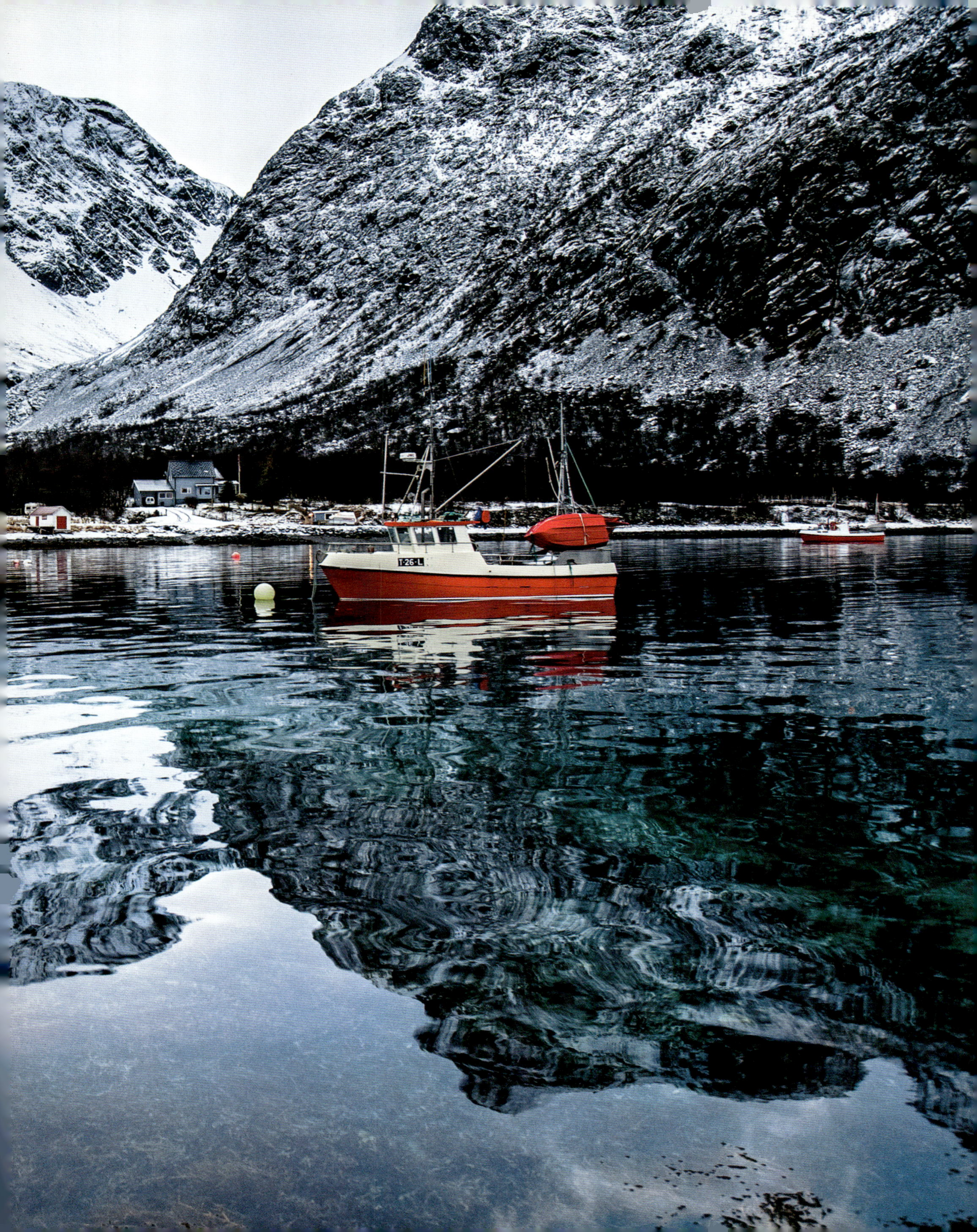
T-26-L

Fredrik Schenholm　Jan Mayen, Norwegen　Johan Mattsson

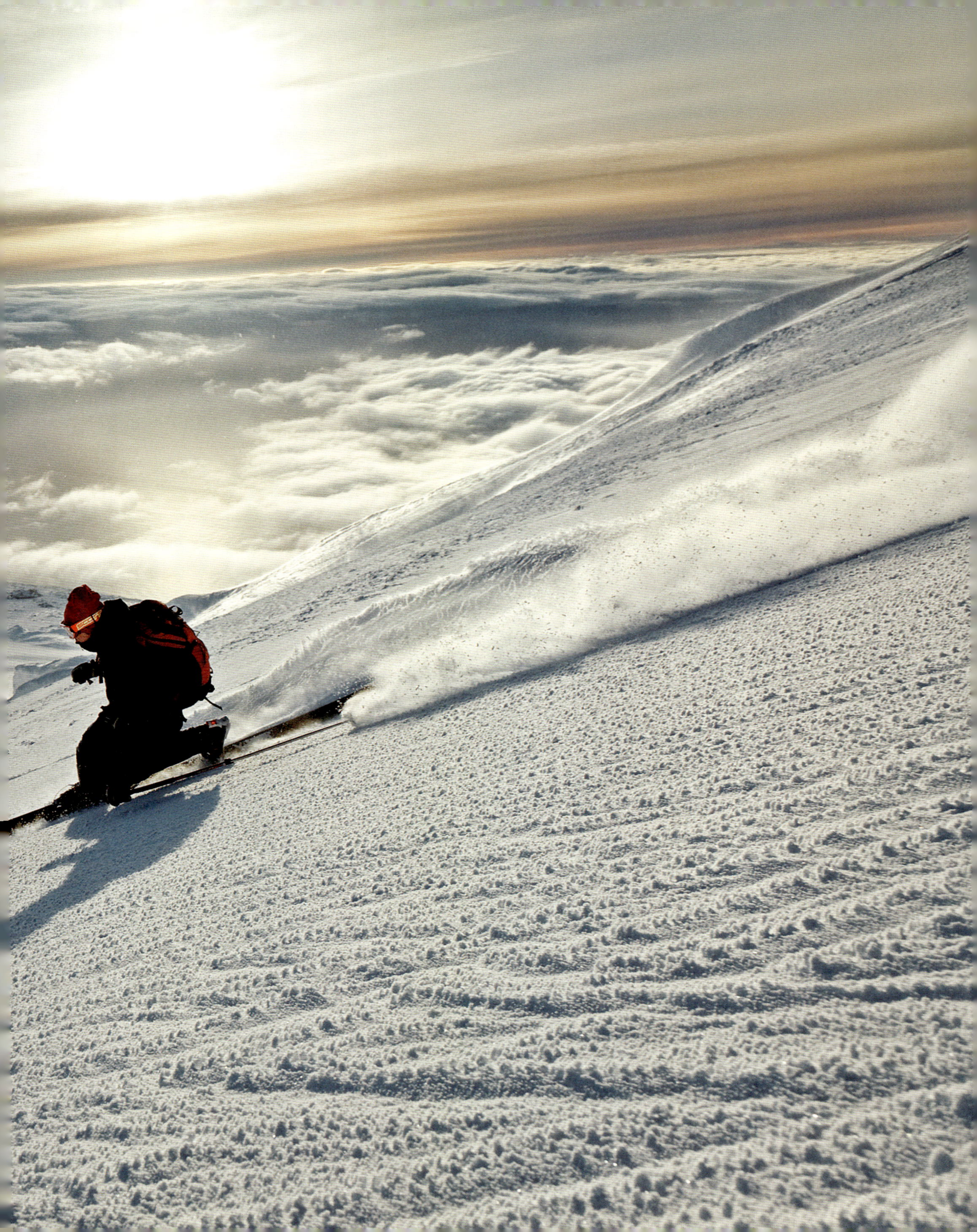

Fredrik Schenholm — Kebnekaise, Sweden

Checkpunkte entsprechende Entscheidungen vorbereiten. Oft sind diese Entscheidungen rein zur Überprüfung nötig und es ist unwahrscheinlich, dass die Bedingungen von unseren Erwartungen abweichen und wir unseren Plan ändern müssen. Aber es gibt auch Entscheidungspunkte, in denen von vornherein klar ist, dass es sein kann, dass die Vorbedingungen nicht erfüllt werden. Dann sollten wir Alternativpläne parat haben. Oft ist die Alternative der Abbruch der Tour mit Umkehr, manchmal bieten sich aber auch Alternativrouten zum selben Ziel, alternative Ziele oder vorzeitige Abfahrten an. Die Punkte, an denen solche Möglichkeiten abzuklären sind, sollten wir ebenfalls markieren und darauf vorbereitet sein.

Tipp: Um bei Entscheidungen nicht unter Zeitdruck und damit eventuell falsch zu entscheiden, sollten wir, wann immer möglich, Entscheidungspunkte mit geplanten Pausen kombinieren. Uns fällt es viel leichter, über die nächste Schlüsselstelle zu entscheiden, wenn wir sie während der Pause betrachten können. Auch können so Gruppenentscheidungsprozesse offener, sachlicher und effektiver ablaufen.

UNTERWEGS

Fortlaufende Planung Haben wir uns aufgrund der im Vorfeld durchgeführten Planung entschieden, die Tour anzutreten, beginnt die rollende Planung unterwegs. Dabei benutzen wir all unsere Sinne, um die während der Planung getroffenen Annahmen mit den tatsächlichen Verhältnissen zu vergleichen. Der Prozess findet dabei permanent und fortlaufend statt, nicht nur an den Checkpunkten. Einzelhänge werden beurteilt, Bedingungen überprüft und bereits anhand der jetzt verfügbaren Informationen werden unsere vorher getroffenen Prognosen für noch auf uns Zukommendes verfeinert. Wenn wir dabei Abweichungen vom Erwarteten entdecken, sollten wir nicht zögern, diese vor allem zu kommunizieren und auch entsprechend zu entscheiden. Meist reicht es allerdings, dass wir unterwegs nur eine Bestandsaufnahme machen und die Entscheidungen an den vorgesehenen Checkpunkten überprüfen und bewusst treffen. Zumindest, solange wir keine groben Planungsfehler gemacht haben.

Kommunikation Der Austausch unserer Gedanken ist dabei äußerst wichtig. Wir sollten niemals davon ausgehen, dass die anderen sicher auch bemerkt haben, was uns aufgefallen ist. Auch dann nicht, wenn es unsere erste Skitour ist und der andere ein erfahrener Bergführer. Seine Beobachtungen mitzuteilen und die daraus folgenden Schlüsse mit der Gruppe zu diskutieren, schadet niemals.

Entscheidungen treffen Entscheidungsprozesse am Berg haben häufig eine ganz eigene Dynamik, derer wir uns bewusst sein sollten. Wir sollten dabei versuchen, ehrlich mit uns, unseren Erwartungen und unserem generellen Verhalten in solchen Situationen zu sein. Je besser wir uns selbst kennen und uns unsere Stärken und Schwächen im Vorfeld bewusst machen, umso besser entscheiden wir am Berg.

Auch sollten wir die Verantwortungen in der Gruppe klären. Klären, nicht abwälzen! Wenn wir anderen Entscheidungen überlassen, sollten wir ihnen das klar kommunizieren und auch begründen. Nur weil wir jemand anderem zutrauen, das richtig zu entscheiden, muss das noch lange nicht heißen, dass dieser das auch will oder glaubt zu können.

Bei der Entscheidungsfindung hilft uns dabei sehr, wenn wir im Vorfeld in der Planung bereits mögliche Optionen und Alternativen ausgearbeitet haben. Dabei sollten wir sowohl die Checkpunkte als auch die nötigen Bedingungen und daraus folgenden Konsequenzen mindestens mit jemand anderem in der Gruppe kommunizieren. Wenn wir still für uns alleine entscheiden, sind unsere Entscheidungen häufig schlechter, als wenn wir diese kommunizieren.

Dabei ist Transparenz extrem hilfreich. Wir sollten in der Gruppe unsere gesammelten Informationen teilen und besprechen, welchen Einfluss diese auf unsere Entscheidungen haben sollten. Schlussendlich sollten wir auf dieser Basis entscheiden und die Entscheidung klar begründen. Bei schwierigen Entscheidungen kann es helfen, dass ein Gruppenmitglied die Rolle übernimmt, dagegen zu sein, und überzeugt werden muss.

Schlussendlich sollten wir auch eventuelle schlechte Bauchgefühle kommunizieren und mitentscheiden lassen. Meist hat es einen Grund, wenn wir ein mulmiges Gefühl bei einer Sache haben.

FÜHRERLITERATUR

Für beliebte Gebiete und sicherlich für die meisten Regionen im Alpenraum lässt sich Führerliteratur finden, die uns mit fast allen nötigen Informationen versorgt. Neben den klassischen Tourenkompendien der Alpenclubs und alpinen Vereine mit kompakten Informationen zu unglaublich vielen Routen und Touren gibt es oft Tourenbücher, die sich bestimmten Themen oder Schwierigkeiten widmen. Vor allem die Anzahl an sogenannten Freeride-Guides, in denen Touren beschrieben werden, bei denen der Abfahrtsspaß im Vordergrund steht, haben in den letzten Jahren deutlich zugenommen. Auch sollte man das Internet als Informations- und Inspirationsquelle für Skitouren nicht vernachlässigen.

Wir sollten dabei, speziell wenn wir uns in unbekannten Bereichen bewegen, ein Gefühl dafür entwickeln, wie genau ein Führer in Bezug auf Schwierigkeiten, Zeitangaben, benötigtes Material oder generelle Informationen ist. Auch sollte die Literatur nicht zu alt sein. Bedingungen ändern sich, und wo ein leicht zu erklimmender Gletscher war, kann heute eine glatte, unpassierbare Felswand übrig geblieben sein.

Wir sollten auch nicht unterschätzen, wie viele nützliche Informationen wir durch Ortskundige oder das Auskundschaften mit dem Fernglas erhalten können.

Bewertungen Führerliteratur in verschiedenen Regionen benutzt oft unterschiedliche Systeme zur Bewertung der Schwierigkeiten von Skitouren oder Abfahrten und häufig ist die Vergleichbarkeit zu anderen Referenzsystemen schwierig, so manche Führerliteratur hat dabei sogar ihr eigenes Bewertungssystem erfunden. Fast alle Skalen gehen dabei in der Bewertung der Schwierigkeiten von guten (Schnee-)Bedingungen und ausreichender Sicht aus.

In den deutschsprachigen Alpen ist mittlerweile die SAC-Skitourenskala am weitesten verbreitet (siehe Tabelle SAC). Im französisch- und italienischsprachigen Raum findet sich hingegen oft die Toponeige-Skala. Dieses auch als Volo-Skala bekannte Abstufungssystem besteht aus drei Komponenten. Während die Schwierigkeiten im Aufstieg analog zur SAC-Skala angegeben werden, werden die Abfahrtsschwierigkeiten und die Ausgesetztheit separat angegeben.

Beide Skalen geben jedoch nur die skitechnischen Schwierigkeiten an und erfordern Zusatzinformationen, wenn es um alpintechnische Schwierigkeiten geht. Hierzu wird meist die UIAA-Kletterskala (mit römischen Ziffern) genutzt oder eine Beschreibung in Worten.

Weiterhin sollten wir mit der SAC-Hochtourenskala und den gängigen Skalen für Kletterschwierigkeiten (UIAA, französische, technische sowie Eis- und Mixed-Kletterskalen) vertraut sein, da sie einerseits in mancher Führerliteratur verwendet werden und andererseits hilfreich sein können, wenn für unsere ge-

SAC-SKITOURENSKALA

Grad (deutsch/französisch)	Steilheit	Ausgesetztheit	Geländeform (Aufstieg und Abfahrt)	Engpässe (nur Abfahrt)
L / F (+)	bis 30°	keine Ausrutschgefahr	weich, hüglig, glatter Untergrund	keine Engpässe
WS / PD (- +)	ab 30°	kürzere Rutschwege, sanft auslaufend	überwiegend offene Hänge mit kurzen Steilstufen. Hindernisse mit Ausweichmöglichkeiten (Spitzkehren nötig)	Engpässe kurz und wenig steil
ZS / AD (- +)	ab 35°	längere Rutschwege mit Bremsmöglichkeiten (Verletzungsgefahr)	kurze Steilstufen ohne Ausweichmöglichkeiten, Hindernisse in mäßig steilem Gelände erfordern gute Reaktion (sichere Spitzkehren nötig)	Engpässe kurz, aber steil
S / D (- +)	ab 40°	lange Rutschwege, teilweise in Steilstufen abbrechend (Lebensgefahr)	Steilhänge ohne Ausweichmöglichkeiten. Viele Hindernisse erfordern eine ausgereifte und sichere Fahrtechnik.	Engpässe lang und steil. Kurzschwingen für Könner noch möglich
SS / TD (- +)	ab 45°	Rutschwege in Steilstufen abbrechend (Lebensgefahr)	allgemein sehr anhaltend steiles Gelände. Oft mit Felsstufen durchsetzt. Viele Hindernisse in kurzer Folge	Engpässe lang und sehr steil. Abrutschen und Quersprünge nötig
AS / ED (- +)	ab 50°	äußerst ausgesetzt	äußerst steile Flanken oder Couloirs. Keine Erholungsmöglichkeit in der Abfahrt	Engpässe lang und sehr steil, mit Stufen durchsetzt, nur Quersprünge und Abrutschen möglich
EX	ab 55°	extrem ausgesetzt	extreme Steilwände und Couloirs	evtl. Abseilen über Felsstufen nötig

1. Die Gesamtbewertung (Grad) der Skitouren entspricht dem Spitzenwert der Hauptkriterien.
2. Bei Einbezug von Hilfskriterien wurde der Schwierigkeitsgrad um eine Drittelstufe angehoben (z.B. von WS+ auf ZS-).
3. Ein Minus (-) weist auf geringere Schwierigkeiten als der angegebene Schwierigkeitsgrad hin. Ein Plus (+) auf höhere.
4. Bei den Schwierigkeitsangaben handelt es sich um Richtwerte bei guten Schnee-, Witterungs- und Sichtverhältnissen.
5. Die Bewertung bezieht sich ausschließlich auf den skifahrerischen Teil der Touren. Alpintechnische Schwierigkeiten sind im Beschreibungskopf separat umschrieben (Bewertung: UIAA-Skala für Kletterstellen, dazu Wortbeschrieb für den Fußaufstieg).

Hilfskriterien: Erschwerte Orientierung in Aufstieg und Abfahrt; Routenverlauf nicht einsehbar; Routenfehler sind kaum oder gar nicht mehr korrigierbar.

TOPONEIGE-SKALA

Grad	Beschreibung
Aufstiegsbewertung	
1.x	Anfängerniveau. Die Hangneigung übersteigt 30° nie. Weit offenes Gelände oder wenig bewaldet, Höhenunterschied höchstens 800 m. Exponiertheit und Lawinengefahr sind in der Regel gering.
2.x	Wenige technische Schwierigkeiten, die Hangneigung übersteigt 35° nicht. Unebenes Gelände, leichte Ausgesetztheit und objektive Gefahren sind allerdings möglich.
3.x	Einige technische Abschnitte, lang anhaltend 35° steile Hänge mit kurzen Stücken bis 40-45°. Dicht bewaldete Abschnitte in weniger steilem Gelände, oder schwierige Forststraßen
4.x	Enge Rinnen und steile, anspruchsvolle Hänge. Anhaltend 40° steile Abschnitte, sehr kurze Abschnitte bis 50° möglich. Sehr uneinheitliches, vergletschertes Gelände oder auch sehr dichter Wald auch in weniger steilem Gelände
5.x	Sehr steiles, anspruchsvolles Gelände. Lange und anhaltende Steilrinnen, sehr lange Hänge von 45-50°, stellenweise über 50°. Beinhaltet auch Hänge über 55°, die selten befahrbar sind. Sehr anspruchsvoller Skialpinismus. Genauere Beschreibungen der Untergrade in der Fachliteratur
Untergrade: Der 1. bis 4. Grad sind in je drei Untergrade unterteilt - x.1 = einfach, x.2 = mittel, x.3 = schwierig. Der 5. Grad ist nach oben offen und momentan in 5 Untergrade (5.1-5.5) unterteilt.	
Bewertung von Abfahrt und Exposition	
Ex1	Außer Bäumen und Felsen gibt es keine objektiven Gefahren, außer dem Hang selbst. Treffen harter Schnee und ein steiler Hang aufeinander, kann jedoch ein Verletzungsrisiko bestehen.
Ex2	In der Falllinie gibt es Felsabbrüche, die ein Risiko für Verletzungen für den Skifahrer im Fall eines Sturzes darstellen. Falls ein Sturz über ein Felsband nicht vermieden werden kann, fällt man nicht zwingend auf Fels. Sich leicht windende Rinnen fallen in diese Kategorie.
Ex3	Ein Sturz führt mit großer Sicherheit dazu, über ein Felsband zu stürzen, der Zusammenstoß mit Hindernissen ist noch vermeidbar. Sich schlängelnde Rinnen, in denen man am Fels anschlagen kann, gehören in diese Kategorie (ein Sturz ist mit hoher Wahrscheinlichkeit tödlich).
Ex4	Hohe Felswände, in denen ein mehrfaches Aufprallen und Weiterstürzen möglich ist, und in denen ein Sturz mit Sicherheit tödlich wäre

planten Touren Sommerbeschreibungen existieren. Diese können auch für die Winterbegehungen interessante und relevante Informationen beinhalten.

Wir sollten aber immer grundsätzlich im Hinterkopf behalten, dass die Bedingungen einen sehr großen Einfluss auf die tatsächlichen Schwierigkeiten haben. Nur weil wir eine mit S+ bewertete Skitour bei weichen Schneeverhältnissen problemlos befahren haben, heißt das noch lange nicht, dass wir diesen Schwierigkeitsgrad auch bei weniger guten Bedingungen genießen werden (oder überhaupt befahren sollten).

009

SKIBERGSTEIGEN

Vor einigen Jahren stieg ein Freund von mir auf einen Berg, um dann auf der anderen Seite abzufahren.

Er war frühmorgens mit Fellen auf dem Gletscher unterwegs. Es wurde steiler und er beschloss, die Ski am Rucksack zu befestigen und zu Fuß weiterzugehen. Es war Frühjahr und der Schnee in der Südwestflanke, über die er aufsteigen wollte, war hart gefroren.

Er hatte eine gute Spur und es war nicht allzu steil, also ließ er seinen Pickel im Rucksack.

Langsam wurde es immer steiler. Zunächst bemerkte er es nicht, aber irgendwann wurde die Spur schlechter und eisiger und er fand sich in einer Position wieder, in der ein Sturz vermutlich tödlich geendet hätte. Er stand in Pistenskischuhen ohne Vibramsohlen in einer rutschigen, unebenen Spur. An seinen Pickel im Rucksack kam er nicht heran.

Plötzlich tauchte ein Kletterer mit Steigeisen und zwei Eisgeräten auf, sagte „Guten Tag" und kletterte an meinem Freund vorbei. Noch heute weiß ich nicht, warum er ihn nicht um Hilfe gebeten hat. Stattdessen stieg er weiter und schaffte es irgendwann auf den Gipfel – erschöpft und mit dem größten Schrecken seines Lebens in den Gliedern.

Mein Freund, ein exzellenter Skifahrer, aber offenbar kein erfahrener Bergsteiger, hatte im eigentlich simplen Aufstieg ein weit größeres Risiko auf sich genommen als bei der anspruchsvollen, ausgesetzten Abfahrt durch das Couloir auf der anderen Seite des Berges.

Hätte er seinen bergsteigerischen Hausverstand benutzt und an einem sicheren Punkt unter der steilen Gipfelflanke seinen Pickel herausgeholt und Steigeisen angelegt, wäre er schneller und sicherer auf den Gipfel gelangt.

Im Gebirge müssen wir stets vorausplanen und entscheiden, welche Ausrüstung und Techniken größtmögliche Sicherheit bieten. Idealerweise hat man immer Auswahlmöglichkeiten bei der Ausrüstung. Das ist in der Praxis nicht immer möglich, sollte aber angestrebt werden. Wir sollten uns zu Hause so gut wie möglich vorbereiten und Informationen und Wissen sammeln. Wenn wir vorhaben, im Frühjahr ein steiles, südseitiges Couloir aufzusteigen, wissen wir, dass der Schnee vermutlich völlig hart gefroren ist und nehmen Steigeisen und einen Pickel mit. Die Ausrüstung sollte leicht erreichbar sein, wenn wir sie brauchen.

Einerseits ist es anstrengend und zeitraubend, bei zu viel Schnee oder auf felsigem Untergrund mit Steigeisen zu klettern. Andererseits handelt es sich aber vielleicht auch nur um einen kurzen Abschnitt und wir würden mehr Zeit verlieren, wenn wir die Steigeisen extra dafür ausziehen? Vielleicht wäre es überhaupt leichter, mit dem Pickel ein paar Stufen zu schlagen, als die Steigeisen anzuziehen? Wie dem auch sei, die Verhältnisse verändern sich ständig und jeder hat unterschiedliche Fähigkeiten. Wir sollten nicht alles nachmachen, was wir bei anderen Leuten sehen, sondern überlegen, welche Lösung für uns in der aktuellen Situation die beste ist.

AUSRÜSTUNG

Die Ausrüstung, die wir mitnehmen, sollte in verschiedenen Situationen nützlich sein. Sonst muss man einen riesigen Rucksack mit hochspezialisiertem Material mitschleppen. Wir sollten auch nicht mit zu wenig Ausrüstung aufbrechen. Wir möchten mit unserer Gruppe von anderen unabhängig und für die kommenden Situationen gewappnet sein.

TECHNIKEN

Je mehr technische Fähigkeiten wir haben, desto leichter können wir Probleme lösen oder ganz vermeiden. Lösungen sollten
- sicher
- effizient
- mit möglichst wenig Ausrüstung durchführbar

sein. Das sollten wir im Kopf behalten, wenn wir trainieren und neue Fertigkeiten erlernen. Wenn uns jemand eine Technik zeigt, die diese Kriterien erfüllt und besser ist als Techniken, die wir bereits kennen, sollten wir dafür aufgeschlossen sein. Das Ego darf dabei keine Rolle spielen.

Grundsätzlich sind alpine Klettertechniken äußerst komplex und verlangen einwandfreie Beherrschung, daher sind eine Ausbildung durch professionelle Ausbilder sowie kontinuierliches Üben unbedingt zu empfehlen. Dieses Buch kann und will kein vollständiges Lehrbuch über alpine Kletter-, Seil- und Sicherungstechnik sein und soll nur einen Überblick über die erforderlichen Techniken und die dafür nötige Ausrüstung geben.

STANDPLATZSICHERUNG
Die sicherste Seilklettertechnik ist das Sichern von einem Standplatz aus. Nur eine Person klettert. Die andere Person sichert den Kletterer mit dem Seil, während sie selbst an einem Fixpunkt gesichert ist.

BEGRIFFSERKLÄRUNGEN
- **Sichern:** Einen Kletterer mit einem Seil für den Fall eines Sturzes sichern.
- **Gesichert werden/sein:** Beim Klettern gesichert werden.
- **Sicherer:** Die Person, die sichert.
- **Fixpunkt/Sicherungspunkt:** Ein natürlicher (z. B. ein Felskopf) oder konstruierter (z. B. eine Eisschraube oder ein Bohrhaken) Punkt, an dem der Kletterer sich mit dem Seil in eine Zwischensicherung einhängen kann.
- **Standplatz/Stand:** Ein oder mehrere Fixpunkte, die für größere Sicherheit in Kombination verwendet werden. Die Standplatzfixpunkte sollten so beschaffen sein, dass sie einen Sturz der Seilschaft halten können. In der Regel werden zur Redundanz mehrere Fixpunkte miteinander verbunden. Wird nur ein Fixpunkt verwendet, muss dieser äußerst solide sein.
- **Sicherungskette:** Das komplette System aus Fixpunkten, Standplatz, Sicherer und Sicherungsmethode.
- **Seillänge:** Der Abschnitt zwischen zwei Standplätzen.
- **Zwischensicherung:** Teile der Sicherungskette, an denen das Seil über Fixpunkte mit dem Fels verbunden wird, um die Sturzhöhe des Kletterers zu verringern. Man unterscheidet mobile Fixpunkte temporärer Art (Friends, Klemmkeile, Schlingen), die von der Seilschaft selbst angebracht und wieder entfernt werden, und dauerhaft installierte Fixpunkte (Bohrhaken, Schlaghaken). Die Verbindung zwischen Fixpunkt und Seil an einer Zwischensicherung wird meist mittels Expressschlingen hergestellt (siehe S. 268).
- **Vorstieg:** Der Akt, eine Kletterroute als Erster der Seilschaft zu klettern, also vorzusteigen. Der Vorsteiger ist dabei über das in Zwischensicherungen eingehängte Seil durch den Sicherer gesichert, trotzdem kann es bedingt durch den Abstand der Zwischensicherungen zu erheblichen Fallhöhen bei einem Vorstiegssturz kommen.
- **Nachstieg:** Der Akt, eine Route als Seilzweiter zu klettern. Der Nachsteiger wird dabei durch das Seil von oben vom Sichernden gesichert und die potenzielle Fallhöhe beträgt in der Regel nur wenig mehr als die Seildehnung.

MEHRSEILLÄNGEN
Person A steigt die erste Seillänge vor und wird von Person B gesichert, die ihrerseits sicher im Stand hängt.

A hängt das Seil mittels Expressschlingen in bereits vorhandene, fixe Zwischensicherungen (Normalhaken, Bohrhaken ein oder bringt mobile Zwischensicherungen (Klemmkeile, Friends etc.) an, die ihn im Falle eines Sturzes auffangen.

Wenn A das Seil ausgeht, baut er an einer geeigneten Stelle einen neuen Standplatz.

A zieht eventuell vorhandenes Schlappseil ein und sichert B, während dieser klettert.

B nimmt das Material vom ersten Standplatz und die mobilen Zwischensicherungen bzw. Expressschlingen mit, während er nachsteigt. Sollte B stürzen, fällt er nur 20–30 cm ins Seil (Seildehnung), da er von oben gesichert wird.

Wenn B den zweiten Stand erreicht, nimmt einer der beiden alles Material mit und steigt in die nächste Seillänge ein (Abb. 001).

Das System bleibt gleich, egal ob man eine Seillänge oder zehn klettert, egal ob man seit einer Woche klettert oder seit zehn Jahren. Diese Technik ist einfach zu erlernen. Wenn man sie auf zwei Seillängen beherrscht, beherrscht man sie auch auf zehn Seillängen.

001:1 Klettern in Mehrseillängen-Technik

001:2 Klettern in Mehrseillängen-Technik

001:3 Klettern in Mehrseillängen-Technik

001:4 Klettern in Mehrseillängen-Technik

Der Nachteil dabei ist, dass man sich nicht wie beim Skifahren langsam steigern kann und von blauen Pisten in steileres Gelände vordringt. Klettertechniken müssen schon beim ersten Mal funktionieren! Daher wird zwingend empfohlen, die Techniken in entsprechenden Kursen unter Anleitung zu erlernen. Was wir verbessern können, ist die eigene Fähigkeit, mit dem Material umzugehen, die richtigen Techniken anzuwenden und gute Entscheidungen zu treffen. Mit Erfahrung werden wir schneller und bewegen uns sicherer, aber die Grundprinzipien des Kletterns verändern sich nicht.

KLETTERAUSRÜSTUNG

Die Grundlagen des Skibergsteigens bestehen im Wesentlichen daraus, die geeignete Ausrüstung mit sich zu führen und zu wissen, wann und wie wir sie einsetzen.

Klettergurt Ein Klettergurt muss zuallererst gut passen. Beim Skibergsteigen bedeutet das, dass er gut über voluminöser Kleidung zu tragen ist, auch beim Gehen und Skifahren nicht stört und mit dem Skitourenrucksack harmoniert, sodass keine Druckstellen entstehen. Ein vollständig, also an Bauch- und Beinschlaufen verstellbarer Gurt ist sicherlich die beste Lösung. Sehr empfehlenswert ist auch, wenn man ihn komplett öffnen und abnehmen kann, ohne mühsam durch irgendwelche Schlaufen hindurchsteigen zu müssen. Er muss nicht besonders gepolstert sein, da man kaum lange Zeit im Gurt hängt und außerdem meist recht viel Kleidung darunter trägt. Zudem sollte er über Materialschlaufen verfügen, um das Klettermaterial griffbereit zu transportieren. Alternativ kann es auch hilfreich sein, wenn der Bauchgurt des Rucksackes mit Materialschlaufen ausgestattet ist.

Steigeisen Gute Steigeisen müssen vor allem passen und am Schuh halten, denn ein Steigeisen in absturzgefährdetem Gelände zu verlieren, oder auch nur mit locker sitzenden Eisen steigen zu müssen, kann zu einer lebensbedrohlichen Situation führen. Da es keine Steigeisen gibt, die auf jeden Schuh passen, sollte man grundsätzlich mit den Skischuhen in ein Geschäft gehen und passende Eisen auswählen. Steigeisen, die gut auf Sommerbergschuhe passen, passen deshalb noch lange nicht auf Skischuhe, und selbst zwischen verschiedenen Skischuhen ist die Passform der Steigeisen noch lange nicht garantiert. Also immer individuell anpassen!

Die meisten Steigeisen gibt es mit mehreren Befestigungssystemen, die meist aus Gummikörbchen mit Riemenschnürung, Metallbügeln mit Kipphebelverschluss oder Kombinationen aus beiden bestehen. Grundsätzlich empfiehlt sich für den reinen Einsatz auf Skischuhen eine Bügelbefestigung mit Kipphebelverschluss, auch wenn das die Kompatibilität mit anderen Schuhen einschränkt. Kipphebelverschlüsse haben den weiteren Vorteil, dass man sie mit etwas Übung mit einer Hand anziehen kann. Ein nicht zu unterschätzender Vorteil, gerade wenn es ums Steilwandskifahren geht. Geht es darum, passende Steigeisen für Telemark- oder Snowboardschuhe zu finden, wird die Sache ungemein schwieriger, aber nicht unmöglich.

Die besten Allround-Steigeisen sind Steigeisen zum klassischen Bergsteigen aus Stahl mit zehn bis zwölf Zacken und horizontalen Frontzacken für besten Halt in hartem Schnee und Eis. Nur wenn man wirklich in die Bereiche des Steileiskletterns vordringt, machen vertikale Frontzacken Sinn. Aluminiumsteigeisen sind leicht, aber wenig haltbar und nicht unbedingt zu empfehlen.

Absolute Pflicht bei einem Steigeisen sind passende Antistollplatten. Ohne diese baut sich bei entsprechenden Schneebedingungen schnell ein Schneeklotz unter dem Fuß auf und der Halt der Steigeisen lässt nach.

Sollte für die Anpassung der Steigeisen Werkzeug benötigt werden, sollte man dieses unbedingt auf Touren mitnehmen. Ein zu Hause gut eingestelltes Steigeisen kann sich im Einsatz schnell als zu locker herausstellen. Extrariemen oder Blumendraht im Rucksack sind ebenfalls hervorragende Hilfsmittel, wenn ein Steigeisen nicht hält oder etwas daran zu Bruch geht.

Steigeisen sollten regelmäßig geschärft werden. Das geschieht mit einer Werkzeugfeile per Hand, da die beim maschinellen Schleifen entstehende Hitze den Stahl weich machen kann.

Kletterhelm Meist benötigen wir beim Skibergsteigen keinen Kletterhelm, weil wir uns selten in Gelände mit hoher Steinschlaggefahr bewegen. Natürlich sollten wir aber einen Helm, der ausreichenden Schutz vor Stein- und Eisschlag bietet, tragen, sobald wir uns in solch exponiertes Gelände begeben. Ein normaler Skihelm schützt zwar ausreichend bei Stürzen und Schlägen, bietet aber nur geringen Schutz gegen Steinschlag und ist zudem meist für den Aufstieg zu warm.

Pickel Ein weiterer unverzichtbarer Ausrüstungsgegenstand in winterlichem Alpingelände ist ein Pickel. Er ist ein Multifunktionswerkzeug und wird vielseitig eingesetzt: vom Gehstock über das Schlagen von Stufen oder Standplätzen bis hin zum T-Ankerbau. Empfehlenswert ist ein Standard-Bergsteigerpickel mit Haue und Schaufel sowie geradem oder nur leicht gekröpftem Schaft in passender Länge. Die Faustregel lautet hier, wenn man den Pickel an der Haue umgreift und mit lockerem Arm herabhängen lässt, sollte die untere Schaftspitze etwa in Knöchelhöhe enden. In der Regel reicht es aus, wenn ein solcher Pickel die B-Norm für Basisgeräte erfüllt. Die anspruchsvollere T-Norm für technische Geräte ist nur dann von Bedeutung, wenn Steileis oder Mixedgelände (kombinierte Fels- und Eispassagen) damit geklettert wird.

Die Haue sollte eine solide Stahlhaue sein, da Leichtgewichthauen schlechter im Eis greifen und sich zudem sehr schnell abnutzen, während der Schaft durchaus leichtgewichtig sein darf. Er sollte aber nicht zu stark gebogen sein, da zu krumme Schäfte sehr leicht aus dem Schnee herausgezogen werden können und sich deshalb nur bedingt für temporäre oder T-Anker eignen. Eine Handschlaufe ist nicht zu empfehlen, da sie beim Handling und besonders beim Wechsel des Gerätes in die andere Hand nur stört.

Wie die Steigeisen sollte man Pickel und Eisgeräte stets scharf halten und nur per Hand mit einer feinen Metallfeile schärfen.

Bewegt man sich in steilem Gelände auf hartem Schnee oder Eis, ist ein zweiter Pickel sinnvoll. Dieser kann ein kürzeres, technisches Eisgerät sein, welches sich meist durch eine schmalere, gebogenere Haue, einen gebogenen Schaft und oft durch mindestens einen deutlich ausgeformten Griff auszeichnet. Außerdem sollte es die T-Norm für Pickel erfüllen. Allerdings sollte man ein Modell mit wenig ausgeprägtem Griff wählen, sodass der Schaft immer noch gut in harten Schnee eindringen kann. Bei einem zweiten Pickel ist ein Hammerkopf statt einer Schaufel von Vorteil, falls Schlaghaken oder Ähnliches verwendet werden sollen.

Karabiner Mit Karabinern wird fast alles Material beim Klettern angehängt und verbunden und so die Sicherungskette hergestellt. Wir benutzen sie, um uns fix mit dem Seil zu verbinden, uns in verschiedene Fixpunkte einzuhängen oder um das Seil einfach durchlaufen zu lassen, z. B. beim Sichern oder bei Zwischensicherungen. Aufgrund der verschiedenen Einsatzbereiche gibt es eine Vielzahl von Karabinerformen und Verschlüssen, die alle bestimmte Vorteile und damit optimale Anwendungsbereiche haben. Prinzipiell sollte man nur Karabiner verwenden, die UIAA-zertifiziert sind und deren maximale Belastungswerte auf dem Karabinerrücken eingeprägt sind. Grundsätzlich sind Karabiner bei Belastungen entlang ihrer Längsachse am belastbarsten. Wenn sie entlang der Querachse, in drei Richtungen (Abb. 002) oder mit offenem Schnapper belastet werden, sind die maximalen Festigkeiten stark verringert.

Obwohl es eine kaum zu erfassende Bandbreite an Karabinerformen gibt, sind die meisten Abwandlungen von drei Grundformen. Ovale Karabiner sind symmetrisch und verklemmen sich aufgrund ihrer runden Form schwer im Haken, wodurch die gefährliche Querbelastung vermieden wird. Sie eignen sich gut für den Einsatz mit Seilrollen oder Seilklemmen (z. B. Tiblocs), die sich wegen der runden Form des Karabiners kaum in diesem verklemmen können und frei laufen. Aber auch zum Verbinden von dickem Bandmaterial und dergleichen sind sie einsetzbar. D-förmige Karabiner bringen den Belastungspunkt nahe an den Karabinerrücken, haben dadurch hohe Festigkeiten und eignen sich gut, um Verbindungen mit schmalem Material, wie z. B. Schlaghaken, herzustellen. Birnenförmige Karabiner sind auf einer Seite weiter als auf der anderen und eignen sich so hervorragend, um mehrere Verbindungen in einem Punkt zu vereinen. Besonders weite, birnenförmige Karabiner werden häufig mit der Zusatzbezeichnung HMS (für Halbmastwurfsicherung) versehen.

Darüber hinaus unterscheidet man zwischen Verschlusskarabinern, bei denen sich der Schnapper verriegeln lässt, und Normalkarabinern mit einfachem Schnapper. Normalkarabiner haben einen nicht verriegelnden Schnapperverschluss, der sich auf Druck jederzeit öffnet und entweder als klassischer Schnapper einen ähnlichen Durchmesser wie der Karabinerrücken aufweist oder als deutlich dünnerer und leichterer Drahtschnapper ausgeführt ist. Verschlusskarabiner haben meist einen Schraubverschluss oder andere Mechanismen, die eine manuelle oder automatische Verriegelung des Schnappers erlauben. Sie werden immer dann eingesetzt, wenn keine Redundanz des Fixpunktes gegeben ist und/oder durch Seilbewegung eine Rotation des Karabiners oder Druck durch das Seil auf den Schnapper nicht ausgeschlossen werden kann. Statt eines verriegelnden Karabiners kann man auch zwei Normalkarabiner gegenläufig verwenden (Abb. 003). Grundsätzlich sollte man bei Karabinern zu Verschlüssen greifen, die keine tiefen Einkerbungen bzw. ausgeprägte Nasen haben und mit moderneren Keylock-Schnapper-Designs ausgeführt sind, da diese das Handling deutlich erleichtern.

Expressschlingen Als Expressschlinge, oder kurz auch Express, wird ein Setup aus zwei Normalkarabinern, die mit einer kurzen Bandschlinge, dem sogenannten Dog-Bone, verbunden sind, bezeichnet. Expressschlingen haben viele Einsatzmöglichkeiten, werden aber hauptsächlich zur Erstellung von Zwischensicherungen verwendet, indem mit ihrer Hilfe ein Fixpunkt mit dem Seil verbunden wird. Das ist ganz besonders dann nützlich, wenn fixe Bohrhaken in einer Kletterroute bestehen, aber auch, wenn mobile Sicherungen wie Klemmkeile, Friends oder Eisschrauben verwendet werden. In der Regel sind Expressschlingen asymmetrisch aufgebaut, mit einem Karabiner, der in den Fixpunkt eingehängt wird, und einem anderen, in den das Seil eingeklippt wird, sodass es frei durch den Karabiner laufen kann. Häufig hat der seilseitige Karabiner einen gebogenen Schnapper, der das Einhängen des Seils erleichtert. Zusätzlich verhindert diese Aufteilung, dass Kratzer und Kanten, die im felsseitigen Karabiner zwangsläufig entstehen, das Seil verschleißen.

Nabelschnur Eine 120-cm-Bandschlinge aus Polyamid (besser: eine Schlinge aus dynamischem Seil speziell für diesen Zweck, z. B. Beal Dynaconnexion) wird mittels Ankerstich in den Anseilring gebunden und mittig mit einem Sackstich oder Achterknoten (lässt sich leichter lösen als der Sackstich) in zwei Segmente abgebunden. Das Ende fixieren wir bei Nichtgebrauch mit einem Verschlusskarabiner in einer Materialschlaufe des Klettergurtes.

Die „Nabelschnur" dient uns als Selbstsicherung im Stand und wir nutzen sie vor allem auch beim Abseilen.

Sicherungsgerät Das Sicherungsgerät dient dazu, die Seilreibung so zu erhöhen oder das Seil komplett zu blockieren, dass man einerseits das Gewicht des Seilpartners im Falle eines Sturzes halten bzw. – um präzise zu sein – auf den eigenen Klettergurt oder einen Fixpunkt übertragen kann. Andererseits aber sollte das Seil, während der zu Sichernde klettert, flüssig durch das Gerät laufen, so-

002 Karabiner in drei Richtungen belastet

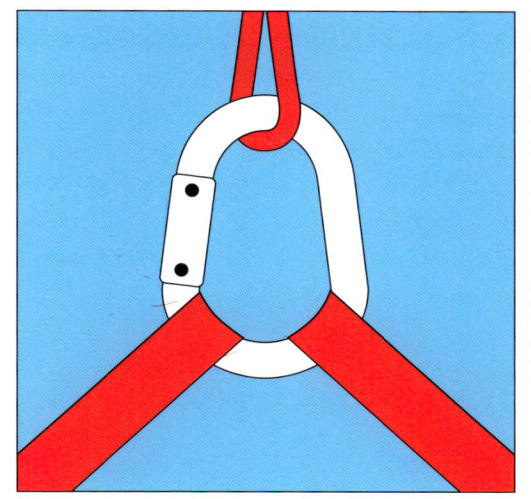

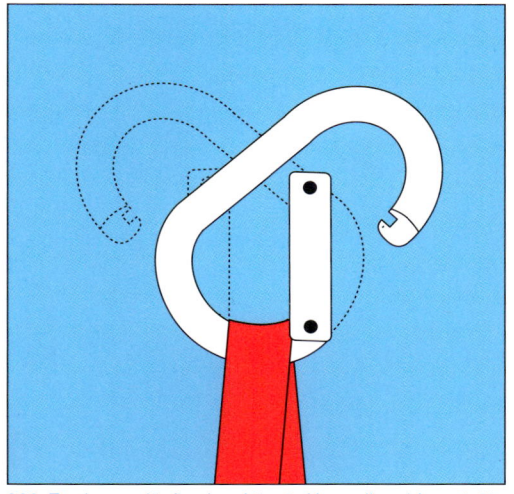

003 Zwei gegenläufig eingehängte Normalkarabiner statt eines Verschlusskarabiners

dass der Kletterpartner ungestört klettern kann. Als Sicherungsgerät kann ein birnenförmiger Verschlusskarabiner dienen, in den ein Halbmastwurf eingehängt wird. Momentan am verbreitetsten sind aber Tuber-Sicherungsgeräte, die sich aufgrund ihrer Vielseitigkeit und einfachen Handhabung durchgesetzt haben. Diese sind klein, leicht und wenig fehleranfällig. Für alpine Unternehmungen empfiehlt es sich, einen Tuber (ATC-Guide, Reverso etc.) anzuschaffen, der zwei Seile bzw. Seilstränge gleichzeitig aufnehmen kann sowie Aufhängösen hat, um einen Nachsteiger von einem Fixpunkt aus selbstblockierend zu sichern (auch „Plattenfunktion" genannt). Mit einem Tuber kann man nicht nur Vor- und Nachsteiger sichern, sondern auch abseilen (Abb. 004).

Darüber hinaus gibt es selbstblockierende Sicherungsgeräte, die sich aber eher für das Sportklettern eignen. Der Achter ist heutzutage nicht mehr wirklich zu empfehlen und hat nur in sehr speziellen Anwendungen Vorteile gegenüber den Tubern.

Eisschrauben Bei Eisschrauben gibt es üblicherweise Längen von 10–25 cm. Während 10 cm für solides Eis beim Eisfallklettern ausreichend sind, empfiehlt es sich für alpine Unternehmungen eher, Eisschrauben von 16–19 cm Länge mitzunehmen, weil wir in der Regel kein Blankeis vorfinden, sondern dieses immer von mehr oder weniger kompaktem Schnee bedeckt ist. Zusätzlich sollte man mindestens eine Schraube von rund 21 cm mitführen, um Eissanduhren (Eisanker zum Abseilen, auch Abalakov genannt) bohren zu können.

Es empfiehlt sich, Eisschrauben mit integrierter Kurbel zu nehmen, da diese das Handling deutlich vereinfachen. Außerdem sind Schraubenköcher am Klettergurt oder Rucksack sinnvoll, damit sowohl die Eisschraube als auch die Kleidung und das eigene Fleisch geschützt werden. Eisschrauben können ähnlich wie Pickel und Steigeisen nachgeschärft werden, auch wenn hier mehr Feingefühl gefragt ist.

Abalakov-Fädler Ein dünner, spitzer Drahthaken, mit dem wir die Reepschnur oder Bandschlinge durch eine eingebohrte Eissanduhr (siehe S. 330) fädeln können.

Firnanker Für manche Unternehmungen ist es sinnvoll, einen Firnanker mitzuführen. Dieser kann vor allem dann sinnvoll sein, wenn man irgendwo abseilen muss,

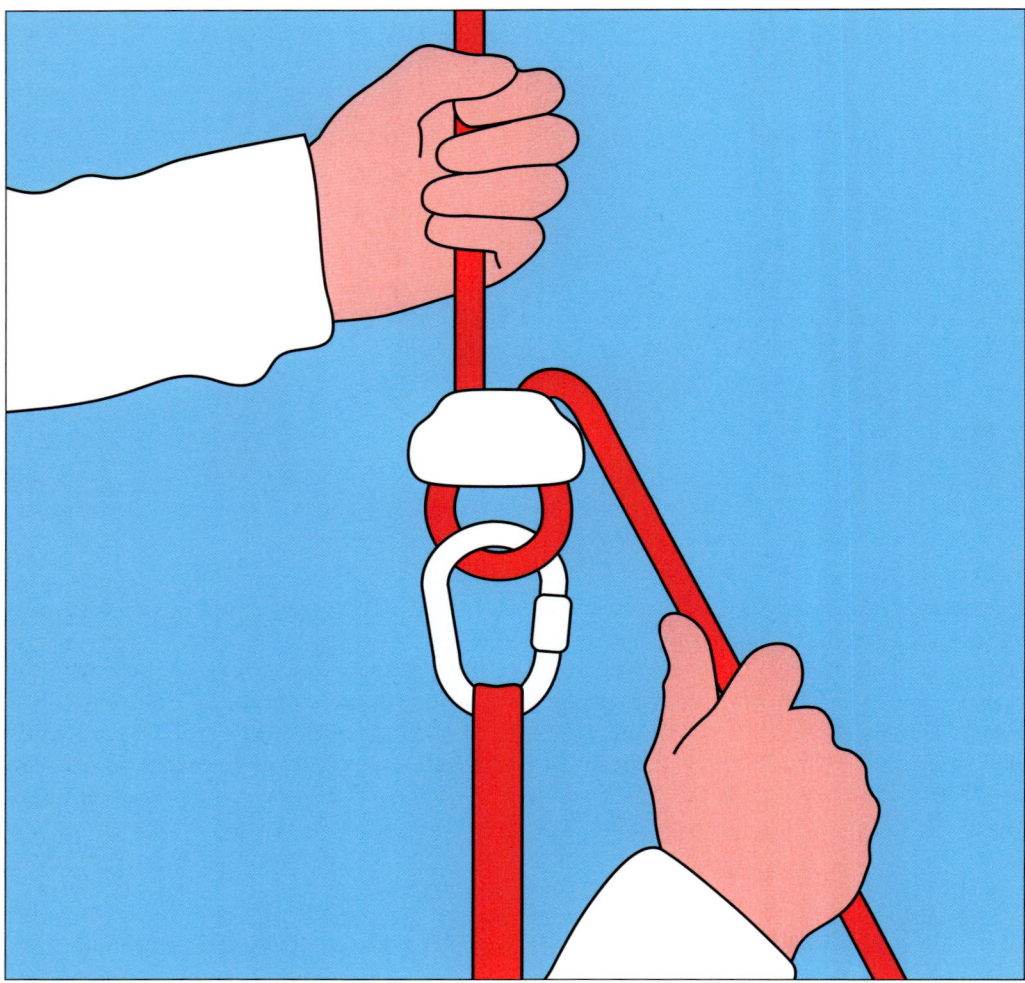

004 Tuber-Sicherungsgerät

wo es keine geeigneten, soliden Ankerpunkte wie Felsen, Bäume oder Blankeis gibt. Es gibt industriell gefertigte Firnanker, aber in Situationen, wo der Anker zurückgelassen werden muss, kann auch ein stabiles Holzbrett geeignet sein. In jedem Fall ist es hilfreich, wenn man den Anker so wählt oder kürzt, dass er sich im Rucksack verstauen lässt.

Bandschlingen Zwei Längen sind normalerweise sinnvoll. 120-cm-Schlingen werden zum Bau von Ankern, Zwischensicherungen oder Ähnlichem verwendet, während 60 cm ideal sind, wenn man Expressschlingen verlängern möchte. Längere Bandschlingen, ungefähr 2 m, können dann hilfreich sein, wenn man Stände an mehreren Fixpunkten baut. Grundsätzlich sollte man Bandschlingen sehr kurz aufnehmen, wenn man sie am Gurt trägt, um damit nirgendwo hängen zu bleiben. Sehr gut eignet sich hierfür der sogenannte Schlingen-Zopf, bei dem man ein Auge legt und dann eine Schlaufe durch dieses hindurchsteckt, durch welche man wieder eine Schlaufe steckt usw.

Reepschnüre Eine oder mehrere Reepschnüre von 6–8 mm Durchmesser mitzuführen, lohnt sich immer. Nimmt man ca. 2 m Reepschnur kompakt auf, formt sie ein

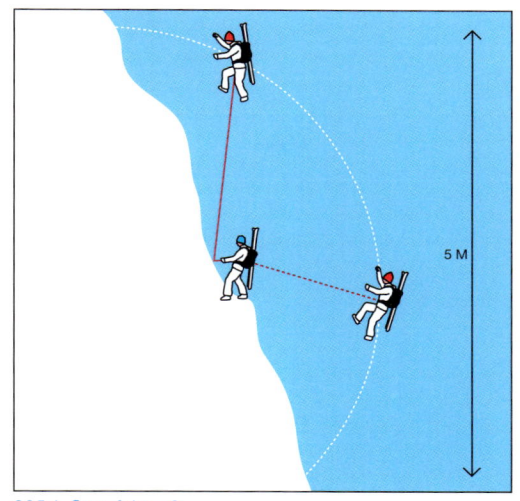

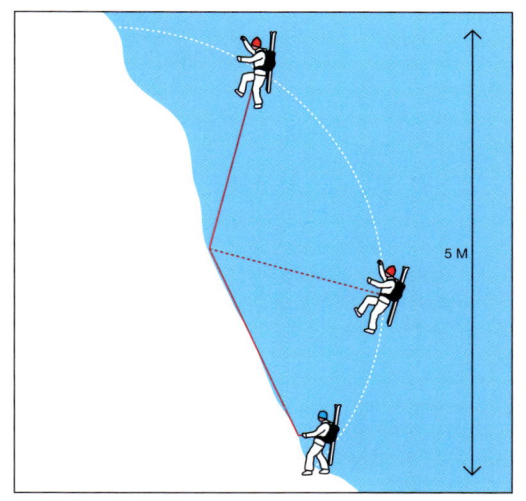

005:1 Sturzfaktor 2

005:2 Sturzfaktor 1

nur faustgroßes Knäuel am Gurt und stört nicht. In Kombination mit einem Messer kann man Reepschnüre vielseitig verwenden.

Messer Nicht zuletzt brauchen wir am Berg ein gutes Messer, das in vielen Situationen nützlich ist. Am besten eignet sich ein Klappmesser, das sich mit einer Hand öffnen lässt, das verriegelt und von dem ein Teil der Klinge in Säge- oder Wellenschliff ausgeführt ist. Außerdem sollte es über eine Öse verfügen, um es mit etwas Reepschnur und einem kleinen Karabiner außen am Rucksack oder Klettergurt befestigen zu können.

DAS SEIL

Natürlich gehört zur Ausrüstung auch ein Seil, denn ohne das sind alle vorherigen Ausrüstungsteile sinnlos. Grundsätzlich gibt es statische und dynamische Seile. Statische Seile dehnen sich nicht und kommen dann zum Einsatz, wenn man ein Fixseil benutzt und daran viel auf- und absteigen muss. Dynamische Seile dehnen sich und fangen so einen Sturz weich ab. Sie werden zum Klettern und Bergsteigen verwendet.

Zugfestigkeit Die Belastung, die ein Kletterseil aushält, liegt weit über der, die bei einem Sturz zustande kommt. Ein Einfachseil kann etwa 2300 kg halten. Ein einzelnes Halbseil hält etwa 1500 kg.

Durch Knoten im Seil verringert sich die Belastbarkeit des Seils um 25–45 %, je nach Knoten. Läuft das Seil über eine Kante, verringert sich ebenso die Belastbarkeit, je mehr, desto schärfer die Kante ist (etwa um 30 % an der Kante eines Karabiners mit 5 mm Radius). Der Grund dafür ist, dass sich die Fasern an der äußeren Seite der Biegung im Seil mehr dehnen als jene auf der Innenseite. Damit ein Seil beim Klettern reißt, müsste es über eine sehr scharfe Felskante oder die scharfe Seite eines Pickels laufen. Wenn wir mit Steigeisen auf ein Seil treten, mit den Skikanten über das Seil fahren oder das Seil mit anderen scharfkantigen Gegenständen Bekanntschaft macht, sollten wir es auf Schäden untersuchen. Obwohl es immer wieder erstaunlich ist, wie wenig Schaden z. B. das Treten mit Steigeisen auf das Seil anrichtet, besonders auf Schnee, wo das Seil meist einfach in den Boden gedrückt wird. In solchen Fällen ist ein gespanntes Seil anfälliger als ein nicht gespanntes. Sollten wir ein Seil unterwegs beschädigt haben, kann man die Schadstelle mit einem Schmetterlingsknoten (siehe S. 284) abbinden.

Seile werden schwächer und sind weniger dynamisch, wenn sie nass sind (weniger, wenn sie gefroren sind). Außerdem werden sie schwerer und sind schlechter zu handhaben. Seile, die man im Gebirge verwendet, sollten am besten eine Imprägnierung haben.

Fangstoß Je dynamischer das Seil ist, desto mehr Energie absorbiert es bei einem Sturz und desto geringer ist die Kraft, die auf den Kletterer wirkt. Kräfte größer als 8 g (also das 8-fache Körpergewicht) verursachen schwere Verletzungen.

Wenn sich das Seil stark dehnt und den Sturz weich abfängt, fallen wir weiter und können uns dabei auch verletzen.

Bei jedem Sturz verliert das Seil etwas von seiner Dynamik. Irgendwann wird der Fangstoß zu groß, um das Seil beim Vorstiegsklettern zu verwenden. Nach schweren Stürzen oder wenn die ausgewiesene Maximalanzahl von Stürzen erreicht ist, sollte das Seil ausgetauscht werden.

Sturzfaktor Je mehr Seil zur Verfügung steht, um den Sturz abzufangen, desto geringer sind die Kräfte, die auf den Kletterer und die letzte Zwischensicherung wirken. Durch den Sturzfaktor kann man die Schwere eines Sturzes definieren. Die Skala geht beim Klettern von 0 bis 2. Je größer die Zahl, desto schwerer der Sturz.

Theoretischer Sturzfaktor: Man nimmt an, dass es zwischen dem Sichernden und der letzten Zwischensicherung keine Reibung gibt, sodass das gesamte Seil den Sturz fängt. Der Sturzfaktor wird berechnet, indem man die Sturzhöhe durch die Länge des ausgegebenen Seils teilt (Abb. 005).

$$F = \frac{\text{Sturzhöhe}}{\text{Länge des ausgegebenen Seils}}$$

Wobei die Sturzhöhe mindestens die Höhe des Kletterers über der letzten Zwischensicherung multipliziert mit 2 beträgt.

Tatsächlicher Sturzfaktor: Aufgrund der Reibung des Seils in den Karabinern und am Fels kann der Sturz nicht auf der vollen Länge des ausgegebenen Seils abgefangen und absorbiert werden. Die Kräfte, die auf den Kletterer und die letzte Zwischensicherung wirken, werden größer (Abb. 006).

Was bedeutet das in der Praxis? Eine Seilschaft ist am verletzlichsten, wenn ein Kletterer den Standplatz verlässt und die nächste Seillänge beginnt. Stürzt er, bevor er die erste Zwischensicherung einhängen kann, wirken alle Kräfte auf den Standplatz. Und ein Versagen des Standplatzes hat selbst im besten Fall schlimme Konsequenzen! Tipp: Um eine solche Situation zu vermeiden, sollte die erste Zwischensicherung so früh wie möglich gelegt werden!

Um bei einem Sturz die wirkenden Kräfte auf die letzte Zwischensicherung und den Kletterer möglichst gering zu halten, sollte man eine starke Reibung des Seils möglichst vermeiden. Durch geschickte Platzierung der Zwischensicherungen und die Verwendung passender Schlingenlängen bei den Verbindungen zum Seil vermeiden wir sowohl Seilreibung an Fels und Hindernissen als auch

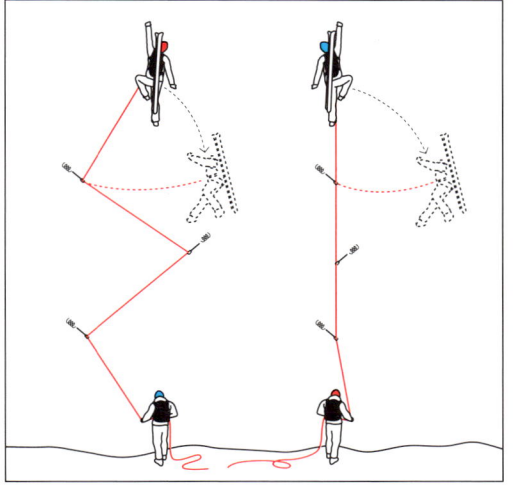

006 Der tatsächliche Sturzfaktor

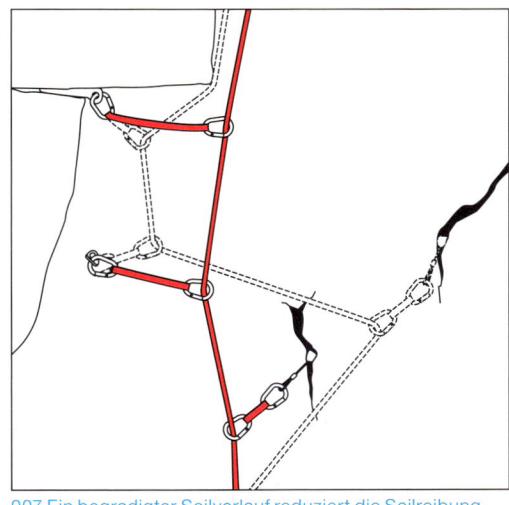

007 Ein begradigter Seilverlauf reduziert die Seilreibung.

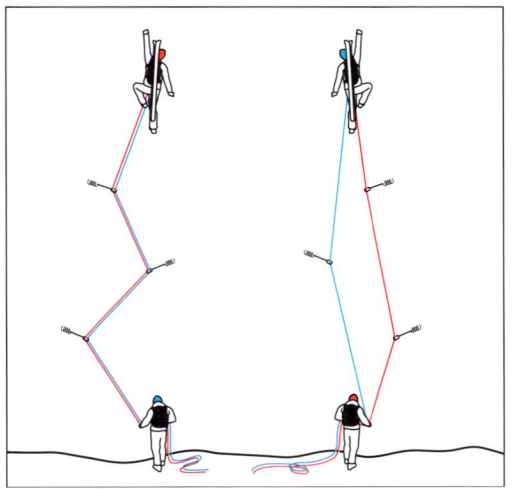

008:1 Links Zwillingsseiltechnik, rechts Halbseiltechnik

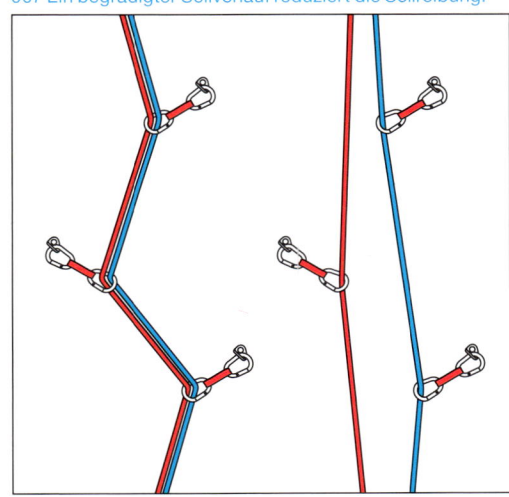

008:2 Links Zwillingsseiltechnik, rechts Halbseiltechnik

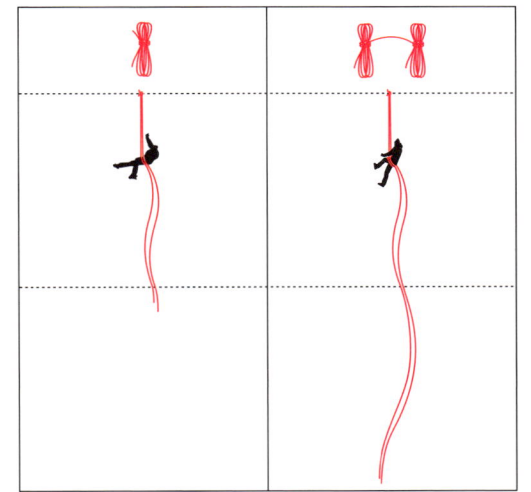

009 Abseilen mit einem Einfachseil oder mit Doppel- bzw. Zwillingsseilen

> Um bei einem Sturz die auf die letzte Zwischensicherung und den Kletterer einwirkenden Kräfte möglichst gering zu halten, sollte man eine starke Seilreibung möglichst vermeiden. Das erleichtert auch die Fortbewegung des Vorsteigers deutlich, weil der Seilzug verringert wird.

SKIBERGBESTEIGEN 273

durch zu starke Richtungsänderungen im Seilverlauf. Das erleichtert die Fortbewegung des Vorsteigers deutlich, weil der Seilzug verringert wird (Abb. 007).

Seildicke Man unterscheidet Einfachseile, Halb- und Zwillingsseile. Einfachseile sind in der Regel zwischen 9 und 11 mm dick, Halb- und Zwillingsseile zwischen 7,5 und 9 mm.

Ein Einfachseil wird als einzelner Strang verwendet, ein Halbseil verwendet man zusammen mit einem zweiten Halbseil (man kauft sie meist im Doppelpack) in separater Seilführung, während Zwillingsseile zwei einzelne Seilstränge sind, die aber zwingend zusammen, das heißt im Doppelstrang, durch die Zwischensicherungen geführt werden müssen. Auch Halbseile können in dieser Technik verwendet werden. Moderne Halbseile sowie Einfachseile, welche ebenfalls die Normen für Halb- und Zwillingsseile erfüllen, haben in Bezug auf Gewicht, Handling und Fangstoß im Sturzfall gegenüber reinen Zwillingsseilen praktisch keine Nachteile mehr, weshalb reine Zwillingsseile heutzutage kaum noch verwendet werden. Im Folgenden wird daher nur auf Einfach- und Halbseile eingegangen.

Zwei redundante Seile mit einer Seilführung in Halb- oder Zwillingsseiltechnik (Abb. 008) werden dann verwendet, wenn weite Vorsteigerstürze drohen und daraus resultierend sehr hohe Kräfte auf die Sicherungskette wirken können. Weitere Vorteile getrennt geführter Halbseile sind geringere Seilreibung, geringere Belastung von Zwischensicherungen im Falle, dass Sicherungspunkte versagen, und höhere Redundanz im Falle eines Seilrisses.

Wenn wir wissen, dass wir das Seil nur zum Abseilen oder zum Gehen am Gletscher verwenden werden, können wir auch ein einzelnes Halbseil mitnehmen und so Gewicht sparen. In diesen Situationen kann es maximal zu kleinen Sturzbelastungen kommen, meist wirkt nicht viel mehr als das Körpergewicht auf das Seil (außer wir spannen das Seil am Gletscher nicht straff genug!).

Der Vorteil eines Einfachseils ist, dass man es für alles verwenden kann. Der Nachteil ist sein Gewicht und Packmaß (während man nicht klettert). Zudem kann man nur über die halbe Seillänge abseilen.

Der Vorteil eines einzelnen Halbseils ist sein geringeres Gewicht und Packmaß. Der Nachteil ist, dass man es nicht zum Klettern verwenden kann. Genauso wie mit einem Einfachseil kann man mit einem einzelnen Halbseil nur über die halbe Seillänge abseilen.

Der Vorteil zweier Halbseile ist neben den bereits genannten die Möglichkeit, über die volle Seillänge abzuseilen (Abb. 009). Der Nachteil ist das Packmaß und das höhere Gewicht, wobei dieses im Gegensatz zum Einfachseil auf zwei Personen aufgeteilt werden kann.

Als Skifahrer sollten wir ein Einfachseil verwenden, wenn wir vorhaben zu klettern und dabei auf die Seilsicherung nicht verzichten wollen. Auch zum Gehen am kurzen, langen oder laufenden Seil sollte ein Einfachseil benutzt werden. Ein einzelnes Halbseil eignet sich zum Abseilen und um sich auf Gletschern zu bewegen, wenn keine echten Stürze gehalten werden müssen. Zwei Halbseile sind gut, wenn man über lange Strecken abseilen will. Anmerkung: Nie mit einem einzelnen Halbseil vorsteigen! Das Seil ist nicht stark genug und reißt aufgrund der geringeren Dicke leichter. Wir können uns allerdings in beide Enden eines Halbseils einbinden und haben dann ein vollwertiges Vorstiegsseil. So können wir jedoch nur die halbe Länge des Seils klettern (25 m bei einem 50-m-Seil), beim Skifahren ist das aber meistens ausreichend. In keinem Fall dürfen jedoch Einfachseile in Halb- oder Zwillingsseiltechnik verwendet werden, da im Sturzfall sehr hohe

Fangstöße auf den Stürzenden wirken können (Ausnahme: sie erfüllen die Normen für Halb- oder Zwillingsseile ebenfalls). Haben wir zwei Einfachseile, verwenden wir eines zum Klettern und holen das andere zum Abseilen aus dem Rucksack.

Seillänge Wir können Platz und Gewicht sparen, wenn wir vorher überlegen, was für ein Seil wir brauchen und wie lang es sein muss.

Mit einem langen Seil sparen wir Zeit, können längere Seillängen klettern, weiter abseilen und auch am Gletscher mehr Leute in das Seil einbinden. Allerdings muss mehr Seil mitgeschleppt werden, als dann tatsächlich gebraucht wird (Platz und Gewicht). Denn wenn man weniger als die gesamte Länge des Seiles am Stück klettert oder abseilt, verbringt man viel Zeit damit, das Seil nachzuziehen und aufzunehmen.

50-m-Seile sind üblich, aber wir nehmen die Länge, die am besten zu unserem Einsatzzweck passt.

Tipp: In einer Gruppe von Freunden, die viel zusammen unterwegs ist, kann es sich lohnen, eine Variation an Seiltypen und -längen anzuschaffen. So ist man für mehr Situationen gewappnet, als wenn jeder nur ein 70-m-Einfachseil besitzt.

Seilpflege Nylonseile haben einen niedrigen Schmelzpunkt (etwa 250 °C, noch niedriger ist er bei Dyneema- und Spectraseilen). Wird ein Seil schnell über ein anderes gezogen, kann durch die Reibung lokal genug Wärme entstehen, um ein Seil oder eine Schlinge zu schmelzen. UV-Strahlung beschädigt Seile und Schlingen, daher sollten wir altes Nylonmaterial, das wir in den Bergen finden (z. B. an Standplätzen und Abseilstellen), sehr vorsichtig beurteilen und am besten nicht benutzen. Mit zunehmender Höhe wird die UV-Strahlung stärker und Seilmaterial wird schneller beschädigt.

Nylon sollte nicht in der Nähe von Chemikalien aufbewahrt werden (Vorsicht vor Batteriesäure, wenn man das Seil im Auto lagert!). Das Seil sollte nicht in direktem Sonnenlicht getrocknet werden.

Seil aufnehmen Es gibt viele Methoden, ein Seil aufzunehmen. Ich verwende die hier beschriebene. Man kann damit zügig Seile für den Transport aufnehmen und wird nicht nass, wenn das Seil nass ist (Abb. 010).

Wir fangen zwei Armlängen (3–4 m) von den beiden Seilenden entfernt an und legen das Seil hin und her über die Hand, bis wir bei der Mitte sind und somit das ganze Seil aufgenommen haben.

Nun nehmen wir die beiden vorher übrig gelassenen Enden und wickeln sie fest um den Teil des Seils, der über der Hand liegt. Zum Schluss stecken wir eine Schlaufe aus den Seilenden durch das zentrale Auge des Seilbündels, ziehen die freien Seilenden durch diese Schlaufe und ziehen das Bündel fest, um sie zu fixieren (Abb. 010). Ein so aufgenommenes Seil können wir auch wie einen Rucksack tragen, wenn wir die Seilenden etwas länger lassen, das Seilbündel auf den Rücken nehmen, die Enden über die Schulter nach vorne werfen und unter den Armen auf dem Rücken zusammenbinden.

Beim Abwickeln gehen wir umgekehrt vor. Wir sollten nicht versuchen, das Seil auf den Boden zu werfen und die Enden einzuziehen. Das sieht zwar auf den ersten Blick schneller aus, man produziert aber meist nur ein kompliziertes Knäuel.

010:1 Seil aufnehmen

010:2 Seil aufnehmen

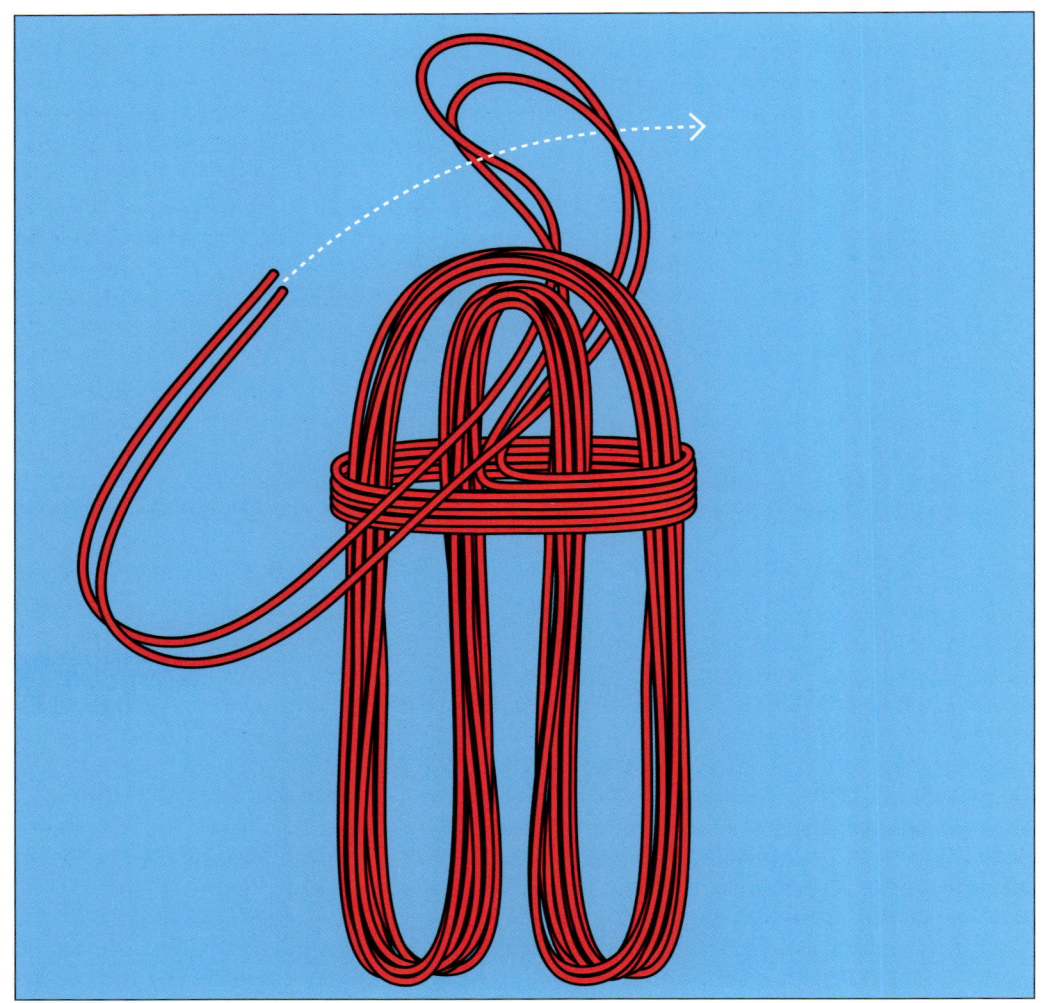

010:3 Seil aufnehmen

276 SKIBERGBESTEIGEN

KNOTEN

Es gibt verschiedene Knoten, die wir als Skialpinisten kennen sollten. Jeder hat Vor- und Nachteile und bestimmte Einsatzbereiche, für die er gut geeignet oder manchmal der einzige anwendbare Knoten ist.

GRUNDSÄTZLICHES

Man unterscheidet bei den Knoten immer zwischen einfachen Knoten mit einem Seilstrang und gesteckten bzw. gelegten Knoten mit zwei Seilsträngen. Ein gesteckter Knoten wird geknüpft, indem erst der Knoten in einen Seilstrang geknüpft wird und dann der zweite Seilstrang (entweder dasselbe Ende nach einem Hindernis, wie der Klettergurt-Anseilschlaufe, oder ein anderes Seil) parallel dazu in gleicher Weise durch den ersten Knoten hindurchgesteckt wird. Gelegte Knoten werden wie einfache Knoten in eine Seilschlaufe geknüpft, indem beide Seilstränge der Schlaufe gleichzeitig zu einem gemeinsamen Knoten geknüpft werden (Abb. 012). Eine Seilschlaufe ist eine offene Schlaufe, bei der sich beide Enden nach dem Bogen nicht kreuzen, genau wie beim Buchstaben Omega (Abb. 011:1). Ein Seilauge hingegen ist eine Schlaufe, deren Seilenden sich überkreuzen, ähnlich dem Buchstaben Q (Abb. 011:2).

Sackstich Dieser einfache, oft als Überhand-, Hausfrauen- oder Brezelknoten bekannte Knoten (Abb. 012) ist universal für vieles anwendbar. Mit zwei Seilenden gesteckt, eignet er sich hervorragend, um zwei Seile miteinander zu verbinden, z. B. zum Abseilen, da er sich an Kanten bei Zug aufstellt und so nicht sofort verklemmt. Verbindet man zwei Seile sehr unterschiedlicher Durchmesser, sollte man zusätzlich die freien Enden noch mit einem weiteren gemeinsam gelegten Sackstich als Backup-Knoten sichern. Der Sackstich kann auch mit zwei Seilen parallel oder mit einer Seilschlinge gesteckt geknotet werden. Die starke Reduktion der Seilbelastbarkeit und die Tatsache, dass er nach Belastung sehr schwer zu lösen ist, sorgen jedoch dafür, dass es häufig für die jeweilige Anwendung geeignetere Knoten gibt. In einfacher Seilführung durch das Stecken einer Schlaufe durch ein Auge gesteckt, kann er gut verwendet werden, um Zwischensicherungen abzubinden (Bandschlinge an Felsnase, Schlaghaken usw.) (Abb. 013).

Achterknoten Ein vielseitiger Knoten mit einigen Anwendungen. Er ist leicht zu erkennen, hat gute Festigkeit und ist recht voluminös. Am Seilende gesteckt oder in der Seilmitte gelegt wird er genutzt, um sich in das Seil einzubinden (Abb. 014 und 015). In der Schweiz wird der Achterknoten auch zum Verbinden zweier Seile beim Abseilen verwendet, weil er sich an Kanten unter Zug angeblich noch leichter aufstellt als der Sackstich und so weniger leicht verklemmt. Als einfacher Knoten an einem Seilende eignet er sich durch sein Volumen hervorragend als Sicherung, um nicht über die Seilenden hinaus abzuseilen. So gesicherte Seilenden können nicht durch das Abseilgerät rutschen, wenn das Seil zu kurz ist.

Neunerknoten Diese Variation des Achterknotens, bei dem das Seilende eine halbe Umdrehung mehr um das Seil gewunden wird, bevor es durch das Auge gesteckt wird, ist noch voluminöser und eignet sich damit ebenso besonders gut, um ein Abseilen über das Seilende hinaus zu verhindern (Abb. 016).

Bulin (Palstek) Der einfache Palstek ist zwar unter Seefahrern als der König der Knoten bekannt, findet beim Klettern, wo er Bulin genannt wird, aber eigentlich keine Anwendung. Der doppelt gesteckte Bulin (Abb. 017) hingegen ist ein beliebter Anseilknoten, der sehr klein und eng knüpfbar ist und den großen Vorteil

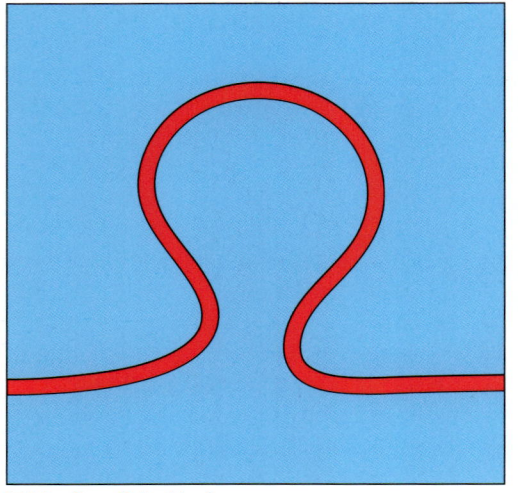

011:1 offene Seilschlaufe

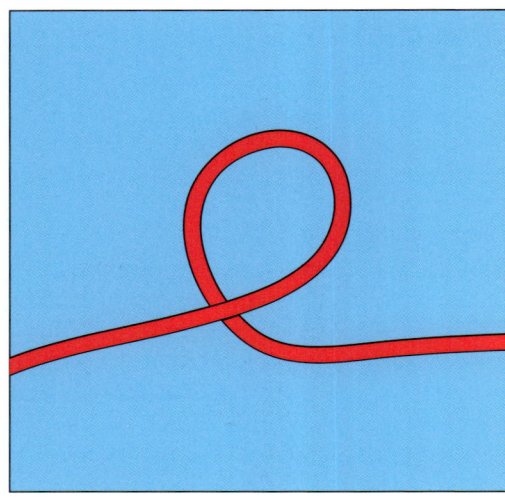

011:2 geschlossenes Seilauge

012:1 einfacher Sackstich

012:2 gesteckter Sackstich

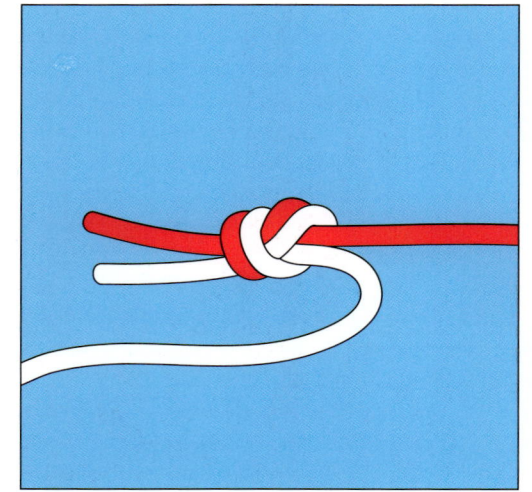

012:3 gesteckter Sackstich

012:4 gelegter Sackstich

278 SKIBERGBESTEIGEN

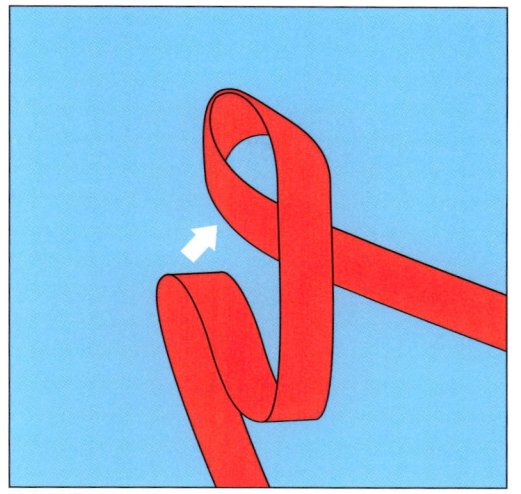

013:1 Slipstek oder auf Slip gelegter Sackstich

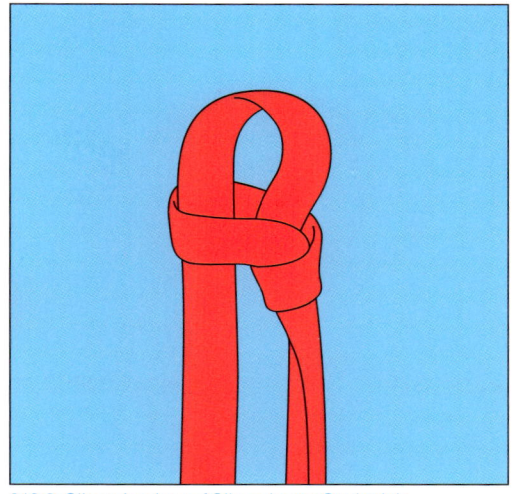

013:2 Slipstek oder auf Slip gelegter Sackstich

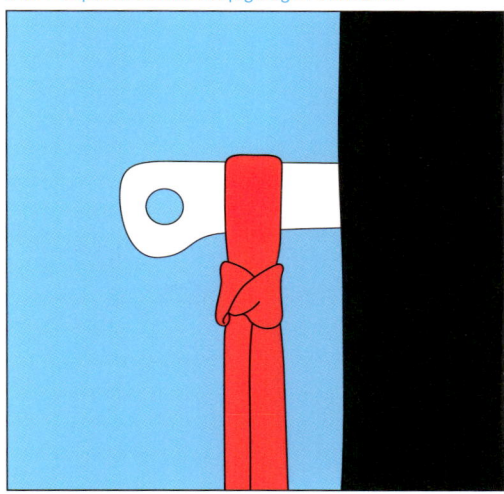

013:3 Slipstek oder auf Slip gelegter Sackstich

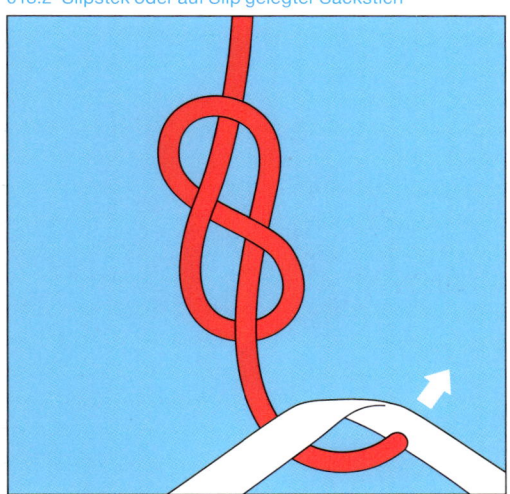

014:1 gesteckter Achterknoten

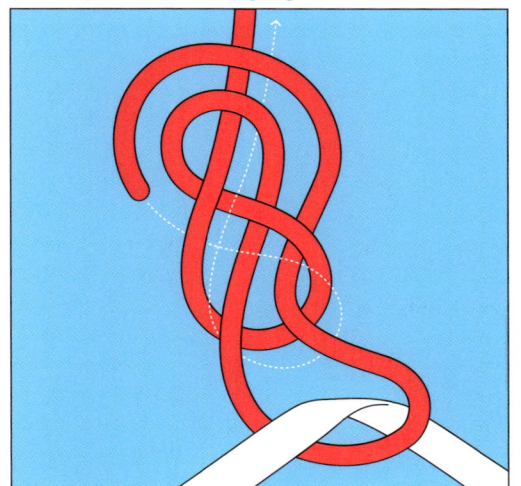

014:2 gesteckter Achterknoten

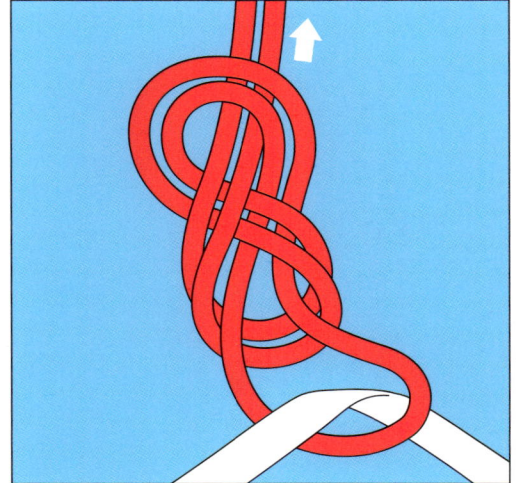

014:3 gesteckter Achterknoten

SKIBERGBESTEIGEN

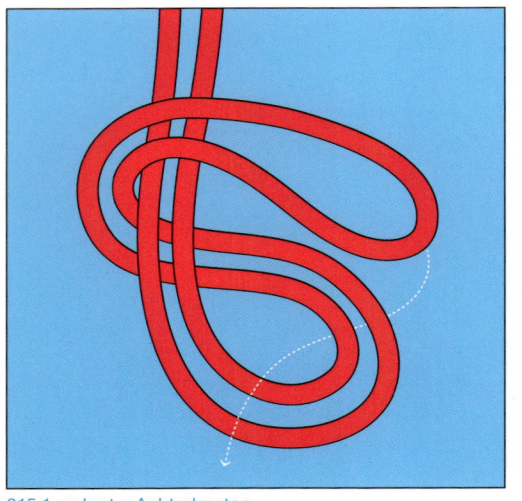

015:1 gelegter Achterknoten

015:2 gelegter Achterknoten

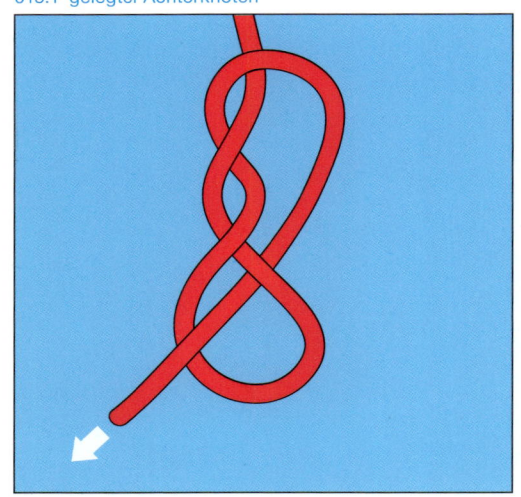

016 Neunerknoten

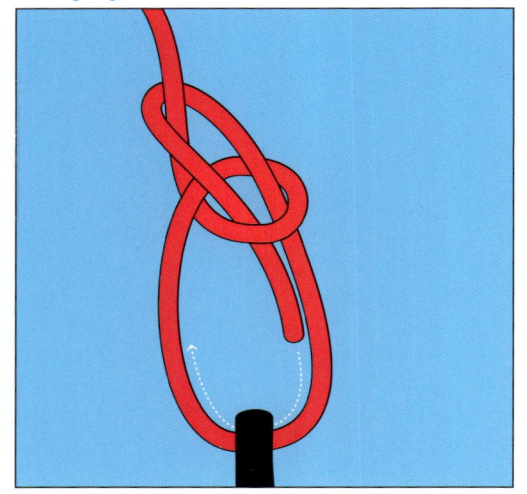

017:1 Gesteckter doppelter Bulin

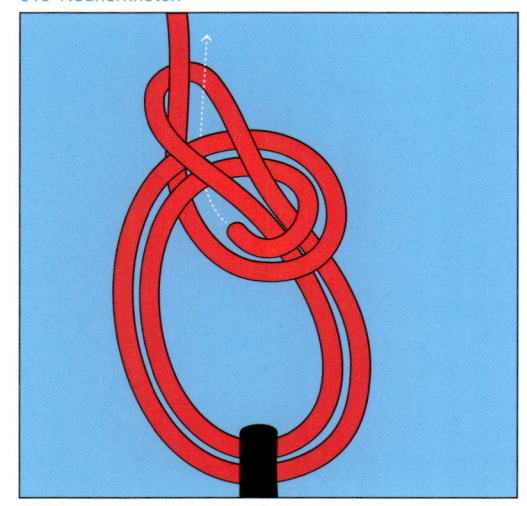

017:2 gesteckter doppelter Bulin

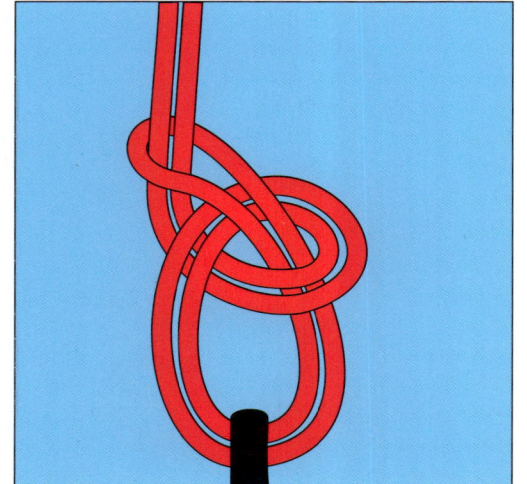

017:3 gesteckter doppelter Bulin

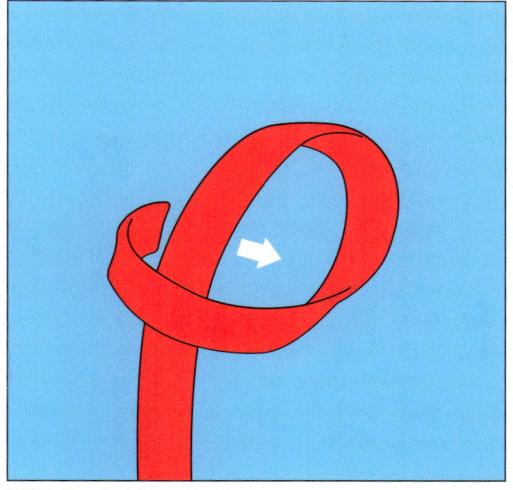

018 doppelter Spierenstich

019:1 Bandschlingenknoten

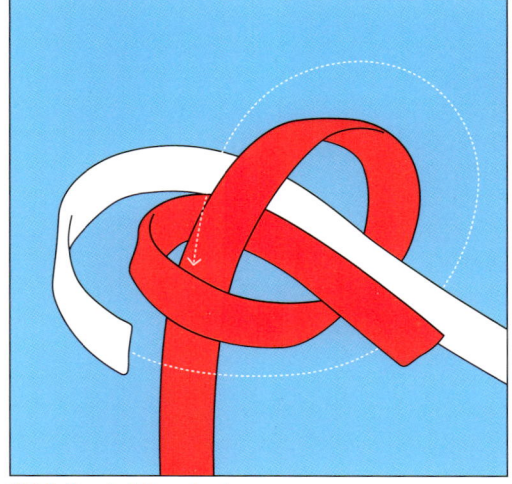

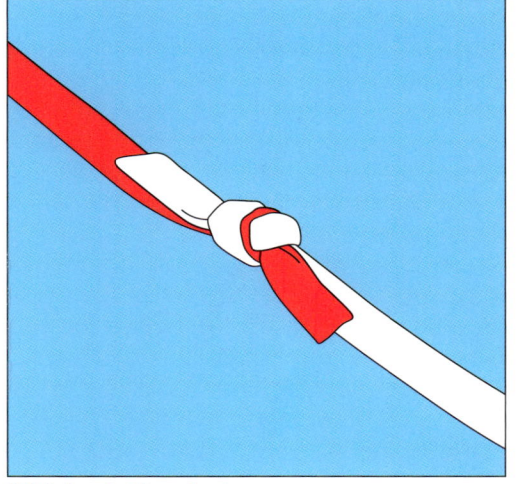

019:2 Bandschlingenknoten

019:3 Bandschlingenknoten

hat, dass er auch nach starker Belastung noch leicht zu öffnen ist. Dafür ist er aber nur schwer wiederzuerkennen und man kann beim Knüpfen leicht Fehler machen. Als Schlaufe gelegt kann er auch zum Einbinden in die Seilmitte verwendet werden. Als Alternative kann der „Bulin 1.5" zum Einbinden verwendet werden, während man vom einfachen Bulin als Einbindeknoten Abstand nehmen sollte, da er zu unsicher ist.

Doppelter Spierenstich Dieser Knoten, der als einfacher Spierenstich mit einer Umdrehung weniger im Klettergebrauch nicht zu empfehlen ist, eignet sich hervorragend, um zwei Seil- oder Reepschnurenden miteinander zu verbinden (Abb. 018). Der große Vorteil ist, dass man zwei Seile so miteinander verbinden kann, dass die Seilenden genau gegenläufig den Knoten verlassen. Außerdem verdaut er unterschiedliche Seildurchmesser gut. Leider ist er schwer wieder zu lösen und eignet sich so vor allem für dauerhaft geplante Verknüpfungen. Die aus dem Knoten schauenden Seilenden sollten mindestens den 10-fachen Seildurchmesser lang sein.

Bandschlingenknoten Dieser mit zwei Bandenden gesteckte Sackstich wurde früher häufig verwendet, um Bandschlingen zu verknüpfen. Da er sich unter Zug lösen kann, wenn er z. B. ungünstig am Fels hängen bleibt, sollten vernähte Bandschlingen bevorzugt werden. Außerdem ist er für Spectra/Dyneema-Schlingen nicht geeignet. Trotzdem ist es gut, diesen Knoten für Improvisationen zu kennen (Abb. 019).

Mastwurf Dieser Knoten ist äußerst nützlich, um sich mit dem Kletterseil am Standplatz zu fixieren oder an einem Felskopf oder Ähnlichem zu befestigen, da er sich leicht in der Länge (bzw. Position am Seil) anpassen lässt, indem man ein Seilende in den Knoten hineinschiebt und am anderen zieht. Auch ist er nach Belastung einfach zu öffnen. Dafür hält er nicht extrem viel und ist mit sperrigen Stricken schwer zu knüpfen (Abb. 020).

Schmetterlingsknoten Dieser Knoten wird in das Seil geknüpft, um bei Gletscherbegehungen Bremsknoten am Seil zu erhalten. Die Knoten fressen sich bei einem Spaltensturz in den Schnee und klemmen in der Gletscherspaltenlippe. So können sie die Heftigkeit eines Spaltensturzes stark verringern oder einen Sturz ganz halten, was sowohl hilft, die Gefahr für den Stürzenden zu verringern, als auch den haltenden Seilschaftsmitgliedern die Arbeit zu erleichtern. Der Vorteil des Schmetterlingsknotens ist, dass er keine flache Seite hat und daher im Schnee viel Reibung verursacht, allerdings braucht er recht viel Seil. An solchen Knoten kann man sich auch in der Seilmitte einbinden. Eine weitere Anwendung des Knotens besteht darin, beschädigte Seilstellen abzubinden, sodass sie in der Schlaufe des Knotens zu liegen kommen und die Gefahr eines Seilrisses an der Schwachstelle ausgeschaltet wird (Abb. 021).

Halbmastwurf Nach diesem Knoten ist die Halbmastwurfsicherung, kurz HMS, benannt. Dieser Reibungsknoten wird benutzt, um einen Kletterer zu sichern oder abzulassen. Er ist sehr einfach zu knüpfen und diese Art der Sicherung braucht wenig Material. Der Nachteil ist, dass Seile stark verdreht werden können (Abb. 022).

Schleifknoten Mittels Schleifknoten knüpfen wir sich selbst zuziehende Seilschlaufen, um z. B. Zwischensicherungen an Schlaghaken, Felsnadeln oder Ähnlichem abzubinden. Auch werden damit Sicherungsgeräte oder Halbmastwürfe so hintersichert, dass kein weiteres Seil durchlaufen kann. Dazu wird mit dem freien Seilende um das belastete Seil ein halber Schlag gelegt und dieser mit einer Schlaufe abgebunden (auf Slip gelegt). Die Schlaufe wird entweder mit einem Karabiner am belasteten Seil gesichert oder mit einem Sackstich um das belastete Seil abgebunden. So gesichert kann kein Seil mehr durch die Sicherung laufen (Abb. 023).

Bergrettungsknoten Mit dem Namen Bergrettungsknoten wird die Kombination aus Halbmastwurf und Schleifknoten bezeichnet, ein komplett und fertig abgebundener Halbmastwurf also (Abb. 024).

Ankerstich Eigentlich nur eine Schlaufe um etwas herum, durch die das Ende der Schlaufe geführt wird. Oder anders gesehen ein Prusikknoten mit nur einer Umwicklung. Wird zum Einbinden in die Seilmitte, zum Anbinden der „Nabelschnur" an die Anseilöse oder zum Abbinden von Eisschrauben, Bäumen oder Haken für Zwischensicherungen verwendet (Abb. 025).

Prusikknoten In vielen Situationen (z. B. beim Abseilen, Aufsteigen am Seil, Ablassen von jemandem oder bei der Spaltenbergung) ist ein Bremsknoten nützlich oder gar nötig. Bremsknoten sind Knoten um ein Seil, die dieses bremsen oder halten, aber durch gezieltes Offenhalten des Knotens auch freigeben. Dabei wird immer ein dünneres Seil um das zu bremsende Seil gewickelt, sodass sich die

Wicklungen unter Belastung zuziehen und das Seil quasi ergreifen und halten. Für normale Kletterseile eignet sich die Verwendung einer Prusikschlinge, die aus einer ca. 1 m langen, 5–7 mm dicken Reepschnur mittels doppelten Spierenstichs zu einer Schlinge verknüpft wurde. Mit mehreren Reepschnüren verschiedener Länge lässt sich sogar mittels Prusikknoten ein Set aus Hand- und Fußschlaufen erstellen, mit denen am Seil aufgestiegen werden kann (umgangssprachlich nennt man das auch „ein Seil raufprusiken").

Prusikknoten klemmen sehr gut, sodass sie auch an nassen und vereisten Seilen verwendet werden können. Er klemmt unabhängig von der Laufrichtung des Seils. Außerdem lässt sich die Klemmwirkung mit der Anzahl an Umwicklungen regulieren: normalerweise sind meist zwei Umwicklungen optimal, an glatten Seilen dürfen es auch drei, selten vier sein. Ein großer Nachteil des Prusikknotens ist, dass er schlecht am Seil entlanggleitet und immer mit der Hand mitgeführt werden muss (Abb. 026).

Französischer Prusik Dieser einfache Wickelknoten kann mittels Karabiner als Bremsknoten verwendet werden und ist sehr schnell geknüpft. Er klemmt ebenfalls in beide Richtungen und kann einfach unter Last geöffnet werden. Allerdings kann er sich auch unter Last verwickeln und lösen, wenn man ihn nicht richtig anwendet. Er sollte also mit Vorsicht eingesetzt werden (Abb. 027).

Klemmheist/Kreuzklemmknoten Dieser Klemmknoten klemmt nur in eine Richtung, was für gewisse Anwendungen als Rücklaufsperre (z. B. Flaschenzug bei der Spaltenbergung) sehr nützlich sein kann. Außerdem klemmt er auch mit Bandschlingen oder dicken Reepschnüren, lässt sich aber nicht so leicht am Seil verschieben (Abb. 028).

Gardaknoten Der Gardaknoten ist eigentlich gar kein Knoten, sondern nur zwei umwickelte Karabiner, stellt aber eine effektive Rücklaufsperre dar. Wir benötigen dafür unbedingt zwei gleich geformte Karabiner, die wir parallel nebeneinander in einen gemeinsamen Punkt hängen. Das Seil wird aus der Belastungsrichtung kommend in beide Karabiner geklippt, oben über beide Karabiner zurück und dann erneut von der gleichen Seite nur in den ersten, in Belastungsrichtung zeigenden Karabiner eingeklippt, sodass es zwischen den Karabinern herausläuft und dort eingeklemmt wird, sobald Zug aus der Belastungsrichtung kommt. Der Gardaknoten produziert allerdings viel Seilreibung und macht z. B. einen Flaschenzug dadurch oft ineffizient. Er ist aber besonders zum Improvisieren einer Rücklaufsperre sehr gut geeignet (Abb. 029).

SKI TRAGEN

Bezüglich Lawinengefahr und Gruppendisziplin ändert sich nichts, wenn wir die Ski auf den Rucksack schnallen. Man sollte also, allgemein ausgedrückt, nicht in einer großen Gruppe nebeneinanderher laufen und aufsteigen, auch wenn gute Trittspuren vorhanden sind. Wir wissen nicht, wer die Spuren gemacht hat, ob die spurende Gruppe Abstände eingehalten hat und ob wir die Schneedecke mehr belasten als sie.

Es gibt verschiedene Methoden, die Ski am Rucksack zu befestigen, die nicht zuletzt vom Rucksack abhängen (siehe Kapitel 005, Abschnitt „Ski-Equipment"). Wir sollten sicherstellen, dass sie stabil angebracht sind und beim Gehen nicht stören. Auch mit Handschuhen sollten wir in der Lage sein, die Ski schnell an den Rucksack zu schnallen und wieder abzunehmen. Möchten wir mit Ski am Rucksack

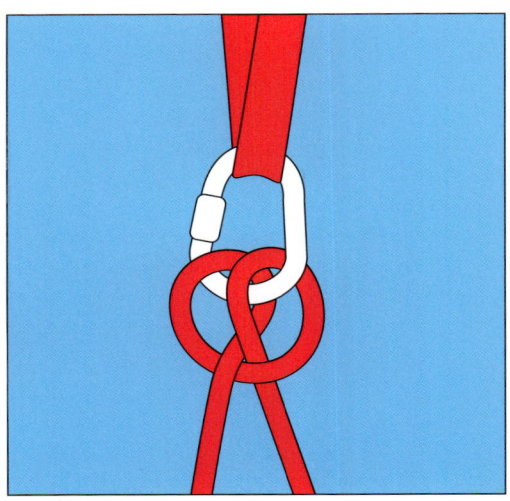

020:1 Mastwurf

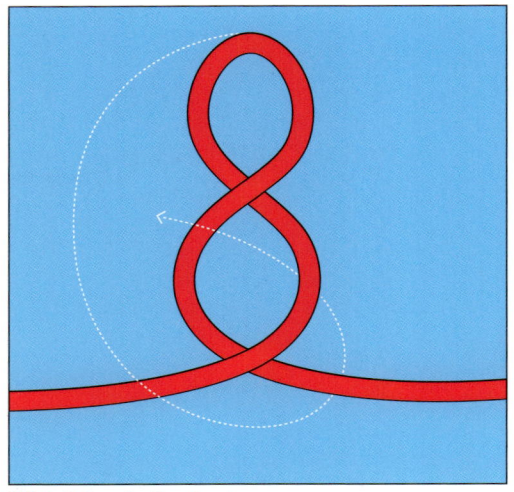

020:2 Mastwurf

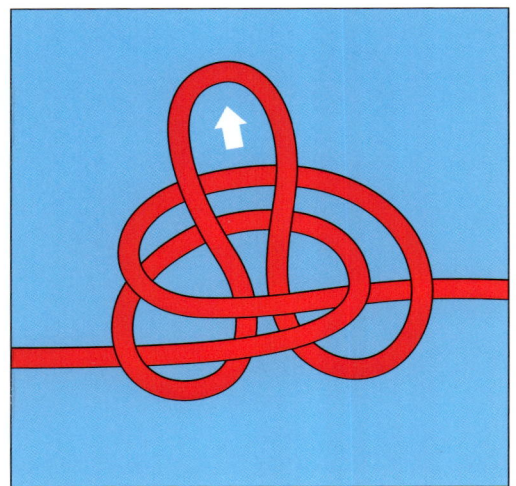

021:1 Schmetterlingsknoten

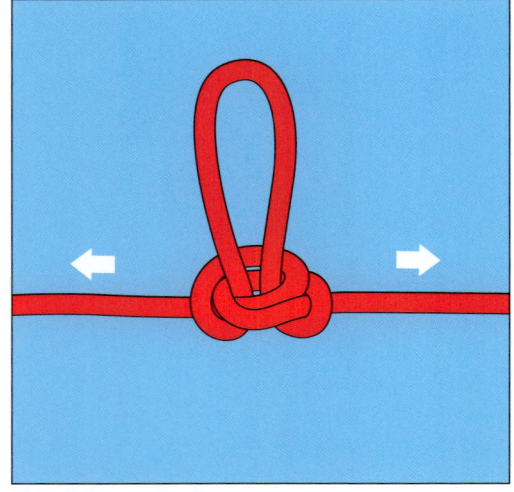

021:2 Schmetterlingsknoten

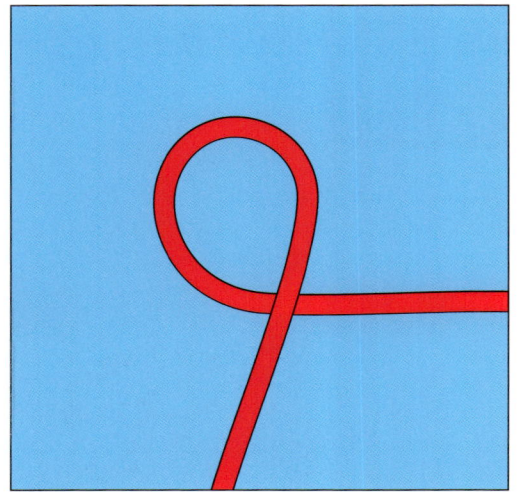

021:3 Schmetterlingsknoten

022:1 Halbmastwurf

284 SKIBERGBESTEIGEN

022:2 Halbmastwurf

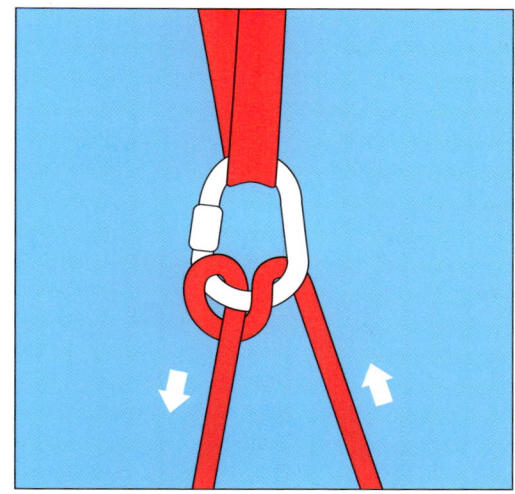

022:3 Halbmastwurf

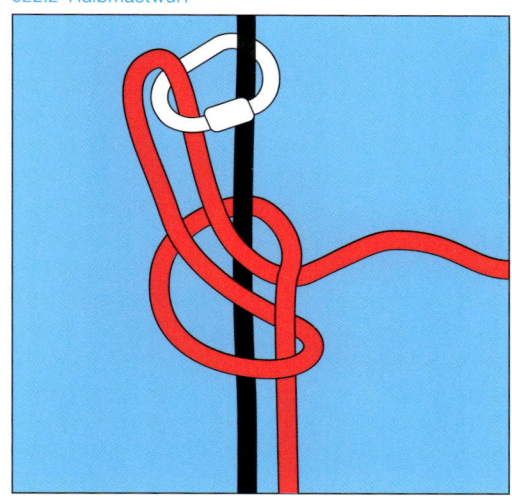

023 Schleifknoten

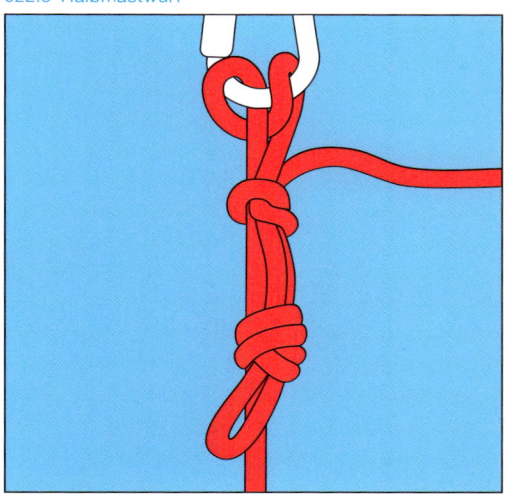

024 Bergrettungsknoten

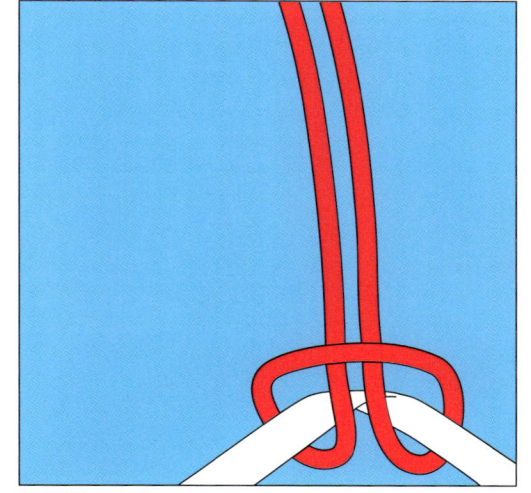

025 Ankerstich

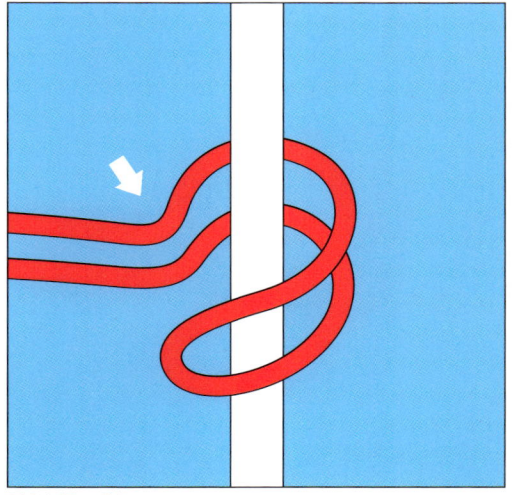

026:1 Prusikknoten

SKIBERGBESTEIGEN 285

026:2 Prusikknoten

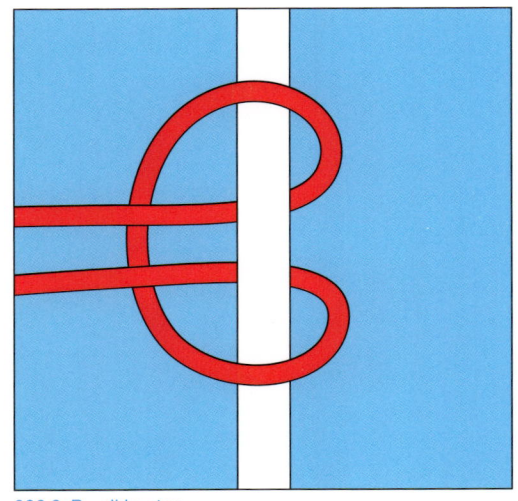

026:3 Prusikknoten

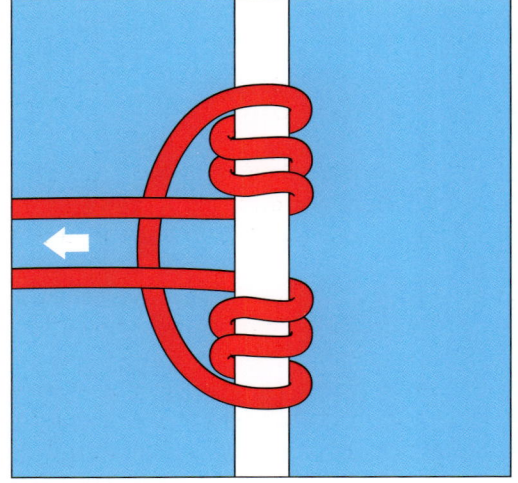

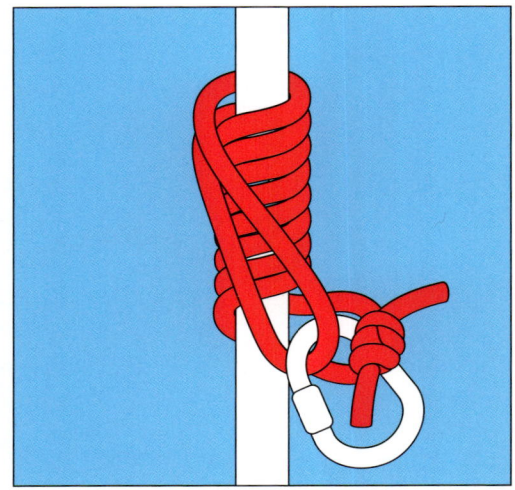

026:4 Prusikknoten

027 Französischer Prusik

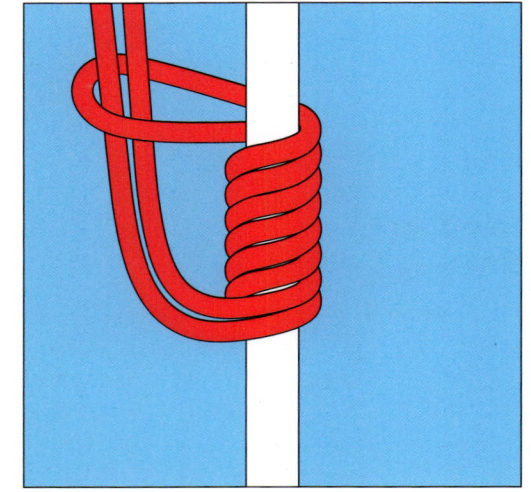

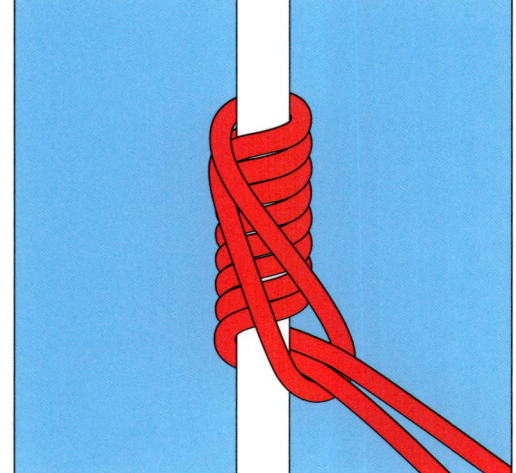

028:1 Klemmheist

028:2 Klemmheist

286 SKIBERGBESTEIGEN

029 Gardaknoten

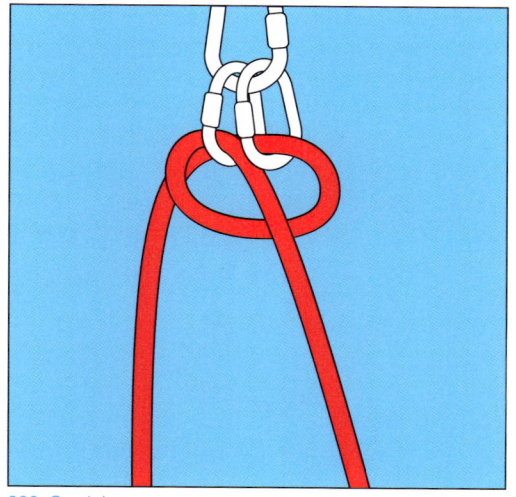

> Für fast alle Anwendungen und Bedürfnisse kann man mehrere Knoten verwenden. Zu wissen, welche Vor- und Nachteile ein Knoten hat, hilft uns, den passenden Knoten zu wählen.

mit dem Rücken zum Hang bergab gehen oder abklettern, müssen die Ski so angebracht sein, dass sie dabei nicht im Schnee stecken bleiben.

NEUSCHNEE Es ist sehr mühsam und manchmal sogar unmöglich, in tiefem Schnee zu Fuß zu gehen. Es ist sicherer und einfacher, sich in den Tagen nach einem Schneefall auf Ski fortzubewegen. Manchmal kann sogar ein Umweg mit Ski deutlich schneller sein als eine Abkürzung zu Fuß.

In flacherem Gelände ist es einfacher, mit Fellen zu gehen (siehe Kapitel 011). Ist es dafür zu steil, tritt man mit den Ski eine Plattform in den Schnee, sodass man die Ski am Rucksack befestigen kann.

In weichem Schnee stören Steigeisen meist eher. Wir ziehen sie nur an, wenn wir vermuten, dass der Schnee bald hart wird und wir die Steigeisen später nicht mehr sicher anlegen können, oder wenn wir glauben, dass Eis oder Steine unter dem Schnee sind. Man sollte darauf achten, dass sich keine Schneeklumpen an den Steigeisen bilden. Manchmal muss man diese bei jedem Schritt mit einem Stock oder einem Pickel wegschlagen.

Wenn wir schwierige Bedingungen erwarten und Steigeisen anziehen, sollten wir auch unseren Pickel in der Hand oder zumindest griffbereit unter dem Schultergurt des Rucksacks haben (Abb. 004 in Kapitel 012, S. 412 f.).

Normalerweise geht man ohne Steigeisen und benutzt die Stöcke, um die Balance zu halten (aufrechte Position). Je steiler es ist, desto weiter unten nimmt man die Stöcke. Hier ist eine verlängerte Griffzone am Schaft sehr hilfreich. Wird der Schnee härter, kann man die Stöcke umdrehen und den Griff für etwas zusätzliche Sicherheit in den Schnee rammen.

Mit dem Gesicht zum Hang treten wir Stufen in den Schnee. So oft aufstampfen, bis der Schnee so verdichtet wurde, dass er unser Körpergewicht trägt. Vorsichtig das Gewicht auf die neue Stufe verlagern, ohne sie kaputt zu treten. Wenn der Schnee sehr weich ist und die Stufen nicht stabil scheinen, kann man sein Gewicht auf eine größere Fläche verteilen, indem man sich nach vorne lehnt und auch Knie und Hände benutzt (Stöcke mittig halten). Das Ganze mit dem anderen Fuß wiederholen und die nächste Stufe machen.

Um bei solchen Bedingungen vorwärtszukommen, braucht man Übung und Ausdauer. Wir wollen uns so effizient wie möglich bewegen und uns nicht zu sehr verausgaben. Wie immer im Gebirge sollten wir uns mit gleichmäßiger Geschwindigkeit bewegen.

HARTER SCHNEE Wenn wir mit mehreren kräftigen Tritten nur eine wenige Zentimeter tiefe Stufe schlagen können, ist es an der Zeit, Steigeisen anzulegen. Gleiches gilt, wenn wir mehr Energie brauchen, um Stufen zu treten als um Steigeisen anzuziehen.

In flachem Gelände müssen wir lediglich darauf achten, die Füße beim Gehen mit Steigeisen etwas breiter auseinander aufzusetzen, da sich sonst die Zacken der Steigeisen in der Hose verhaken können und wir stolpern. Ein „Baggy"-Kleidungsstil ist hier ganz klar nicht zu empfehlen. In hartem Schnee reicht unser Körpergewicht, um die Zacken der Steigeisen in den Schnee zu drücken. Auf Eis müssen wir uns etwas mehr anstrengen. Als Skifahrer neigt man dazu, die Steigeisen „aufzukanten" wie Ski. Allerdings halten sie so schlechter. Es ist besser, die Steigeisen immer flach auf den Boden zu setzen, da so alle Zacken greifen.

Ist das Gelände geneigt, müssen wir das Knie etwas durchbiegen, damit das gelingt. Das ist keine ganz natürliche Bewegung, daher sollte man sie durch etwas Üben verinnerlichen (Abb. 030).

Mit steifen Skischuhen ist es sehr schwierig, so zu gehen (wenn man die obersten Schnallen öffnet, geht es besser). Fühlen wir uns mit dieser Methode nicht mehr stabil, wechseln wir auf die Frontzacken. Eine tiefe Position der Ferse verhindert, dass die Waden schnell ermüden. Außerdem können so die Zacken hinter den Frontzacken ebenfalls greifen (Abb. 031).

Wir versuchen, einen Rhythmus aus Schritten und Pickeleinsätzen zu finden und stets das Gleichgewicht zu halten. Der Pickel wird immer in der oberen, bergseitigen Hand gehalten und in Stützpickeltechnik ähnlich zu einem Spazierstock eingesetzt. So können wir ihn schnell als Selbstsicherung in den Schnee rammen und einen Ausrutscher auffangen, bevor er zum Sturz wird. Ich halte den Pickel mit der Haue nach hinten, damit ich im Notfall einen Sturz bremsen kann. Andere Leute empfehlen, den Pickel mit der Haue nach vorn zu halten, um das Verletzungsrisiko zu minimieren und weil er so etwas angenehmer zu halten ist (Abb. 032).

Der Rhythmus ist einfach: Pickel, erster Schritt, zweiter Schritt, wobei sich die Beine, wenn wir bergauf gehen, stetig leicht überkreuzen. Der Pickelschaft muss nur so weit in den Schnee gerammt werden, dass er als Selbstsicherung funktioniert, falls wir ausrutschen. Den Pickel lösen, wenn wir gut stehen.

In einer ausgesetzten Route dürfen wir bei hartem Schnee nicht aus Faulheit einfach an der gewählten Technik festhalten, wenn wir eine Chance haben wollen, einen Sturz zu halten. Wenn nötig, muss die Pickeltechnik geändert werden.

Wird es steiler, muss der Pickel rechtwinkliger in den Schnee gerammt werden. Den Pickel dazu in der kräftigeren Hand halten (Abb. 033).

Ist der Schnee hart, wird die Haue in den Schnee gerammt, nicht der Schaft. Das funktioniert mit einem oder zwei Pickeln. Entweder die Hand auf den Pickelkopf legen und die Haue in Hüfthöhe in den Schnee drücken (Kopfstütztechnik, Abb. 034) oder den Pickel frontal, mit den Händen am Schaft, in den Schnee schlagen (Ankertechnik, Abb. 035). Das ist etwas anstrengender, fühlt sich aber im Steilgelände sicherer an.

In sehr steilem Gelände sollten wir zwei Eisgeräte benutzen, um uns schnell und sicher bewegen zu können. Es kann allerdings passieren, dass wir kurze

Jancsi Hadik Narvik, Norwegen Dominique Perret

Jonas Blum Tasman Glacier, Neuseeland Christian Reichenberger

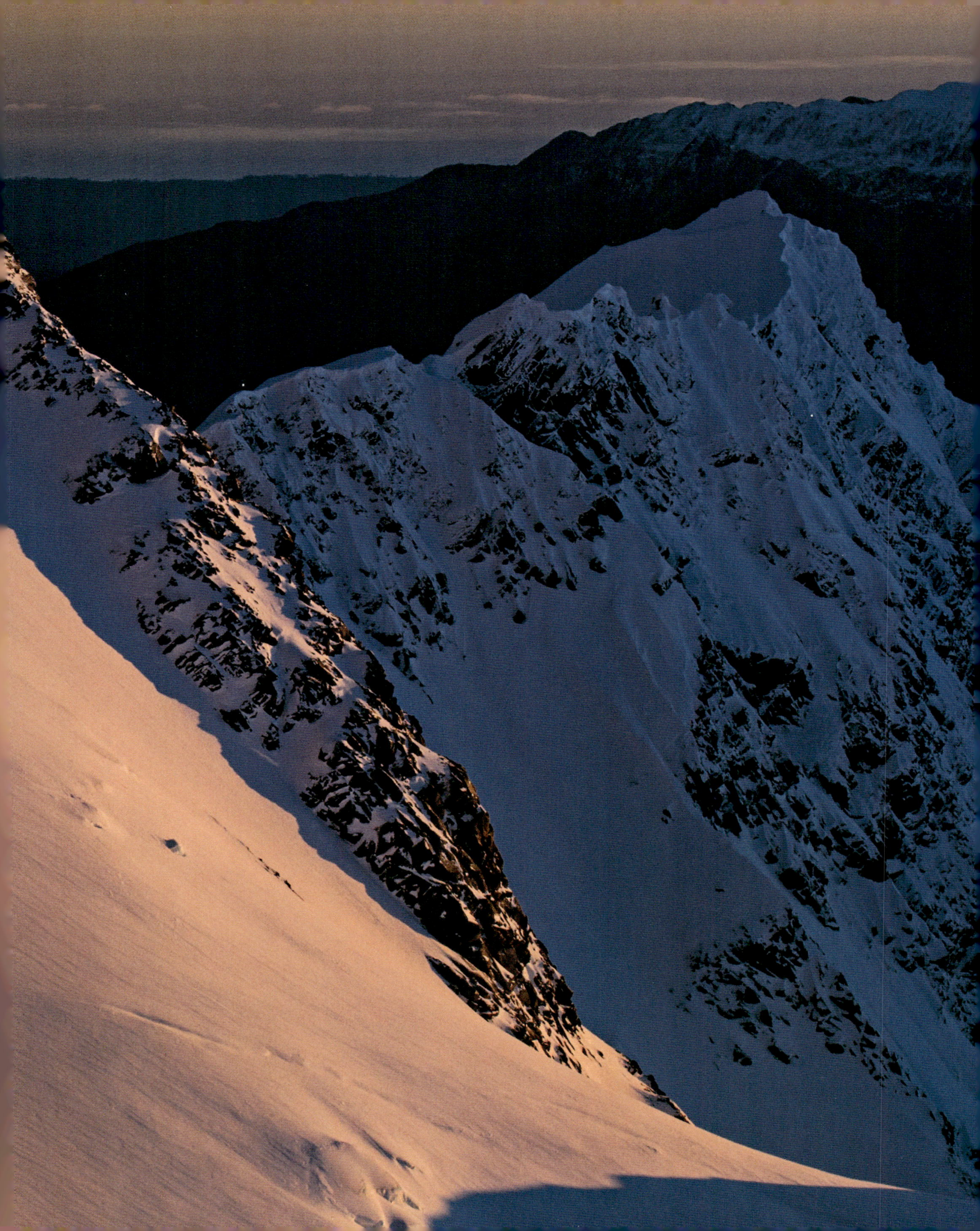

Fredrik Schenholm
Aiguille du Midi, Chamonix, Frankreich

Boris Dufour · Chamonix, Frankreich · Eva Walkner

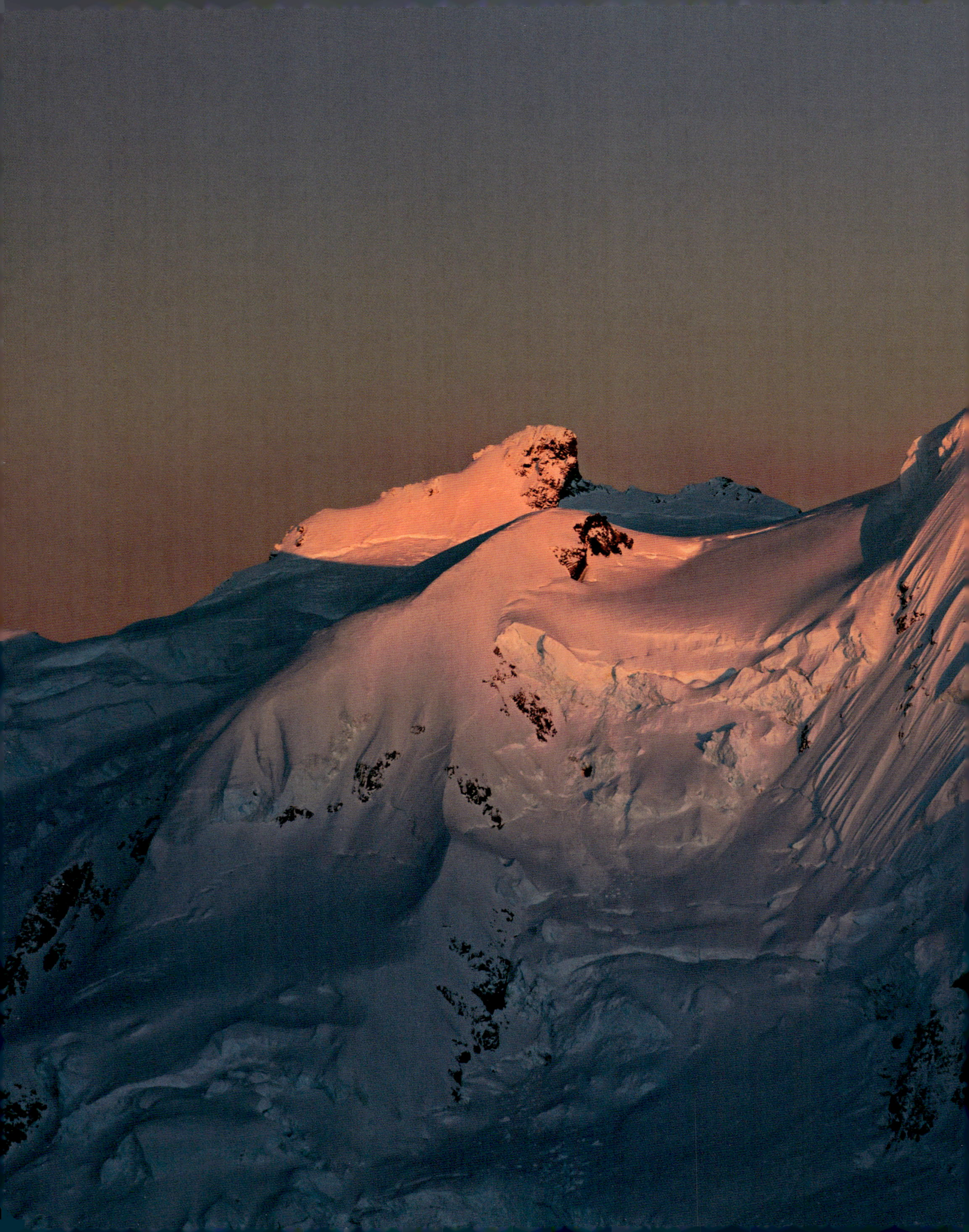

Jonas Blum △ Tasman Glacier, Neuseeland

Jonas Blum — Tasman Glacier, Neuseeland — Fabian Lentsch

030:1 Körperschwerpunkt über den Füßen

030:2 Körperschwerpunkt über den Füßen

030:3 Falsche Fußstellung: nicht aufkanten

030:4 Richtig: die Füße flach aufsetzen, sodass alle Zacken greifen

Steilstellen mit nur einem Pickel überwinden müssen. Dazu bietet sich folgende Technik an:

1. Pickel/Eisgerät am Ende des Schaftes halten und mit voller Kraft so hoch wie möglich in den Schnee schlagen. Darauf achten, dass der Pickel gut platziert ist (unser Leben hängt davon ab!).
2. Mit der anderen Hand den Pickelkopf umfassen und sich hochziehen, bis die Schulter auf Höhe des Pickels ist.
3. Füße breit platzieren und Gleichgewicht halten. Die schwächere Hand auf den Schnee drücken oder, wenn möglich, die Finger in den Schnee krallen. Pickel lösen und weiter oben erneut platzieren. Auf diese Weise halten wir uns am sicheren Pickel fest, während wir die Füße bewegen, und bewegen den Pickel, wenn wir stabil auf beiden Beinen stehen (Abb. 036).

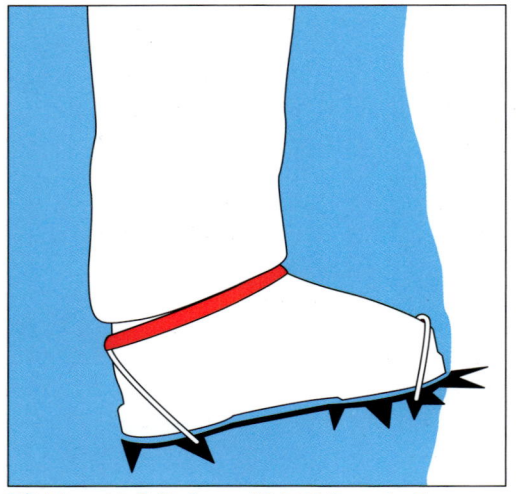

031:1 korrekte Fußhaltung mit leicht hängender Ferse

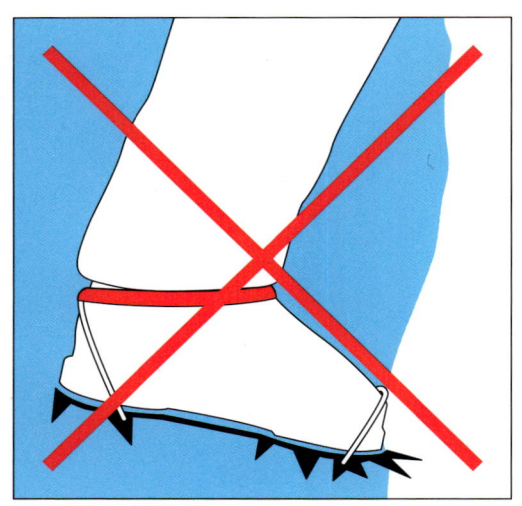

031:2 falsche Fußhaltung

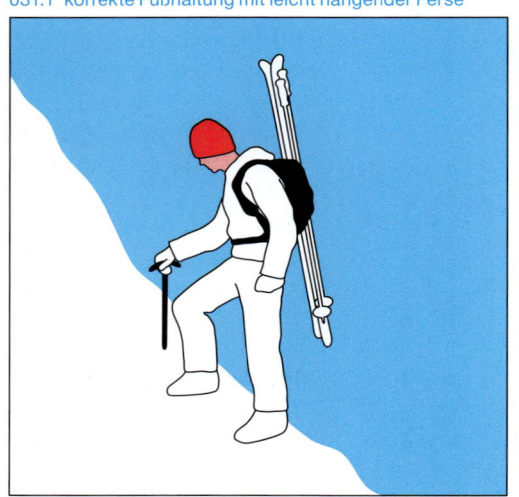

032:1 Fortbewegen auf Schnee

032:2 Selbstsicherung

033 Richtiger Winkel in der Stützpickel-Technik

034 Kopfstütztechnik

Mit zwei Eisgeräten gehen ist nicht besonders kompliziert. Erstes Eisgerät platzieren. Hochsteigen (je höher wir steigen, desto schwerer wird es, das zweite Gerät zu platzieren, aber wir kommen schneller voran). Zweites Eisgerät so hoch wie möglich in den Schnee schlagen. Hochsteigen. Erstes Eisgerät lösen und so hoch wie möglich neu platzieren. In flacherem Gelände mit beiden Geräten Kopfstütz- oder Ankertechnik anwenden (Abb. 037).

Um die Haue aus dem Schnee zu lösen, am Schaft nach oben und unten ruckeln. Nicht den Schaft zur Seite bewegen, da sonst die Haue abbrechen kann (Abb. 038).

Stufen schlagen Manchmal ist es schneller, ein paar Stufen zu schlagen, um eine kurze, schwierige Stelle zu überwinden, als die gesamte Gruppe Steigeisen anlegen zu lassen. Effizientes Stufenschlagen braucht etwas Übung. Wir verschwenden weniger Kraft, wenn wir den Schwung wirken lassen.

Beim Schlagen neuer Stufen sollten wir mit beiden Füßen gut und sicher in zwei vorhandenen Stufen stehen. Die Stufen sollten schräg nach innen geneigt sein und nicht zu weit auseinanderliegen. Darauf achten, dass sie für alle in der Gruppe groß genug sind. Die Gruppe soll sich sicher und effizient bewegen können.

Wenn der Schnee sehr hart ist, müssen wir die Stufe mit den Füßen nachformen, wenn wir darauf stehen (treten). Jeder muss darauf achten, die Stufen nicht zu beschädigen, damit alle sicher aufsteigen können.

Diagonal aufsteigen (weniger steiles Gelände) Mit dem Pickel drei Mal von oben und drei Mal von der Seite schlagen. Schnee wenn nötig mit der Schaufel des Pickels entfernen (Abb. 039).

Um sicher und einfach die Richtung ändern zu können, brauchen wir eine stabile Plattform. Mit sieben Pickelschlägen von oben eine Art Halbmondform in den Schnee hauen. Mit fünf seitlichen Schlägen darunter eine horizontale Linie schlagen. Schnee dazwischen, wenn nötig, mit der Schaufel des Pickels entfernen (Abb. 040).

Direkt aufsteigen Fünf Schläge von oben, dann mit der Schaufel den Schnee entfernen. Nicht zu weit oben anfangen (Abb. 041).

Direkt absteigen (Rücken zum Hang) Mit zwei Schlägen ein V formen und mit der Schaufel den Schnee entfernen. Zehen zuerst in den Boden drücken und darauf achten, die Stufen nicht zu beschädigen. Rollen wir den Fuß ab, neigen sich die Stufen bald schräg nach unten, sodass Nachkommende sie nicht mehr sicher verwenden können (Abb. 042).

EIS Meist verwenden wir im Eis Steigeisen, allerdings kann es auch hier manchmal sinnvoll sein, Stufen zu schlagen. Hat man Stufen, ist es mit steifen Skischuhen einfacher, alle Zacken der Steigeisen auf den Boden zu bekommen.

Um den richtigen Hebel zu finden, müssen wir den Schaft des Pickels am richtigen Punkt halten. Schwingen wir den Pickel in einem Bogen, entfernen wir automatisch mit der Schaufel zusätzliches Eis. Das funktioniert auch, wenn wir in hartem Schnee schräge Stufen schlagen. Schwingen wir den Pickel im falschen Winkel oder halten ihn falsch, gräbt sich die Schaufel ein und bleibt stecken (Abb. 043).

EINEN STURZ ABFANGEN

Wir sollten in einem Hang mit sicherem Auslauf üben, einen Sturz zu bremsen. Geübt wird mit und ohne Rucksack (wahrscheinlich trägt man im Notfall einen Rucksack, vielleicht sogar mit Ski daran). Es ist wichtig zu wissen, dass man nicht jeden Sturz abfangen kann. Auf hartem Schnee oder Eis in steilem Gelände

Fortbewegung in steilem Eis mit nur einem Pickel ist eine Notlösung. Wenn wir mit solchen Passagen rechnen, sollten wir daher unbedingt einen zweiten Pickel mitnehmen.

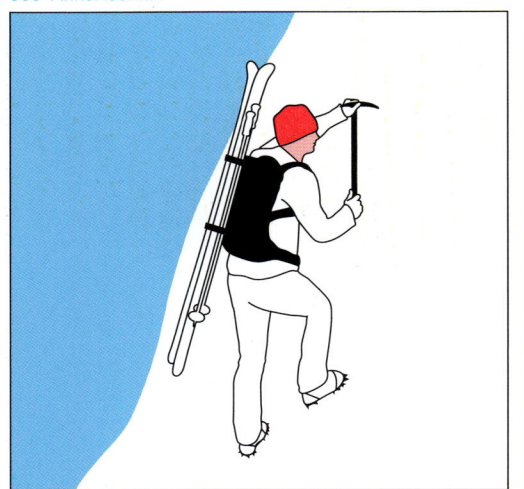

035 Ankertechnik

036:1 steile Eispassage mit nur einem Pickel

036:2 steile Eispassage mit nur einem Pickel

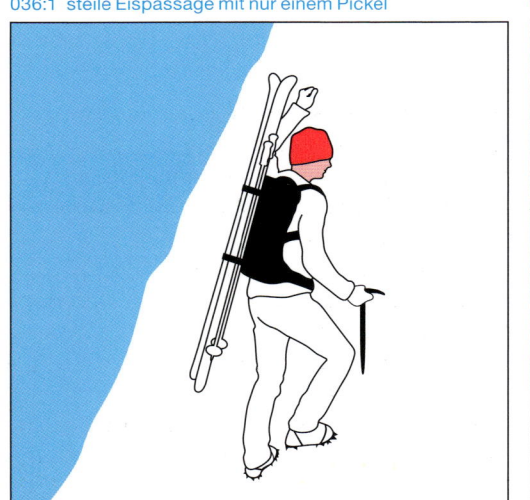

036:3 steile Eispassage mit nur einem Pickel

037 Kopfstütztechnik mit zwei Pickeln

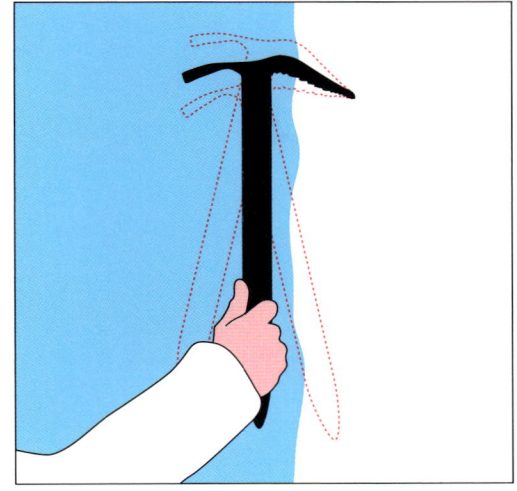

038:1 Pickel lösen

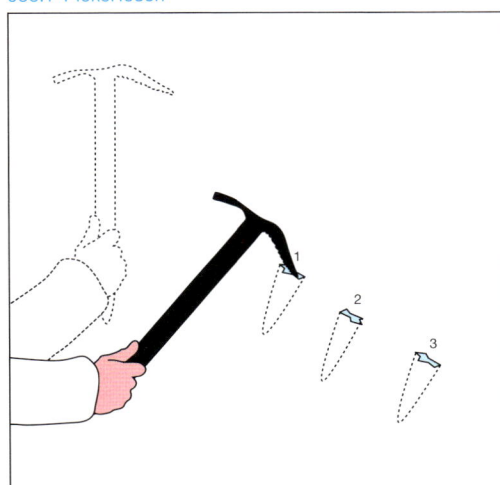

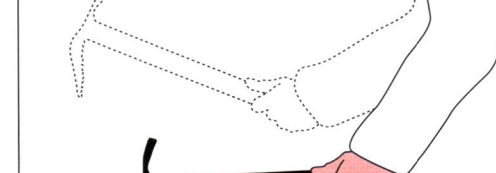

038:2 Pickel lösen

039:1 Stufen schlagen

039:2 Stufen schlagen

wird man so schnell, dass es kaum möglich ist, sich zu halten. Wird einem das bewusst, sind wir gezwungen, uns so vorsichtig zu bewegen, dass es nicht zu einem Sturz kommt (Eisgeräte gut setzen, Balance auf Steigeisen halten, anseilen).

Einen Sturz bremsen ohne Steigeisen und Pickel Am wahrscheinlichsten ist, dass wir bei einem Sturz die Ski verlieren und ohne Ski bergab rutschen.

Zunächst so drehen, dass die Füße nach unten zeigen und wir mit dem Gesicht zum Hang rutschen. Mit Händen und Füßen hochdrücken. Drücken wir mit den Händen zu stark, verfangen sich die Füße und wir überschlagen uns nach hinten. Möglichst ruhig bleiben. Wenn wir noch Stöcke haben, die Griffe oder Stockspitze in den Schnee rammen, um den Sturz zu bremsen (Abb. 045 und 046).

Einen Sturz bremsen mit Ski Wenn wir unsere Ski noch an den Füßen haben und bergab rutschen, drehen wir uns so, dass die Ski unter uns sind und benutzen die Kanten, um den Sturz zu bremsen.

Einen Sturz bremsen mit Steigeisen und Pickel Knie anwinkeln und die Steigeisen von der Schneeoberfläche weg halten (wenn sich die Zacken verhaken, kann man sich leicht verletzen).

Grundlegende Bremsposition
- Kopf voraus (Abb. 046)
- Auf dem Rücken (Abb. 047)
- Auf dem Rücken, Kopf voraus (Abb. 048)

Wenn man einen Rucksack trägt, sollte man versuchen, sich auf den Bauch zu drehen und den Sturz in dieser Position zu bremsen.

Tipp: Wir üben besser zuerst in harmlosem Gelände ohne Steigeisen, damit wir uns nicht verletzen. Vorsicht mit dem Eispickel! Wir sollten darauf achten, dass keine scharfen Gegenstände im Rucksack sind, an denen wir uns verletzen können. Hang mit sicherem Auslauf wählen!

ANSEILEN

Die meiste Zeit am Berg werden wir sicherlich frei aufsteigen, um unsere Abfahrten zu erreichen, aber sobald man in exponiertes Gelände kommt oder sich unsicher fühlt, ist es sinnvoll, sich anzuseilen.

Dabei ist ein wichtiges Grundprinzip im Bergsport der Partnercheck: Sobald wir angeseilt sind, überprüfen wir, ob unser Partner Knoten, Sicherungsgeräte, Zwischensicherungen und anderes korrekt einsetzt und unser Partner tut dasselbe für uns. Vier Augen sehen mehr als zwei.

SICHERUNGEN Grundsätzlich überträgt sich die gesamte kinetische Energie, die beim Abfangen eines Sturzes entsteht, auf die Sicherungskette (Seil, Zwischensicherungen, Stand und Kletterer), wenn der Sturz statisch gestoppt wird. Daher ist es meist sehr viel besser, etwas Seil durch das Sicherungsgerät laufen zu lassen, um einen Sturz dynamisch zu bremsen und damit einen Teil der Sturzenergie in Reibung umzuwandeln. Bei der Verwendung eines Tubers als Sicherungsgerät oder der Halbmastwurfsicherung erfolgt der Seildurchlauf (fast) von alleine. So wird die Heftigkeit des Fangstoßes sowohl für den Vorsteiger als auch für die Fixpunkte deutlich verringert. Dies ist einer der Hauptgründe, warum in der Regel keine automatisch blockierenden Geräte (z. B. Grigri) beim Bergsteigen verwendet werden. Wenn wir dynamisch sichern, müssen wir uns allerdings vergewissern, dass durch die vergrößerte Fallhöhe keine zusätzliche Gefahr entsteht, indem der Vorsteiger irgendwo aufschlagen könnte. Die Balance zwischen dynamischem Seildurchlauf und akzeptabler/optimaler Sturzlänge benötigt Erfahrung und das nötige Gefühl dafür entwickelt sich mit der Zeit.

Grundsätzlich unterscheidet man zwei Arten der Sicherung abhängig davon, wo das Sicherungsgerät eingehängt wird. Sie haben großen Einfluss darauf, wie die einwirkenden Kräfte auf die Fixpunkte des Standplatzes übertragen werden, und haben beide Vor- und Nachteile.

FIXPUNKTSICHERUNG Bei der Fixpunktsicherung wird das Sicherungsgerät direkt in einen Punkt am Stand eingehängt und überträgt die gesamte Kraft auf diesen. Daher sollte sie nur dann angewandt werden, wenn die Festigkeit des Fixpunktes über jeden Zweifel erhaben ist.

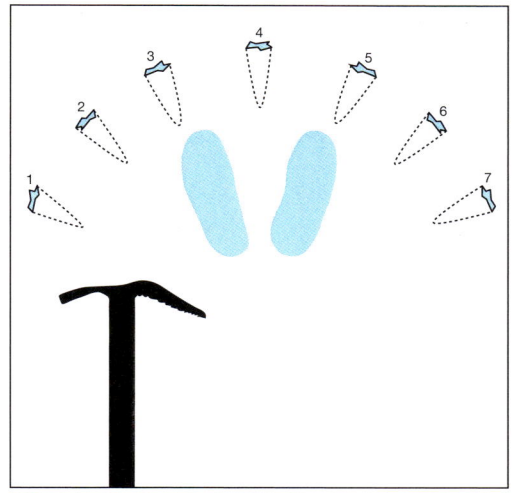

040:1 eine Plattform freischlagen

040:2 eine Plattform freischlagen

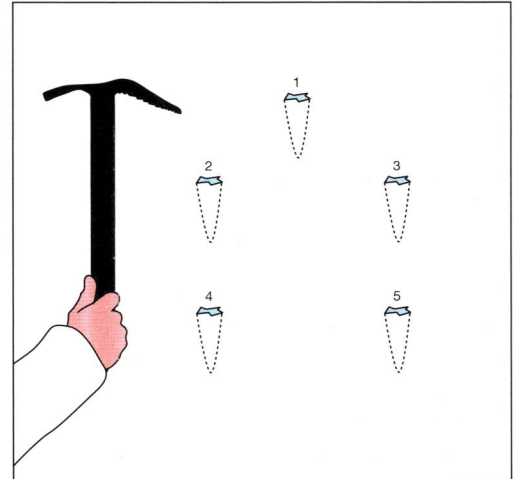

040:3 eine Plattform freischlagen

041:1 Stufen schlagen für den senkrechten Aufstieg

041:2 Stufen schlagen für den senkrechten Aufstieg

041:3 Stufen schlagen für den senkrechten Aufstieg

SKIBERGBESTEIGEN 303

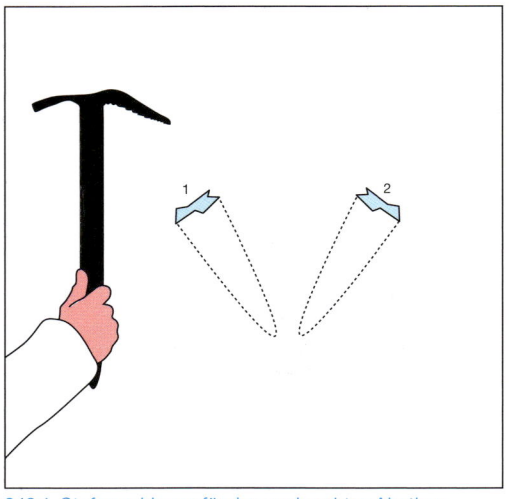

042:1 Stufen schlagen für den senkrechten Abstieg

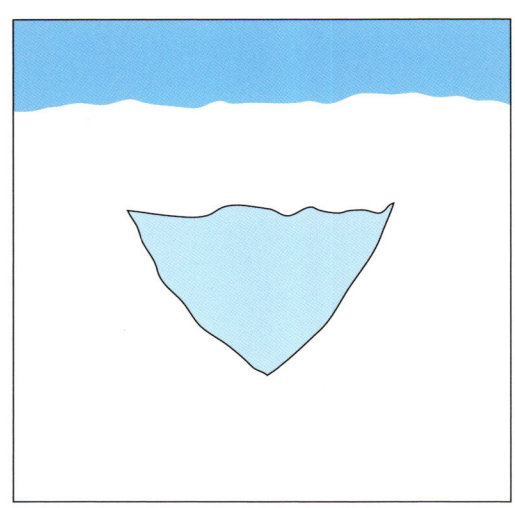

042:2 Stufen schlagen für den senkrechten Abstieg

043 Stufen im Eis mit der Schaufel schlagen

044:1 Stoppen eines Rutsches ohne Pickel

044:2 Stoppen eines Rutsches ohne Pickel

044:3 Stoppen eines Rutsches ohne Pickel

045:1 Stoppen eines Rutsches ohne Pickel
045:2 Stoppen eines Rutsches ohne Pickel 
045:3 Stoppen eines Rutsches ohne Pickel 
045:4 Stoppen eines Rutsches ohne Pickel 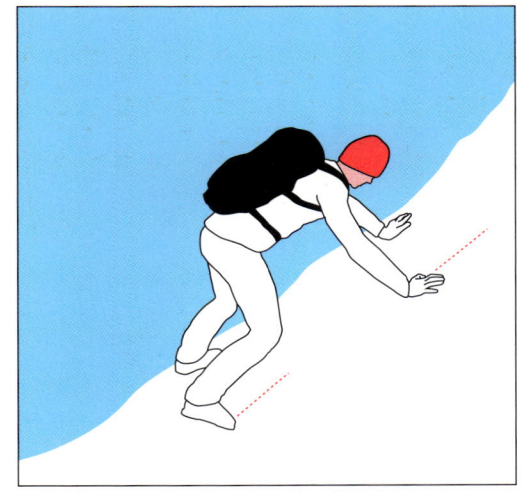

Im einfachsten Fall ist eine Fixpunktsicherung ein Seil, das um einen Felszacken läuft und den Sturz durch Reibung zwischen Fels und Seil hält (Abb. 049). Im Normalfall wird aber ein Sicherungsgerät, wie Tuber oder HMS-Karabiner, direkt in den Stand eingehängt.

In der Regel wird die Fixpunktsicherung mit einem eingehängten Tuber (oder HMS) bei der Sicherung eines Nachsteigers verwendet. Wird das Seil konstant eingeholt und ist kein Schlappseil vorhanden, bedeutet ein Sturz des Nachsteigers nur eine Belastung des Seils durch dessen Körpergewicht. Seildehnung und -reibung sorgen dafür, dass die Kräfte am Fixpunkt sogar noch geringer sind und so die Belastungen um ein Vielfaches kleiner als bei einem Vorstiegssturz (Abb. 050).

Vorteile: Meist schnell aufgebaut und für den Sichernden recht komfortabel, da er nicht Teil der Sicherungskette ist. Besonders wenn der Kletterer längere Phasen im Gurt hängt sehr angenehm. Nachteile: Eventuell hohe Belastung des Fixpunktes, braucht daher bombenfeste Verankerungen. Großer Fangstoß im Falle eines Sturzes, wenn die dynamische Sicherung nicht aktiv betrieben wird.

046:1 Stoppen eines Rutsches mit Pickel

046:2 Stoppen eines Rutsches mit Pickel

046:3 Stoppen eines Rutsches mit Pickel

047:1 Stoppen eines Rutsches mit Pickel

047:2 Stoppen eines Rutsches mit Pickel

047:3 Stoppen eines Rutsches mit Pickel

048:1 Stoppen eines Rutsches mit Pickel

048:2 Stoppen eines Rutsches mit Pickel

048:3 Stoppen eines Rutsches mit Pickel

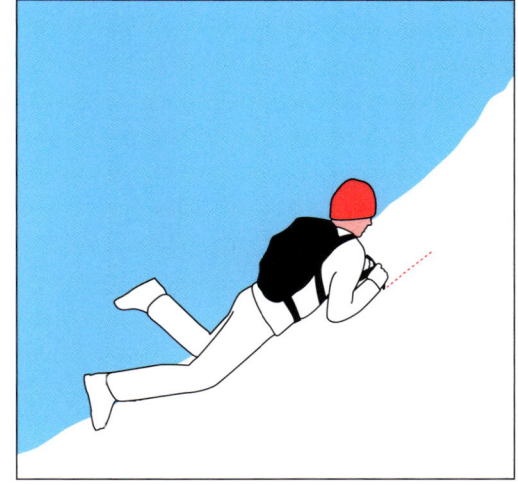

048:4 Stoppen eines Rutsches mit Pickel

KÖRPERSICHERUNG Die Körpersicherung erlaubt sehr viel mehr Dynamik, da der Sichernde Teil der Sicherungskette ist und so mit seinem Körper dynamisch den Fangstoß mindern kann.

Einfache Körpersicherung Diese einfachste aller Sicherungsmethoden nutzt Geländeformen, über die das Seil gelegt wird, um Reibung zu erzeugen. Gehalten wird das Seil ausschließlich mit den bloßen Händen und dem eigenen Körper, nachdem der Sichernde eine stabile Position eingenommen und sozusagen guten „Stand" hat. Sie sollte nur in einfachstem Gelände angewandt werden, wenn wir davon ausgehen, dass der Kletterer (in der Regel ein wenig erfahrener Nachsteiger) ins Rutschen geraten könnte. Sie ist nicht geeignet, einen ernsthaften Sturz zu halten (Abb. 051).

Körpersicherung mittels Sicherungsgerätes Benutzt man zur Sicherung ein Sicherungsreät, kann man zwischen aktiver und passiver Körpersicherung unterscheiden. Aktive Körpersicherung findet man vor allem beim Sportklettern, wo

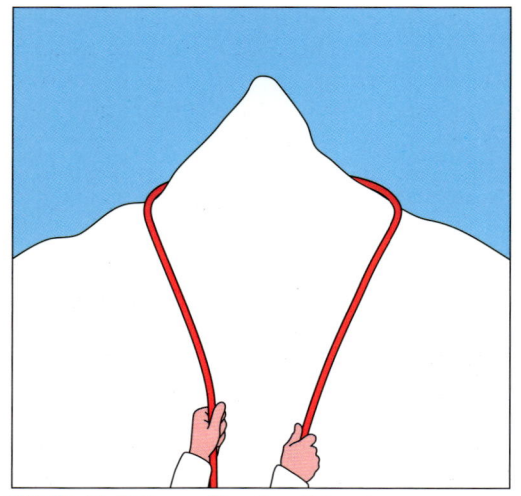

049 Direkte Sicherung über einen Felszacken

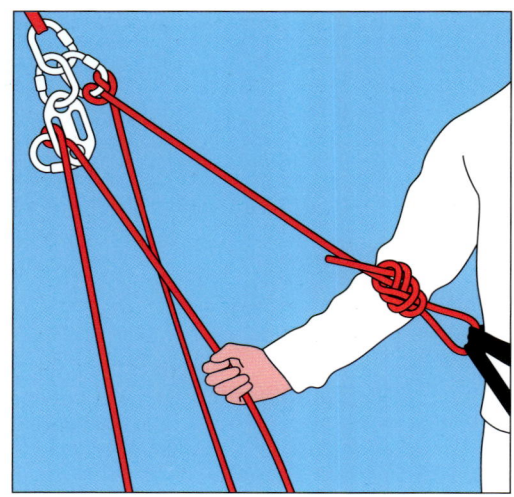

050 Nachstiegssicherung mittels Plattenfunktion

051 Einfache Körpersicherung mit Geländestrukturen

052 Aktive Körpersicherung

053:1 Passive Körpersicherung im Stand eingebunden

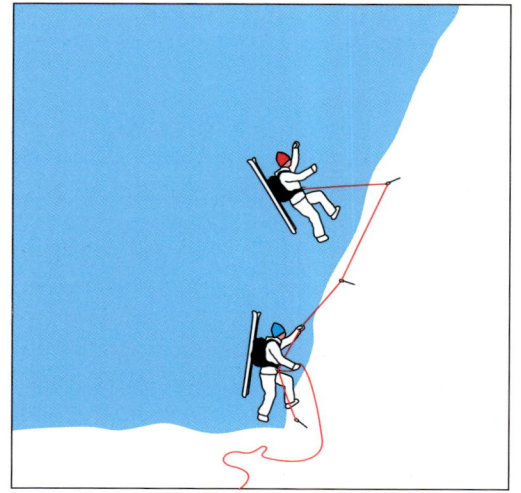

053:2 Passive Körpersicherung im Stand eingebunden

der Sicherer, das Sicherungsgerät am Klettergurt tragend, nur mit dem Seil verbunden ist und sich ansonsten frei bewegen kann. So kann er sein Körpergewicht einsetzen, um den Fangstoß zu beeinflussen, indem er z. B. aktiv abspringt oder sich in den Gurt setzt, um dem Seilzug entgegenzuwirken. Mit der aktiven Körpersicherung ist man am flexibelsten und kann die dynamische Sicherung am besten ausüben. Sie ist allerdings bei großen Gewichtsunterschieden zwischen Kletterer und Sicherndem nur bedingt zu empfehlen, da der Körper des Sichernden als Gegengewicht alles ist, was den Kletternden hält (Abb. 052).

Bei der passiven Körpersicherung ist der Sichernde selbst in den Stand eingehängt und hat so sehr eingeschränkte Bewegungsfreiheit, um auf den Fangstoß des Sturzes einzuwirken. Trotzdem ist die Körpermasse des Sichernden in gewissem Maße beweglich und trägt so zur Dämpfung des Fangstoßes erheblich bei. Doch Vorsicht: Wenn der Sichernde nicht aufpasst, ist die Gefahr, dass er hochgezogen wird und gegen den Fels schlägt, hoch (Abb. 053).

Diese Sicherungsmethode wird in aller Regel zur Vorstiegssicherung bei Mehrseillängenrouten verwendet. Benützt man hier einen Tuber, muss allerdings sichergestellt werden, dass bei einem Sturz kein direkter Zug nach unten erfolgen kann, denn der würde den zum Abbremsen nötigen Seilknick im Tuber aufheben. Es empfiehlt sich also, hier einen sogenannten Dummy-Runner, eine in den Stand eingehängte Zwischensicherung, zu verwenden. Vorsicht: Dieser erhöht im Falle eines direkten Sturzes in den Dummy-Runner die Belastung des Standes erheblich!

Die Körpersicherung findet durchaus auch Anwendung, um einen Nachsteiger zu sichern. Hierzu wird das Seil durch einen Fixpunkt umgelenkt. Diese Methode hat gegenüber der Fixpunktsicherung den Vorteil, dass ein Nachsteiger sehr leicht wieder abgelassen werden kann (Abb. 054).

Anmerkung: Körpersicherung kann auch dann verwendet werden, wenn die Qualität der Fixpunkte bei einem Stand fraglich ist. Fängt man einen Großteil des Fangstoßes mit dem Körper ab, kann man die Belastung auf den Stand stark verringern. Das braucht aber viel Übung und gekonnten Körpereinsatz. Es ist nie empfehlenswert, einen nicht 100%igen Standplatz zu verwenden, aber manchmal unumgänglich, gerade bei Ständen in Schnee und Eis.

Gleichzeitig klettern Ist partout kein geeigneter Standplatz zu finden, ist eine gängige Lösung, dass der Nachsteiger den Stand auflöst und man gleichzeitig weiterklettert. Im Falle eines Sturzes ist die Seilschaft durch die eingehängten Zwischensicherungen gesichert, man sollte sich jedoch im Klaren darüber sein, dass ein Sturz unter Umständen ernsthafte Folgen haben kann, da der andere Kletterer durch den Seilzug fast sicher ebenfalls losgerissen wird. Eine solche Technik bietet sich daher nur als Notlösung an. Erreicht der Vorsteiger einen geeigneten Standplatz, richtet er den Stand ein und sichert den Nachsteiger ab sofort von diesem.

Man kann das gleichzeitige Klettern auch dann praktizieren, wenn man in Gelände unterwegs ist, das weit innerhalb der eigenen Komfortzone liegt (z. B. harte, leicht zu bewältigende Firnflanken, bei denen ein Absturz aber fatale Folgen haben könnte und daher eine Sicherung angebracht ist). Es ist eigentlich nichts anderes als Gehen am langen Seil mit Zwischensicherungen. Man kommt so deutlich schneller voran, als wenn im gewöhnlichen Vor-/Nachstiegssystem geklettert wird, und muss nur dann Stand machen, wenn dem Vorsteiger das Material für Zwischensicherungen ausgeht.

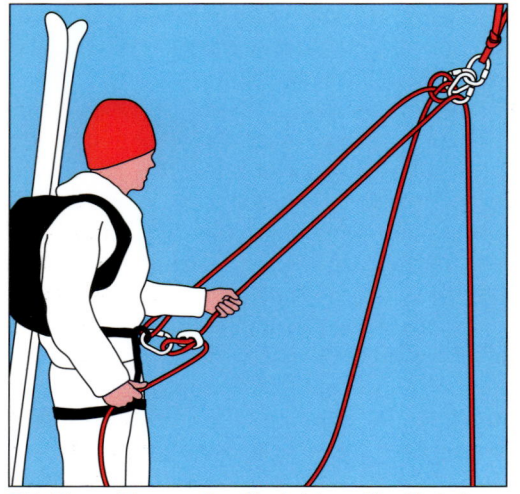

Wenn wir zu langsam vorankommen, weil wir übermäßig viele Zwischensicherungen einhängen, haben wir vermutlich eine für uns zu schwierige Route gewählt und der Spaß während des Kletterns hält sich vermutlich auch in Grenzen. Das heißt, wir nehmen ein größeres Risiko auf uns und haben noch nicht mal Spaß dabei.

054 Körpersicherung eines Nachsteigers über Umlenkung

055:1 Falsch: Sichernder ist nicht selbst gesichert und steht zu weit weg.

055:2 Sichernder ist nicht selbst gesichert und steht zu weit weg.

Sichern Einige Grundbegriffe des Sicherns seien vorweg erklärt, um Verwirrungen zu vermeiden:
- Führhand: diejenige Hand, die an dem aus dem Sicherungsgerät zum Kletterer führenden Seilende liegt.
- Bremshand: diejenige Hand, die am losen Seilende aus dem Sicherungsgerät liegt und so durch Festhalten des Seils bremst
- Bremsende: das freie Seilende, das aus dem Sicherungsgerät vom Kletterer wegführt. Es ist auch dann frei (meist liegt es ja in Schlaufen herum), wenn man selbst ganz am Ende darin eingebunden ist.
- Seil ausgeben: dem Kletterer mehr freies Seil zukommen lassen, indem man vom freien Seilende Seil in Richtung des Kletterers durch das Sicherungsgerät zieht
- Seil einnehmen: Schlappseil zwischen dem Kletterer und dem Sicherungsgerät dadurch eliminieren, dass man Seil vom Kletterer durch das Sicherungsgerät einzieht

- Ablassen: Ein Kletterpartner, der mit dem Gurt im Seil hängt und die Sicherungskette belastet, wird kontrolliert durch konstantes Zuführen von freiem Seil in die Sicherung abgelassen.

Einen Vorsteiger sichern Einen Vorsteiger zu sichern braucht die volle und ungeteilte Konzentration des Sichernden, nicht nur, um Stürze vorauszusehen und angemessen zu reagieren, sondern vor allem, um dem Vorsteigenden das Leben zu erleichtern und unnötigen Zug am Seil zu vermeiden. So muss nicht nur während des Kletterns konstant Seil ausgegeben werden, sondern besonders, wenn Zwischensicherungen eingehängt werden, braucht der Vorsteiger extra Seil, das danach wieder eingenommen werden muss. Hier lohnt es sich, die Führhand stets am Seil zu haben und mit ihr den Seilzug zu ertasten. Schnell bekommt der erfahrene Sicherer ein Gefühl dafür, wann er wie viel Seil ausgeben oder einnehmen muss.

Die Bremshand bleibt dabei jederzeit am Seil. Die optimale Position der Bremshand ist dabei in der Regel unter dem Sicherungsgerät (bei Körpersicherung auf Höhe des Oberschenkels). Bei Verwendung der HMS kann Seilkrangeln vermieden werden, indem das Bremsseil parallel zum Sicherungsseilstrang oberhalb des Karabiners geführt wird (aber Achtung: Bei einem Tuber reduziert diese Bremshandposition die Bremswirkung katastrophal!).

In der Regel werden Vorsteiger mittels Körpersicherung mit dem Sicherungsgerät in der Anseilschlaufe des Klettergurtes gesichert, aber eine Sicherung am Fixpunkt sieht nicht viel anders aus, außer dass die optische Perspektive sowie die Handbewegungen ungewohnt wirken können.

Die Abfolgen der spezifischen Handbewegungen, um Seil auszugeben, einzunehmen oder einen Kletterer abzulassen, sind sehr kompliziert zu beschreiben und je nach Sicherungstyp bzw. Gerät unterschiedlich, aber sehr leicht in der Praxis zu erlernen und sollten daher in einem Kurs statt aus diesem Buch gelernt werden.

Während des Sicherns sollte der Sichernde seine Position – soweit möglich – mit Bedacht wählen und aktiv verändern. Zu nah an der Wand kann der Aktionsradius zu stark eingeschränkt sein und zu weit weg ist nicht nur zu viel Schlappseil im System, sondern es besteht auch die Gefahr, dass man bei einem Sturz kräftig gegen die Wand gezogen wird und so hart aufschlägt, dass man die Kontrolle über das Bremsseil verliert (Abb. 055). Das hätte fatale Folgen.

Tipp: Die Halbmastwurfsicherung (HMS) ist eine der essenziellen Techniken, die jeder Alpinist beherrschen sollte, kann sie doch universell zum Sichern, Ablassen oder Abseilen eingesetzt werden, wenn anderes Material verloren wurde oder zu Schaden kam. Sichert man Halbseile per HMS, muss jeder Knoten durch einen eigenen Karabiner laufen, die in einem dritten Karabiner als Zentralpunkt zusammenlaufen. Sonst verdrehen sich die Seile zu stark.

Einen Nachsteiger sichern Nachsteiger werden in Mehrseillängenrouten in aller Regel von einem Fixpunkt aus mit einem Tuber mit selbstblockierender Plattenfunktion gesichert. Hierbei muss eigentlich nur kontinuierlich das Schlappseil eingeholt werden, indem am Bremsseil gezogen wird. Trotz selbstblockierender Funktion von Tuber bzw. Platte sollte das Bremsseil niemals losgelassen werden, da stark diagonale Zugrichtungen oder Kontakt der Platte mit dem Felsen die Blockierfunktion aushebeln können. Nur selten muss Seil ausgegeben oder der Nachsteiger wieder abgelassen werden. Hierzu muss die Blockierfunktion des Tubers kontrolliert aufgehoben werden. Dazu sollte man am besten die Bedienungsanleitung konsultieren.

Auch kann ein solches Sicherungssystem schnell zu einem Flaschenzug ausgebaut werden, sollte der Nachsteiger Hilfe bei der Bewältigung von Kletterpassagen benötigen.

Alternativ zur Fixpunktsicherung kann ein Nachsteiger mittels indirekter Körpersicherung gesichert werden. Dazu kann man mit Tuber oder HMS über eine Umlenkung (Expressschlinge, Karabiner) oberhalb des Sicherungsgerätes gesichert werden. Optimalerweise hängt man diese Umlenkung in den Zentralpunkt des Standes, um die Kräfte ideal auf die einzelnen Fixpunkte zu verteilen. Diese Umlenkung ist bei Tubern lebenswichtig, da mittels Bremshand unterhalb des Gerätes kaum Bremswirkung erzeugt wird, wenn direkter Zug nach unten auf das Gerät wirkt.

Kommunikation während des Kletterns Beim Klettern alpiner Mehrseillängenrouten ist klare, prägnante und knappe Kommunikation zwischen den Kletterpartnern zwingend notwendig. Weniger ist hier mehr, da Missverständnisse fatale Folgen haben können. Wir sollten Verneinungen oder ähnlich klingende Kommandos vermeiden, und im Zweifelsfall, wenn mehrere Seilschaften in der Wand und in Hörweite sind, jedes Kommando mit einem Namen verbinden. Erfolgt kein Kommando, wird auch keine Aktion ausgeführt, nur bei klaren Kommandos wird gehandelt.

Die verschiedenen Kommunikationsbefehle sollten allen Beteiligten von vornherein klar sein, denn wenn wir sie erst in der Wand definieren müssen, ist es zu spät. Es gibt viele verschiedene Möglichkeiten und manche Befehle werden von manchen Kletterern anders eingesetzt, daher sollten auch erfahrene Alpinisten sich vorher über die Verständigung verständigen. Das ist nicht nur für die Sicherheit, sondern auch für die Schnelligkeit am Berg wichtig.

Tipp: Ist bereits bei der Planung klar, dass die Kommunikation am Berg äußerst schwierig, aber entscheidend sein wird, sollten wir über die Mitnahme von Funkgeräten nachdenken.

- „Stand" – dieses Kommando ruft der Vorsteiger, wenn er Stand gemacht hat und in selbigem gesichert ist. Der Sichernde kann ihn nun aus der Sicherung nehmen.
- „Seil frei" ist die darauf folgende Antwort des Sichernden, wenn er das Seil aus dem Sicherungsgerät genommen hat. Der Vorsteiger weiß nun, dass er das restliche Seil einziehen kann.
- Hat der Vorsteiger das verbleibende Schlappseil eingezogen, wird er den straffen Seilzug bemerken. Zur Bestätigung, dass das gesamte Seil eingezogen wurde, ruft der Nachsteiger „Seil aus".
- Nun hängt der Vorsteiger das Seil in die Sicherung, sodass der Nachsteiger von oben gesichert ist, und ruft „Nachkommen".
- Jetzt kann sich der Nachsteiger aus dem Stand ausbinden und ist vom Seil gesichert. Sobald er alles Material eingesammelt hat und bereit ist, loszuklettern, warnt er den sichernden Vorsteiger mit „Ich komme".

Eingespielte Seilschaften kommen mit den zwei Kommandos „Stand" und „Nachkommen" aus.

Neben diesen essenziellen, weil für die Sicherheit des Einzelnen unabdingbaren Kommandos gibt es noch ein paar weitere, die das Klettern und den Komfort erhöhen:

- „Noch 10 m" – dieses Kommando nutzt der Sichernde, um den Vorsteiger zu informieren, dass nur noch ca. 10 m Seil übrig sind und er bald Stand machen muss. Kann natürlich auch für andere Längen (5 m/20 m etc.) benutzt werden.
- „Mehr Seil" – meist vom Vorsteiger, aber in manchen Situationen auch vom Nachsteiger gerufen, soll dieses Kommando dafür sorgen, dass der Sichernde dem Kletterer mehr freies Seil zur Verfügung stellt.
- „Einziehen" – ein Kommando, das Vor- und Nachsteiger gebrauchen, wenn zu viel Schlappseil im System ist
- „Stein" – Warnruf des Vorsteigers, wenn er einen Stein losgetreten hat

Nicht immer ist gerufene Kommunikation am Berg möglich und alternativ können Sichtzeichen verwendet werden. Zwei vom Vorsteiger in die Höhe gestreckte Hände z. B. bedeuten „Stand", ein rotierender Arm bedeutet „Seil frei" seitens des Nachsteigers und „Nachkommen" seitens des sichernden Vorsteigers. Die anderen essenziellen Kommandos können entfallen, da die Aktionen sichtbar sind.

Sollte keine Sichtverbindung bestehen, hilft im Zweifel nur, dass der Vorsteiger zuerst das Seil in die Sicherung nimmt und durch diese einholt, während der Nachsteiger das Seil durch die Sicherung bis zum Ende ausgibt und sich erst dann ausklinkt. Haben wir dieses Vorgehen vereinbart, weiß der Nachsteiger, dass er gesichert ist, sobald das Seil gestrafft ist. Allerdings sollten wir sicherstellen, dass der Vorsteiger nicht immer noch weiterklettert, da wir sonst ungewollt parallel klettern. Keine erstrebenswerte Situation, auch wenn die Seilschaft durch die Zwischensicherungen gesichert ist.

In solchen Situationen mit erschwerter Kommunikation ist es meist besser, wir machen frühzeitig zumindest in Sicht-, wenn nicht in Hörweite Stand. Solch verkürzte Seillängen kosten zwar Zeit, sind aber deutlich schneller, als wenn der Vorsteiger am Fixseil zum Nachsteiger absteigt, weil dieser seit einer halben Stunde auf Kommandos wartet.

STANDPLÄTZE Eine der wichtigsten Fähigkeiten beim Klettern von Mehrseillängenrouten ist das Einrichten von Standplätzen. Hier liegt die Grundlage für die Sicherheit der Seilschaft. Wir müssen den richtigen Ort für den Stand finden, die richtigen Fixpunkte finden und einrichten und die richtige Sicherungsmethode wählen. Diese Tätigkeiten brauchen viel Erfahrung, vor allem wenn wir außerhalb häufig begangener Routen mit ihren detaillierten Beschreibungen unterwegs sind. Deshalb sollten wir diese Fähigkeiten in einem Kurs erlernen und anfangs mit erfahrenen Partnern klettern gehen.

Wenn wir uns entscheiden, mit dem Klettern aufzuhören und einen Stand einzurichten, sollten wir absolut sicher sein, dass wir es richtig machen. Dem Stand müssen wir unser Leben anvertrauen können, sonst brauchen wir keinen.

FIXPUNKTE Es gibt eine große Vielfalt an Fixpunkten, von natürlichen Strukturen (z. B. Bäume, Sanduhren, Felszacken) über fix eingerichtete Punkte (Bohr-, Schlag- oder Klebehaken) bis hin zu temporären, mobilen Sicherungen (z. B. Klemmkeile, Friends, Hexentrics). In diesem Buch ist es unmöglich, die Möglichkeiten zur Einrichtung oder Nutzung von Fixpunkten abzudecken und es wird empfohlen, hierzu weiterführende Literatur aus dem Berg- und Klettersport zu konsultieren.

Grundsätzlich kann man zwei Typen von Fixpunkten unterscheiden: einfache und kombinierte Fixpunkte. Während Erstere einen Punkt nutzen, um die Sicherungskette mit dem Fels zu verbinden, werden bei Letzteren mehrere Einzelpunkte so über einen Zentralpunkt verbunden, dass die einwirkenden Kräfte verteilt werden. Beide Typen sind natürlich für alle Arten von Fixpunkten verwendbar, aber für Zwischensicherungen wird man sich in aller Regel auf einen einfachen Fixpunkt verlassen, während man für den Standplatzbau meist mehrere Fixpunkte miteinander kombiniert, um Redundanz zu schaffen. Wer einen Stand einrichten kann, kann auch Zwischensicherungen einrichten, daher fokussiert sich der nachfolgende Text auf den Standplatzbau.

Unsere Wahl der entsprechenden Fixpunkte hängt davon ab, was verfügbar ist. Dabei gibt es eine klare Reihenfolge der Prioritäten: zuerst Sicherheit – also die Fähigkeit, auftretende Lasten zu tragen – und dann Geschwindigkeit – also schnell mit möglichst wenig Material den Standplatz auf- und wieder abzubauen. Die Beurteilung der Haltbarkeit bzw. Sicherheit eines Fixpunktes benötigt dabei Erfahrung, die wir am besten in einem Kurs und durch Begleitung erfahrener Alpinisten erlangen.

Da Geschwindigkeit in den Bergen auch Sicherheit bedeutet, ist es allerdings falsch, zu sehr auf Nummer sicher zu gehen und mehrere Fixpunkte zu setzen und miteinander zu verbinden, wenn eine einzelne Schlinge um einen stabilen Felszacken ausreichend ist. Grundsätzlich kann man sowohl einfache als auch kombinierte Fixpunkte als Standplatz sowohl mit Reepschnüren oder Bandschlingen als auch mit dem Kletterseil erschaffen, einrichten und kombinieren. Ich persönlich bevorzuge Bandschlingen, aber es ist nützlich, mit beiden Hilfsmitteln umgehen zu können, damit wir im Bedarfsfall improvisieren können.

Bandschlingen Bei der Verwendung von Bandschlingen ist es sehr einfach, sich aus der Sicherungskette zu lösen, falls wir eine Kameradenrettung durchführen müssen. Es ist einfach, einen Stand seinem Seilpartner zu übergeben, falls weiterhin der gleiche Kletterer vorsteigen soll.

Der Nachteil ist, dass man eine Vielzahl von Schlingen mitführen muss, besonders wenn Fixpunkte weit auseinander liegen und mehrere Schlingen miteinander als Verlängerung verbunden werden. Außerdem braucht man unter Umständen mehr Karabiner als mit dem Kletterseil.

Reepschnüre Grundsätzlich können statt Bandschlingen auch stabile Reepschnüre verwendet werden, wobei der Durchmesser der entsprechenden Belastung angemessen gewählt wird oder die Schnüre mehrfach parallel geführt werden, um die Haltekraft zu erhöhen. Neuerdings kommen für den Standplatzbau auch Schnüre aus Kevlar oder Dyneema zum Einsatz, die sich gegenüber gewöhnlichen Polyamid-Reepschnüren durch viel höhere Festigkeitswerte auszeichnen. Allerdings ist die Knotenfestigkeit nicht ganz so hoch.

Kletterseil Der Vorteil ist, dass es immer griffbereit ist, und das in ausreichender Länge. Somit können auch weiter entfernte Punkte einfach miteinander verbunden werden und die Längenanpassung bleibt flexibel. Der Nachteil ist, dass es kompliziert ist, sich aus der Sicherungskette zu lösen, und man fast gezwungen ist, sich im Vorstieg abzuwechseln.

Kommen wir zu den verschiedenen Möglichkeiten, einen Stand aufzubauen.

Zentralpunkt Richten wir einen vollwertigen Stand ein, egal ob an einem oder mehreren Fixpunkten, so ist das Ziel fast immer die Schaffung eines Zentralpunktes, der die einzelnen Fixpunkte miteinander verbindet und in den wir die Selbstsicherung, das Sicherungsgerät und eventuelle weitere Verbindungen (z. B.

Flaschenzug zur Kameradenhilfe oder -bergung) mit jeweils separaten Karabinern einhängen (Abb. 056). Als Zentralpunkt eignet sich meist ein großer HMS-Verschlusskarabiner.

Fixpunkte Egal welche oder wie viele Fixpunkte wir in einen Stand einbauen, in der Regel sollten wir Verschlusskarabiner für die Verbindungen verwenden. Normalkarabiner sollten nur dann Anwendung finden, wenn wir ganz sicher sind, dass diese kein Sicherheitsrisiko darstellen.

Bei den Verbindungen im Zentralpunkt, egal ob bei einem einzelnen oder bei kombinierten Fixpunkten, sollten wir vermeiden, dass diese in stumpfen Winkeln zusammenlaufen, da sonst bei einem Sturz die Belastung der Verbindungen größer sein kann als die tatsächlich eingebrachte Last (Abb. 057 und 058).

Einzelner Fixpunkt Verwenden wir einen einzelnen Fixpunkt als Stand, muss dieser bombenfest und seine Standplatzqualität über jeden Zweifel erhaben sein. Als Sicherungspunkt für einen Stand an einem einzelnen Fixpunkt sind z. B. geeignet: sogenannte Sicherheitshaken – in kompakten Fels eingeklebte Haken von bestimmter Größe und Qualität; felsige Sanduhren – meist in Kalkstein vorgefundene gesunde Stegverbindungen von Felsen. Diese müssen solide, rissfrei und rund unterschenkeldick sein; Bäume – gesunde, lebende Bäume von mindestens Oberschenkeldurchmesser mit ausreichend Wurzeln, Felsköpfe – mindestens kopfgroße Felsvorsprünge und Zacken aus rissfreiem Fels (gegebenenfalls nach unten verspannen, wenn Belastungsrichtung von oben kommen könnte).

Selbst wenn ein solch solider Fixpunkt gegeben ist und mit wenig Material schnell ein zweiter Fixpunkt miteinbezogen werden kann, sollte man dies aus Gründen der Redundanz machen.

Kombinierte Fixpunkte Egal, ob es Eisschrauben, Schlaghaken, Klemmkeile oder Bohrhaken sind – die Methode, diese Fixpunkte zu einem Standplatz zu verbinden, bleibt immer die gleiche. Standardmäßig besteht ein Stand aus zwei Fixpunkten, die

- bombensicher sind – die Fixpunkte dürfen nicht versagen.
- ausgeglichen sind – die eingebrachte Kraft sollte durch den Aufbau gleichmäßig auf die Fixpunkte verteilt werden.
- unabhängig sind – die Ursache eines möglichen Versagens eines Punktes sollte keinen Einfluss auf den anderen haben.
- abgespannt sind – gestraffte Verbindungen zwischen den beiden Punkten sorgen im Versagensfalle eines Punktes für gleichmäßige Kraftübertragung auf den anderen, eine Schockladung durch Schlappseil wird verhindert.

Mindestens ein Fixpunkt sollte mit einem Verschlusskarabiner verbunden sein. Wir sollten sichergehen, dass der Schnapper sich nicht öffnen kann und platzieren den Schnapper von Schnee/Eis/Fels wegzeigend.

Der Winkel zwischen zwei unabhängigen Fixpunkten sollte so klein wie möglich sein, um den Krafteintrag auf die einzelnen Punkte zu verringern. Zu kleine Winkel bedeuten in der Praxis jedoch häufig, dass sie Fixpunkte nur noch bedingt unabhängig voneinander sind (z. B. im selben Felsriss platziert).

Grundsätzlich kann man zwei Fixpunkte mittels einer Schlinge (meist reicht eine 120-cm-Schlinge aus) auf verschiedene Arten miteinander verbinden:

Reihenschaltung Hier wird der Stand an einem exzellenten Fixpunkt aufgebaut und eine primär nicht belastete Verbindung zu einem zweiten exzellenten Fixpunkt hergestellt.

Besser geeignet ist ein Aufbau, der eine Kräfteverteilung zwischen den Fixpunkten ermöglicht.

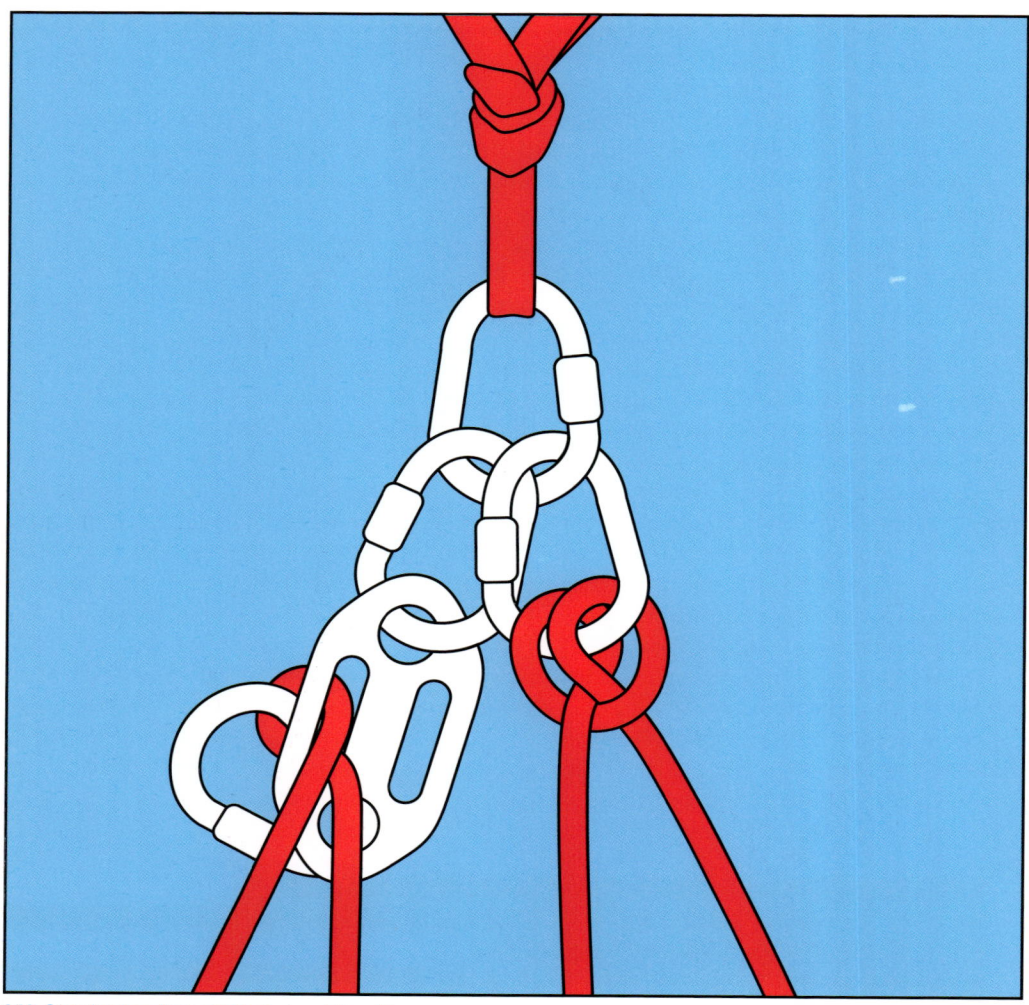

056 Standplatzaufbau mit Zentralpunktkarabiner

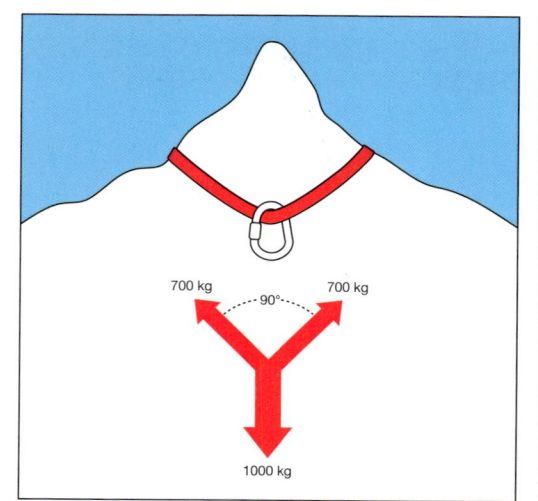

057:1 Ein einzelner Fixpunkt mittels Bandschlinge

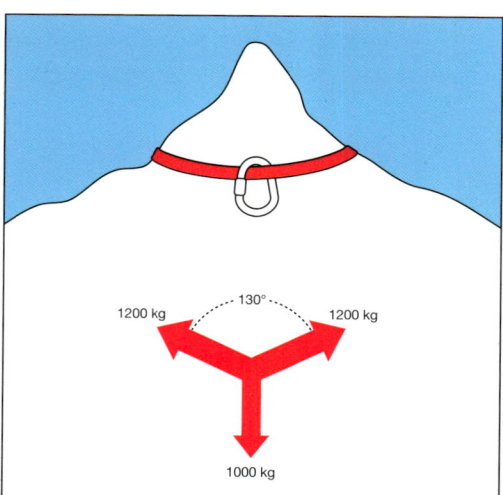

700 kg 90° 700 kg
1000 kg

057:2 Nicht korrekter Fixpunkt

1200 kg 130° 1200 kg
1000 kg

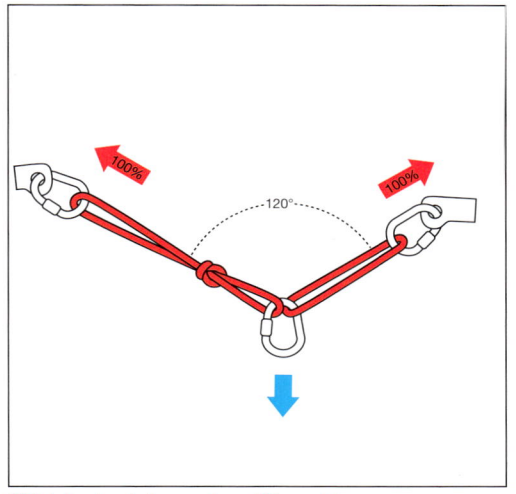

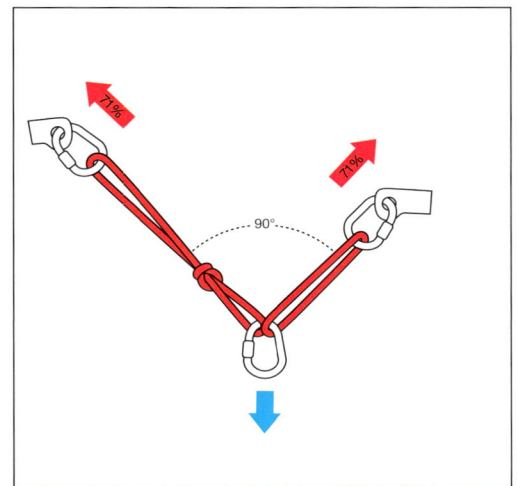

058:1 Lastverteilung auf zwei Fixpunkte

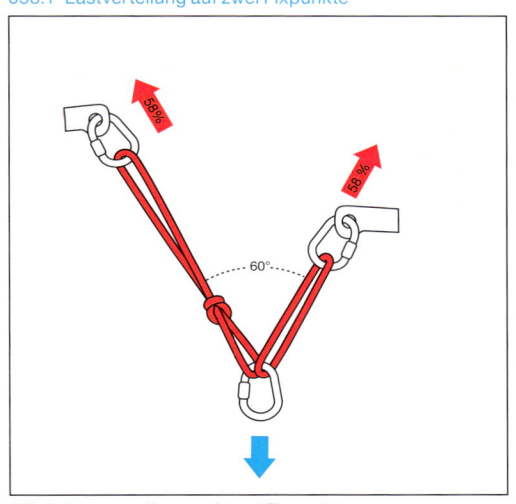

058:2 Lastverteilung auf zwei Fixpunkte

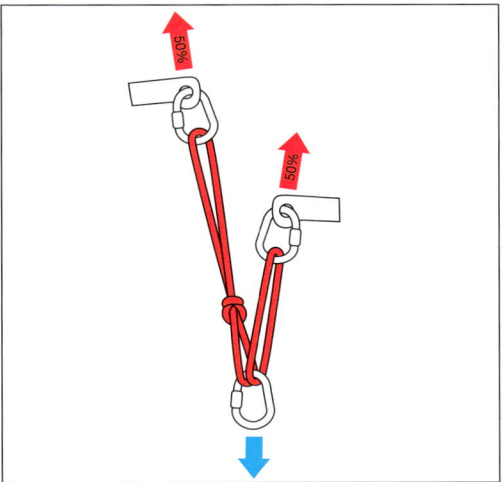

058:3 Lastverteilung auf zwei Fixpunkte

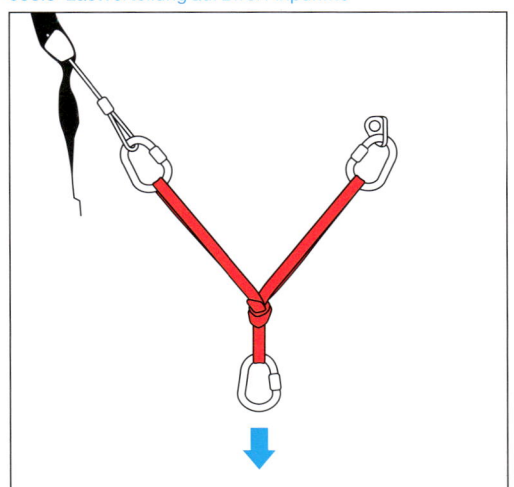

058:4 Lastverteilung auf zwei Fixpunkte

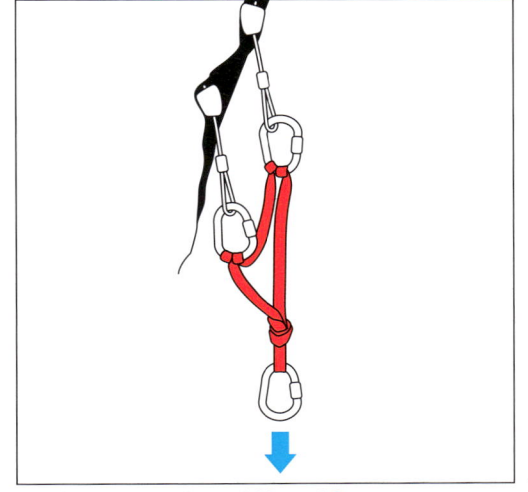

059 Fixiertes Kräftedreieck

060 Standplatzschlinge mit Mastwürfen

SKIBERGBESTEIGEN 317

Fixiertes Kräftedreieck Mit einem Sackstich oder einem Achterknoten wird eine dritte Schlaufe in der Bandschlinge so abgebunden, dass beide Fixpunkte gleichmäßig belastet werden (Abb. 059). Vorteile: schnell aufzubauen, gute Kräfteverteilung und kein zusätzlicher Krafteintrag auf den zweiten Punkt im Falle des Versagens eines Fixpunktes, daher hervorragend bei Verwendung mehrerer schwacher Fixpunkte. Nachteil: Bei Abweichungen der Richtung des Krafteintrages wird ein Fixpunkt mehr belastet als der andere.

Tipp: Wenn es Probleme mit festfrierenden Knoten gibt, können wir auch einen Mastwurf in die Schlinge knüpfen, um den Zentralpunkt zu fixieren.

Standplatzschlinge mit Mastwürfen Statt im Doppelstrang wird der Knoten für das Auge, in welches der Zentralpunktkarabiner eingehängt wird, mit dem Einzelstrang der Bandschlinge geknüpft (Abb. 060). Zwei Mastwürfe und die nicht gespannte, lose Bandschlinge zwischen den Fixpunkten verhindern einen horizontalen Krafteintrag in diese. Vorteil: mehr Spannweite bei gleicher Schlingenlänge als das fixierte Kräftedreieck. Ebenfalls kein zusätzlicher Krafteintrag bei Versagen eines Fixpunktes. Da die Schlinge in den Karabinern mit Mastwurf fixiert ist, kann man an den Fixpunkten Normalkarabiner verwenden. Nachteil: Bei Abweichungen der Richtung des Krafteintrages wird ein Fixpunkt mehr belastet als der andere.

Klassisches Kräftedreieck Ein Strang der Bandschlinge wird so verdreht, dass er eine Schlaufe bildet, und der Zentralpunktkarabiner in beide Stränge eingehängt. Diese Art des Aufbaus eignet sich, wenn der Kräfteausgleich zwischen den beiden Fixpunkten wichtig ist und die Richtung des Krafteintrages schwer vorherzusehen ist. Vorteil: schnell aufgebaut, keine Knoten nötig und gute Kraftübertragung unabhängig von der Richtung des Krafteintrages. Nachteil: starker zusätzlicher Krafteintrag im Falle des Versagens eines Fixpunktes, da der Zentralpunktkarabiner sich frei in der gesamten Schlaufe bewegen kann und so die gesamte Last im freien Fall beschleunigt, bevor sie am Ende der Schlinge gestoppt wird. Der resultierende Fangstoß ist groß und aus diesem Grund wird das klassische Kräftedreieck kaum mehr verwendet (Abb. 061).

Abgebundenes Kräftedreieck Das klassische Kräftedreieck kann mit einem Knoten links und/oder rechts des Zentralpunktes abgebunden werden. So verringert man den möglichen Krafteintrag im Versagensfall eines Fixpunktes deutlich, schränkt aber auch die Belastungsrichtung ein. Das komplizierte Anpassen der Knotenposition sowie ein weiterhin möglicher Krafteintrag beim Versagen eines Fixpunktes schränken den Praxisnutzen stark ein (Abb. 062).

Verbinden von mehr als zwei Punkten zu einem Standplatz Besonders das klassische Kräftedreieck kann leicht auf drei Punkte ausgeweitet werden, indem man den Aufbau zwischen dem zweiten und dritten Punkt wiederholt. In der Regel ist es jedoch am einfachsten, erst zwei Punkte miteinander zu verbinden und dann diese mit einem dritten Punkt auszugleichen, um den finalen Zentralpunkt zu erstellen (Abb. 063).

Standplatzkrake Hierzu eignet sich auch hervorragend die sogenannte Standplatzkrake (auch Standplatzspinne genannt). Am besten verwenden wir eine 5 m lange Schlinge aus mindestens 5 mm starker Dyneema- oder Kevlar-Reepschnur, welche in zwei Schlaufen doppelt gelegt wird. Diese werden an einem Ende in einem gemeinsamen Achterknoten abgebunden, um darin den Zentralpunktkarabiner einzuhängen. So vorbereitet und an den Gurt gehängt, lassen sich schnell bis zu vier Fixpunkte mit Mastwürfen – ähnlich der oben erwähnten Standplatzschlinge mit Mastwürfen – beim Standplatzbau verbinden.

Den Stand gegen Zug von oben abspannen Wenn der Gewichtsunterschied zwischen den Kletterern groß ist und die Zwischensicherung nur in eine Richtung belastet werden darf (z. B. bei Klemmkeilen, Friends oder Felsnasen), kann man einfach einen zusätzlichen, auf Zug nach oben ausgelegten Fixpunkt unterhalb des Zentralpunktes schaffen und das Ganze z. B. mit einer Expressschlinge verbinden.

ORTSWAHL FÜR DEN STAND Ein Stand sollte natürlich immer dort aufgebaut werden, wo man solide Fixpunkte vorfindet. Er sollte an Orten eingerichtet werden:
- die vor Eis- oder Steinschlag geschützt sind
- wo gute Fixpunkte schnell und einfach zu einem Stand verbaut werden können
- wo man komfortabel stehen kann und vor Wind und Wetter geschützt ist
- die es erlauben, während des Kletterns gut miteinander zu kommunizieren.

Falls sich das Gelände nicht sonderlich verändert (Schnee- oder Eisflanke), sollten wir so lange klettern, wie das Seil reicht, bevor wir Stand machen. In Mehrseillängen verlieren wir durch das Standmachen und Wechseln der Sicherungsart von Vor- auf Nachstieg und umgekehrt sehr viel Zeit. Und Zeit bedeutet Sicherheit.

Standplatzorganisation Unser Ziel ist die schnellstmögliche Fortbewegung, und den Stand, vor allem aber das Seil am Stand ordentlich zu organisieren hilft, viel Zeit zu sparen. Wenn wir den Stand einrichten, sollten wir einen Plan haben, wo wir stehen wollen, wie wir uns einbinden etc. Nehmen wir uns ein paar Extrasekunden für Standplatzplanung und effiziente Seilhandhabung, sparen wir später leicht Minuten für das Lösen unnötiger Probleme ein.

Wir sollten uns klarmachen, wohin das Seil kommt und es dann schnell und geordnet dort ablegen, statt erst zu starten und dann umorganisieren zu müssen. Falls wir auf einem flachen Vorsprung stehen, können wir das Seil einfach in einem Haufen auf den Boden legen, das ist schnell und effizient. Hängen wir hingegen im Gurt am Stand und das Seil würde die Wand hinabhängen, legen wir es in Schlaufen über unsere Selbstsicherung. Dabei die Schlaufen zunehmend kürzer werden zu lassen, hilft beim Handling.

Anmerkung: Wir sollten uns nie zu vorschnellen Lösungen verleiten lassen. Es ist eigentlich immer das Beste, wenn wir uns die Zeit zur Problemlösung nehmen und die Dinge beim ersten Mal richtig machen, anstatt zu hoffen, dass es schon irgendwie klappen wird. Das klassische Beispiel ist das Herausziehen des Seils von der Unterseite, also vom Boden des Seilhaufens, anstatt das Seil aufzunehmen und in umgekehrter Reihenfolge auf einen neuen Haufen zu legen. Statt den paar Augenblicken, die wir benötigen, um das Seil durchzuziehen, verschwenden wir Minuten, um einen Seilknäuel zu lösen.

Man sollte das lose Ende des Seils nie über oder unter das zum Kletterer führende Seil führen. Das endet nur in einem zeitfressenden Chaos, weil es zusätzliche Reibung fabriziert oder Seilknäuel und blockierte Seile hinterlässt.

MOBILE ZWISCHENSICHERUNGEN Zwischensicherungen zu setzen und zu entfernen, kann für eine Seilschaft zeitraubend sein und den Kletterfluss unterbrechen, daher sollten sie auf das Nötige reduziert werden.
Grundsätzlich gibt es ein paar Regeln, die wir beachten sollten:
- Material sollte einfach in der Bedienung sein sowie schnell und einfach zu entfernen.

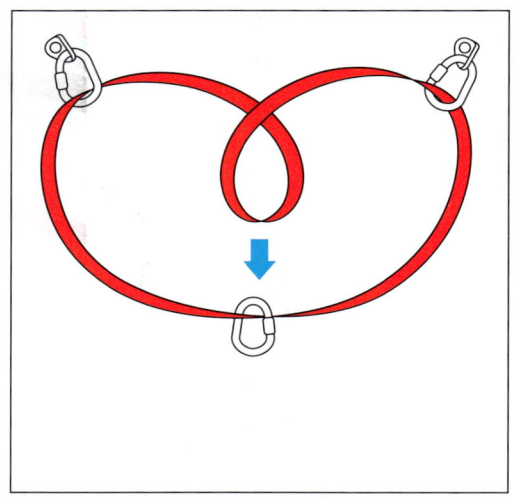

061:1 Klassisches Kräftedreieck

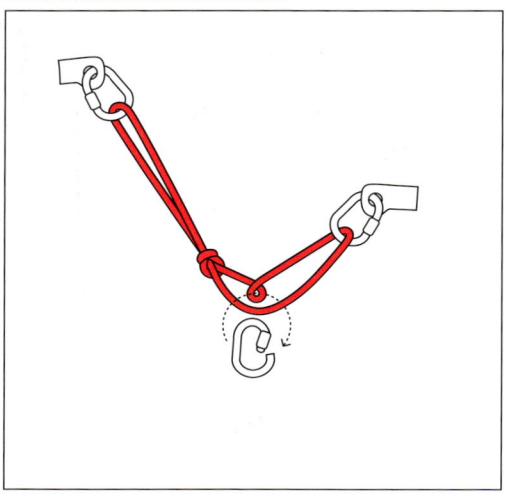

061:2 Klassisches Kräftedreieck

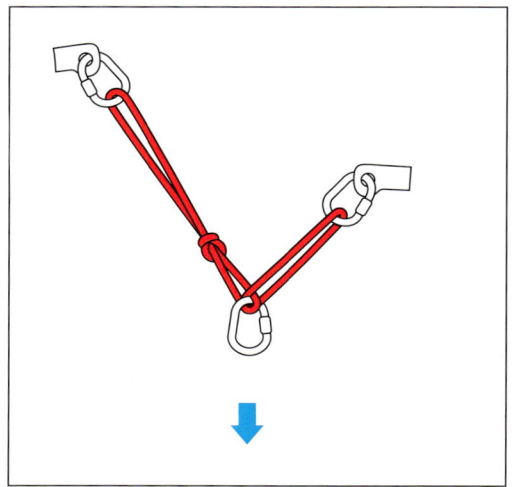

062:1 Einseitig abgebundenes Kräftedreieck

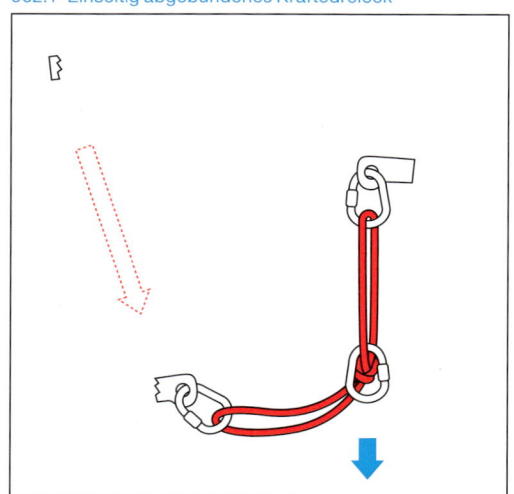

062:2 Einseitig abgebundenes Kräftedreieck

062:3 Einseitig abgebundenes Kräftedreieck

Ein Kräftedreieck wird verwendet, wenn die Fixpunkte von mäßiger Qualität sind (eine gleichmäßige Kräfteverteilung also wichtig ist) und die zu erwartende Belastungsrichtung unklar ist oder wechseln kann. Ist die Qualität der Fixpunkte stark fraglich, muss ein zusätzlicher Krafteintrag bei Hakenausbruch durch Abbinden verhindert werden, auch wenn das die tolerierbare Belastungsrichtung einschränkt.

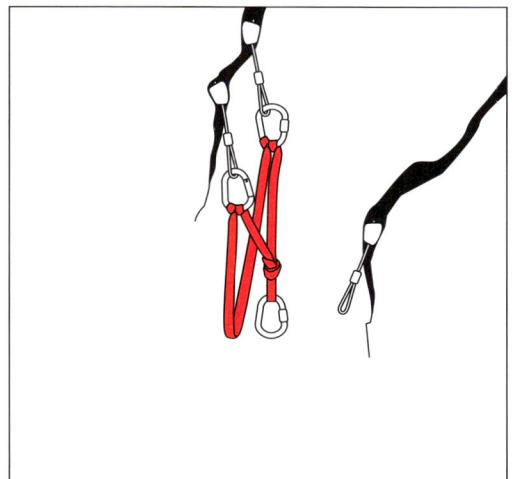

063:1 Mehr als zwei Fixpunkte miteinander verbinden

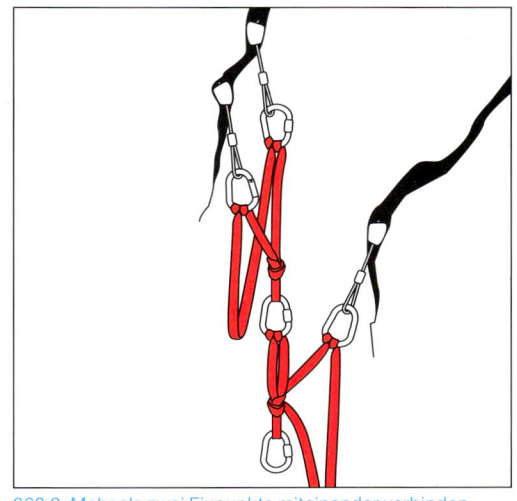

063:2 Mehr als zwei Fixpunkte miteinander verbinden

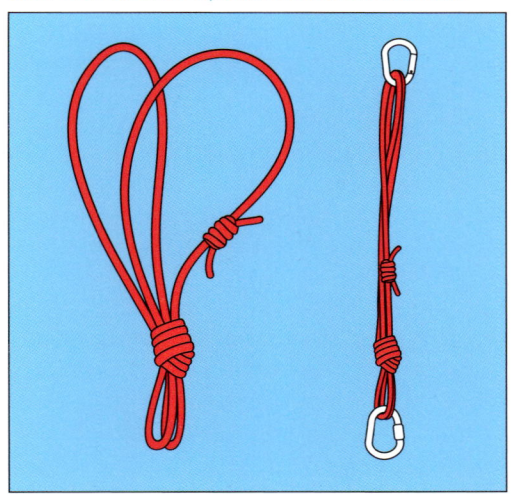

064:1 Standplatzkrake/-spinne

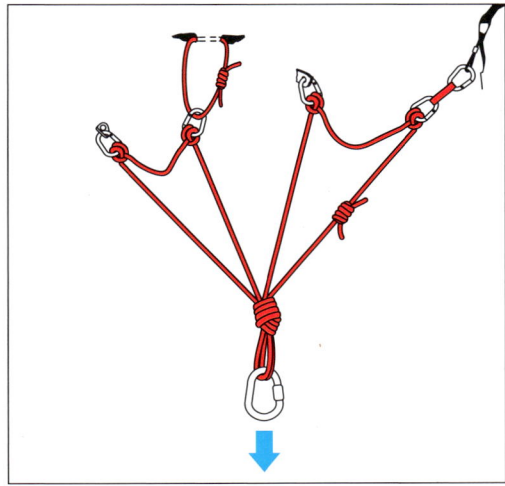

064:2 Standplatzkrake/-spinne

- Die erste Zwischensicherung sollte möglichst früh nach dem Stand eingehängt werden, um einen Faktor-2-Sturz zu verhindern.
- Aus demselben Grund und weil am Beginn einer Route die Seildehnung noch wenig beiträgt, um große Fangstöße zu verhindern, sollten starke und zuverlässige Zwischensicherungen platziert werden.
- Zwischensicherungen sollten strategisch gelegt werden, um lange Stürze, Pendelstürze oder das Aufschlagen auf Hindernisse zu verhindern. Auch sollten wir kurz vor schwierigen Abschnitten oder Kletterzügen Zwischensicherungen anbringen, um die Fallhöhe zu verringern und beim Meistern der schwierigen Passage Kopf und Hände für das Klettern frei zu haben.
- Zwischensicherungen sollten so platziert werden, dass das Seil vor scharfen Kanten geschützt wird.
- Zwischensicherungen müssen nicht nur für den Vorsteiger sinnvoll sein, wir sollten auch den Nachsteiger im Kopf haben. Manchmal ist es sinnvoll, eine

Zwischensicherung zu setzen, um z. B. den Nachsteiger vor Pendelstürzen zu schützen, obwohl wir diese Sicherung als Vorsteiger nicht brauchen. Daher ist es auch sinnvoll, nach schwierigen Passagen Zwischensicherungen zu setzen.
- Auf die Seilführung achten. Das Seil sollte möglichst geradlinig oder in gleichmäßigen Bögen durch die Zwischensicherungen laufen, um die Seilreibung und damit den Zug am eigenen Klettergurt zu minimieren. Gegebenenfalls sollten wir lange Express- oder Bandschlingen verwenden. Für stabile Zwischensicherungen sollte man bevorzugt soliden Fels, Eis oder kompakten Schnee wählen. Allerdings kann die Festigkeit der Sicherungsmittel in verschiedenen Fels-, Eis- und Schneearten stark variieren und wir sollten die Lage jeweils neu beurteilen und die optimale Lösung finden. Hier ist Erfahrung gefragt.

Bereits vorhandenes Material für Zwischensicherungen, wie Bohr- und Schlaghaken, Schlingen oder Reepschnüre, sollten wir immer genau überprüfen und uns fragen, wie der generelle Zustand des Materials ist und wofür es benutzt wurde. Zeigt es Anzeichen von Abnutzung oder Verwitterung? Textile Materialien, die am Berg vorgefunden werden, sollten nur benutzt werden, wenn sie keine deutlichen Anzeichen von Alterung zeigen. Die hohe UV-Strahlung im Gebirge reduziert die Festigkeit von Textilmaterialien sehr schnell.

Zwischensicherungen einhängen Die Verbindung zwischen Seil und dem Fixpunkt wird in aller Regel mit einer Expressschlinge hergestellt und sollte lang genug sein, um einen freien Seildurchlauf mit minimaler Reibung im Karabiner oder am Fels zu erlauben. Das Seil sollte sich dabei ebenfalls frei genug bewegen, dass am Fels platzierte mobile Sicherungen nicht durch die Seilbewegung aus ihrer Position gezogen werden (Abb. 065).

Wir sollten mehrere mit 60-cm-Bandschlingen aufgebaute, verlängerbare Expressschlingen verwenden. Sie sind äußerst nützlich, um einen freien Seildurchlauf zu ermöglichen (Abb. 066). Allerdings erhöht eine Verlängerung der Verbindung zum Fixpunkt auch immer die Fallhöhe entsprechend. Zusätzlich birgt sie die Gefahr, dass die Karabiner bei inkorrekter Handhabung unabsichtlich aus der Schlinge ausgehängt werden können.

Mobile Zwischensicherungen, wie Klemmkeile oder Friends, können durch die Seilbewegung aus ihrer Position gezogen werden. Falls ein Risiko besteht, dass das Seil die gesetzten Zwischensicherungen beeinflusst und schwächt, müssen wir die verwendete Expressschlinge verlängern. Obwohl das auf den ersten Blick die Fallhöhe vergrößert, kann genau das Gegenteil der Fall sein.

Das Seil sollte korrekt in die Karabiner der Zwischensicherungen eingehängt werden, um das Risiko zu verringern, dass sich das Seil bei einem Sturz selbst ausklinkt. Die Karabinerschnapper sollten von der vorgesehenen Kletterrichtung weg zeigen und das Seil sollte von hinten nach vorne aus dem Karabiner laufen (Abb. 067 und 068).

Außerdem sollte man Karabiner am Fels so platzieren, dass der Fels die Schnapper nicht aufdrücken kann oder die Karabiner im Sturzfall an Felskanten anschlagen (Abb. 069 und 070). Hier besteht Bruch- und somit Absturzgefahr!

Anmerkung: Wenn wir zu langsam vorankommen, weil wir übermäßig viele Zwischensicherungen einhängen, haben wir vermutlich eine für uns zu schwierige Route gewählt und der Spaß während des Kletterns hält sich vermutlich auch in Grenzen. Das heißt, wir nehmen ein größeres Risiko auf uns und haben noch nicht mal Spaß dabei. Das ist es nicht wert. Wir sollten uns selbst fordern, aber nicht dumm verhalten.

FIXPUNKTE IN KOMBINIERTEM GELÄNDE

Am wahrscheinlichsten ist es, dass wir schnee- oder eisbedecktes Gelände durchklettern werden, um Skiabfahrten zu erreichen. Vielleicht stoßen wir dabei auf einfache Felskletterpassagen, was es zu kombiniertem Gelände macht. Wir sollten uns aber nicht durch das Wort „einfach" täuschen lassen; in Skistiefeln, mit Steigeisen an den Füßen und Ski auf dem Rucksack können selbst einfache, schneebedeckte Felsabschnitte unsere gesamte Aufmerksamkeit und das ganze Spektrum an Fähigkeiten und Sicherungstechniken abverlangen, um sie sicher zu passieren.

Körpersicherungen in Schnee und Eis In verschneitem Gelände kann für viele Anwendungen sehr schnell eine Körpersicherung genutzt werden, wenn wir uns mit Ski oder Pickel in Schnee oder Eis verankern. In dem Gelände – typischerweise Firn- und Schneeflanken –, in dem diese Art der Körpersicherung benutzt wird, geht es in der Regel nur darum, einen Rutsch und keinen vollwertigen Sturz zu halten. Meist werden auch keine Zwischensicherungen eingesetzt, abgesehen von Geländeformen, um die das Seil zum Sichern herumgeführt wird.

Viele Körpersicherungstechniken erfordern allerdings eine sitzende Position, was mit Ski am Rücken meist nicht funktioniert.

Stehende Körpersicherung Daher ist es gut, mindestens eine Körpersicherungsmethode für eine stehende Position zu kennen (Abb. 071).

Sitzende Körpersicherung Stabiler und daher besser ist meist eine sitzende Körpersicherung, bei der man sich mit den Füßen im Schnee verkeilt und zusätzlich an einem Fixpunkt sichert (Abb. 072).

Schnelle Körpersicherung Um den Halt im Schnee zu verbessern, rammt man die Ski in den Schnee und sichert über den Körper, dabei können beide Ski am Fuß verbleiben, oder man nutzt einen als körpernahen Fixpunkt (Abb. 073 und 074). Diese Art der Körpersicherung wird häufig dann angewendet, wenn schwächere Skifahrer durch eine Steil- oder Engstelle (z. B. in einem Couloir) abgelassen werden müssen.

IM SCHNEE Es ist nicht die Tiefe eines Schneeankers, die ihn stark macht, sondern vor allem die Schneequalität. Falls wir auf eine Schicht Tiefenreif (Schwimmschnee) stoßen, wenn wir unseren Anker eingraben, müssen wir den Anker in höher gelegene, gesetztere und kompaktere Schneeschichten legen.

Skianker Die einfachste Form eines Ankers ist ein vertikal in den Schnee gesteckter Ski. Dieser kann zur Stabilisierung mit einem horizontal davor vergrabenen Ski versehen werden (Abb. 075). Dabei sollte das Seil vor den Skikanten geschützt werden (Belag in Zugrichtung), die Last direkt an der Schneedecke wirken und am besten hält man die Skispitze die ganze Zeit nach hinten gezogen. Dieser simple Schneeanker eignet sich vor allem temporär, um eine Last zu halten, bis ein stabiler Anker gegraben wurde, z. B. im Falle eines Spaltensturzes.

T-Anker Diese können entweder mit dem Pickel oder mit Ski/Snowboard aufgebaut werden, abhängig von Kompaktheit und Qualität des Schnees, und halten erstaunliche Lasten. T-Anker mit Pickeln werden meist in härterem, kompaktem Schnee

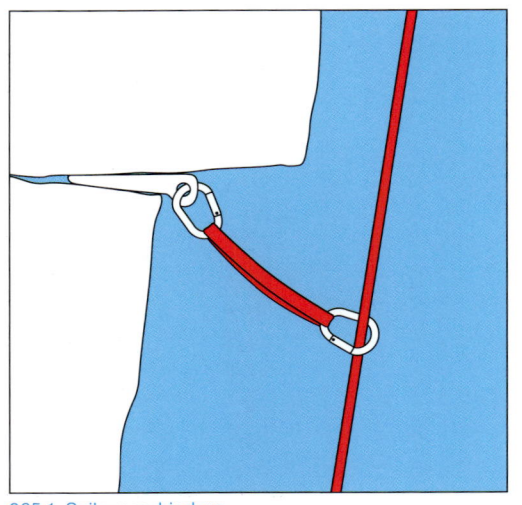

065:1 Seilzug verhindern

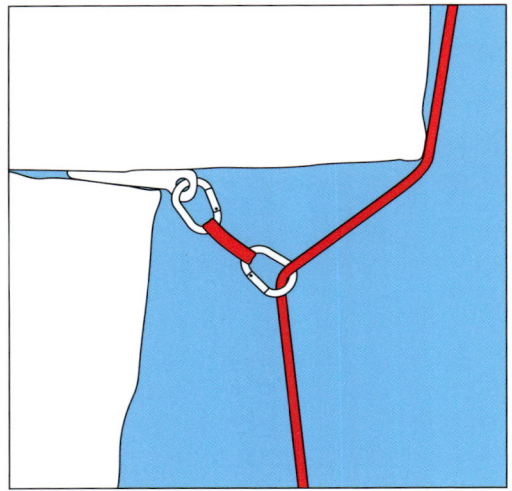

065:2 Inkorrekter Gebrauch einer Expressschlinge

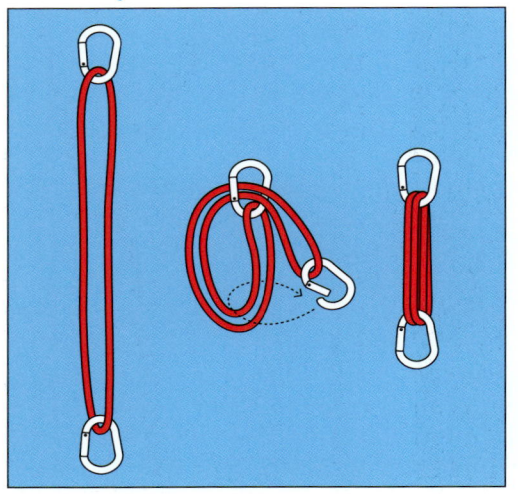

066:1 60-cm-Schlinge als verlängerbare Express

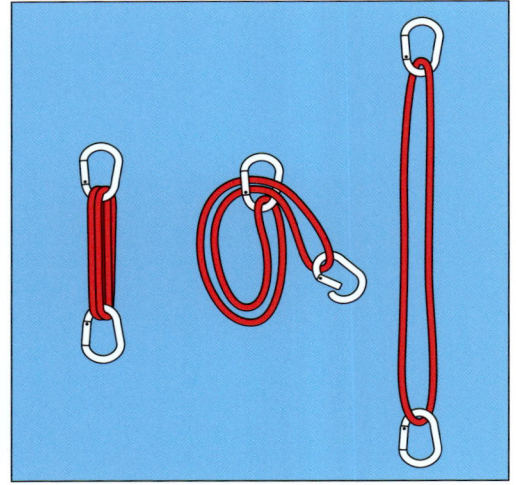

066:2 60-cm-Schlinge als verlängerbare Express

067:1 Der Schnapper zeigt in die richtige Richtung.

067:2 Der Schnapper zeigt in die richtige Richtung.

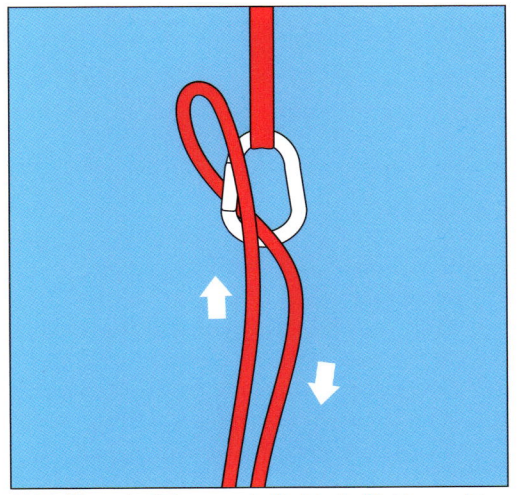

068:1 Wenn der Schnapper in die falsche Richtung zeigt
068:2 Wenn der Schnapper in die falsche Richtung zeigt 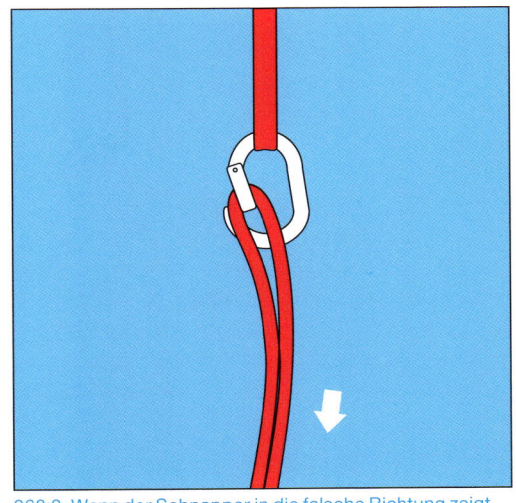
068:3 Wenn der Schnapper in die falsche Richtung zeigt 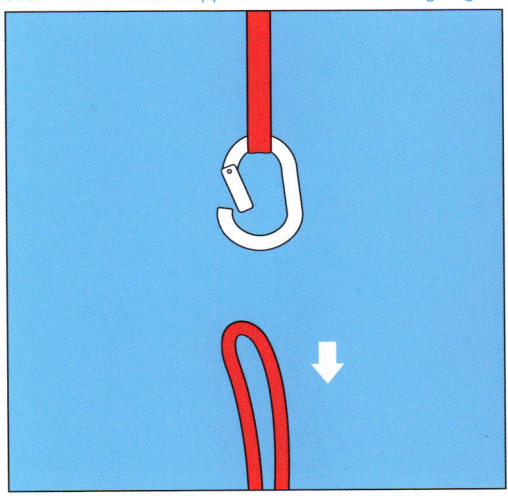
069:1 Der Schnapper kann vom Fels aufgedrückt werden 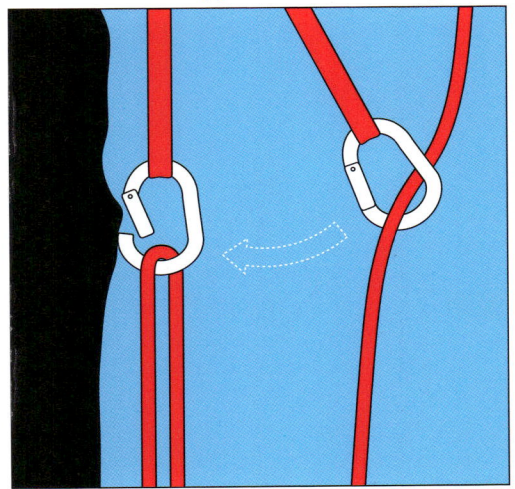
069:2 Falsche Schlingenlänge 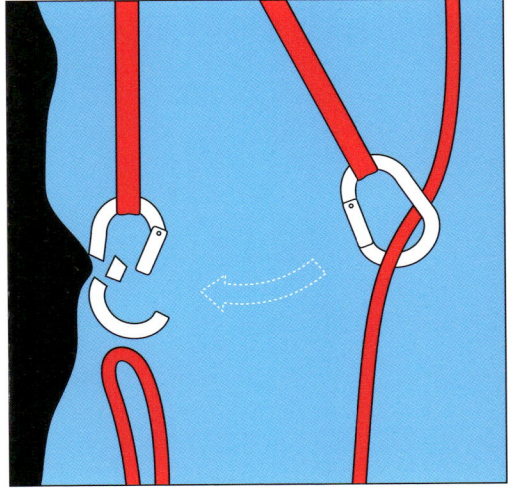
069:3 Korrekte Schlingenlänge

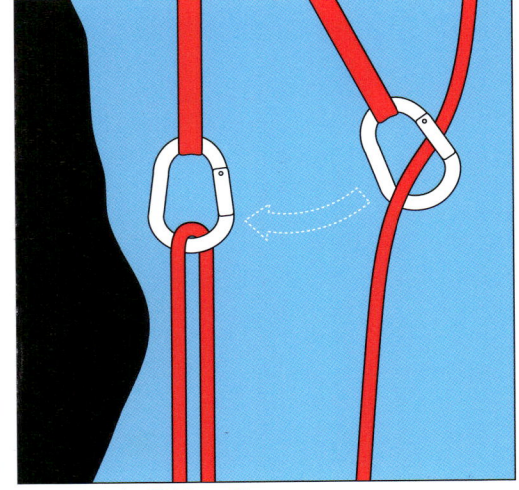

eingesetzt, wo das Vergraben eines viel längeren Skis mühselig ist, oder auch zum Standplatzbau in Schneeflanken (Abb. 076).

Grundsätzlich graben wir das schlitzförmige Loch für den Schneeanker mit der Schaufel, wobei wir darauf achten sollten, dass die vordere Wand, an der der Anker aufliegen wird, leicht überhängend ist und nicht zu beschädigt wird. Daher sollten wir nie direkt vor dem Anker (in Zugrichtung), sondern immer dahinter stehen.

Anschließend wird der Gegenstand, der den Anker bilden soll, mittig mit Reepschnur (mindestens 8 mm oder dünnere Schnüre aus Kevlar/Dyneema) oder Bandschlinge abgebunden und im Schlitz versenkt. Gegebenenfalls wird ein Schlitz für die Schlinge ausgestochen. Nun wird der Aushub von hinten in den Schlitz geschüttet und festgetreten. Dabei nicht vor den Anker treten!

Je nach Gelände kann es hilfreich sein, unterhalb des Zentralpunktes eine Plattform auszuheben oder festzutreten, sodass wir bequem stehen können.

H-Anker Einen T-Anker können wir mit Ski schnell zu einem H-Anker verstärken, wenn der Schnee weich ist (Abb. 077). H-Anker werden oft in der Spaltenbergung eingesetzt. Wurden Ski für den T-Anker verwendet, kann man ihn mithilfe der Skistöcke zu einem H-Anker aufrüsten.

Spezielle Schneeanker Neben den vorgestellten Ankern, die aus diversem Material selbst erstellt werden, gibt es auch speziell für diesen Zweck angefertigte Anker, meist als Firnanker oder auch „toter Mann" bezeichnet. Diese Metallplatten oder -pfähle sind meist direkt mit einem Drahtseil versehen und werden entweder vergraben oder aber meist mit dem Pickelkopf eingeschlagen (Abb. 078). Dabei zählen wir die Anzahl der Schläge, die wir benötigen, um den Anker zu versenken. 20 Schläge bedeuten gute Festigkeit, 10 sind grenzwertig und wenn man weniger Schläge braucht, sollte man T- oder H-Anker graben.

Tipp: Ein eingesteckter Pickel, auf den man sich kniet, sodass er nicht herausrutschen kann, kann in festem Schnee z. B. bei der Spaltenbergung ebenfalls als temporärer Anker verwendet werden, bis ein vollwertiger Anker gegraben wurde.

IM EIS Fixpunkte für Zwischensicherungen und Stände werden mit Eisschrauben hergestellt. Eisschrauben sollten in einem separaten Karabiner oder direkt in einem speziellen Holster am Klettergurt getragen werden.

Eisschrauben Mit der Schaufel des Pickels oder Eisgerätes kratzen wir anhaftenden Schnee und oberflächliches, morsches Eis ab, bis wir solides, festes Eis erreichen. Dann setzen wir die Eisschraube in Hüfthöhe – damit wir mehr Druck mit unserem Körpergewicht auf den Schraubenkopf bringen – senkrecht zu Eisoberfläche und Belastungsrichtung an und beginnen, sie unter Druck einzudrehen, bis sie im Eis greift. Nun können wir die Kurbel betätigen und die Schraube zur Gänze eindrehen. Besteht bei warmem Wetter und starker Sonneneinstrahlung Ausschmelzgefahr, vor allem bei längerer Verwendung, wird die Eisschraube 10–15° nach oben geneigt. Wenn bei dünnem Eis die Eisschraube nicht ganz eindringen kann und wir keine kürzere Eisschraube mit uns führen, wird der Schaft der Schraube mit einer Bandschlinge direkt an der Eisoberfläche abgebunden und wir klippen uns in die Bandschlinge ein.

Eissanduhr Für Abseilstellen, längere Verwendung oder manche Stände eignet sich eine Eissanduhr besser als eine Eisschraube. Hierzu drehen wir eine lange Eisschraube (mindestens 20 cm) horizontal im 60°-Winkel zur Eisoberfläche nach links bzw. rechts geneigt in das Eis, schrauben sie wieder aus und wiederholen das Ganze auf der anderen Seite in 15–20 cm Abstand. Die beiden Schraublöcher sollten an der Spitze zusammentreffen. Nun fädeln wir eine mindestens 8 mm dicke Reepschnur mit einem Abalakow-Fädler durch die Löcher und knüpfen sie zu einer Schlaufe so zusammen, dass der Winkel zwischen den Schnursträngen am eingehängten Zentralpunktkarabiner maximal 60° beträgt (Abb. 079).

Eine Eissanduhr kann hervorragend zur Redundanz mit einer schräg oberhalb platzierten Eisschraube abgesichert werden.

Tipp: Bauen wir einen Stand im Eis, lohnt es sich meist, eine kleine Plattform mit dem Pickel zu schaffen, auf der wir komfortabel stehen können.

IM FELS Falls der Fels schneebedeckt ist, sollten wir uns mit Steigeisen fortbewegen und den Pickel zumindest griffbereit haben (um ihn als Kletterhilfe zu gebrauchen, oder um Fixpunkte von Schnee und Eis zu befreien oder eine Plattform für einen Stand zu schaffen).

Die zwei Hauptarten, um Fixpunkte für Zwischensicherungen oder Stände im Fels zu schaffen, sind einerseits Schlingen um Felsnasen oder –köpfe und in Sanduhren und andererseits Sicherungsmittel für Felsrisse (Haken, Klemmkeile, Friends). Falls ein Riss vereist ist, werden wir meist einen Schlaghaken setzen, und wenn nicht, verwenden wir eher Klemmkeile oder Friends. Es ist überaus wichtig, dass die platzierte Sicherung einen Sturz in der erwarteten Zugrichtung hält.

Einen Klemmkeil platzieren

- Wir sollten eine Stelle suchen, an der der Riss weiter ist und sich in Zugrichtung verengt. Falls es sich um einen vertikalen Riss handelt, setzen wir den Klemmkeil von oben nach unten ein; in horizontalen Rissen von der Seite (Abb. 080).
- Wir sollten versuchen, die Kontaktfläche zwischen Metall und Fels so groß wie möglich zu halten. Dazu müssen wir unter Umständen verschiedene Stoppergrößen im Riss ausprobieren (Abb. 081).
- Wir sollten in aller Regel die größte noch passende Stoppergröße wählen und sicherstellen, dass der platzierte Keil auch Zug nach außen verträgt.
- Wir sollten immer versuchen, den Klemmkeil an der bestmöglichen Stelle zu positionieren, die der Fels bietet. Falls wir nicht glücklich mit dem Fixpunkt sind und nicht das Gefühl haben, dass er zuverlässig hält, lassen wir es lieber und suchen eine bessere Stelle.

Um einen Klemmkeil zu entfernen, bewegen wir ihn in die zur Setz- und Zugrichtung entgegengesetzte Richtung (meist offensichtlich). Sollte er fest sitzen, können wir ihn mit dem Pickel lösen und können so auf das Mitführen eines Klemmkeilentferners (auch Grübler genannt) verzichten.

Friends (Camalots) Diese sollten wir so in parallele Risse setzen, dass der Schaft in die erwartete Zugrichtung zeigt. Alle diese Klemmgeräte wirken durch Aufbau einer senkrechten Kraft auf die angelegten Klemmsegmente bzw. die Felsoberfläche und sollten daher auf beiden Seiten möglichst symmetrisch aufliegen. Der Fels muss absolut solide sein, da er sonst gesprengt wird, und der Riss im Umkreis um den Auflagebereich parallel sein, da das Gerät sonst wandert und sich eventuell zu sehr öffnet oder schließt. Diese Wanderung entsteht durch Seilbewegung und wir sollten daher Expressschlingen von ausreichender Länge verwenden.

Die Klemmsegmente dürfen nicht zu weit geöffnet und auch nicht geschlossen sein, da sie sonst die auftretenden Kräfte nicht halten können. Eine mittlere Öffnung der Segmente ist ideal (Abb. 082).

Achtung: Klemmgeräte sollten nicht in vereisten Rissen verwendet werden.

070:1 Falsche Schlingenlänge

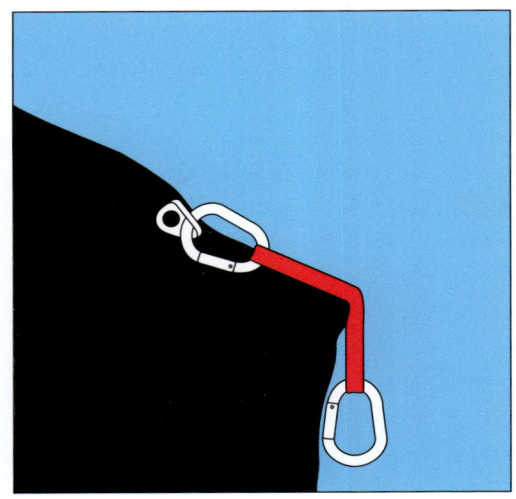

070:2 Korrekte Schlingenlänge

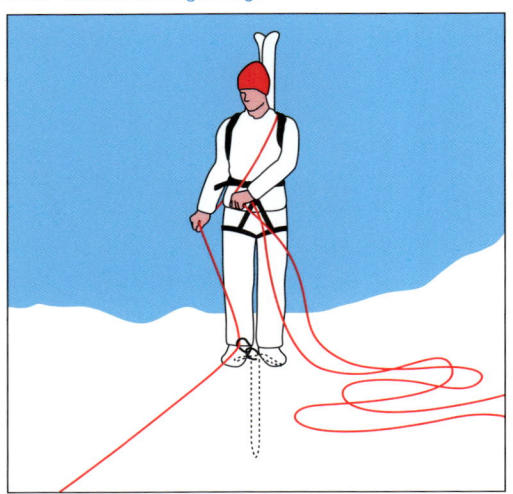

071 Stehende Körpersicherung

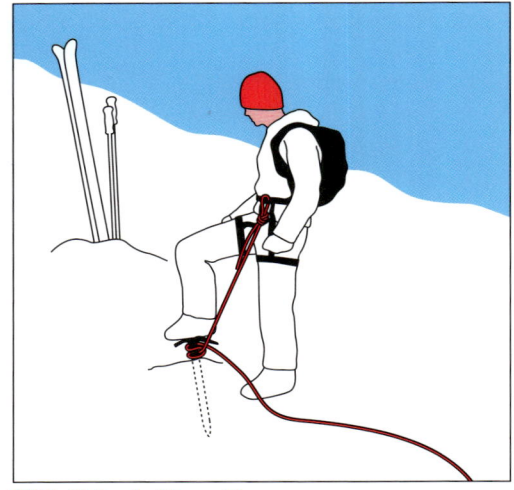

072:1 Stehende Körpersicherung

072:2 Sitzende Körpersicherung

> Viele Körpersicherungsmethoden sind für eine sitzende Position ausgelegt, was mit Skiern am Rucksack nicht wirklich funktioniert. Es ist trotzdem sinnvoll, zumindest eine Methode zum Sichern im Sitzen zu beherrschen.

073 Körpersicherung unter Verwendung von Ski

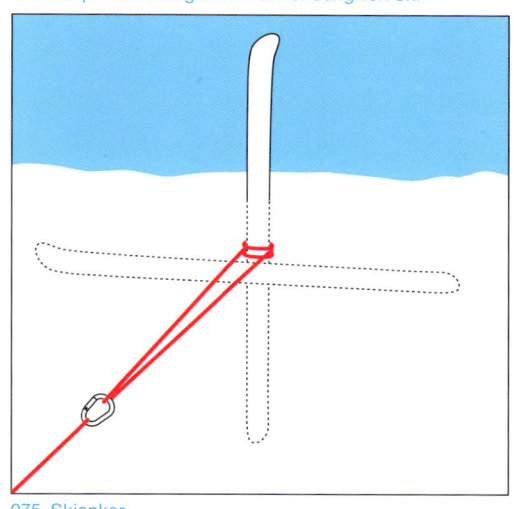

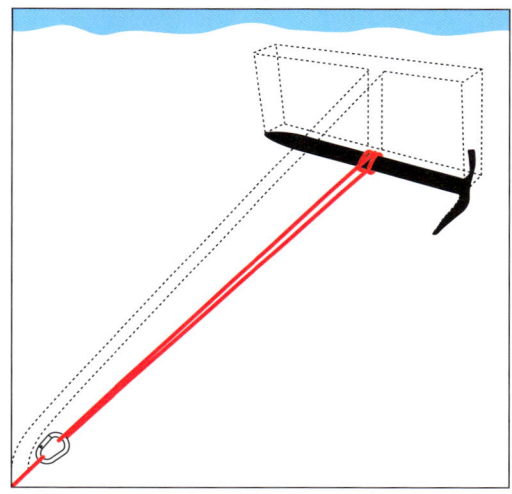

074 Schnelle Körpersicherung

075 Skianker

076 T-Anker

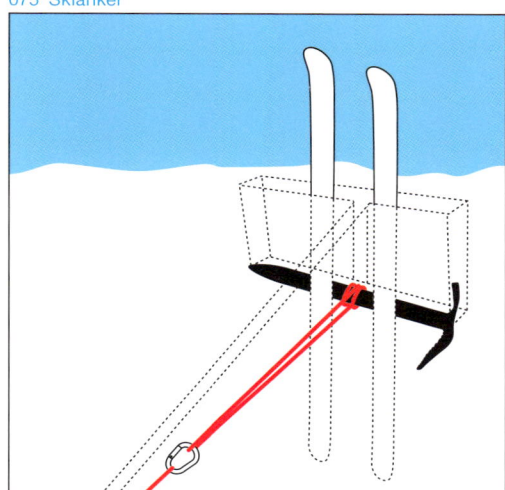

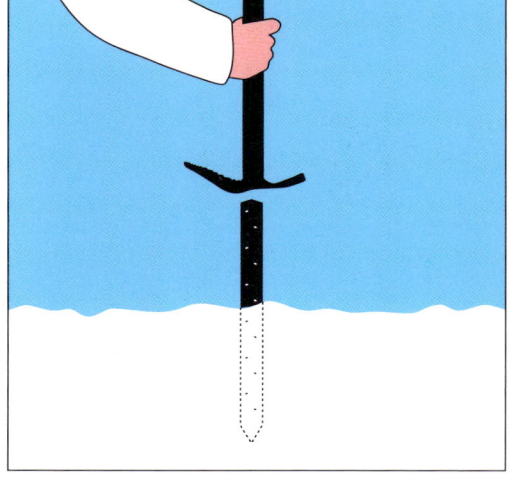

077 H-Anker

078 Firnanker einschlagen

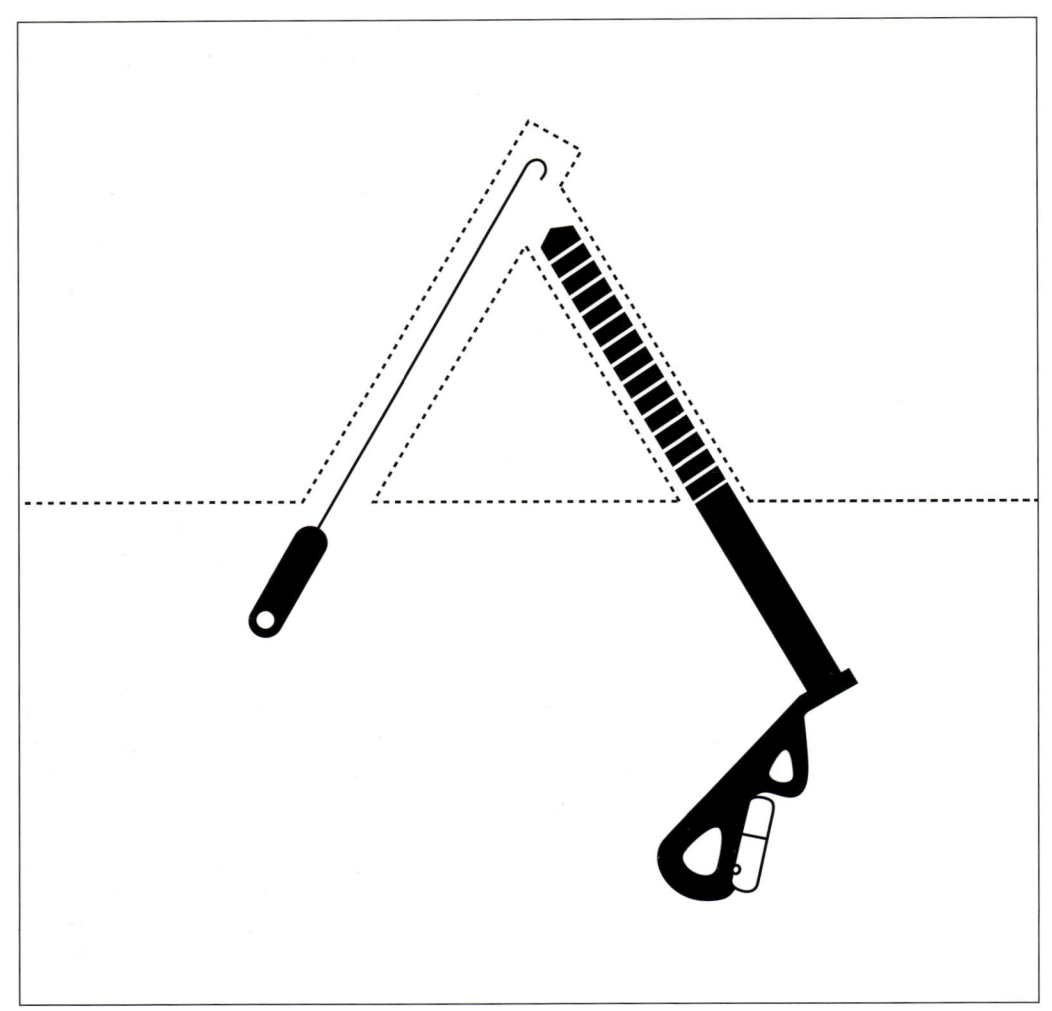

079:1 Stand mit Eissanduhren

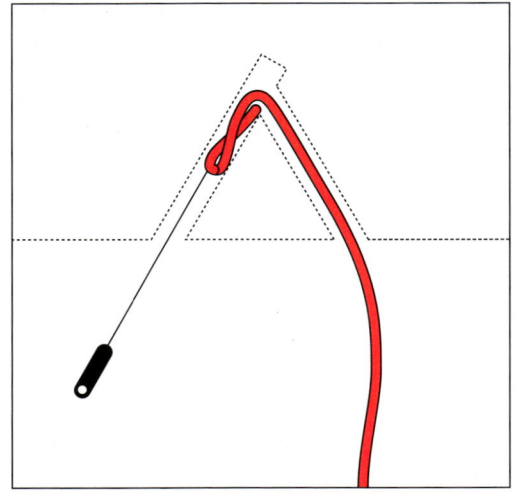

079:2 Stand mit Eissanduhren

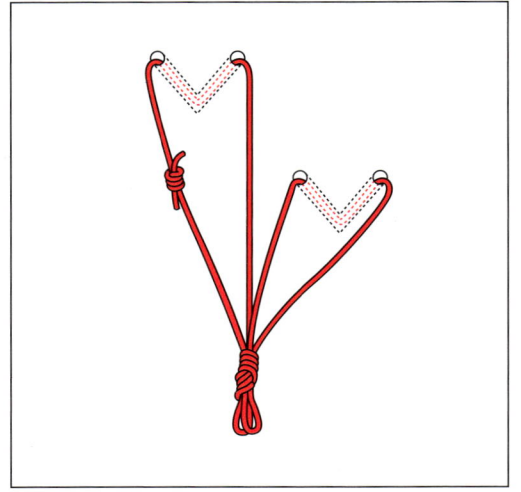

079:3 Stand mit Eissanduhren

330 SKIBERGBESTEIGEN

Schlaghaken (Pitons) Genauso wie bei Klemmkeilen gilt, je größer der Haken, umso stabiler ist er. Feine Messerhaken (Knifeblades) sollten nicht als Zwischensicherungen verwendet werden, aber falls nichts anderes möglich ist, haben wir keine Wahl. Müssen sie nur in etwa das Körpergewicht halten (z. B. um einen Nachsteiger zu sichern oder daran abzuseilen), sind sie in aller Regel ausreichend.

Um einen Schlaghaken zu setzen, brauchen wir einen Hammer (separat oder am zweiten Pickel). Sollten wir unerwarteterweise Schlaghaken setzen oder vorhandene festschlagen müssen und haben keinen Hammer, können wir mit der Mitte des Pickelkopfes den Haken einschlagen.

Am besten setzen wir Schlaghaken dort, wo ein Riss sich weitet. Wenn wir die richtige Hakengröße wählen, sollten wir den Haken mindestens bis zur Hälfte, besser bis zu zwei Dritteln per Hand in den Riss drücken können. Wir sollten den Riss vorher vom Eis befreien, falls nötig.

Horizontale Risse sind besser zum Setzen von Standard-Schlaghaken geeignet als vertikale, weil die bei einem Sturz auf die Hakenöse einwirkende Kraft keine Rotationskomponente hat. Optimalerweise zeigt die Öse nämlich in einem horizontalen Riss nach unten. Messerhaken sollten wir in vertikale Risse setzen, sodass die Hakenöse nach oben zeigt und der Haken sich bei Belastung verdreht und im Riss verkeilt (Abb. 084).

Profilhaken, aufgrund ihrer Form auch V-Haken genannt, sollten so gesetzt werden, dass alle drei Punkte des V mit dem Fels in Kontakt sind.

Beim Einschlagen des Hakens mit dem Hammer sollte bei jedem Schlag ein immer höher klingendes „Ping" ertönen. Dieses sogenannte „Singen" des Hakens ist ein Zeichen für die gute Qualität der Sicherung. Wenn der Haken gesetzt ist, sollten wir seitlich, parallel zum Riss darauf schlagen, um ihn zu testen. Bewegt er sich seitlich, müssen wir einen größeren Haken nehmen (Abb. 084).

Falls es nicht möglich ist, einen Schlaghaken vollständig zu versenken und wir keine alternative Zwischensicherung haben, sollten wir nicht weiter auf den Haken einschlagen, sonst wird er locker oder sogar zerstört (nach fest kommt immer ab). In diesem Fall benutzen wir eine Schlinge, um den Hakenschaft mit einer Sackstich-Schlaufe direkt auf Höhe der Felsoberfläche abzubinden und klippen darin ein (Abb. 085).

Wenn wir einen Karabiner in einen Schlaghaken einhängen, soll sich der Karabiner nicht darin verklemmen, sodass er unter Belastung leichter brechen würde, sondern muss frei hängen können. Dazu hängen wir ihn von unten nach oben ein (Abb. 086).

Um einen Schlaghaken zu entfernen, klippen wir eine Expressschlinge in die Öse des Hakens sowie am anderen Ende in Seil oder Klettergurt und halten die Schlinge fest. Nun schlagen wir von beiden Seiten auf den Haken und bewegen ihn so bis zum Anschlag hin und her, während wir an der Schlinge ziehen (Abb. 087).

Finden wir bereits Schlaghaken vor, bleiben diese natürlich in der Route. Außer sie sind deutlich zu gefährlich, um weiterbenutzt zu werden.

SICHERE FORTBEWEGUNG IM GELÄNDE

IM DREIERTEAM UNTERWEGS Während beim normalen Klettern ein Team meist aus zwei Personen besteht, sind wir beim Skifahren eher zu dritt, viert oder fünf unterwegs, sodass es sich oft anbietet, nicht nur Zweier-, sondern auch Dreierseilschaften zu bilden.

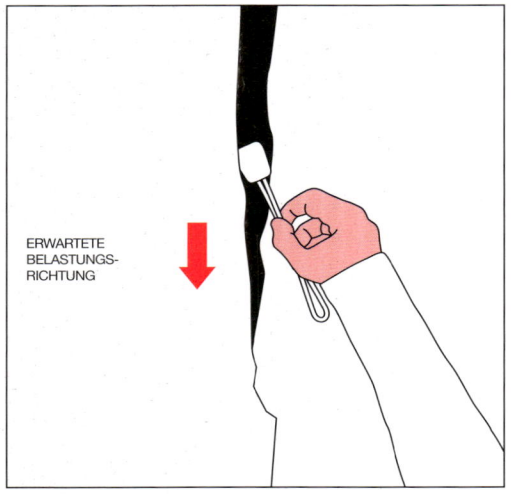

ERWARTETE BELASTUNGS-RICHTUNG

080:1 Setzen von Klemmkeilen

ERWARTETE BELASTUNGS-RICHTUNG

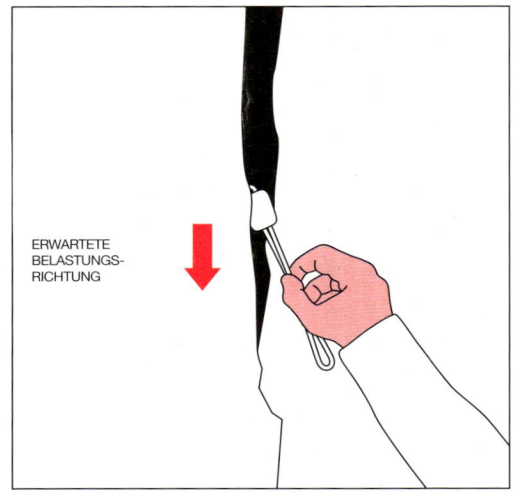

080:2 Setzen von Klemmkeilen

ERWARTETE BELASTUNGS-RICHTUNG

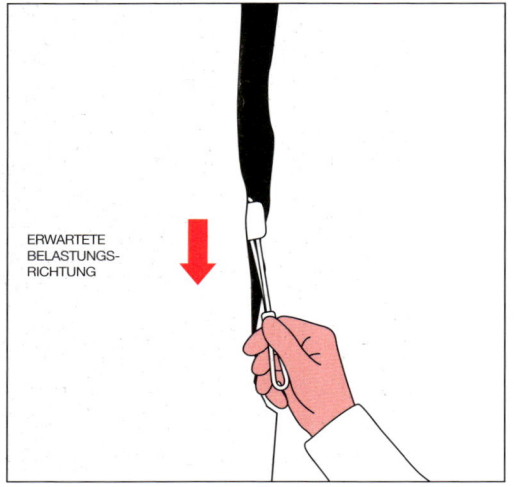

080:3 Setzen von Klemmkeilen

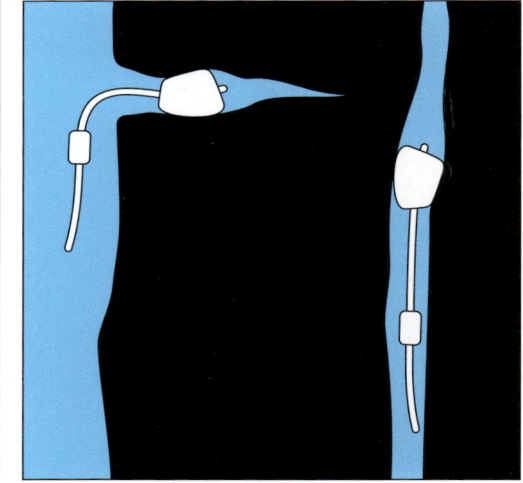

081:1 Korrekt platzierte Klemmkeile

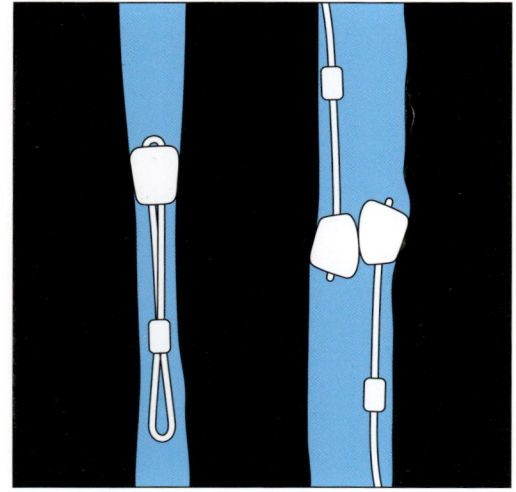

081:1 Korrekt platzierte Klemmkeile

> Falls ein Riss vereist ist, werden wir einen Schlaghaken setzen müssen. Ist der Riss eisfrei, können wir vermutlich einen Klemmkeil oder Friend verwenden.

332 SKIBERGBESTEIGEN

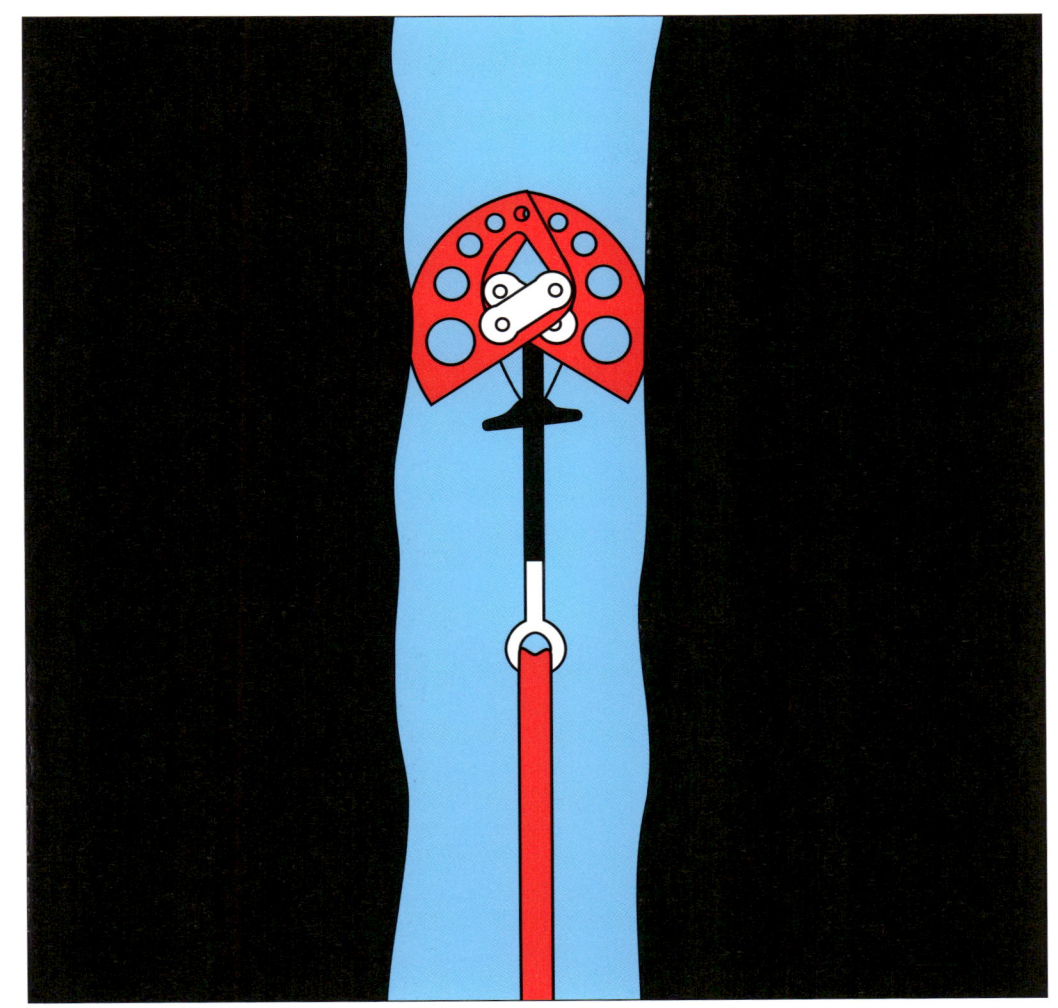

082 Setzen eines Friends

Formen wir eine Dreierseilschaft, ist der Einsatz von Halbseilen meist sinnvoll, wenn wir im Mehrseillängenstil unterwegs sind. Der Vorsteiger ist in beide Seile eingebunden und steigt vor. Am Stand angekommen, sichert er die beiden Nachsteiger, die jeweils an einem der Seile eingebunden sind, mittels Tuber/Platte, während die Nachsteiger gleichzeitig klettern. Dabei sollten die Nachsteiger darauf achten, dass genug Abstand zwischen ihnen ist, sodass der erste Nachsteiger dem zweiten weder auf die Finger tritt, noch auf ihn stürzt, sollte er fallen. Die unabhängigen Seilstränge erlauben mehr Freiheiten, wenn die Nachsteiger verschiedene Passagen unterschiedlich schnell meistern oder Seil ausgegeben werden muss, weil einer sich verstiegen hat.

Stehen nur kurze Kletterpassagen an und bewegen wir uns meist gemeinsam am Seil, kann es aus Gewichtsgründen praktisch sein, nur ein Seil mitzunehmen. In diesem Fall bindet sich der erste Nachsteiger so in das Seil, dass er genügend Abstand zum zweiten hat. Der Abstand sollte so kurz wie möglich, aber so lang wie nötig sein, meist 2–3 m. Dabei sollte das Seil mittels Sackstich zu einer langen Schlaufe abgebunden werden, an deren Ende ein Achterknoten eine kleinere

Schlaufe schafft, in der sich der erste Nachsteiger mittels Verschlusskarabiner einbindet. So erhält er genügend Bewegungsspielraum, um sowohl seitlich auszuweichen, als auch kurze Passagen schneller oder langsamer als der zweite Nachsteiger zu klettern (Abb. 088).

GEMEINSAME FORTBEWEGUNG Mehrseillängentechnik ist sicher, aber sehr zeitfressend. Unangeseilt zu klettern ist schnell, aber bietet keinerlei Spielraum für Fehler. Als Mittelweg haben wir die Möglichkeit, uns gemeinsam, nur an Zwischensicherungen gesichert, am langen oder am kurzen Seil fortzubewegen.

Am kurzen Seil gehen Diese Technik ist eine der schwierigsten Seiltechniken und verlangt viel Erfahrung. Man seilt sich an und der Seilschaftsführende wird versuchen, mit Seilzugunterstützung einen Sturz im Ansatz zu verhindern und dem Nachsteigenden so Unterstützung zukommen zu lassen. Diese Technik sollte Bergführern und sehr erfahrenen Bergsteigern vorbehalten bleiben, die deutlich schwächere Gäste/Kameraden führen.

Am langen Seil gehen Die Technik führt zwar den Begriff „langes Seil" im Namen, je nach Situation können die Abstände der Seilpartner aber auch sehr kurz sein. Es gilt erneut, dass die Abstände so lang wie nötig, aber so kurz wie möglich gehalten werden sollen. Das Prinzip des Gehens am langen Seil beruht darauf, dass natürliche Hindernisse zwischen die Seilschaftspartner gebracht werden, die im Falle eines Abrutschens oder Sturzes die Seilschaft halten. Wir wenden sie dann an, wenn das Begehen des Geländes uns nicht an unsere Grenzen bringt, ein Absturz aber schwere Folgen haben könnte.

Dabei versuchen wir, natürliche Haltepunkte, wie Bäume, Felsnasen und -köpfe oder Grate, zwischen uns zu bringen, an denen die Seilschaft im Falle eines Absturzes hängen bleiben würde (Abb. 089). So passieren wir Felsköpfe, Bäume oder Vorsprünge stets oberhalb der möglichen Fallrichtung, sodass der Sturz eines Seilschaftsmitgliedes durch den Sicherungspunkt zwischen ihm und anderen Seilschaftsmitgliedern gehalten wird. Bewegen wir uns über einen Grat, sollten wir, wenn möglich, auf verschiedenen Seiten des Grates gehen (Abb. 090).

Gleiches gilt für das Gehen entlang eines überwechteten Grates. Bei überwechteten Graten sollten wir ein Stück unterhalb des Grates laufen (je größer die Wechte, umso weiter unten), da die Wechte immer tiefer unten abbricht, als man erwartet. Bricht hier die Wechte und fällt der stürzende Kletterer, befinden sich die Seilschaftsmitglieder auf der anderen Seite und der Rücken dazwischen wird die Seilschaft halten (Abb. 091). Hier empfiehlt es sich, bewusst in die entgegengesetzte Richtung zu springen, sollte ein Seilschaftsmitglied mit einer brechenden Wechte abstürzen.

Ähnlich verhält es sich, wenn wir uns nicht auf unterschiedlichen Seiten eines Grates bewegen können. Hier ist im Falle eines Sturzes eines unserer Kameraden Erfahrung und schnelle, instinktive Reaktion gefragt. Wir können das Abrutschen oder Abstürzen der Seilschaft verhindern, indem wir ein paar Schritte den Hang hinaufhasten und beherzt auf die andere Seite springen. Hier sollten die Abstände am Seil etwas länger sein (10–15 m), um den nötigen Bewegungsspielraum zu haben.

Diese Maßnahme ist aber nicht unproblematisch und wir sollten sie nur im Hinterkopf behalten für Situationen, in denen wir uns eigentlich recht sicher sind. Halten wir die Möglichkeit eines Ausrutschens oder Sturzes für nicht unerheblich, sollten wir lieber mit Zwischensicherungen arbeiten (siehe „laufendes Seil").

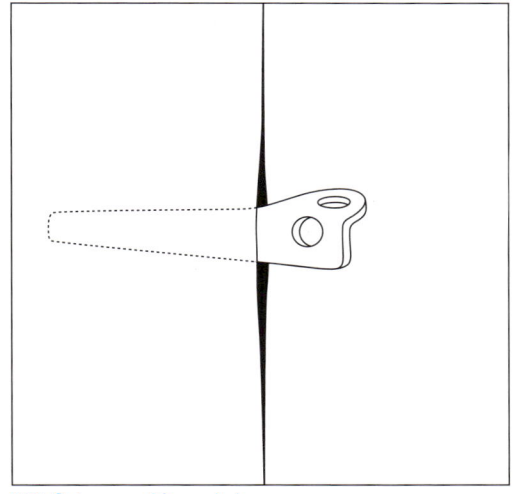

083 Setzen von Messerhaken

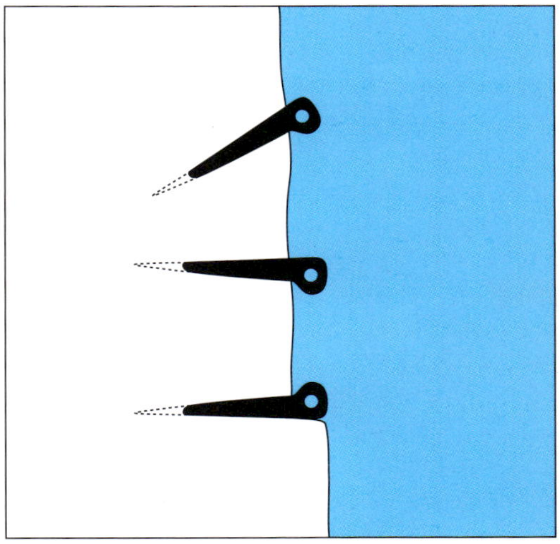

084 Setzen von Schlaghaken

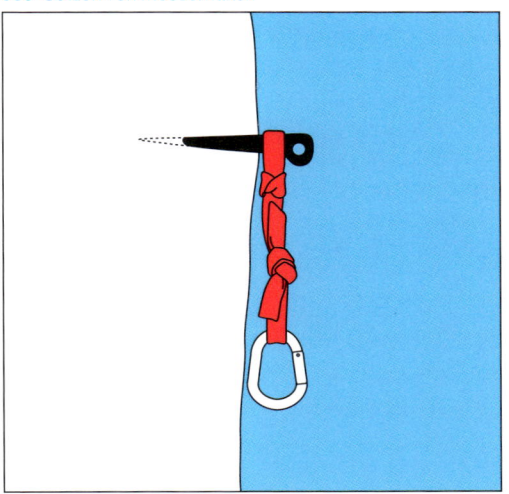

085 Einen Schlaghaken abbinden

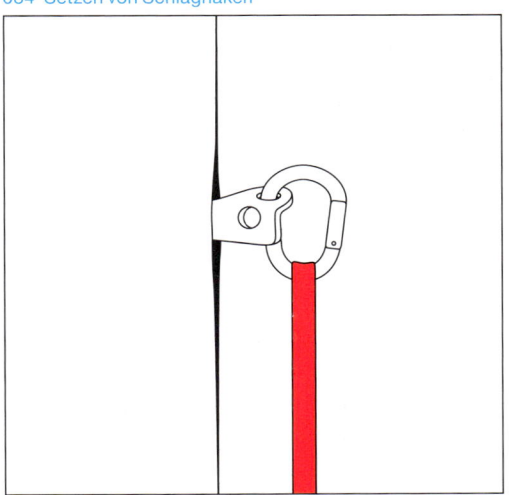

086 Richtige Art, in einen Schlaghaken einzuklippen

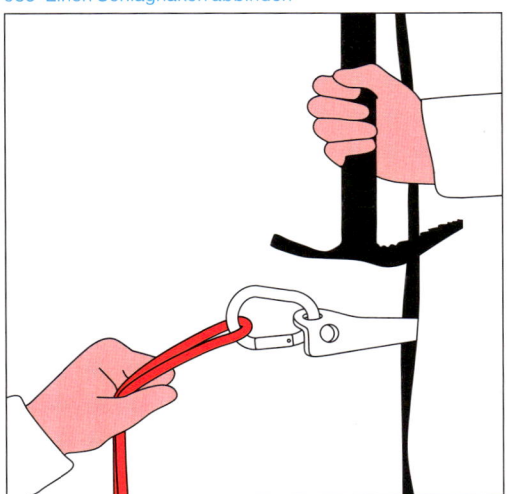

087 Lösen eines Schlaghakens

Wenn wir einen Karabiner in einen Schlaghaken einhängen, darf er nicht zwischen Karabiner und Fels klemmen, sonst könnte er falsch belastet werden und brechen. Wir hängen von unten nach oben ein.

SKIBERGBESTEIGEN 335

Die Seilschaft durch Sprung auf die andere Seite vor dem Absturz zu bewahren, kann zu komplizierten Situationen führen. Wenn es so steil ist, dass eine Person der Seilschaft nach dem Sturz am Grat frei im Seil hängt, nur gehalten durch das Gegengewicht auf der anderen Seite, kann keiner einfach wieder hinaufklettern. Entweder müssen wir gleichzeitig und ausbalanciert am Seil hinaufsteigen oder das Seil an einem Punkt fixieren, am Seil aufsteigen und gemeinsam das weitere Vorgehen planen. Eine solche Situation aufzulösen, kann komplex und zeitraubend sein und wir sollten sie daher nicht leichtsinnig herbeiführen.

Tipp: Erfahrene Alpinisten können, wenn sie die Seilschaftsführung übernehmen, deutlich mehr Seil zwischen sich und dem Seilschaftszweiten lassen und das Seil in Schlaufen in die talseitige Hand nehmen (bergseitig benutzen wir den Pickel). Wird das Seil dann stets auf leichtem Zug und mit dem Arm leicht nach hinten gestreckt gehalten, können wir gut fühlen, was hinter uns passiert und gegebenenfalls reagieren. Lassen wir die Seilschlaufen schnell los, haben wir einige Meter Spielraum, um uns hinter Hindernisse oder über Grate zu werfen und so die Seilschaft zu sichern.

Laufendes Seil/Running Belay Der Übergang zwischen dem Gehen am langen Seil und dem fortlaufenden Gehen mit Zwischensicherungen, dem sogenannten „laufenden Seil", ist fließend. Eigentlich sind auch Geländestrukturen, die unseren Sturz halten, Zwischensicherungen. Gibt es keine Felsnasen, Grate, Bäume oder Ähnliches, die einen Sturz halten können, kann der Vorsteigende schnell ein paar Zwischensicherungen an kritischen Stellen anbringen, indem er Schlingen, Klemmkeile oder Friends nutzt, um das Seil darin einzuhängen. Die Technik des laufenden Seils erlaubt uns, schnell gemeinsam vorwärts zu kommen und bietet doch eine hohe Sicherheitsmarge. Wir klettern schlicht gleichzeitig in gleicher Geschwindigkeit mit zu jederzeit leicht gespanntem Seil zwischen uns. Der Vorsteiger bringt die Zwischensicherungen an, die der Nachsteiger einsammelt, dabei müssen immer und zu jeder Zeit Fixpunkte zwischen den Kletterern liegen (Abb. 093). Wenn dem Vorsteiger das Material ausgeht, macht er Stand und sichert den Nachsteiger nach.

Unsere Sicherheit hängt von verschiedenen Faktoren ab:
- Die Technik muss im geeigneten Gelände angewandt werden – also in Gelände, in dem sich das Team komfortabel und mit geringem Sturzrisiko fortbewegt.
- Zwischensicherungen: Es müssen sich immer genügend Zwischensicherungen zwischen den Kletterern befinden. Wie viele hängt auch von der Zuverlässigkeit der Sicherungen ab, aber in der Regel aus Redundanzgründen mindestens zwei. Die Sicherungen müssen auch so belastbar sein, dass sie einen Sturz halten, egal von welchem Ende des Seils er kommt.
- Gespanntes Seil: Das Seil muss zwischen den Kletterern immer gespannt sein, was bedeutet, dass eine Seilschaft nur so schnell ist wie der Langsamste darin.

Fels Im Fels sollten wir rund 15 m Seil zwischen den Kletterern haben, und das Seil sollte jederzeit in mindestens zwei Zwischensicherungen eingehängt sein.

Eis Wenn ein Kletterer deutlich stärker als der andere ist und weit innerhalb seiner Komfortzone klettert, kann er eine volle Seillänge vom Stand wegklettern. Wenn ihm das Seil ausgeht, platziert er eine Eisschraube und in diese direkt ein Verschlusskarabiner mit einem Tibloc (eine mechanische Seilklemme, die Seildurchlauf nur in eine Richtung erlaubt). Dabei muss das Seil durch den Verschlusskarabiner so laufen, dass das Seil frei nach oben läuft, der Tibloc bei Zug von unten aber blockiert. Nun kann der Nachsteiger losklettern, während der

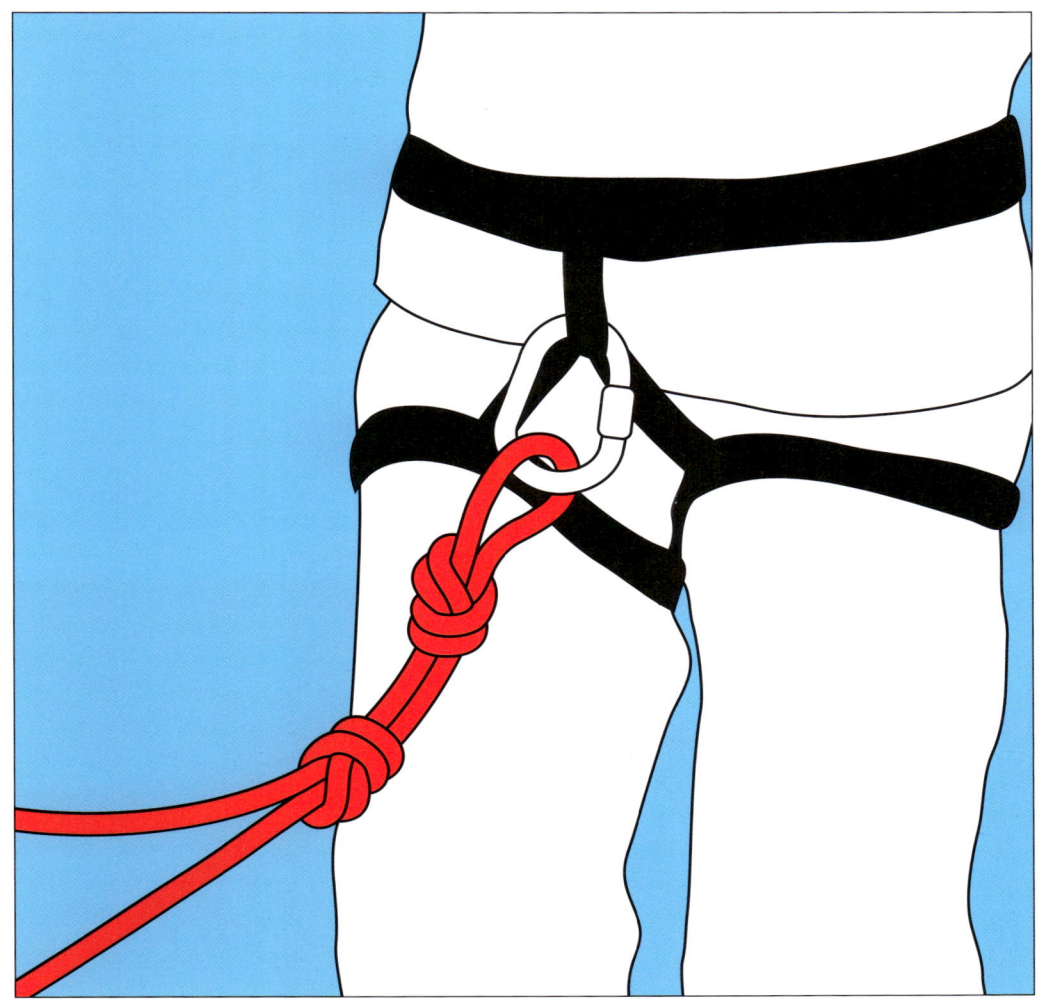

088 In der Seilmitte mittels Verschlusskarabiner einbinden

089 Am langen Seil gehen

090 Angeseilt am Grat gehen

091 Am überwechteten Grat gehen

092 Mit fortlaufenden Zwischensicherungen gehen

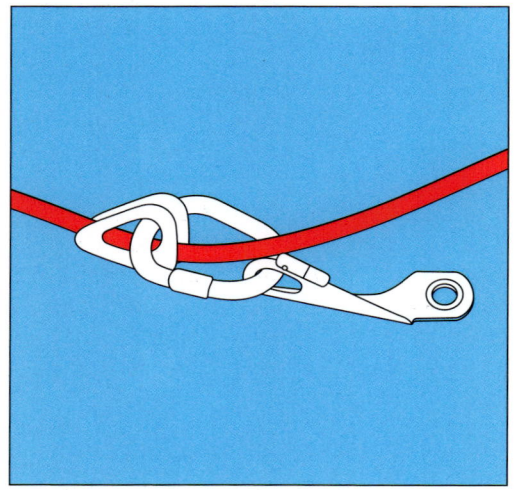

093 Durchlaufende Sicherungen im Eis mittels Tibloc

> Mit fortlaufenden Zwischensicherungen zu klettern, erlaubt uns eine gute Sicherheitsmarge in mittelschwerem Gelände. Wir klettern einfach gleichzeitig mit gleicher Geschwindigkeit und dem Seil zwischen uns gespannt. Der Vorsteiger setzt Zwischensicherungen und das Seil sollte zu jeder Zeit in Sicherungen eingehängt sein.

Vorsteiger weiterklettert. Es muss darauf geachtet werden, dass kein Schlappseil zwischen Vor- und Nachsteiger entsteht. Stürzt nun der Nachsteiger, blockiert der Tibloc sofort und der Seilzug erreicht den Vorsteiger nicht. Es sollten immer zwei Tibloc-Zwischensicherungen zwischen Vor- und Nachsteiger eingehängt sein (Abb. 093).

Neben allem vorher Erwähnten hängt unsere Sicherheit davon ab, dass ein kleiner Verschlusskarabiner (am besten oval) verwendet wird, der direkt in die Eisschraube eingehängt wird. Nur so ist der zusätzliche Weg des Seils am Fixpunkt gering, wenn die Zugrichtung durch einen Sturz des Nachsteigers wechselt und somit kaum oder kein Zug am Gurt des Vorsteigers ankommt. Andernfalls besteht die Gefahr, dass der Vorsteiger ebenfalls mitgerissen wird.

Wir sollten das Eis rund um die Eisschraube ausreichend von Schnee und Unebenheiten befreien, damit das Seil frei durchläuft. Mit einem 50-m-Seil, drei Eisschrauben und zwei Tiblocs können wir so 150 m klettern, bevor wir Stand machen müssen.

Mithilfe dieser Techniken können wir uns an das Gelände anpassen und uns so schnell wie möglich, aber so sicher wie nötig fortbewegen.

SEIL VERKÜRZEN Dies ist ein effektiver Weg, das Seil über einfache Passagen zu transportieren. Wir müssen uns nicht ausbinden, das Seil aufnehmen, verstauen, nur um es kurz darauf wieder auszupacken, abzuwickeln und uns erneut einzubinden, wenn wir das Seil wieder brauchen.

Auch einfach weiterzulaufen mit 50 oder mehr Metern Seil zwischen uns, ist weder praktisch noch sicher, und in vielen Fällen auch gar nicht möglich. Die einfachste Methode ist daher, das Seil zwischen den Kletterpartnern zu verkürzen. Das macht man, indem man Schlingen um den Oberkörper wickelt.

Klassische Seilverkürzung Diese Methode wenden wir an, wenn wir den Seilabstand zwischen den Seilschaftsmitgliedern öfter anpassen möchten. Zum Beispiel wenn wir vom Vorstieg mit Standsicherung dazu übergehen, mit 15 m Seilabstand am laufenden Seil weiterzuklettern, nur um danach mit 8 m Abstand einen verschneiten Grat zu passieren (Abb. 094).

Falls wir das Seil über eine Passage mit einfachem Gelände transportieren wollen, können beide Kletterer das Seil in Schlingen um den Körper aufnehmen. Falls wir am laufenden Seil weitergehen, sollte der Vorsteiger das gesamte Seil aufnehmen. Wir wissen nie, wann wir Seillänge oder Technik anpassen müssen.

Um optimale Beweglichkeit, selbst mit dem Großteil des Seils um den Oberkörper gewickelt, zu ermöglichen, sollten wir ein Einfachseil von nicht mehr als 50 m verwenden.

Zuerst nehmen wir das Seil in Schlaufen auf, indem wir es um den Nacken und einen Arm legen, bis die gewünschte Länge erreicht ist. Wickeln wir es direkt um den Oberkörper, wird es meist zu eng. Dann schlüpfen wir auch mit einem Arm durch die Schlaufen. Nun wird das Seil durch die Anseilschlaufe des Klettergurtes gezogen, um einen Punkt zum Einbinden zu schaffen. Dazu wickeln wir diese Seilschlaufe um die um den Oberkörper liegenden Seilstränge und knüpfen damit einen Sackstich. Nun binden wir uns mit einem Verschlusskarabiner in Schlaufe und Anseilschlaufe des Klettergurtes ein. Wird nun das Seil durch einen Sturz oder Ähnliches belastet, ziehen sich die Schlaufen um den Oberkörper nicht zu. Falls wir uns inkorrekt eingebunden haben, wird das Seil uns strangulieren, wenn es sich zuzieht, daher sollten wir dieses vorher testen, indem wir am freien Seilende, das zum Kletterpartner führt, kräftig ziehen.

Das vorbereitete Seil im Rucksack belassen Diese Technik ist nützlich, wenn wir davon ausgehen, die meiste Zeit einen fixen Seilabstand zu verwenden, und wir die Komforteinbußen durch die Seilschlingen um den Oberkörper vermeiden wollen. Wir können immer noch das Seil verlängern, ohne den Rucksack abnehmen zu müssen und wenn wir es verkürzen wollen, können wir wieder Schlaufen um den Oberkörper legen.

Um das Seil im Rucksack zu belassen, sodass wir es ohne großes Seilchaos herausziehen können, muss es vorbereitet werden. Es sollte zuoberst im Rucksack liegen. Dazu öffnen wir den ansonsten gepackten Rucksack leicht und stopfen zuerst das freie Seilende und dann Hand über Hand das restliche überflüssige Seil in den Rucksack. Passt die Seillänge, binden wir uns mit Achterknoten und Verschlusskarabiner ein. Wenn wir das Seil nun herausziehen, wickelt es sich von oben nach unten ab, genauso wie bei einem Seilsack im Klettergarten.

Tipp: Wenn wir das freie Seilende in eine Schlaufe im Rucksack (z. B. die zum Aufhängen des Trinkbeutels) einbinden, kann sich das Seil nicht verknoten und wir verlieren das Seilende nicht aus den Händen. Wir sollten diese Methode nicht verwenden, wenn das Risiko eines Vorsteigersturzes besteht, da wir mittels Karabiner und nicht mittels Knoten in das Seil eingebunden sind.

In den meisten Fällen ist es schneller, sich im Team gleichzeitig am verkürzten Seil fortzubewegen. Falls aber eine einfache Seillänge ansteht, kann es schneller sein, einzeln hinaufzuklettern und das Seil von oben mit den Händen einzuziehen, während man mit simplen Methoden (z. B. Körpersicherung) sichert.
Die einfache Regel für die richtige Seillänge ist auch hier: So kurz wie möglich – so lang wie nötig. Eine Hilfe, wie wir wann vorgehen können, findet sich in Diagramm 097.

ABSEILEN

Wenn wir steiles Gelände im Abstieg schnell überwinden wollen oder über Felsabbrüche, Überhänge oder Wechten in darunter liegendes Gelände gelangen wollen, seilen wir ab.

Oft unternehmen wir im Winter, besonders wenn es um interessante Abfahrten geht, Touren, die Abseilstellen beinhalten, aber uns sonst weder ausgeprägte alpinistische Techniken noch anspruchsvolles Klettern abverlangen. Daher wird das zum Abseilen benötigte Material hier noch einmal getrennt behandelt.

Seil Grundsätzlich brauchen wir für das Abseilen alleine kein dynamisches Seil und können auch an Statikseilen, dicken Reepschnüren oder Ähnlichem abseilen. Auch kann ein Kletterseil mit einer mitteldicken Reepschnur ergänzt werden, um die gesamte Seillänge abseilen zu können, da ein Seil ausreicht, um uns zu halten. Wir benötigen den zweiten Seilstrang nur, um das Seil abziehen zu können. Für kürzere Abseilstrecken mit nur einem Seil hilft eine Markierung der Seilmitte, damit wir das Seil im Abseilstand schnell auf die richtige Länge anpassen können.

Klettergurt Natürlich benötigen wir einen Klettergurt. Da wir normalerweise nicht besonders lange darin hängen, muss er nicht komfortabel sein. Klein verpackbare und schnell an- und ausziehbare Gurte bieten für den Skialpinisten viele Vorteile.

Abseilgerät Wir können mit einer Vielzahl von Geräten abseilen, am weitesten verbreitet sind aber Abseilachter und Tuber. Während der Achter relativ spezifisch in der Anwendung ist, können entsprechend ausgelegte Tuber auch für Vor- und Nachstiegssicherung und sogar als Seilklemme in einem Flaschenzug eingesetzt werden und sind daher zu empfehlen.

Nabelschnur Für die Nutzung zum Abseilen muss eine „Nabelschnur" zwingend aus Polyamid/Nylon bestehen, da Dyneema/Spectra- oder Kevlar-Materialien wegen ihres niedrigen Schmelzpunktes zu gefährdet sind, durch Reibungswärme beschädigt zu werden.

Meist verwenden wir eine 120-cm-Bandschlinge, die wir mittig mit einem Sackstich oder Achterknoten (löst sich leichter) abbinden und per Ankerstich in die Anseilöse hängen. Es gibt auch speziell für diesen Zweck genähte Selbstsicherungsschlingen und man kann auch eine Daisy-Chain verwenden. Empfohlen werden kann eine speziell aus dynamischem Seilmaterial vernähte Selbstsicherungsschlinge mit zwei Ösen für die Karabineraufnahme.

094:1 Seilverkürzung

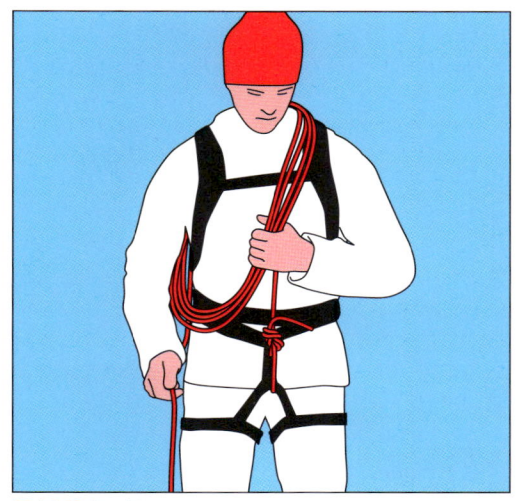

094:2 Seilverkürzung

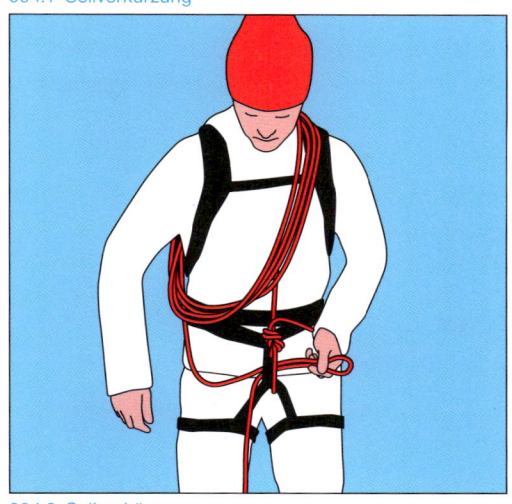

094:3 Seilverkürzung

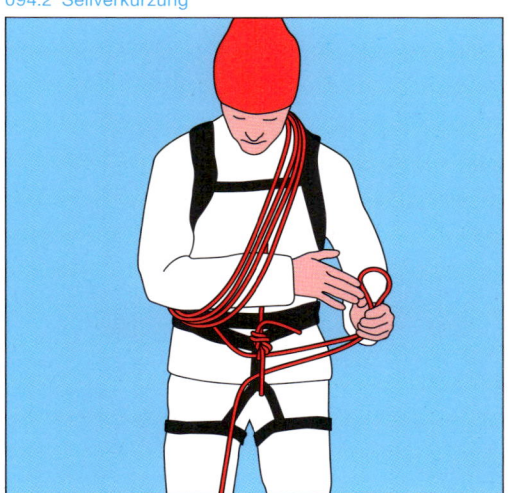

094:4 Seilverkürzung

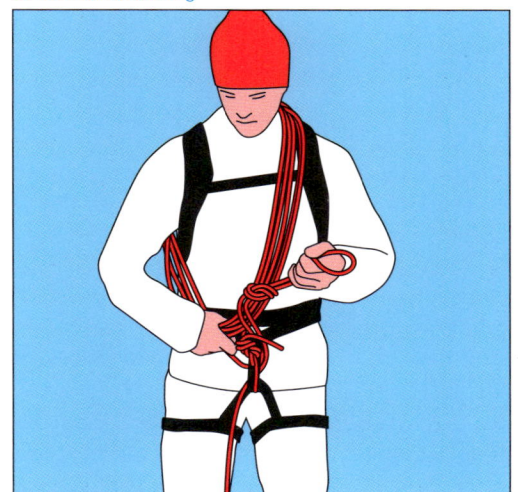

094:5 Seilverkürzung

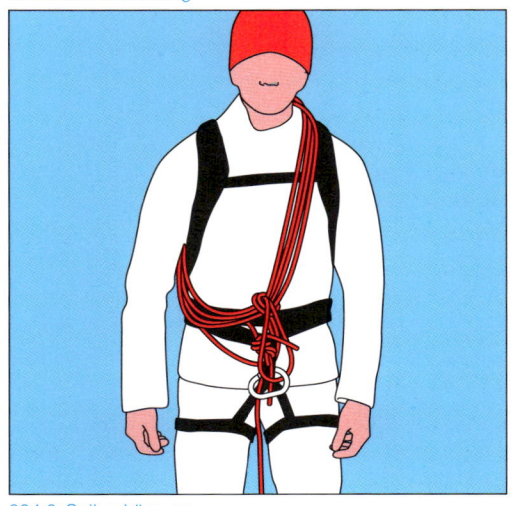

094:6 Seilverkürzung

SKIBERGBESTEIGEN

SOLLEN WIR UNANGESEILT KLETTERN?							
DAS GELÄNDE							
☐ Kletterei	Leicht – Schwer	☐	☐	☐	☐	☐
☐ Neigungswinkel	Flach – Steil	☐	☐	☐	☐	☐
☐ Absätze und Vorsprünge	Viele – Wenige	☐	☐	☐	☐	☐
☐ Griffe	Groß – Klein	☐	☐	☐	☐	☐
☐ Solide Griffe	Fest – Locker	☐	☐	☐	☐	☐
☐ Steinschlag	Unwahrscheinlich – Wahrscheinlich	☐	☐	☐	☐	☐
☐ Reibung	Trocken – Eisig	☐	☐	☐	☐	☐
☐ Ausgesetzt	Nein – Ja	☐	☐	☐	☐	☐
DIE GRUPPE							
☐ Erfahrung	Erfahren – Anfänger	☐	☐	☐	☐	☐
☐ Starke Kletterer	Ja – Nein	☐	☐	☐	☐	☐
☐ Anzahl der Personen in der Seilschaft	Zwei – Mehrere	☐	☐	☐	☐	☐
☐ Gewichtsunterschied	Schwerer – Leichter	☐	☐	☐	☐	☐
SICHERHEIT/GESCHWINDIGKEIT							
☐ Zeit spielt eine Rolle	Ja – Nein	☐	☐	☐	☐	☐
☐ Stürze	Nur rutschen – Sturz wahrscheinlich	☐	☐	☐	☐	☐
☐ Länge des gefährlichen Abschnittes	Ja – Nein	☐	☐	☐	☐	☐

■ Unangeseilt ■ Langes Seil ■ Laufendes Seil ■ Körpersicherung ■ Mehrseillängen-Technik

095 Rahmenbedingungen für verschiedene Seiltechniken

Karabiner Für den ordnungsgemäßen Aufbau eines Abseilriggs (das gesamte zum Abseilen benötigte System aus Schlingen, Karabinern und Abseilgerät) brauchen wir drei Verschlusskarabiner.

Kurzprusik Eine sogenannte Kurzprusikschlinge, die aus einer 60–80 cm langen Reepschnur von 6 mm Stärke mit einem Sackstich oder doppelten Spierenstich zu einer Schlinge geknüpft wird, dient uns als Bremsknoten zur Absicherung und bildet die sogenannte „Dritte Hand". Sie sollte so kurz sein, dass sie auch unter Belastung nicht in das Abseilgerät hineingezogen werden kann.

Reepschnur und Bandmaterial Reepschnur von 6–8 mm Stärke oder Bandmaterial zusammen mit einem Messer sind zum Bau von Abseilständen geeignet. Neben Nylon gibt es auch Material aus Spectra (Dyneema) oder Kevlar, die leichtgewichtig und sehr stark sind, aber niedrige Schmelzpunkte haben, daher sollte man Seilreibung vermeiden und die Knoten besonders festziehen (mindestens mit Körpergewicht belasten), damit die innere Reibung im Knoten, wenn er sich unter Schocklast festzieht, nicht das Material schmilzt. Auch sollte man einen dreifachen Spierenstich verwenden statt des doppelten, weil die Oberfläche des Materials sehr glatt und daher reibungsarm ist, weshalb gewöhnliche Knoten schon unter geringer Belastung zu rutschen beginnen.

In der Regel wird man aber Reepschnur aus Nylon verwenden, die man als Meterware kauft, da das Material günstiger ist. Findet man am Berg altes Reepschnur- oder Schlingenmaterial, sollte man dieses nur mit Vorsicht verwenden. Die große Oberfläche bei geringerem Durchmesser macht es noch anfälliger gegenüber UV-Versprödung als dicke Seile. Sollte uns Reepschnur und Bandmaterial ausgehen, um Abseilstände zu erstellen, müssen wir kurze Stücke vom Seil abschneiden.

Schlaghaken Um Abseilstände im Fels einzurichten, können auch Schlaghaken eine erschwingliche Alternative zu Textilmaterialien sein.

ABSEILSTÄNDE Falls keine Abseilstände vorhanden sind, müssen wir selbst welche einrichten. Wir sollten um jeden Preis einen 100%ig soliden Abseilstand einrichten! Die gute Nachricht ist jedoch, dass ein Abseilstand nur wenig mehr als unser Körpergewicht aushalten muss, und nicht wie ein Stand in einer Mehrseillänge ein Mehrfaches des Körpergewichtes.

Sind wir uns über die Qualität eines Abseilstandes nicht sicher, können wir zusätzliche Hintersicherungen anbringen, z. B. mit mobilen Sicherungsmitteln wie Klemmkeilen oder Friends oder im Eis Eisschrauben. Die Hintersicherung sollte dabei so lang sein, dass das Seil sie auch unter Volllast nicht belastet, solange der primäre Anker hält, aber nicht so lang, dass eine Schock-Zusatzbelastung entsteht, sollte der primäre Fixpunkt versagen (Abb. 096). Das schwerste Teammitglied seilt nun zuerst ab und belastet den Abseilstand absichtlich durch Schwingen und Wippen, während wir den Stand im Auge behalten. Hat der Abseilstand problemlos gehalten, kann als Letztes das leichteste Teammitglied die Hintersicherungen entfernen, bevor es auch abseilt.

Natürlich versuchen wir, so wenig Material wie möglich zurückzulassen, doch unser Leben sollte uns etwas wert sein! Solange das Abseilen Teil des ursprünglichen Planes ist, sollte es keine Probleme geben, da wir das für die Abseilstände benötigte Material einplanen und mitbringen. Hier sind uns nachfolgende Kletterer dankbar, wenn wir alles richtig und ordentlich machen, genauso wie wir dankbar sind, wenn wir solide Stände vorfinden.

Im Fels Wir benötigen Reepschnur oder Bandmaterial und mobile Sicherungen. Um einen Abseilstand an einem einzelnen Fixpunkt einzurichten, binden wir einfach eine Schlinge um einen Baum, Felszacken, -kopf oder in eine Sanduhr und fädeln das Seil durch. Dabei sollte die Schlinge nicht zu eng sein, damit das Seil leicht abgezogen werden kann.

Um mehrere Fixpunkte zu einem Abseilstand zu vereinen, verbinden wir die Fixpunkte mit Reepschnur, ohne Karabiner zu verwenden.

Im Eis Wir benötigen eine mindestens 20 cm lange Eisschraube, einen Fädler und Reepschnur. Um einen Abseilstand zu errichten, bohren wir am besten zwei Eissanduhren und binden diese zusammen. Rund 4 m Reepschnur sind für einen solchen Abseilstand ausreichend (siehe Abb. 079, S. 330).

Im Schnee Um im Schnee abzuseilen, müssen wir einen T-Anker bauen. Sind wir von vornherein darauf vorbereitet, nehmen wir ein billiges, aber stabiles Holzbrett und entsprechende Reepschnur mit, da das Material des T-Ankers zurückbleiben muss.

Am häufigsten kommen Abseilstellen im Schnee bei der Überwindung des Bergschrundes vor, aber auch um über eine Wechte in darunter liegende Hänge zu gelangen oder vereiste/felsdurchsetzte Engstellen in einem Couloir zu überwinden, muss manchmal abgeseilt werden.

Seil einhängen Das Seil wird durch entsprechende Fixpunkte gefädelt (z. B. alle Typen von Haken, Sanduhren, fix installierte Schlingen) oder um sie herumgelegt (Bäume, Felsnasen und -köpfe), sodass die Seilmitte im Abseilstand liegt. Dabei ist darauf zu achten, dass sich das Seil durch Schwingungen nicht lösen kann (z. B. über Felsnasen rutscht) oder beim Ausbruch eines von mehreren Fixpunkten nicht mitsamt dem Kletterer hinunterfällt (bei Ketten wird z. B. das Seil durch ein Kettenglied gefädelt, nicht über die Kette gelegt; sind zwei Fixpunkte mit Reepschnur verbunden, muss diese einen Ring bilden, ansonsten muss ein Schlingenauge, Karabiner oder Ähnliches eingeknüpft sein).

Bei zwei nicht verbundenen Fixpunkten wird das Seil durch beide gefädelt und wir verbinden beide mit einer Expressschlinge oder Ähnlichem, solange wir sie als Stand nutzen und mit unserer Selbstsicherung eingehängt sind. Erst der Letzte entfernt die Verbindungen zwischen den beiden Fixpunkten, bevor er abseilt. Am besten nehmen wir, während wir das Seil durch den Abseilstand ziehen, beide Seilenden in Schlaufen auf, halten sie fest und werfen sie, sobald das Seil durch den Stand gefädelt wurde, im weiten Bogen von der Wand weg, sodass sie möglichst frei hängen.

Seile zusammenknüpfen Benutzen wir zwei Seile zum Abseilen, binden wir diese mit einem Sackstich zusammen. Der Sackstich hat den Vorteil, dass er sich beim Abziehen über Felskanten aufstellt und nicht verhakt. Verwenden wir unterschiedlich dicke Seile, wird dieser mit einem zusätzlichen Sackstich direkt dahinter verstärkt.

Die Seile werden so eingehängt, dass der Knoten felsseitig im Abseilstand liegt (Abb. 097).
Anmerkung: In der Schweiz ist zum Zusammenknüpfen der Seile beim Abseilen auch der Achterknoten gebräuchlich. Dieser löst sich leichter und stellt sich mindestens genauso gut wie der Sackstich beim Abziehen über Kanten auf.

Knoten am Seilende Wir knüpfen in beide Seilenden einen Knoten, der nicht durch das Abseilgerät laufen kann und dadurch das Abseilgerät stoppt. Damit wird die Gefahr, über das Seilende hinaus abzuseilen und abzustürzen, eliminiert. Es empfiehlt sich, in das Seilende, an dem das Seil abgezogen wird, einen Neunerknoten, in das freie Seilende einen Achterknoten zu knüpfen. Beide Knoten sind recht voluminös und damit gut für diesen Zweck geeignet. Der Vorteil der beiden verschiedenen Knoten ist, dass wir immer genau wissen, an welchem Seilende wir das Seil abziehen müssen.

Seil abziehen Sind wir unten angekommen, wird der Knoten am Seilende entfernt und das Seil abgezogen, wobei wir darauf achten sollten, dass die Seilstränge getrennt und nicht miteinander verwickelt sind (Abb. 98). Wir ziehen immer an dem Strang, der felsseitig durch den Abseilstand läuft, das Seil ab. Das verhindert, dass sich das Seil im Abseilstand verklemmt. Bleibt das Seil beim Abziehen hängen, versuchen wir es mit Wellenbewegungen senkrecht zur Felswand zu lösen (Vorsicht: Steinschlaggefahr!).

Wenn wir über mehrere Längen abseilen, wird das Seilende, an dem wir das Seil abziehen, zuerst durch den neuen Stand gefädelt und wieder mit einem Knoten hintersichert, bevor wir das Seil abziehen. So können wir es nicht verlieren.

Baschi Bender Chamonix, Frankreich

Totti Lingott △ Chamonix, Frankreich Thomas Gaisbacher

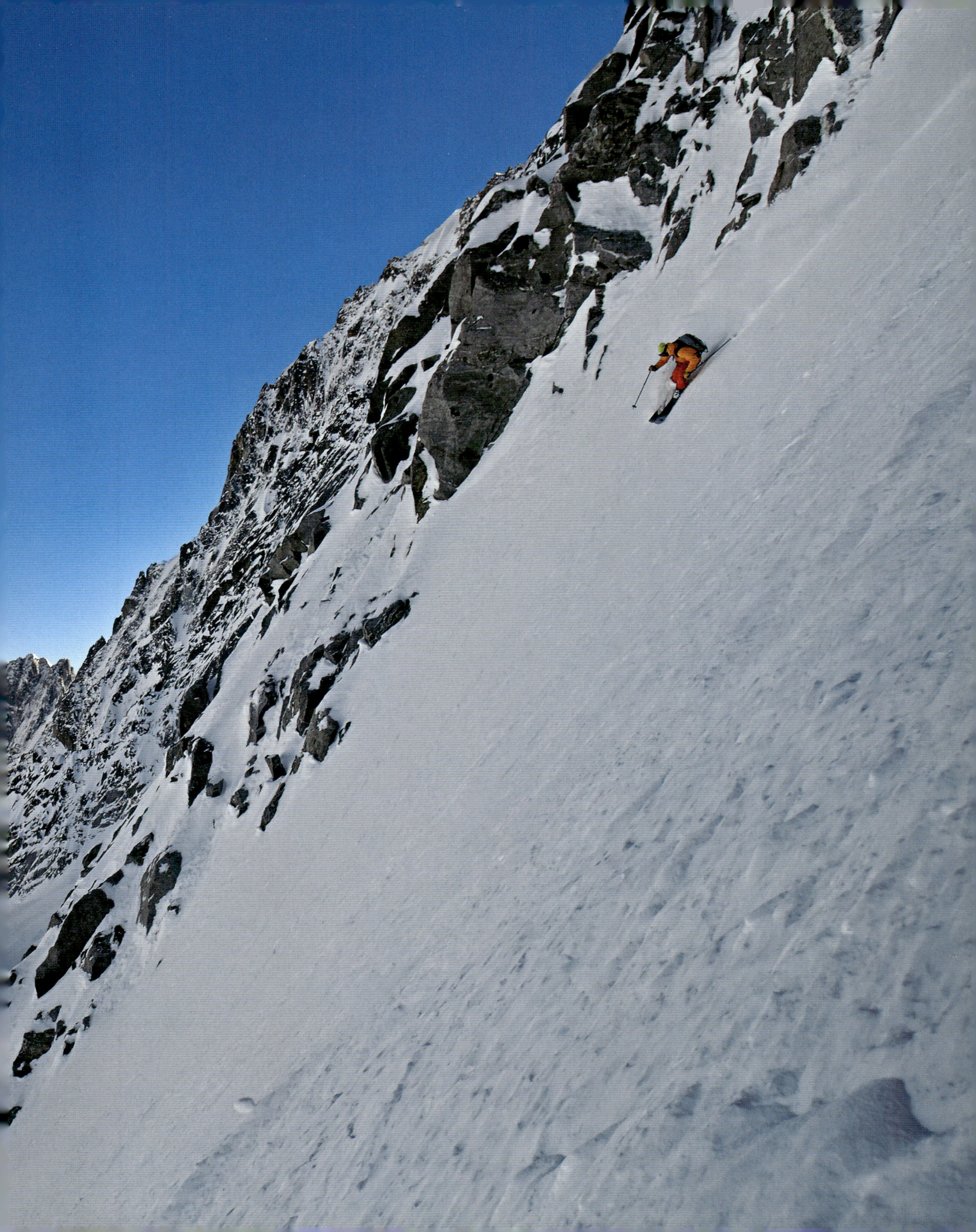

Jeremy Bernard   Zermatt, Schweiz

Stefan Neuhauser · Riedberger Horn, Balderschwang, Deutschland · Anna Hagspiel

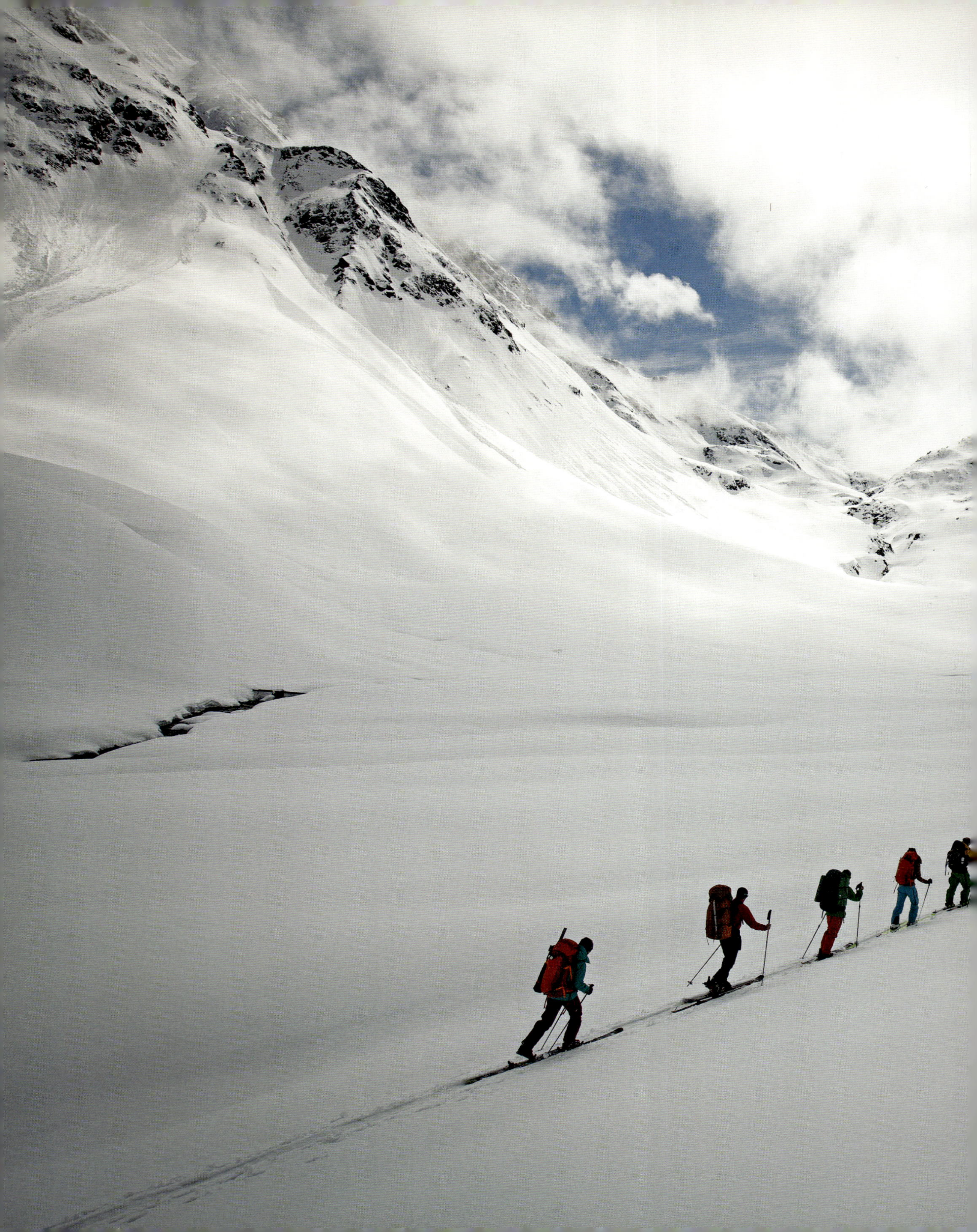

Baschi Bender — Vereinatal, Schweiz

Jonas Blum · Lötschental, Schweiz · Matthias Egger

MATERIALSPARENDE ABSEILSTÄNDE Wenn das Problem auftritt, dass wir ungeplant abseilen müssen und Material sparen müssen, um genug Abseilstellen bis zum Boden einzurichten, können wir anfangen, materialsparende Abseilstände einzurichten.

Anmerkung: Dies ist eine Notfallmaßnahme, die wir nur anwenden sollten, wenn keine besseren Alternativen vorhanden sind und wir tatsächlich nicht genug Material mit uns führen, um den Boden zu erreichen!

Ein materialsparender Abseilstand wird immer mit temporären Fixpunkten hintersichert und dann durch das schwerste Teammitglied getestet. Das leichteste Teammitglied seilt zuletzt ab und nimmt das Material der Hintersicherung mit.

Im Fels Wir benutzen mobile Sicherungen, wie Friends oder Klemmkeile, um einen Hauptfixpunkt zu schaffen und erweitern diesen mit weiteren Punkten, indem wir dicke Knoten in die Enden von Schnüren binden und diese – ähnlich Klemmkeilen – in Risse oder Spalten quetschen. Mit dem Pickel können wir sie in gute Positionen drücken.

Im Eis Wir machen eine einfache Sanduhr, für die wir nur rund einen Meter Schnur brauchen und hintersichern diese temporär mit einer Eisschraube.

Der sich selbst auflösende Abseilstand Bei dieser Technik, einen Abseilstand aufzubauen, lassen wir kein Material am Stand zurück. Der Nachteil ist jedoch, dass wir nur über $1/3$ der Seillänge abseilen können und die Methode anfällig für Fehler ist, die schnell fatale Auswirkungen haben können. Außerdem wäre es von großem Vorteil, wenn wir die gesamte Abseilstrecke einsehen könnten.

Für den selbstauflösenden Abseilstand stecken wir eine passende Bandschlinge durch den Fixpunkt (oder mehrere) oder legen sie um einen Fixpunkt herum (z. B. Baum, Felsnase). Ein Seilende wird mittels einfachem Sackstich in die Schlinge gebunden, während das andere durch die Schlaufen der beiden Schlingenarme hindurchgesteckt und das Ende mit einem Achterknoten gesichert wird. Nun wird die Seillänge so justiert, dass das Seil in drei Bahnen zum Boden (bzw. nächstem Abseilstand) reicht: Vom Knoten in der Schlinge in einer Schlaufe zum Boden und wieder zurück, durch die Schlinge hindurch und zum anderen Seilende am Boden.

Jetzt können wir uns mit dem Abseilgerät in die beiden Stränge, die als Schlaufe durch die Schlinge laufen (Achtung Lebensgefahr! Nicht in den Strang einhängen, der in der Schlinge eingeknotet ist!), einbinden und an diesen abseilen. Unten angekommen entfernen wir den Sicherungsknoten aus dem Seilende und ziehen das Seil am Schlaufenende ab. Sobald das Seilende aus der Schlinge gezogen wird, ist diese frei und fällt, durch das Gewicht des Seiles gezogen und mittels Knoten an dieses gebunden, herab und Seil und Schlinge stehen uns wieder zur Verfügung (Abb. 99).

Anmerkung: Durch den Knoten und die Schlinge am Seilende ist die Gefahr, dass sich das Seil beim Abziehen verhängen kann, deutlich vergrößert und wir sollten diese Technik möglichst in Gelände anwenden, in dem sich das Seil nicht leicht verhaken kann.

Aufgrund der Absturzgefahr bei Fehlhandhabungen ist es noch wichtiger als sonst, vor dem Aushängen der Selbstsicherung und dem Beginn der Abseilfahrt das Abseilgerät zu belasten und das System so zu überprüfen.

ABSEILTECHNIK Abseilen ist relativ einfach und kann viel Spaß machen, zu unserer Sicherheit sollten wir die nötigen Schritte aber verinnerlichen und immer gleich ablaufen lassen.

Selbstsicherung einhängen Zuallererst hängen wir uns mit dem Verschlusskarabiner am Ende der „Nabelschnur" in den Stand ein. So gesichert können wir das Seil richtig einhängen und uns zum Abseilen ins Seil einhängen (Abb. 100).

Tipp: Wir sollten dabei die Selbstsicherung immer belasten, damit uns nicht jemand anders aus Versehen aushängt, weil er die Karabiner verwechselt.

Dritte Hand anbringen Wir befestigen einen Klemmknoten (meist Prusik) um beide Seilstränge und hängen diesen mittels Verschlusskarabiner in die Anseilschlaufe. So gesichert wird der Klemmknoten das Seil greifen und unsere Abseilfahrt stoppen, wenn wir ihn loslassen. Er dient uns somit als „Dritte Hand", wenn wir beide Hände brauchen (z. B. um den nächsten Stand einzurichten), aber auch als Absicherung für den Notfall.

Tipp: Die „Dritte Hand" kann bereits am Seil angebracht werden, während der Vorherige noch abseilt.

Abseilgerät einhängen Nun hängen wir das Abseilgerät in beiden Seilsträngen ein und befestigen es mit einem Verschlusskarabiner im mittleren Punkt der „Nabelschnur". Wir ziehen dabei das Abseilgerät so hoch, dass unsere Last, wenn wir uns in den Gurt hängen, auf dem Abseilgerät lastet und unsere Selbstsicherung im Stand unbelastet ist. So überprüfen wir, ob wir uns richtig eingehängt haben.

Tipp: Zieht man vorher etwas Seil nach oben durch die „Dritte Hand", hält diese das Seilgewicht, das Seil oberhalb ist locker und das Einfädeln des Abseilgerätes ist deutlich einfacher.

Abseilen Haben wir durch Belasten überprüft, dass wir uns richtig eingehängt haben, können wir die Selbstsicherung aus dem Stand aushängen und mit der Abseilfahrt beginnen. Dabei umgreifen beide Hände die Seilstränge unterhalb des Abseilgeräts, wobei die untere gleichzeitig den Bremsknoten der „Dritten Hand" aufhält, und wir lassen kontrolliert Seil in das Abseilgerät laufen (Abb. 101).

Dabei lehnen wir uns optimalerweise zurück und stehen breitbeinig, wobei die Beine möglichst rechtwinklig zur Oberfläche stehen.

Der erste Abseilende einer Gruppe muss möglicherweise zwischendurch das Seil erneut nach unten werfen, wenn es sich irgendwo verfangen hat oder auf Vorsprüngen liegen geblieben ist. Der Letzte achtet darauf, dass das Seil nicht durch Risse oder Spalten läuft, sodass es sich beim Abziehen nicht darin verklemmt.

Unten angekommen, ziehen wir schnell etwas Seil durch Bremsknoten und Abseilgerät, damit das Seil frei hängt und der Nächste sich einhängen kann. Dann hängen wir uns aus und entfernen uns, wenn möglich, aus dem Gefahrenbereich.

Tipp: Seilen wir mehrere Seillängen hintereinander ab, hängen wir zuerst die Selbstsicherung in den Stand ein, überprüfen und verbessern diesen, wenn nötig, und lassen uns dann weiter ab, bis das Seil nicht mehr belastet ist und wir im Stand hängen. Erst dann hängen wir uns aus (Abb. 102).

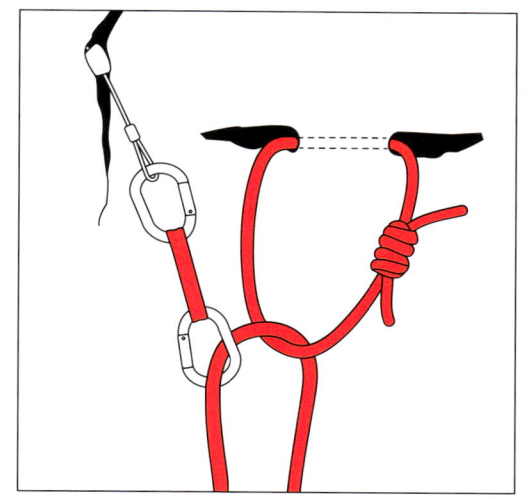

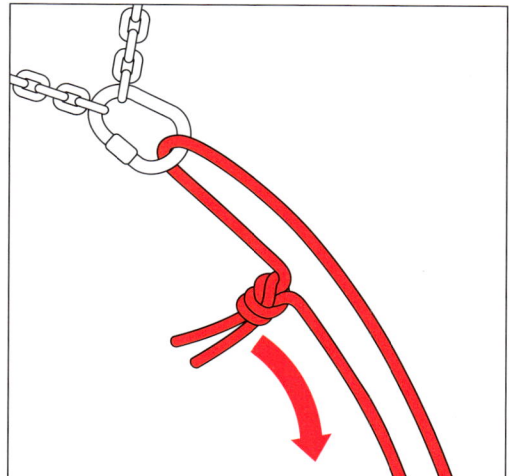

096 Abseilstand mit Backup

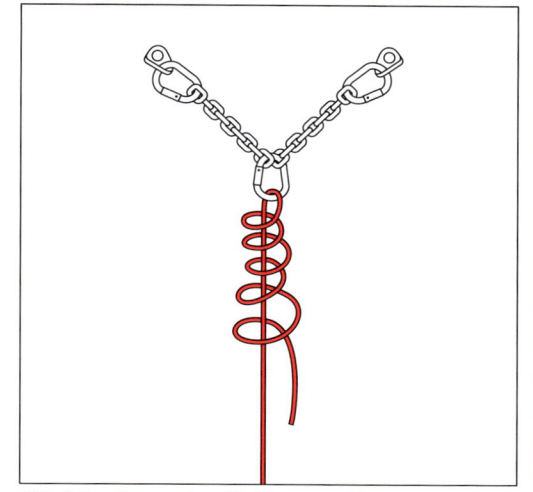

097 Der Knoten liegt felsseitig im Abseilstand.

098 Seilenden vor dem Abziehen separieren

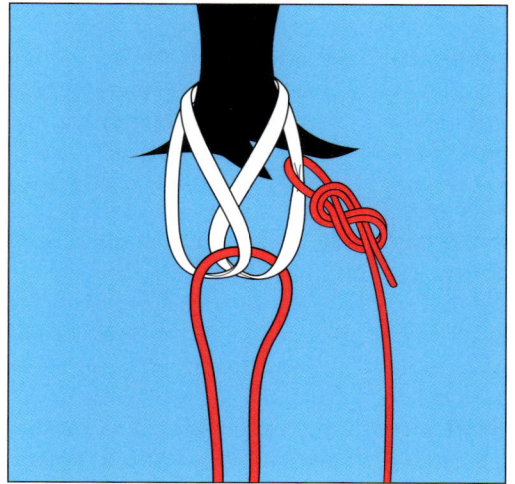

099 Der sich selbst auflösende Abseilstand

Tipp: Seilen wir uns aus einer Wand hinunter auf schneebedeckten Untergrund, von wo aus wir auf Ski weiterwollen, sollten wir dort ein Plateau vorbereiten – entweder durch Treten oder mit der Schaufel. Auf diesem Plateau können wir problemlos die Ski anschnallen, solange wir noch am Seil hängen.

Anmerkung: In der Regel seilt der Erfahrenste zuerst ab. Sind andere Teammitglieder sehr unerfahren, können diese sich bereits oberhalb ins Seil einhängen, bevor der Erste abseilt.

Kommandos beim Abseilen Auch beim Abseilen ist klare Kommunikation wichtig. Damit Probleme vermieden werden und die Seilschaft zügig vorankommt, empfiehlt es sich, wenn wir folgende zwei Kommandos verwenden:
- „Achtung, Seil!" rufen wir, wenn wir die Seilenden nach dem Einhängen in den Stand nach unten werfen, damit sich unter uns befindende Seilschaften auf diese Gefahrenquelle einstellen können.
- „Seil frei" ist das Kommando, wenn wir unten angekommen sind und entweder genug Schlappseil durch Durchziehen durch das Abseilgerät erzeugt haben oder uns ausgehängt haben. So wissen die Nachkommenden, dass sie sich in das Seil einhängen und folgen können.

Improvisierte Abseilbremse Falls wir unser Abseilgerät verlieren sollten, können wir uns eines aus Karabinern zusammenstellen (Abb. 103).

Wann immer möglich sollten wir vermeiden, einen Halbmastwurf als Abseilbremse zu verwenden, da die daraus resultierende Verdrehung des Seils nicht nur zu einem wahren Krangelfest führt, sondern das Seil sich dadurch auch leichter beim Abziehen verhakt.

Taktiken und Problemlösung Es gibt eine Möglichkeit, wie wir im Schnee vermeiden können, Abseilstände einrichten zu müssen, wenn wir z. B. eine kurze, aber steile, exponierte Passage auf Schnee hinab zu einem Felsanker überwinden müssen, von dem aus wir weiter abseilen:
- Skifahrer A sichert Skifahrer B mit einem improvisierten Anker (mit Ski oder Pickel) und Körpersicherung, um ihn zum Stand am Fels abzulassen.
- Skifahrer B macht Stand und sichert von dort aus Skifahrer A, während dieser abklettert.

Falls die Passage exponiert ist, muss Skifahrer B Zwischensicherungen an Fels oder Eis anbringen, um Skifahrer A ausreichend zu sichern, während dieser abklettert. Mindestens eine Zwischensicherung sollte in der Nähe des Standes platziert werden, um einen Faktor-2-Sturz auszuschließen. Falls Zwischensicherungen nicht möglich sind (da nur Schnee vorhanden ist), ist die sicherste Option, einen Anker am Einstieg zu errichten und abzuseilen:
- Skifahrer B platziert während des Ablassens Zwischensicherungen und errichtet nach der Passage bei dem vorhandenen Felsanker einen Stand im Fels, der einen Vorsteigersturz halten kann.
- Skifahrer B sichert Skifahrer A, während dieser den Anker am Einstieg abbaut und über die Zwischensicherungen abklettert. Es bleibt kein Material zurück.
- Wenn beide am Anker angekommen sind, wird wie gewohnt abgeseilt.

GRUNDLAGEN DER KAMERADENRETTUNG IM SKIBERGSTEIGEN

Kameradenrettung ist ein komplexes Thema, das viel Wissen über verschiedene Techniken benötigt, damit man situationsangepasst improvisieren kann – und mit ein bisschen Fantasie können einem leicht unzählige Albtraumszenarien einfallen. In diesem Buch kann jedoch nur in Grundzügen auf ein paar einfache Techniken, die in der Kameradenrettung nützlich sind, eingegangen werden. Es gibt gute Bücher zur Kameradenrettung und ebenfalls gute Kurse. Praxis in der Anwendung der Methoden ist hier das A und O. Wenn man erst im Ernstfall herausfinden muss, wie etwas geht, ist es zu spät!

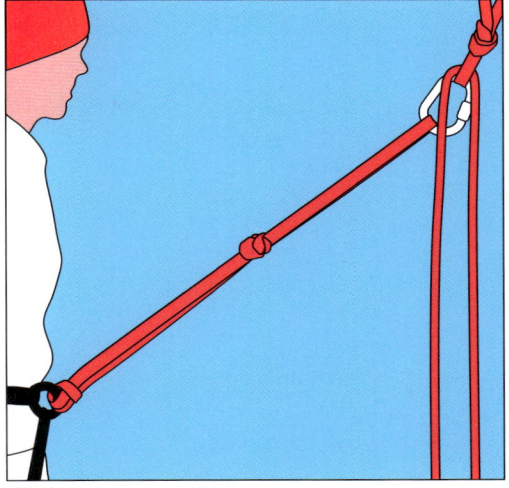

100 Selbstsicherung einhängen

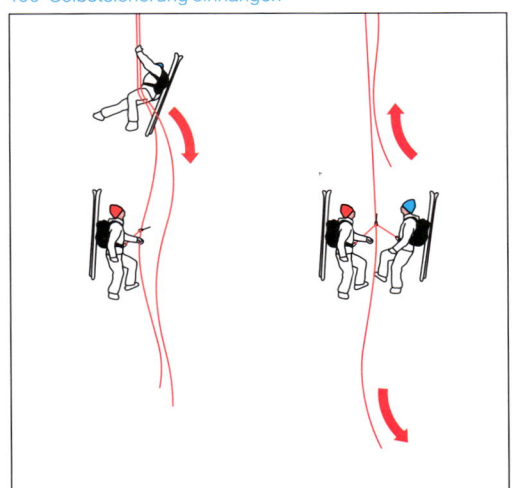

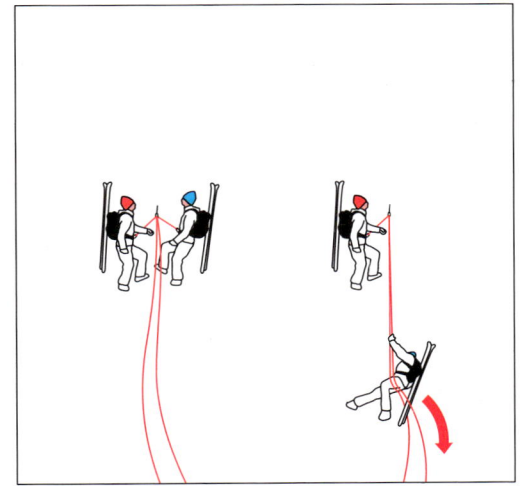

101 Abseilen

102:1 Abseilen über mehrere Seillängen

102:2 Abseilen über mehrere Seillängen

Allerdings ist Kameradenrettung beim Skibergsteigen generell einfacher als beim Sportklettern oder Sommerbergsteigen. Und zwar weil wir uns selten in so schwierigem Klettergelände fortbewegen, dass der gestürzte Verletzte frei im Seil an der Wand hängt und keine Möglichkeit besteht, ihn einfach zum Boden abzulassen.

Falls möglich, sollten wir immer zusammen abseilen. Ist der Verletzte nicht fähig, allein abzuseilen, kann aber aktiv beim Abseilen mithelfen und zumindest auf seinen Beinen stehen, seilen wir im Tandem ab. Dazu wird der Verletzte mit seiner verkürzten „Nabelschnur" ebenfalls in unser Abseilgerät eingehängt, sodass er oberhalb in unseren Armen hängt, ohne auf uns zu lasten. Nun seilen wir gemeinsam ab (Wichtig: gute Hintersicherung mit Prusik, Seilklemme oder Ähnlichem).

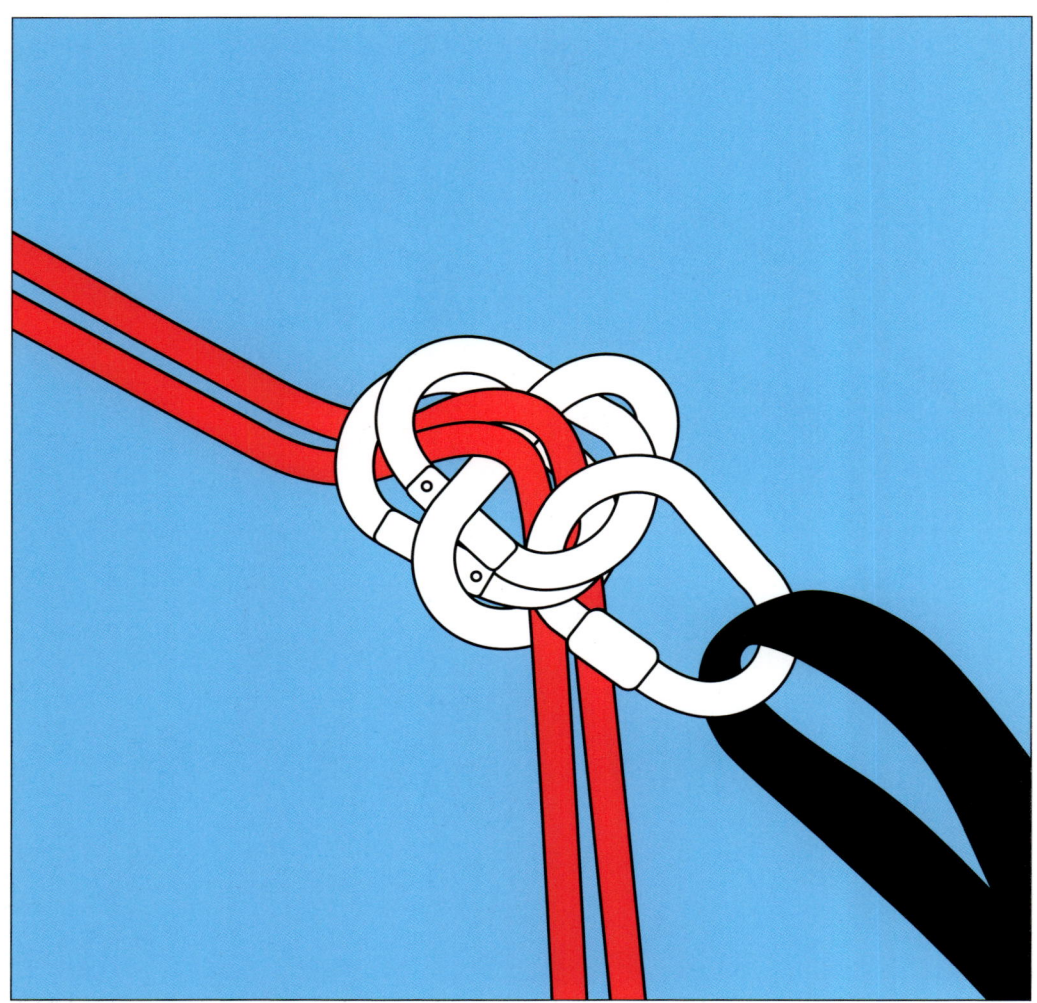

103 Improvisierte Abseilbremse mit Karabinern

Ist auch das Abseilen im Tandem nicht möglich, lassen wir den Verletzten ab und seilen nach ihm ab. Dabei müssen wir im Kopf behalten, dass wir ihn nur die halbe Seillänge ablassen können, falls wir abseilen wollen. Andernfalls lassen wir ihn ganz ab und klettern ab.

Falls Zeit eine Rolle spielt und wir Gelände erreichen können, in dem wir zu Fuß weiterkommen können, seilen wir den Verletzten mit zwei oder mehreren zusammengeknoteten Seilen (auch Halb- oder Zwillingsseile sowie ausreichend starke Reepschnüre) ab. Wir fixieren dazu das Seil an einem Ende am Abseilstand und seilen uns selbst an einem Seilstrang ab. In diesem Fall müssen wir wissen, wie man über einen Knoten hinweg ablässt oder abseilt. Das Seil bleibt dabei zurück.

ABLASSEN ÜBER EINEN KNOTEN HINWEG (Abb. 104)
- Wir lassen mittels HMS an einem Fixpunkt ab. Zusätzlich benutzen wir einen Prusik an einer langen Reepschnur, die mittels Bergrettungsknoten in einen Karabiner am Zentralpunkt eingebunden ist.

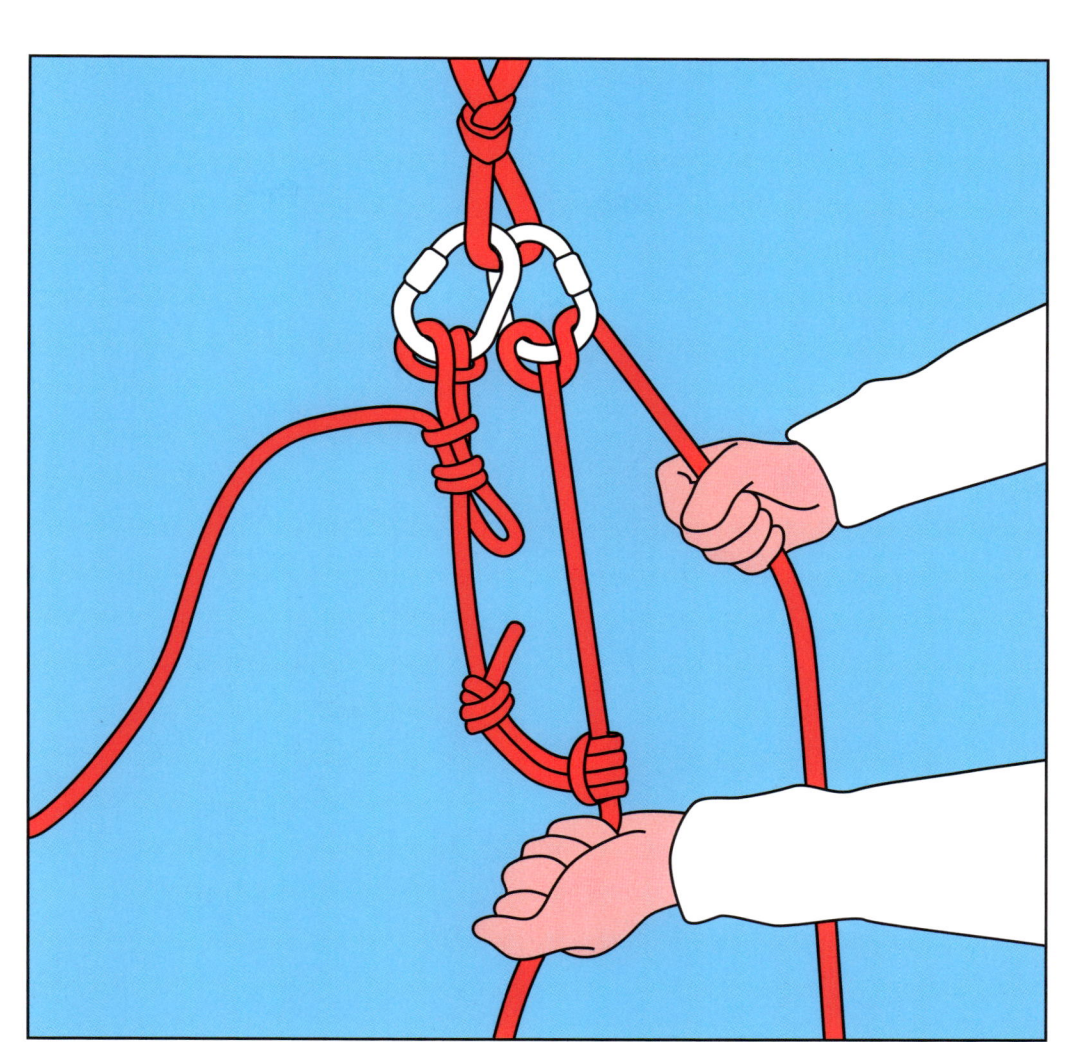

104:1 Ablassen über einen Knoten hinweg

- Wenn wir den Knoten im Seil erreichen, lassen wir den Klemmknoten das Gewicht übernehmen.
- Nun hängen wir das Seil hinter dem Knoten mittels Halbmastwurf in einen neuen Karabiner ein und binden den Halbmastwurf mittels Schleifknoten und Hintersicherung ab. Anschließend entfernen wir den ersten Halbmastwurf.
- Nun lösen wir den Schleifknoten am Bergrettungsknoten der Reepschnur und lassen mittels des Halbmastwurfes an der Reepschnur das Seil langsam weiter ab, bis die Last auf dem hinter dem Knoten liegenden Halbmastwurf im Seil lastet.
- Wir entfernen den Prusik. Wollen wir die Autoblockierfunktion des Prusik weiter nutzen, oder kommt ein weiterer Knoten, bringen wir ihn oberhalb des Knotens im Seil wieder an und fixieren auch den Bergrettungsknoten neu (Achtung: Reepschnur wieder verkürzen, sonst geht beim nächsten Ablassen die Schnur aus).

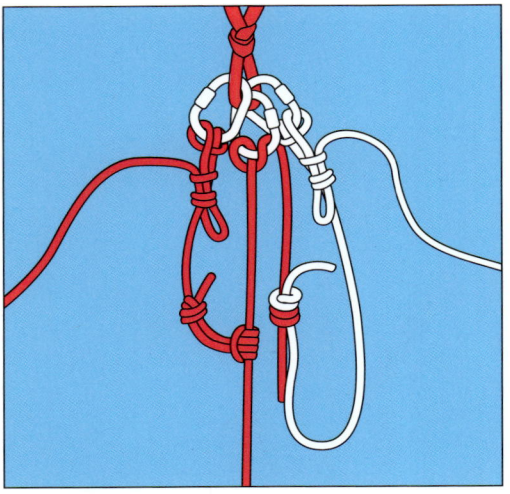

104:2 Ablassen über einen Knoten hinweg

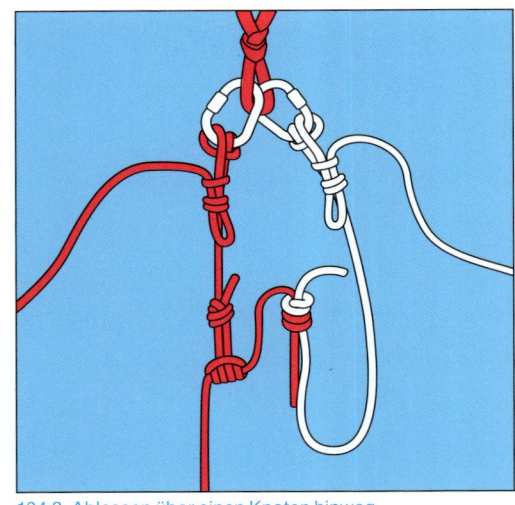

104:3 Ablassen über einen Knoten hinweg

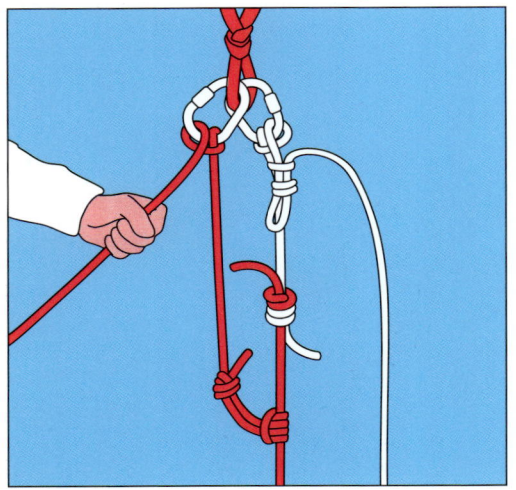

104:4 Ablassen über einen Knoten hinweg

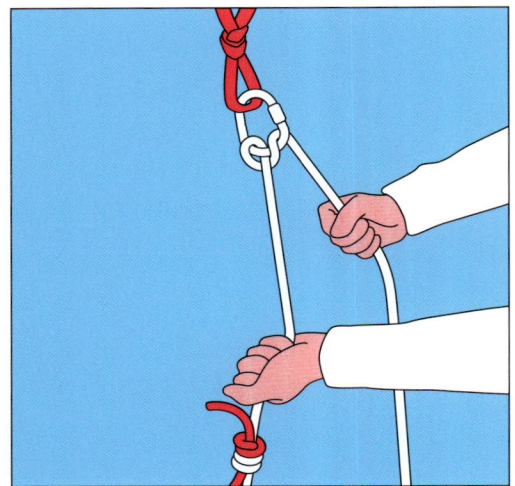

104:5 Ablassen über einen Knoten hinweg

- Nun wird der Schleifknoten, der den Halbmastwurf im Hauptseil sichert, gelöst und wir können den Verletzten weiter ablassen.

Haben wir keine Reepschnur, die lang genug ist, können wir auch eine kurze Prusikschlinge an eine Bandschlinge hängen. Dann müssen wir den Prusik aber dosiert öffnen, um den Lasttransfer zu ermöglichen, was sehr viel Fingerspitzengefühl verlangt.

ABSEILEN ÜBER EINEN KNOTEN HINWEG (Abb. 105)
- Wir platzieren einen weiteren Prusik zusätzlich zu unserer Dritten Hand oberhalb des Knotens und klippen ihn mit einer Bandschlinge, die per Ankerstich in der Anseilöse befestigt ist, ein und lösen den unteren Prusik (unsere „Dritte Hand").

105:1 Abseilen über einen Knoten hinweg

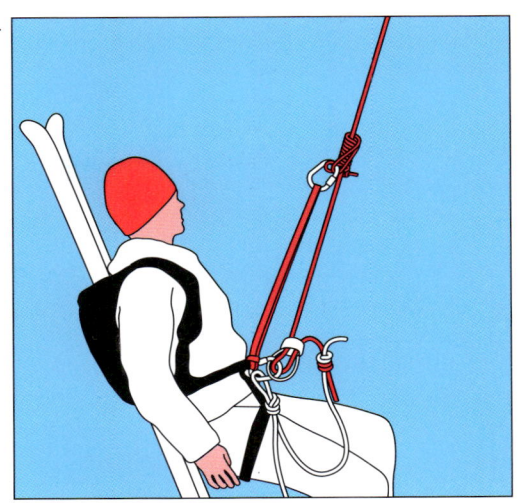

105:2 Abseilen über einen Knoten hinweg

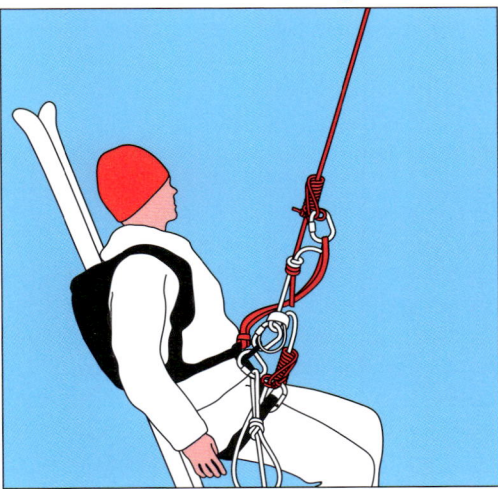

105:3 Abseilen über einen Knoten hinweg

105:4 Abseilen über einen Knoten hinweg

Wir machen eineinhalb Meter unterhalb des zu überwindenden Knotens einen Sackstich als Hintersicherung in das lose Seil und klippen diesen mit einem Verschlusskarabiner in die Anseilöse.
- Nun seilen wir so weit ab, dass der obere Prusik unsere Last trägt und nehmen das Seil aus dem Abseilgerät, um es unterhalb des Knotens wieder einzuhängen. Wir hängen die „Dritte Hand" wieder ein.
- Wir lockern den oberen Prusik, bis die Last auf das Abseilgerät übertragen wird. Dabei verhindert die „Dritte Hand", dass das Seil weiter durch das Abseilgerät läuft.
- Wir entfernen den oberen Prusik und den hintersichernden Sackstich und fahren mit dem Abseilen fort.

ANPASSEN AN DAS GELÄNDE

Für beliebte Gebiete findet man meist Führerliteratur mit allen nötigen Informationen. Wenn man in unbekannte Gebiete kommt und neue Führer verwendet, sollten wir erst mal langsam machen. Wir sollten ein Gefühl dafür entwickeln, wie präzise der Führer ist, wenn es um Angaben zu Schwierigkeiten, Zeitbedarf, benötigtem Material und generelle Informationen geht.

Wir sollten sicherstellen, dass die Führerliteratur nicht veraltet ist. Bedingungen ändern sich. Was einmal eine leichte Gletscherpassage war, kann nun eine glatte Felsplatte sein, die unmöglich zu überwinden ist. Falls keine Führerliteratur vorhanden ist, müssen wir beobachten, mit Ferngläsern die Wände betrachten und Ortskundige befragen. Diese sind oft, vorausgesetzt man findet den richtigen Zugang, ein Fass ohne Boden, was nützliche Tipps und Informationen zu den aktuellen Bedingungen angeht.

Wenn wir an einen Ort kommen, an dem wir noch nicht waren, sollten wir uns selbst ein paar Fragen stellen, bevor wir unseren Rucksack packen: Wo sind wir? Was haben wir vor zu machen? Wie sind die voraussichtlichen Bedingungen? Wer kommt mit?

Nachdem wir all diese Fragen beantwortet haben, können wir uns entscheiden, was wir mitnehmen. Die Standardausrüstung besteht aus zweitem Pickel/Eisgerät, Helm, Gurt, Seil(en) und Material zum Standplatzbau (zum Sichern und zum Abseilen).

Für Fixpunkte im Schnee: ein Schneeanker zum Abseilen

Für Fixpunkte im Eis: zwei Expressschlingen (60-cm-Schlingen), zwei Eisschrauben für mögliche kurze Eiskletterpassagen. Drei bis vier Eisschrauben und Expressschlingen, falls die Firn-/Eispassage nicht zu steil ist, aber mehrere Seillängen lang sein könnte. Fünf bis sechs Eisschrauben und Expressschlingen, wenn die Eiskletterei schwieriger ist und über mehrere Seillängen geht.

Für Fixpunkte im Fels: vier Expressschlingen (60-cm-Schlingen), vier Klemmkeile (Größe 3, 5, 7 und 9), zwei Friends und ein paar Schlaghaken. Das ist die volle Ausrüstung für den Normalgebrauch mit Ski auf dem Rücken. Falls die Felskletterpassagen kurz sind, sollte man die Ausrüstung minimieren, angefangen bei den Friends und aufhörend bei den Schlaghaken.

010

SKIFAHREN AUF GLETSCHERN

Ein Kassettenrekorder und ein Satz Fonduegabeln – das waren bei meiner ersten Haute Route die wichtigsten Gegenstände in meinem Rucksack.

Als ich das erste Mal auf dem Mont Fort stand und in der Ferne das Matterhorn sah, fühlte ich mich sofort von der atemberaubenden Landschaft aus Fels, Eis und Schnee angezogen. Ein Freund hatte mir von der Haute Route erzählt. Ich war fasziniert von der Gletscherlandschaft und beschloss die Durchquerung nach Zermatt so bald wie möglich anzugehen. Es gab nur ein Problem: Meine Freunde und ich waren Skifahrer und Sportkletterer, keine Bergsteiger. Wir lösten dieses kleine Problem, indem wir es ignorierten.

Mitten im Februar brachen wir auf, mit riesigen Rucksäcken und schmalen Telemarkski. Es war früh in der Saison und wir mussten den ganzen Weg spuren und navigieren. Es war eine gute Erfahrung. Nicht unbedingt weil jede Minute Spaß gemacht hat, sondern weil ich viel gelernt habe. Wir hatten keine Ahnung von Spaltenbergung. Wir spurten über diese riesigen Gletscher, das Seil zwischen uns gespannt wie eine Gitarrensaite, und beteten, dass niemand in eine Spalte fallen würde. „Kein Problem!" und „Wir improvisieren einfach!" – solche Sachen riefen wir uns zu. Ich wusste, wie man mit Prusikschlingen an einem Seil hochklettert, hatte aber keine Ahnung, was es heißt, einen Sturz zu halten. Ich hoffte also, dass, sollte wirklich etwas passieren, ich derjenige sein würde, der in eine Spalte fiele.

Die Tage waren lang und hart und wir waren gezwungen, Entscheidungen zu treffen, die wir nicht zu treffen gewohnt waren. Aber das Käsefondue am Abend und die Doors, die aus den kaputten Lautsprechern sangen, ließen uns das alles vergessen. Als wir es endlich nach Zermatt geschafft hatten, fühlten wir uns wie Kriegshelden.

Wenn ich heute die Haute Route gehe, muss ich an bestimmten Stellen lachen, weil sie mich an damals erinnern. Der ernsthafte Teil meiner Persönlichkeit wünscht sich dann immer, dass ich damals etwas nützlichere Fähigkeiten gehabt hätte. Ich hatte einen unerschöpflichen Vorrat an Energie und Liebe zu den Bergen, aber dauernd erst aus Fehlern lernen zu müssen, war mühsam.

Trotzdem – hätte ich damals ein Buch wie dieses gehabt – hoffe ich, dass ich auch zwischen den Zeilen gelesen hätte. Fonduegabeln sind zwar schweres Zusatzgepäck, aber sie bieten Lebensqualität. Sie mitzunehmen war damals richtig und heute ist es auch richtig.

Spalten sind eine der Hauptgefahren in vergletschertem Gelände. Solang die Spalten offen sind, kann man sie leicht umgehen. Im Winter sind sie allerdings unter dem Schnee versteckt. Wir können sie daher gar nicht oder nur schwer erkennen. Viele Leute glauben, dass Bergführer genau wissen, wo die Spalten sind, und ihre Route dementsprechend anlegen. In Wirklichkeit wissen sie es nicht. Wenn man versteht, wie sich ein Gletscher bewegt, kann man abschätzen, wo sich Spalten bilden können. Nur mit dem richtigen Timing (wenn die Spalten aufgefüllt und Schneebrücken stabil sind) und der richtigen Technik (anseilen oder nicht) können wir uns sicher auf Gletschern bewegen.

GLETSCHER

Wenn an einer bestimmten Stelle jedes Jahr Schnee den Sommer überdauert, bildet sich ein permanentes Schneefeld und nach einiger Zeit ein Gletscher. Der Druck, der durch das Gewicht der Schneedecke auf die unteren Schneeschichten wirkt, wird irgendwann so groß, dass der Schnee zu Eis wird.

In 20–30 m Tiefe ist der Druck auf das Gletschereis so groß, dass sich die Konsistenz des Eises verändert: Es wird plastischer und kann wie zähes Plastik dank der Schwerkraft langsam den Berg hinunterfließen. Der Druck im Gletscher sorgt dafür, dass die Eiskristalle sich verformen und untereinander verschieben. Zusätzlich lässt das Gewicht des Gletschers – vergleichbar mit einer Schlittschuhkufe – durch den Druck zwischen Gletscher und Fels und der dabei wirkenden Druckverflüssigung eine Wasserschicht entstehen, auf der der Gletscher hinabgleiten kann. Die Mächtigkeit des Gletschers, sein Gefälle und die Temperatur bestimmen dabei die Fließgeschwindigkeit. Diese ist aber nicht im gesamten Gletscher gleich. Durch Geländehindernisse, Biegungen und Veränderungen des Gefälles sind die nötigen Fortbewegungsgeschwindigkeiten in den Außenkurven größer als in den Innenkurven und es kommt zu Spannungen im Gletscher. Auch wenn mehrere Gletscherarme zusammenfließen, kommt es zu Spannungen. Die oberen 20–30 m des Eises bleiben aufgrund des geringeren Drucks hart und spröde, reißen durch die Spannungen und bilden Spalten, Bergschrunde und Eisbrüche, wenn sich die unteren Eismassen langsam bergab schieben. In sehr kalten Gegenden (Arktis, Antarktis, Himalaya) kann die spröde Schicht im Eis tiefer hinabreichen (Abb. 001).

Eisbrüche und Seracs entstehen, wenn der Gletscher über eine Steilstufe oder einen Felsabbruch fließt. Das Eis ist dort sehr instabil und bedeutet für uns eine große Gefahr. Man weiß nie, wann Eisbrocken abbrechen. Daher sollte man sich nicht unter Eisbrüchen oder Seracs aufhalten. Wenn wir das aus irgendeinem Grund nicht vermeiden können, müssen wir die Gefahrenzone so schnell wie möglich wieder verlassen. Es wäre unter Umständen akzeptabel, 5 Minuten unter einem Eisbruch abzufahren, aber nicht, eine Stunde lang dort aufzusteigen (Abb. 002).

Die meisten Gletscher bewegen sich weniger als einen Meter am Tag. Die schnellsten schaffen aber bis zu 30 m am Tag (z. B. in Grönland oder der Antarktis). Bevor wir in ein neues Gebiet reisen, sollten wir uns daher über die dortigen Gletscher informieren.

SPURANLAGE

Auf einem komplexen Gletscher kommen all unsere skibergsteigerischen Fähigkeiten auf den Prüfstand. Bei der Routenwahl müssen wir viele Gefahren beachten: Spalten, Seracs, Lawinen etc. Unser Wissen über mögliche Spaltenzonen, kombiniert mit Geländekenntnissen und Informationen aus Karten und Führern, hilft uns bei der Planung. Die Karte zeigt uns jene Bereiche, in denen sich Spalten vermehrt bilden und auch andere gefährliche Stellen. Wir sollten sie genau studieren. Darauf achten, dass die Karte nicht zu alt ist! Gletscher können sich von Jahr zu Jahr stark verändern.

Wenn wir sehr früh unterwegs sind, hilft eine gute Stirnlampe bei der Spuranlage.

Spalten bilden sich durch die Bewegung des Eises und verändern sich mit der Zeit. Manche öffnen sich, andere schließen sich. Das Gelände, das die Fließbewegung des Eises mitbestimmt, verändert sich hingegen nicht. Obwohl sich einzelne Spalten ständig neu bilden, bleiben die Spaltenzonen im gleichen Bereich.

Bergschrund Ein Bergschrund ist eine Spalte, die sich am oberen Ende eines Gletschers zwischen dem Eis, das am Berg festgefroren ist, und dem fließenden Eis des Gletschers bildet. Einen Bergschrund im Aufstieg oder bei der Abfahrt zu überqueren, kann einfach oder sehr schwierig sein. Beim Aufsteigen müssen wir nach Stellen Ausschau halten, an denen der Bergschrund schmal ist oder von einer Schneebrücke überspannt wird. Wenn wir von oben kommen und es steil ist, können wir oft nur schwer sehen, wo wir ihn gut überqueren können. Also sollten wir die Überquerung möglichst vorher planen, z. B. indem wir unsere Abfahrtsroute vom Gegenhang aus studieren. Ist der Bergschrund groß und offen, dürfen wir oberhalb davon nicht stürzen. Meistens können Bergschrunde relativ einfach mit einem kleinen, kontrollierten Sprung überquert werden, oft kann man auch problemlos darüberfahren. Ist dies nicht der Fall, müssen wir in der Lage sein, in Fels, Eis oder Schnee einen Anker zu bauen und uns abzuseilen.

Randkluft Eine Randkluft entsteht durch das Abschmelzen des Gletschers am Rand, wo er mit wärmerem Gestein in Berührung kommt. Dadurch entsteht eine Kluft zwischen Eis und Fels.

Randzone Die Randbereiche einer Gletscherzunge fließen meist langsamer als jene Bereiche in der Mitte, da sie meist weniger mächtig sind und zusätzlich durch das anstehende Gestein des Geländes gebremst werden. Dadurch entstehen im Randbereich bevorzugt diagonal zur Flussrichtung des Gletschers verlaufende Spalten.

Konvexe Hänge Spalten bilden sich in konvexem (nach außen gewölbtem) Gelände, da dort Spannungen im Eis entstehen.

Biegungen Wenn der Gletscher eine Biegung macht, bilden sich vor allem am äußeren Rand der Biegung Spalten. Auch am inneren Rand können Spalten entstehen.

Felssporne Wenn ein aus dem Eis ragender Felssporn (Nunatak) das Fließen des Gletschers behindert, bilden sich Spalten. Außerdem bilden sich um Felsen herum häufig große Windkolke. Diese sind zwar nie von Schneebrücken verdeckt, können bei schlechter Sicht dennoch eine nicht unerhebliche Gefahrenquelle bilden.

Änderung der Gletscherbreite Wenn der Gletscher breiter oder schmaler wird, z. B. weil zwei Gletscher zusammenfließen oder das Tal enger wird, entstehen ebenfalls Spalten. Wird der Gletscher breiter, ist besondere Vorsicht geboten, da sich Spalten in Längsrichtung bilden. Meist befinden sich die Spalten damit parallel zu unserer Bewegungsrichtung und damit erhöht sich nicht nur die Gefahr eines Absturzes deutlich, sondern auch die potenziellen Folgen (die gesamte Seilschaft kann mit einer Schneebrücke einbrechen) werden besonders schwerwiegend (Abb. 003).

Andere Gefahren Eisstürze: Wir sollten vermeiden, uns unter gefährlichen Eisbrüchen aufzuhalten.

Spät in der Saison kann es problematisch sein, vom Gletscher herunterzukommen. Der Schnee schmilzt in unteren Lagen und hinterlässt Eis, das sich über dem Boden wölbt, oder steile Platten, über die wir schlecht hinunterkommen. Entweder fahren wir nur, wenn noch ausreichend Schnee liegt, oder wir seilen uns ab.

Schlechte Sicht: Auch bei guter Sicht kann es schwierig sein, den Weg zu finden. Wenn wir bei Nebel oder Schneefall die Spalten erst sehen, wenn wir fast schon darauf stehen, werden Gletscher zu wahren Labyrinthen. Wenn wir keine aktuellen GPS-Wegpunkte haben, sollten wir besonders spaltenreiche Gletscher meiden. Aktuelle Wegpunkte sind Wegpunkte, die jemand letzte Woche beim Überqueren des Gletschers gemacht hat! Die Bedingungen auf einem Gletscher können sich durch die Eisbewegung, durch Schneefall oder -schmelze sehr schnell verändern! Es reicht nicht, Wegpunkte aus der Karte zu übernehmen, da diese uns nicht sagen kann, wo genau sich die Spalten befinden.

Gletschermühlen: Gletschermühlen sind runde, sehr tiefe Löcher, die sich im unteren, flachen Teil eines Gletschers bilden können. Meist sind sie zu klein, um leicht hineinzufallen. Trotzdem sollte man die Augen offen halten.

AUSRÜSTUNG

Im Folgenden wird die grundlegende Gletscherausrüstung besprochen. Wenn wir abseilen wollen oder klettern müssen, brauchen wir zusätzliches Material. Wir wählen unsere Ausrüstung immer so, dass sie zu unserer Route, den Bedingungen und unserer Erfahrung passt. Wenn wir eine Tourenbindung und Felle haben, besteht stets auch die Möglichkeit, umzudrehen und entlang der Abfahrtsspur wieder aufzusteigen. Wie immer muss jedes Mitglied der Gruppe LVS-Gerät, Schaufel und Sonde dabei haben.

Welche Ausrüstung jeder von uns persönlich mitführt, hängt davon ab, ob wir angeseilt gehen oder nicht und welche Möglichkeiten der Spaltenbergung wir uns offen lassen wollen. Dementsprechend tragen wir selbst mehr am Gurt oder können mehr Material in der Gruppe aufteilen. (Aufgeteiltes Material muss im Sturzfall für die auf dem Gletscher Verbleibenden verfügbar sein, das Material des Gestürzten in der Spalte zählt nicht! Wir können also nur die Ausrüstung des Vordersten oder Hintersten zählen, nicht beide.)

Pickel und Steigeisen können auf einem Gletscher immer nützlich sein, selbst wenn wir nicht aufsteigen, z. B. bei einer Spaltenbergung, und werden daher von jedem mitgeführt.

Gurt Jedes Mitglied der Gruppe sollte auf dem Gletscher einen Gurt tragen.

Seil Natürlich braucht die Gruppe mindestens ein Seil. Um uns auf dem Gletscher anzuseilen, zum Abseilen und für die Spaltenbergung ist ein Halbseil ausreichend. (Natürlich können wir auch ein Einfachseil verwenden, es ist lediglich schwerer.) Je nachdem, wie groß die Gruppe ist, sollte das Seil 30–50 m lang sein.

Wenn das nicht reicht, sollten wir zwei Seile mitnehmen. Ist das Seil nicht im Einsatz, wird es griffbereit ganz oben im Rucksack verstaut, sodass wir es nur herausziehen müssen.

Abseilausrüstung Zum Abseilen und für eine eventuelle Spaltenbergung haben wir ein Abseilgerät, die „Nabelschnur", drei Verschlusskarabiner und Prusikschlingen dabei.

Nabelschnur Eine 120-cm-Bandschlinge (besser: eine Schlinge aus dynamischem Seil speziell für diesen Zweck) wird mittels Ankerstich in die Anseilöse gebunden und mittig mit einem Achterknoten oder Sackstich in zwei Segmente abgebunden. Diese führt jeder von uns in der Anseilöse des Gurtes befestigt mit, wenn wir unangeseilt auf dem Gletscher gehen, um jederzeit schnell eine Selbstsicherung einrichten zu können. Das Ende fixieren wir mit einem Verschlusskarabiner über oder im Bereich der Schulter am Rucksack (Schultergurt, Spanngurt oder Trageöse). So ist es im Falle eines nicht angeseilten Spaltensturzes mit Verlust des Bewusstseins für die Retter leichter von oben erreichbar als die Anseilöse.

Bandschlinge Wir brauchen mindestens eine 120-cm-Bandschlinge, um einen Schneeanker bauen zu können. Besser führen wir zwei verteilt in der Gruppe mit, wobei eventuelle Nabelschnüre natürlich dazuzählen.

Eisschrauben Eine Eisschraube wird an den Gurt gehängt. Am besten eignen sich Eisschrauben mit integrierter Kurbel und frei rotierender Öse. So können wir uns während dem Einschrauben bereits mit der „Nabelschnur" in die Eisschraube einklipen und haben sofort einen Fixpunkt zur Selbstsicherung. Eine schnelle und daher gute Lösung!

Ist im Winter nicht mit oberflächlichem Blankeis zu rechnen, brauchen wir keine Eisschraube am Gurt und führen allerhöchstens ein bis zwei für alle Fälle in der Gruppenausrüstung mit.

Abalakov-Fädler Besteht die Möglichkeit, dass wir einen Anker in solidem Eis mittels Eissanduhren bauen können, brauchen wir einen Abalakov-Fädler und natürlich passende Reepschnur.

Handschlaufe Mit einer Reepschnurschlinge aus ca. 1,5 m Schnur von 6 mm Stärke können wir eine Prusikschlinge als Handschlaufe an das Seil binden, wenn wir angeseilt gehen. Mit der Handschlaufe erstellen wir temporäre Anker, fixieren Gegenstände oder steigen am Seil auf.

Lange Reepschnur Zur Spaltenbergung brauchen wir mindestens eine 6 mm dicke Reepschnur von ca. 5 m Länge in der Gruppenausrüstung. Wenn eine Selbstrettung aus der Spalte in Frage kommt und wir eigenständig hinaufklettern wollen, braucht jeder eine am Klettergurt verfügbar. Da Reepschnur im aufgewickelten Zustand kompakt ist, wenig wiegt und in vielen Situationen hilfreich sein kann, spricht nichts dagegen, wenn grundsätzlich jeder eine solche Schnur mitnimmt.

Karabiner Wenn wir den Selbstaufstieg als Möglichkeit haben wollen, brauchen wir zwei Verschlusskarabiner am Gurt. Um für jede Form der Spaltenbergung gewappnet zu sein, brauchen wir mindestens drei Verschluss- und einen Normalkarabiner in der Gruppenausrüstung. Bei der Verwendung von Eisschrauben als Anker benötigen wir pro Schraube einen zusätzlichen Verschlusskarabiner.

Tibloc Diese kleine, leichte, im Zusammenspiel mit einem Karabiner funktionierende Seilklemme ist beim Aufbau eines Flaschenzuges sehr nützlich, und wir sollten daher mindestens eine in der Gruppenausrüstung mitführen. Ein Tibloc kann auch beim Aufstieg am Seil sehr hilfreich sein, kann aber immer durch Prusik- oder auch Prohaskaknoten mit der Handschlaufe ersetzt werden.

001 Gletscher mit Spalten

002 Seracs und Eisbrüche

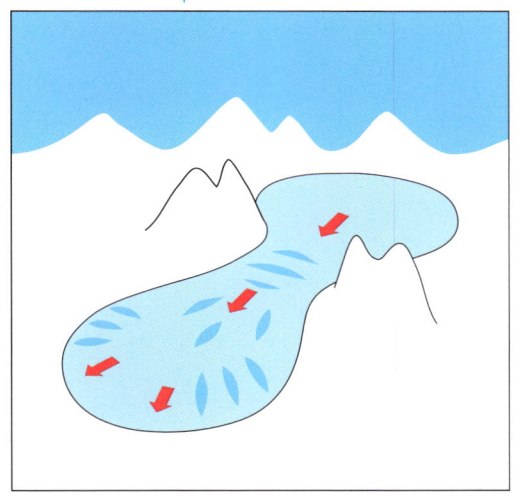

003 Spaltenbildung entlang des Gletschers

> Spalten bilden sich bevorzugt dort, wo zwei Gletscher zusammenfließen oder das Tal sich entweder weitet oder verengt. Wir sollten extra vorsichtig sein, wenn es sich weitet, da sich dann die Spalten in Fließrichtung bilden.

Umlenkrolle mit Rücklaufsperre Egal, ob nun Ropeman, Mini- oder Micro-Traxion oder anderes zum Einsatz kommt, diese kleinen Geräte sind äußerst hilfreich. Sie minimieren die Seilreibung im Umlenkpunkt deutlich und verfügen zudem über eine integrierte Rücklaufsperre. Wir sollten mindestens eine in der Gruppenausrüstung mitführen. Da sie zusätzlich beim Aufstieg am Seil nützlich sein kann, können wir uns als Seilschaftserste überlegen, ob wir nicht eine zusätzliche am Gurt mitführen wollen.

RescYou Seit Kurzem ist auch ein Spaltenbergungsgerät auf dem Markt, das einige Rettungstechniken erleichtert. Wie das „RescYou" – so der Name des neuen Gerätes von Mammut – funktioniert, entnehmen wir der Bedienungsanleitung. Im Folgenden konzentrieren wir uns auf die „klassischen" Bergetechniken, die auch behelfsmäßiges Improvisieren zulassen, und gehen auf das RescYou nicht mehr näher ein.

TAKTIK

Am Seil Ski zu fahren ist nicht wirklich Skifahren. Es ist eine Möglichkeit, bei schlechten Bedingungen sicher über den Gletscher zu kommen. Es gibt leider keine geheimen Tricks, die das Abfahren am Seil angenehmer machen. Daher bewegen wir uns auch nur auf Gletschern, wenn diese, zumindest großteils, sicher ohne Seil befahren werden können. Mit etwas Erfahrung ist es kaum zeitaufwendig, sich für kurze, problematische Abschnitte anzuseilen.

Die Bedingungen sind gut, wenn Wechten Schneebrücken bilden. Wechten wachsen auf beiden Seiten der Spalte und treffen sich in der Mitte. Kommt der Wind vor allem aus einer Richtung, wächst die Wechte von dieser Seite über die Spalte.

Es braucht ein paar Zyklen aus Schnee, Wind, Schmelzen und Wiedergefrieren, bis sich Schneebrücken bilden und stabil werden. Vor allem im Frühwinter müssen wir sehr vorsichtig sein.

Im Frühjahr sollte man darauf achten, dass der Schnee nachts gefriert und dass wir unten sind, bevor die Schneebrücken zu weich werden. Viele Schneebrücken fallen im Frühling und Frühsommer in sich zusammen.

Manche Winter sind besser als andere. Wir dürfen also nicht davon ausgehen, dass wir jedes Jahr die gleichen Lines fahren können.

VORBEREITUNG Was hängen wir an unseren Gurt? Wir müssen nicht wie ein Weihnachtsbaum behängt durch die Gegend fahren, wenn wir gar nicht am Seil sind. Das ist unangenehm und wenn wir hinfallen, können wir uns verletzen. Wenn wir lange Schlingen am Gurt hängen haben, können wir uns darin verheddern und möglicherweise stolpern oder an Hindernissen hängen bleiben.

Wenn wir im Falle eines Spaltensturzes stehen bleiben müssen, um das Seil aus dem Rucksack zu holen, können wir alles Material, das wir nur in Kombination mit dem Seil verwenden, ebenfalls im Rucksack aufbewahren. Meist bleiben dann lediglich ein Schraubkarabiner in der Anseilschlaufe, eine Eisschraube und eine „Nabelschnur", die wir an der Schulter am Rucksack befestigen, übrig. Wenn wir in eine Spalte fallen und auf einer weiter unten liegenden Schneebrücke landen (das wahrscheinlichste Szenario), können wir uns mit der Eisschraube und der Schlinge sichern und haben einen Karabiner, den wir in das Seil einhängen können, das uns unsere Freunde hinunterlassen.

Wer trägt das Gruppenmaterial? Ist eine Spaltenbergungsausrüstung pro Gruppe ausreichend? Die letzte Person in der Gruppe sollte das Seil und die Spaltenbergungsausrüstung tragen. Es ist unwahrscheinlicher, dass diese Person in eine Spalte fällt, zumindest wenn sie in den Spuren der anderen bleibt.

Was passiert, wenn die Person mit dem Seil und der Spaltenbergungsausrüstung in eine Spalte fällt? Wenn sowohl der Letzte als auch der Erste der Gruppe ein Seil und die restliche Ausrüstung tragen, kann man diese Situation vermeiden. Auf kleinen, wenig komplizierten Gletschern ist das aber eher unüblich.

Wenn die Person mit dem Seil in eine Spalte fällt, haben wir Pech gehabt und können nicht viel tun. Wenn sie nicht verletzt ist, können vielleicht alle ihre Schlingen zusammenbinden und daran einen Karabiner zu der Person in der Spalte hinunterlassen, sodass diese das Seil und das benötigte Material zur Spaltenbergung daran binden kann. Wenn das Seil oben ist, kann eine normale

Spaltenbergung durchgeführt werden. Geht das nicht, kann die gestürzte Person versuchen, mithilfe der zwei Eisschrauben aus der Spalte zu klettern.

Anmerkung: Im Folgenden wird eine Notfalltechnik beschrieben, die nur angewendet werden sollte, wenn es nicht möglich ist, Hilfe zu holen! Wir sollten uns eigentlich nicht an nur einer Eisschraube sichern!

1. Erste Eisschraube setzen und eine Schlinge daran befestigen. In die Schlinge steigen, um höher zu stehen. Sichergehen, dass man mit einer Reepschnur an der Schraube hängt.
2. Zweite Schraube weiter hinaufsetzen und sich mit einer weiteren Reepschnur daran hängen.
3. Erste Eisschraube entfernen und Schlinge in die zweite Schraube hängen. Hineinsteigen und Prozedur wiederholen.

Richtig problematisch wird es, wenn viel Schnee auf dem Eis liegt. Dann müssen wir improvisieren.

DIE ABFAHRT Wir müssen die Augen offen halten und nicht nur die Falllinie hinunterschauen. Wir sollten stets die Umgebung nach Spalten absuchen. Wenn 30 m zur Seite eine Spalte offen ist, könnte es sein, dass sie unter dem Schnee bis zu unserer Abfahrtsroute weiterführt. Wir sollten nicht zu schnell fahren, damit wir genug Zeit haben, um zu reagieren, falls uns etwas auffällt. (Ich habe schon gesehen, wie Leute geradeaus in eine offensichtliche Spalte fuhren. Es gibt besseres Gelände, um Gas zu geben, als spaltige Gletscher!) Wenn wir stürzen und die Ski verlieren, sollten wir uns nicht bewegen und warten, bis uns jemand die Ski bringt.

Wenn man an einem Sammelpunkt stehen bleibt, sollten mindestens zwei Skilängen Abstand eingehalten werden. So vermeiden wir, dass mehrere Leute gleichzeitig auf der gleichen Schneebrücke stehen. Wir sollten uns nicht auf die Verlängerung einer Schneebrücke oder einer Spalte stellen. Spalten sollten rechtwinklig überquert werden. Wenn wir nicht sicher sind, ob eine Schneebrücke stabil ist, müssen wir uns anseilen.

ANSEILEN Wir sollten nie ohne Seil zu Fuß auf einem schneebedeckten Gletscher unterwegs sein! Das ist eine der Grundregeln. Wenn wir Ski haben, ändert sich die Situation, da unser Gewicht auf eine größere Fläche verteilt ist. Wenn wir ein Picknick machen oder auf die Toilette müssen, lassen wir unsere Ski dabei an! Wenn wir die Ski ausziehen müssen (etwa um die Felle abzunehmen), ziehen wir möglichst immer nur einen aus.

Wenn wir zu Fuß gehen, sollten wir kein Risiko eingehen und uns immer anseilen. Das ist vor allem für Snowboarder wichtig, die kurze Flachstücke überwinden müssen. Auch wenn wir in steilem Gelände mit Ski am Rucksack aufsteigen, müssen wir aufpassen.

Wenn wir als Erster eine Route spuren, gibt es kein gutes Argument, warum wir auf ein Seil verzichten sollten. Auch wenn wir in alten Spuren aufsteigen, sind wir nicht automatisch vor Spalten geschützt. (Ich habe schon von Leuten gehört, die plötzlich in eine Spalte fielen, obwohl schon zehn Gruppen die gleiche Spur benutzt hatten.) Wir müssen immer überlegen, was die Hauptgefahr darstellt. Wenn der Gletscher nicht zu komplex ist und schon viele Spuren vorhanden sind, ist es vielleicht besser, ohne Seil zu gehen, damit wir schneller sind und Timing-Probleme vermeiden können. Für unerfahrene Gruppen kann es sehr zeitaufwendig sein, am Seil in Spitzkehren aufzusteigen. Im Zweifel ist es allerdings immer besser, sich anzuseilen! Wenn die Sicht schlecht ist und wir nicht sehen, wo wir hingehen, müssen wir uns anseilen. Wenn die Bedingungen schlecht sind, die Gletscherspalten offen sind, der Gletscher spaltenreich ist oder wir den Schneebrücken nicht trauen, müssen wir uns ebenso anseilen.

AM SEIL Im Aufstieg gehen wir über verschneite Gletscher in aller Regel angeseilt. Wir seilen uns auf die gleiche Weise an wie beim Gehen am kurzen oder langen Seil. Restseil, das wir für eine eventuelle Spaltenbergung brauchen, wird im Rucksack aufbewahrt oder in Schlingen um den Körper aufgenommen. Zwischen dem Ersten und Zweiten der Gruppe wird ein etwas größerer Abstand gelassen. Diese beiden sollten die besten Skifahrer der Gruppe sein. Das erfahrenste Gruppenmitglied geht voran und wählt die Route (Abb. 004).

Tipp: Der Abstand zwischen den Personen am Seil wird an die zu erwartenden Spaltenbreiten angepasst. Bei kleinen Gruppen oder langen Seilabständen knüpfen wir mehrere als Bremsknoten fungierende Schmetterlingsknoten in die Seilabschnitte zwischen den Gruppenmitgliedern. Der Schmetterlingsknoten hat keine flache Seite und vergrößert daher die Reibung, vor allem, indem sie sich am Spaltenrand, wo das Seil in den Schnee schneidet, verklemmen und den Sturz abbremsen oder sogar ganz halten.

Das Seil sollte immer gespannt sein. Das Seil darf zwischen den einzelnen Gruppenmitgliedern den Boden gerade noch berühren. Bei zu viel Schlappseil ist es schwieriger, einen Sturz zu halten und die Person, die in die Spalte stürzt, verletzt sich leichter.

Der Eispickel sollte griffbereit unter dem Schultergurt des Rucksacks platziert werden, damit wir einen Sturz gut bremsen und die Ski schnell in den Schnee rammen können. Bei weichem Schnee ist das normalerweise kein Problem, da sich das Seil tief einschneidet und viel Reibung entsteht.

Nie Schlappseil in die Hand nehmen! Wenn jemand in eine Spalte fällt, während wir Seilschlaufen um die Hand gewickelt haben, können wir unsere Hand verlieren! Wenn sich Schlappseil gebildet hat, bleiben wir stehen, bis sich der Vordermann weiterbewegt hat und das Seil wieder gespannt ist (Abb. 005). Um das Seil leichter zu handhaben, empfiehlt sich das Einhängen einer Handschlaufe mittels Prusikknoten. Dazu wird einfach ein Kurzprusik um das Seil gebunden und wir halten die freie Öse in der Hand.

Beim angeseilten Aufstieg sollten wir darauf achten, dass wir eine möglichst gleichmäßige Steigung wählen. Dadurch vermeiden wir den Ziehharmonika-Effekt zwischen den Seilschaftsmitgliedern, der durch die bei Steigungsänderung unvermeidbaren Geschwindigkeitswechsel zustande kommt. Auch sollten wir enge Kehren und Spitzkehren auf das Nötigste reduzieren und lieber in flacheren, weiten Bögen die Richtung wechseln. Da auch in Spitzkehren das Seil zwischen den Seilschaftsmitgliedern immer gespannt sein sollte, muss die ganze Seilschaft im Stop-and-go-Betrieb voranschreiten, bis auch der Letzte die Spitzkehre bewältigt hat.

Am Seil abfahren ist mühsam – das heißt meistens, dass wir Schneepflug fahren – und sollte nach Möglichkeit bereits in der Tourenplanung vermieden werden. Außerdem ist es mit Snowboards fast unmöglich. In der Abfahrt seilen wir uns vor allem beim Passieren von Spaltenzonen an, insbesondere bei schlechter

004 Abstände am Seil

005 Seilschlingen nie in die Hand nehmen

006 Bremsknoten

> Die Distanz zwischen den Gruppenmitgliedern wird auch von der zu erwartenden Spaltengröße bestimmt.

Sicht, Neuschnee, durchweichter Schneedecke oder wenn der Gletscher wenig eingeschneit ist. Trotz aller Mühsal gilt: Lieber einmal zu viel als einmal zu wenig angeseilt.

Am Seil zu fahren kann für unerfahrene Skifahrer sehr schwierig sein, vor allem bei schlechter Sicht. Fahren wir in der Gruppe am Seil ab, fahren die besten Skifahrer am Beginn und Ende des Seils, wobei der hintere versucht, die gesamte Seilschaft leicht zu bremsen. Gefahren wird langsam, aber konstant in nahezu hangparalleler Schrägfahrt oder im Stemmbogen. Der Seilschaftsführer fährt mit Stöcken, alle anderen befestigen ihre Stöcke am Rucksack und halten das Seil in beiden Händen.

Alternativ können wir die beiden besten Skifahrer am Seil fahren lassen und dem Rest der Gruppe sagen, dass sie genau in deren Spuren abfahren sollen. Wenn nur zwei Personen am Seil sind, sollten sie 20–30 m Seil zwischen sich haben. 2 und 4 m hinter dem Seilersten werden Schmetterlingsknoten ins Seil geknüpft. Sollte der Seilzweite in eine Spalte fallen, ist der Sturz leichter zu halten, da

SKIFAHREN AUF GLETSCHERN 373

sich der Seilerste unterhalb befindet. Wenn man sich im Flachen bewegt, sollten auch vor dem Zweiten zwei Knoten ins Seil gemacht werden (Abb. 006).

SPALTENBERGUNG

Eine Spaltenbergung im Winter ist meist eine komplett andere Situation als im Sommer. Der viele lockere Schnee macht es oft schwer, schnell einen soliden Anker zu bauen, der weiche Schnee der Schneebrücke macht es schwieriger, an die Kante der Gletscherspalte heranzutreten oder diese zu überwinden. Zudem reibt das Seil im Schnee und vereist schnell, sodass der Flaschenzug nicht optimal funktioniert und man viel Kraft braucht. Daher ist spezielles Material, wie Umlenkrollen, die die Seilreibung verringern, im Winter wichtiger als im Sommer. Doch die grundsätzlichen Techniken unterscheiden sich nicht und wir können unser Material optimieren, während wir Erfahrung sammeln.

Auch sollten wir vermeiden, dass unsere Ski in die Spalte fallen, denn ein Rückweg in die Zivilisation zu Fuß könnte lang werden.

Zur Bergung einer in eine Spalte gestürzten Person gibt es oft viele Möglichkeiten, und wie bei jedem Rettungsszenario ist meist Improvisation nicht nur sehr hilfreich, sondern sogar notwendig. Es ist wichtig, dass wir uns kurz Zeit nehmen und die Situation kühl analysieren. Warum sollten wir hektisch einen komplexen Flaschenzug aufbauen, wenn die Spalte zur Seite offen ist und der Gestürzte einfach herauslaufen kann? Zugegebenermaßen nicht sehr wahrscheinlich, aber durchaus möglich. Genauso kann man sich bei Flaschenzügen ein System mit einem bestimmten Materialsetup einprägen, bis man es im Schlaf beherrscht, und dieses sicher anwenden, unabhängig ob einfachere Wege möglich wären. Meist sind wir aber flexibler und können besser auf die gegebene Situation reagieren, wenn wir mehrere Techniken und Materialien beherrschen. Wir sollten sie allerdings beherrschen, denn nichts kann in einer Rettungssituation fataler sein, als wenn wir von allem ein bisschen, aber nichts richtig können. Dann sind Folgefehler mit eventuell schwerwiegendem Ende vorprogrammiert.

Grundsätzlich gibt es zwei unterschiedliche Szenarien bei der Spaltenbergung. Entweder passiert ein Spaltensturz, während wir angeseilt sind, oder während wir uns frei fortbewegen.

VORGEHEN BEI UNANGESEILTEM SPALTENSTURZ Haben wir uns entschieden, einen Gletscher unangeseilt zu überqueren und es stürzt ein Gruppenmitglied in eine Spalte, ist Schnelligkeit gefragt. Unter Umständen liegt der Gestürzte auf einer zweiten, tiefer gelegenen Schneebrücke, die ebenfalls jederzeit nachgeben könnte. Wir müssen also zusehen, dass wir ihn so schnell wie möglich ins Seil einhängen. Das weitere Vorgehen hängt stark davon ab, ob die gestürzte Person bei Bewusstsein und physisch in der Lage ist, mitzuarbeiten oder nicht.

Wenn der Gestürzte bei Bewusstsein ist In diesem Fall hat für den Gestürzten die Selbstsicherung in der Spaltenwand mit der am Gurt verfügbaren Eisschraube und der „Nabelschnur" oberste Priorität. Währenddessen bauen die Kameraden einen provisorischen, temporären Schneeanker (z. B. Pickelschaft in den Schnee rammen und/oder mit Körpersicherung arbeiten – Schnelligkeit hat oberste Priorität) und einer geht, mit einem Prusik am Seil gesichert, zum Spaltenrand und lässt das Seil, an dessen Ende ein Verschlusskarabiner in einem Achterknoten eingebunden ist, zum Gestürzten hinab. Dieser klippt sich in das Seil ein und es kann nach der Errichtung eines soliden Ankers mit einer normalen Spaltenbergung fortgefahren werden (Abb. 007).

Wenn der Gestürzte bewusstlos ist Kann der Gestürzte uns nicht bei der Spaltenbergung unterstützen, müssen wir zu ihm abseilen oder abgelassen werden. Dazu bauen wir einen soliden Anker und lassen ein Teammitglied zum Gestürzten ab. Dort angekommen, bindet dieser den Gestürzten ins Seil ein. Sollte das lose Seilende lang genug sein oder ein zweites Seil zur Verfügung stehen, kann der Abgelassene an diesem Seil hochgezogen werden, während er am anderen Seilstrang ziehend mithilft. Ist das Seil nicht lang genug, muss er am Seil wieder aufsteigen. Nun kann mit der normalen Spaltenbergung fortgefahren werden.
<mark>Anmerkung:</mark> Wir sollten bei der Planung unserer Aktionen und Möglichkeiten auch immer bedenken, dass es manchmal effizienter und für alle Beteiligten sicherer sein kann, professionelle Hilfe zu rufen und auf diese zu warten.

VORGEHEN BEI ANGESEILTEM SPALTENSTURZ Die allererste Aufgabe, die auf uns als Seilschaft zukommt, wenn ein Seilschaftsmitglied in eine Spalte stürzt, ist, den Sturz so früh wie möglich zu halten und zu stoppen. Je weiter unser Kamerad fällt, umso zeitraubender ist nicht nur die Bergung, sondern umso größer ist auch die Verletzungsgefahr für den Gestürzten. Er kann nämlich irgendwo aufschlagen oder in der sich verengenden Spalte eingeklemmt werden.
Sturz halten Um den Sturz zu halten, lassen wir uns auf den Hintern oder auf die Seite (mit Ski am Rucksack) fallen und versuchen die Skikanten oder Fersen in den Schnee zu rammen. Halten wir Pickel oder Skistöcke in den Händen, sollten wir diese in den Schnee rammen. Den Pickel halten wir so, als wollten wir unseren eigenen Sturz bremsen. Stöcke können mit den Griffen voran in den Schnee gerammt werden. Ist der Sturz gestoppt, versuchen alle eine Position einzunehmen, in der sie die nötige Kraft möglichst lange aufrechterhalten können (Abb. 008).
Schneeanker einrichten Während die hinteren Seilschaftsmitglieder den Gestürzten halten, errichtet der Vorderste einen provisorischen Anker. Hierzu gibt es je nach Schneebeschaffenheit verschiedene Möglichkeiten: In winterlicher, relativ weicher Schneedecke rammt er leicht schräg nach vorne einen Ski durch die Handschlaufe in den Schnee und hält die Skispitze nach hinten. Sind wir eher auf Firn bzw. Altschnee unterwegs, rammt er den Pickelschaft in den Schnee, klippt die Handschlaufe in den Pickelkopf und kniet sich auf den Pickel. Ist in Armreichweite solides Blankeis zu finden oder schnell freizukratzen, setzt er seine Eisschraube und klippt diese in die Handschlaufe.

Nun kommt der Hinterste der Seilschaft nach vorne, ohne sich aus dem Seil auszubinden, und erstellt zwischen dem Vordersten und der Spalte den definitiven Anker. Den definitiven Anker zu graben, kann schwieriger sein, als den Flaschenzug aufzubauen und muss mit Sorgfalt durchgeführt werden, schließlich verlässt sich nachher die gesamte Seilschaft darauf. Um den definitiven Anker zu erstellen, wird in Schnee und Firn ein Schneeanker mit Ski oder Eisaxt gegraben und im Blankeis schlicht die bereits gesetzte Schraube mit einer oder zwei zusätzlichen oder mit Eissanduhren verstärkt (Abb. 008).

Dann wird das Seil mittels Umlenkrolle mit integrierter Seilklemme (Micro-Traxion, Ropeman, Tibloc oder auch Klemmknoten wie Prusik oder Prohaska) an den Anker gehängt und diese Verbindung möglichst nach vorne am Seil gezogen, um einen Lasttransfer ohne Seildurchlauf zu ermöglichen. Jetzt reduzieren die anderen Seilschaftsmitglieder, die bis jetzt den Sturz gehalten haben, den Zug am Seil, um

007 Bergung einer nicht angeseilten Person

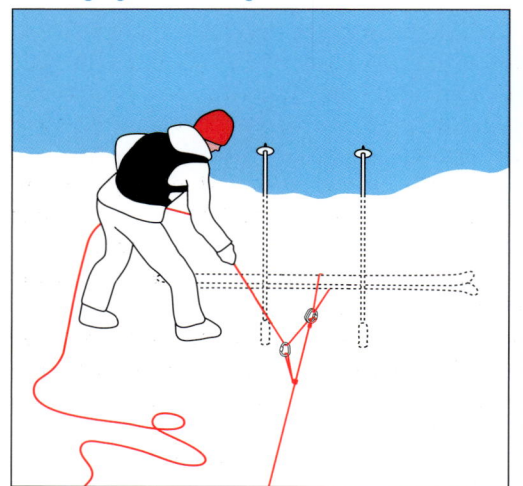

008:1 Spaltenbergung

008:2 Skianker bauen

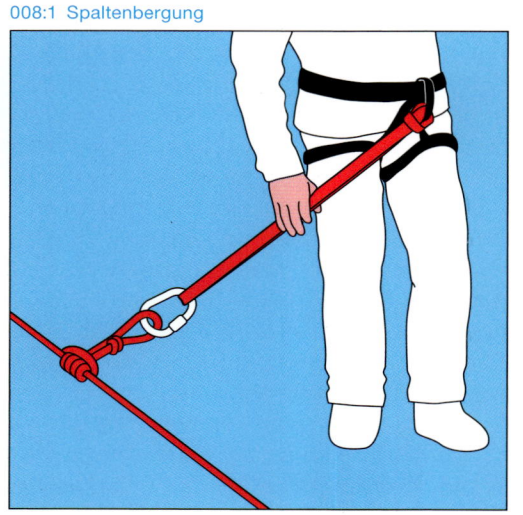

008:3 Selbstsicherung am Seil

den definitiven Anker vorsichtig und allmählich zu belasten. Das lose Seilende wird mit Mastwurf im Zentralpunkt des Ankers hintersichert. Hält der definitive Anker, kann der provisorische Anker abgebaut werden, wobei das keine Priorität hat.
Anmerkung: Stürzt ein Seilschaftsmitglied in der Mitte der Seilschaft, wird in aller Regel jemand unterhalb der Spalte die provisorische Verankerung errichten. Danach kommt es auf die Situation an, ob ein endgültiger Anker und Flaschenzug oberhalb oder unterhalb eingerichtet werden.

Ist eine Zweierseilschaft vom Sturz betroffen, muss derjenige, der den Sturz gehalten hat, den temporären Anker aufbauen und, während er diesen sichert, den vollwertigen Anker in Reichweite aufbauen. Alternativ kann er den Sturz im Sitzen halten, während er direkt neben sich den definitiven Anker gräbt. Dafür muss er sich aber sicher sein, dass er den Gestürzten länger halten kann.
Kontaktaufnahme Ist der Gestürzte gesichert, sollten wir Kontakt mit ihm aufnehmen. Hierzu bindet sich ein Teammitglied mittels langer Reepschnur oder „Nabelschnur" und Handschlaufe mit einem Prusik in das Seil ein und geht vorsich-

tig bis zur Spaltenlippe vor, wobei er sich am besten etwas seitlich der Absturzstelle nähert. Sonst ist die Gefahr groß, dass er Teile der Schneebrücke oder Spaltenlippe abbricht und diese auf den darunter hängenden Gestürzten fallen. Nun nimmt er Kontakt mit dem Gestürzten auf und versucht, die Situation und den Zustand des Gestürzten einzuschätzen, um über das weitere Vorgehen zu entscheiden (Abb. 008:3).

Weiterhin sollte er die Spaltenlippe vorsichtig mit Stock, Pickel oder Reepschnur abtragen, um die spätere Bergung zu vereinfachen. Dabei sollte unbedingt darauf geachtet werden, dass keine großen Brocken auf den Gestürzten fallen können. Schlussendlich legt er Pickel, Stöcke oder einen Rucksack direkt an der Kante unter das Seil, damit sich dieses während der Bergung nicht weiter in die Schneedecke einfrisst. Diese Seilauflage kann man vor dem Absturz sichern, indem man durch eine angebrachte Schlaufe einen Skistock mit dem Griff voran in den Schnee rammt.

Bergung Nun beginnt die Bergung. Welches System zur Bergung eingesetzt wird, hängt im Wesentlichen von Zustand und Fähigkeiten des Gestürzten ab, aber auch von unserer Gruppengröße.

Mannschaftszug Ist unsere Gruppe groß und mindestens drei bis vier Personen stehen zur Bergung zur Verfügung, ist meist der Mannschaftszug die beste Lösung. Eine Person steht dabei in der Nähe der Spalte, koordiniert den Mannschaftzug und hält Kontakt zum Gestürzten; andernfalls besteht Verletzungsgefahr, falls wir ihn hart an die Spaltenlippe drücken.

Der Rest der Mannschaft zieht einfach koordiniert am Seil. Wenn wir keinen Anker mit Rücklaufsperre einrichten, können sich auch zwei Personen mittels Handschlaufe in das Seil einbinden, damit es nicht plötzlich losgelassen wird.

Tipp: Der Mannschaftszug wird durch Bremsknoten deutlich erschwert, daher sollten wir auf diese bei größeren Gruppen verzichten.

Selbstaufstieg am Seil Ist der Gestürzte körperlich unversehrt, kann sich frei bewegen und beherrscht den Aufstieg am Seil, ist es meist die schnellste und einfachste Lösung, wenn er selbstständig aus der Spalte aufsteigt (Abb. 009).

Die Technik, am Seil aufzusteigen, sollten wir grundsätzlich beherrschen, ist sie doch in vielen alpinen Notfallszenarien hilfreich. Am besten entledigen wir uns dazu unserer Lasten (Ski, Rucksack und Stöcke) und hängen diese mit einer langen Schlinge oder Ähnlichem an den Klettergurt (optimalerweise in die Anseilöse, dann wird das Gewicht direkt übertragen).

Nun hängen wir die Handschlaufe mit einem Verschlusskarabiner in den Klettergurt. Die zweite, lange Reepschnur binden wir zu einer Schlaufe ab, wobei wir am besten ein Schlaufenende zu einer zweiten Schlaufe, durch die wir gerade den Fuß stecken können, abbinden. Die gesamte Schlaufe wird mittels Prusik am Seil zwischen Anseilknoten und Handschlaufe eingehängt und wir steigen mit dem Fuß hindurch. Wir schieben den Prusik so hoch, bis unser Bein angewinkelt ist und stehen dann in der Schlaufe stehend auf. Dabei schieben wir mit einer Hand den Prusik der Handschlaufe so hoch wie möglich und setzen uns dann in den Gurt. Beinschlaufe hochschieben, aufstehen, Handschlaufe hochschieben, reinsetzen ist jetzt der Zyklus, der uns langsam nach oben bringt.

Tipp: Für den Selbstaufstieg muss die Seilschaft auf dem Gletscher nicht einmal zwingend einen definitiven Anker einrichten. Solange alle in ihrer Position bleiben und das Seil problemlos halten können, reicht ein provisorischer, temporärer Anker aus.

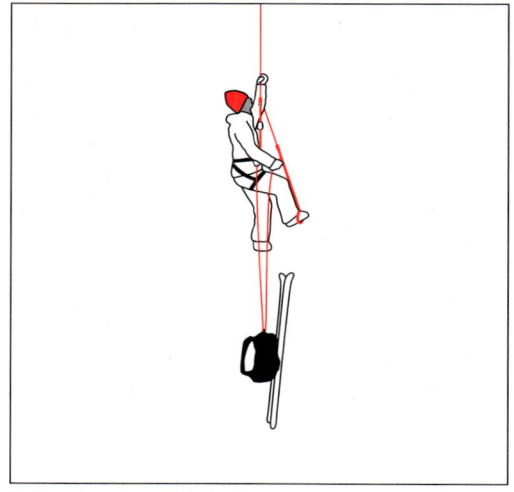

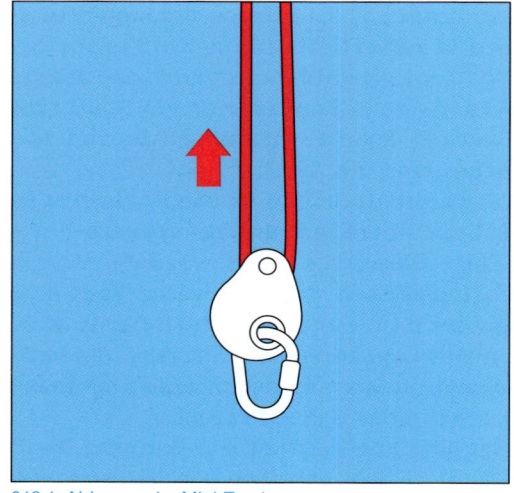

009 Selbstaufstieg am Seil

010:1 Ablassen der Mini-Traxion

010:2 Lose Rolle mittels Prusikknoten

010:3 Lose Rolle

Lose Rolle Diese Art des Flaschenzuges wird auch Österreicher-Flaschenzug genannt und bietet sich dann an, wenn der Gestürzte aktiv bei der Bergung mithelfen kann und zwischen Anker und Gestürztem nur rund ⅓ der gesamten, freien Seillänge liegt. Er ist schnell aufgebaut, einfach zu handhaben und stellt die schnellste Möglichkeit dar, einen Gestürzten mittels Flaschenzug hinaufzuziehen. Die lose Rolle ist trotz ihrer 2:1-Untersetzung sehr effektiv, da wenig Reibung im System ist. Außerdem kann der Gestürzte aktiv an seiner Bergung mithelfen (Abb. 010).

Hierzu wird das lose Seil am definitiven Anker zusätzlich mit einem Mastwurf in einem Verschlusskarabiner befestigt. (Haben wir in den Anker eine Mini-Traxion oder dergleichen eingehängt und nur diese eine dabei, können wir sie entfernen und für die lose Rolle nutzen.) Nun bindet sich ein Helfer am Seil an, indem er mit einer langen Reepschnur einen Mastwurf (um die Länge zu variieren) in einem Karabiner am Gurt knüpft und mit Sackstichen hintersichert. Dann bindet er sich mit einem gesteckten Prusikknoten (hintersichert) in das freie

Seil ein und geht zur Spalte nach vorne, um mit dem Gestürzten Kontakt aufzunehmen.

Der Helfer hängt nun eine Umlenkrolle mit Rücklaufsperre mit einem Verschlusskarabiner so in das freie Seil, dass dieser auf Zug zum Anker belastbar ist, und lässt diesen in einer Seilschlaufe zum Gestürzten hinab. Der Gestürzte klippt den Verschlusskarabiner in die Anseilschlaufe und der Helfer kann jetzt am freien Seilende ziehen, um den Gestürzten zu bergen. Dabei führt er das Seil am besten unter dem Ellbogen nach hinten und über Rücken und Schulter wieder nach vorne, wie bei der klassischen Körpersicherung. Der Gestürzte hilft mit, indem er sich am fixierten Seilende festhält und mit den Armen hinaufzieht.

Alternative: Statt eine Umlenkrolle mit Rücklaufsperre zum Gestürzten herabzulassen, kann um das Zugseil mit der Reepschnur, mit der sich der Helfer selbst sichert, eine Rücklaufsperre gebaut werden. Dazu nimmt man das aus dem Prusik am Seil kommende Schnurende und steckt einen Prusik um das Zugseil (hintersichern nicht vergessen!). Der Prusik kann vom Helfer während des Hochziehens leicht verschoben werden. Oder man verwendet einen mittels zweier Karabiner erstellten Gardaknoten (Abb. 010:2).

Flaschenzug Ein Flaschenzug ist für jede der genannten Situationen einsetzbar und funktioniert unabhängig vom Zustand des Gestürzten. Die einfachste Version eines Flaschenzuges wird dabei nur mit Rücklaufsperren, die aus Reepschnur-Knoten bestehen, aufgebaut und hat eine Kraftuntersetzung von 3:1. Wobei häufig die Seilreibung dazu führt, dass ein erheblicher Teil dieses Kraftvorteils wieder verloren geht (Abb. 011).

Schweizer Flaschenzug Dieser doppelte Flaschenzug mit seiner 5:1-Untersetzung erlaubt es jedem Alpinisten, auch deutlich schwerere Kameraden zu bergen. Allerdings ist er komplex, braucht lange im Aufbau und durch den geringen Hub, den die hohe Untersetzung verursacht, braucht die Bergung ebenfalls lang (Abb. 012).

Zum Aufbau des Flaschenzugs wird ein Tibloc mit Normalkarabiner in das belastete Seil eingehängt, sodass er bei Zug in Richtung Anker blockiert werden kann (Tipp: Einen Tibloc immer manuell an das Seil zu pressen, wenn Zug aufgebaut wird, hilft das Seil zu schonen). Nun hängen wir eine lange Reepschnur mittels Achterknoten und Normalkarabiner in die Schlinge des Ankers ein, führen die Reepschnur durch den Tibloc-Karabiner und fixieren sie schlussendlich mit einem Mastwurf (veränderbare Länge) in einem Normalkarabiner. Den klippen wir in das lose Seilende. Ziehen wir nun am losen Seilende, zieht der Tibloc das Seil ein und wir heben den Gestürzten. Kurz bevor der Tibloc die Rücklaufsperre am Ankerpunkt erreicht, lassen wir los und das Seil wird von der Rücklaufsperre gehalten. Wir schieben nun den Tibloc so weit wie möglich am Seil nach vorne und starten den nächsten Hubzyklus, bis der Gestürzte den Spaltenrand erreicht.

==Tipp:== Die lange Hilfsreepschnur kann auch durch das freie Seilende ersetzt werden.

Bremsknoten Haben wir Bremsknoten in das Seil geknüpft, erschweren diese die Bergung immer. Wenn sie beim Heraufziehen genauso klemmen, wie das für den Sturzfall gedacht ist, können wir uns vorstellen, was das bedeutet. Wir sollten sie also nur knüpfen, wenn sie sinnvoll sind (meist bei Zweierseilschaften).

Bremsknoten können wir beim Selbstaufstieg am Seil überwinden, indem wir uns z. B. mit der „Nabelschnur" oder einem freien Verschlusskarabiner in den Bremsknoten einhängen, um danach die Handschlaufe vom Seil zu lösen und oberhalb vom Bremsknoten wieder anzubringen. Nun stehen wir in der Fußschlaufe

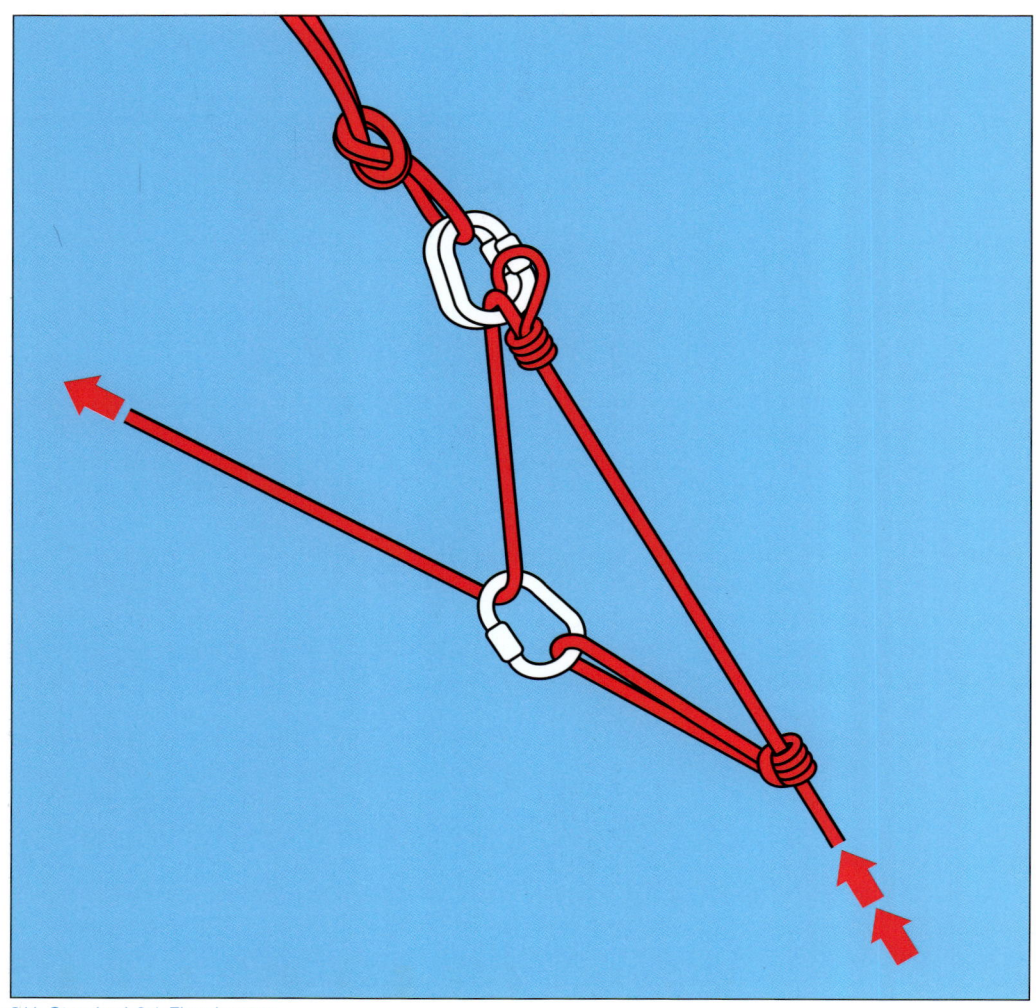

011 Standard-3:1-Flaschenzug

auf, klippen uns wieder in die Handschlaufe ein, um uns erst dann aus dem Knoten auszuhängen. Danach können wir diesen entweder lösen oder die Fußschlaufe über den Knoten schieben.

Verwenden wir die lose Rolle, sollten wir alle Bremsknoten aus dem freien Seilende entfernen, bevor wir es zum Gestürzten herablassen.

Beim Schweizer Flaschenzug müssen wir den Tibloc vor den Knoten umsetzen. Nun ist es am einfachsten, wenn wir den Halbmastwurf in der Reepschnur lösen und die Reepschnur durch den Reepschnurkarabiner am Anker ziehen. Wenn wir jetzt an der Reepschnur ziehen, haben wir einen kleinen Flaschenzug, mit dem wir den Tibloc auf Zug belasten können, um dann die Reepschnur zur Fixierung abzubinden. Nun können wir durch kurzes Lockern der Rücklaufsperre am Anker etwas Schlappseil zwischen Tibloc und Anker schaffen, sodass wir den Bremsknoten lösen können. Zum Schluss ziehen wir wieder am losen Seilende, um das Schlappseil einzuholen (überprüfen, ob die Rücklaufsperre hält!), binden die Reepschnur wieder wie zuvor ein und fahren fort.

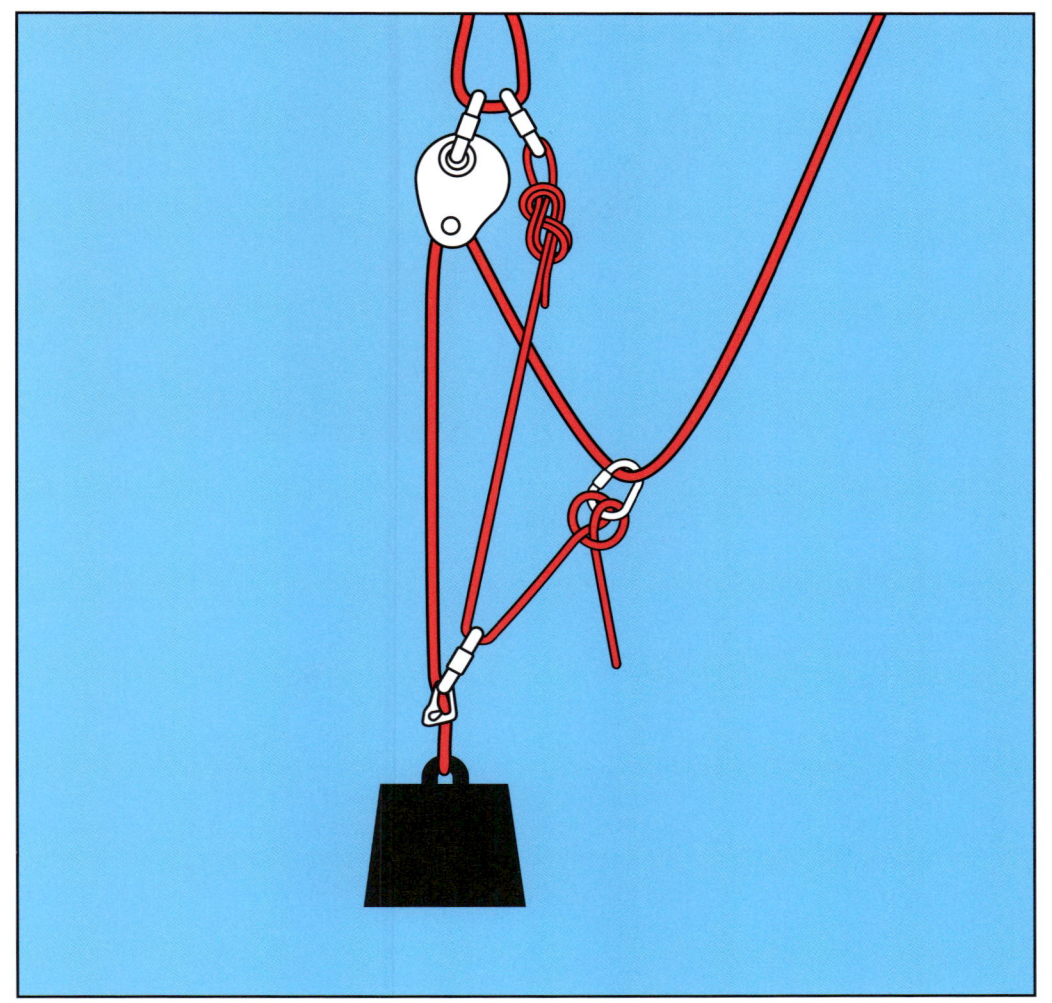

012 Schweizer Flaschenzug mit Umlenkrolle mit integrierter Rücklaufsperre und TIBLOC

ÜBEN

Spaltenbergung können wir mit einem schweren Rucksack auf einer Treppe, auf einem Balkon oder Ähnlichem üben. Wir können auch, am besten im Sommer, eine geeignete Spalte suchen: Sie sollte offen und nicht zu tief sein und man sollte am besten unten herauslaufen können. In der unmittelbaren Umgebung sollten keine Spalten sein, damit wir uns beim Üben frei bewegen können. Bevor wir ein „Opfer" in die Spalte hinunterlassen, stellen wir sicher, dass keine Wechten vorhanden sind, die auf das Opfer fallen können.

Alternativ eignen sich im Winter auch ausgeprägte Wechten, vorausgesetzt, der Hang darunter ist sicher und es besteht auch keine Absturzgefahr. (Vorsicht: Große Wechten stellen eine erhebliche Gefahrenquelle dar, wenn sie abbrechen und können eine Person erschlagen. Nach Möglichkeit trennen wir die Wechtenlippe vorher ab.)

> Wir sollten Spaltenbergung regelmäßig üben, nur so sitzen alle Handgriffe im Ernstfall und wir vermeiden Chaos und Fehler. Dazu müssen wir nicht zwingend auf einen Gletscher, das Grundprinzip funktioniert auch im Treppenhaus.

013 Spaltenbergungsübung mit Seil-Hintersicherung des Gestürzten

Beim ersten Mal üben wir am besten mit einem schweren Rucksack und nicht mit einem echten Opfer. Wenn wir unsicher sind, sollten wir einen Bergführer engagieren, der mit uns übt.

Wir seilen uns zu dritt oder zu viert an. Eine weitere Person kümmert sich während der Übung darum, dass alles sicher abläuft und bedient die Backup-Sicherung. Seilschlingen müssen korrekt abgebunden werden. Wir bauen einen zweiten Anker, der nur als Backup für die Übung dient. Das Opfer trägt weder Steigeisen noch Pickel, um die Verletzungsgefahr zu verringern. Es wird mit einem zweiten Seil angebunden und dieses Seil mittels HMS oder Sicherungsgerät vom zweiten Anker aus gesichert (nicht zu eng sichern, sonst fühlt sich der Sturz nicht realistisch an). Die Gruppe fährt oder läuft nun auf die Spalte zu und muss den Sturz des Opfers halten. Das zweite Seil bleibt so schlapp, dass die Gruppe den vollen Sturz hält. Die Übung, einen echten Sturz zu halten, ist einer der wichtigsten Teile einer Praxisübung. Seilhandhabung und Techniken können wir auch im Wohnzimmer üben, aber wie es sich anfühlt, wenn wir einen Sturz halten, erfahren wir nur bei einer realistischen Übung.

Wenn die Gruppe den Sturz gehalten hat, kann die Person, die für die Sicherheit zuständig ist, die Sicherung am zweiten Seil durch Abbinden blockieren und sich frei bewegen. Sie kontrolliert, dass alles funktioniert und behält das Opfer im Blick (Abb. 013).

Nun wird die Spaltenbergung mit der Methode nach Wahl durchgeführt. Wenn wir genügend Zeit haben und der Kopf frei ist, sollten wir verschiedene Szenarien durchspielen und verschiedene Methoden trainieren. Während der Bergung sollte der Beobachter die Backup-Sicherung bedienen oder zumindest gelegentlich verkürzen und erneut abbinden, um im Falle von Bedienfehlern größere Fallhöhen zu vermeiden. Das gilt auch für die Selbstbergung durch Aufstieg am Seil. Wenn sich jemand zum Opfer in die Spalte abseilt (um die Bergung eines Bewusstlosen zu üben), sollte diese Person an einem weiteren Seil zusätzlich gesichert werden. Sicherungsseile sollten immer straff sein, damit die Belastung im Fall des Falles nicht zu groß wird.

011

SKITOUREN

Meine erste längere Skitour war ein Überquerungsversuch durch die Berge von St. Anton hinüber nach Ischgl im Jahr 1991. Damals hatten wir für unsere Skitouren schwere, und ich meine wirklich schwere Ausrüstung, die ziemlich übel war. Sie bestand aus einem steifen Alpinschuh, schweren Riesenslalom-Ski in einer Länge von satten 207 cm und einer Alpinbindung. Dazu kamen Tourenbindungseinsätze (Secura Fix), die uns den Aufstieg mit Fellen mit solchen Abfahrtsski erlaubten. Nicht nur wog dieses Setup mindestens eine Tonne, es war auch richtig wackelig, da die Ski schmal waren und wir durch die Einsätze sehr hoch über den Ski standen. Da das Material jedoch allgemein mehr oder weniger Mist war, waren andererseits auch viel weniger Leute in den Bergen unterwegs.

Ich war mit einem älteren und deutlich erfahreneren Freund unterwegs. Er hatte die Karte und die Entscheidungen übernommen und ging voraus. Für ein paar Stunden folgte ich 15 m hinter ihm, während er vorne spurte. Irgendwann am frühen Nachmittag begann schlechtes Wetter aufzuziehen und flaches Licht ließ die Konturen verschwimmen und die Landschaft mehr und mehr verschwinden. Ich folgte den Spuren um einen großen Felsblock, aber mein Freund war verschwunden. Ich konnte ihn nirgendwo entdecken. Es hat dann noch eine Weile gedauert, bis ich eine Abrisskante 5 Meter vor mir im Schnee ausmachen konnte. Mein Freund war, ohne es in dem flachen Licht zu merken, auf eine mächtige Wechte hinausgelaufen, und als sie unter ihm wegbrach, fühlte er nur, dass ihm der Boden unter den Füßen weggezogen wurde.

Ich nahm meine Ski und lief vorsichtig zu Fuß zu ein paar Felsen hinüber, um sicherzugehen, dass ich auf stabilem Untergrund stand, während ich versuchte, herauszufinden, was mit meinem Freund passiert war. Ich konnte ihn in einem Schneehaufen 150 m unter mir sehen, aber das Gelände war so steil, dass es für mich schlicht keinen Weg gab, zu ihm hinabzusteigen.

Nach einigen Schreien kam er zu sich und hatte zum Glück nicht mehr als schwere Prellungen. Da ich nicht zu ihm hinunter und er nicht zu mir aufsteigen konnte, beschlossen wir, uns zu trennen. Das war vor der Zeit der Mobiltelefone und wie immer waren wir auf uns alleine gestellt, um die Suppe, die wir uns eingebrockt hatten, auszulöffeln. Wir entschieden, dass er allein weiter nach Ischgl gehen würde, während ich umdrehte. Wir hatten es eilig, da es in ein paar Stunden dunkel werden würde – das war, bevor es kleine Stirnlampen gab – und das Licht schnell flacher und schwächer wurde. Der Plan war, dass er ein Telefon suchen würde, sobald er in Ischgl ankam, um in meiner Unterkunft anzurufen. Und falls er bis 20 Uhr nicht angerufen hätte, würde ich die Bergrettung alarmieren.

Als ich gegen 19.30 Uhr heimkam, waren alle fast krank vor Sorge. Wie sich herausstellte, hatte mein Freund bereits vor einer Stunde angerufen. Also war man bei mir zu Hause kurz davor, selbst die Bergrettung zu rufen, um mich zu suchen. Meine Vermieterin war völlig aufgelöst. Nicht nur dass sie mit den typischen, betrunkenen Ski-Bums fertig werden musste, nun musste sie sich auch noch um mich sorgen, dass ich blind in die Berge hinauslaufen würde.

Beim Skitourengehen brauchen wir alle unsere Fähigkeiten. Die Tour beginnt noch bevor wir das Haus verlassen, wenn wir die Tour planen, den Wetterbericht lesen und uns über die Lawinengefahr und die allgemeinen Bedingungen Gedanken machen.

Wo finden wir den besten Schnee? Sind die Verhältnisse in dieser einen Abfahrt, die ich schon so lange machen will, gerade gut? Kommen wir zu spät an dem Südhang vorbei? Wird die Steilstelle noch hart sein oder schon auffirnen, wenn wir dort ankommen? Sind in diesem Couloir schon Lawinen abgegangen, sodass wir auf Eisklumpen herumfahren müssen?

Wir sollten Karten und Führer genau studieren. Anschließend schätzen wir, wie viel Zeit wir benötigen werden. Wenn der Plan steht, packen wir die nötige Ausrüstung ein. Grundlegende Sicherheitsausrüstung wie Schaufel, Sonde, Erste-Hilfe-Set, Orientierungsmaterial, Kommunikationsmöglichkeit etc. haben wir immer im Rucksack.

AUSRÜSTUNG

Das meiste wurde in den vorigen Kapiteln besprochen. Speziell brauchen wir:

Tourenschuhe Es gibt inzwischen sehr gute Tourenschuhe mit hervorragenden Aufstiegs- und Abfahrtseigenschaften. Trotzdem muss immer ein gewisser Kompromiss zwischen den beiden Extremen gewählt werden.

Leichte Ski und Bindungen sind toll für lange Aufstiege oder Durchquerungen im Stile der „Haute Route" und man kommt damit überall runter. Nicht nur durch den verbreiteten Einsatz von Carbon sind in den letzten Jahren sehr gute, leichte Ski auf den Markt gekommen, die dank ausreichender Breite, Länge und Taillierung sehr gute Abfahrtseigenschaften haben. Ein guter Allround-Tourenski stellt jedoch immer einen Kompromiss zwischen Aufstieg und Abfahrt dar und wenn wir anspruchsvolle Abfahrten vorhaben oder großen Wert auf das Abfahrtsvergnügen legen, sollten wir unsere normalen Ski nehmen.

Felle und Harscheisen Auf hartem Schnee sind Harscheisen (Steigeisen für Ski) hilfreich.

Schlafsack Wenn wir in Hütten übernachten, brauchen wir normalerweise keinen Schlafsack und ein kleiner Hüttenschlafsack aus hygienischen Gründen reicht aus. Um sicherzugehen, sollten wir nachfragen. Es gibt zwei Möglichkeiten:

Daunenschlafsäcke lassen sich sehr klein verpacken und bieten das beste Gewicht-Wärme-Verhältnis, solange sie trocken sind. Ist der Schlafsack feucht, wärmt er nicht mehr (die Luft zwischen den Daunen wirkt isolierend). Daunenschlafsäcke sind am besten für sehr kalte Bedingungen geeignet, wenn die Luft trocken ist.

Ein Schlafsack mit synthetischer Füllung wärmt auch, wenn er feucht ist, lässt sich aber nicht so klein verpacken und ist schwerer.

Extra Kleidung Man sollte immer trockene Wechselkleidung dabei haben. Dabei muss man Kompromisse machen. Wir können nicht alles mitnehmen, was wir gern hätten, müssen aber genug dabei haben, um nicht zu frieren. Auch wenn wir in Hütten übernachten, sollten wir eine Minimalausstattung dabei haben:

- Ein paar dünne Handschuhe zum Aufsteigen. Es macht nichts, wenn sie nass werden, da wir noch ein zweites Paar für die Abfahrt haben.
- Skiunterwäsche zum Wechseln und ein zweites Paar Socken für die Nacht. Wenn die unterste Kleidungsschicht trocken ist, kühlen wir weniger aus.

- Ein zusätzliches Fleece oder eine Daunen/Primaloft-Jacke, um den Oberkörper warm zu halten. Vor allem wenn man erschöpft ist, kühlt man schnell aus.

Stirnlampe Sollten wir dabei haben, um uns wenn nötig im Dunkeln zurechtzufinden. Sei es nur, weil wir nachts pinkeln müssen.

Kocher Benzinkocher sind gut geeignet, um Schnee zu schmelzen. Kocher mit Gaskartuschen sind praktischer, funktionieren bei sehr kalten Temperaturen aber weniger gut. Jeder Kocher muss vorher ausprobiert werden. Sicherstellen, dass man ihn bedienen kann und er auch bei Kälte funktioniert! Man sollte herausfinden, wie lange der Kocher braucht, um Wasser zum Kochen zu bringen und wie viel Brennstoff er dabei verbraucht, um dann die richtige Menge mitnehmen zu können. Bei großer Kälte können Gummiverschlüsse von Brennstoffflaschen gefrieren, wodurch sie nicht mehr richtig schließen. Ersatzteile mitnehmen!

Reparaturkit Wir sollten überlegen, ob wir außer unserem grundlegenden Reparaturmaterial zusätzliche Dinge brauchen.

AUFSTIEG MIT FELLEN

Eine gut angelegte Aufstiegsspur ist ein Kunstwerk, das die Steilheit auf ein angenehmes Maß reduziert, ohne dass wir langsamer vorankommen. Die Gruppe bewegt sich mit minimaler Anstrengung und maximaler Geschwindigkeit. Die Spur fließt durch das Gelände und steigt entlang natürlicher Geländeformen auf, ohne plötzliche Richtungs- oder Technikänderungen (Abb. 001, 002, 003). Stellen, an denen die Entscheidungsmöglichkeiten eingeschränkt sind, werden vermieden. Das ist nicht immer möglich, sollte aber unsere Zielsetzung sein.

Alle Gruppenmitglieder sollten einen möglichst gleichmäßigen Puls haben. Wir sollten eine gute Spur legen und uns rhythmisch, mit gleichbleibender Geschwindigkeit fortbewegen. Pausen werden eingelegt, wenn wir sowieso stehen bleiben müssen, etwa um Felle abzunehmen oder Steigeisen anzulegen. Ansonsten pausieren wir jede Stunde für etwa 5 Minuten, um etwas zu trinken und uns kurz zu erholen.

RICHTUNGSÄNDERUNGEN Wenn wir mit Fellen gehen, haben wir zwei Möglichkeiten, die Richtung zu ändern (es gibt Zwischenformen). Am simpelsten ist es, einfach in eine andere Richtung zu gehen und mit den Ski am Boden um die Kurve zu laufen. Das geht nur in eher flachem Gelände. Wird das Gelände steiler, müssen wir Spitzkehren gehen. In der Regel ist die Grenze bei 30° Hangneigung erreicht.

Für Spitzkehren lassen wir die Aufstiegsspur kurz vor dem Richtungswechsel etwas flacher auslaufen und stellen die Ski parallel nebeneinander. Dann belasten wir den Talski, drehen den Oberkörper zum Hang – wobei uns seitlich neben dem Körper eingesteckte Stöcke stabilisieren, heben den Bergski nach vorne an, stützen ihn am Skiende auf und drehen den Ski um das Skiende in die neue Richtung. Wir sollten den Ski nun in spitzem Winkel möglichst parallel zum Talski absetzen.

Nun verlagern wir unser Gewicht auf den Bergski und stecken den kurvenäußeren Stock so hoch wie möglich über uns in den Schnee, um genügend Manövrierplatz zu haben. Während wir uns mit den Stöcken abstützen, heben wir den Talski, schwingen ihn rückwärts, um ihn in der Bindung abzuklappen, und führen ihn um das Standbein herum in die neue Position. Dabei kann man die Skispitze

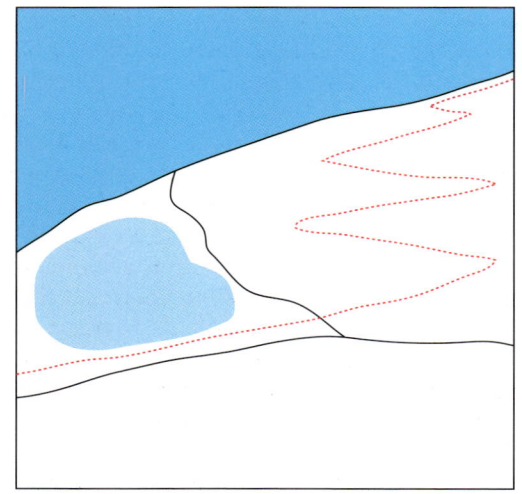

001:1 Schlecht angelegte Spur auf einer Moräne

001:2 Gut angelegte Spur auf einer Moräne

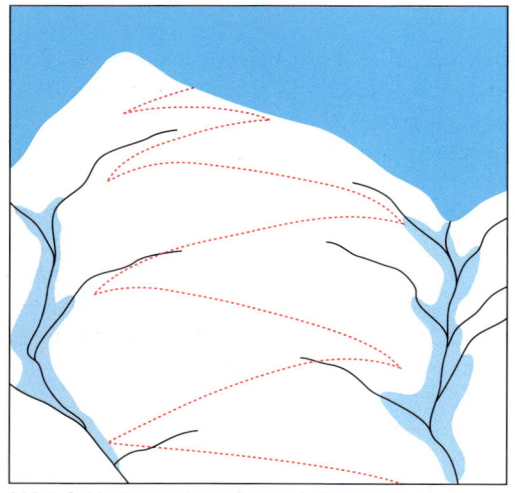

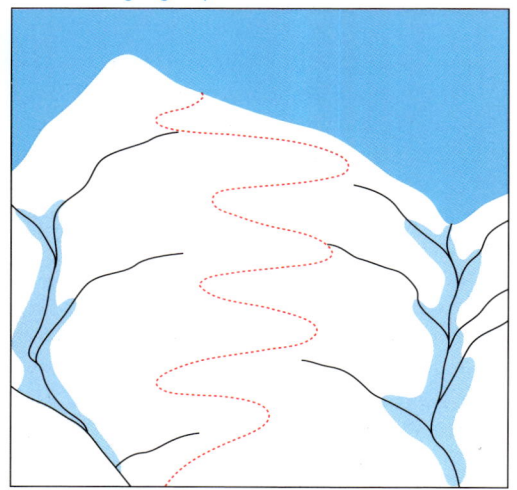

002:1 Schlecht angelegte Spur auf einem Rücken

002:2 Gut angelegte Spur auf einem Rücken

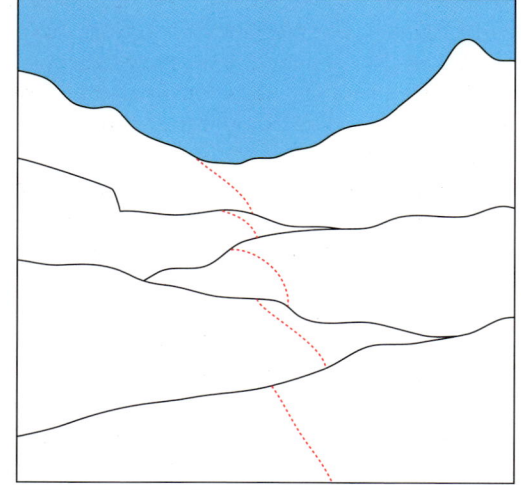

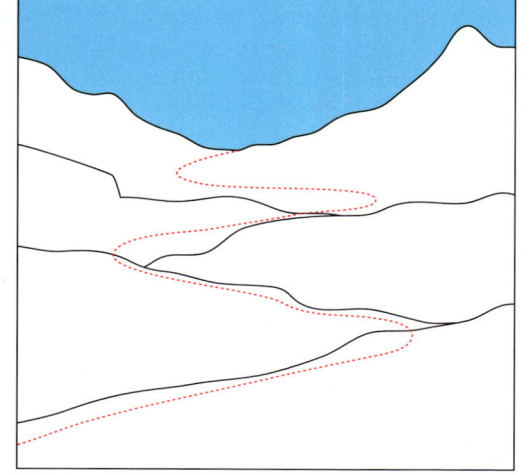

003:1 Schlecht angelegte Spur in kupiertem Gelände

003:2 Gut angelegte Spur in kupiertem Gelände

an den Skischuh des Standbeines als Führung anlehnen. Ein leichter Kick mit der Ferse oder auch ein Rütteln am Ski kann helfen, den Ski heranzuklappen (Abb. 004).

Eine weitere Technik ist die talseitige Spitzkehre. Diese funktioniert auch mit fixierter Ferse z. B. in der Abfahrt und muss im Aufstieg ausnahmsweise angewendet werden, wenn bergseitig Felsen oder sehr steile Schneewände keinen Bewegungsraum zulassen. Meist benötigen wir sie, wenn wir in der momentanen Spur nicht weiterkommen und umkehren müssen. Dazu stellen wir die Ski nebeneinander parallel zum Hang, heben das Bein des Talskis nach vorne an, setzen das Skiende neben der Skispitze des Bergskis auf und drehen den Ski mit Schwung um 180°, sodass er antiparallel zum Bergski zu liegen kommt. Den Oberkörper drehen wir hierzu in Talrichtung und stabilisieren uns dabei mit den Skistöcken. Nun heben wir den Bergski und drehen ihn um das Talskibein herum.

Wenn der Schnee hart genug ist, dass wir nicht zu tief einsinken, sind wir vermutlich schneller, wenn wir die Ski auf den Rucksack schnallen und in der Falllinie Stufen tretend einen steilen Hang zu Fuß aufsteigen, anstatt in vielen Spitzkehren mit Ski aufzusteigen.

HARSCHEISEN Auf hartem Schnee haben Steigfelle oft Probleme, die nötige Haftung zu vermitteln. Hier können wir Harscheisen verwenden, allerdings ist es in steilem Gelände meist einfacher, mit Ski am Rucksack zu Fuß zu gehen. Je nach den Bedingungen benutzen wir dabei einen Pickel und Steigeisen.

FELLPFLEGE Damit unsere Felle den ganzen Tag gut funktionieren, müssen wir einige Dinge beachten.

Kalte Temperaturen (unter −10 °C) Wenn man in knietiefem Schnee bei kaltem Wetter im Gebirge unterwegs ist und der nächste Ort ein paar Stunden Fußmarsch mit Fellen entfernt ist, wird einem klar, wie wichtig funktionierende Felle sind. Wir wollen auf keinen Fall, dass sich die Felle wie trockenes Klopapier verhalten und nicht am Ski kleben. Moderne Fellkleber halten auch bei tiefen Temperaturen noch erstaunlich gut, doch in warmem Zustand grundsätzlich immer besser. Um den Fellkleber warm zu halten, kann man die Felle während der Abfahrt unter die Jacke stecken. So halten sie besser, wenn man sie das nächste Mal aufzieht.

Auch wenn der Fellkleber mit Schnee, Wasser und Dreck in Berührung kommt, wird seine Haftung stark verringert. Wir sollten die Klebeflächen daher möglichst trocken und sauber halten. Die meisten Felle haben auch einen textilen Abreißstreifen, der in Längsrichtung die Fellmitte bedeckt. Diesen kann man abreißen, um jungfräulichen Kleber darunter freizulegen. Für den Notfall kann man in der Gruppe ein zusätzliches Paar Felle, Tape und Kleber mitnehmen.

Warme Temperaturen Wenn der Schnee in der Sonne taut, werden die Felle nass. Wenn wir dann in den Schatten gehen, wo der Schnee noch kalt ist, frieren Schneebrocken an den Fellen fest, das Fell stollt. Die Ski werden sehr schwer und gleiten aufgrund der Stollen nicht mehr. Das ist sehr anstrengend. Manchmal braucht es dafür nicht mal Schatten, auch ein etwas anderer Einfallswinkel der Sonne kann ausreichen. Um Probleme zu vermeiden, sollten wir die Felle vor dem Losgehen wachsen, Wachs mitnehmen (Teelicht reicht, aber auch Pastenwachs für Ski funktioniert und eignet sich zudem, um am Gipfel Kleberreste vom Ski zu entfernen und den vollen Abfahrtsgenuss vom ersten Schwung an zu garantieren). Außerdem sollten wir darauf achten, dass sie nicht zu nass werden, und keine Tauwasserrinnen, Bachläufe oder Ähnliches durchqueren. Sind die Felle nass ge-

004:1 Ski quer zur Falllinie positionieren

004:2 Gewicht auf den Talski verlagern und den Bergski umsetzen

004:3 Gewicht auf den Bergski verlagern, Bergstock so weit weg wie möglich in den Schnee setzen, Talski rückwärts schwingen, um ihn heranzuklappen

004:4 Stöcke verwenden, um die Balance zu halten, Talski um das Bein des Bergskis herumführen und parallel zum Bergski platzieren

worden, aber das Wasser nicht gefroren, kann man das Fell auswringen, indem man mit der Kante des anderen Skis mit etwas Druck in Strichrichtung darüberfährt.

ÜBERNACHTEN

Wenn wir unsere Zeitschätzungen machen, werden wir feststellen, dass viele Abfahrten in einem Tag einfach nicht machbar sind, auch wenn sie gar nicht weit weg von den Liften sind. Dann müssen wir im Gebirge übernachten und am nächsten Morgen zeitig weitergehen oder noch in der Nacht wieder aufbrechen (manchmal muss man zwischen 2 und 6 Uhr früh los!). Wir sollten uns genau überlegen, wann wir losgehen. Wenn wir zu früh starten, verschwenden wir Energie und

004:5 Die Spitzkehre ist fertig.

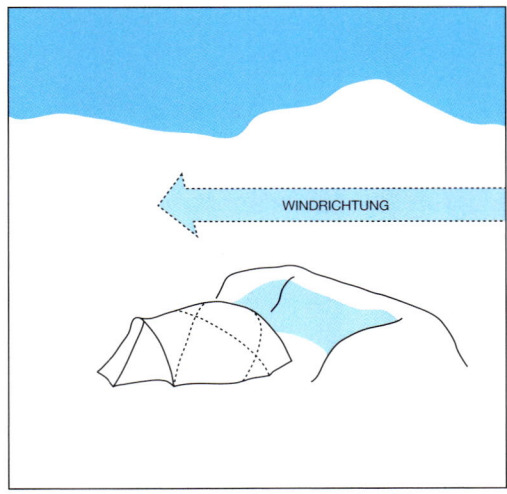

005 Ein Zeltplatz im Winter: Schneewände schützen vor dem Wind, die Zeltöffnung ist an der windabgewandten Seite.

nutzen unsere Zeit nicht effizient, da es im Dunkeln schwieriger ist, sich zurechtzufinden und wir daher länger brauchen. Manchmal ist es besser, eine Stunde länger zu schlafen und dafür später schneller zu sein. Außerdem ist Müdigkeit nicht förderlich, wenn es um gelingende Entscheidungsprozesse geht, darüber hinaus sind wir körperlich weniger leistungsfähig. Wir müssen jedoch immer so früh los, dass genug Pufferzeit vorhanden ist, falls etwas schiefgeht.

Wir sollten unser Material bereits am Abend vorbereiten und den Rucksack packen, während es noch hell ist. In der Früh brauchen wir die Zeit, um zu frühstücken, uns anzuziehen und aufzubrechen.

Wir müssen uns genau überlegen, wo wir übernachten. Je nachdem brauchen wir unterschiedliche Ausrüstung.

Trinken Wenn wir mit einem schweren Rucksack aufsteigen, verlieren wir viel Flüssigkeit und müssen viel trinken. Da wir nicht so viel Wasser tragen können, wie wir über mehrere Tage brauchen, müssen wir Schnee schmelzen. Wir sollten trinken, bis unser Urin eine helle Farbe bekommt und reichlich fließt. Abends genug Schnee schmelzen, dass in der Früh noch genug für das Frühstück und den nächsten Tag übrig ist!

Essen Wir sollten Essen mitnehmen, das möglichst leicht zuzubereiten ist, damit wir den Brennstoff vor allem für das Schmelzen von Schnee verwenden können.

Das Frühstück können wir zu Hause vorbereiten, indem wir z. B. Müsli, Trockenfrüchte und Milchpulver in Tüten abfüllen. In der Früh müssen wir dann nur noch kaltes oder warmes Wasser einrühren. Tagsüber können wir belegte Brote und Snacks essen. Abends gibt es vorgekochtes Essen, Fertiggerichte oder gefriergetrocknete Trekking-Nahrung.

Man sollte nur Essen mitnehmen, das man gern isst. Heiße Instant-Getränke sind zu jeder Mahlzeit gut und helfen vor allem in der Früh, in die Gänge zu kommen.

HÜTTEN Hütten erleichtern das Leben in den Bergen ungemein. Wir sind schneller unterwegs, wenn wir kein Zelt und das entsprechende Zubehör tragen müssen und mit einem leichteren Rucksack machen auch die Abfahrten mehr Spaß. Außerdem können wir in einer Hütte Schuhe und Kleidung trocknen. Wenn die Hütte bewirtschaftet ist, müssen wir nicht mal Essen (für Frühstück und Abendbrot) oder einen Schlafsack mitnehmen.

Das Hüttensystem funktioniert nicht überall auf die gleiche Weise. Wir sollten uns vorher informieren und uns an die Gebräuchlichkeiten anpassen. Müssen wir im Voraus irgendwo im Tal einen Schlüssel abholen? Gibt es eine Kochmöglichkeit? Brauchen wir einen Schlafsack?

Es gibt einige universelle Hüttenregeln, die überall gelten: Man sollte sich bemühen, jeden willkommen zu heißen und höflich zu behandeln. Schlafende werden so wenig wie möglich gestört. Vielleicht müssen sie mitten in der Nacht aufstehen. Müll wird mit ins Tal genommen und dort entsorgt. Die Hüttengebühr nicht vergessen! Das Geld wird verwendet, um die Hütten in Stand zu halten. Wenn wir nicht bezahlen, können wir sie in Zukunft vielleicht nicht mehr nutzen.

WINTERCAMPEN Ein Zelt aufzustellen ist einfacher und schneller, als eine Schneehöhle zu graben. In der Schneehöhle ist es dafür wärmer (da Schnee gut isoliert).

ZELT Man sollte ein gutes, leichtes Vier-Jahreszeiten-Zelt verwenden, das allein steht und stabil genug ist, um Wind und Schnee standzuhalten. Zum Kochen und um Material zu lagern ist eine Apside nützlich.

Wenn es schneit und windig ist, kann sich Schnee auf dem Zelt sammeln und es besteht die Gefahr, dass die Zeltstangen brechen. In Extremfällen können die Insassen des Zelts ersticken. Um das Zelt schneefrei zu halten, sollte man es regelmäßig freischaufeln oder die Wände schütteln.

Wir sollten einen möglichst flachen Zeltplatz wählen, an dem wir uns keine Gedanken um Spalten, Eisstürze oder Lawinen machen müssen. Wenn man auf Windzeichen achtet, findet man oft einen windgeschützten Platz. Wenn man mehrere Nächte am selben Platz bleibt, sollte man nicht an einer Stelle zelten, an der sich bei Schneefall besonders viel Schnee sammelt.

Wir treten eine Fläche platt, die groß genug ist, um das Zelt aufzustellen und uns darum herum zu bewegen. Darauf achten, dass sich keine unbequemen Klumpen bilden! Wenn wir damit rechnen, dass Wind aufkommt, können wir an der windzugewandten Seite des Zeltes Schutzwände aus Schnee bauen. Sie sollten 1–2 m hoch und 5–10 m vom Zelt entfernt sein. Wenn die Wände zu nah am Zelt sind, können sich Turbulenzen bilden, durch die sich Schnee sammelt und dann auf dem Zelt landet (Abb. 005).

Ski, Stöcke und Pickel sind gute Zeltverankerungen, aber wir können sie natürlich nicht benutzen, während sie das Zelt am Boden halten. Wenn das Zelt mehrere Tage am selben Platz bleiben soll, können wir spezielle Schneeheringe mitnehmen oder Beutel (z. B. Plastiktüten oder Jutesäcke) mit Schnee füllen und vergraben.

Außerdem sollten wir die notwendigen Wege mit Stöcken oder Ähnlichem markieren. Schließlich wollen wir weder unsere Notdurft direkt neben dem Zelt verrichten noch uns nachts im Schneesturm verlaufen. Das ist besonders wichtig, wenn Absturzgefahr in der Zeltumgebung besteht.

Kochen Bei schlechtem Wetter und kalten Temperaturen kocht man oft in der Apside, da man so im Schlafsack bleiben kann.

Der Kocher sollte auf einem Schaufelblatt aus Metall platziert werden. So hat man eine stabile Plattform, die nicht schmilzt. Der Brennstoff sollte nicht direkt auf dem Schnee liegen, damit er nicht zu kalt wird. Den Kocher in der Nähe der Zeltöffnung anzünden, damit man ihn hinauswerfen kann, falls er ein Leck hat. Sicherstellen, dass die Kochstelle gut belüftet ist, um eine Kohlenmonoxid-Vergiftung zu vermeiden!

Schlafen Bodenisolierung: Es ist wichtig, dass wir in unserem Schlafsack gut gegen den kalten Boden isoliert sind. Ich finde eine dünne Schaumstoffmatte zusammen mit einer dünnen, kleinen, selbstaufblasenden Isomatte warm und bequem.

Wärme: Wenn wir abends Schnee schmelzen, können wir das warme Wasser in Flaschen füllen und diese gut verschlossen in den Schlafsack legen. Wenn sie zu heiß sind, kann man sie in ein paar Kleider einwickeln. So wird uns warm, unsere Kleider trocknen und das Wasser gefriert nicht. Trockene Socken und Skiunterwäsche anziehen!

Material trocknen: Wenn man ins Bett geht, sollte man Socken, Skiunterwäsche und Innenschuhe in den Schlafsack stecken. Wenn möglich, sollten nasse Sachen nicht ganz unten im Schlafsack liegen, da die Füße nicht genug Wärme produzieren, um sie zu trocknen.

Pinkelflasche: Eine Literflasche mit großer Öffnung und dichtem Verschluss verhindert, dass wir nachts rausmüssen. Männer pinkeln einfach im Schlafsack in die Flasche, verschließen sie, um nichts zu verschütten, und schütten den Inhalt am nächsten Tag draußen aus. Für Frauen gibt es spezielle Trichter, mit denen auch sie in Flaschen pinkeln können. Sie müssen meist aus dem Schlafsack heraus, aber das ist immer noch besser, als sich anzuziehen und hinauszugehen.

SCHNEEHÖHLEN UND NOTBIWAKS Wenn man mehrere Nächte am gleichen Ort bleibt, wenn die Bedingungen zu extrem für ein Zelt sind (Wind und/oder sehr tiefe Temperaturen), oder man ungeplant biwakieren muss, kann man eine Schneehöhle graben. Damit die Kleider während des Grabens trocken bleiben, sollte man langsam arbeiten, um möglichst wenig zu schwitzen. Ein Gore-Tex-Biwaksack hält den Schlafsack trocken.

Man sollte einen Ort auswählen, an dem genug Schnee liegt (im Zweifel mit der Sonde kontrollieren), an dem es keine Spalten gibt und der vor Lawinen und Eisstürzen geschützt ist. Gute Stellen sind oft in Bachläufen oder unter Wechten, da sich dort viel Schnee sammelt. Mögliche Wetteränderungen und Schneeansammlungen müssen in Betracht gezogen werden. Wenn viel Schnee fällt, steigt die Lawinengefahr und die Gefahr, verschüttet zu werden oder zu ersticken, wenn alle Öffnungen eingeschneit werden (Abb. 006). In steileren Hängen lässt sich leichter graben, da die Schwerkraft den Schnee beiseiteschafft. Sonst muss man denselben Schnee oft zwei- oder dreimal bewegen. Es ist schneller, den Schnee in Blöcken zu bewegen, anstatt kleine Brocken oder lockeren Pulverschnee wegzuschaufeln. Wenn man genug Platz zum Arbeiten hat, kann man effizienter graben.

Tipp: Blöcke sollte man beiseitelegen, um damit Windabweiser oder Schneeschutzwände zu bauen.

Schneehöhle Schneehöhlen mit zwei oder mehr Eingängen sind am effizientesten zu bauen, da mehrere Leute gleichzeitig graben können. Zwei (schulterbreite) Eingänge in 1,5 m Entfernung voneinander im Schnee markieren. Dann 1 m graben, bevor die beiden Tunnels aufeinandertreffen. Sichergehen, dass der zentrale Block nicht beschädigt wird. Das Loch auf die gewünschte Größe ausdehnen. Der

> Wenn man eine Schneehöhle gräbt, muss man unbedingt darauf achten, dass sie immer gut belüftet ist (Sauerstoffmangel bemerkt man oft erst zu spät). Vor allem bei Sturm ist das nicht einfach, und wir müssen Luftlöcher und Eingang kontinuierlich frei halten.

006 Geeigneter Platz für eine Schneehöhle

007:1 Seitenansicht einer Höhle mit zwei Eingängen und Kältegraben

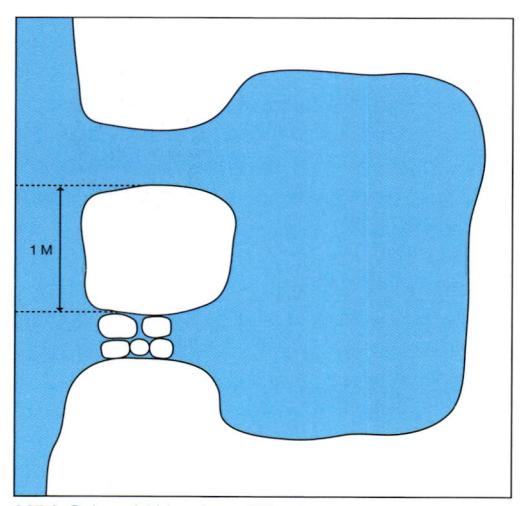

007:2 Schneehöhle mit zwei Eingängen von oben

Winkel zwischen Boden und Wänden sollte 90° betragen, um den Platz effizient zu nutzen. Wir sollten außerdem Decke und Wände mit Schaufelblatt und Händen so glatt wie möglich polieren, da sich an jeder Unebenheit Schmelzwasser sammeln kann und dann heruntertropft. Der Winkel zwischen Decke und Wand sollte abgerundet werden. Den größeren der beiden Eingänge von außen mit Blöcken verschließen. Der Eingangstunnel sollte dabei leicht tiefer liegen als der Höhlenboden. So kann kalte Luft abfließen. Anschließend stechen wir mit der Sonde Löcher durch die Decke, um den Gasaustausch zu verbessern (Abb. 007).

Tipp: Wenn man eine Schneehöhle gräbt, muss man unbedingt darauf achten, dass sie immer gut belüftet ist (Sauerstoffmangel bemerkt man oft erst zu spät). Vor allem bei Sturm ist es nicht einfach, die Belüftung sicherzustellen, da Luftlöcher und sogar der Haupteingang schnell von herumwirbelndem Schnee verschlossen werden. Wenn der Eingang zugeschneit wird, kann man ihn frei schaufeln und den Schnee zur Not in der Höhle ablagern.

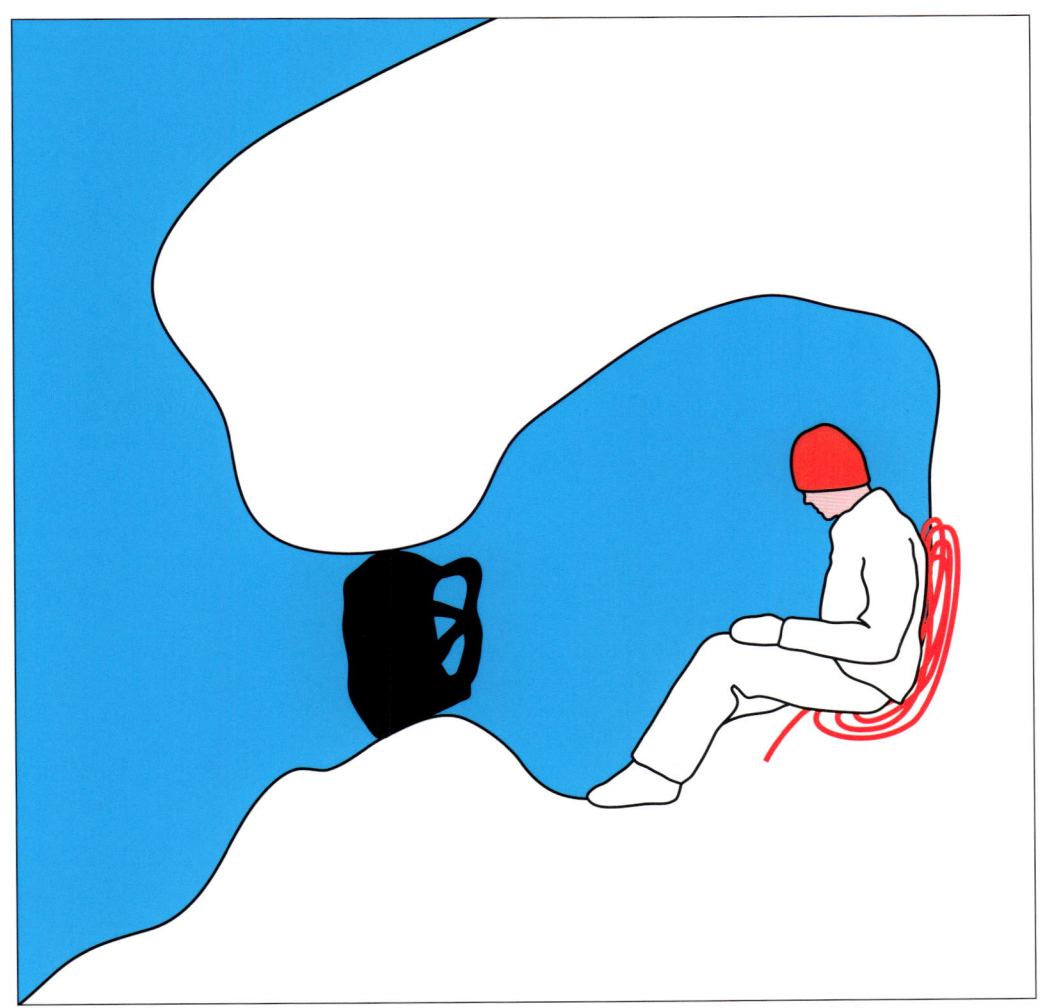

008 Eine schlichte Schneehöhle ist im Notfall die schnellste Möglichkeit, Wind und Wetter zu entfliehen.

Ein einzelnes Teelicht kann Erstaunliches leisten, um die Höhle aufzuwärmen.

Notbiwak Im Notfall brauchen wir einen Unterschlupf, der schnell und einfach zu graben ist. Wir graben einen schulterbreiten, runden Tunnel etwa 1 m in eine überschneite Schulter hinein (vorhandene Wechten dürfen dabei nicht zu mächtig sein). Wir schneiden eine Bank zum Sitzen und graben genügend Raum für Schultern und Kopf frei. Sobald wir uns in der Höhle befinden und vor den Elementen geschützt sind, können wir den Raum vergrößern. Wenn es nicht möglich ist, den Eingang mit Schneeblöcken zu verschließen, verwenden wir die Ski oder einen Rucksack (Abb. 008).

Alternativ können wir ein Schüttbiwak errichten, sollten wir keine Stelle mit ausreichend tiefem Schnee finden. Hierzu legen alle Mitglieder der Gruppe ihre Rucksäcke auf einen Haufen und legen ihre Ski darüber, wie die Stangen für ein Indianer-Tipi. Das Ganze wird mit einem Biwaksack oder einer Rettungsdecke abgedeckt und nun wird aus der Umgebung Schnee darüber geschaufelt, bis der gesamte Haufen von 20–30 cm Schnee bedeckt ist (große Schneeblöcke aus kompaktem Schnee bieten auch hier mehr Stabilität als Lockerschnee). Anschließend wird ein Eingang gegraben, durch den nach und nach Rucksäcke und Ski herausgeholt werden. Der entstehende Raum sollte groß genug sein, dass alle Gruppenmitglieder eng aneinander gekuschelt Platz finden. Gegebenenfalls kann die Höhle nach unten vertieft werden. Bequem wird es nie sein, aber es heißt nicht ohne Grund Notbiwak.

Tipp: Sicherstellen, dass die Höhle gut belüftet ist. Wenn möglich nasse Sachen ausziehen und trockene anziehen, um die Körperwärme zu erhalten. Alle zur Verfügung stehenden Kleider anziehen (unbedingt eine Mütze aufsetzen!). Enge Kleidung oder Gürtel lockern. Auf Rucksäcke, Seile oder Ähnliches setzen, um sich gegen den kalten Boden zu isolieren. Möglichst nah aneinander setzen, um Körperwärme zu teilen. Den Rucksack leeren und mit den Füßen hineinsteigen.

Kohlenmonoxidvergiftung (CO) Kohlenmonoxid ist ein Gas, das bei unvollständiger Verbrennung entsteht, egal was für einen Kocher man verwendet.

Bei guter Belüftung ist Kohlenmonoxid in der Regel keine Gefahr. In geschlossenen Räumen, wie z. B. Zelten oder Schneehöhlen, ist Kohlenmonoxid jedoch gefährlich. Da es schwerer als Luft ist, sammelt es sich zuerst am Boden an und füllt nur nach und nach den Raum. Da wir es nicht bemerken können, kann das fatale Folgen haben, wenn wir uns z. B. hinlegen. Wir sollten also immer für ausreichende Belüftung sorgen, wenn wir einen Kocher verwenden.

Kohlenmonoxid verhindert, dass unser Blut Sauerstoff aufnehmen kann. In schweren Fällen können eine Kohlenmonoxidvergiftung und Sauerstoffmangel zu Bewusstlosigkeit und Tod führen.

Symptome: schneller Puls, Schwäche, kalter Schweiß, Kopfweh.

Behandlung: bei leichter Kohlenmonoxidvergiftung: Ruhe und frische Luft. Es ist wichtig, sich nicht anzustrengen (etwa beim Skifahren), solange die Symptome anhalten. Schwere Fälle müssen ins Krankenhaus.

Kohlendioxidvergiftung (CO_2) Man sollte Kohlenmonoxid (CO) und Kohlendioxid (CO_2) nicht verwechseln. Kohlendioxid entsteht bei allen Verbrennungsprozessen und ist auch in der Luft enthalten, die wir ausatmen. Die Kohlendioxidkonzentration kann in schlecht belüfteten, sehr kleinen Räumen stark steigen (z. B. in einem Notbiwak mit vielen Leuten).

Auch wenn man mehrere Tage bei schlechtem Wetter in einer Schneehöhle verbringt, kann man eine Kohlendioxidvergiftung bekommen. An den inneren Wänden der Höhle kann sich eine dünne Eisschicht bilden, die den Luftaustausch verhindert. Das Eis muss weggekratzt werden. Sicherstellen, dass die Luftlöcher offen sind!
Schnelle Atmung ist ein typisches Symptom. Betroffene müssen an die frische Luft.

012

STEILE ABFAHRTEN

Um neun Uhr abends rief mich der Gast an, mit dem ich am nächsten Tag fahren sollte, und sagte ab, weil er sich das Knie verdreht hatte. Es tat mir leid für ihn, aber ich fing sofort an, Pläne zu schmieden. Ein freier Tag war genau das, worauf ich gewartet hatte.

Schon seit Jahren hatte ich mir diese Abfahrt aus allen möglichen Perspektiven angeschaut, aber die Bedingungen hatten bisher nie gepasst und ich war noch nicht dazu gekommen, sie auch tatsächlich zu fahren. Was die Line so attraktiv macht, ist ihre Schönheit und ihre Länge: 2135 Höhenmeter in der Falllinie.

Man findet dort nur selten gute Bedingungen vor. Gute Bedingungen bedeuten in diesem Fall eine stabile Basis, auf die es ordentlich schneit und dann etwa eine Woche stabiles, kaltes Wetter ohne Wind folgt, damit sich der Schnee setzen kann und die Abfahrt ausreichend sicher fahrbar ist.

Es ist selten genug, dass dort Schnee bis ins Tal liegt, dass dieser Schnee auch noch stabil ist, ist nahezu ausgeschlossen. Die Line ist südwestseitig ausgerichtet und dreht am Ende etwas nach Südosten. Gutes Timing ist sehr schwierig, da man einen großen Höhenunterschied überwindet und die Abfahrt weit unten, auf 1087 m, endet.

Ich hatte die Schneebedingungen und das Wetter seit einer Woche beobachtet und wusste, dass alles perfekt war. Ich wusste auch, dass es in zwei Tagen zu spät sein würde. Also hatte ich mich eigentlich schon damit abgefunden, dass es auch diesmal wieder nicht klappen würde. Dann kam der Anruf.

Nach dem Aufstieg über den Ostgrat des Bec de Rosses ragten meine Skispitzen endlich in das steile Gipfelcouloir hinein. Der Schnee war hart, aber gleichmäßig und griffig. Nach dem Couloir ist es nicht mehr ganz so steil und der Schnee war fantastisch. Wir blieben in den Bereichen, die am meisten nach Westen ausgerichtet waren, dort war noch knöcheltiefer Pulver. Als wir uns nach dem kniffligen oberen Teil entspannen konnten, hörten wir gar nicht mehr auf zu lachen. Irgendwann mussten wir in südöstlich ausgerichtete Hänge wechseln, aber dort wartete wunderbarer Firn auf uns. Wir hatten den ganzen Morgen keine Probleme, die richtige Route zu finden, da wir die Abfahrt schon so lang von allen möglichen Seiten studiert hatten.

Wir wussten, dass die Line am nächsten Tag nicht mehr möglich sein würde, da sich der Powder im oberen Bereich in Bruchharsch verwandeln würde und unten harte Eisbrocken liegen würden (oder die Bedingungen gefährlich werden würden, falls es nachts zu warm wäre). Das anschließende, gemeinsame Mittagessen in der Sonne war ein perfekter Abschluss einer perfekten Abfahrt.

Was wir als steil empfinden, hängt natürlich von unserem skifahrerischen Können und unserer Erfahrung ab. Auch die Schneebedingungen verändern unsere Wahrnehmung von Steilheit (ein steiler Hang fühlt sich bei weichem Schnee kaum steil an, kann aber bei eisigen Verhältnissen sehr respekteinflößend sein). In diesem Kapitel beziehe ich mich auf Steilheiten zwischen etwa 40° und knapp 50°, nicht auf extreme Steilwände mit 50° oder mehr.

AUSRÜSTUNG

Die meiste Ausrüstung, die wir hier benötigen, wurde bereits in den vorigen Kapiteln besprochen. Bevor wir unseren Rucksack packen, müssen wir uns über die Verhältnisse informieren und überlegen, ob es besondere Schwierigkeiten zu bedenken gibt. Einige Punkte sollten besonders erwähnt werden:

Ski und Stöcke Breite Ski ohne allzu viel Taillierung sind am besten. Sie schwimmen in schlechtem Schnee auf und wir stürzen nicht so leicht. Auch können unserer Skischuhe bei harten Bedingungen nicht an der Schneedecke schleifen. In steilem, ausgesetztem Gelände sollte man kürzere Ski wählen (für Großgewachsene 170–180 cm). Sie sind leichter und drehfreudiger. Ein wichtiges Augenmerk gilt hier den Skikanten. Besonders bei harten Bedingungen ist exzellenter Kantengriff entscheidend. Die Stöcke sollten dünn genug sein, dass man sie beide mit einer Hand halten kann, wenn man etwa einen Pickel in der anderen Hand hat. Die Griffe sollten so dünn sein, dass man die Stöcke mit dem Griff voraus wie eine Art Pickel in den Schnee rammen kann.

Bindung Die Bindung sollte auf einen hohen Z-Wert eingestellt sein (in diesem Gelände dürfen wir die Ski nicht verlieren), aber nicht völlig zugeknallt werden. Wenn sich die Feder nicht bewegen kann, können die Ski bei harten Schlägen aufgehen.

Mittlerweile gibt es einige Möglichkeiten bei der Wahl der passenden Bindung (siehe Kapitel 005, Abschnitt „Ausrüstung"). Ob man jetzt Alpinbindungen mit Adaptern, Rahmenbindungen oder Low-Tech-Bindungen benutzt, ist eine Frage des Geschmacks und der persönlichen Vorlieben. Allerdings wird man unabhängig vom Bindungskonzept meist zu Modellen greifen, die deutlich mehr auf die Abfahrtseignung ausgelegt sind und Abstriche bei Gewicht und Aufstiegseigenschaften in Kauf nehmen.

Perfekte Skikontrolle ist das A und O in diesem Gelände und die Ski-Schuh-Kombi, welche die Bindung darstellt, ist ein wesentliches Element darin.

Skischuhe Skischuhe müssen für steile Abfahrten optimale, direkte Kraftübertragung bieten, damit man Fehler – vor allem mit schwerem Rucksack – immer noch leicht korrigieren kann, und sollten daher eher steif ausgelegt sein. Zu welcher Bauweise oder welchem Modell man dabei greift, ist Geschmackssache. Heutzutage gibt es aber kaum einen Grund, auf Aufstiegsfunktion und gut strukturierte Gummisohle zu verzichten, denn es gibt inzwischen sehr gute, auf direkte Kraftübertragung getrimmte Freeride-Schuhe, die diese Funktionen mit sehr guten Abfahrtseigenschaften verbinden.

Steigeisen Sehr leichte Steigeisen funktionieren nicht im Eis und sollten nicht verwendet werden. Die Steigeisen sollten ein Verschlusssystem haben, das auch mit einer Hand bedient werden kann (siehe Kapitel 009, Abschnitt „Kletterausrüstung").

ÜBEN

Skitechnik für steiles Gelände muss im Voraus geübt werden. Das machen wir am besten in kurzen, steilen Passagen bei härteren Schneebedingungen, wenn wir in normalem, gut kontrollierbarem Gelände unterwegs sind. Auf jeder Tour und in jedem Skigebiet finden sich Kanten und Flanken, die steile Sektionen mit weiten, sicheren Ausläufen (keine Felsen, Bäume oder Spalten am Hangfuß) bieten. Natürlich müssen es auch hier die Bedingungen erlauben, dass wir diese Steilheiten befahren.

DER SCHWUNG Konzentriert bleiben und auf Unerwartetes gefasst sein. Wir sollten versuchen, Schwünge aneinanderzureihen, um nicht aus dem Gleichgewicht zu geraten. Am Ende des Schwunges können wir ein Stück abrutschen, um das Tempo zu kontrollieren. Man sollte rhythmische, kurze Schwünge fahren und nach jedem Schwung so viel wie nötig abbremsen (Abb. 001).

1. Gewicht auf den Talski, Oberkörper leicht nach außen drehen, ins Tal schauen. Mit kontrollierter Geschwindigkeit den Stock seitlich, also in Falllinie unter die Bindung setzen (weiter unten als bei einem normalen Stockeinsatz). Den Schnee genau anschauen und überlegen, wie er beim nächsten Schwung sein wird (harschig, weich, hart?).
2. Gewicht auf den Bergski verlagern und den Schwung durch Ausstrecken des Bergbeines auslösen. Gleichzeitig Schultern und Torso ins Tal drehen. Talstock und Hand nach vorn vor den Körper strecken, um zu vermeiden, dass man am Schwungende zu schnell wird und in Rücklage gerät.
3. So wenig wie möglich umspringen (je näher wir am Boden sind, desto besser können wir die Ski kontrollieren). Am besten die Ski während des ganzen Schwunges am Boden lassen. Talstock und Hand immer vor den Oberkörper halten.
4. Geschwindigkeit kontrollieren, indem man jeden Schwung quer zur Falllinie beendet (man sollte nach jedem Schwung stehen bleiben können). Über den Talski gelehnt bleiben. Sollten sich die Ski verhaken, müssen wir sofort den nächsten Schwung einleiten, um nicht zu stürzen. Wenn der Oberkörper wieder wie in Punkt 1 positioniert ist, beginnen wir den nächsten Schwung.

Wir sollten üben, mit den Stöcken in einer Hand und einem Pickel in der anderen Hand abzufahren, abzurutschen und mit Treppenschritten abzusteigen (Abb. 002).

Einen 10 m langen, 50° steilen Hang suchen und dort üben, wie man mit einer Hand die Ski aus- und die Steigeisen anzieht. Mit der anderen Hand einen Pickel halten.

Wenn wir uns sicher fühlen, steigern wir uns langsam und begeben uns in ausgesetzteres Gelände. Nur Hänge wählen, auf denen man sich wohl fühlt! Wir dürfen aufgeregt sein, aber keine Angst haben. Unsere Sicherheit hängt davon ab, dass wir nicht stürzen. Wenn wir Angst haben, versteifen wir uns und machen leichter Fehler.

Guillaume le Guillou △ La Grave, Frankreich Bruno Florit

Gösta Fries · Åre, Schweden · Janne Tjärnström

Freeriden am Arlberg

Heliskiing
Skitouren
Ski in - Ski out

In einem der schönsten Skigebiete Österreichs

www.skischule-exklusiv.com
www.hotelsabine.com

SKISCHULE EXKLUSIV BERG-OBERLECH

pension Sabine

Fredrik Schenholm Engelberg, Schweiz Oscar Hübinette

Matti Salo — Lyngen Alps, Norwegen

Knut Pohl · Lenzerheide, Schweiz · Roger Zimmermann

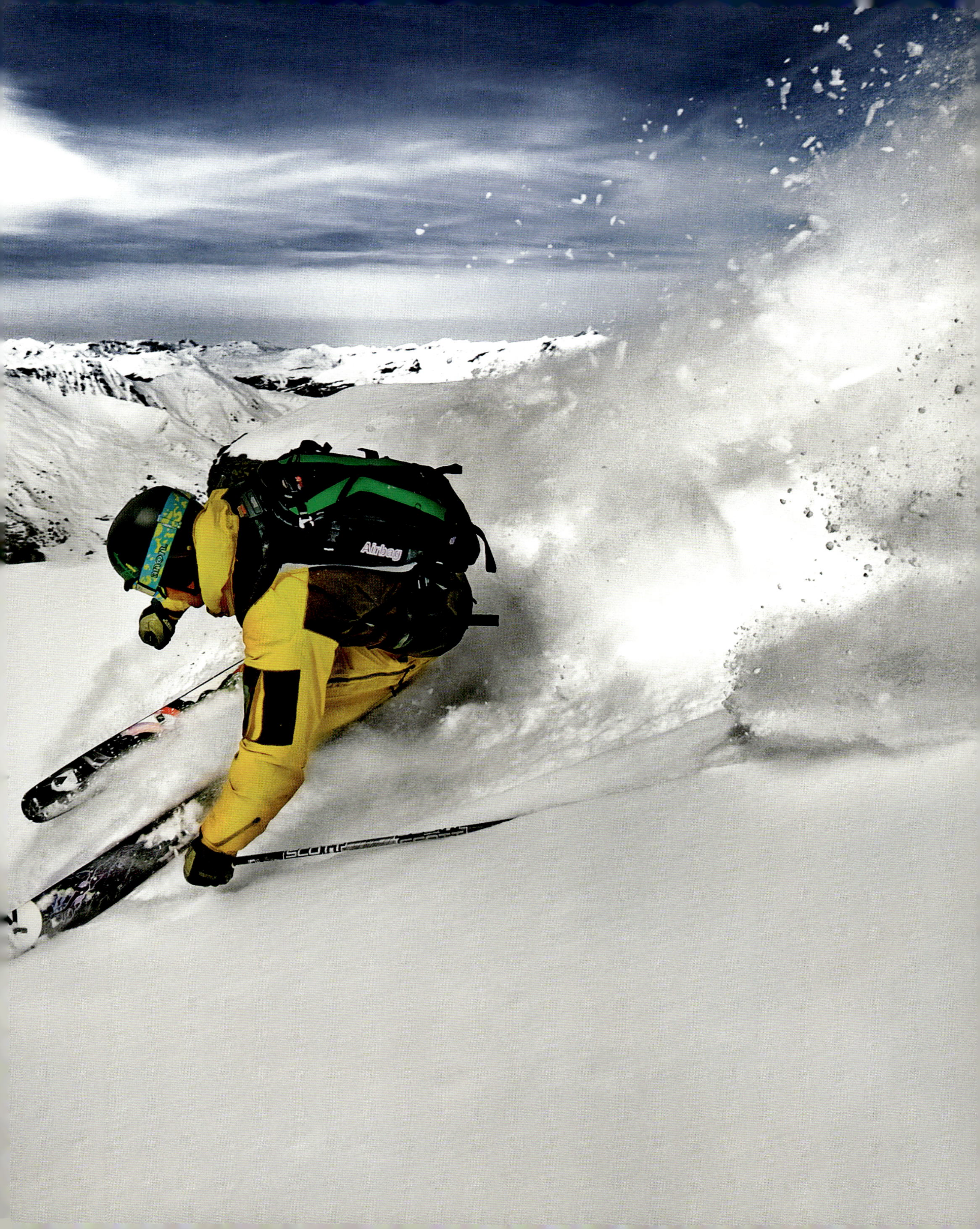
Airbag

Fredrik Schenholm Narvik, Norwegen Johan Mattsson, John Liungman

001:1 Die vier Schwungphasen

001:2 Die vier Schwungphasen

001:3 Die vier Schwungphasen

001:4 Die vier Schwungphasen

ZUSTIEG Wenn wir uns eine Abfahrt ausgesucht haben, ist das Timing entscheidend. Nicht nur bezogen auf die Schneebedingungen, sondern auch bezogen auf unseren körperlichen und vor allem mentalen Zustand. Die Schneebedingungen bestimmen, ob eine Abfahrt sicher genug ist, nicht unsere Erwartungen. Wir warten, bis der Schnee gut ist und wir vorbereitet sind. In Gegenden mit kontinentalem Klima sind die steilen Abfahrten in großen Höhen meist gegen Ende der Saison (April bis Juni auf der Nordhalbkugel) befahrbar.

Wenn wir nicht dort abfahren, wo wir aufgestiegen sind, sollten wir sichergehen, dass wir trotzdem genau wissen, wo wir hinmüssen. Besonders in konvexem Gelände ist es schwierig, sich zurechtzufinden, wenn man von oben kommt. Wir sollten unsere Line vom Gegenhang, auf Bildern, in Führerliteratur und auf der Karte genau anschauen und uns merken, wo wir fahren müssen.

Wenn wir eine anspruchsvollere Abfahrt machen wollen, sollten wir sie vorher im Aufstieg bewältigen, um die Bedingungen besser einschätzen zu können und das Gelände kennenzulernen. Wir sollten so vorgehen, dass wir bei der Abfahrt nicht

STEILE ABFAHRTEN

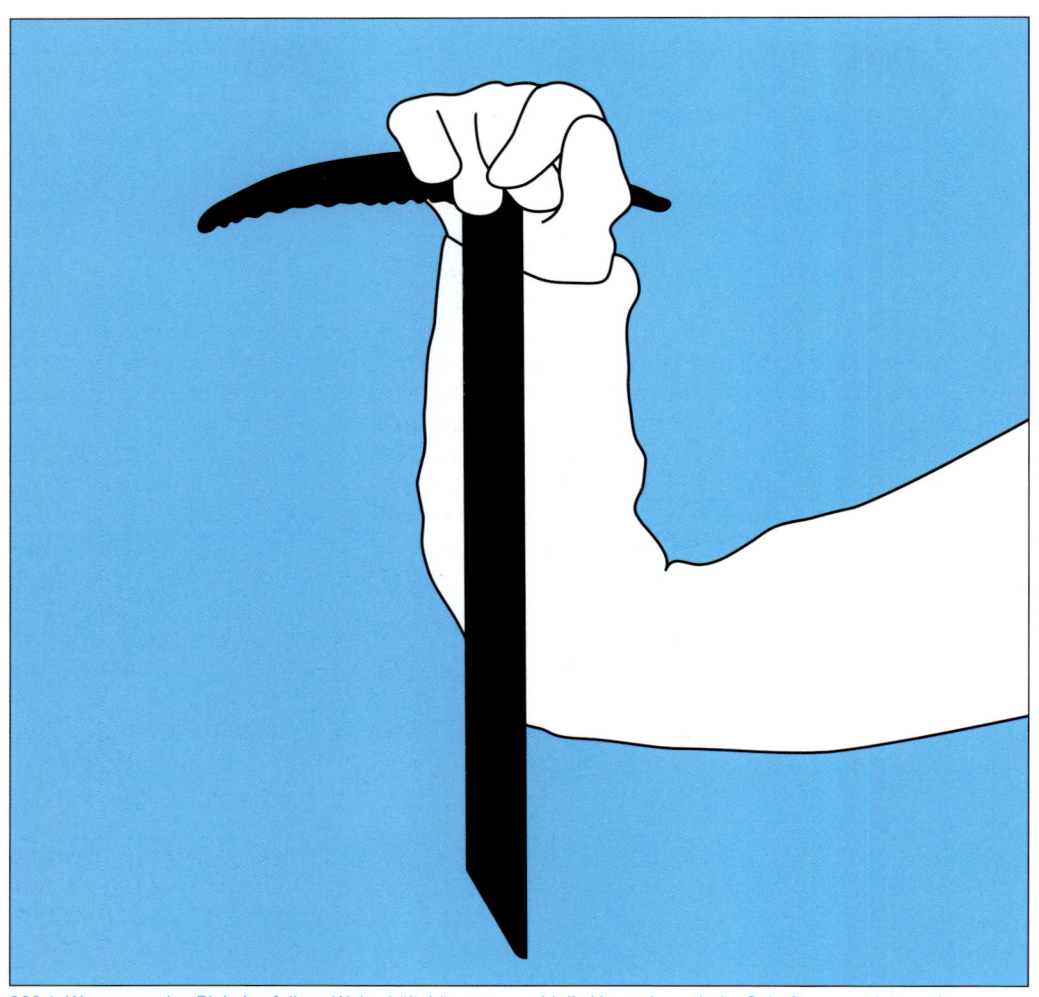

002:1 Wenn man den Pickel auf diese Weise hält, können sowohl die Haue als auch der Schaft verwendet werden. Der Pickel fällt einem weniger leicht aus der Hand.

Wir sollten in jedem Fall die Schneebedingungen entscheiden lassen, wann ein Steilhang befahrbar ist. Auf keinen Fall sollten wir ihn befahren, nur weil wir der Ansicht sind, dass wir bereit sind.

002:2 siehe 002:1

von den Schneebedingungen oder von unerwartetem Eis oder Steinen unter dem Schnee überrascht werden.

EINFAHRT In steilem Gelände ist Kontrolle das Allerwichtigste. Um Überraschungen zu vermeiden, sollten wir kontrolliert einfahren und nicht zu übermütig werden.

Wenn alte, harte Abrutschspuren vorhanden sind, die schmaler sind als unsere Ski lang und es dadurch unmöglich machen, dass wir seitlich abrutschen, ohne dass die Skispitzen und -enden sich darin verhaken, sollten wir versuchen, den Schnee zu lockern, indem wir die Ski vor- und zurückschieben. Wenn das nicht funktioniert, können wir den Stock verkehrt, also an der Spitze, nehmen und den schwereren Griff auf die harten Ränder der Spur schlagen, sodass sie brechen und unsere Ski besser hineinpassen (Abb. 003). Mit Übung lernt man, Engstellen direkt zu durchfahren und darunter in offenerem Gelände zu bremsen.
Beim Steilwandfahren geht es oft nicht um einzelne Schwünge, sondern darum, flüssige Schwünge bei wechselnder Steilheit und wechselnden Schneebedingungen aneinanderzureihen. Wer im Voraus einschätzen kann, wie sich der Schnee verändert, kann flüssiger fahren. Wir sollten also unser Auge trainieren, um anhand der Schneeoberfläche auf die Schneebeschaffenheit schließen zu können. So können wir unsere Linie und Fahrweise bereits vorher anpassen. Beispielsweise kann ein kleiner Bereich mit weichem Schnee am Rand eines Couloirs benutzt werden, um nach einer kurzen Straightline abzubremsen.

ABFAHRT Ruhig und konzentriert bleiben und nicht zu schnell fahren! Nur über Hindernisse springen, wenn man sich sicher ist, dass man die Landung stehen wird! Wenn wir nicht sicher sind, müssen wir eine andere Lösung finden und abklettern oder abseilen.

Wenn wir nicht genau wissen, ob der Schnee hart ist, sollten wir den Pickel griffbereit unter dem Schultergurt des Rucksacks platzieren und die Steigeisen so verstauen, dass wir sie leicht erreichen können (Abb. 004). Wenn die Verhältnisse schlechter sind, als wir erwartet haben, kann uns unsere Kletterausrüstung (Pickel, Steigeisen, Seil usw.) Alternativen zur Abfahrt mit Ski bieten.

003 In ausgesetztem Gelände kann man den bergseitigen Stock umdrehen und den Griff wie einen Pickel in den Schnee rammen. So gewinnt man an Sicherheit, während man sich einen Weg bahnt.

004:1 Im Zweifel sollte der Pickel griffbereit unter dem Schultergurt des Rucksacks verstaut werden.

004:2 So verstaut man den Pickel richtig unter dem Schultergurt des Rucksacks.

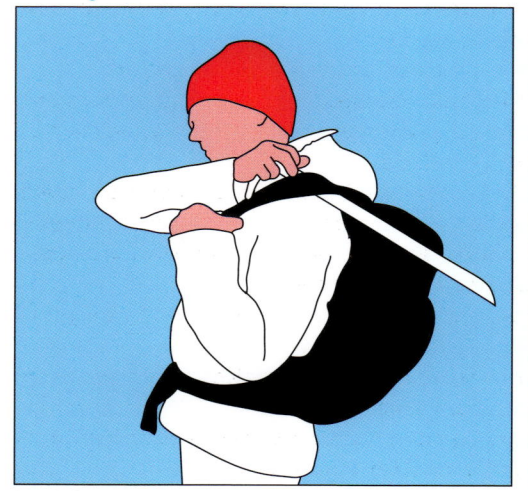

004:3 So verstaut man den Pickel richtig unter dem Schultergurt des Rucksacks.

004:4 So verstaut man den Pickel richtig unter dem Schultergurt des Rucksacks.

Sluff Management Wenn wir bei Pulverbedingungen in steilem Gelände unterwegs sind, müssen wir uns überlegen, wie wir mit oberflächlichen Lockerschneerutschen (dem sogenannten Sluff) umgehen, die wir auslösen. Je steiler der Hang, desto schneller bewegt sich der Sluff. Um Probleme zu vermeiden, können wir zu Beginn ein paar kurze Bremsschwünge setzen oder gar bei der Einfahrt in den Hang bewusst ein paarmal hin- und herqueren, sodass der Sluff schon ausgelöst wird, bevor wir mit der Abfahrt beginnen. Dabei müssen wir natürlich die Lawinensituation im Auge behalten.

DER AUTOR UND SEIN TEAM

Jimmy Odén, Jahrgang 1971, ist international zertifizierter Bergführer und Mitglied des Bergführerbüros Les Guides de Verbier. Seit 2004 unterrichtet er angehende Bergführer für den schwedischen Bergführerverband, wobei er besonders für Kurse und Prüfungen im Skiteil der Ausbildung zuständig ist. Jimmy ist Mitgründer und CEO (Geschäftsführer) der Skibekleidungsfirma Elevenate (www.elevenate.com). Vor allem ist er aber Skifahrer aus Leidenschaft. Nach 20 Jahren in den Alpen lebt er nun mit seiner Frau und seinen beiden Kindern im schwedischen Skiort Åre.

Als Autor konnte Jimmy Odén bereits bei der englischen Originalausgabe dieses Buches auf das Knowhow und die Unterstützung eines kompetenten Teams zählen. Die Herausgabe der vorliegenden aktualisierten und erweiterten deutschen Lizenzausgabe wurde durch die Mitarbeit von weiteren Experten ermöglicht.

Per Ås – in La Grave lebender UIAGM-Bergführer, Ausbilder des schwedischen Bergführerverbandes. www.guidelagrave.com
Gebhard Bendler – Historiker, Germanist, Bergführeraspirant, Hobbylektor
Dick Johansson – UIAGM-Bergführer, Präsident des schwedischen Bergführerverbandes und Mitglied der Trainingskommission, ehemaliges Mitglied der schwedischen Bergrettung in Nordschweden. www.vertical.se
Mark Diggins – UIAGM-Bergführer, Mitglied des britischen und schwedischen Bergführerverbandes, ehemaliger Ausbilder des britischen Bergführerverbandes, einer der Gründer der European Avalanche School. www.euro-avalanche.com
Keith Durrans – ehemaliger Meteorologe der britischen Armee
Manuel Genswein – weltweit führender Experte, wenn es um Lawinenrettung geht. www.genswein.com
Lea Hartl – Übersetzerin, Meteorologin, Autorin, Fotografin und Skifahrerin
Erik Huss – Glaziologe im schwedischen naturkundlichen Museum
Tobias Kurzeder – Mitbegründer von PowderGuide und Autor der gleichnamigen Bücher. Geograf, Philosoph und Skifahrer. www.powderguide.com
Marcus Lindahl – Doktor der Medizin
Knut Pohl – promovierter Neurobiologe, Fotograf, Autor, Grafiker, Skifahrer, Berggänger und Besserwisser
Mike Porter – ehemaliger Leiter der Skischule Vail, arbeitet für verschiedene Firmen in der Skiindustrie
Pierre Rizzardo – UIAGM-Bergführer, Mitglied des französischen Bergführerverbandes, Präsident des Bergführerbüros La Grave. Mitglied der Trainingskommission des schwedischen Bergführerverbandes. www.guidelagrave.com
Jan Stenström – UIAGM-Bergführer und Bergführer des Militärs mit Ausbildung in der österreichischen Armee, verantwortlich für sämtliche alpinistischen Aktivitäten in der schwedischen Armee. Vizevorsitzender des schwedischen Bergführerverbandes. www.sbo.nu
Hans Solmssen – UIAGM-Bergführer, Mitglied des Schweizer und des U.S.-amerikanischen Bergführerverbandes. www.swissguides.com

LITERATUR (AUSWAHL)

Amman, Walter; Buser, Othmar; Vollenwyder, Uschi: Lawinen. Basel 1997

Buschor, Jürg; Starkl Simon: Die schönsten Freeride-Touren in den Schweizer Alpen. Baden 2008

Bätzing, Werner: Die Alpen. Geschichte und Zukunft einer europäischen Kulturlandschaft. München 2003

Daffern, Tony: Avalanche Safety for Skiers, Climbers and Snowboarders. Calgary 1993

Dörner, Dietrich: Die Logik des Misslingens. Strategisches Denken in komplexen Situationen. Hamburg 1989

Eidgenössisches Institut für Schnee- und Lawinenforschung (Hrsg.): Der Lawinenwinter 1999. Ereignisanalyse. Davos 1999

Elsner, Dieter; Haase, Jochen: Skibergsteigen: Technik, Taktik, Risikomanagement. Köngen 2002

Engler, Martin; Mersch, Jan: Die weiße Gefahr: Schnee und Lawinen. Erfahrungen/Mechanismen/Risikomanagement. Sulzberg 2001

Fredston, Jill; Fesler, Doug: Snow Sense. Anchorage 1994

Gabl, Karl et al.: Lawinenhandbuch, Hrsg. vom Land Tirol, 7. Auflage, Innsbruck 2000

Genswein, Manuel: Pinpointing in a Circle, Proceedings International Snow Science Workshop, Big Sky MT 2000, S. 357 ff.

Geyer, Peter et al.: Freeriding. Das Praxisbuch für Einsteiger und Fortgeschrittene. München 2007

Geyer, Peter; Pohl, Wolfgang: Skibergsteigen/Variantenfahren, Alpinlehrplan Band 4, München 1998

Hoffman, Michael: Lawinengefahr. Schneebretter: Risiken erkennen – Entscheidungen treffen. München 2000

Jamieson, Bruce; Geldsetzer, Torsten: Avalanche Accidents in Canada. Vol. 4. Canadian Avalanche Association, Revelstoke 1996

Jamieson, Bruce; McDonald, Jennie: Free Riding in Avalanche Terrain. Canadian Avalanche Association, Calgary 1999

Kraus, Helmut: Die Atmosphäre der Erde. Berlin & Heidelberg 2004

Kurzeder, Tobias; Feist, Holger: Lawinen-Risiko-Checkliste. 3. Auflage, München 2007

Kurzeder, Tobias; Feist, Holger: PowderGuide: Managing Avalanche Risk. Boulder 2003

Kurzeder, Tobias; Lingott, Totti; Schwager Marius (Hg.): PowderGuide. Die besten Freerider-Gebiete der Alpen. Köngen 2010

Lawinen und Rechtsfragen. Bericht zur Tagung 10.–14. 01. 1994, SLF/Davos 1994

Mair, Rudi; Nairz, Patrick: Lawine. Die 10 entscheidenden Gefahrenmuster erkennen. 4. Auflage, Innsbruck 2012

McClung, David; Schaerer, Peter: The Avalanche Handbook. Seattle 1993

Munter, Werner: 3x3 Lawinen. Risikomanagement im Wintersport. 4. Auflage, Garmisch-Partenkirchen 2008

Munter, Werner: Neue Lawinenkunde. 2. Auflage, Bern 1992

Oster, Peter: Erste Hilfe Outdoor. 2. Auflage, Berlin 2008

Pohl, Wolfgang; Schellhammer, Christof; Sojer, Georg: Schnee und Lawinen. Bruckmann Basic. München 2005

Salm, Bruno: Lawinenkunde für den Praktiker. Brugg 1982

Tremper, Bruce: Staying Alive in Avalanche Terrain. Seattle 2001

Winteralpinismus – Rechtsfragen. Seminarbericht 25.–28.01.2000, Kühtai/Tirol 2000

Winkler, Kurt; Brehm, Hans-Peter; Haltmeier, Jürg: SAC Bergsport Sommer. Technik, Taktik, Sicherheit. 4. revidierte Auflage, Bern 2003

Winkler, Kurt; Brehm, Hans-Peter; Haltmeier, Jürg: SAC Bergsport Winter. Technik, Taktik, Sicherheit. 3. Auflage, Bern 2012

WSL-Institut für Schnee- und Lawinenforschung SLF (Hrsg.): Lawinenbulletins und weitere Produkte. Interpretationshilfe. Ausgabe 2008. Davos 2008

Tyson, Andy; Loomis, Molly: Climbing Self Rescue: Improvising Solutions for Serious Situations. Seattle 2006

Alle Angaben in diesem Buch wurden sorgfältig recherchiert und erfolgen nach bestem Wissen und Gewissen des Autors und der Herausgeber. Sollten Sie trotzdem Unstimmigkeiten entdecken, nehmen Herausgeber und Verlag gerne Verbesserungsvorschläge und Korrekturhinweise entgegen. Die Benutzung dieses Buches geschieht auf eigenes Risiko. Eine Haftung für etwaige Unfälle und Schäden wird aus keinem Rechtsgrund übernommen.

Bibliografische Information Der Deutschen Nationalbibliothek
Die Deutsche Nationalbibliothek verzeichnet diese Publikation in der Deutschen Nationalbibliografie; detaillierte bibliografische Daten sind im Internet über http://dnb.d-nb.de abrufbar.

Titel der englischen Originalausgabe: Freeskiing. How to adapt to the mountain,
© Choucas Förlag Stockholm 2005

© der deutschen Lizenzausgabe: 2014 Verlagsanstalt Tyrolia, Innsbruck
Herausgeber: Tobias Kurzeder und Knut Pohl
Umschlaggestaltung: Thomas Bartl
unter Verwendung eines Bildes von Fredrik Schenholm (U1)
und Guillaume le Guillou (U4)
Layout und digitale Gestaltung: SG Werbegrafik – Stefan Glatzl, Zirl
Lektorat: Gebhard Bendler, Innsbruck
Illustrationen: Frankenstein Studio, Stockholm; Thomas Bartl, Freiburg;
Lisa Manneh, Wien; Knut Pohl, Cambridge
Lithografie: Artilitho, Trento (I)
Druck und Bindung: Printer Trento (I)
ISBN 978-3-7022-3295-5
E-Mail: buchverlag@tyrolia.at
Internet: www.tyrolia-verlag.at